자력-자격증의 힘

유통관리사 2급

초단기 완전정복

- ✔ 출제 변경기준 완벽 반영
- ✔ 과목별 핵심 이론+문제
- ✔ 빈출 모의고사 수록
- ✔ 오디오북 | 입실 5분전 키워드 100

PY LEARNING MATE

"유통은 전략이다."
Distribution is strategy.

– 필립 코틀러(Philip Kotler)

INFORMATION
| 시험 안내

1 검정기준(2급)

유통업 경영에 관한 전문적인 지식을 터득하고 경영계획의 입안과 종합적인 관리업무를 수행할 수 있는 자 및 중소유통업의 경영지도능력을 갖춘 자

2 응시자격

제한 없음

3 필기시험 안내

(1) 시험과목

• 유통물류일반관리	• 상권분석
• 유통마케팅	• 유통정보

(2) 출제형태
객관식 5지선다형, 90문항

(3) 시험시간
100분

(4) 합격기준
매 과목 40점 이상, 평균 60점 이상

(5) 가점 부여기준(10점 가산)
유통산업분야에서 3년 이상 근무한 자로서 산업통상자원부가 지정한 연수기관에서 40시간 이상 수료 후 2년 이내 2급 시험에 응시한 자

4 출제기준

제1과목 유통물류일반관리		
주요항목	**세부항목**	**세세항목**
유통의 이해	유통의 이해	• 유통의 개념과 분류 • 유통(중간상)의 필요성 • 유통기능(function)과 유통흐름(flow)
	유통경로 및 구조	• 유통경로의 개념 • 유통경로의 유용성 • 유통경로의 유형과 조직 • 유통경로의 믹스
	유통경제	• 유통산업의 경제적 역할 • 상품생산·소비 및 교환 • 유통비용과 이윤
	유통산업의 이해 및 환경	• 유통의 발전과정 • 유통환경의 변화와 특징 • 유통산업 관련 정책 • 글로벌 유통산업의 동향과 추세
유통경영전략	유통경영환경분석	• 유통경영전략의 필요성과 이해 • 유통경영의 비전과 목표 • 유통경영의 외부적 요소 분석 • 유통경영의 내부적 요소 분석
	유통경영전략의 수립과 실행	• 유통기업의 사업방향 결정 • 기업수준의 경영전략, 사업부수준의 경영전략, 기능별 경영전략 • 경쟁우위와 경쟁전략 • 경영혁신 • 다각화·통합전략과 아웃소싱전략 • 전략적 제휴, 합작투자, 인수합병전략 • 유통기업의 글로벌화 전략 • 기타 유통경영전략 • 경영전략의 대안 평가 및 선택
	유통경영전략의 평가 및 통제	• 전략의 평가 • 전략의 통제 • 성과의 환류(feedback)

INFORMATION
| 변경 출제기준(2024~)

제1과목 유통물류일반관리		
주요항목	세부항목	세세항목
유통경영관리	조직관리	• 조직이론(★ 조직이론의 변천 과정 항목 조정) • 조직구조의 유형 및 설계 • 조직의 목표관리와 동기부여 • 조직의 의사전달과 갈등관리 • 조직문화와 리더십
	인적자원관리	• 인사관리의 기초와 개념 • 직무분석과 직무평가 • 인적자원의 확보와 개발 • 인적자원의 활용과 배치 • 인적자원의 보상과 유지
	재무관리	• 재무관리의 개요 • 화폐의 시간적 가치와 현재가치 및 균형가격 • 자본예산과 자본조달 • 자본비용
	구매 및 조달관리	• 구매 및 조달관리의 개념 및 절차 • 공급자 선택 및 관리 • 구매실무(원가계산, 구매가격, 구매계약, 구매협상, 재고관리) • 품질관리 • 글로벌 구매 및 조달관리
물류경영관리	도소매물류의 이해	• 도소매물류의 기초 • 도소매물류의 고객서비스
	도소매물류관리	• 물류계획 • 운송, 보관, 하역, 창고관리 • 포장관리 • 물류관리를 위한 정보기술 • 물류비 • 물류아웃소싱과 3자물류, 4자물류 • 국제물류
유통기업의 윤리와 법규	기업윤리의 기본개념	• 기업윤리의 기본개념 • 기업윤리의 기본원칙 • 유통기업의 사회적 책임 • 유통기업윤리 프로그램의 도입과 관리 • 기업환경의 변화와 기업윤리 • 시장구조와 윤리 • 양성평등에 대한 이해
	유통관련 법규	• 유통산업발전법 • 전자문서 및 전자거래기본법 • 소비자기본법

제2과목 상권분석		
주요항목	세부항목	세세항목
유통 상권조사	상권의 개요	• 상권의 정의와 유형 • 상권의 계층성
	상권분석에서의 정보기술 활용	• 상권분석과 상권정보 • 상권정보시스템, 지리정보 활용
	상권설정 및 분석	• 상권분석의 개념 및 평가 방법 • 상권설정 • 업태 및 업종별 상권의 분석과 설정 • 상권 · 입지분석의 제이론 • 상권조사의 방법과 분석 (★ 위치 변경)
입지분석	입지의 개요	• 도매입지와 소매입지의 개요 • 업태 및 업종과 입지 • 물류와 입지
	입지별 유형	• 지역 공간 구조 • 도심입지 • 쇼핑센터 • 기타입지
	입지선정 및 분석	• 입지선정의 의의 • 입지영향인자 • 업태별 입지 개발방법 • 경쟁점(채널) 분석 • 입지의 선정
개점전략	개점계획	• 점포개점 의의 및 원칙 • 투자의 기본계획 • 개점입지에 대한 법률규제검토
	개점과 폐점	• 출점 및 개점 • 점포개점을 위한 준비 • 업종전환과 폐점

제3과목 유통마케팅		
주요항목	세부항목	세세항목
유통마케팅 전략기획	유통마케팅전략	• 시장세분화 • 목표시장 선정 • 포지셔닝 전략
	유통경쟁전략	• 유통경쟁의 개요 • 유통경쟁의 형태 • 소매업태의 성장과 경쟁 • 글로벌 경쟁전략 • 서비스 마케팅
	상품관리 및 머천다이징전략	• 머천다이징 및 상품관리의 개요 • 머천다이징과 브랜드 • 업태별 머천다이징 및 상품기획 • 상품 카테고리 계획과 관리 • 상품 매입과 구매계획 • 상품수명주기별 상품관리전략 • 단품관리전략
	가격관리전략	• 가격관리의 개요 • 가격설정의 방법 • 가격설정 정책 • 업태별 가격관리
	촉진관리전략	• 촉진관리전략의 개요 • 프로모션믹스 • 업태별 촉진전략(옴니채널, O2O, O4O 등) • e-Retailing 촉진 • 소매정보와 촉진
디지털 마케팅 전략 (★ 내용 추가)	소매점의 디지털 마케팅 전략	• 디지털 마케팅에 대한 이해 • 온라인 구매결정과정에 대한 이해 • 소매점의 디지털 마케팅을 위한 목표결정 • 타깃 고객층 파악 • 경쟁분석과 마케팅 포지셔닝
	웹사이트 및 온라인 쇼핑몰 구축	• 사용자 경험(UX)에 대한 이해 • 온라인 쇼핑몰의 중요성과 이점 • 온라인 쇼핑몰 기능과 결제 시스템 • 검색엔진 마케팅과 검색엔진 최적화(SEO) • 보안과 개인정보 보호

제3과목 유통마케팅		
주요항목	세부항목	세세항목
디지털 마케팅 전략 (★ 내용 추가)	소셜미디어 마케팅	• 소셜미디어 플랫폼에 대한 이해 • 소셜미디어 마케팅 전략과 콘텐츠 제작 • 소셜미디어 광고
	데이터분석과 성과측정	• 디지털 마케팅 데이터 분석의 개요 • 효과적인 분석도구와 측정지표 • 사용자 데이터 수집과 분석
점포관리	점포구성	• 점포구성의 개요　• 점포의 구성과 설계 • 점포 디자인　• 온라인 쇼핑몰 구성과 설계 • 온라인 쇼핑몰 UI, UX 등
	매장 레이아웃 및 디스플레이	• 매장 레이아웃의 개요　• 매장의 구성과 분류 • 매장 배치와 통로 설정　• 상품진열의 조건 및 형식 • 상품진열 및 배열기법　• 비주얼 프리젠테이션 개요 및 기술 • 컬러 머천다이징의 기초지식 • 디스플레이 웨어와 POP 광고 취급방법
	매장환경관리	• 매장 환경의 개요　• 매장 내외부 환경관리 • 매장 구성요소와 관리 및 통제　• 매장 안전관리
상품판매와 고객관리	상품판매	• 상품판매의 개요　• 판매서비스 • 상품 로스(Loss)관리 (★NCS 유통관리 내용 반영)
	고객관리	• 고객의 이해　• 고객관리의 개요 • 고객정보의 수집과 활용　• 고객응대기법
	CRM전략 및 구현방안	• CRM의 배경 및 장점　• CRM의 도입방법 및 고려사항 • CRM의 정의 및 필요성　• CRM의 유형 • CRM 구현 단계　• 유통기업의 CRM 구축방안
유통마케팅 조사와 평가	유통마케팅 조사	• 유통마케팅 조사의 개요　• 유통마케팅 조사의 방법과 절차 • 유통마케팅 자료분석기법
	유통마케팅 성과 평가	• 유통마케팅 성과 평가의 개요　• 유통마케팅 목표의 평가 • 유통업의 성과평가　• 경로구성원의 평가 • 영향력 및 갈등 평가 • 온라인유통마케팅의 성과지표(전환율, 노출수, CPC, CPM 등)

제4과목 유통정보		
주요항목	**세부항목**	**세세항목**
유통정보의 이해	정보의 개념과 정보화 사회	• 정보와 자료의 개념 • 정보 · 자료 · 지식 간의 관계 • 정보혁명의 의의와 특성 • 정보화 사회의 개요 • 정보화 사회의 특징과 문제점 • 정보의 유형
	정보와 유통혁명	• 유통정보혁명의 시대 • 유통업에 있어서의 정보혁명 • 정보화 진전에 따른 유통업태의 변화
	정보와 의사결정	• 의사결정의 이해 • 의사결정의 종류와 정보 • 의사결정의 단계와 정보 • 의사결정지원 정보시스템(DSS, GDSS, EIS 등) • 지식경영과 지식관리시스템 활용
	유통정보시스템	• 유통정보시스템의 개념 • 유통정보시스템의 유형 • 유통정보시스템의 운영환경적 특성 • 유통정보시스템의 구성요소 • 유통정보시스템의 기획 • 유통정보시스템의 분석/설계/구축 • 정보 네트워크
주요 유통 정보화기술 및 시스템	바코드, POS EDI, QR 시스템 구축 및 효과	(★ 내용 축소) • 바코드의 개념 및 활용 • POS의 개념 및 활용 • EDI의 개념 및 활용 • QR의 개념 및 활용

제4과목 유통정보		
주요항목	세부항목	세세항목
유통정보의 관리와 활용	데이터관리	• 데이터베이스, 데이터웨어하우징, 데이터마트 • 빅데이터, R, 데이터마이닝 등 데이터 수집 · 분석 · 관리기술 및 관련 장비 • 데이터 거버넌스
	개인정보보호와 프라이버시	• 개인정보보호 개념 • 개인정보보호 정책 • 개인정보보호 기술 • 보안시스템 • 프라이버시 개념 • 프라이버시 보호 정책 • 프라이버시 보호 기술
	고객충성도 프로그램	• 고객충성도 프로그램의 개념과 필요성 • 고객충성도 프로그램을 위한 정보기술
전자상거래	전자상거래 운영	• 전자상거래 프로세스 • 물류 및 배송 관리시스템 • 전자결제시스템
유통혁신을 위한 정보자원관리	ERP 시스템	• ERP 개념 • ERP 요소기술 • ERP 구축 • 유통분야에서의 ERP 활용
	CRM 시스템	• CRM 개념 • CRM 요소기술 • CRM 구축 • 유통분야에서의 CRM 활용
	SCM 시스템	• SCM 개념 • SCM 요소기술 • SCM 구축 • 유통분야에서의 SCM 활용
신융합기술의 유통분야에서의 응용	신융합기술	• 신융합기술 개요 • 디지털 신기술 현황 • 신융합 핵심기술 • 신융합기술에 따른 유통업체 비즈니스 모델 변화
	신융합기술의 개념 및 활용	• 빅데이터와 애널리틱스의 개념 및 활용 • 인공지능의 개념 및 활용 • RFID의 사물인터넷의 개념 및 활용 • 로보틱스와 자동화의 개념 및 활용 • 블록체인과 핀테크의 개념 및 활용 • 클라우드컴퓨팅의 개념 및 활용 • 가상현실과 메타버스의 개념 및 활용 • 스마트물류와 자율주행의 개념 및 활용

STRUCTURE & FEATURES
| 구성과 특징

01 과목별 핵심이론

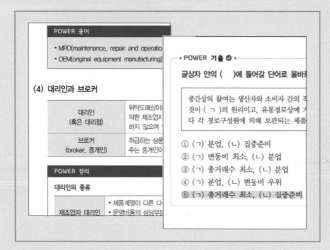

#핵심이론 #압축이론 #단기합격

✓ 4과목 출제 영역의 19개 주요 항목에서 핵심만 뽑아서 수록하였습니다.

✓ 학습효과를 높이기 위해 도표를 적극 활용했습니다.

✓ POWER 용어, POWER 정리로 마무리 학습을 돕습니다.

✓ 이론과 연계된 POWER 기출은 빠르게 정답을 확인할 수 있습니다.

02 과목별 핵심문제

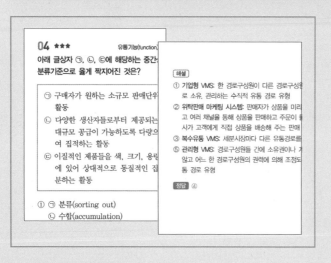

#핵심문제 #3개년 기출 #빈출문제

✓ 최신 3개년 출제문항에서 빈출 문항 위주로 수록하였습니다.

✓ 상세한 문항별 해설로 스스로 학습이 가능합니다.

✓ 출제영역 및 빈출 표시(★)로 체계적인 학습을 지원합니다.

※ ★ 개수는 출제 빈도를 나타냅니다.

03 빈출 모의고사(1회분)

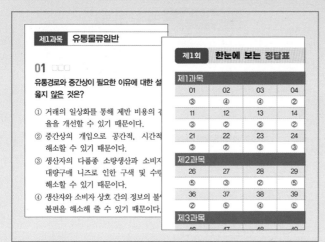

#최종모의고사 #실전모의고사 #빈출문항
✓ 과목별 핵심문제에서 선별하여 1회분 모의고사를 재구성하였습니다.
✓ 빈출된(3회 이상 신규 출제영역 제외) 문항만 선별하였습니다.
✓ 시험 전 실전연습, 핵심문제 복습용으로 활용할 수 있습니다.

04 부록 | 입실 5분전 키워드 100

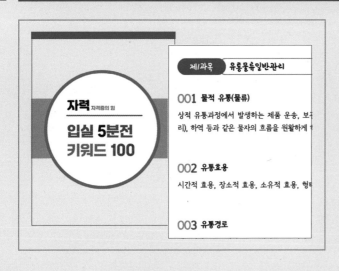

#시험전 #암기 키워드 #10점 올리는 방법
✓ 과목별 25개씩 총 100개의 암기 키워드를 뽑았습니다.
✓ 시험 5분전 빠르게 암기하여 10점을 더 올려보세요.
✓ 오디오북으로 언제 어디서나 쉽게 암기할 수 있습니다.

CONTENTS
| 차례

SUBJECT 02 상권분석

CONTENTS
| 차례

Certified Distribution Management

SUBJECT 01
유통물류일반관리

유통물류일반관리
이론 + 문제 완전정복

※ 출제순위는 2023~2021 3개년 출제경향을 기준으로 함

01 | 유통의 이해

CHAPTER 01 유통의 이해

1 유통의 개념과 분류

1) 유통(Distribution)의 개념

(1) 일반적으로 기업에서는 생산한 제품을 직접 최종 소비주체에 판매하지 않는다.

(2) 생산업체와 최종 소비자 사이에는 다양한 이름으로 다양한 기능을 수행하는 중간상(intermediary)이 존재한다.

(3) 유형제품만 유통경로를 갖는다고 생각하기 쉬우나 서비스도 유통경로를 갖는다.

> 예 금융서비스 유통경로(현금인출기, 지점), 스마트폰 서비스 유통경로(대리점, AS센터)
> 결혼 준비 시 호텔, 항공, 미용, 사진 유통경로 → 웨딩플래너를 통해 서비스를 제공

2) 유통의 의의

유통은 생산된 상품이 최종 소비자에게 전달되기까지의 과정으로, 경제적인 측면에서 생산과 소비를 연결해 주는 중간기능을 의미한다.

유통산업(유통산업발전법 제2조)

1. "유통산업"이란 농산물 · 임산물 · 축산물 · 수산물(가공물 및 조리물을 포함한다) 및 공산품의 도매 · 소매 및 이를 경영하기 위한 보관 · 배송 · 포장과 이와 관련된 정보 · 용역의 제공 등을 목적으로 하는 산업을 말한다.
2. "매장"이란 상품의 판매와 이를 지원하는 용역의 제공에 직접 사용되는 장소를 말한다. 이 경우 매장에 포함되는 용역의 제공 장소의 범위는 대통령령으로 정한다.
3. "대규모점포"란 다음 각 목의 요건을 모두 갖춘 매장을 보유한 점포의 집단으로서 별표에 규정된 것을 말한다.
   가. 하나 또는 대통령령으로 정하는 둘 이상의 연접되어 있는 건물 안에 하나 또는 여러 개로 나누어 설치되는 매장일 것
   나. 상시 운영되는 매장일 것
   다. 매장면적의 합계가 3천제곱미터 이상일 것

---

4. "준대규모점포"란 다음 각 목의 어느 하나에 해당하는 점포로서 대통령령으로 정하는 것을 말한다.
　가. 대규모점포를 경영하는 회사 또는 그 계열회사(「독점규제 및 공정거래에 관한 법률」에 따른 계열회사를 말한다)가 직영하는 점포
　나. 「독점규제 및 공정거래에 관한 법률」에 따른 상호출자제한기업집단의 계열회사가 직영하는 점포
　다. 가목 및 나목의 회사 또는 계열회사가 제6호 가목에 따른 직영점형 체인사업 및 같은 호 나목에 따른 프랜차이즈형 체인사업의 형태로 운영하는 점포
5. "임시시장"이란 다수(多數)의 수요자와 공급자가 일정한 기간 동안 상품을 매매하거나 용역을 제공하는 일정한 장소를 말한다.
6. "체인사업"이란 같은 업종의 여러 소매점포를 직영(자기가 소유하거나 임차한 매장에서 자기의 책임과 계산 하에 직접 매장을 운영하는 것을 말한다. 이하 같다)하거나 같은 업종의 여러 소매점포에 대하여 계속적으로 경영을 지도하고 상품·원재료 또는 용역을 공급하는 다음 각 목의 어느 하나에 해당하는 사업을 말한다.
　가. 직영점형 체인사업
　　체인본부가 주로 소매점포를 직영하되, 가맹계약을 체결한 일부 소매점포(이하 이 호에서 "가맹점"이라 한다)에 대하여 상품의 공급 및 경영지도를 계속하는 형태의 체인사업
　나. 프랜차이즈형 체인사업
　　독자적인 상품 또는 판매·경영 기법을 개발한 체인본부가 상호·판매방법·매장운영 및 광고방법 등을 결정하고, 가맹점으로 하여금 그 결정과 지도에 따라 운영하도록 하는 형태의 체인사업
　다. 임의가맹점형 체인사업
　　체인본부의 계속적인 경영지도 및 체인본부와 가맹점 간의 협업에 의하여 가맹점의 취급품목·영업방식 등의 표준화사업과 공동구매·공동판매·공동시설활용 등 공동사업을 수행하는 형태의 체인사업
　라. 조합형 체인사업
　　같은 업종의 소매점들이 「중소기업협동조합법」 제3조에 따른 중소기업협동조합, 「협동조합 기본법」 제15조에 따른 협동조합, 같은 법 제71조에 따른 협동조합연합회, 같은 법 제85조에 따른 사회적협동조합 또는 같은 법 제114조에 따른 사회적협동조합연합회를 설립하여 공동구매·공동판매·공동시설활용 등 사업을 수행하는 형태의 체인사업
7. "상점가"란 일정 범위의 가로(街路) 또는 지하도에 대통령령으로 정하는 수 이상의 도매점포·소매점포 또는 용역점포가 밀집하여 있는 지구를 말한다.
8. "전문상가단지"란 같은 업종을 경영하는 여러 도매업자 또는 소매업자가 일정 지역에 점포 및 부대시설 등을 집단으로 설치하여 만든 상가단지를 말한다.
9. "무점포판매"란 상시 운영되는 매장을 가진 점포를 두지 아니하고 상품을 판매하는 것으로서 산업통상자원부령으로 정하는 것을 말한다.
10. "유통표준코드"란 상품·상품포장·포장용기 또는 운반용기의 표면에 표준화된 체계에 따라 표기된 숫자와 바코드 등으로서 산업통상자원부령으로 정하는 것을 말한다.
11. "유통표준전자문서"란 「전자문서 및 전자거래 기본법」 제2조 제1호에 따른 전자문서 중 유통부문에 관하여 표준화되어 있는 것으로서 산업통상자원부령으로 정하는 것을 말한다.
12. "판매시점 정보관리시스템"이란 상품을 판매할 때 활용하는 시스템으로서 광학적 자동판독방식에 따라 상품의 판매·매입 또는 배송 등에 관한 정보가 수록된 것을 말한다.

13. "물류설비"란 화물의 수송·포장·하역·운반과 이를 관리하는 물류정보처리활동에 사용되는 물품·기계·장치 등의 설비를 말한다.
14. "도매배송서비스"란 집배송시설을 이용하여 자기의 계산으로 매입한 상품을 도매하거나 위탁받은 상품을 「화물자동차 운수사업법」 제3조 및 제29조에 따른 허가를 받은 자가 수수료를 받고 도매점포 또는 소매점포에 공급하는 것을 말한다.
15. "집배송시설"이란 상품의 주문처리·재고관리·수송·보관·하역·포장·가공 등 집하(集荷) 및 배송에 관한 활동과 이를 유기적으로 조정하거나 지원하는 정보처리활동에 사용되는 기계·장치 등의 일련의 시설을 말한다.
16. "공동집배송센터"란 여러 유통사업자 또는 제조업자가 공동으로 사용할 수 있도록 집배송시설 및 부대업무시설이 설치되어 있는 지역 및 시설물을 말한다.
[전문개정 2013. 1. 23.]
[제48조의2의 규정에 의해 제2조제4호 중 준대규모점포와 관련된 부분은 2025년 11월 23일까지 유효함]

3) 유통경로의 분류 및 정의

유통경로는 고객이 제품이나 서비스를 사용 또는 소비하는 과정에 참여하는 상호의존적인 조직체들의 집합체이다.

형태	내용
상적 유통(상류)	상품과 서비스의 매매 즉, 소유권 이전과 관련된 상거래 활동
물적 유통(물류)	상적 유통과정에서 발생하는 제품 운송, 보관(재고관리) 그리고 하역 등과 같은 물자의 흐름을 원활하게 하는 활동
금융적 유통	원재료, 중간가공품 그리고 완제품의 흐름뿐만 아니라 유통에서 발생하는 위험부담의 관리, 필요 자금 융통 등 거래에 관련된 금액이 다른 주체로 이전하는 활동
정보유통	거래되는 제품 및 서비스에 관한 정보를 제공하고 유통과정 중 발생하는 정보를 원활하게 연결하여 생산업자, 유통업자 그리고 고객 등 모든 가치사슬상의 흐름을 향상하는 활동

4) 유통의 역할과 효용

(1) 유통의 역할

① 유통은 사회적, 장소적, 시간적 불일치를 극복, 수요와 공급을 일치시키는 역할을 한다.
② 유통은 생산과 소비 사이의 매개 역할을 하여 사회적인 불일치를 극복한다.
③ 유통의 운송기능은 생산자와 소비자 사이의 장소적 불일치를 해소, 유통의 보관과 재고관리는 제품의 생산 시기와 소비 시기의 차이를 해소한다.
④ 생산자는 규모의 경제 실현을 위해 대량으로 생산하지만 소비자는 소량으로 구매하므로 유통은 수요량과 공급량 간의 양적 조정을 통해 물가안정 및 가격·품질 조정기능을 한다.

(2) 효용(Utility)

유통은 채널 구성원들에게 다음과 같은 다양한 효용을 제공한다.

효용 유형	내용
시간적 효용 (Time Utility)	• 제품보관을 통해 적절한 시기에 구매할 수 있도록 함 • 보관(storage)을 통해 언제든지 소비자가 원하는 시간에 상품과 서비스를 제공함으로써 소비자의 욕구를 충족하는 효용
장소적 효용 (Place Utility)	• 제품운송을 통해 적절한 장소에서 판매하여 소비자들의 구매욕구를 충족 • 운송(transportation)을 통해 어디서든지 소비자가 원하는 장소에서 상품과 서비스를 제공함으로써 소비자의 욕구를 충족하는 효용
소유적 효용 (Form Utility)	• 제조업체를 대신하여 신용판매나 할부판매를 제공 • 대량으로 생산되는 상품의 수량을 소비지에서 요구되는 적절한 수량으로 분할, 분배함으로써 창출되는 효용
형태적 효용 (Possession Utility)	• 유통가공행위를 통해 소비자가 원하는 형태 및 수량으로 공급. 이때의 가공은 원천적인 성질의 변형이 아닌 형태의 변형임 • 신용판매, 할부판매 등의 방식으로 판매를 높여 제품의 부가가치를 높임으로써 창출되는 효용

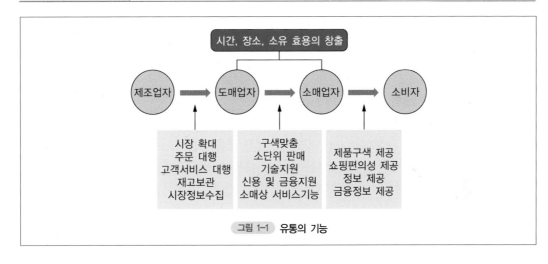

그림 1-1 유통의 기능

2 유통(중간상)의 필요성

1) 제조업체 대부분 제품을 중간상(도매상과 소매상)을 통해 최종 소비자에게 제공한다.

2) 중간상의 존재가 마케팅 시스템을 효율적으로 운영한다.

3) 유통경로상에서 중간상이 개입되면 제품의 가격은 상승하게 되지만 이는 중간상이 창출하는 소비자 효용으로 상쇄된다.

4) 총효용이 증가한다는 것으로 중간상이 필요한 이유는 다음과 같다.

(1) 총거래수 최소화의 원칙(접촉 효율 개선)

유통경로에서 중간상이 없다면 생산자와 소비자가 직접 거래하여야 하므로 거래 수가 많아지지만 중간상이 개입하면 거래 수가 감소하므로 거래비용도 감소한다.

(2) 분업의 원칙

① 유통경로상에서 수행되는 다양한 기능에도 분업의 원리가 적용된다.
② 주문, 촉진, 금융, 정보 수집 등의 기능을 중간상들이 분담하여 수행하면 유통기능의 효율성이 높아져 전체 유통비용은 감소하고 제품의 가격도 낮아질 수 있다.

(3) 변동비 우위의 원칙

① 유통업은 제조업에 비해 변동비 비중이 크기 때문에 생산자가 제조와 유통을 통합하는 것보다 분리하여 역할을 분담하는 것이 비용 측면에서 효율적이다.
② 제조업의 경우 생산설비를 갖추는 데 초기 비용(고정비)이 많이 소요되나, 시설 규모가 커지고 생산량이 증가할수록 단위당 고정비가 하락하여 단위당 비용이 하락하는 규모의 경제 효과가 크게 나타난다.

POWER 용어
변동비 생산량의 증감에 따라 변동하는 비용 cf. 고정비는 생산량의 변동 여부에 관계없이 일정하게 지출되는 비용

(4) 집중준비의 원칙(집중저장의 원칙)

중간상이 제품의 보관 기능을 분담함으로써 사회 전체가 원활한 소비를 위해 저장해야 할 제품의 총량을 줄일 수 있다.

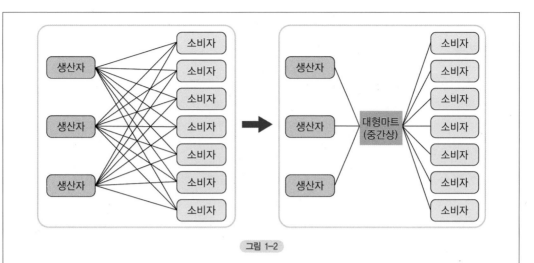

그림 1-2

[거래수 비교 예시]
- 중간상 無 총거래수: $3 \times 7 = 21$
- 중간상 有 경우 총거래수: $3 \times 1 + 7 \times 1 = 10$
- 중간상 有 감소하는 거래수: $21 - 10 = 11$

• POWER 기출 ✓ •

글상자 안의 (   )에 들어갈 단어로 올바르게 짝지어진 것은?

중간상의 참여는 생산자와 소비자 간의 직접거래에 비해 거래빈도의 수 및 이로 인한 거래비용을 낮춘다는 것이 (ㄱ)의 원리이고, 유통경로상에 가능하면 많은 수의 도매상을 개입시킴으로써 그렇지 않은 경우보다 각 경로구성원에 의해 보관되는 제품의 총량을 감소시킬 수 있다는 것이 (ㄴ)의 원리이다.

① (ㄱ) 분업, (ㄴ) 집중준비
② (ㄱ) 변동비 최소, (ㄴ) 분업
③ (ㄱ) 총거래수 최소, (ㄴ) 분업
④ (ㄱ) 분업, (ㄴ) 변동비 우위
⑤ (ㄱ) 총거래수 최소, (ㄴ) 집중준비

3 유통기능(Function)과 유통흐름(Flow)

1) 유통기능

(1) 상적 유통기능

상적 유통기능은 소유권 이전과 관련되는 상거래 활동으로, 도·소매업, 중개업, 무역업 등이 있으며 사회적 불일치 해소기능, 수량 조정기능, 품질 조정기능을 포함한다.

(2) 물적 유통기능

물적 유통기능은 장소적 차이를 해소하는 운송기능과 시간적 차이를 조정하는 보관, 하역, 포장, 유통·가공, 유통정보기능 등을 포함한다.

(3) 유통조성기능

유통조성기능은 표준화 및 등급화(규격화)기능, 금융기능, 보험기능, 위험부담기능, 시장정보기능 등을 포함한다.

2) 유통흐름

(1) 전방흐름(Forward Flow)

생산자로부터 최종 소비자의 방향으로 상품과 소유권 등이 이전되는 유통흐름을 말한다. 마케팅 촉진도 전방흐름에 해당한다.

(2) 후방흐름(Reverse Flow)

주문이나 판매 대금의 결제와 같이 '최종 소비자 → 소매상 → 도매상 → 생산자'로 이동하는 흐름을 말한다.

(3) 양방향흐름(Bidirectional Flow)

생산자로부터 소비자의 방향으로, 동시에 소비자로부터 생산자의 방향으로 이루어지는 유통흐름을 말한다. 협상과 금융, 위험부담기능 등이 이에 해당한다.

POWER 정리

- 전방흐름
  - 생산자 → 소비자
  - 예 물류 이동, 정보 전달, 재고 관리 등
- 후방흐름
  - 소비자 → 생산자
  - 예 재활용, 수리 및 재사용,재활용
- 양방향흐름
  - 생산자 ↔ 소비자
  - 예 협력관계, 주문 및 배송상태, 정보 교환

---

1 유통경로의 개념

1) 유통경로는 고객이 제품이나 서비스를 사용 또는 소비하는 과정에 참여하는 상호의존적인 조직체들의 집합체이다.

2) 유통경로(Distribution Channel)는 제품이나 서비스가 생산자로부터 소비자에 이르기까지 거치게 되는 통로 또는 단계라 말할 수 있다.

3) 유통경로는 제조업자 → 도매상 → 소매상 → 소비자로 표현할 수 있으며, 제조업자 입장에서의 유통경로 관리는 이러한 수직적 경로를 관리하는 과정이다.

4) 생산자와 소비자 사이에는 상품 유통을 담당하는 여러 종류의 중간상들이 개입하게 된다.

5) 중간상에는 도매상, 소매상과 같이 소유권을 넘겨받아 판매 차익을 얻는 형태와 생산자의 직영점처럼 소유권 이전 없이 단지 판매활동만 하는 형태가 있다.

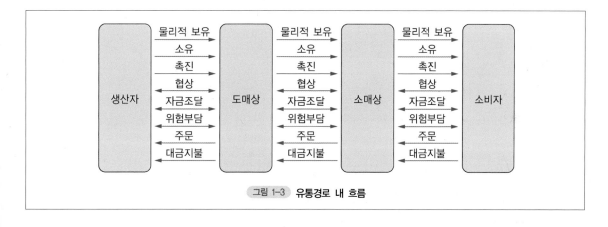

그림 1-3 **유통경로 내 흐름**

6) 유통경로의 전략적 중요성

(1) 유통경로는 다른 마케팅믹스 요소와 달리 한번 결정되면 경로 전환이 어려운 비탄력성이 있기 때문에 기업은 유통경로의 결정과 관리에 신중해야 한다.

(2) 유통경로는 전략적으로도 중요한데 유통경로의 길이, 중간상들의 기능 및 능률성, 기업의 합리적 유통경로 결정 등은 기업 경쟁력에 큰 영향을 준다.

7) 유통경로의 설계

유통경로의 설계는 최종 사용자 혹은 고객의 가치가 무엇인가를 검토한 후 이러한 기대를 잘 충족시키는 것을 목적으로 유통경로의 형태와 집약도를 결정하는 것을 말한다.

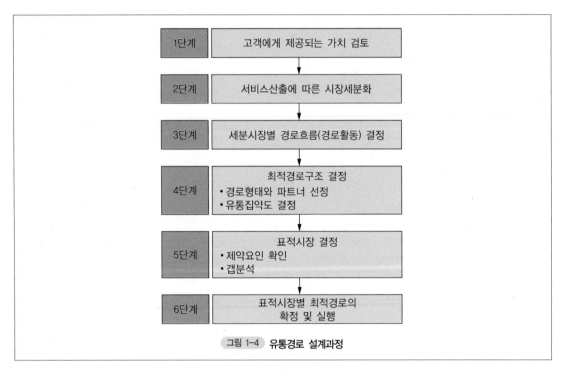

그림 1-4 **유통경로 설계과정**

(1) 최적 경로구조의 결정은 4 단계로 경로형태의 결정 → 경로커버리지 결정의 문제인데 이때는 경로집약도(channel intensity)라 한다.

(2) 각각의 경로형태에 있어 얼마나 많은 수의 경로구성원을 활용할 것인가의 문제가 중요하다.

(3) 경로커버리지 혹은 유통집약도의 문제로도 불리며 이에 대한 의사결정은 특정한 지역에 얼마나 많은 수의 판매망을 확보할 것인가의 문제와 이들 판매망으로 하여금 어떤 기능을 수행하도록 할 것인가의 문제이다.

2 유통경로의 유용성

1) 유통경로의 기능

(1) 유통경로는 교환과정 촉진, 제품 구색의 불일치 완화, 소비자와 제조업자 간의 연결, 고객서비스 제공 그리고 쌍방 간의 정보제공 등의 기능을 갖고 있다.

(2) 소비자 간에 있어 중간상의 개입으로 교환 과정을 단순화시킬 수 있으므로 보다 많은 거래를 효율적으로 이루어 교환과정을 촉진한다.

(3) 제조업자는 소수의 제품을 대량 생산하고자 하며 소비자는 소수의 다양한 제품을 구매하고자 하는데, 양자의 욕구 차이에서 발생하는 제품구색과 생산·구매량의 불일치를 유통경로가 완화하는 기능을 한다.

(4) 제조업자들은 중간상을 이용하면 적은 비용으로 더 많은 잠재고객에게 도달할 수 있으며 소비자들도 제품 탐색비용을 줄일 수 있다.

(5) 유통경로는 제조업자를 대신하여 소비자에게 사후관리(애프터서비스; A/S)를 제공하고 제품의 배달, 설치, 사용 방법 교육 등과 같은 서비스를 제공한다. 유형재인 상품의 판매뿐만 아니라 소비자에게 상품정보, 유행정보를 제공하는 기능까지 수행하며 고객의 선호도와 기타 유행정보 등을 생산업자들에게 제공하는 기능을 한다.

2) 유통경로의 구색형성 기능(Assortment Function)

(1) 중간상은 여러 제조업자로부터 다양한 제품을 확보하고, 확보한 제품들을 같은 카테고리로 분류하거나 알맞은 크기로 나누는 등 제품의 구색을 갖춤으로써 고객의 구매 편의성을 도모하는 역할을 하는데 이러한 기능을 구색형성 기능 또는 분류기능이라고 한다.

(2) 중간상은 이러한 분류기능을 통해 형태, 소유, 시간, 장소 등의 효용을 창출한다.

(3) 생산물의 종류 및 분류방법

구분	산개(나눔)	집중(모음)
이질적 생산물	분류(Sorting out): 이질적인 것을 동질적 단위로 나누는 과정, 생산자의 표준화 기능	구색(Assortment): 이질적인 것을 모두 다시 모으는 단계
동질적 생산물	분배(Allocation): 동질적으로 쌓인 것을 다시 나누는 과정	집적(Accumulation): 동질적인 것끼리 다시 모으는 수집 기능

구분	내용
분류 또는 등급분류 (Sorting out)	다양한 생산자들로부터 공급된 이질적 제품들의 색, 크기, 용량, 품질 등을 기준으로 상대적으로 동질적인 집단으로 구분
집적 또는 수합 (Accumulation)	도매상은 소매상들을 위해, 소매상들은 소비자들을 위해 다양한 생산자들로부터 제공되는 제품들을 대규모 공급이 가능하도록 대량으로 구매(pick-up)
분배 또는 배분 (Distribution)	도매상은 소매상에게 소매상이 원하는 단위로, 소매상은 소비자에게 소비자가 원하는 단위로 연속적으로 나누어 제공
구색 갖춤 (Assorting)	중간상이 다양한 생산자들로부터 제품을 구매하여 소비자가 원하는 제품을 구비 (판매를 위해 배분된 상품들을 카테고리별로 묶어 매장에 진열)

• POWER 기출 ✓ •

아래 글상자의 괄호 안에 들어갈 용어를 순서대로 바르게 나열한 것으로 가장 옳은 것은?

(㉠)은/는 이질적인 생산물을 동질적인 단위로 나누는 과정을 말한다. (㉡)은/는 이질적인 것을 모으는 과정을 말한다. (㉢)은/는 동질적으로 모아진 것을 나누는 과정을 말한다.

① ㉠ 배분, ㉡ 집적, ㉢ 구색
② ㉠ 구색, ㉡ 집적, ㉢ 분류
③ ㉠ 분류, ㉡ 구색, ㉢ 배분
④ ㉠ 배분, ㉡ 집적, ㉢ 분류
⑤ ㉠ 집적, ㉡ 구색, ㉢ 분류

3 유통경로의 유형과 조직

1) 유통경로의 유형

(1) 유통경로의 유형은 소비재와 산업재 그리고 서비스 유통경로로 구별할 수 있다.

(2) 소비재 유통경로는 최종적으로 소비자에게 제품을 공급하는 곳이며 ① 제조업자가 소비자에게 직접 판매, ② 소매상 하나만 ③ 도매상과 소매상 경로, ④ 도매상, 중간도매상, 소매상의 경로 등 크게 네 가지 유형으로 분류할 수 있다.

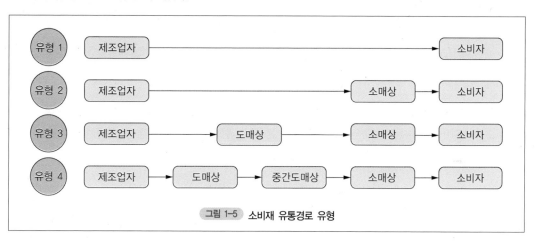

그림 1-5　소비재 유통경로 유형

(3) 산업재는 기업들이 제품의 생산에 투입되기 위해 혹은 도움을 주기 위해 구매하는 제품을 말한다. 산업재의 유통경로 역시 네 가지 유형으로 분류할 수 있다.

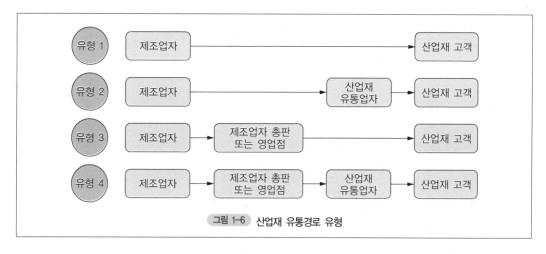

그림 1-6　산업재 유통경로 유형

(4) 서비스의 유통경로는 무형성, 소비와 생산의 비분리성, 이질성, 소멸성의 특성이 있다.

① 서비스는 어떤 물리적 형태가 존재하지 않으며(무형성), 생산과 소비가 동시에 이루어지며 이 둘은 분리되지 않는다(비분리성). 서비스 제공자에 따라 제공되는 서비스의 질은 상이할 수 있으며(이질성) 마지막으로 서비스는 비저장성으로 생산과 동시에 소멸된다(소멸성).

② 유통경로와 관련된 가장 중요한 서비스의 특성은 무형성이다. 이는 저장되거나 이동될 수 없는 서비스의 특성에서 기인하며, 생산되는 장소와 판매되는 장소가 일치한다는 것을 의미한다. 그러므로 서비스는 상품처럼 보관이나 운송의 개념이 적용될 수 없다.

2) 업종과 업태

소매업을 분류하는 기준으로, 업종은 '무엇을 파는가(What to sell)'의 관점에서 분류하는 것이고, 업태는 '어떻게 파는가(How to sell)'의 관점에서 분류하는 것이다.

(1) 업종(Kind of Business)

소매상이 판매하는 상품의 종류에 따른 분류로 의류점, 가전제품점, 가구점, 식품점 등을 지칭한다.

(2) 업태(Type of Management)

소매점의 영업전략에 따른 분류이다. 판매 방식, 영업시간, 가격전략 등을 기준으로 백화점, 대형마트, 슈퍼마켓, 편의점, 카테고리 킬러, 전자상거래 등으로 다양하게 구분할 수 있다.

(3) 업종과 업태

구분	분류 기준	시각	점포 크기	주요 유형	장점
업종	제품 성격	생산자 중심	소규모	의류점, 가구점, 식품점 등	제조업체의 통제가 쉬움
업태	소매전략	소비자 중심	대규모	백화점, 할인점, 카테고리 킬러 등	소비자 편의 및 매출액 증대, 거래 촉진

(4) 업태 간 경쟁과 수평적 경쟁

업태 간 경쟁	동일한 경로상의 서로 다른 유형을 가진 기업 간의 경쟁 예 할인점과 편의점 간의 경쟁
수평적 경쟁	유통경로에서 동일한 경로 수준에 있는 유통기관 간의 경쟁 예 백화점과 백화점 간의 경쟁

3) 도매업의 종류와 기능

(1) 도매업의 의의

도매업이란 제품을 구입하여 소매상 및 기타 상인 그리고 산업체 및 기관 사용자에게 재판매하는 사업단위를 말한다. 일반적으로 도매상은 최종 소비자에게는 직접 판매하지 않는다.

(2) 도매상의 기능

소매상을 위한 도매상의 기능		• 구색편의 및 소분판매 기능 • 신용 · 금융편의 제공 기능 • 소매상에게 상품을 공급하는 기능 • 소매상 지원 기능(기술 지원, 서비스 제공 등)
제조업자 (생산자)를 위한 도매상의 기능	시장 커버리지 제공	넓은 지역에 확산된 다수의 고객을 커버리지하여 고객이 생산자의 제품을 필요로 할 때 구매가 용이하도록 함
	판매 접촉점 창출 기능	• 도매상이 제조업자를 대신하여 판매 접촉점으로 기능 • 판매원 유지관리 비용이 절감됨
	재고유지 기능	• 도매상들이 일정량의 재고를 보유함으로써 제조업자의 재무 부담이 절감됨 • 재고 보유에 따른 제조업자의 위험이 감소됨
	주문처리 기능	다수 제조업자들의 제품을 구비한 도매상들은 고객들의 소량 주문을 보다 능률적으로 처리할 수 있음
	시장정보 수집 기능	도매상이 소매상을 통하여 수집한 고객에 대한 정보가 제조업자들에게 전달되어 제조업자의 마케팅전략 수립에 유용하게 이용됨

(3) 도매상의 종류

제조업자 도매상	제조업자가 직영으로 자사 제품의 도매업을 수행하여, 재고 통제와 판매 및 촉진관리를 하는 도매상이다.
상인 도매상	자신이 취급하는 제품에 대해 소유권을 가지는 독립된 사업체로서 가장 전형적인 형태의 도매상이다. 완전기능 도매상과 한정기능 도매상으로 구분된다. • **완전기능 도매상**: 제품의 소유권을 획득하고 판매와 촉진 외에도 경영자문, 시장정보 제공, 위험부담, 금융, 운송, 보관, 수량 조절, 구매와 구색 갖춤 등 제조업자가 도매상에게 기대하는 유통과 관련된 거의 모든 기능을 수행하는 도매상이다. 한편, 산업재 도매상은 제조업체에 필요한 MRO, OEM 등을 취급하는 도매상이다.

완전기능도매상 형태	내용
일반상품 도매상	서로 관련성이 없는 다양한 제품을 취급함
한정상품 도매상	서로 관련성이 있는 몇 가지 제품들을 동시에 취급함
전문품 도매상	몇 가지의 전문품 라인만을 취급함
산업재 유통업자	소매상보다는 제조업자에게 제품을 판매함

• **한정기능 도매상**: 유통기능 중 소수의 기능에 전문화되어 있고 소매상 고객에게 제한된 서비스만을 제공하는 도매상이다.

한정기능도매상 형태	내용
현금거래 도매상	− 현금무배달 도매상이라고도 함 − 현금 지불을 거래 조건으로 함 − 배달은 하지 않지만 대신 제품을 낮은 가격으로 공급함
트럭배달 도매상	− 판매와 배달 기능을 트럭을 이용하여 직접 수행함 − 주로 한정된 제품을 취급하며 고객의 주문에 의해 구매와 보관, 배송을 담당함
진열 도매상	− 식료품과 잡화류를 취급하는 도매상으로 소매상에 재고수준에 대한 조언, 저장 방법에 대한 아이디어를 제공함 − 선반 진열 업무 등을 대신 수행함
직송도매상 (drop shipper)	− 소매상 고객으로부터 주문이 왔을 때, 해당 상품을 생산자가 직접 구매자에게 배송하도록 중개하는 도매상 − 재고를 보유하거나 운송하는 기능을 수행하지 않음 − 취급 품목으로는 물류비용과 부피가 크고, 무포장 상품인 목재, 석탄, 중기계 등이 있음

(왼쪽 세로 제목: 상인 도매상)

(4) 대리인과 브로커

대리인 (혹은 대리점)	위탁도매상이다. 장기적으로 구매자나 판매자 한쪽을 대리한다. 제조업체와의 전속계약에 의한 제조업자 판매대리인이 주된 형태이다. 대리인은 거래되는 제품에 대해 소유권을 보유하지 않으며 단지 제품 거래를 촉진시키는 역할만을 수행한다.
브로커 (broker, 중개인)	취급하는 상품에 대한 소유권을 보유하지 않고, 구매자와 판매자 중간에서 거래협상을 도와주는 중개인이다. 상품 거래를 촉진시켜주고 판매가격의 일정비율을 중개 수수료로 받는다.

POWER 정리

대리인의 종류

제조업자 대리인	• 제품계열이 다른 다수의 소규모 제조업자들을 대리하여 특정 지역의 판매를 대리하는 도매상 • 운영비용의 상당부분을 제조업자들이 분담하는 형태이며, 재고 통제 및 위험부담이 제조업자 측에 있음(장기적 관계)
판매 대리인	• 경쟁적인 제품을 생산하는 소수의 제조업자들을 대신하여 비교적 넓은 지역을 대상으로 함 • 해당 제조업체의 영업·마케팅 기능을 포괄적으로 수행함(장기적 관계)
구매 대리인	• 구매를 대신해 주는 상인 • 의류 구매 대리인: 의류 소매업자들에게 필요한 의류에 관한 정보 수집과 구입을 대행해 줌
수수료 상인 (위탁상인)	• 제조업자가 위탁한 제품을 자기통제(운영비 담당)하에 재고 보유 및 판권을 갖고 판매 후 수수료를 얻는 대리도매상 • 소유권은 없음

4) 소매업의 종류와 기능

(1) 소매업의 의의

① 소매업은 최종 소비자를 대상으로 제품 및 서비스를 판매하는 활동으로, 소비자와 직접 접촉하기에 소비자 욕구에 신속하게 반응할 수 있다.

② 소비자의 욕구가 점점 다양해지고 업태 간 경쟁이 치열해지면서 오프라인 소매점에서 온라인 소매점으로 구매 장소가 변화하고 있다.

③ 온-오프라인을 넘나드는 O2O(Online to Offline) 커머스 형태의 새로운 소매업태들이 빠르게 성장하고 있다. 일반적 소매업의 분류 기준으로는 점포의 유무, 취급하는 제품의 종류, 판매방법, 규모의 차이, 경영 방식, 입지, 제공하는 서비스, 가격, 최종 소비자와의 접촉 형태 등이 있다.

④ 소매상의 분류

기준	구분
점포 유무	• 점포 소매업: 백화점, 대형마트 등 • 무점포 소매업: e-커머스, 텔레마케팅 등
취급 상품	한국표준산업분류(KSIC)의 분류에 따라 업종별 중분류, 소분류로 세분화
판매 방법	업태별 분류로 백화점, 대형 할인마트, 전문점, 슈퍼마켓, 카테고리 킬러, 편의점 등
점포 규모	• 대규모 소매업 • 중소규모 소매업 *대규모 점포: 매장 면적 3,000㎡ 이상(「유통산업발전법」)
경영 방식	• 단독점 경영 • 체인점 경영

⑤ 소매상의 기능

생산자를 위한 소매상의 기능
• 소비자들의 구매욕구, 구매 시점 등 소비자 정보를 공급자에게 제공함 • 점포 내에서 주문·처리가 가능해 생산자가 제공해야 할 고객서비스를 소매상이 대행함 • 상품의 구입과 판매 시점까지 보관기능을 수행하여 이에 따르는 위험과 비용을 부담, 도매업자나 생산자의 재고 유지 부담을 덜 수 있음 • 판매촉진을 위한 소매상의 광고 및 프로모션 활동은 생산자 및 도매업자들의 판매촉진에 도움을 줌

소비자를 위한 소매상의 기능
• 상품 저장·보관을 통해 상품의 재고 유지 기능을 함 • 다양한 상품구색을 갖추어 고객의 상품 선택 폭을 증가시킴 • 광고 및 디스플레이 등을 통해 고객에게 상품 및 서비스에 관한 정보를 제공함 • 신용, 할부 판매 등을 통해 고객의 금융 부담을 줄이고, 구매 편의를 제공함

(2) 소매업의 종류

① 점포소매상: 점포 내에서 최종 소비자에게 상품을 판매하는 업태로 다양한 형태가 있다.

형태	내용	예시
백화점	• 다양한 상품을 구매할 수 있도록 현대적 판매시설과 소비자 편의시설이 설치된 점포 • 직영의 비율이 30% 이상인 점포의 집단	롯데백화점, 현대백화점, 신세계백화점
대형마트	식품·가전 및 생활용품을 중심으로 점원의 도움 없이 소비자에게 소매하는 점포의 집단	이마트, 홈플러스
일반 슈퍼마켓	• 식료·가정용품 등을 중점적으로 취급함 • 다품종, 저가격, 낮은 수준의 서비스, 고회전 전략을 보임	
SSM (Super Super Market)	• 유통산업발전법상 준대규모 점포라 함 • 기업형 슈퍼마켓으로 품목수와 재고량을 적절히 조절함	홈플러스 익스프레스, 롯데슈퍼
하이퍼마켓 (Hypermarket)	• 대형화된 슈퍼마켓에 할인점 및 창고소매업 방식을 접목해 저가격으로 판매하는 업태 • 취급 상품 중 상당수가 PB 제품(자사 브랜드 제품)으로 구성되어 있는 것이 특징임 • 식품, 비식품 등을 다양하게 취급하고 대규모 주차장을 보유함	
전문점	의류·가전 또는 가정용품 등 특정 품목에 특화된 점포	
편의점 (CVS, Convenience Store)	소규모 소매업태로 편의품부터 조리된 식료품까지 소비자의 일상생활과 밀접하며 폭넓은 상품을 취급함	
할인점	• 저가 대량 판매의 영업 방식을 토대로 상시적으로 특정 제품을 저렴한 가격으로 판매하는 소매업태 • 저가격, 저수익, 고회전율, 저비용 경영을 추구	종합형 할인점과 전문형 할인점으로 구분 가능
아웃렛 (Outlet)	사용상에는 아무 문제가 없는 하자상품, 재고·이월상품 등을 자신의 회사 명의로 대폭적인 할인가격으로 판매하는 상설 할인점포	
카테고리 킬러 (Category Killer)	• 대형 전문 할인매장으로, 다른 소매업태나 백화점보다는 훨씬 좁은 범위의 상품을 다룸 • 깊은 상품구색을 갖추고 저렴하게 판매	하이마트, 토이저러스(Toysrus)
드러그스토어 (Drugstore)	주로 의약품과 화장품을 판매함	우리나라에서는 H&B스토어(Healthy & Beauty Store)라는 용어를 사용(올리브영 등)

② **무점포 소매점**: 오프라인 점포를 두지 않고 온라인 또는 오프라인에서 매출액을 발생시키는 소매업을 말한다. e-마케팅(인터넷 소매업 또는 인터넷 쇼핑몰), 카탈로그 판매, 텔레마케팅, TV홈쇼핑 등을 통한 직접 판매를 하는 소매 방식이다.

형태	내용	예시
인터넷 쇼핑몰	• 인터넷 공간에 상품을 제시하고 판매하는 소매 형태 • 시공간의 편의성이 극대화될 수 있고, 유통경로가 짧으며 단순하기 때문에 저렴한 가격으로 제품 공급이 가능함	모바일 포함, 11번가, 쿠팡, SSG.com 등
카탈로그 판매	우편을 통해 고객들이 필요하다고 예상되는 제품을 카탈로그를 이용하여 소개하고, 판매계약을 접수한 뒤 제품을 우편으로 전달하는 전통적인 무점포 소매 방식	카탈로그 판매 역시 콘텐츠화 하여 다양한 경로로 진화 중임
텔레마케팅	• 직접 전화를 통해 제품과 서비스를 판매하는 아웃바운드 텔레마케팅 • TV 및 카탈로그 등에 기재된 주문전화를 통해 고객의 주문을 유도하는 인바운드 텔레마케팅	전화를 통한 판매 최근 감소 추세
직접 판매	• 영업사원을 이용한 직접 판매 방식 • 일반적으로 보험, 서적, 학습지 등의 판매가 방문판매를 통해 이루어짐	학습지교사, 보험설계사 등

5) 전통적 유통경로(Traditional Marketing System)

(1) 다른 기능을 수행하는 독립적인 경로구성원들이 판매 과정에서 자연스럽게 결합된 형태의 경로조직이다.

(2) 경로구성원은 다른 경로구성원의 경로 성과나 마케팅 기능에 관심을 갖기보다는 자기의 이익만을 위한 마케팅기능만을 수행하므로 구성원 간 법적 결속력이 낮고, 경로기능이 원활하게 수행되지 못하는 경우가 많다.

(3) 경로구성원들은 경우 일반적으로 공통의 목표를 거의 가지고 있지 않다. 이러한 이유 뿐 아니라 다른 다양한 이유로 경로구성원들 간의 업무조정이 어렵다. 따라서 경로구성원들 간에 이해관계가 충돌했을 때 이를 조정하기가 매우 어렵다.

6) 수직적 유통경로(VMS: Vertical Marketing System)

(1) 중앙에서 계획된 프로그램에 의해 수직적 유통경로상의 경로구성원들을 전문적으로 관리·통제하는 네트워크 형태의 경로조직이다. 형태로는 기업형 VMS, 계약형 VMS(예 프랜차이즈시스템), 관리형 VMS 등이 있다.

(2) 수직적 유통경로의 장단점

수직적 유통경로는 안정적인 원료공급, 안정적 유통경로 확보, 전반적인 지배력 강화, 규모의 경제실현의 장점이 있는 반면 조직이 거대화하여 유연성이 떨어지며 초기 투자에도 많은 비용이 발생한다는 단점이 있다.

장점	• 총유통비용의 절감이 가능함 • 혁신적인 기술 보유 가능 • 자원, 원재료 등의 안정적인 확보 가능 • 높은 진입장벽으로 새로운 기업의 침투 어려움
단점	• 막대한 자금 소요 • 시장 또는 기술 변화에 민감한 대응 곤란 • 매 유통단계에서의 전문화 상실

(3) 수직적 유통경로의 유형

기업형 VMS, 계약형 VMS, 관리형 VMS가 있다.

기업형 VMS	한 경로구성원이 다른 경로구성원들을 경제적, 법률적으로 소유·관리하는 유형으로 전방통합과 후방통합의 유형 • **전방통합**: 생산업자가 도소매업체를 소유하거나 도매업자가 소매업자를 소유하는 통합방식 • **후방통합**: 소매상이나 도매상이 생산업자를 소유하거나 생산업자가 부품공급업체 등을 소유하는 유형
계약형 VMS	경로구성원들이 각자 수행해야 할 마케팅 기능들을 계약을 통해 합의함으로써 공식적인 경로 관계를 형성하는 경로조직
관리형 VMS	경로구성원들의 마케팅 활동이 소유권이나 명시적인 계약에 의하지 않고 상호이익을 바탕으로 맺어진 협력시스템으로, 어느 한 경로리더의 규모나 파워 또는 경영지원에 의해 조정되는 경로유형

(4) 수직적 유통경로에 있어 경로구성원에 대한 본부의 통제력 강도는 **기업형 VMS > 계약형 VMS > 관리형 VMS** 순이다.

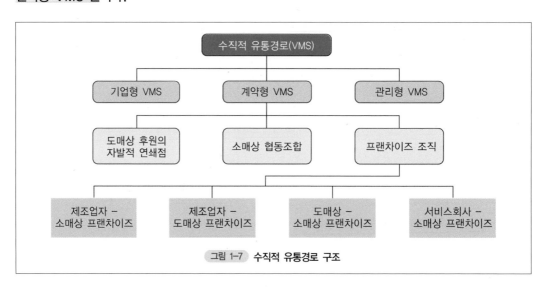

그림 1-7 수직적 유통경로 구조

7) 프랜차이즈 시스템

(1) 프랜차이즈(Franchise)

① 기본적으로 수직적 유통경로의 형태에 있어 계약성 VMS 중의 하나이다.

② 프랜차이즈시스템은 가맹본사(Franchiser)가 가맹점(Franchisee)에게 가맹본사의 상호, 상표, 노하우 및 기타 기업의 운영 방식을 사용하여 재화와 서비스를 판매할 수 있도록 계약하는 시스템이다.

(2) 프랜차이저(가맹본사)

① 프랜차이지를 모집하여 사업을 수행하는 역할을 하며, 프랜차이지를 선정하여 특정 지역마다 사업의 파트너 혹은 대리인으로 영업할 권한을 허용한다.

② 프랜차이지(가맹점포)는 프랜차이저에 가입금, 보증금, 로열티 등을 지불하고, 프랜차이저의 경영 지도와 지원을 받는다.

(3) 프랜차이즈 시스템의 본사와 점주 간의 장단점

	장점	단점
프랜차이저 (Franchiser, 가맹본사)	• 사업 확장을 위한 자본조달 용이 • 대량구매를 통한 규모경제 달성 • 공동판촉을 통한 효과 극대화 • 상품개발에 전념(단순 판매 탈피)	• 지속적 가맹점포의 지도로 비용과 노력이 소모 • 가맹점 수 증가 시 통제 어려움
프랜차이지 (Franchisee, 가맹점포)	• 본부의 경영, 브랜드 상품개발지원으로 사업 실패 위험성 감소 • 소액창업 가능, 재고 및 판촉부담 감소 • 높은 브랜드 인지도 이용	• 사업지속 시 본사와 갈등 발생 가능 상존 • 개별점포의 특이성 일정하지 않음 • 본사의 실패가 가맹점에게 심각한 영향을 미침

8) 유통경로 관리 의의와 유통경로 내 거래관계 유형

(1) 유통경로상의 경로구성원

경로구성원들은 상호의존적 관계에 있으며, 경로구성원들은 교환 과정에서 전체 경로의 효율성 보다는 자신의 목적 달성을 중시하는 기회주의적 행동을 하는 경우가 많다.

(2) 유통경로의 효율성을 높이기 위해서는 경로 리더가 경로구성원의 활동을 조정·통제하고 경로구성원들 간의 협업체제를 구축하여 기회주의적 행동을 최소화하는 것이 필요하다.

(3) 경로시스템 내에 경로구성원들 간의 장기적 협력관계는 통상 관계형 교환을 통해 형성되며, 장기적 협력관계가 실현되기 위해서는 경로 구성원들 간에 높은 신뢰와 서약이 요구된다. 경로시스템에서의 거래관계는 크게 단속형 거래(discrete transaction)와 관계형 교환(relational exchange)으로 구별할 수 있다.

① 단속형 거래(discrete transaction): 유통경로 내의 거래 당사자들(판매자와 구매자)이 현재의 거래를 통해 최대 이윤을 올리고자 하는 경우이다. 거래 쌍방 간의 협상이나 교섭과 같은 경쟁적 메커니즘을 통해 거래의 효율성을 높이고자 한다.

② 관계형 교환(relational exchange): 유통경로 내 거래당사자들이 현재뿐만 아니라 미래의 장기적인 경로 성과에 관심을 가지며 연속적 거래를 통해 이윤 극대화를 추구하는 거래 형태이다.

4 유통경로의 믹스

일반적으로 유통경로 믹스 전략은 '유통범위의 결정 → 유통길이의 결정 → 통제수준의 결정' 등의 단계를 거친다.

1) 유통범위(커버리지)의 결정

유통시장 커버리지 또는 유통 집중도(distribution intensity)란 특정 지역에서 자사제품을 취급하는 점포의 수이다. 유통 범위(커버리지)는 개방적(집약적), 선택적, 전속적, 다중유통, 옴니채널 등으로 나눌 수 있다.

(1) 개방적 유통경로(Intensive Distribution)

집약적 유통경로라고도 한다. 가능한 한 많은 점포가 자사제품을 취급하도록 하는 마케팅전략으로 집중적 유통경로라고도 한다. 이 방식은 제품이 소비자에게 충분히 노출되어 있고, 제품판매의 체인화에 어려움이 있는 편의품 등에 적용할 수 있다. 그러나 유통비용이 증가되고, 경로 통제가 어렵다는 문제점이 있다.

(2) 선택적 유통경로(Selective Distribution)

경영능력, 평판, 점포 규모 등의 일정 자격을 갖춘 소수의 중간상에게만 자사의 제품을 취급하게 하는 것이다. 일반적으로 의류·가구 및 가전제품 등 선매품의 유통경로 시에 활용된다. 개방적 유통경로에 비해 중간상의 수가 적기 때문에 유통비용이 절감된다. 또한 전속적 유통경로에 비해 제품 노출이 확대된다.

(3) 전속적 유통경로(Exclusive Distribution)

배타적 유통경로라고도 불린다. 이는 일정한 지역에서 자사의 제품을 한 점포가 배타적·독점적으로 취급하게 하는 것이다. 이 방식은 유통경로계열화의 가장 강력한 형태이다. 주로 고급 자동차·귀금속·명품 등 전문품이나 고관여 제품에 적용이 가능하며, 제조업체가 도매상이나 소매상을 강력하게 통제할 수 있다.

(4) 다중 유통경로 정책

소비자 니즈의 다양화로 두 가지 이상의 유통경로를 동시에 사용하는 유통경로 전략을 말한다. 이러한 전략은 수평적 유통경로 간의 갈등이 심화될 수 있고, 이중가격 형성 등의 부작용 등 전체적인 마케팅 문제가 발생할 수 있다.

(5) 옴니채널(Omni Channel)

소비자가 온라인, 오프라인, 모바일 등 다양한 유통경로를 넘나들며 제품을 검색하고 구매할 수 있도록 하는 것을 말한다. 기업은 각각의 유통채널의 특성들을 결합시켜 어떤 채널에서든 동일한 매장을 이용하는 것처럼 느낄 수 있도록 쇼핑환경을 조성한다.

2) 유통경로 길이의 결정

제조업자가 선택할 수 있는 유통경로 길이는 제품 유형과 특성, 시장 특성, 기업 특성, 중간상 특성 등에 따라 다르게 전개된다. 뿐만 아니라 소비재인지 산업재인지에 따라서도 경로의 길이는 달라진다.

(1) 짧은 유통경로

① 짧은 유통경로를 선택하는 제품은 부패성이 있거나 표준화가 되지 않은 제품, 기술적으로 복잡한 전문품이 해당한다.
② 구매단위가 크고 구매빈도수는 낮으며 불규칙적인 특성을 가진다.
③ 이런 제품은 공급하는 생산자의 수가 적고, 공급자의 시장진입과 철수에 제한이 있다.
④ 지역적으로 집중적인 생산이 되며, 유통비용 측면에 있어서 장기적으로는 불안정한 특성을 갖고 있어 최적화를 추구하는 경향이 있다.

(2) 긴 유통경로

① 긴 유통경로를 선택하는 제품은 부패성이 없고, 표준화가 되어 있는 기술적으로 단순한 편의품이다.
② 구매단위가 적고 구매빈도수는 높으며 규칙적인 특징을 갖는다.
③ 이런 제품을 공급하는 생산자의 수는 많으며, 공급자의 시장진입과 철수에 제약이 없기 때문에 지역적인 분산생산이 가능하고 유통비용 구조면에서 장기적으로 안정적인 특성을 갖고 있다

(3) 산업 유형별 유통경로 흐름

① 소비재(B2C)의 유통경로 흐름은 다음과 같다.

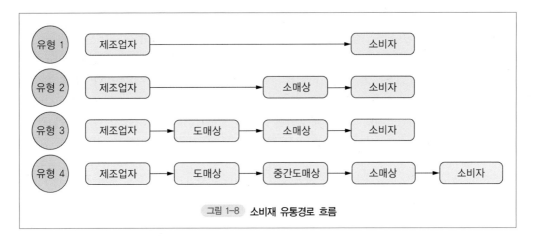

그림 1-8 **소비재 유통경로 흐름**

② 유형1은 직접 유통경로이며, 유형2~4는 간접 유통경로에 해당한다. 일반적으로 소비재는 대부분 유통경로가 긴 간접 유통경로의 형태를 지닌다.

③ 산업재(B2B)의 유통경로 흐름은 비교적 소비재보다는 짧은 유통경로를 갖는다. 아래는 산업재 유통경로를 보여준다.

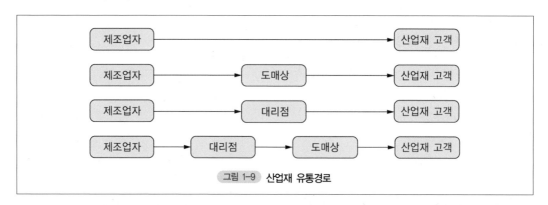

그림 1-9 산업재 유통경로

3) 유통경로 결정이론

(1) 연기-투기이론(Postponement-Speculation Theory)

① 경로구성원들 중 재고 보유의 위험을 누가 부담하는가에 따라 경로구조가 결정된다는 이론이다.

② 경로구성원들은 재고부담을 가능한 한 연기하거나 또는 투기에 의해 적극적으로 재고를 부담하는 방법 중 하나를 선택해야 하는데 이러한 문제로 인하여 경로 길이가 달라진다.

③ 연기(Postponement): 재고 보유에 따른 위험과 불확실성을 경로구성원 중 다른 구성원에게 전이하는 것이다. 이때 생산자는 도매상의 제품 취급이 연기됨에 따라 소매상이나 최종 소비자에게 직접 판매하기 때문에 경로가 짧아진다.

④ 최초의 생산단계부터 차별화 전략을 추구하는 투기(Speculation)가 발생한다. 제품의 이익이 높을 경우, 중간단계에서 제품을 취급하려는 유통업자들이 많아지기 때문에 경로가 길어진다.

⑤ 재고 보유를 연기하면 경로 길이가 짧아지고, 투기적으로 재고를 보유하면 경로 길이가 길어진다. 소비자는 가능한 한 최소의 재고를 유지하려고 하므로 중간상들이 투기적 재고를 통해 제조업체와 고객을 대신하여 재고 위험을 부담한다. 그 결과 소비재는 경로 길이가 긴 간접적 유통경로를 가진다.

(2) 기능위양이론(Functional Spinoff Theory)

① 유통 전문기관은 비용우위를 갖는 마케팅 기능들만을 수행하고, 나머지 마케팅 기능은 다른 경로 구성원들에게 위양한다는 것이다.

② 자원의 제약을 받는 작은 기업이 경쟁이 치열한 시장에 진입할 경우 전문적 능력을 지닌 중간상에게 마케팅 기능의 일부를 위임하는 것이 바람직하지만, 기업의 규모가 커지게 되면 중간상을 이용하는 것보다 직접 유통기능을 수행하는 것이 더욱 효과적이다.

(3) 거래비용이론(Transaction Cost Theory)

① 수직적 계열화에 드는 비용과 시장거래에서 발생되는 거래비용 간의 상대적 크기에 따라 유통경로 길이가 결정된다는 이론이다.

② 거래비용에 의한 시장의 실패 때문에 기업내부화(수직적 통합)가 이루어진다. 기본가정은 시장실패에서 기인하는 것인데 시장실패와 관련된 변수는 자산의 특이성 유무, 불확실성, 거래빈도, 제한된 합리성과 기회주의적 행동이며 이러한 변수로 시장이 실패한다고 하였다.

③ 중간상의 존재하는 이유는 일반적으로 시장을 통한 거래비용이 내부조직 구축에 의한 생산비용에 비해 낮고, 기업의 수직계열화 비용이 큰 경우로 유통경로 길이는 길어진다.

④ 수직적 계열화에 의해 마케팅 기능을 직접 수행하여 적은 비용이 드는 경우는 유통경로의 수직적 통합이 이루어져 유통경로의 길이가 짧아진다.

⑤ 수직적 통합(내부화)비용과 시장거래비용을 비교하여 내부화비용이 크면 긴 유통경로, 내부화비용이 작으면 짧은 유통경로를 형성한다는 이론이다.

(4) 게임이론(Game Theory)

① 수직적으로 경쟁관계에 있는 제조업자와 유통업자(중간상)가 각자의 이익을 극대화하기 위해 자신과 상대방의 행위를 조정하는 과정에서 유통경로의 구조가 결정된다는 이론이다.

② 게임이론에서는 중간상의 기능을 수직적으로 통합하여 생산과 유통기능을 제조업자가 동시에 수행할 것인지 아니면 독립적인 중간상을 이용하여 생산과 유통기능을 분리할 것인지 등에 대해 자기와 경쟁업체 간의 파워 구조를 토대로 설명한다.

(5) 대리인이론(Agency Theory)

① 유통경로에 개별 경로구성원(의뢰인)에게 가장 큰 성과를 주는 경로구성원(대리인)을 찾아 계약을 맺게 됨에 따라 경로구조가 결정된다는 것이다.

② 대리인과 의뢰인 사이에 계약 전과 계약 후의 정보 불균형이 존재한다고 본다.

③ 계약 전의 정보 불균형은 대리인이 과연 의뢰인이 원하는 능력을 제대로 갖추고 있는가에 의해 발생한다. 계약 후의 정보 불균형은 대리인이 의뢰인을 위해 제대로 일을 수행하고 있는지에 의해 발생한다.

④ 의뢰인이 대리인을 선정할 때는 이러한 정보 불균형을 극복하는 데 소요되는 비용, 즉 정보수집, 감시 및 평가와 관련된 비용이 적게 드는 대리인을 선택하게 된다.

(6) 체크리스트 방법

① 경로구조 결정 시 경로구성원들의 마케팅 능력 및 소비자의 유통서비스에 대한 니즈(needs)를 구체화한 시장요인, 제품요인, 기업요인, 경로구성원 등을 고려하여 경로의 길이를 결정한다.

② 시장요인·제품요인·기업요인·경로구성원 요인

시장요인	시장규모, 지역적 집중도, 구매빈도
제품요인	기술적 복잡성, 제품크기와 중량
기업요인	기업의 규모, 재무능력, 경영전문성, 통제에 대한 욕망
경로구성원 요인	마케팅기능 수행의지, 수행하는 서비스의 수와 품질, 구성원, 비용 등

• POWER 기출 ✅ •

다음 중에서 경로구성원들 중 누가 재고 보유에 따른 위험을 감수하느냐에 의해 경로구조가 결정된다고 보는 이론은?

① 연기-투기(postponement-speculation) 이론
② 대리인(agency) 이론
③ 시장거래비용(transacation cost) 이론
④ 게임(game) 이론
⑤ 기능위양(functional spinoff) 이론

1 유통산업의 경제적·사회적 역할

1) 경제적 역할

(1) 유통산업이 갖는 경제적 역할

생산자와 소비자 간 매개, 물가조정, 산업발전의 경쟁력 향상, 고용창출이라는 긍정적인 역할을 갖는다.

(2) 생산자와 소비자 간 매개의 역할

① 사회적 비용의 감소와 제품 구색의 불일치를 완화한다.
② 총 거래 수를 감소시켜 사회 전체적으로 발생하는 비용이 감소한다.
③ 생산자와 소비자 간의 정보 교류 통해 개별적이고, 다원화된 소비자 욕구에 적합한 제품을 생산하여 제품구색의 불일치를 완화시킨다.

(3) 물가조정 역할 수행

유통구조의 효율화를 통해 최종 소비자 가격을 낮추고 수평적(유통업체 간), 수직적(제조업체와 유통업체 간) 경쟁을 일으켜 물가 조정 역할을 한다.

(4) 산업발전의 경쟁력 향상

유통서비스 부문이 시장에서 차지하는 비중이 커지면서 제조업체에 대한 유통업의 협상력이 증가하고 있고, 제조업체 간 경쟁을 촉발하는 동시에 제조업 전체의 경쟁력을 제고한다.

(5) 고용창출의 역할

일반적으로 유통산업은 3차 서비스 산업 중 가장 비중이 높으며, 지속적인 성장을 하고 있기 때문에 사회에 높은 고용기회를 제공한다.

2) 사회적 역할

(1) 유통의 분화를 통하여 고객들에게 적절한 가격과 품질의 제품을 적시에 안정적으로 저렴하게 공급하는 역할을 한다. 유통담당자로서 상적인 역할과 물적유통의 역할 등 사회적인 역할을 갖는다.

(2) 상적 유통담당자의 역할

① 도매업과 소매업으로 생산자와 소비자를 연결하고 재고 저장 등의 역할을 한다.
② 물적유통자로 운송업으로서 장소적 효용을 제공하며 재고관리와 같은 보관기능을 가진 창고업을 통해 시간적 효용을 제공한다.
③ 가공과 소분화 등을 통해 형태적 효용을 갖게 한다.

❷ 시장경제하에서 개별 기업의 이윤과 조업중단

1) 산업의 경쟁구조는 공급자와 수요자의 수, 시장가격에 대한 영향력, 상품 차별화 정도 등의 기준을 통해 시장(또는 산업)이 경쟁적인가 독점적인가를 분석 · 판단한다.

(1) 완전시장
① 수요자와 공급자, 제품, 자유로운 진입과 철수 여부, 완전한 정보가 있을 때 성립된다.
② 완전시장에서는 시장에 참여하는 수요자와 공급자 수는 다수이므로 시장에서 결정된 가격이 주어지면 그 가격에서 개별 기업은 생산량에 관한 의사결정을 할 수 있다.

(2) 완전 경쟁시장
① 수요자와 공급자 모두 가격수용자이다.
② 동질적인 제품의 거래가 이루어진다.
③ 경쟁시장은 새로운 기업의 진입과 퇴출에 제약이 없다.
④ 시장 상황은 물론 개별 기업들의 행동과 비용 조건 등에 대한 정보를 수요자와 공급자가 모두 알고 있어야 완전 경쟁이 될 수 있다.

(3) 개별 기업의 이윤 극대화
① 한계수입(MR)과 한계비용(MC)이 일치하는 지점에서 가격과 생산량을 결정한다.
② 완전 경쟁시장에서는 시장에서 주어지는 가격을 수용하므로 기업의 생산량과는 무관하게 가격(P)은 일정하다.
③ 가격이 일정하면 한계수입(MR) = 가격(P)이므로 완전 경쟁시장에서의 이윤 극대화 조건은 P(= MR) = MC이다. 즉 가격과 한계수입과 한계비용이 일치되는 점이다.

POWER 정리

- **한계수입(MR: Marginal Revenue)**: 한 단위의 재화를 추가 생산하여 판매할 때 증가하는 총수입의 증가분
- **한계비용(MC: Marginal Cost)**: 한 단위의 재화를 추가 생산할 때 증가하는 총비용의 증가분
- **평균가변비용(AVC: Average Variable Cost)**: 생산량 1단위당 가변비용
- **가변비용**: 총 비용에서 생산량과 무관한 고정비용을 제외한 비용. 즉, 산출물 생산에 들어가는 원료비, 임금 등이 가변비용에 속함

---

(4) 개별기업은 시간이 지남에 따라 이익이 늘어나기도 하고 경우에 따라서 조업(생산)을 중단해야 한다. 이는 손익분기점(BEP)과 조업중단점의 개념으로 설명이 가능하다.
① **손익분기점(BEP: Break–Even Point)**: 기업이 손익분기점을 파악하기 위해 비용 및 매출액수준과 이익 사이 0이 되는 점을 의미하며 구체적으로는 총수익과 총비용이 일치하게 되는 판매수량 혹은 매출액을 의미한다.
② 완전경쟁시장의 경우 개별기업은 총수입(TR: Total Revenue) = 총비용(TC: Total Cost)인 생산량수준에서는 초과이윤도 손실도 없는 상황에 이르게 된다.

③ P = ATC(Average Total Cost 또는 AC)에서 결정되는 생산량을 손익분기점(BEP)이라고 한다. 여기서 ATC(또는 AC)는 평균비용이다. 즉, 가격과 평균비용이 만나는 점에서 결정된다.

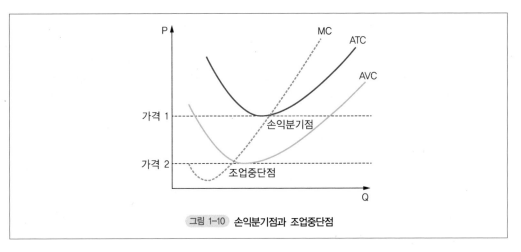

그림 1-10 손익분기점과 조업중단점

④ 개별기업은 P < ATC(or AC)가 되어 손실을 보더라도 생산을 계속하는 것이 유리하다.
⑤ ATC(또는 AC)에 포함된 고정비용(FC)은 생산을 중단하더라도 지출되는 매몰비용(sunk cost)이기 때문에 고려할 필요가 없다. 그러므로 P > AVC인 한 생산을 계속하는 것이 유리하다.
⑥ P = AVC가 되면 생산을 중단해야 하는데 이때의 생산량을 조업중단점(shut down point, 생산폐쇄점)이라고 한다.

3 유통의 경제적 이해

1) 가격

(1) 가격은 수요와 공급에 의해 결정되고, 이로 인해 효율적 자원 배분이 이루어진다.

(2) 수요의 법칙 · 수요곡선

① 수요의 법칙: 재화의 가격이 하락하면 소비자가 더 많이 구매하는 현상을 의미한다.
② 수요곡선: 가격(P)과 수요량(Q) 간의 관계를 그래프로 나타낸 것이다.

(3) 수요의 가격탄력도

① 제품의 가격에 영향을 주는 요인이 변화하는 경우 그 수요가 얼마나 민감한 반응을 보이는가를 나타내는 개념으로 아래와 같은 수식으로 표현할 수 있다.

$$E_d = \frac{\text{수요의 변화율}}{\text{가격의 변화율}} \times \frac{\triangle Q_d / Q_d}{\triangle P / P}$$

② 수요의 가격탄력도에 영향을 주는 요인: 제품 유형, 대체제의 유무, 개별 가계소득에서 가격이 차지하는 비중 등이 있다.

③ 생활필수품에 대한 수요의 가격탄력도는 작고, 사치품에 대한 탄력도는 크며, 대체재의 수가 많아질수록 탄력도는 커지며, 제품의 가격이 가계소득에서 차지하는 비중이 클수록 탄력도는 커진다.

2) 규모의 경제와 범위의 경제

(1) 규모의 경제(Economies of Scale)

① 개별 기업이 생산 규모를 확대하여 생산량을 점차 증가시킬 때 장기 평균비용이 하락하는 경우를 말한다.

② 만약 장기 평균비용이 상승한다고 하면 규모의 불경제가 있다고 한다.

③ 규모의 경제가 나타나는 이유
- 분업 및 전문화를 통해 대량 생산이 가능해져 비용절감을 할 수 있기 때문이다.
- 기술적 요인도 들 수 있다. 예를 들면 제품을 대량 생산하거나 대량의 물동량을 배송하는 경우 단위당 제조원가 및 단위당 물류비용이 감소하는 경우가 그러한 경우다.

(2) 범위의 경제(Economies of Scope)

① 두 가지 이상의 제품을 따로따로 독립된 기업에서 생산하는 것보다 한 기업이 동시에 생산하는 것이 비용 등에 있어 유리하게 나타나는 것을 말한다.

② 냉장고를 생산하는 기업이 공조기를 생산하는 경우가 그러하다. 즉, 생산 시설이나 유통망을 공동으로 사용할 수 있는 경우를 의미한다.

③ 물류를 공동 운영하는 것도 이러한 예 중에 하나이다.

4 유통경로에 있어서의 이윤모델

1) 유통비용(Distribution cost)

유통과정 중에 발생하는 매매, 중개비와 같은 상적 유통비용과 운송 · 보관 · 하역 과정에서 발생하는 물적 유통비용을 의미한다.

2) 유통이윤(Distribution Profit)

유통경로상에서 얻게 되는 다양한 수익 등을 의미한다. 이를 설명하는 대표적인 두 가지의 모델이 있다.

(1) 전략적 이익모형(SPM: Strategic Profit Model)

① 미국 Dupont사에서 개발한 이익모델로 다양한 재무비율들 간의 상호 관련성을 분석한다.

② 재무비율들 간의 상호 관련성을 분석하여 자본관리와 마진관리를 살펴보는 이익모델이다.

③ 자기자본이익률(ROE)을 통해 순이익률, 자산회전율, 레버리지 비율 등을 통해 유통경로의 전략적 수익성을 평가하는 모델이다.

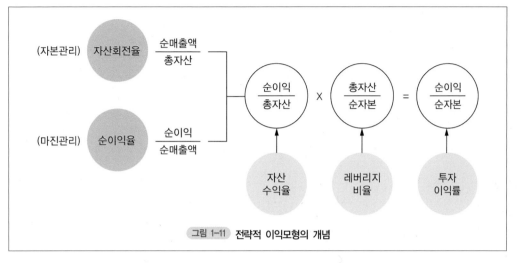

그림 1-11 전략적 이익모형의 개념

개념	내용
자산회전율 (순매출액/총자산)	자산에 대한 순매출액의 비율은 자본을 얼마나 잘 활용하는지를 보여주는 지표로 자산에 과잉 투자했는지의 여부를 파악함
순이익률 (순이익/순매출액)	제품과 서비스의 원가, 감가상각을 포함한 영업비용, 차입 자금의 비용 등을 판매 수익으로 표현한 기업이 감당할 수 있는 경영 능력
자산수익률 (ROA, 순이익/총자산)	매출액 순이익률은 사용된 자산의 효율성을 간과하고 있으며, 자산회전율은 매출액의 수익성을 반영하지 못함. 자산이익률(ROA)은 이러한 단점을 해결할 수 있는 장점이 있음
레버리지비율 (총자산/순자본)	기업이 장·단기적인 목적으로 자금을 얼마나 차입했는지를 나타내는 지표
투자이익률 (ROI, 순이익/순자본)	투자에 대한 이익률
재고투자총수익률 (GMROI)	제품 재고에 대한 투자가 총이익을 얼마나 잘 달성하는가를 평가할 수 있는 지표 $$GMROI = \frac{총수익}{매출액} \times \frac{매출액}{평균재고자산} = 총수익률 \times 재고회전율$$

(2) 제품별 직접이익(DPP: Direct Product Profit, 직접제품이익)

① 경로구성원이 취급하는 제품의 수익성을 평가하는 지표이다.

② 회계상의 손익계산서를 유통기업에 맞추어 수정하는 방법이다.

③ 제품 평가에 있어서 고정비용은 제외하고, 변동비만 고려한다.

④ 제품별 영업활동이나 상품 머천다이징 활동에 의해 발생하는 직접 비용(Direct Cost)만을 분석한다.

3) 경제적 부가가치(EVA: Economic Value Added)

(1) 기업 전체와 사업부의 성과측정방식이다.

(2) 세후영업이익에서 그 이익을 발생시키기 위해 사용된 자금을 형성하는 데 들어간 비용(총자본비용)을 뺀 값을 의미한다.

> EVA = 세후영업이익 − 자본비용
> = 세후영업이익 − 가중평균자본비용 × 투자자본

CHAPTER 04 유통산업의 이해 및 환경

1 유통의 발전과정

1) 전통적으로 우리나라는 상업을 천시하는 사농공상의 관습으로 유통업 발달이 다른 나라에 비해 늦었다.

2) 1960~1990년대 후반 7차에 걸쳐 수출 주도, 성장 위주의 경제개발 5개년 계획 실행 이후 근대적인 제조 · 유통업이 발전되었다.

3) 1980년대 이후 득 증대로 인해 소비자 욕구와 소비의 증가로 인하여 전문적인 유통산업이 발달하였다.

4) 우리나라의 유통 근간은 백화점에서 시작되었다.

5) 1990년대 이후 유통시장 개발과 함께 세계화가 급진전되었다.

6) 유통시설의 지방화, 다점포화, 대형화, 정보화 발달에 의한 유통의 고도화가 진행되었다.

2 유통환경의 변화와 특징

1) 변화

(1) 고객들에게 최고의 만족을 주기 위한 경쟁전략을 가진 소매점포가 등장하였다.

(2) 생필품을 중심으로 대형마트와 온라인쇼핑몰의 경쟁이 심화되고 있다.

(3) POS, EDI, e-SCM, 모바일기기 등 디지털유통이 진화되고 있다.

(4) 뛰어난 기술로 유통 효율화를 통한 소비 증진을 이루는 하이테크형 점포와, 소비자들이 감성을 자극하여 소비를 일으키는 하이터치형 점포의 양극화 현상이 발생하였다.

2) 특징

(1) 시장개발의 가속화

우리나라에서는 1987년 유통시장 개발이 시작되었으며, 1996년 완전개방 이후 유통산업이 급격히 발전하였다.

(2) 대형 유통업체의 지방출점 가속화

대형 유통업체들이 다점포 경영전략으로 지방곳곳에 출점하고, 중국을 기점으로 동남아 등 해외로 빠르게 진출하였다.

(3) 소득수준이 빠르게 향상되었다.

(4) 경쟁 격화와 기술환경의 변화로 무점포 소매업이 크게 성장하였다.

3 유통산업 관련 정책 및 주요 내용

1) 유통사업 관련 정책(기출 부분만 정리*)

기타 자세한 관계법은
「유통산업발전법」 법률 제 18319호, 공포일 2021.07.20., 시행일 2022.07.21.
「유통산업발전법」 시행령 대통령령 제31611호 공포일 2021.04.06., 시행일 2021.04.08.
「유통산업발전법」 시행규칙산업통상자원부령 제502호 공포일 2023.02.28., 시행일 2023.02.28.
등의 법률을 참조할 것

2) 유통산업발전법의 주요 내용(기출 부분만 정리*)

■ 체인사업의 구분(법 제2조 제6호 관련)
• **직영점형 체인사업:** 체인본부가 주로 소매점포를 직영하되, 가맹계약을 체결한 일부 소매점포에 대하여 상품의 공급 및 경영 지도를 계속하는 형태의 체인사업
• **프랜차이즈형 체인사업:** 독자적인 상품 또는 판매·경영 기법을 개발한 체인본부가 상호·판매방법·매장 운영 및 광고 방법 등을 결정하고 가맹점으로 하여금 그 결정과 지도에 따라 운영하도록 하는 형태의 체인사업
• **임의가맹점형 체인사업:** 체인본부의 계속적인 경영 지도 및 체인본부와 가맹점 간 협업에 의하여 가맹점의 취급품목·영업 방식 등의 표준화 사업과 공동구매, 공동판매, 공동시설 활용 등 공동사업을 수행하는 형태의 체인사업

- **조합형 체인사업:** 동일업종의 소매점들이 「중소기업협동조합법」 제3조의 규정에 의한 중소기업 협동조합을 설립하여 공동구매, 공동판매, 공동시설 활용 등 사업을 수행하는 형태의 체인사업

■ **유통산업발전법의 적용 배제**
다음 각 호의 시장·사업장 및 매장에 대하여는 이 법을 적용하지 아니한다.
「농수산물 유통 및 가격안정에 관한 법률」에 따른 농수산물도매시장·농수산물공판장·민영농수산물도매시장 및 농수산물종합유통센터 「축산법」에 따른 가축시장

4 글로벌 유통산업의 동향과 추세

1) 강력한 소매상(Power Retailer)의 등장

(1) 강력한 소매상

경쟁적인 전략 수립을 통해 고객들에게 뛰어난 만족을 제공해 주는 소매점포를 의미한다.

(2) 카테고리킬러, 대형마트, 회원제 창고형 도소매점, 전문소매점 등이 최근의 소매상으로 나타나고 있으며, IT의 확산으로 모바일을 통한 소매가 더욱 확산되고 있다.

2) 소비자의 변화

(1) 프로슈머(Prosumer)

① 생산자를 뜻하는 producer와 소비자를 의미하는 consumer의 합성어로 생산활동에 직접 참여하는 소비자를 의미한다.
② 생산자와 소비자의 경계가 점차 모호해지면서 나타나게 되었는데 소비자가 소비만 하는 수동적인 입장에서 벗어나 제품의 개발과 유통과정에도 참여하는 능동적인 소비자의 역할이 강조된다.
③ 기업은 프로슈머를 활용하여 다양한 아이디어와 커뮤니케이션 효과를 얻는다.

(2) 큐레이슈머(Curasumer)

① 전시회 기획자인 curator와 소비자인 consumer의 합성어이다.
② 전시회의 큐레이터처럼 기존의 제품을 꾸미고 다양하게 활용하는 편집형 소비자를 의미한다.

(3) 트랜슈머(Transumer)

① 이동하면서 상품이나 서비스를 구매하는 소비자를 의미한다.
② 정보통신기술의 발전에 따라 스마트폰을 이용하여 쇼핑을 즐기는 소비자를 의미한다.

1 유통경영전략의 필요성과 이해

1) 기업전략

(1) 기업전략 수립

기업전략은 '환경 분석 → 미션 수립 → 사업포트폴리오 분석 및 수립 → 성장 및 철수 전략 선택' 순으로 수립이 된다.

(2) 전략

미래의 불확실성에 대비하여 기업이 보유하고 있는 자원을 효율적으로 배분하는 일련의 과정을 말한다.

(3) 기업사명(Mission)

① 기업이 기업사명을 정의할 때 사업영역의 규정, 시장지향성, 실현 가능성, 동기부여적인 내용 등이 포함되어야 한다.
② 기업사명은 구체적인 경영목표(Goals)로 전환되어서 목표에 의한 경영이 수행되어야 한다. 이러한 목표를 수립하기 위해서는 환경분석이 선행되어야 한다.

2) 사업 포트폴리오(Business Portfolio) 분석

(1) 기업이 목표를 설정한 후에는 기존 사업에 대한 평가를 위해 사업 포트폴리오(Business Portfolio) 분석을 하여야 한다.

(2) 기업이 보유한 한정된 자원을 기업의 각 사업부에 어떻게 배분하여 어떠한 사업 포트폴리오를 갖는 것이 가장 효율적인가를 결정하는 것이다.

3) 구체적인 실행전략의 수립

(1) 포트폴리오분석이 끝났다면 이 분석을 통해 구체적인 실행전략의 수립이 필요하다. 시장에 진입, 성장, 철수 등의 전략을 수립한다.

(2) 새로운 사업을 통한 기업 성장은 크게 집약적 성장, 통합적 성장, 다각화 성장의 세 가지 방법이 있다.

2 유통경영 환경분석 및 전략

1) 거시적 환경(Macro Environment)

거시적 환경은 기업을 둘러싼 외부적 환경으로 사회문화적 환경, 기술적 환경, 정치법률적 환경으로 구성될 수 있다. 이를 첫 글자를 따서 STEP라 불린다.

(1) 사회 · 문화적 환경(Social & culture environment)

사회를 구성하고 있는 개인의 행위에 영향을 주는 집단이나 문화 · 가치관 · 전통 혹은 관습 등과 같은 사회제도 및 사회적 태도 등을 의미한다.

(2) 기술적 환경(Technical environment)

기업 활동에 직 · 간접적인 변화를 초래하는 여러 종류의 기술적 변혁 및 발명으로 기업뿐 아니라 시장 형태에도 영향을 미친다.

(3) 경제적 환경(Economic environment)

기업을 둘러싼 모든 활동과 간접적으로 연결되어 있는 모든 경제적 시스템으로 제품 및 서비스의 생산과 분배에 관한 지역 · 국가 · 국제적인 경제 상태 또는 여건을 말한다.

(4) 정치 · 법률적 환경(Political environment)

기업의 활동은 국가가 규정하는 법적인 범위에서 이루어지므로 국가의 제도 및 법, 그리고 이를 산출하는 정치적 과정을 일컫는다.

2) 미시적 환경(Micro Environment)

미시적 환경은 내부 경영 환경과 과업환경을 함께 이야기하며, 기업의 경영활동에 직접적인 영향을 미친다. 이러한 미시적 환경은 소비자, 경쟁자, 공급자 및 종업원 등으로 구성이 된다.

3) 과업환경(Task Environment)

(1) 기업 활동과 밀접한 영향 관계를 갖는 기업 외부의 변수로 고객과 경쟁사가 있다.

(2) 고객에게 가치를 전달하는 과정에 있는(유통경로상)의 중간상, 생산활동을 위한 공급상, 기업활동으로부터 직간접적이면서도 밀전한 영향을 받는 이해관계자(stakeholders) 등이 있다

(3) 경쟁자, 언론매체, 지역사회, 협력업체, 정부 등도 기업의 유통 활동에 직간접이면서도 밀접한 영향을 미치기에 과업환경라고 한다.

4) SWOT을 통한 내외부 환경분석

(1) SWOT는 강점(Strength), 약점(Weakness), 기회(Opportunity), 위협(Threat)의 첫 자로 기업내부의 강점과 약점을 파악하여 환경의 기회요인을 포착하고 위협요인을 회피하는 전략의 수립이 이루어져야 한다는 모형이다.

(2) 강점과 약점은 기업의 내부적 환경으로 통제 가능한 영역인 반면, 기회와 위협은 기업의 외부적 환경으로 통제 불가능한 영역이다. 이를 활용한 전략은 다음 표와 같다.

SO전략	• 시장의 기회를 활용하기 위해 강점을 적극 활용하는 전략 • 시장기회 선점전략, 시장 · 제품 다각화 전략
ST전략	• 시장의 위협을 회피하거나 극복하기 위해 강점을 활용하는 전략 • 시장침투 전략, 제품확장 전략
WO전략	• 약점을 극복하거나 제거함으로써 시장의 기회를 활용하는 전략 • 핵심역량 강화전략, 전략적 제휴 등의 전략
WT전략	• 시장의 위협을 회피하고 약점을 최소화하거나 없애는 전략 • 철수, 핵심역량 개발, 전략적 제휴, 벤치마킹 등의 전략

3 유통경영의 외부적 요소 분석

1) 외부환경분석

(1) 유통환경의 외부환경분석 중 널리 사용되는 것은 마이클 포터(Michael E. Porter)의 산업구조분석모형(5-Forces Model)이다. 유통과업환경을 분석하는 것은 곧 유통경로상의 이해관계자들을 분석하는 것이다.

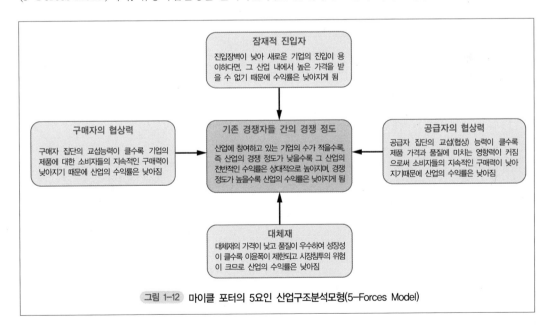

그림 1-12 마이클 포터의 5요인 산업구조분석모형(5-Forces Model)

(2) 외부환경분석을 해야 하는 이유는 환경의 변화가 어떤 기업에는 기회로 또 다른 기업에는 위협으로 작용할 수 있기 때문이다.

(3) 기업은 지속적인 환경감시를 통하여 환경 속에서 기회가 되는 요인과 위협이 되는 요인을 발견하여, 위협요인을 피하되 시장기회는 적극 활용해 나갈 수 있도록 기업전략을 수립해 나가야 한다.

4 유통경영의 내부적 요소 분석

1) 내부환경분석

(1) 기업은 자사가 전략을 수행하는 데 동원할 수 있는 자금과 자금 이외에 필요한 설비, 자원, 노하우 등 내부적인 자원들을 살펴봐야 하는데 이러한 분석이 내부환경분석이다.

(2) 마이클 포터의 가치사슬 분석

① 내부환경분석으로 대표적인 것은 마이클 포터의 가치사슬 분석이다.
② 가치사슬: 기업이 창출에 직접 또는 간접적으로 관련된 일련의 활동·기능·프로세스의 연계를 분석하는 것이다.
  • 기업은 최종적으로 이윤을 산출하기 위해서 주활동(Primary Activities)과 보조활동(Support Activities)으로 구분하여 관리할 필요성이 있다.
  • 주활동이란 부가가치를 직접 창출하는 부문을, 보조활동은 부가가치가 창출되도록 간접적인 역할을 하는 부문이다.

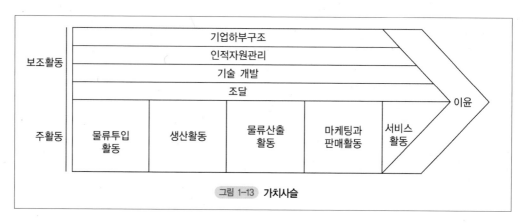

그림 1-13 **가치사슬**

1 유통기업의 사업방향 결정

경영 전략은 기업이 추구하는 방향에 따라 성장 전략, 안정화 전략, 축소 전략. 협력 전략 등으로 나타나는데 이에 따라 유통 전략도 달라진다.

1) 성장 전략(Growth Strategy)

성장 전략은 기업의 규모를 증대시키고 현재의 영업 범위를 확대하는 공격적인 사업 전략을 의미한다. 성장 전략을 통해 매출액 증대, 시장점유율 증대 등 외형적 성장을 꾀할 수 있다.

2) 안정화 전략(Stability Strategy)

기업 운영상 모험 등의 큰 변화 없이 현상 유지를 목표로 하는 전략으로 위험 부담을 최소화하려는 전략을 의미한다.

3) 축소 및 철수 전략(Downsizing · Divestment Strategy)

효율성을 달성하거나 성과를 향상시키기 위해서 기업 규모를 축소 혹은 철수하는 전략을 말한다. 다운사이징(downsizing), 구조조정(restructuring), 분사(spin off), 매각, 청산 등이 이에 해당한다.

4) 협력 전략(Cooperate Strategy)

전략적 제휴라고도 하며, 두 곳 이상의 기업이 상호보완적 협력을 통해 경쟁우위 확보 및 공동의 목표를 달성하기 위해 서로 협력하는 win-win 전략을 말한다.

2 기업 수준의 경영 전략, 사업부 수준의 경영 전략, 기능별 경영 전략

1) 기업 수준의 전략(Corporate Level Strategy)

(1) 기업이 경쟁하는 시장과 산업의 범위를 결정하는 가장 상위의 전략이다.

(2) 기업 전략은 다각화, 수직적 통합, 인수합병, 해외사업 진출과 같은 결정이나 각 사업 분야에 기업의 경영자원을 배분하고 신규 사업의 진출과 기존 사업부분에서의 퇴출과 같은 결정을 의미한다.

2) 사업부 수준의 전략(Business Strategy)

(1) 기업이 각각의 시장에서 경쟁하는 구체적인 방법을 결정하는 것으로 기업 전략에 종속된 하위 전략이다.

(2) 경쟁상황에서 경쟁우위를 확보하고 유지하는 전략이다.

3) 기능별 전략(Functional Strategy)

기업 전략과 사업부 전략에 종속된 하위 전략으로서 경영의 기능적 분야인 생산 · 마케팅 · 재무 · 인사조직 · 회계 · 연구개발 등을 결정하는 전략이다.

3 경쟁우위와 경쟁 전략

경쟁을 고려한 기업의 전략은 원가우위 전략, 차별화 전략, 집중화 전략으로 나눌 수 있다.

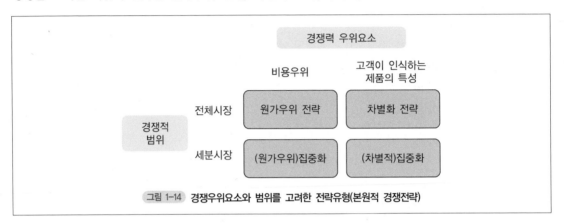

그림 1-14 **경쟁우위요소와 범위를 고려한 전략유형(본원적 경쟁전략)**

전략 유형	내용
원가우위 전략 (Cost Leadership Strategy)	동일한 제품을 경쟁자보다 저렴하게 생산해서 제공하는 전략
차별화 전략 (Differentiation Strategy)	상대적으로 고가이더라도 경쟁자에 비해 차별화된 제품을 우수하게 만들어 높은 마진(margin)으로 목표를 달성하는 프리미엄 전략
집중화 전략	• 경쟁 영역의 범위가 좁은 경우에 사용할 수 있는 전략 • 기업의 자원이 제한되어 있고 경쟁영역의 범위가 좁은 경우, 세분시장을 대상으로 하는 전략에 해당하고 비용우위집중화, 차별적 집중화 전략이 가능함

1) 사업 포트폴리오 전략(Business Portfolio Strategy)

(1) 일반적으로 기업의 다른 사업 단위와 독립적으로 계획되는 별개의 다른 사명과 목표를 가진 기업의 한 단위로서 자체의 경쟁자를 갖고 있다.

(2) 전략적 사업단위(SBU: Strategic Business Unit)

기업 내의 전략적 계획과 이익 달성을 책임지는 경영자가 있는 하나의 사업부를 말한다.

(3) SBU가 현재 어느 위치에 있고, 그 상황에서 어떤 의사결정을 해야 하는지에 대한 전략을 사업 포트폴리오 전략이라고 하며 사업 포트폴리오 전략과 관련해서 성장-점유율 매트릭스인 BCG 매트릭스 모형과 GE-Mckinsey 모형이 널리 활용된다.

① BCG 매트릭스(성장-점유율 매트릭스)
- BCG 매트릭스는 기업의 경영전략을 수립하기 위해 사업이 현재 처해 있는 상황을 파악하여 대처방안을 내기 위한 분석도구이다.
- 시장 성장-점유율 매트릭스(Growth-Share Matrix)라고 불리며, 산업을 시장성장률과 시장점유율로 구분하여 4개 분면으로 나타낸다.
- Cash Cow(수익주종사업) 단계에서 양(+)의 현금흐름이 발생하면 이를 투자 금액이 필요한 Star(성장사업) 단계로 우선적으로 보내고, 이후 남은 자금은 Question Mark(개발사업) 단계로 보내 Star(성장사업)로 성장시키는 전략을 취한다.

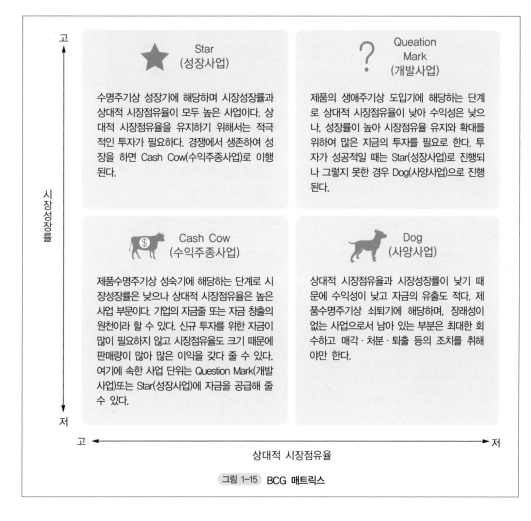

그림 1-15 BCG 매트릭스

② GE-Mckinsey 매트릭스
- GE-Mckinsey 매트릭스는 BOG 매트릭스에 사용된 시장성장률과 상대적 시장점유율 이외의 다양한 변수들을 사용해 사업단위의 해당 시장에서의 기회와 경쟁력을 평가함으로써 성장-점유율 모형이 갖고 있는 한계점을 극복하기 위해 고안되었다.
- 산업의 매력도와 사업의 강점이라는 두 차원으로 구성되어 있으며 BCG 매트릭스보다 전략적 측면에서 유용성을 가지고 있다는 평가를 받는다.

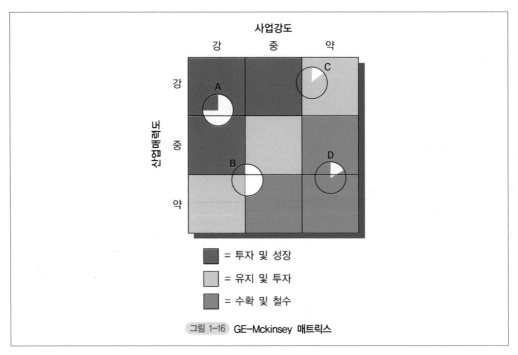

그림 1-16 GE-Mckinsey 매트릭스

구분	요소	변수	수준
가로축 (강점)	사업단위 경쟁력 (business strength)	• 측정변수: 시장점유율, 점유율의 성장률, 제품 품질, 촉진의 효과성, 브랜드 평판, 유통망, 생산능력, 생산성, 단위당 비용, 원자재 공급의 확보 등	• 고수준: 3.67~5.00 • 중간수준: 2.33~3.67 미만 • 저수준: 1.00~2.33 미만 (5점 만점/항목별 가중치 존재)
세로축 (매력도)	제품시장 매력도 (market attractiveness)	• 측정변수: 시장의 크기와 규모, 성장률, 경쟁정도, 평균 기대수익률, 요구 기술수준, 인플레이션 취약성, 제품시장에 대한 기술적, 사회적, 정치적, 법적 영향 등	
원	제품시장의 산업크기와 위치	• 원의 크기는 해당 제품시장의 산업의 크기 • 원의 짙은 부분은 해당 SBU가 시장에서 차지하는 시장점유율 • 사업단위의 위치는 지금흐름(cash flow)이 아니라 투자수익률(ruturn on investmen: ROI)과 연관되어 평가됨. 즉, 보다 상담이나 왼쪽에 위치할수록 ROI가 높은 것으로 기대	

- 이러한 내용은 중간상에도 적용될 수 있다. 즉, 중간상 포트폴리오 분석은 중간상이 다루는 특정 제품군의 매출성장률과 시장점유율상에서 중간상들의 상대적 위치를 토대로 투자전략을 결정하는 기법이다. 중간상 포트폴리오의 전략 역시 공격적 투자 전략, 방어 전략, 전략적 철수, 포기 전략을 선택할 수 있다.

4 경영혁신(Business Innovation)

1) 기업이 비즈니스를 수행하는 방식에 큰 변화를 가져옴으로써 기업 경쟁력을 강화시키는 수단 또는 과정을 의미한다.

2) **경영혁신 전략**

구조 조정 (Restructuring)	급속히 변하는 기업환경에 대응하고 경쟁력을 확보하기 위하여 기업의 구조를 혁신적으로 새로 구축하는 것
다운사이징 (Downsizing)	조직의 효율, 생산성, 경쟁력을 높이기 위해서 비용구조나 업무 흐름을 개선하는 방식으로 불필요한 인원이나 경비를 줄여 낭비적인 조직을 제거하는 것
리엔지니어링 (BPR: Business Process Re-engineering)	기업의 비용, 품질, 서비스속도와 같은 핵심 분야에서 극적인 향상을 이루기 위해 기존의 업무수행 방식을 원점에서 재검토하여 업무처리절차를 근본적으로 새로 설계하는 것(궁극적인 목적은 고객 만족)
전략적 제휴 (Strategic Alliance)	특별한 관계를 갖고 있지 않았던 기업들이 각자의 독립성을 유지하며 특정 분야에 대해 상호보완적이고 지속적인 협력관계를 위한 제휴를 맺고 상호 간 약점을 보완하며 경쟁우위를 강화하는 방법
전사적 자원관리 (ERP)	• 기업이 구매, 생산, 물류, 판매, 인사, 회계 등 별도로 시스템으로 운영되던 것을 하나의 통합적인 시스템으로 구축하여 경영자원을 효율적으로 관리하는 것 • 기업 전반의 업무 프로세스를 통합적으로 관리, 경영 상태를 실시간으로 파악하고 정보를 공유하게 하여 빠르고 투명한 업무 처리의 실현을 목적으로 함
벤치마킹 (Benchmarking)	시장 선도기업들의 기술 및 업무프로세스를 지속적으로 측정·비교하여 도출된 유용한 정보를 자사의 성과 향상을 위한 업무개선에 반영하는 것
블루오션 전략 (Blue Ocean Strategy)	기존 경쟁시장에서 예전의 업종, 고객 개념에 얽매이지 않고 경쟁이 없는 새로운 시장을 개척하고자 하는 전략

아래 글상자 내용은 기업이 사용하는 경영혁신 기법에 대한 설명이다. (   ) 안에 들어갈 용어로 가장 옳은 것은?

> (   )(은)는 기업이 통합된 데이터에 기반해 재무, 생산소요계획, 인적자원, 주문충족 등을 시스템으로 구축하여 관리하는 것을 말한다. 이 기법은 전반적인 기업의 업무 프로세스를 통합, 관리하여 정보를 공유함으로써 효율적인 업무처리가 가능하게 한다.

① 리엔지니어링   ② 아웃소싱
③ 식스시그마   ④ 전사적 자원관리
⑤ 벤치마킹

5 성장 전략 및 아웃소싱 전략

1) 성장 전략의 수립

성장 전략으로 일반적으로 집약적 성장, 통합적 성장, 다각화 성장이 있다.

집약적 성장 (Intensive Growth)	통합적 성장 (Integrative Growth)	다각화 성장 (Diversification Growth)
시장 침투	전방 통합	집중적 다각화
시장 개발	후방 통합	수평적 다각화
제품 개발	수평적 통합	복합적 다각화

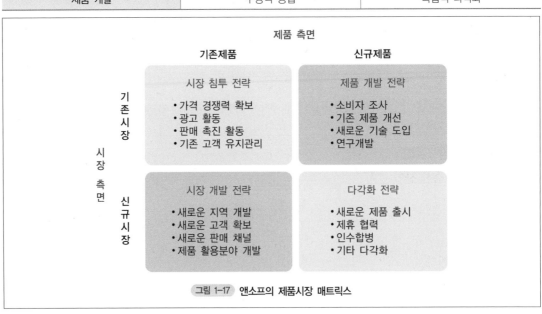

그림 1-17 앤소프의 제품시장 매트릭스

(1) 집약적 성장 전략(Intensive Growth Strategy)

① 집약적 성장에서는 시장 침투, 시장 개발, 제품 개발을 하는데 대표적인 모델이 앤소프(Ansoff)의 모델이다.

② 앤소프의 제품·시장 매트릭스에서는 기업 성장을 네 가지 방법으로 기업의 제품과 시장의 복합적인 경쟁상황을 바탕으로 기업이 진출하고자 하는 사업에의 접근 방향과 미래를 예측으로 설명하였다.

③ 현재의 영업 범위 내에서 기업이 가능한 기회를 확인하려는 전략이다. 현재의 제품 및 시장과 관련된 기회를 충분히 활용하지 못하고 있는 경우에 유용하다.

(2) 통합적 성장 전략(Integrative Growth Strategy)

① 산업 내 마케팅 시스템의 다른 부분과의 통합 기회를 확인하려는 전략이다.

② 기업이 속한 산업의 성장 전망이 좋을 때나 기업이 산업 내에서 전방·후방 또는 수평적으로 이동함으로써 얻게 되는 것이 유용할 경우 사용한다. 유통경로에서는 이러한 통합에 수평적 통합과 수직적 통합이 있다.

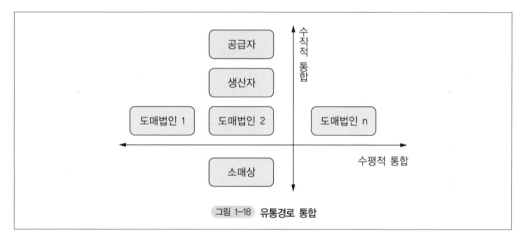

그림 1-18 **유통경로 통합**

③ **수직적 통합**: 생산자 위치에서 유통망 통합을 위한 전방통합과 원료 등의 안정적 조달을 도모하기 위한 후방통합을 합친 개념을 말한다.

④ **수평적 통합**: 동일 마케팅 유통경로상의 일부 경쟁자에 대한 소유나 통제를 강화하는 것을 말한다.

(3) 다각화 성장 전략(Diversification Growth Strategy)

① 기업이 속한 산업 밖에서 기회를 발견하고자 하는 전략으로 기업이 속한 산업이 성장 기회를 제공하지 못하는 경우나 산업 외부의 기회가 우수한 경우에 유용하다.

② 형태로는 집중적 다각화, 수평적 다각화, 복합적 다각화가 있다. 이러한 다각화를 하는 이유는 기업이 관련 사업의 범위의 경제실현을 통한 신사업기회를 포착, 위험 분산, 시장지배력을 높이기 위해서이다.

2) 아웃소싱 전략(Outsourcing Strategy)

(1) 한 기업이 자사가 수행하는 다양한 경영활동 중 핵심역량을 지닌 분야에 기업의 인적·물적 자원을 집중시키고, 이익이 발생하지 않는 기타 분야는 기획에서부터 운영까지 일체를 해당 분야의 전문 업체에 위탁함으로써 기업의 경쟁력을 높이려는 전략이다.

(2) 아웃소싱 전략을 통해 기업은 자기의 주력사업에 집중, 각종 투자의 중복성을 피할 수 있으며 이를 통해 경쟁우위를 확보할 수 있다.

(3) 아웃소싱의 장단점

장점	• 비용 절감 • 상호 간 제휴를 통한 윈윈 효과 • 핵심역량에 집중 • 노동문제의 유연성
단점	• 고용불안 및 근로조건 악화 • 이직률 증가 및 서비스의 품질 하락 • 소속감 결여 및 충성도가 하락

6 전략적 제휴 및 인수합병 전략

1) 전략적 제휴(Strategic Alliance)

(1) 기업들이 특정 분야에 한해서 상호보완적이고 지속적인 협력관계를 위한 제휴를 맺는 것이다.

(2) 둘 또는 그 이상의 기업들이 각각의 약점을 서로 보완하고 경쟁우위를 강화하고자 하는 방법으로 기업 간 직능별 제휴, 기술적 제휴, 개발 컨소시엄 등의 형태를 지닌다.

2) 기업의 인수합병(M&A)

특정 기업이 다른 기업의 주식이나 자산을 취득해 경영권을 획득하는 인수(Acquisitions)와 둘 이상의 기업이 하나로 통합되어 단일 기업이 되는 합병(Mergers)이 결합된 개념이다.

◢ 유통기업의 글로벌화 전략

1) 수출

가장 기본적인 해외 진출방법으로 단기적인 일회성 거래의 형태, 리스크가 낮은 글로벌 진출방식이다.

(1) 간접수출

① 국내외의 전문 무역업체나 해외바이어를 통한 수출
② 장점: 전문 무역업체의 경험, 지식 활용 가능
③ 단점: 경험 축적 기회 상실 및 해외시장정보 습득 제한 및 통제력 약화

(2) 직접수출

① 자체 수출 부서를 통한 수출
② 장점: 글로벌 경험 및 지식축적 및 유리한 계약조건 가능, 통제력 강화
③ 단점: 자금 및 인력 부담, 시장정보 수집 노력 필요

2) 계약에 의한 해외진출 전략

(1) 라이센싱(Licensing)

라이센스를 구매하는 기업으로부터 일정의 로열티를 받고 기술이나 무형자산, 인력자원을 이전해주는 예약 관계를 말한다.

(2) 프랜차이즈(Franchise)

본사가 상호, 상표, 기술 등의 사용권을 가맹점에게 허락해주고 마케팅 운영과 관련한 지원을 지속적으로 제공하는 해외진출 시스템을 말한다.

(3) 계약생산

라이센싱과 해외직접투자의 중간적인 성격을 지닌 계약이다.

(4) 턴키(Turn key) 방식

해외에 시설물이나 프로젝트, 산업시스템을 수입하는 현지에서 정상적으로 가동하여 사용할 수 있도록 관련된 설비, 노동력, 기술을 총체적으로 수출하는 방식이다.

3) 합작투자

두 곳 이상의 회사들이 공동으로 소유하는 회사 설립을 말한다.

4) 해외직접투자

투자자의 해외 통제권 강도가 가장 큰 형태의 해외시장 진출방식이다.

8 기타 유통경영전략

1) TOC(Theory Of Constraints, 제약이론)

(1) 이스라엘의 물리학자 골드랫(Eliyahu M. Goldratt) 박사가 기업이익의 극대화와 자원의 효율적 사용 간 장애가 되는 제약 즉 병목 공정을 어떻게 관리할 것인가를 제시한 이론이다.

(2) DBR(Drum-Buffer-Rope)

프로세스 최적화를 위한 TOC의 핵심 개념. 자산의 흐름을 동기화하여 처리량을 증가시키고 재고를 감소하는 것이다.

> **POWER 정리**
>
> DBR(Drum-Buffer-Rope)
> - D(Drum): 프로세스 전체 흐름에서 병목은 드럼을 두드려서 속도를 결정함
> - B(Buffer): 병목 앞 공정은 병목이 쉬지 않도록 버퍼를 형성함
> - R(Rope): 병목 이후의 공정은 병목과 일정한 속도를 맞추어 흐름이 이어지도록 함

2) 전략적 지연이론

(1) 수요변화에 대응할 수 있도록 제품구조, 제조 및 공급사슬 프로세스를 적절히 설계하여 제품의 완성 시점을 연기하여 유연성을 높이려는 전략이다.

(2) 형태지연, 시간지연, 장소지연이 있다.

CHAPTER 03 유통경영전략의 평가 및 통제

1 전략의 평가

(1) 전략적 이익모형(SPM: Strategic Profit Model)

다양한 재무비율들 간의 상호 관련성을 분석한다. 구체적으로는 자기자본이익률(ROE)을 통해 순이익률, 자산회전율, 레버리지 비율 등을 통해 유통경로의 전략적 수익성을 평가하는 모델이다.

> **POWER 용어**
>
> **제품별 직접이익(DPP: Direct Product Profit)**
> 재고투자순이익률(GMROI), 판매면적당 순이익률(GMROS)과 더불어 유통기업의 전략적 성과를 평가한다.

(2) 경제적 부가가치(EVA: Economic Value Added)

EVA는 기업 전체와 사업부의 성과측정방식으로, 세후 영업이익에서 그 이익을 발생시키기 위해 사용된 자금을 형성하는 데 들어간 비용(총자본비용)을 뺀 값을 의미한다.

> **POWER 정리**
>
> EVA = 세후 영업이익 − 자본비용 = 세후 영업이익−가중평균자본비용 × 투자자본

2 전략의 통제

1) 균형성과표(BSC: Balanced Score Card)

(1) 전략적 통제의 대표적 방법이다.

(2) 조직의 목표와 전략을 효율적으로 실행 및 관리하기 위한 경영관리기법이다.

(3) 재무적 관점, 고객 관점, 업무 프로세스, 학습 및 성장 등 4가지 관점의 균형적 결합을 통해 균형 있는 성과관리를 추구한다.

(4) 조직 목표를 달성하기 위해 어느 부분에 자원을 집중해서 얼마만큼의 성과를 달성하고 있는지 전체적인 시각에서 조직 관리가 이루어진다.

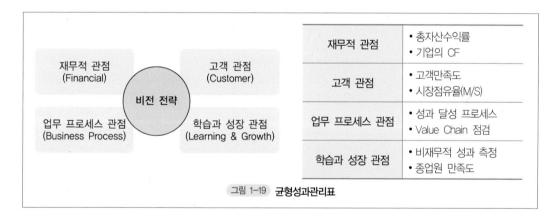

그림 1-19 **균형성과관리표**

3 피드백(Feedback)

(1) 경영전략 실행의 산출물이 목표 달성을 했는지 그 실행 과정상 문제점은 무엇인지 등에 대해 점검하고 그 결과를 향후 새로운 전략 수립 시 활용, 성과평가의 기준으로 활용하게 된다.

(2) 제한된 자원을 배분하여 기업의 사명과 목표를 달성하고, 경쟁우위를 확보하기 위해 기업환경을 분석해 전략을 수립하고 실행하는 과정을 의미하며, 이러한 전략이 목표를 달성했는가에 대한 시스템 전반에 대한 피드백이 필요하다.

03 | 유통경영관리

CHAPTER 01 조직관리

---

1 유통경영관리

유통경영관리란 기업의 경영활동에서 업무 수행을 효과적으로 수행할 수 있도록 경영조직을 체계적으로 운영하기 위한 계획화 → 조직화 → 지휘 → 통제를 하는 일련의 과정이다.

1) 계획화(Planning)

유통기업의 사명과 목표를 달성하고 유통기업의 경쟁우위를 확보하기 위해 필요한 모든 활동들의 전체적 체계를 잡는 것이다.

2) 조직화(Organizing)

조직의 목표를 효과적으로 달성하기 위해 수행해야 할 유통 직무 내용과 인적자원 간의 상호관계를 설정하는 것이다.

3) 지휘(Directing)

유통기업 구성원들을 계획에 따라 적극적으로 직무를 수행할 수 있도록 동기부여하고 리더십을 발휘하는 것이다.

4) 통제(Control)

최종적으로 전략수행의 성과를 측정하고 바람직한 결과를 달성하게 하는 것이다.

2 유통조직론

1) 전통적인 조직구조

전통적인 조직구조에는 일반적으로 라인 조직, 라인-스태프 조직, 기능식 조직(직능별 조직)이 있다.

(1) 라인 조직

조직의 목표달성을 위하여 상급자의 명령체계가 수직적으로 하급자에게 전달되는 조직 형태로 군대식 조직(하향식 의사결정)과 유사하다.

(2) 라인-스태프 조직

조직에서 주된 역할을 수행하는 라인과 라인을 지원하고 최고경영자를 보좌하는 스태프를 결합한 조직 형태이다.

(3) 기능식 조직(직능별 조직)

① 전체 조직을 인사 · 생산 · 재무 · 회계 · 마케팅 등의 공통된 경영기능을 중심으로 부문화한 것이다.
② 기업환경이 안정적인 경우 효율성이 높지만, 다른 기능과의 협업 또는 의사소통이 원활하지 않을 수 있다는 점에서 최고경영자에게 과다하게 업무가 집중되는 경향이 있다.

2) 현대적 조직구조

사업부제 조직, 프로젝트 조직, 매트릭스 조직 그리고 네트워크 조직으로 분류할 수 있다.

(1) 사업부제 조직(Divisional Organization)

제품별 · 시장별 · 지역별로 사업부를 분화하여, 각 사업부별로 독립된 경영을 하도록 하는 조직구조이다. 사업부제 조직은 몇 가지 특징 및 문제점을 내포하고 있다.
① 기업 전체의 전략적 결정과 관리적 결정 기능을 분화시켜 각 사업부에 전략적 결정 부분을 분권화시킴으로써 최고경영층에게 일상적인 업무 결정에서 해방되어 기업 전체의 전략적 결정에 몰두 가능하게 해준다.
② 의사결정에 대한 책임이 일원화되고 명확해지게 되며 사업부는 하나의 이익 단위로 독립성을 갖고, 독자적인 책임을 갖게 된다.
③ 각 사업부가 독자적인 경영활동을 수행하므로 전체적으로는 손해를 미치는 부문별 이기주의적 경향이 나타날 수 있으며 사업 부문 상호 간 조정이나 기업 전체로서의 통일적인 활동이 어렵다.
④ 자원의 중복 투자로 인해 자원 이용의 효율성이 저하된다.

(2) 프로젝트 조직(Project Organization)

① 기업환경의 동태적 변화, 기술혁신의 급격한 진행에 맞추어 구체적인 특정 프로젝트별로 나누어 형성된 조직 형태이다.

② 특정 과업 수행을 위해 여러 부서에서 파견된 사람들로 구성되어 과업 해결 시까지만 존재하는 임시적·탄력적 조직으로 기동성과 환경 적응성이 높다.

③ 집단문제 해결 방식(수평적 의사결정)을 통한 임무 수행으로 목표 지향적인 특징을 지닌다.

(3) 매트릭스 조직(Matrix Organization)

① 급변하는 새로운 환경 변화에 적극적으로 대처하기 위해 시도된 조직이다.

② 기능식 조직(수직적)과 프로젝트 조직(수평적)의 장점을 동시에 달성하고자 하는 목표로 설계되었다.

③ 인적자원을 기업상황에 맞게 공유 가능하며, 작업수행자는 이중 명령체계(Two Boss System)를 갖고 있다.

④ 고도화된 임무와 기술이 필요로 하는 산업에서 사용되며, 프로젝트 조직과는 달리 영구적인 조직에 해당된다.

⑤ 동시에 여러 프로젝트를 수행할 수 있다는 장점이 있다.

(4) 네트워크 조직(가상 조직)

① 자사가 지닌 핵심역량의 강화에 집중하고, 비핵심역량은 네트워크상의 다른 기업들과 전략적 제휴 또는 아웃소싱을 통하는 조직이다.

② 전통적 조직의 핵심 요소는 간직하고 있으나 조직의 경계와 구조는 없는 가상 조직 또는 모듈 조직이라고 한다.

3 조직의 목표관리와 동기부여

1) 조직의 목표관리(MBO: Management By Objectives)

(1) 측정 가능한 비교적 단기 목표 설정 과정에 평가자와 피평가자가 협의를 통하여 목표를 설정하고, 설정된 목표와 실적을 주기적으로 평가하는 관리기법을 의미한다.

(2) 상사와 부하가 공동으로 목표를 설정한 후 목표가 달성된 정도를 측정하고 평가함으로써 경영의 효율성을 증진시키기 위한 전사적 차원의 조직관리 체계를 말한다. 성과평가 기법으로 널리 사용되며 예산 운영 및 관리의 수단으로도 활용되고 있다.

(3) 목표관리법은 자율성에 기반을 둔 경영 기법으로 전사적 차원의 목표와 각 하위 수준의 목표와의 결합을 통해 조직의 성과를 향상시키는 것을 목적으로 한다.

(4) 상사가 부하의 성과를 일방적으로 평가하는 전통적인 관행에서 벗어나 목표의 달성 정도가 평가되기 때문에 목표관리법은 결과 지향적인(result-oriented) 관리체계로 평가받는다.

2) 조직의 목표관리 실행단계

목표관리법은 통상 다섯 단계를 거치며 실행된다.

(1) 1단계

① 최고경영진이 전사적 차원에서 조직 목표를 설정하는 단계이다.
② 기존에 설정되어 있던 조직 목표가 수정되기도 한다. 조직 목표의 핵심은 기업의 미션과 비전에 기초를 둔 조직 목표가 설정되어야 한다.

(2) 2단계

① 전사적 차원의 목표가 구성원들과 공유되는 단계이다.
② SMART라 요약할 수 있는데 이는 목표가 구체적이고(Specific), 측정 가능하며(Measurable), 수용 가능하고(Acceptable), 실제적이며(Realistic), 시한(Time-bounded)이 정해져 있어야 한다.

(3) 3단계

① 전사적 차원의 목표가 달성되도록 하위 수준의 목표를 설정하는 과정이다.
  조직 목표가 구성원들과 공유된 이후에 최고경영진부터 최말단 종업원에 이르기까지 구성원들은 상사와의 협의를 거쳐 자신의 목표를 설정한다.
② 이 단계에서는 각 하위 목표가 상위 목표에 연계되는 순차적 세분화 과정(cascading)을 거치게 함으로써 조직 각 수준의 목표들이 논리적 일관성을 지닐 수 있게 해야 한다.

(4) 4단계

① 구성원들이 자율적으로 업무를 수행하고 상사가 목표 달성 정도를 모니터링(monitoring)하는 것과 관련된다.
② 이 단계에서 상사는 부하들에 대한 명령, 지시나 통제를 최소화하는 대신에 부하들에게 필요한 정보 제공, 대인 간 중재, 오류 수정 등을 수행하게 된다.

(5) 5단계

목표가 실제 달성된 정도에 대한 평가가 이루어지며 결과에 따른 피드백이 제공된다.

3) 조직의 목표관리 의의와 한계

(1) 의의

① 조직 내 활발한 의사소통을 촉진하고 구성원들 간의 목표 달성을 위한 일체감을 형성할 수 있게 해준다.
② 구성원들은 설정된 목표를 통해 조직이 자신에게 기대하는 바가 무엇이고 자신이 어떻게 평가받는지를 명확히 인식할 수 있게 된다.

③ 목표 설정 과정에 구성원들이 직접 참여했기 때문에 몰입도와 동기부여 수준이 높다.

④ 결국 각 개인의 목표 달성이 보다 원만히 이루어질 수 있게 되고, 이것은 곧 부서 및 조직 전체의 목표 달성으로 자연스럽게 이어지게 된다.

(2) 한계

① 단기적인 목표에만 초점을 둔다는 비판을 받기도 한다.

② 상사와 부하 간 신뢰가 부족한 경우에는 효과적이지 않을 수 있다.

③ 성과에 대한 개념이 명확하지 않은 영역이나 목표를 계량화시키기 어려운 영역에서는 목표 설정 자체가 어려울 수 있다.

④ 한편 조직 간의 지나친 과다경쟁이 일어나 신축성, 유연성이 떨어지기도 한다.

4) 동기부여이론(Motivation Theory)

동기부여는 종업원으로 하여금 적극적으로 과업을 하고자 하는 의욕이 생기게 하는 것으로 기업의 목표 달성을 위한 지휘에 의해 유발되는 행동 과정이라고 할 수 있다. 내용이론과 과정이론으로 구분된다.

동기부여 이론	내용이론	매슬로우 욕구단계설
		알더퍼의 ERG이론
		맥클리랜드의 성취동기이론
		허츠버그의 2요인이론
		애킨슨의 성취동기이론
	과정이론	브룸의 기대이론
		아담스의 공정성이론
		포터&로울러의 기대이론
		로크의 목표설정이론

(1) 매슬로우 욕구단계이론(Need Hierarchy Theory)

① 동기부여 내용이론 중 대표적인 이론이다.

② 매슬로우(Maslow)는 인간을 동기유발시킬 수 있는 욕구를 다섯 가지로 구분하였다.

③ 하위욕구로는 생리적 욕구, 안정 및 안전의 욕구, 사회적 욕구가 있고, 상위욕구로는 존경욕구, 자아실현욕구가 계층적 구조를 이루고 있다고 보았다.

④ 매슬로우는 두 가지 이상의 욕구가 동시에 작용할 수 없고, 상위욕구의 동기가 유발되려면 하위욕구가 반드시 충족되어야 한다고 주장하였다.

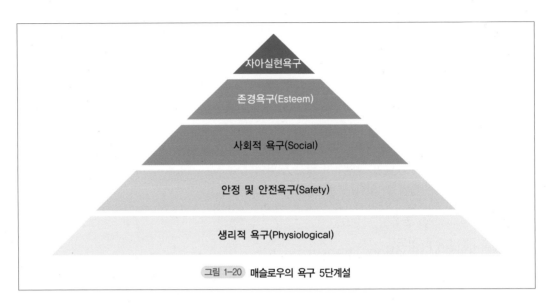

그림 1-20 매슬로우의 욕구 5단계설

(2) 허츠버그 2 요인 이론

① 허츠버그(Herzberg)의 2요인 이론에 따르면 인간에게는 상호 독립적인 두 종류의 욕구 범주가 존재하고, 이들이 인간의 행동에 각기 다른 방법으로 영향을 미친다고 보았다.

② 두 가지 요인은 동기요인과 위생요인이다. 직무불만족과 관련한 요인을 위생요인 또는 환경요인이라고 하고, 직무만족을 유발시키는 요인을 동기요인이라 한다.

③ 임금, 작업 조건, 상사와의 관계 등의 위생요인은 증가하더라도 개인 만족은 증가하지 않는다.

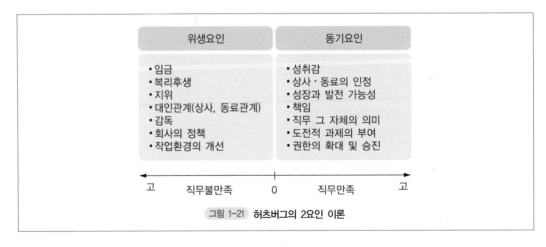

그림 1-21 허츠버그의 2요인 이론

5) 직무특성이론

(1) 특정한 직무특성이 특정한 심리 상태를 유발하고 이것이 다시 직무 성과와 연관되는데, 이때 종업원의 개인차가 이러한 일련의 과정에 영향을 줄 수 있다는 이론이다.

(2) 직무특성이론의 핵심은 직무특성이 직무 수행자의 성장 욕구 수준에 부합될 때 긍정적인 동기 유발효과를 초래하게 된다고 본다.

(3) 직무특성요소로서는 기술다양성(skill variety), 과업정체성(task identity), 과업중요성(task signification), 자율성(autonomy), 피드백(feedback)이 있다.
  ① 기술다양성: 종업원들이 다른 기량과 그들의 재능을 활용할 수 있도록 직무가 요구하는 여러 활동의 다양성 정도를 말한다.
  ② 과업정체성: 직무가 요구하는 업무 전체의 완성단계와 인식 가능한 업무 단위 정도이다.
  ③ 과업중요성: 직무가 다른 사람들의 삶과 일에 미치는 영향의 정도를 말한다.
  ④ 자율성: 직무가 제공하는 자유, 독립성 그리고 종업원이 작업을 수행함에 계획과 절차를 정할 수 있는 재량권 등의 정도이다.
  ⑤ 피드백: 직무를 수행함에 있어 개개의 종업원이 그들의 실적에 대해 정확하고 직접적으로 정보를 전달받는 정도를 말한다.

4 조직의 의사전달과 갈등관리

1) 유통을 포함한 모든 조직에 있어 갈등은 필연적이며, 이는 외부적으로는 부정적 기능이 강하지만 내부적으로는 긍정적으로 기능하기도 한다.

2) 경영자는 갈등을 적정한 수준으로 관리하는 것이 중요하다.

3) 갈등의 원인

원인	내용
목표의 불일치	경로구성원들 사이의 목표가 서로 다르고 이들 목표를 동시에 달성할 수 없을 때 발생하는 갈등
역할·영역의 불일치	각 구성원이 수행해야 할 역할과 영역이 합의되지 않아 제품, 시장, 기능 3가지 영역에서 생기는 갈등
지각의 불일치	동일한 상황이나 실체에 대하여 경로구성원 간 서로 다르게 지각하여 생기는 갈등
경영이념의 불일치	상호의존성이 커질수록 서로의 목표 달성이 방해될 가능성이 커지고 거래 당사자 사이의 불일치가 발생하며 갈등

4) 갈등관리

(1) 갈등은 조직을 건강하게 한다는 장점이 있지만 지속될 경우에는 기업의 생존에 심각한 영향을 주므로 반드시 해소해야 한다.

(2) 갈등 해소 방안

① 리더의 힘에 의한 갈등해소: 합법력, 강권력(강압성), 보상력, 준거력, 전문력을 이용한다.
② 상호 공동의 목표 설정, 협의회 등 의사결정기구를 설립한다.
③ 중재자에 의한 분쟁해결: 컨설턴트, 전문가, 소속협회 등으로 갈등을 해소하며, 기업은 계속적인 교육을 통한 갈등 발생의 예방해야 한다.

(3) 갈등 대처방안

일반적으로 회피(Avoiding), 호의(Accommodating), 경쟁(competing), 타협(compromising), 협력(collaborating)의 5가지 유형이 있다.

POWER 정리

제조업체의 경로갈등 관리(이해관계 상충 간의 유통업체 통제)

• 유통업체와의 장기적인 파트너십 구축
• 유통업체에 대한 적절한 보상체계 마련
• 유통업체와의 효율적인 커뮤니케이션 채널 구축
• 판매실적의 공정한 평가 제공 그리고 판매실적 평가 기준 완화

---

5 조직문화와 리더십

1) 파워의 원천

파워(power; 권력 혹은 힘)의 원천은 다음의 5가지로 분류할 수 있다.

권력의 파생	권력의 원천	내용
공식적 지위	보상적 파워 (Reward Power)	권력행사자가 권력수용자에게 보상을 줄 수 있다는 인식에 기반한 권력
	강압적 파워 (Coercive Power)	해고, 징계, 작업 시간 단축 등을 지시할 수 있는 능력에서 유발되는 권력
	합법적 파워 (Legitimate Power)	권력행사자의 정당한 영향력 행사권(권한)을 추종해야 할 의무가 있다는 사고에 기반한 권력
개인적 특성	준거적 파워 (Referent Power)	리더가 특별하고 바람직한 자질을 보유하고 있어 다른 사람들이 그를 따르고 일체감을 느끼고자 할 때 생기는 권력
	전문적 파워 (Expert Power)	권력자가 특정 분야 또는 상황에 대하여 높은 지식이나 경험을 보유하고 있다고 느낄 때 생기는 권력

2) 리더십이론

이론의 분류	리더십이론	강조점
특성이론	특성추구이론	리더의 타고난 자질
행위이론	• 레윈 등의 연구 • 오하이오대학 연구 • 미시간대학 연구 • 관리격자모형 • PM이론	리더십 스타일
상황이론	• 피들러의 상황이론 • 허쉬−블랜차드 이론 • 하우스 경로−목표론	리더가 처한 상황
현대적 리더십이론	• 카리스마 리더십 • 변혁적 리더십 • 서번트 리더십 • 수퍼리더십 • 임파워링 리더십	리더와 추종자 관계 (변혁, 멘토링, 임파워링 등)

3) 현대적 리더십이론

(1) 카리스마적 리더십(Charismatic Leadership)

① 조직이 매우 어려운 시기에 구성원들의 신념, 지각, 가치관, 행동들의 심각한 변화를 만들어내는 데 성공적인 리더십이다.

② 카리스마적 리더의 특징으로는 자신감, 비전, 비범한 행동, 변화담당자로서의 역할 인식, 환경적 감수성 등이 있다.

(2) 변혁적 리더십(Transformational Leadership)

① 조직을 활성화시키고 변혁시키는 일을 성공적으로 해내는 리더십으로 변화에 능동적으로 적응하고 변화를 유도하는 리더십 유형이다.

② 상사와 종업원 간 보상관계에 기초한 교환적 리더십과는 대비되는 개념이다.

③ 변혁적 리더십은 종업원에 대한 지적 자극, 영감적 동기, 비전 제시, 카리스마를 소유하며 도전을 용납할 수 있는 리더, 조직의 생존을 가능하게 할 리더, 개방된 마인드를 소유한 리더 등을 그 특징으로 한다.

④ 조직에 대해 강한 비전과 사명감을 제공하는 카리스마, 구성원들의 문제를 인식하고 해결책을 만들어 내는 것을 돕는 능력, 구성원들이 직무를 잘 수행하는 데 필요한 지원, 격려, 관심을 갖는 개인별 자상한 배려, 조직 사명의 중요성을 분명히 전달하고 리더의 노력에 초점을 맞추는 영감적 동기부여를 갖는 특징이 있다.

(3) 서번트 리더십(Servant Leadership)

① 리더가 구성원들에게 조직의 목표를 공유하고 의견을 경청, 공감하며 성장 및 발전을 돕고 치유함으로써 조직의 목표를 달성하고자 하는 파트너형 리더십을 의미한다.

② 리더가 종업원들을 섬기는 자세로 지원하여 구성원들로 하여금 스스로 조직 목표 달성에 기여하도록 하는 리더십 유형이다.

③ 리더십의 목표가 변화에 대한 효율적 대응이며 합의에 의한 통제, 수평적이고 분권적인 조직, 상하의 개념이 아닌 파트너 개념이며 지속적 변화가 있는 환경에 적합한 리더십이다.

CHAPTER 02 　인적자원관리

■ 1 　인사관리의 기초와 개념

1) 인적자원관리(HRM: Human Resource Management)

조직과 구성원의 목표를 만족시키기 위해서 조직의 인적자원을 효과적으로 관리하기 위한 기능으로 인적자원의 확보, 개발, 활용, 보상, 유지 등의 관리활동을 의미한다.

2) 인적자원관리의 개념

(1) 기업은 개인과 직무의 적절한 관계를 관리하여 성공적인 인적자원관리 결과를 얻어야 한다.

(2) 조직의 목표 달성을 위해 인적자원의 확보(모집/선발) → 개발(교육) → 활용(배치) → 보상(평가/임금) → 유지의 과정을 계획·조직·통제하는 관리체계인 인적자원관리 활동을 해야 한다.

(3) 인적자원관리에서는 개인과 직무의 조화가 필요하다. 이를 위해 직무 수행에 요구되는 능력과 개인의 욕구를 분석한 뒤 적절한 요건과 보상 수준을 분석하고 양자 간 서로 만족할 수 있는 합의점에 도달하여 업무를 진행해야 한다. 이후 기업은 인적자원관리를 결과지표를 관리해야 한다.

(4) 인적자원관리 결과지표

직무성과, 직무만족 그리고 근속연수와 출근율 등이 있다.

① **직무성과**: 종업원 유효성의 중요한 기준으로 종업원들은 조직의 과업을 수행하기 위해서 고용되며, 보다 능률적으로 일을 할수록 그만큼 조직에 대한 공헌도가 커진다.

② **직무만족**: 개인에게 직무와 관련된 보상을 추구하여 충족시키고자 하는 특정한 욕구를 가지고 있다는 것을 전제로 한다.

③ **근속연수와 출근율**: 직무와 조직에 대한 지속적 몰입을 나타내며, 중단 없는 과업의 수행을 가능하게 한다.

2 직무분석과 직무평가

1) 직무분석의 의의

(1) 직무분석(Job Analysis)이란 특정 직무의 내용(또는 성격)을 분석해서 그 직무가 요구하는 조직구성원의 지식·능력·숙련·책임 등을 명확히 하는 과정이다.

(2) 직무분석은 조직이 요구하는 일의 내용 또는 요건을 정리·분석하는 과정이다.

(3) 직무분석의 목적은 직무기술서와 직무명세서를 작성하여 직무평가를 하기 위함이다. 기본 수법으로 많이 사용된다.

2) 직무기술서와 직무명세서

(1) 직무기술서(Job Description)

① 직무분석을 통해 얻어진 직무의 성격과 내용, 직무의 이행 방법과 직무에서 기대되는 결과 등을 과업 요건 중심으로 정리해 놓은 문서이다.
② 직무명칭과 직무개요, 직무의 구체적 내용, 직무수행에 요구되는 조건, 즉 책임, 지식, 직무수행에 필요한 장비, 환경 등 직무요건 등에 관한 정보가 포함된다.

(2) 직무명세서(Job Specification)

① 직무를 만족스럽게 수행하는 데 필요한 작업자의 지식·기능·능력 및 기타 특성 등을 정리해 놓은 문서로 직무수행자의 인적요건에 맞춘 문서이다.
② 직무명세서에 포함되는 내용은 작업자의 교육 수준, 육체적·정신적 특성, 지적 능력, 전문적 능력, 경력, 기능 등의 인적요건 등이다.
③ 직무기술서와 직무명세서 비교

구분	직무기술서	직무명세서
목적	인적자원관리의 일반 목적을 위해 작성	인적자원관리의 구체적이고 특정한 목적을 위해 세분화하여 작성
작성 시 유의사항	• 직무내용과 직무요건을 동일한 비중으로 작성 • 직무 자체 특성 중심으로 정리	직무요건 중 인적요건을 중심으로 정리
내용	직무명칭, 직무개요, 직무내용, 장비·환경·작업 활동 등 직무요건	직무명칭, 직무개요, 작업자의 지식·기능·능력 및 기타 특성 등 인적요건
특징	• 속직적 기준 • 직무행위의 개선점 포함	• 속인적 기준 • 직무수행자의 자격요건명세서

3) 직무설계

(1) 직무설계의 목적

직무성과와 직무만족을 높이기 위한 것으로, 직무분석을 실시하여 직무기술서와 직무명세서가 작성되면 이러한 정보를 활용하여 직무를 설계할 수 있다.

(2) 직무설계방안에는 직무순환, 직무확대 그리고 직무충실화를 고려해야 한다.

① **직무순환(Job Rotation)**: 직무 자체의 내용은 그대로 둔 상태에서 작업자들로 하여금 여러 직무를 돌아가면서 번갈아 수행하게 하는 것이다.
② **직무확대(Job Enlargement)**: 한 직무에서 수행되는 과업의 수를 증가시키는 것으로 직무의 다양성을 증대시키기 위한 직무의 수평적 확대를 뜻한다.
③ **직무충실화(Job Enrichment)**
  • 직무 성과가 경제적 보상보다도 개인의 심리적 만족에 달려 있다는 전제하에 직무수행의 내용과 환경을 재설계하는 직무의 수직적 확대 방법이다.
  • 직무충실화의 이론적 근거는 매슬로우(Maslow)의 욕구단계이론 중 상위수준의 욕구와 허츠버그(Herzberg)의 2요인이론 중 동기유발요인 등이다.

4) 직무평가

(1) 직무평가(Job Evaluation)

① 직무분석을 기초로 하여 각 직무가 지니는 상대적인 가치를 결정하는 방법이다.
② 기업이나 기타 조직에 있어서 각 직무의 중요성·곤란도·위험도 등을 평가하여 다른 직무와 비교한 직무의 상대적 가치를 정하는 체계적 방법이다.

(2) 직무평가의 목적

① 동일노동에 대하여 동일임금이라는 직무급 제도를 확립하는 데 목적이 있다.
② 직무평가는 직무기술서와 직무명세서를 기초로 하여 이루어지며, 사람에 대한 평가가 아니라 객관적인 직무 그 자체의 가치를 평가하는 것이다.

(3) 직무평가방법

크게 질적 평가방법과 양적 평가방법으로 구분할 수 있다.
① **질적 평가방법**: 상대적 평가방법으로 서열법과 분류법으로 평가를 한다.
② **양적 평가방법**: 분석적 판단을 중심으로 점수법과 요소비교법으로 평가한다.

인적자원관리에 관련된 능력주의와 연공주의를 비교한 설명으로 옳지 <u>않은</u> 것은?

구분	능력주의	연공주의
(ㄱ) 승진 기준	직무 중심(직무능력 기준)	사람 중심(신분 중심)
(ㄴ) 승진 요소	성과, 업적, 직무수행, 능력 등	연력, 경력, 근속년수, 학력 등
(ㄷ) 승진 제도	직계 승진 제도	연공 승진 제도
(ㄹ) 경영 내적 요인	일반적으로 전문 직종의 보편화(절대적은 아님)	일반적으로 일반 직종의 보편화(절대적은 아님)
(ㅁ) 특성	승진관리의 안정성/객관적 기준 확보 가능	승진관리의 불안성/능력 평가의 객관성 확보가 힘듦

① (ㄱ)   ② (ㄴ)
③ (ㄷ)   ④ (ㄹ)
⑤ (ㅁ)

3 인적자원의 확보와 개발

1) 인적자원의 확보 활동

(1) 인적자원 확보 계획(Human Resource Planning)

① 기업에서 자사의 인적자원을 확보하기 위해서 필요하다.

② 직무분석의 후속 단계로 조직에서 필요로 하는 인적자원을 적시에 확보하기 위한 인적자원관리 기능을 말한다.

(2) 선발도구의 합리적 조건

① 기업은 인적자원의 선발을 위해 선발도구의 합리적 조건을 갖춘다.

② 시험이나 면접 등과 같은 선발도구를 이용하여 선발하는 경우 인력을 잘못 선발하는 오류를 범할 수 있으므로 오류 방지를 위해서는 선발도구의 신뢰성과 타당성이 고려되어야 한다.

- 신뢰성(Relability): 동일한 사람이 동일한 환경에서 어떤 시험을 반복해서 보았을 때 측정 결과가 서로 일치하는 정도를 뜻하는 것으로 일관성, 안정성, 정확성 등을 의미한다.

- 타당성(Validity): 시험이 당초에 측정하려고 의도하였던 것을 얼마나 정확히 측정하고 있는가를 밝히는 정도이다. 즉, 시험에서 우수한 성적을 얻은 사람이 근무성적 또한 예상대로 우수할 때 그 시험의 타당성이 인정된다.

2) 인적자원의 개발활동

(1) 기업은 그들의 인적자원에 대해 교육훈련이 필요하다. 즉 기업은 새로운 기술·설비, 새로운 생산·판매방법, 기타 새로운 경영 방법 등에 대하여 교육훈련이 부단히 실시되어야 변화에 적응할 수 있다.

(2) 교육훈련에는 직장 내 교육훈련과 직장 외 교육훈련이 있다.

(3) 숙련공을 필요로 하는 금속, 인쇄, 건축 같은 업종의 기업, 고도의 기술 수준을 요할 때는 도제훈련방식을 택한다.

직장 내 교육훈련 (OJT: On the Job Training)	• 직장에서 구체적인 직무를 수행하는 과정에서 직속상사가 부하에게 직접 개별 지도하고 교육훈련을 하는 방식 • 현장의 직속상사를 중심으로 진행함
직장 외 교육훈련 (Off-JT: Off Job Training)	• 교육훈련을 담당하는 전문스태프의 책임 아래 집단적으로 교육훈련을 실시하는 방식 • 기업 내의 특정한 교육훈련시설을 통해 실시되는 경우가 있고, 기업 외의 전문적인 훈련기관에 위탁하여 수행되는 경우도 있음

4 인적자원의 보상과 유지

1) 임금체계와 관리

(1) 임금은 대표적인 외적 보상으로 정기적으로 지불되는 통상의 임금 및 급료 등의 경상적 지급 외에도 수당, 상여 등의 각종 임시적 지급까지 포함한다.

(2) 임금체계를 결정하는 기본적인 요인으로는 필요기준, 담당직무기준, 능력기준, 성과기준 등이 있는데, 이는 임금체계의 유형인 연공급, 직무급, 직능급 체계와 관련 있다.

POWER 정리

임금체계 유형

종류	내용
연공급	• 임금이 개인의 근속연수·학력·연령 등 인적요소를 중심으로 변화하는 것으로 생활급적 사고원리에 따른 임금체계 • 고용 안정화 및 노동력 정착화, 노동자의 생활 보장으로 기업에 대한 귀속의식 제고
직능급	• 직무수행능력에 따라 임금 격차를 만드는 체계 • 능력에 따라 개인의 임금이 결정된다는 점에서 종업원의 불평을 해소하고, 능력을 자극하여 유능한 인재를 확보
직무급	• 직무 중요성과 곤란도 등 직무평가 결과에 따라 각 직무 간 상대적 가치를 평가하여 임금액을 결정 • 동일직무 동일임금 지급의 원칙(Equal Pay for Equal Work)에 입각한 임금

2) 임금형태의 관리

(1) 임금형태

① 지급 방식으로 나타날 수 있으며 이는 임금의 계산 및 지불 방법에 관한 것이다.
② 임금형태로는 시간급, 성과급과 함께 특수임금제(집단자극임금제, 순응임금제, 이윤분배제, 성과분배제) 등이 있다.

(2) 시간급제와 성과급제

임금형태 중에서 가장 중심이 되는 것은 시간급제와 성과급제이다.
① 시간급제(Time-Rate Plan): 수행한 작업의 양과 질에 관계없이 단순히 근로시간을 기준으로 하여 임금을 산정·지불하는 방식이다. 일급, 주급, 월급, 연봉 등이 해당한다.
② 성과급제(Piece-Rate Plan): 노동성과를 측정하여 측정된 성과에 따라 임금을 산정·지급하는 제도이다. 이 제도에서 임금은 성과와 비례한다.

CHAPTER 03 · 재무관리 · 회계관리

1 재무관리의 개요

1) 재무관리의 개념

(1) 재무

기업이 자본을 어떻게 조달하고 운용할 것인가를 결정하는 활동을 말한다.

(2) 재무관리(Financial Management)

기업의 목표를 효율적으로 달성하기 위하여 필요한 자금의 조달과 투자결정에 관한 의사결정 및 관리 활동을 의미한다.

(3) 기업에서 이루어지는 재무관리는 크게 투자 의사결정, 자본조달 의사결정, 배당 의사결정의 영역으로 나누어진다.

2 화폐의 시간적 가치와 현재가치 및 균형가격

1) 화폐의 시간적 가치

(1) 화폐는 동일한 금액이라 할지라도 시점에 따라 그 가치가 다르다.

> 예 오늘의 1원을 내일의 1원보다 더 가치 있는 것으로 생각, 1년 후의 1원은 2년 후의 1원보다 더 가치가 있다고 생각한다.

(2) 투자자들은 동일한 금액이라도 미래의 현금보다는 현재의 현금을 더 선호하는 경향을 가진다.

(3) 화폐의 흐름과 시간과의 이러한 관계를 화폐의 시간적 가치라고 정의한다.

(4) 현재 10,000원을 투자하면 1년 후에 15,000원의 현금유입이 기대되는 투자안 A와 현재 10,000원을 투자하면 2년 후에 15,000원의 현금유입을 기대할 수 있는 투자안 B를 비교한다.

(5) 화폐의 시간적 가치를 고려하지 않는다면 기업은 투자결정, 자금조달결정, 배당결정 등 주요한 재무 의사결정을 올바르게 수행하지 못한다.

2) 화폐의 시간적 가치와 현재가치

(1) 화폐의 시간적 가치는 일정한 금액이 시간(시점)에 따라 다른 가치로 평가되는 것을 의미하며, 화폐가치 환산은 이자율을 이용하여 계산한다.

(2) 미래가치 계산

$$미래가치(FV) = 현재가치(PV) \times (1 + 이자율)n$$
*n은 기간

(3) 현재가치 계산

$$현재가치(PV) = 미래가치(FV) / (1 + 이자율)n$$

3) 균형가격

수요와 공급이 일치하는 점에서 결정되는 가격으로 수요와 공급의 차이에 의해 발생되는 불균형은 가격조절을 함으로써 균형 가격에 도달할 수 있다.

3 자본예산과 자본조달

1) 현금흐름의 추정

(1) 자본예산(Capital Budget)

조달된 자금의 운용을 의미하는 것으로 현금흐름이 1년 이상의 장기에 걸쳐 나타나는 투자에 관한 의사 결정을 의미한다.

(2) 자본예산의 절차

일반적으로 투자의 대상 확인 → 현금흐름의 추정 → 투자 내의 경제성 평가 → 투자 수행 → 투자의 재평가 순으로 이루어진다.

2) 재무분석과 재무비율

(1) 재무분석

① 기업의 자본조달과 자본운영이 효과적인지 기업의 상태를 파악하고 문제점을 분석하는 것을 말한다.
② 기업의 재무 상태를 분석할 때에 사용하는 비율이다.
③ 채권자들은 주로 단기 지급능력이나 자본구성, 이자 지불능력 등에 관심을 두고, 주주들은 수익성, 경영자들은 전반적인 비율에 관심을 가진다.

(2) 표준비율

기업의 재무비율을 산출하였을 때 비교기준이 필요한데 이를 표준비율이라 하며, 동일 산업군에 속해 있는 기업들의 평균비율을 이용한다.

3) 재무비율의 종류

기업에서의 주요 재무비율은 다음을 중요한 지표로 보고 관리한다.

종류	산출방법	내용
유동성비율	• 유동비율 = (유동자산÷유동부채) × 100% • 당좌비율 = (당좌자산÷유동부채) × 100%	기업의 단기적인 지급능력을 파악
레버리지비율	• 부채비율 = [(유동부채+고정부채)÷자기자본] × 100% • 이자보상비율 = (영업이익 ÷ 지급이자) × 100%	• 기업의 자본구성과 이자지급능력 파악 • 기업의 타인자본에 대한 의존도
활동성비율	• 재고자산회전율 = (매출액 ÷ 재고자산) × 100% • 총자산회전율 = (매출액 ÷ 총자산) × 100%	영업활동과 산출된 매출액을 기준으로 투입된 자산들이 얼마나 효율적으로 사용되었는가를 판단
수익성비율	• 매출액순이익률 = (당기순이익 ÷ 매출액) × 100% • 매출액영업이익률 = (영업이익 ÷ 매출액) × 100% • 총자본순이익률 = (당기순이익 ÷ 총자본) × 100% • 투자수익률(ROI: Return On Investment) $= \dfrac{순이익}{투자액} = \dfrac{순이익}{매출액} \times \dfrac{매출액}{투자액}$ = 매출순이익률 × 회전율	• 매출액이나 순이익을 기준으로 이익률 파악 • 일정 기간 동안의 경영성과를 종합적으로 파악 가능

4 손익분기점 분석

1) 손익분기점(BEP: Break-Even Point)

손익분기점은 총수익(매출액)과 총비용이 일치하여 이익 또는 손실이 발생하지 않는 생산량 또는 매출액을 의미한다.

2) 기업의 총비용

생산량에 관계없이 일정하게 발생하는 고정비와 조업도의 증감에 비례하여 증감하는 변동비로 나눌 수 있다.

3) 고정비(Fixed Cost)

감가상각비, 관리직 인건비, 제세공과금, 보험료, 임차료, 지급이자 등을 의미한다.

4) 변동비(Variable Cost)

직접재료비, 직접노무비, 소모품비, 판매수수료 등을 의미한다.

5) 총수익

기업이 고객에게 재화나 용역을 제공하고 그 대가로 받은 것으로 경영활동의 결과이며, 자본의 증가를 가져오는 원인이다.

6) 손익분기점 계산식

(1) 손익분기점 판매량

$$\frac{\text{총고정비}}{\text{단위당 가격} - \text{단위당 변동비}}$$

(2) 손익분기점 매출액

$$\frac{\text{총고정비}}{1 - \text{변동비율}}$$

(3) 손익분기점 목표판매량

$$\frac{\text{고정비용} + \text{목표이익}}{\text{가격} - \text{단위당 변동비}}$$

5 회계관리

1) 회계의 의미와 유형

(1) 회계(Accounting)의 의미

가계와 기업 등 각 경제 단위가 자원배분에 관한 의사결정을 합리적으로 할 수 있도록 경제적 실체에 관한 유용한 재무적 정보를 제공하는 서비스 활동을 의미한다.

(2) 회계의 유형

재무회계와 관리회계로 구분된다.

① 재무회계(Financial Accounting)
- 기업 외부의 이해관계자인 주주, 채권자, 정부 및 개인 등에게 기업의 재무상태, 경영성과 및 현금흐름에 관한 회계정보를 제공하는 데 목적이 있다.
- 재무회계는 기업에 대한 투자 의사결정에 유용한 정보를 제공해야 하고, 기업의 미래현금 창출 능력을 평가하고 기업과 경영자들의 성과를 평가하는 데 유용한 정보를 제공해야 한다.
- 재무회계에서는 재무상태표나 손익계산서와 같은 일반 목적의 재무제표가 제공된다.
② 관리회계(Managerial Accounting)
- 기업의 내부보고 목적의 회계로 경영자 등 내부 정보이용자의 의사결정이나 성과평가를 위한 회계정보를 제공한다.
- 이를 통해 경영자는 일정한 원칙이나 형식에 구애받지 않고 적합한 정보를 수시로 제공받을 수 있기 때문에 관리회계의 정보는 목적 적합성에 더 중점을 둔다.
- 관리회계는 화폐적 정보뿐만 아니라 비화폐적 정보도 포함되어야 하며, 과거지향적 회계정보는 물론 미래상황에 대한 예측가능 정보도 포함된다.

2) 재무제표

(1) 재무상태표(B/S: Balance Sheet)

일정 시점의 기업 재무 상태를 보여주는 재무보고서로, 재무상태를 차변의 자산과 대변의 (부채 + 자본)으로 나타낸다.

(2) 대차평균의 원리

자산 = 부채 + 자본

POWER 정리

분개의 법칙 중 거래의 8요소

차변	대변
자산의 증가 비용의 발생 부채의 감소 자본의 감소	자산의 감소 수익의 발생 부채의 증가 자본의 증가

3) 자산

자산은 유동자산과 비유동자산으로 구분할 수 있다.

분류	유형	예
유동자산	당자좌산	현금 및 현금성자산, 단기금융상품, 유가증권, 매출채권(외상매출금 등) 등
	재고자산	기업이 보유한 상품, 제품, 반제품, 재공품, 원재료, 저장품 등
	기타유동자산	선급금, 선급비용 등
비유동자산	투자자산	장기금융상품, 투자유가증권, 출자금, 장기대여료, 임차보증금 등
	유형자산	토지, 건물, 기계장치 등
	무형자산	지적재산권, 개발비, 임차권리금 등
	기타비유동자산	장기매출채권, 장기미수금 등

(1) 유동자산

당좌자산, 재고자산, 기타유동자산 등이 있다.

(2) 비유동자산

판매 혹은 처분을 목적으로 하지 않고 비교적 오랫동안 영업에 사용하고자 취득한 각종 자산이다.

4) 부채

(1) 기업이 타인에게 현금을 지급하거나 기타 재화 또는 서비스를 제공하여야 할 것을 말한다.

(2) 부채의 종류

1년 이내에 상환할 유동부채와 1년 이후에 지출이 예상되는 비유동부채로 나눌 수 있다.

유형	예
유동부채	단기금융부채(단기차입금 등), 매입채무(외상매입금, 지급어음), 단기차입금, 미지급금(선수금, 예수금), 기타유동부채 등
비유동부채	장기금융부채(사채, 장기차입금), 장기성매입채무, 장기충당부채, 이연법인세대, 기타비유동부채 등

5) 자본

(1) 자본은 자산에 대한 소유주, 즉 주주의 지분을 의미하며 자산에서 부채를 차감한 잔액이다. 그러므로 자본 등식을 다음과 같이 나타낼 수 있다.

> 자본 = 자산 − 부채

(2) 자본은 경제적인 측면에서 자기자본이라 하고, 부채는 타인자본이라 하며 이들의 합계액을 총자본이라고 한다.

1 구매 및 조달관리의 개념 및 절차

1) 구매관리

제품 생산에 필요한 원재료 및 부품을 될수록 유리한 가격으로, 필요한 시기에, 적당한 공급자로부터 구입하기 위한 체계적인 관리를 말한다.

2) 구매관리 전제조건

구매관리를 효과적, 효율적으로 관리하기 위한 전제조건은 다음과 같다.

조건	내용
가치분석	구매시장조사 · 품질관리: 용도에 따라 가장 적정하고 적합한 것을 찾아 구입
납기관리	늦거나 지체하지 않도록 구매
적정재고관리	일정한 재고를 필요로 하는 제품과 자재에 대해서 재고를 최소한도로 유지하면서 재고 고갈의 위험도를 없앨 것
시장조사	우량업체 또는 업자로부터 구매
운송관리	적절한 운송수단으로 구입
구매 후 비용관리	최저의 구매비용으로 구매
잔재관리	사용 중 발생된 잔재(남은 자재)의 유효적절한 활용

3) 구매관리는 공급사슬의 중요한 부분을 차지하는 동시에, 구매 관련 비용은 금액상으로도 매우 높은 비중을 차지하고 있다.

4) 최근 단기 구매보다는 협상과 장기계약으로 이행, 품질, 조달 기간, 서비스, 안정성 등 특정 목적 달성을 위한 공급자의 관계 개선 및 육성이 중요하게 인식되고 있다.

5) 집중화와 분권화

구매기능을 집중화할 것이냐, 분권화할 것이냐는 기업의 규모와 개별 부서의 업무 특성에 따라 상이하다.

집중화와 분권화 장단점

구분	집중화	분권화
장점	• 자금 흐름의 통제 수월함 • 구매의 전문화 수월함 • 품목의 표준화 수월함 • 주문비용 절감, 구매단가 인하 • 공급자에 영향을 미칠 수 있는 물량 확보	• 적시조달이 가능 • 구매절차 간단·신속 • 개별 부서의 니즈를 정확히 파악
단점	분권화의 장점과 반대됨	집중화의 장점과 반대됨

2 공급자 선택 및 관리와 유통경로상 힘

1) 공급자 선택 및 관리

(1) 공급자 선택

① **입찰에 의한 방법(일반적 경쟁방식)**: 불특정 다수의 입찰 의사자를 경쟁에 참여시키는 방법

② **제한경쟁에 의한 방법**: 참가자의 자격을 필요에 따라 일정한 기준으로 제한시켜 특정 다수를 경쟁에 참여시키는 방법

③ **지명경쟁에 의한 방법**: 기술이나 신용 등에 있어서 적합한 특정 다수를 지명하여 경쟁에 참여시키는 방법

④ **수의에 의한 방법**: 경쟁을 하는 것이 아니라 계약 내용을 충분히 이행할만한 공급자를 직접 선택하여 계약을 체결하는 방법

(2) 공급자 관리

① **가중치 평가방법**: 평가기준을 선정하여 기준의 중요도에 따라 가중치를 두고 평가

② **단일기준 평가방법**: 기업의 단일기준에 따라 평가하는 방법

③ **최소기준 평가방법**: 평가기준에 대한 중요성을 판별하기 어려울 경우, 가중치를 사용하지 않고 각 평가기준별 최소한의 요구사항을 설정하고 평가하는 방법

2) 유통경로상에서 힘

(1) 보상적 파워

한 경로 구성원이 다른 구성원에게 보상을 제공할 수 있는 능력이 있을 경우 생기는 파워

예 판매지원, 특별할인, 광고지원 등

(2) 강압적 파워

한 경로 구성원이 다른 경로구성원에게 처벌을 가할 수 있을 경우 생기는 파워

예 마진폭의 인하, 상품공급지연 등

(3) 합법적(정당성) 파워

한 경로 구성원이 다른 경로 구성원에게 영향력을 행사할 권리를 가지고 있고 영향력을 받아들이는 구성원도 그것을 받아들일 의무가 있음을 인정하는 경우 발생하는 파워

예 프랜차이즈, 법률적 권리, 관습

(4) 준거적 파워

한 경로구성원이 다른 경로구성원에게 일체감을 갖기 원하는 경우, 일체감을 원하는 구성원에게 일체감을 줄 수 있는 구성원이 행사하는 파워

(5) 전문적 파워

한 경로구성원이 특별한 지식이나 기술을 보유한 경우 생기는 파워

예 경영정보 및 소비자정보의 제공

(6) 정보적 파워

한 경로구성원이 특별한 정보를 보유하고 있는 경우 생기는 파워

3) 공급체인관리

고객서비스 향상, 비용·시간 절감, 재고 감소 등의 목적을 가지고 보다 효율적으로 물류업무를 수행하기 위해 관련 업체들이 연계하여 활동하는 경영관리기법이다.

3 구매실무

1) 구매협상

(1) 협상 이슈

구매협상 시 주로 특별 마진, 구매 기간, 독점권, 광고비용 할당, 수송 등을 다룬다. 이때 가격과 총매출이익을 결정하는 두 가지 요소에는 마진 보장과 입점비가 있다.

(2) 마진 보장(Margin Guarantecs)

상품의 도매가 협상은 총마진 목표를 달성하게 해줄 수는 있지만 상품이 팔리지 않으면 낮은 가격으로 판매해야 하므로 마진목표를 달성하지 못할 수 있다. 이러한 불확실성으로 인해 총마진을 달성할 수 있는 보장을 요구한다.

(3) 입점비(Slotting Allowance)

입점비는 공급자가 소매 유통기업의 점포 사용에 따른 비용을 지불하는 것인데 이는 비윤리적이라고 인식된다. 입점비의 형태는 상품의 특징이나 소매 유통기업의 상태적 영향력에 따라 다양하게 나타날 수 있다.

2) 거래상에 나타나는 비윤리적 문제

유통에 있어서 비윤리적 문제는 다양한 형태로 나타나지만 대표적으로는 역매입, 역청구, 구속적 계약 그리고 회색시장에서의 유통 등이 있다.

(1) 역매입(Buybacks)

① 입점비와 마찬가지로 점포에 입점하기 위해 공급업체와 소매 유통기업이 암묵적 합의하에 사용하는 전략이다.
② 소매 유통기업이 공급업체에게 경쟁자의 상품을 역매입하게 하여 경쟁자의 상품을 제거하고 그 공간에 공급업체 상품을 진열하게 하는 경우와 천천히 판매되는 제품에 대해 소매 유통기업이 공급업체에게 역매입을 요구하는 경우를 지칭한다.

(2) 역청구(Chargebacks)

① 소매상이 공급업체로부터 발생한 상품 수량의 차이에 대해 대금을 공제하는 것이다.
② 이러한 경우는 제품이 판매되지 않아 송장에서 대금을 공제하는 경우도 있고, 포장이나 품목의 오류, 선적 지연 등 공급업체의 과오에 대해 대금을 공제하는 경우도 있다.
③ 역청구는 합법적이지만 공급업체는 불공정성을 느끼기 때문에 비윤리적인 문제라 할 수 있다.

(3) 구속적 계약

구매하고자 하는 제품을 구입하기 위해서 구매하고 싶지 않은 제품까지도 소매업체가 구입하도록 공급업체와 소매업체 간에 맺는 협약 등을 의미한다.

(4) 회색시장

① 정규시장과 암시장의 중간 단계에 있는 시장으로 엄밀히 말하면 합법은 아니지만 그렇다고 완전히 불법은 아닌 애매모호한 측면이 있는 시장이다.
② 암시장과 달리 마약, 인신매매, 무기 같은 불법적인 물건은 거래되지 않는다.
③ 일반적인 상품들, 또는 정규 시장에서는 거래되지 않는 상품들이 일반 시장과는 다른 가격에 거래된다.
④ 정규시장과 달리 서류나 생산출처, 유통출처 등이 좀 불확실한 물건들이 오고가는 시장이다.
⑤ 회색시장 제품의 경우 정식제품이 아니기 때문에 A/S, 보증 등 서비스 품질에 문제가 있다.

4 품질관리

1) 품질관리의 의미와 기법

(1) 품질관리 의미

① 소비자의 요구에 적합한 품질의 제품과 서비스를 경제적으로 생산할 수 있도록 조직 내의 여러 부문이 품질을 유지 · 개선하는 관리적 활동의 체계이다.

② 품질에는 비용이 요구되는데 실제 제품이 생산되기 전 불량 품질의 발생을 방지하기 위하여 발생하는 예방비용, 생산이 되었지만 고객에게 인도되지 않은 제품 가운데서 불량품 제거를 위한 검사에 소요되는 평가비용 그리고 실패비용이 있다.

> **POWER 정리**
>
> **실패비용**
> • **내적 실패비용**: 폐기물이나 등 생산공정에서 발생하는 비용
> • **외적 실패비용**: 판매 후 클레임이나 반품 등에 의해 발생하는 비용

(2) 품질관리기법

품질관리를 위해서는 주요한 기법을 활용한다. 대표적인 품질관리기법은 통계적 품질관리, 종합적 품질관리 그리고 종합적 품질경영이다.

① 통계적 품질관리(SQC: Statistical Quality Control): 표본을 추출하여 그들이 속한 모집단의 규격에의 적합성을 추측하는 방법이다.

② 종합적 품질관리(TQC: Total Quality Control): 고객에게 최대의 만족을 주는 가장 경제적인 품질의 상품을 생산하고 서비스할 수 있도록 품질의 개발 · 유지 · 향상을 위해 전사적으로 통합 · 조정하는 시스템이다.

③ 종합적 품질경영(TQM: Total Quality Management)
• 경영자가 소비자 지향적인 품질방침을 세우고 모든 종업원들이 전사적으로 참여하여 품질 향상을 추구하는 활동이다.
• 제품과 서비스 품질, 고객만족, 기업의 수익성 사이의 관계를 적극적으로 고려한 조직체 전체의 접근 방법으로서 제품 및 서비스 전부의 품질을 지속적으로 향상하기 위한 품질관리시스템이다.

2) 6 시그마(Six Sigma: 6σ)

(1) 6 시그마는 제품의 설계, 제조, 서비스 품질의 편차를 최소화해 상한과 하한 사이 품질 중심으로부터 6 시그마 이내에 있도록 한다. 품질규격을 벗어날 불량확률은 1 백만 개 중 3.4 개(3.4PPM) 수준이다.

(2) 6 시그마 활동은 목표 품질 수준의 달성을 위하여 모든 관련 프로세스를 평가하여 품질 개선 활동의 우선순위를 설정하고 이에 따라 체계적이고 효율적으로 프로세스 관리를 수행하는 것을 원칙으로 한다.

(3) 6시그마의 수행단계 단계

단계	주요 내용
정의(Define)	고객들의 요구사항과 품질의 중요 영향요인(CTQ: Critical To Quality), 고객만족을 위해 개선해야 할 중요 부분을 인지하고 이를 근거로 개선 작업을 수행할 프로세스를 선정하는 단계
측정(Measure)	CTQ에 영향을 미치는 프로세스에 대하여 그 업무 과정에서 발생하는 결함을 측정하는 단계
분석(Analyze)	결함의 형태, 발생 원인을 조사하여 중요한 직접적, 잠재적 변동 원인을 파악하는 단계
개선(Improve)	결함의 원인을 제거하여 문제나 프로세스를 개선하는 단계
통제(Control)	개선 효과 분석, 개선 프로세스의 지속 방법을 모색하는 단계

• POWER 기출 ✔ •

아래 글상자의 내용을 6시그마 도입절차대로 나열한 것으로 가장 옳은 것은?

㉠ 필요성(needs)의 구체화   ㉡ 비전의 명확화
㉢ 계획수립   ㉣ 계획실행
㉤ 이익평가   ㉥ 이익유지

① ㉤ - ㉥ - ㉠ - ㉡ - ㉢ - ㉣
② ㉡ - ㉢ - ㉣ - ㉤ - ㉥ - ㉠
③ ㉢ - ㉣ - ㉤ - ㉥ - ㉠ - ㉡
④ ㉣ - ㉤ - ㉥ - ㉠ - ㉡ - ㉢
⑤ ㉠ - ㉡ - ㉢ - ㉣ - ㉤ - ㉥

04 | 물류경영관리

CHAPTER 01 | 도소매물류의 이해

1 도소매물류의 기초

기업에서 물류비용(Logistics)의 절감은 자사의 매출액의 증대(제1의 이익원)와 제조원가의 절감(제2의 이익원)에 이어 제3의 이익원으로 간주되고 있을 정도로 매우 중요하다.

> **POWER 용어**
>
> **물류**(物流)
> 재화가 공급자로부터 조달·생산되어 수요자에게 전달되거나 소비자로부터 회수되어 폐기될 때까지 이루어지는 운송·보관·하역 등과 이에 부가되어 가치를 창출하는 가공·조립·분류·수리·포장·상표부착·판매·정보통신 등을 말한다.(「물류정책 기본법」 제2조 1호)

1) 물류관리

(1) 통합물류관리(Logistics Management)

① 상적유통과 물적유통을 통합하여 전체 물류과정의 최적화를 위한 통제와 이에 전반적 관리를 의미한다.
② **통합물류관리의 목표**: 소비자 및 공급체인 구성원에 대한 서비스의 최적화, 공급체인관리의 개선, 물류관리의 상충관계(Trade-off)관리 등이 있다.

(2) 물류관리의 상충관계(Trade-off)

① 물류비용(운송, 보관, 하역 등)과 물류서비스, 재고비용과 수송비용, 수송비용과 배송비용, 주문비용과 재고비용, 리드타임(조달시간)의 길이와 재고량이다.
② 최초 출발지에서 거점까지 배송이란 거점에서 소비자에게 물건이 이동하는 것을 의미한다.

2) 공급사슬관리(SCM: Supply Chain Management)

원재료나 부품의 공급자에서 제품의 최종 소비자에 이르기까지의 상호 관련된 가치 활동 등을 대상으로 정보의 공유와 업무 프로세스의 근본적 변혁을 통하여 공급망 전체의 효율성을 극대화하는 경영활동이다.

3) 물류의 기본적 기능

물류는 기본적으로 운송, 보관, 하역, 포장, 유통가공 그리고 정보유통활동을 갖는다.

기본적 활동기능	내용
운송	• 자동차 · 철도 · 선박 · 항공기 등 대형 수송매체를 통하여 대량의 물품을 장거리에 걸쳐 이동시키는 것 • 다른 두 지점 간 물자 이동의 공간적 격차를 조정하여 공간적 효용 창출
보관	• 물품을 물리적으로 보존하고 관리하는 활동 • 물품의 수요와 공급의 시간적 격차를 조정하여 시간적 효용을 창출함으로써 경제생활을 안정시킬 뿐만 아니라 촉진
하역	• 운송과 보관 사이에서 이루어지는 물품의 취급활동 • 물품의 취급활동에는 싣고 내리기, 운반 및 적재, 피킹(Picking)과 분류 • 물류의 각 접점에서 연결고리 역할을 하지만 자체적인 효용 창출기능은 없음
포장	• 물품을 운송하거나 보관함에 있어서 물품의 가치 및 상태를 보호하기 위해 적절한 재료와 용기 등을 사용하는 것 • 포장은 생산의 종착점인 동시에 물류의 출발점
유통가공	• 유통가공은 유통단계에서 간단한 가공이나 조립, 재포장, 소분작업 등 동일기능의 물리적 형태 이전을 위한 작업으로 형태적 효용을 창출 • 고객 요구에 보다 부합되기 위한 활동으로 부가가치와 직결
정보유통	물품 유통을 촉진시키기 위해 필요한 무형의 물자로서의 정보를 유통시키는 경제활동

4) 물류관리의 영역

조달물류, 생산물류, 판매물류의 순물류(Forward)와 반품, 회수, 폐기물류도 물류의 영역에 포함하는 역물류(Reverse)가 있다. 최근 환경친화적 물류가 중시되면서 역물류도 중요시되고 있다.

(1) 조달물류

① 원재료 등이 공급자로부터 제조업자의 자재창고로 운송되어 생산공정에 투입되기 직전까지의 물류활동을 의미한다.
② 조달물류에 있어 중요한 점은 리드타임과 재고관리, 운송체제, 품질과 정확성 유지이다.

(2) 생산물류

자재창고에서의 출고로부터 제품창고에 입고되기까지의 과정을 의미한다.

(3) 판매물류

① 제품창고에서 지역 거점 및 소비자에게로 전달되는 과정이다.
② 판매물류의 중요한 점은 물류센터의 입지와 규모의 결정, 적정 서비스 수준과 적정재고의 유지, 수량 · 배송 정책의 결정 등이다.

5) 물류관리의 원칙

물류관리에는 3S 1L과 7R 원칙이 있다.

(1) 3S 1L

신속하게(Speedy), 확실하게(Surely), 안전하게(Safely), 저렴하게(Low)를 의미한다.

(2) 7R 원칙

물류의 7R(7 Right)은 적절한 상품(Right Commodity), 적절한 가격(Right Price), 적절한 품질 (Right Quality), 적량 (Right Quantity), 좋은 인상(Right Impression), 적시(Right Time), 원하는 장소(Right Place)를 관리하는 것을 의미한다.

6) 물류합리화 · 물류표준화 · 물류공동화

(1) 물류합리화

① 물리최적화와 같은 의미이다.
② 기업은 물류합리화를 통해 비용을 절감하여 고객이 만족할 수 있는 적정한 가격과 서비스를 제공하며, 동시에 기업이 이익을 얻을 수 있는 비용으로 재화와 서비스를 제공할 수 있게 된다.
③ 물류의 기능을 원활하게 하며, 물류차별화를 가능케 하여 최종적으로 경쟁우위를 확보하게 된다.

(2) 물류표준화

① 화물유통 장비와 포장의 규격, 구조 등을 통일하고 단순화하는 것이다.
② 포장, 하역, 보관, 운송 등의 물류기능 및 물동량 단위를 규격화하고 이에 사용되는 설비, 용기 등을 대상으로 규격, 강도, 재질 등을 표준화하여 상호 간의 호환성을 구축하는 것이다.
③ 기업은 물류표준화를 통해 물류비를 줄일 수 있으며, 물류의 효율성을 높이기 위해서 당연히 물류의 표준화가 선행되어야 한다.

(3) 물류공동화

동일지역·업종을 중심으로 둘 이상의 화주기업이 물류의 효율을 높이며 비용절감의 이익을 추구하기 위해 물류활동을 공동으로 수행하는 협력관계를 뜻한다.

① **물류공동화의 목적**: 대량으로 처리하여 비용 절감, 인력 부족에 대한 대응, 수송 및 배송 효율성 향상, 상호 간 중복 투자의 감소이다.

② **물류공동화가 필요한 이유**: 외부환경과 내부환경의 악화로 발생한다.

- 외부환경의 악화: 도로의 정체 및 교통혼잡, 환경규제 강화, 교차운송 급증에 따른 운송 효율 저하, 구인난 등에 따른 물류비용의 상승을 말한다.
- 내부환경의 악화: 업체 간 경쟁 심화, 유가 인상에 따른 수익성 저하, 화주 서비스 요구의 다양화 등에 따른 물류비용상승을 말한다.

2 도소매물류의 고객서비스

1) 서비스는 고객의 욕구 충족을 위해 사람의 노력이나 설비 등을 통해 제공되는 무형의 행위 또는 활동을 의미하며 소유되거나 저장·수송될 수 없는 무형적 활동이다.

2) 고객서비스는 거래 전, 거래 시, 거래 후의 요소가 있으며 고객서비스의 주요 요인으로는 리드타임, 제품 대체 능력, 재고수준, 배송시간과 수단, 주문편의성, 고객불평(complain) 처리능력, A/S 등이 있다.

거래 전 요소	거래 시 요소	거래 후 요소
고객서비스에 관한 기업의 정책과 연관되어 있으며, 기업에 대한 고객인식과 고객의 총체적인 만족에 상당한 영향을 미침 • 명문화된 고객서비스 정책 • 재고의 가용성 • 고객의 접근 용이성 • 고객서비스의 조직구조 • 시스템의 유연성 • 경영관리 서비스 • 기술적 서비스	제품 및 배송의 신뢰도와 같은 물적 유통 기능을 수행하는 데 직접적으로 관계되는 고객서비스 • 재고 품절 수준 • 주문주기의 일관성(신뢰성) • 주문정보의 입수 가능성 • 주문의 용이성(편리성) • 미납주문의 처리 능력 • 정보시스템의 정확성 • 제품 교환 선적, 특별취급 선적	고객이 납품을 받은 후의 제품 및 관련 서비스 • 설치, 보증, 수리, 서비스부품 • 고객불만의 처리 • 제품추적 및 보증 • 수리기간 동안의 제품대체

※ 고객서비스의 중요도: 거래 시 요소 > 거래 후 요소 > 거래 전 요소

1 물류계획

1) 물류계획의 이해

물류계획은 제품 또는 물질의 움직임을 조율하는 중요한 활동이다.

(1) 효율적인 물질구매는 생산성 향상과 비용 절감의 효과를 볼 수 있다.

(2) 물질구매를 효과적으로 계획하고 실행하는 것은 기업의 경쟁력을 향상시키는 데 큰 역할을 수행할 수 있다.

(3) 물질구매를 위해서는 우선적으로 어떤 물질을 구매해야 하는지 명확히 파악해야 한다. 제품의 종류, 필요한 수량, 품질 기준 등을 고려하여 구매 목록을 작성해야 하며, 공급 업체 선택, 가격 협상, 계약 조건 등을 고려하여 최적의 구매 결정을 내리는 것이 중요하다.

2) 효과적인 물류계획

(1) 생산과 판매 활동을 원활하게 진행시키고 재고 비용을 최소화하는 데 도움을 줄 수 있다.

(2) 고객 서비스 품질을 향상시키고, 납기 지연과 재고 부족으로 인한 문제를 방지할 수 있다.

3) 물류계획 고려 측면

수요 예측, 재고 관리, 운송계획, 창고 관리 등 다양한 측면을 고려해야 한다.

(1) 수요 예측을 통해 효과적인 재고 관리를 할 수 있다.

(2) 운송계획을 통해 비용을 절감하고 효율적인 운송을 구현할 수 있다.

(3) 창고 관리를 통해 물류 과정을 원활하게 조절할 수 있다.

4) 물류계획 단계

요구사항 분석 → 공급업체 선택 → 가격협상 → 계약체결 → 물류계획 수립 → 모니터링 및 개선

5) 물류계획 성공요인

정보분석 및 결정, 협력적인 공급업체, 효율적인 운송 및 창고관리, 지속적인 모니터링과 개선, 팀 협업과 의사소통 등이 있다.

2 운송, 보관, 하역, 창고관리

1) 운송

(1) 개념 및 용어

① **운송**: 장소적인(거리적인) 부분의 문제를 원활히 연결시켜 주는 재화의 이동 행위로 재화의 장소적 효용을 창출하는 경제 행위이다.

② **운송수단의 결정요소**: 화물의 종류, 운송대상 화물의 중량과 용적, 화물의 운송거리, 대상화물의 가격(가치), 운송의 신속성, 복합운송 여부 등이다.

POWER 용어

- **배송**: 화물을 물류거점에서 화물수취인에게 보내는 것
- **수송**: 화물을 자동차, 선박, 항공기, 철도 등 기타의 기관에 의해 어떤 지점에서 다른 지점으로 이동시키는 것
- **일관수송**: 물류의 효율화 목적으로 화물을 발송지에서 도착지까지 해체하지 않고 연계하여 수송하는 것으로 팔레트와 컨테이너를 이용
- **복합일관수송**: 수송단위 물품을 재포장하지 않고 철도, 트럭, 선박, 항공기 등 다른 수송기관을 조합하여 수송하는 것
- **영차**: 화차에 화물을 적재한 상태(적재차량)
- **공차**: 화차에 화물을 적재하지 않은 비어있는 상태
---

(2) 운송체계의 3대 요소

운송수단, 운송연결점 그리고 운송경로를 지칭한다.

① **운송수단(Mode)**: 화물운송을 직접 담당하는 운송수단으로 화물차량(트럭), 철도(화차), 해상(선박), 항공(항공기), 파이프라인 등이 있다.

② **운송연결점(Node)**: 결절이라고도 하며, 화물운송을 효율적으로 처리하기 위해 필요한 장소 또는 시설로 물류터미널, 항만, 공항, 철도역, 물류센터 등이 있다.

③ **운송경로(Link)**: 운송수단에 의해서 형성되는 경로를 말하며, 운송연결점을 연결한다. 운송경로에는 공공도로, 철도, 해상항로, 항공로 등이 있다.

POWER 정리

운송수단 비교

항목	화물차량(트럭)	철도(화차)	해상(선박)	항공(항공기)
화물량	소·중량 화물	대량 화물	대량 화물	소·중량 화물
운송거리	단·중거리	중·장거리	장거리	장거리
운송비용	비교적 고가	저가	저가	고가
운송속도	빠름	느림	매우 느림	매우 빠름
일관운송	용이함	다소 어려움	어려움	어려움
안전성	다소 낮음	높음	낮음	낮음
---

(3) 공동 수·배송

① 공동 수·배송은 하나의 운송수단에 다양한 화주의 화물을 혼적하여 물류비를 절감하려는 것이다.

② 공동 수·배송의 효과: 물류기업에서의 측면과 고객(화주) 측면으로 나누어 생각할 수 있다.
- 물류기업 측면: 운송횟수의 감소로 수·배송 비용 절감, 수·배송 업무의 효율화, 차량 및 시설 투자 증가의 억제가 있다.
- 고객(화주) 측면: 납품 빈도 증가로 상품구색의 강화 및 식료품의 경우 신선도 향상, 재고 보유 감소 그리고 검사 등의 일선 업무 효율화가 있다.

(4) 복합운송(Multimodal Transport)

복합운송은 두 가지 이상의 다른 운송수단에 의한 운송 형태를 말하는 것으로 통운송 혹은 협동 일관 운송이라고도 한다.

① 복합운송 전제조건
- 운송인은 전 운송구간에 걸쳐 화주에게 단일책임을 갖고 복합운송에 대한 단일증권을 발행한다.
- 송화인은 단일의 운송인과 단일운송계약을 체결한다.
- 운송인은 복합운송에 대한 단일증권을 발행한다.
- 전 운송구간에 대해 단일운임을 적용한다.

② 복합운송의 종류

유형	내용
피기백 시스템(Piggy Back System)	트럭＋철도 운송방식
피시백 시스템(Fishy Back System)	트럭＋선박 운송방식
버디백 시스템(Birdy Back System)	트럭＋항공기 운송방식
스카이십 시스템(Sky-Ship System)	선박＋항공기 운송방식
트레인십 시스템(Train-Ship System)	선박＋철도 운송방식

(5) 소화물 일관운송(Courier Service)

① 개인 또는 기업의 하주로부터 소형·소량의 화물운송을 의뢰받아 송하주의 문전에서 수하주의 문전으로(Door to Door) 배달 물품의 접수(집하)·포장·운송·배달에 이르기까지 신속·정확하게 운송서비스를 제공하는 운송체계이다.

② 소화물 일관운송의 등장 배경
- 인터넷 쇼핑과 TV 홈쇼핑 등 전자상거래가 크게 증가
- GPS 보급 등 물류 환경의 급속한 변화
- 다품종 소량생산의 확대, 다빈도 소량주문
- 물류 합리화 요구
- 소비자 욕구

2) 보관

(1) 보관활동

물류활동 가운데 운송다음으로 큰 활동이다. 재화를 물리적으로 보존하고 관리하는 활동으로 물품의 가치를 유지시켜 생산과 소비의 시간적 거리를 조정하여 시간적 효용을 창조한다.

(2) 보관의 원칙

① 통로 대면 보관의 원칙: 제품의 입고와 출고를 용이하게 하기 위해서는 물건이 통로면에 보관되어야 한다.

② 높이 쌓기의 원칙: 팔레트(물건 하단에 까는 판대기) 등을 이용하여 제품을 높게 쌓아 창고의 용적 효율을 향상시킨다.

③ 선입선출의 원칙: 뒤에 들어온 상품보다 먼저 들어온 상품의 유효기간이 짧으므로 먼저 출고시킨다.

④ 회전대응보관의 원칙: 보관할 물품의 회전 정도에 따라 보관장소를 결정한다. 회전율이 높은 상품은 입고와 출고가 용이한 입구 근처에 보관한다.

⑤ 동일성-유사성의 원칙: 동일품종을 동일 장소에 보관하고, 유사품종은 근처 가까운 곳에 보관한다.

⑥ 중량특성의 원칙: 무거운 상품을 아래, 가벼운 상품은 위쪽, 무거운 상품은 입–출고가 용이하도록 출입구와 가까운 곳에 위치시킨다.

⑦ 형상특성의 원칙: 형상에 따라 보관방법을 결정한다.

⑧ 위치표시의 원칙: 보관품의 장소와 선반번호 등의 위치를 표시한다.

⑨ 명료성의 원칙: 시각적으로 제품을 용이하게 인식할 수 있도록 상기한 위치를 표시한다.

⑩ 네크워크 보관의 원칙: 관련 품목을 한 장소에 모아서 보관한다.

• POWER 기출 ⊘ •

보관 효율화를 위한 기본적인 원칙과 관련된 설명으로 가장 옳지 않은 것은?

① 위치표시의 원칙 – 물품이 보관된 장소와 랙 번호 등을 표시함으로써 보관업무의 효율을 기한다.

② 중량특성의 원칙 – 물품의 중량에 따라 보관 장소의 높낮이를 결정한다.

③ 명료성의 원칙 – 보관된 물품을 시각적으로 용이하게 식별할 수 있도록 보관한다.

④ 회전대응 보관의 원칙 – 물품의 입출고 빈도에 따라 장소를 달리해서 보관한다.

⑤ 통로대면보관의 원칙 – 유사한 물품끼리 인접해서 보관한다.

3) 하역

정의	내용	구체적 방식	설명
COFC (Container On Flat Car)	• 컨테이너만을 화차에 싣는 방식으로 대량의 컨테이너를 신속하게 취급 • 국내에서 일반적으로 많이 이용되고 있는 컨테이너 적재 방법	세로–가로방식 (지게차 이용)	탑핸들러 또는 리치스태커 등을 이용하는 방식
		매달아 싣기 (크레인 이용)	컨테이너를 신속히 처리하는 방법으로 매달아 싣는 방식
		플렉시 밴 방식(Flexi–Van)	트럭이 화물열차에 대해 직각으로 후진하여 무개화차에 컨테이너를 바로 싣고, 화차에는 회전판이 달려 있어 컨테이너를 90° 회전시켜 고정시키는 방식
TOFC (Trailer On Flat Car)	화차 위에 고속도로용 트레일러를 동시에 적재하는 방식	피기백 방식 (Piggy back system)	화차 위에 화물을 적재한 트럭 등을 적재한 상태로 운송하는 형태
		캥거루 방식	트레일러 바퀴가 화차에 접지되는 부분을 경사진 요철 형태로 만들어 트레일러의 적재 높이가 낮아지도록 하여 운송하는 형태

4) 창고관리

(1) 창고의 형태

자신이 직접 소유와 운영을 하면서 자기의 제품을 보관하는 자가 창고와 타사의 제품을 원하는 기간 동안 보관료를 받아 공간과 설비 그리고 운영을 임차하는 영업창고로 나눈다.

(2) 창고 유형별 장단점

	장점	단점
자가창고	• 자사 상품의 특징에 맞게 보관 • 입출고시간의 제약 받지 않음 • 높은 전문성, 낮은 변동비	• 높은 고정비 • 입지변경의 유동성 적음 • 수요변동에 대한 공간의 탄력적 대응 부족
영업창고	• 적은 투자비 • 입지변경 용이 • 수요변동에 대한 보관공간의 탄력적 대응 가능	• 자사 제품의 특성에 맞는 보관 곤란 • 입출고시간과 요일 제약 • 낮은 전문성, 높은 비용

3 포장관리

1) 기업이 물류비 절감을 위해서는 포장의 규격화(표준화, 통일화)가 요구된다.

2) 제품이 실릴 컨테이너나 팔레트(Pallet)의 규격에 맞추어 가장 효율적으로 제품이 적재될 수 있는 겉포장의 규격을 정하고, 이에 따라 속포장(내부 포장)과 낱포장(단위 포장)의 크기를 정한다.

4 물류관리를 위한 정보기술

1) 물류정보

종합적인 물류활동의 원활화를 도모하는 데 있어서 필수불가결한 것으로, 생산에서 소비에 이르기까지 물류활동을 구성하고 있는 운송 · 보관 · 하역 · 포장 등의 물류기능과 관련된 다양한 정보를 의미한다.

2) 물류 시스템

(1) MRP(Material Requirement Program)

자재소요계획으로 생산일정계획(MPS), 자재명세서(BOM), 재고 정보를 근거로 자재의 생산과 조달계획을 산출해 내는 시스템이다.

(2) MRP II(제조자원계획)

MRP에서 얻은 생산과 조달계획이 자사의 생산능력에 비추어 합당한 것인지를 점검하고 더 나아가 생산기능과 회계 · 구매 등 생산과 관련된 다른 업무를 지원할 수 있도록 확장된 정보시스템이다.

(3) MRP 시스템과 JIT 시스템

구분	MRP 시스템	JIT 시스템
관리목표	계획 및 통제(필요시 확보)	낭비 제거(무재고 시스템)
관리도구	컴퓨터 처리	눈으로 보는 관리(간판)
관리 시스템	계획대로 추진하는 푸시(Push) 시스템	요구 및 주문에 따르는 풀(Pull) 시스템
생산계획	변경이 잦은 MPS 적용 가능함	안정된 MPS 필요함
자재소요 판단	자재소요계획	간판
발주(생산)로트	경제적 주문량	소로트(Small Lot)

(4) ERP System(Enterprise Resource Planning System, 전사적 자원관리시스템)

기업 내의 제조 · 물류 · 회계 · 인사 · 재무 · 판매 등 모든 업무 프로세스의 실시간 정보공유를 바탕으로 통합적으로 지원, 효율화와 의사결정의 신속화를 위해 만들어졌다.

5 물류비

1) 물류비의 산정목적

물류활동의 계획, 통제 및 평가를 위한 정보 제공, 물류활동에 관한 문제점 파악, 물류활동의 규모 파악, 기업의 원가관리를 위한 자료 제공을 위함이다.

2) 물류비 분류체계(비목분류)

(1) 영역별

- 조달물류비
- 판매물류비
- 생산물류비
- 역물류비 – 반품, 회수, 폐기

(2) 기능별

- 운송비
- 포장비
- 유통가공비
- 보관비
- 하역비
- 물류정보비

(3) 자가 · 위탁별

- 자가물류비
- 위탁물류비

(4) 세목별

- 재료비
- 경비
- 노무비
- 이자비용

(5) 관리항목별

- 조직별
- 지역별
- 운송수단별
- 제품별
- 고객별

(6) 조업도별

- 고정물류비
- 변동물류비

3) 물류비 산정절차

```
┌─────────────────────────────────────────┐
│              물류관리 목표 설정              │
└─────────────────────────────────────────┘
                    ⇩
┌─────────────────────────────────────────┐
│              현황파악 및 분석               │
└─────────────────────────────────────────┘
                    ⇩
┌─────────────────────────────────────────┐
│      물류비 자료의 식별과 입수(물동량 파악)    │
└─────────────────────────────────────────┘
                    ⇩
┌─────────────────────────────────────────┐
│              물류계획의 검토                │
└─────────────────────────────────────────┘
                    ⇩
┌─────────────────────────────────────────┐
│              물류예산 편성                 │
└─────────────────────────────────────────┘
                    ⇩
┌─────────────────────────────────────────┐
│              물류비 계산 및 보고            │
└─────────────────────────────────────────┘
```

6 물류아웃소싱과 3자물류, 4자물류

1) 물류아웃소싱

(1) 아웃소싱(Outsourcing)

① 자사의 핵심역량 분야에 인적 · 물적 자원을 집중시키고 핵심역량 이외의 분야는 전문업체에 위탁함으로써 기업의 경쟁력을 높이는 전략이다.

② 물류를 위탁하는 업체의 제품을 받아 전문적으로 물류를 행하는 업체가 나누어지는 것도 아웃소싱을 통해 자사의 핵심역량 부분에 집중하고 나머지는 해당 역량이 뛰어난 기업과 상호 연계하여 시너지 효과를 극대화하려는 전략이다.

③ 물류가 성공하기 위한 요건은 기업전략과 일치해야 하며, CEO의 관심과 지원이 필요하다.

(2) 물류아웃소싱의 목표

비용절감 및 고객만족에 있어야 하며, 인원 감축에 대한 저항이 있으므로 적절한 인력관리전략으로 구성원들의 사기 저하를 방지해야 한다.

(3) 물류아웃소싱의 장단점

① 장점: 고정비용 절감과 환경대응에 유연하며, 규모의 경제효과를 얻을 수 있으며 분업의 원리를 통한 이득이 있다.

② 단점: 아웃소싱업체에 대한 통제력이 없을 경우 리드타임 조절이 힘들며 자사가 직접 할 때보다 고객의 컴플레인에 대처가 어려울 수 있다.

2) 제3 자물류(3PL), 제4 자물류(4PL)

(1) 3PL(3 party logistics: 제3 자물류)

회주가 그와 대통령령으로 정하는 특수관계에 있지 아니한 물류기업에 물류활동의 일부 또는 전부를 위탁하는 것을 의미한다.

(2) 4PL(4 party logistics: 제4 자물류)

화주기업에게 포괄적인 공급사슬 솔루션을 제공하기 위해 물류서비스 제공기업이 자사의 부족한 부문을 보완할 수 있는 타사의 경쟁자원, 능력 및 기술과 연계하여 보다 완전한 공급사슬 솔루션을 제공하는 공급사슬 통합이라고 정의한다.

(3) 자가 · 위탁별 물류의 분류

① 제1자물류: 자가물류 형태, 제조기업이 물류를 동시에 진행함

② 제2자물류
- 자회사물류
- 우리나라 대기업의 물류형태 예 현대글로비스

③ 제3자물류
- 전문 물류기업에 위탁
- 타회사 물동량 비중이 60% 이상일 경우

④ 제4자물류: 제3자물류 + IT기술 + 글로벌 컨설팅 기능

(4) 제3 자물류의 기대효과

① 물류시설에 대한 고정비 감소로 규모의 경제효과를 얻을 수 있어 물류산업의 합리화 및 고도화를 실현할 수 있다.

② 물류비 절감과 동시에 물류서비스의 향상으로 제조기업의 경쟁력을 강화한다.

③ 정보공유에 의한 효율적인 업무개선을 하며 결국 공급사슬관리(SCM) 도입 및 확산을 촉진하는 매개역할을 한다.

(5) 물류아웃소싱과 제 3 자물류

구분	물류아웃소싱	제3자물류
운영 기간	단기, 일시	중장기
관리 형태	분산관리형	통합관리형
도입결정 권한	중간 관리자	최고 경영자
화주와의 관계	• 거래 기반 • 수 · 발주 관계	• 계약 기반 • 전략적 제휴
관계의 특징	일시적	협력적
서비스의 범위	수송, 보관 등 기능별 서비스 지향	종합 물류서비스 지향
정보 공유	불필요	필수적

7 국제물류(international logistics)

1) 선박과 항공기의 대형화 · 고속화 및 전용화에 따른 컨테이너의 물류 혁신으로 급진적으로 발전하고 있다.

2) 기업의 글로벌화에 따른 물품의 적기공급(JIT: Just In Time)을 위해 소화물일관운송업이 발전하고, 해상운송을 중심으로 컨테이너화의 발전으로 해상운송과 연관되는 육상운송과 항공운송을 연결하는 국제복합운송을 전제로 한 고부가가치 운송물류 시스템으로 형태를 바꿔 가고 있다.

3) 정보기술의 발달과 인터넷의 폭발적인 확산에 따라 지식과 정보 시대의 새로운 패러다임으로 전자상거래가 국가 경제와 사회의 변혁을 주도하는 수단으로 부각되었다.

4) 세계적인 전자무역 확산에 따라 기업들은 과감한 e-비즈니스 전략을 통해 새로운 무역 패러다임에 대응해야 할 뿐만 아니라 운송 및 물류부문의 통합적 관리를 통해 물류비 절감과 국제경쟁력의 극대화를 도모해야 할 시점이 도래했다.

5) 21 세기 전자무역 시대에는 국제무역거래의 효율적 흐름을 가능하게 하는 국제운송물류 시스템의 구축이 국가 및 기업의 생존을 결정한다.

05 | 유통기업의 윤리와 법규

CHAPTER 01 기업윤리의 기본개념

1 기업윤리의 기본개념

1) 기업경영 상황에서 나타나는 행동이나 태도의 옳고 그름을 구분하는 판단기준으로 지속가능경영의 본질적 인 요소이다.

2) 기업윤리는 기업을 지속시키는 원동력으로 기업이 사회 속에서 계속기업으로 건전성을 지속시키는 기초를 제공한다.

2 기업윤리의 기본원칙

1) 주주 대상 윤리

자금횡령 금지, 부당배당 금지, 투명한 경영

2) 종업원 대상 윤리

부당노동 강요 금지, 성차별 금지

3) 경쟁사 대상 윤리

부당한 인력 유출 금지, 기술노하우 유출 금지

4) 사회 대상 윤리

분식회계 금지, 공해발생 및 오염물질 배출 금지

5) 거래처 대상 윤리

부당한 반품 금지, 리베이트 요구 금지

3 유통기업의 사회적 책임

1) 주인-대리인 문제(Principal-Agent Theory)

주주와 수탁자인 전문경영자 간의 관계에 있어 대리인이 정보의 비대칭을 이용하여 개인적인 이익 또는 단기적인 결과에만 집착한 결과 기업 전체에 손실을 입히는 현상을 말한다.

(1) 문제 발생원인

① 주주가 보유하지 못한 정보를 대리인이 보유(정보비대칭 현상)하여 발생한다.
② 경영성과에 대한 미비한 보상체계 때문에 발생한다.
③ 소유와 경영의 분리로 인한 불완전한 감시체계 때문에 발생한다.

(2) 기업 측면의 비용 발생

① 주주 측면에서 경영자를 감시함에 따라 발생하는 모니터링 비용이 발생한다.
② 전문경영인이 주주의 이해에 반하는 행동을 하지 않고 있음을 증명하는 과정에서 비용이 발생한다.
③ 이러한 비용 지출에도 불구하고 대리인의 의사결정이 주주의 최적 의사결정과 일치하지 않아 발생하는 주주의 재산적 손실도 발생한다.

(3) 문제의 해결방안

전문경영인을 감시하기 위한 사외이사제도, 전문경영인에게 성과 달성에 따라 동기를 부여하는 스톡옵션제도 도입이 있다.

2) 기업의 사회적 책임(CSR: Corporate Social Responsibility)

(1) 기업이 성장뿐만 아니라 환경과 사회적, 윤리적 문제에 대해 균형을 갖지 못하면 결코 영속성(지속가능경영)을 갖출 수 없다는 의미로 등장한 개념이다.

(2) 사회적 책임의 대두, 친환경 문제에 따른 기업의 책임 증가 및 지속가능경영 문제, 시장기능의 실패 및 규모의 경제 추구로 인한 독과점기업의 등장, 기업집중으로 인한 비윤리적 기업경영 및 구성원과의 권력불균형, 주주 이외의 많은 이해관계자 발생에 따른 이해조정의 필요성 증가하였기 때문이다.

POWER 정리

기업의 사회적 책임
- 1단계(경제적 책임): 기업의 제책임으로 주주의 이윤극대화, 고용창출, 사회구성원에 필요한 재화와 서비스의 공급
- 2단계(법적인 책임): 회계의 투명성, 성실한 세금납부, 소비자의 권익보호
- 3단계(윤리적 책임): 환경·윤리경영, 제품안전, 여성·현지인·소수인종에 대한 공정한 대우
- 4단계(자선적인 책임): 사회공헌활동, 자선·교육·문화·체육활동 등에 대한 기업의 지원

---

4 ESG 경영

1) 기업의 비재무적 요소인 환경(Environment)·사회(Social)·지배구조(Governance)를 뜻하는 것이다. 즉, 투자 의사 결정 시 사회책임투자(SRI) 혹은 지속가능투자의 관점에서 기업의 재무적 요소들과 함께 고려한다.

2) 사회책임투자

(1) 사회적·윤리적 가치를 반영하는 기업에 투자하는 방식이다.

(2) 기업의 재무적 성과만을 판단하던 전통적 방식과 달리, 장기적 관점에서 기업 가치와 지속가능성에 영향을 주는 ESG(환경·사회·지배구조) 등의 비재무적 요소를 충분히 반영해 평가한다.

(3) 기업의 ESG 성과를 활용한 투자 방식은 투자자들의 장기적 수익을 추구하는 한편, 기업 행동이 사회에 이익이 되도록 영향을 줄 수 있다.

POWER 정리

- 2021년 1월 14일 금융위원회는 우리나라도 2025년부터 자산 총액 2조원 이상의 유가증권시장 상장사의 ESG 공시 의무화가 도입되며, 2030년부터는 모든 코스피 상장사로 확대된다고 발표하였다.
- 비재무적 친환경 사회적 책임 활동이 기업 가치를 평가하는 주요 지표로 간주되고 있다.

---

5 아담스의 정의(공정성)의 유형

(1) 분배적 정의

분배적 정의 또는 분배공정성은 거래관계의 결과에 대한 평가에서 비롯된다. 동일한 일을 하고도 동료보다 적은 보상을 받는다고 생각할 때 분배 공정성에 문제가 발생한다.

(2) 절차적 정의

절차적 정의 또는 절차공정성은 결과를 내는 과정 및 절차에서 비롯되는 문제이다. 감독자와 접촉을 가지고 응집력을 지각하고 있는지에 대한 여부가 절차 공정성과 관련이 있다.

(3) 상호작용 정의

정확한 정보를 가지고 개인이 기업 조직과 관계를 갖도록 하며 의사소통에 있어서 공정성을 가지는 것을 의미한다.

기업윤리의 중요성을 강조하기 위해 취할 수 있는 방법으로 가장 옳지 않은 것은?

① 기업윤리와 관련된 헌장이나 강령을 만들어 발표한다.
② 기업의 모든 의사결정 프로세스에서 반영될 수 있게 모니터링한다.
③ 윤리경영의 지표로서 정성적인 지표는 적용하기 힘들므로 계량적인 윤리경영지표만을 활용한다.
④ 조직 내의 문제점을 제기할 수 있는 제도를 활성화한다.
⑤ 윤리기준을 적용한 감사 결과를 조직원과 공유한다.

CHAPTER 02 | 유통관련 법규

유통관련 법 중 핵심적인 내용, 기출된 문제 등을 축약해서 정리하였다.

1 유통산업발전법

1) 유통산업발전법의 의의

(1) 유통산업발전법은 유통산업의 효율적인 진흥과 균형 있는 발전을 꾀하고, 건전한 상거래질서를 세움으로써 소비자를 보호하고 국민경제의 발전에 이바지함을 목적으로 한다.

(2) 산업통상자원부장관은 유통산업의 발전을 위해 유통산업 발전의 기본방향 등이 포함된 「유통산업발전 기본계획」을 5년마다 세우고, 기본계획에 따라 매년 시행계획을 세워야 한다.

(3) 유통산업이란 농산물 · 임산물 · 축산물 · 수산물(가공 및 조리물을 포함) 및 공산품의 도매 · 소매 및 이를 영위하기 위한 보관 · 배송 · 포장과 이와 관련된 정보 · 용역의 제공 등을 목적으로 하는 산업을 의미한다.

2) 유통산업발전법의 주요 내용

(1) 주요 내용

① 대규모점포를 개설하거나 전통상업보존구역에 준대규모점포를 개설하려는 자는 영업을 시작하기 전에 산업통상자원부령으로 정하는 바에 따라 상권영향평가서 및 지역협력계획서를 첨부하여 특별자치시장 · 시장 · 군수 · 구청장에게 등록하여야 한다.
② 산업통상자원부장관은 유통표준코드의 보급에 관한 사항 등이 포함된 유통정보화시책을 세워 시행해야 한다.

③ 산업통상자원부장관은 물류공동화를 촉진하기 위해 시·도지사의 추천을 받아 공동집배송센터로 지정할 수 있다.

④ 유통에 관한 분쟁을 조정하기 위해 시·도 및 시·군·구에 각각 유통분쟁조정위원회를 둔다.

⑤ 대규모점포 등에 대한 영업시간의 제한

(2) 유통관리사의 직무

① 유통경영·관리기법의 향상, 관련한 계획·조사·연구, 관련 진단·평가 및 상담·자문

② 그 밖에 유통경영·관리에 필요한 사항

2 전자문서 및 전자거래기본법

전자거래사업자는 일반적으로 다음과 같은 내용을 반드시 준수하여야 한다.

1) 상호(법인인 경우 대표자 성명을 포함)와 그 밖에 자신에 관한 정보와 재화, 용역, 계약조건 등에 관한 정확한 정보를 제공해야 한다.

2) 소비자가 쉽게 접근·인지할 수 있도록 약관의 제공 및 보존해야 한다.

3) 소비자가 자신의 주문을 취소 또는 변경할 수 있는 절차를 마련해야 한다.

4) 청약의 철회, 계약의 해제 또는 해지, 교환, 반품 및 대금 환급 등을 쉽게 할 수 있는 절차를 마련해야 한다.

5) 소비자의 불만과 요구사항을 신속하고 공정하게 처리하기 위한 절차를 마련해야 한다. 일정 기간 동안 거래의 증명 등에 필요한 거래 기록을 보존해야 한다.

3 관련 기타법

1) 소비자기본법

(1) 소비자의 권익을 증진하기 위하여 소비자의 권리와 책무, 자유시장 경제에서 소비자와 사업자 사이의 관계를 규정함과 아울러 소비자정책의 종합적 추진을 위한 기본적인 사항을 규정한 법률이다.

(2) 소비자와 사업자 사이에 발생한 분쟁을 조정하기 위하여 한국소비자원에 소비자분쟁조정위원회를 두며, 조정위원회는 분쟁조정을 신청 받은 때에는 그 신청을 받은 날부터 30일 이내에 그 분쟁조정을 마쳐야 한다.

소비자기본법(법률 제17799호, 2020.12.29., 타법개정)에 의한 소비자의 기본적 권리로만 바르게 짝지어진 것은?

> ㉠ 물품 또는 용역을 선택함에 있어서 필요한 지식 및 정보를 제공받을 권리
> ㉡ 합리적인 소비생활을 위하여 필요한 교육을 받을 권리
> ㉢ 사업자 등과 더불어 자유시장경제를 구성하는 주체일 권리
> ㉣ 안전하고 쾌적한 소비생활 환경에서 소비할 권리
> ㉤ 환경친화적인 자원재활용에 대해 지원받을 권리

① ㉠, ㉡, ㉢, ㉣, ㉤
② ㉠, ㉡, ㉢
③ ㉠, ㉡, ㉣
④ ㉡, ㉢, ㉤
⑤ ㉡, ㉣, ㉤

01 유통의 이해

01 ★
유통의 개념과 분류

유통에 관련된 내용으로 옳지 않은 것은?

① 제품의 물리적 흐름과 법적 소유권은 반드시 동일한 경로를 통해 이루어지고 동시에 이루어져야 한다.
② 유통경로는 물적 유통경로와 상적 유통경로로 분리된다.
③ 물적 유통경로는 제품의 물리적 이전에 관여하는 독립적인 기관이나 개인들로 구성된 네트워크를 의미한다.
④ 물적 유통경로는 유통목표에 부응하여 장소효용과 시간효용을 창출한다.
⑤ 상적 유통경로는 소유효용을 창출한다.

해설
유통경로상 제품의 물리적 흐름과 법적 소유권의 흐름은 반드시 동일한 경로를 통해 이루어지거나 동시에 이루어져야 할 필요는 없음. 예를 들어, 특정 제품이 물리적 이전 없이 한 번 이상 소유자가 바뀔 수 있고, 소유권은 유지되면서 제품이 다른 장소로 이동될 수 있음

정답 ①

02 ★★
유통(중간상)의 필요성

유통 경로상에 가능하면 많은 수의 도매상을 개입시킴으로써 각 경로 구성원에 의해 보관되는 제품의 수량이 감소될 수 있다는 원칙으로 가장 옳은 것은?

① 분업의 원칙
② 변동비 우위의 원칙
③ 총거래수 최소의 원칙
④ 집중 준비의 원칙
⑤ 규모의 경제 원칙

해설
① 분업의 원칙: 경로기능, 즉 수급조절, 보관, 위험부담, 정보수집 등을 제조업자가 모두 수행하는 대신 전문성을 갖춘 유통업체에게 맡기는 것이 경제적임
② 변동비 우위의 원칙: 유통분야는 제조분야에 비해 변동비 비중이 상대적으로 크므로 제조와 유통의 통합이 제조와 유통 간의 역할분담보다 이점을 갖지 않음
③ 총거래수 최소의 원칙: 생산자와 소비자 간의 직접 거래에 비해 거래 빈도의 수 및 이로 인한 거래비용을 낮춤
⑤ 규모의 경제 원칙: 생산량이 증가함에 따라 평균 비용이 감소하는 현상

정답 ④

03 ★★
유통(중간상)의 필요성

유통경로와 중간상이 필요한 이유에 대한 설명으로 가장 옳지 않은 것은?

① 거래의 일상화를 통해 제반 비용의 감소와 비효율을 개선할 수 있기 때문이다.
② 중간상의 개입으로 공간적, 시간적 불일치를 해소할 수 있기 때문이다.
③ 생산자의 다품종 소량생산과 소비자의 소품종 대량구매 니즈로 인한 구색 및 수량 불일치를 해소할 수 있기 때문이다.
④ 생산자와 소비자 상호 간의 정보의 불일치에 따른 불편을 해소해 줄 수 있기 때문이다.
⑤ 중간상을 통해 탐색과정의 효율성을 높일 수 있기 때문이다.

해설
유통경로와 중간상이 필요한 이유로 '생산량과 수요량의 불일치 및 구색의 불일치 해소'가 있음. 생산은 '소품종 대량 생산', 수요는 '다품종 소량 소비'로 제품의 물량과 구색의 불일치가 유통단계를 거치면서 해소됨

정답 ③

04 ★★★

아래 글상자 ㉠, ㉡, ㉢에 해당하는 중간상이 수행하는 분류기준으로 옳게 짝지어진 것은?

> ㉠ 구매자가 원하는 소규모 판매단위로 나누는 활동
> ㉡ 다양한 생산자들로부터 제공되는 제품들을 대규모 공급이 가능하도록 다량으로 구매하여 집적하는 활동
> ㉢ 이질적인 제품들을 색, 크기, 용량, 품질 등에 있어 상대적으로 동질적인 집단으로 구분하는 활동

① ㉠ 분류(sorting out)
　㉡ 수합(accumulation)
　㉢ 분배(allocation)
② ㉠ 분류(sorting out)
　㉡ 구색갖춤(assorting)
　㉢ 수합(accumulation)
③ ㉠ 분배(allocation)
　㉡ 구색갖춤(assorting)
　㉢ 분류(sorting out)
④ ㉠ 분배(allocation)
　㉡ 수합(accumulation)
　㉢ 분류(sorting out)
⑤ ㉠ 구색갖춤(assorting)
　㉡ 분류(sorting out)
　㉢ 분배(allocation)

해설
• 수합(accumulation): 소규모로 제공되는 동질적인 제품들을 다양한 공급원으로 모아 대규모 공급이 가능하게 함
• 구색갖춤(assorting): 상호연관성이 있는 제품들로 일정한 구색을 갖추어 함께 취급하는 것
* 분류＝등급, 같은 말

정답 ④

05 ★★★

유통기업의 경로구조에 대한 설명으로 옳지 않은 것은?

① 도매상이 제조업체를 통합하는 것은 후방통합이다.
② 유통경로의 수직적 통합을 이루는 방법에는 합작투자, 컨소시엄, M&A 등이 있다.
③ 기업형 수직적 경로구조를 통해 유통경로상 통제가 가능하고 제품 생산, 유통에 있어 규모의 경제를 실현할 수 있다.
④ 기업형 수직적 경로구조는 소유의 규모가 커질수록 환경변화에 신속하고 유연하게 대응할 수 있다.
⑤ 관리형 수직적 경로구조는 독립적인 경로구성원 간의 상호 이해와 협력에 의존하고 있지만 협력을 해야만 하는 분명한 계약상의 의무는 없다.

해설
기업형 수직적 경로구조에서 소유의 규모가 커질수록 환경변화에 신속하고 유연하게 대응하기 어렵다.

정답 ④

06 ★★

아래 글상자의 ㉠, ㉡, ㉢에서 설명하는 유통경로의 효용으로 옳게 짝지어진 것은?

> ㉠ 소비자가 제품이나 서비스를 구매하기에 용이한 곳에서 구매할 수 있게 함
> ㉡ 소비자가 제품을 소비할 수 있는 권한을 갖는 것을 도와줌
> ㉢ 소비자가 원하는 시간에 제품과 서비스를 공급받을 수 있게 함

① ㉠ 시간효용
　㉡ 장소효용
　㉢ 소유효용
② ㉠ 장소효용
　㉡ 소유효용
　㉢ 시간효용

③ ㉠ 형태효용
　 ㉡ 소유효용
　 ㉢ 장소효용
④ ㉠ 소유효용
　 ㉡ 장소효용
　 ㉢ 형태효용
⑤ ㉠ 장소효용
　 ㉡ 형태효용
　 ㉢ 시간효용

해설
• 형태효용: 소비자가 원하는 양을 분할해서 구매 가능함
• 정보효용: 소비자에게 유용한 정보를 제공함

정답 ②

---

07 ★　　　　유통경로의 유형과 조직, 유통경로의 믹스

유통경로의 유형 중 가맹본부로 불리는 경로 구성원이 계약을 통해 생산-유통과정의 여러 단계를 연결시키는 형태의 수직적 마케팅 시스템(vertical marketing system)으로 가장 옳은 것은?

① 기업형 VMS
② 위탁판매 마케팅 시스템
③ 복수유통 VMS
④ 프랜차이즈 시스템
⑤ 관리형 VMS

해설
① 기업형 VMS: 한 경로구성원이 다른 경로구성원들을 법적으로 소유, 관리하는 수직적 유통 경로 유형
② 위탁판매 마케팅 시스템: 판매자가 상품을 미리 매입하지 않고 여러 채널을 통해 상품을 판매하고 주문이 들어오면 공급사가 고객에게 직접 상품을 배송해 주는 판매 형태
③ 복수유통 VMS: 세분시장마다 다른 유통경로를 사용하는 것
⑤ 관리형 VMS: 경로구성원들 간에 소유권이나 계약에 의하지 않고 어느 한 경로구성원의 권력에 의해 조정되는 수직적 유통 경로 유형

정답 ④

---

08 ★★　　　　유통경로의 유형과 조직, 유통경로의 믹스

기업에서 사용할 수 있는 수직적 통합 전략의 장점과 단점에 대한 설명으로 가장 옳지 **않은** 것은?

① 조직의 규모가 지나치게 커질 수 있다.
② 관련된 각종 기능을 통제할 수 있다.
③ 경로를 통합하기 위해 막대한 비용이 필요할 수 있다.
④ 안정적인 원재료 공급효과를 누릴 수 있다.
⑤ 분업에 의한 전문화라는 경쟁우위효과를 누릴 수 있다.

해설
수직적 통합 전략의 경우 분업에 의한 전문화의 경쟁우위 효과를 누리기 힘듦

정답 ⑤

---

09 ★★★★　　　　유통산업의 경제적 역할

유통산업의 경제적 의의에 대한 설명으로 가장 옳지 **않은** 것은?

① 유통산업은 국민 경제적 측면에서 생산과 소비를 연결해주는 기능을 수행한다.
② 유통산업은 국민들로 하여금 상품이나 서비스 소비를 가능하게 함으로써 생활수준을 유지 · 향상시켜 준다.
③ 유통산업은 국가경제를 순환시키는 데 중요한 역할을 담당하고 있다.
④ 우리나라 유통산업은 2010년대 후반 유통시장 개방과 자유화 정책 이후 급속히 발전하여 제조업에 이은 국가 기간산업으로 성장하였다.
⑤ 유통산업은 생산과 소비의 중개를 통해 제조업의 경쟁력을 높이고 소비자 후생의 증진에 큰 기여를 하고 있다.

해설
우리나라 유통산업은 1990대 후반 유통시장 개방과 자유화 정책 이후 급속히 발전하여 제조업에 이은 국가 기간산업으로 성장하였음

정답 ④

10 ★

상품생산 · 소비 및 교환

기업이 자재나 부품, 서비스를 외부에서 구매하지 않고 자체 생산하는 이유로 가장 옳지 <u>않은</u> 것은?

① 자신들의 특허기술 보호
② 경쟁력 있는 외부 공급자의 부재
③ 적은 수량의 제품은 자체 생산을 통해 자본투자를 정당화할 수 있음
④ 자사의 기존 유휴 생산능력 활용
⑤ 리드타임, 수송 등에 대한 통제 가능성 확대

[해설]
기업이 자체 생산할 경우, 대량의 제품을 자체 생산함으로 인해 자본투자를 정당화할 수 있음

[정답] ③

11 ★

유통비용과 이윤

유통비용을 최소화시킬 수 있는 유통시스템 설계를 위한 유통경로의 길이 결정 시 파악해야 할 요소 중 상품요인과 관련된 것만으로 옳게 나열된 것은?

① 부피, 부패성, 기술적 특성, 총마진
② 고객에 대한 지식, 통제의 욕구, 재무적 능력
③ 비용, 품질, 이용가능성
④ 지리적 분산, 고객밀집도, 고객의 수준, 평균 주문량
⑤ 단위가치, 상품표준화, 비용, 품질

[해설]
유통경로의 길이 결정 요인으로는 크게 수요특성, 공급특성, 유통비용구조, 상품특성으로 나눌 수 있다. 상품의 특성과 관련된 세부 요인으로는 무게, 부피, 부패 정도, 기술적 특성, 제품의 유형 등이 있다.

[정답] ①

12 ★★

유통비용과 이윤

유통경로를 설계할 때 유통경로 흐름과 소요되는 각종 비용의 예를 짝지은 것으로 가장 옳지 <u>않은</u> 것은?

① 물적유통 – 보관 및 배달 관련 비용
② 촉진 – 광고, 홍보, 인적판매 비용
③ 협상 – 시간 및 법적 비용
④ 재무 – 보험 및 사후관리 비용
⑤ 위험 – 가격보증, 품질보증 관련 비용

[해설]
재무에는 금융비용, 환율비용, 보험비용 등이 포함됨

[정답] ④

13 ★★

유통환경의 변화와 특징

유통산업의 환경에 따른 유통경로의 변화를 다음의 다섯 단계로 나누어 볼 때 순서대로 나열한 것으로 옳은 것은?

> ⊙ 크로스채널: 온, 오프라인의 경계가 무너지면서 상호 보완됨
> ⓒ 멀티채널: 온, 오프라인의 다양한 채널에서 구매 가능하나 각 채널은 경쟁관계임
> ⓒ 듀얼채널: 두 개 이상의 오프라인 점포에서 구매 가능
> ② 싱글채널: 하나의 오프라인 점포에서 구매
> ⑩ 옴니채널: 다양한 채널이 고객의 경험관리를 중심으로 하나로 통합됨

① ⊙ – ⓒ – ⓒ – ② – ⑩
② ⓒ – ⑩ – ② – ⊙ – ⓒ
③ ⓒ – ⊙ – ⓒ – ⑩ – ②
④ ② – ⓒ – ⓒ – ⊙ – ⑩
⑤ ⑩ – ② – ⓒ – ⓒ – ⊙

102 유통관리사 2급 핵심문제

유통채널은 시간의 흐름과 기술 발달에 따라 싱글–듀얼–멀티–크로스–옴니채널 순으로 진화함

정답 ④

15 ★★★   글로벌 유통산업의 동향과 추세

아래 글상자 내용 중 글로벌 유통산업 환경변화의 설명으로 옳은 것을 모두 고르면?

> ㉠ 유통시장 개방의 가속화
> ㉡ 주요 소매업체들의 해외 신규출점 증대 및 M&A를 통한 초대형화 추진
> ㉢ 선진국 시장이 포화되어 감에 따라 시장 잠재성이 높은 신규시장 발굴에 노력
> ㉣ 대형유통업체들은 해외시장 진출 확대를 통해 성장을 도모

① ㉠, ㉡
② ㉠, ㉢
③ ㉠, ㉣
④ ㉡, ㉢, ㉣
⑤ ㉠, ㉡, ㉢, ㉣

해설
㉠, ㉡, ㉢, ㉣ 모두 글로벌 유통산업 환경변화에 대한 설명으로 적합함

정답 ⑤

14 ★★★   유통의 발전과정, 유통환경의 변화와 특징

유통환경분석 시 고려하는 거시환경, 미시환경과 관련된 내용으로 옳지 않은 것은?

① 자본주의, 사회주의 같은 경제체제는 거시환경에 포함된다.
② 어떤 사회가 가지고 있는 문화, 가치관, 전통 등은 사회적 환경으로서 거시환경에 포함된다.
③ 기업과 거래하는 협력업자는 미시환경에 포함된다.
④ 기업이 따라야 할 규범, 규제, 법 등은 미시환경에 포함된다.
⑤ 기업과 비슷한 제품을 제조하는 경쟁회사는 미시환경에 포함된다.

해설
기업이 따라야 할 규범, 규제, 법 등은 거시환경에 포함됨

정답 ④

02 | 유통경영전략

01 ★
유통경영전략의 필요성과 이해

아래 글상자에서 공통적으로 설명하고 있는 유통경영전략 활동으로 가장 옳은 것은?

> • 유통경영전략 실행과정에서 많은 예상치 않은 일들이 발생하기 때문에 지속적으로 실시되어야 한다.
> • 유통경영목표가 성취될 수 있도록 성과를 측정하고 성과와 목표 사이의 차이가 발생한 원인을 분석하고 시정조치를 취한다.
> • 성과에 대한 철저한 분석과 시정조치 없이, 다음번에 더 나은 성과를 기대하기 어렵다.

① 유통마케팅 계획수립
② 유통마케팅 실행
③ 유통마케팅 위협 · 기회 분석
④ 유통마케팅 통제
⑤ 유통마케팅 포트폴리오 개발

[해설]
유통경영전략 실행과정 및 결과에서 발생할 수 있는 다양한 문제를 분석하고 개선하기 위해서 유통마케팅 통제 활동을 함

[정답] ④

02 ★★★★
유통경영의 외부적 요소, 분석/유통경영의 내부적 요소 분석

마이클 포터의 5가지 세력 모델과 관련한 설명으로 옳지 않은 것은?

① 과업 환경을 분석하는 것으로 이해관계자 분석이라 할 수 있다.
② 산업 내 기업의 경쟁강도를 파악해야 한다.
③ 신규 진입자의 위험은 잠재적 경쟁업자의 진입가능성으로 진입장벽의 높이와 관련이 있다.
④ 구매자의 교섭력과 판매자의 교섭력이 주요 요소로 작용한다.
⑤ 상호보완재의 유무가 중요한 경쟁요소로 작용한다.

[해설]
산업의 수익성은 대체재의 유무에 따라 크게 달라짐

[정답] ⑤

03 ★
유통경영의 외부적 요소 분석/유통경영의 내부적 요소 분석

유통경영환경 분석을 위한 SWOT 분석 방법의 활용에 관한 설명으로 옳지 않은 것은?

① 기회를 최대화하고 위협을 최소화한 기업 자원의 효율적 사용이 목표이다.
② SO 상황에서는 강점을 적극적으로 활용한 시장기회선점 전략을 구사한다.
③ WT 상황에서는 약점을 보완하기 위해 투자를 대폭 강화한 공격적 전략을 구사한다.
④ WO 상황에서는 약점을 보완하여 시장의 기회를 활용할 수 있는 전략적 제휴를 실시한다.
⑤ ST 상황에서는 시장의 위협을 회피하기 위해 제품 확장 전략을 사용한다.

[해설]
WT 전략은 약점과 위협요인을 회피하기 위해 내부의 약점을 보완하면서 위협을 최소화하는 소극적인 전략임

[정답] ③

04 ★

유통기업의 사업방향 결정

인플레이션 상황에서 급격한 가격인상 없이 매출과 수익의 손실을 막기 위해 유통기업들이 채택할 수 있는 방법으로 가장 옳지 <u>않은</u> 것은?

① 취급하는 상품의 종류를 재정비하여 재고비용이나 수송비용을 줄인다.
② 생산성이 낮은 인력이나 시설을 정리하고 정보화를 통해 이를 대체한다.
③ 무료설치, 운반, 장기보증 같은 부가적 상품서비스를 줄이거나 없앤다.
④ 포장비를 낮추기 위해 더 저렴한 포장재를 이용한다.
⑤ 절약형 상표, 보급형 상표의 비중을 줄인다.

[해설]
인플레이션과 같은 고물가 시대에는 절약형 상표, 보급형 상표의 비중을 늘려 알뜰한 소비 생활을 독려하는 것이 좋음

[정답] ⑤

05 ★★

기업 수준의 경영전략, 사업부 수준의 경영전략, 기능별 경영전략

최상위 경영전략인 기업 수준의 경영전략으로 옳지 <u>않은</u> 것은?

① 새로운 시장에 기존의 제품으로 진입하여 시장을 확장하는 시장개발전략
② 기존 시장에 새로운 제품으로 진입하기 위한 제품개발전략
③ 경쟁사에 비해 우수한 품질의 제품을 제공하려는 차별화전략
④ 기존 제품의 품질 향상을 통해 시장점유율을 높이려는 시장침투전략
⑤ 기존 사업과 연관된 다른 사업을 인수하여 고객을 확보하려는 다각화전략

[해설]
경쟁사에 비해 우수한 품질의 제품을 제공하려는 차별화 전략은 사업부 수준의 전략임

[정답] ③

06 ★

기업 수준의 경영전략, 사업부 수준의 경영전략, 기능별 경영전략

아래 글상자의 사례에 해당하는 유통경영전략으로 가장 옳은 것은?

> 식품회사인 미국의 A사와 유럽의 B사는 140여 개 해외시장에서 상대방의 제품을 각자의 유통망에서 유통시키고 있다. 예를 들어, 미국 외의 지역에서는 A사의 대표적인 시리얼 브랜드가 B사의 유통망을 통해 공급되는 유통경영전략을 사용하고 있다.

① 복합경로마케팅전략
② 제품개발전략
③ 인수합병전략
④ 전략적 경로 제휴전략
⑤ 다각화전략

[해설]
전략적 제휴에는 상호지분참여, 기술의 공유, 마케팅 능력의 공유, 유통경로의 상호이용 등이 있음

[정답] ④

제1과목 제2과목 제3과목 제4과목 모의고사

07 ★

아래 글상자에서 설명하는 기업이 글로벌 시장에서 경쟁하기 위한 전략을 괄호 안에 들어갈 순서대로 옳게 나열한 것은?

> • (㉠)는 둘 또는 그 이상의 기업들이 맺은 파트너십으로 기술과 위험을 공유한다. 자국에서 생산된 상품만을 허용하는 국가로 진출하기 위한 전략으로 활용할 수 있다.
> • (㉡)은(는) 자사의 독자적인 브랜드 이름이나 상표를 부착하여 판매하는 방식으로 제품의 생산은 다른 기업에게 의뢰한다.

① ㉠ 전략적 제휴
　㉡ 위탁제조
② ㉠ 합작투자
　㉡ 위탁제조
③ ㉠ 전략적 제휴
　㉡ 라이선싱(licensing)
④ ㉠ 합작투자
　㉡ 라이선싱(licensing)
⑤ ㉠ 해외직접투자
　㉡ 프랜차이징(franchising)

해설
• 라이선싱(licensing): 지적재산권의 소유자가 다른 기업에게 정해진 일정 기간 동안 로열티나 다른 보상을 받고 지적재산권을 사용할 수 있는 권리를 부여하는 계약
• 해외직접투자: 국제 간 장기 자본이동의 한 형태로 외국법인의 경영에 참가하기 위한 목적으로 해외투자를 하는 것
• 프랜차이징(franchising): Franchisor가 Franchisee에게 보상을 받고 전체 사업 시스템을 이용할 수 있는 권리를 제공하는 라이선싱의 발전된 형태

정답 ②

08 ★★

재무, 생산소요계획, 인적자원, 주문충족 등 기업의 전반적인 업무 프로세스를 통합·관리하여 정보를 공유함으로써 효율적인 업무처리가 가능하게 하는 경영기법으로 가장 옳은 것은?

① 리엔지니어링
② 식스시그마
③ 아웃소싱
④ 벤치마킹
⑤ 전사적 자원관리

해설
① 리엔지니어링: 각 부서 간의 벽을 허물고, 불필요한 부서를 없애면서, 조직 안팎의 프로세스 변화에 중점을 두고 혁신을 일으키는 것
② 식스시그마: 100만 개의 제품 중 3∼4개의 불량만을 허용하는 3∼4PPM(Parts Per Million) 품질경영기법
③ 아웃소싱: 기업이나 조직에서 생산, 유통, 용역 등 업무의 일부 과정을 경영 효율의 극대화를 위해 외부의 제삼자에게 위탁해 처리하는 것
④ 벤치마킹: 측정의 기준이 되는 대상을 설정하고 그 대상과 비교 분석을 통해 장점을 따라 배우는 행위

정답 ⑤

09 ★★★

아래 글상자의 6시그마 실행 단계를 순서대로 바르게 나열한 것은?

> ㉠ 개선된 상태가 유지될 수 있도록 관리한다.
> ㉡ 핵심품질특성(CTQ)과 그에 영향을 주는 요인의 인과관계를 파악한다.
> ㉢ 현재 CTQ 충족 정도를 측정한다.
> ㉣ CTQ를 파악하고 개선 프로젝트를 선정한다.
> ㉤ CTQ의 충족 정도를 높이기 위한 방법과 조건을 찾는다.

① ㉣ - ㉡ - ㉢ - ㉤ - ㉠
② ㉤ - ㉣ - ㉢ - ㉡ - ㉠
③ ㉢ - ㉠ - ㉡ - ㉣ - ㉤
④ ㉣ - ㉢ - ㉡ - ㉤ - ㉠
⑤ ㉢ - ㉡ - ㉤ - ㉣ - ㉤

6시그마는 정의 → 측정 → 분석 → 개선 → 관리 순으로 실행함

[정답] ④

10 ★   기타 유통경영전략

각 점포가 독립된 회사라는 점에서 프랜차이즈 체인방식과 같지만, 조직의 주체는 가맹점이며 전 가맹점이 경영의 의사결정에 참여한다는 차이점이 있는 연쇄점(chain)의 형태로 가장 옳은 것은?

① 정규연쇄점(regular chain)
② 직영점형 연쇄점(corporate chain)
③ 조합형 연쇄점(cooperative chain)
④ 마스터 프랜차이즈(master franchise)
⑤ 임의형 연쇄점(voluntary chain)

[해설]
① **정규연쇄점(regular chain)**: 제조업체 또는 유통업체가 소유하고 운영하는 연쇄점
② **직영점형 연쇄점(corporate chain)**: 정규연쇄점의 한 유형으로, 제조업체 또는 유통업체가 모든 점포를 직접 운영하는 연쇄점
③ **조합형 연쇄점(cooperative chain)**: 독립적인 소매업체들이 공동 구매, 공동 마케팅 등의 협력 활동을 통해 경영 효율성을 높이기 위해 결성한 연쇄점
④ **마스터 프랜차이즈(master franchise)**: 제조업체 또는 유통업체가 특정 지역 또는 국가에 대한 독점적 운영권을 주어 프랜차이즈를 운영하는 방식

[정답] ⑤

11 ★   기타 유통경영전략

도매상의 혁신전략과 내용 설명이 옳지 <u>않은</u> 것은?

구분	혁신전략	내용
㉠	도매상의 합병과 매수	기존시장에서의 지위 확보, 다각화를 위한 전후방 통합
㉡	자산의 재배치	회사의 핵심사업 강화 목적, 조직의 재설계
㉢	회사의 다각화	유동다각화를 통한 유통라인 개선
㉣	전방의 후방통합	이윤과 시장에서의 지위 강화를 위한 통합
㉤	자산가치가 높은 브랜드의 보유	창고 자동화, 향상된 재고관리

① ㉠   ② ㉡
③ ㉢   ④ ㉣
⑤ ㉤

[해설]
자산가치 높은 브랜드를 보유하는 도매상의 혁신전략은 시장에서의 지속적인 경쟁력을 획득하기 위한 전략임. 온라인 주문과 발주 시스템, 향상된 재고관리, 창고 자동화와 같은 내용은 유통의 새로운 기술과 관련된 혁신전략에 해당됨

[정답] ⑤

12 ★

아웃소싱과 인소싱을 비교해 볼 때 아웃소싱의 단점을 설명한 것으로 옳지 <u>않은</u> 것은?

① 부적절한 공급업자를 선정할 수 있는 위험에 노출된다.
② 과다 투자나 과다 물량생산의 위험이 높다.
③ 핵심지원활동을 잃을 수도 있다.
④ 프로세스 통제권을 잃을 수도 있다.
⑤ 리드타임이 장기화 될 수도 있다.

[해설]
인소싱의 단점으로 과다 투자나 과다 물량생산의 위험이 높다는 점을 들 수 있음

[정답] ②

13 ★

기업이 외부조달을 하거나 외주를 주는 이유로 옳지 <u>않은</u> 것은?

① 비용상의 이점
② 불충분한 생산능력 보유
③ 리드타임, 수송, 창고비 등에 대한 높은 통제 가능성
④ 전문성 결여로 인한 생산 불가능
⑤ 구매부품의 품질측면의 우수성

[해설]
기업이 외부조달을 하거나 외주를 주게 되면 리드타임, 수송, 창고비 등에 대한 통제가능성이 낮아짐

[정답] ③

14 ★

균형성과표(BSC)에 대한 설명으로 가장 옳지 <u>않은</u> 것은?

① 고객 관점은 고객유지율, 반복구매율 등의 지표를 활용한다.
② 각 지표들은 전략과 긴밀하게 연계되어 상호작용을 한다.
③ 조직의 지속적 생존을 위해 핵심 성공요인이 중요하다.
④ 학습과 성장의 경우 미래지향적인 관점을 가진다.
⑤ 비용이 저렴하지만 재무적 지표만을 성과관리에 적용한다는 한계를 가진다.

[해설]
균형성과표는 여러 차원에 걸쳐 조직성과에 대한 전체적인 관점을 제공하는 성과 측정 프레임워크임

[정답] ⑤

15 ★

소매유통회사를 중심으로 PB 상품을 강화하고 있는데, 그 이유로 옳지 <u>않은</u> 것은?

① 수익성을 증가시키기 위해서
② 재고를 감소시키기 위해서
③ 소매유통회사의 차별화 수단으로 활용하기 위해서
④ 점포 이미지를 개선하는데 활용하기 위해서
⑤ 소비자의 구매성향 변화에 적극적으로 대응하기 위해서

[해설]
PB 상품을 강화하면 유통업체가 관리해야 할 재고는 더욱 증대하므로, ②번은 관련 없는 내용임

[정답] ②

01 ★
조직이론, 조직구조의 유형 및 설계

테일러의 기능식 조직(functional organization)에 대한 단점으로 옳지 **않은** 것은?

① 명령이 통일되지 않아 전체의 질서적 관리가 문란해지는 경우가 있다.
② 각 관리자가 담당하는 전문적 기능에 대한 합리적 분할이 실제상 용이하지 않다.
③ 일의 성과에 따른 보수를 산정하기 어렵다.
④ 상위자들의 마찰이 일어나기 쉽다.
⑤ 각 직원이 차지하는 직능이 지나치게 전문화되어 그 수가 많아지면 간접적 관리자가 증가한다.

[해설]
기능식 조직은 직원들의 직능에 따라 전문화된 분야로 나뉘기 때문에 일의 성과에 따른 보수를 산정하는 것이 용이함

[정답] ③

02 ★
조직이론, 조직구조의 유형 및 설계

에머슨(Emerson, H.)의 직계 · 참모식 조직(line and staff organization)의 단점에 대한 설명으로 옳지 **않은** 것은?

① 명령체계와 조언, 권고적 참여가 혼동되기 쉽다.
② 집행부문이 스태프(staff) 부문에 자료를 신속 · 충분하게 제공하지 않으면 참모 부문의 기능은 잘 발휘되지 못한다.
③ 집행부문의 종업원과 스태프(staff) 부문의 직원 간에 불화를 가져올 우려가 있다.
④ 라인(line)의 창의성을 결여하기 쉽다.
⑤ 명령이 통일되지 않아 전체의 질서적 관리가 혼란스러워지는 경우가 발생할 수 있다.

[해설]
에머슨의 직계 · 참모식 조직은 라인(line)과 스태프(staff) 두 가지 기능을 구분한 조직 구조인데, 라인은 업무의 집행을 담당하고, 스태프는 라인의 업무를 지원하고 자문을 제공하는 역할을 함. 따라서 라인과 스태프의 역할이 명확하게 구분되어 있다면 명령이 통일되지 않아 전체의 질서적 관리가 혼란스러워지는 경우는 거의 발생하지 않음

[정답] ⑤

03 ★
조직이론, 조직구조의 유형 및 설계

Formal 조직과 Informal 조직의 특징에 대한 비교 설명으로 옳지 **않은** 것은?

구분	Formal 조직	Informal 조직
㉠	의식적 · 이성적 · 합리적 · 논리적으로 편성	자연발생적 · 무의식적 · 비논리적으로 편성
㉡	공통목적을 가진 명확한 구조	공통목적이 없는 무형 구조
㉢	외형적 · 제도적 조직	내면적 · 현실적 조직
㉣	불문적 · 자생적 조직	성문적 · 타의적 조직
㉤	위로부터의 조직	밑으로부터의 조직

① ㉠   ② ㉡
③ ㉢   ④ ㉣
⑤ ㉤

[해설]
㉣은 Formal 조직과 Informal 조직의 특징이 반대로 기재되어 있음

[정답] ④

04 ★★★★   조직의 목표관리와 동기부여

동기부여와 관련된 여러 가지 학설에 대한 설명으로 옳지 않은 것은?

① 매슬로우는 인간의 욕구를 생리적 욕구부터 자아실현의 욕구까지 총 5단계로 구분하여 설명하였다.
② 맥클리란드는 성장, 관계, 생존의 3단계로 구분하여 설명하였다.
③ 알더퍼의 경우 한 차원 이상의 욕구가 동시에 동기부여 요인으로 사용될 수 있다고 주장하였다.
④ 허쯔버그의 동기요인에는 승진가능성과 성장가능성이 포함된다.
⑤ 허쯔버그의 위생요인에는 급여와 작업조건이 포함된다.

[해설]
맥클리랜드는 성취, 권력, 친화 욕구로 구분하여 설명함

[정답] ②

05 ★   조직의 의사전달과 갈등관리

조직 내에서 이루어지는 공식, 비공식적인 의사소통의 유형과 그 설명이 가장 옳지 않은 것은?

① 개선보고서와 같은 상향식 의사소통은 하위계층에서 상위계층으로 이루어진다.
② 태스크포스(task force)와 같은 하향식 의사소통은 전통적 방식의 소통이다.
③ 다른 부서의 동일 직급 동료 간의 정보교환은 수평식 의사소통이다.
④ 인사부서의 부장과 품질보증팀의 대리 간의 의사소통은 대각선 방식의 의사소통이다.
⑤ 비공식 의사소통 채널의 예로 그레이프바인(grape vine)이 있다.

[해설]
태스크포스는 특정 프로젝트나 업무를 수행하기 위해 조직 내에서 임시적으로 구성된 팀으로써 조직 내 다양한 부서의 구성원들로 구성되는 경우가 많기 때문에 수평식 의사소통이나 대각선 방식 의사소통이 이루어짐

[정답] ②

06 ★★   조직의 의사전달과 갈등관리

아래 글상자의 괄호 안에 들어갈 경로구성원 간 갈등 관련 용어를 순서대로 나열한 것으로 옳은 것은?

> • (㉠)은(는) 상대방에 대해 적대감이나 긴장을 감정적으로 느끼는 것이다.
> • (㉡)은(는) 상대방의 목표달성을 방해할 정도의 갈등으로, 이 단계에서는 상대를 견제하고 해를 끼치기 위해 법적인 수단을 이용하며 경로를 떠나거나 상대를 쫓아내기 위해 힘을 행사하는 것이다.

① ㉠ 잠재적 갈등, ㉡ 지각된 갈등
② ㉠ 지각된 갈등, ㉡ 갈등의 결과
③ ㉠ 감정적 갈등, ㉡ 표출된 갈등
④ ㉠ 표출된 갈등, ㉡ 감정적 갈등
⑤ ㉠ 갈등의 결과, ㉡ 지각된 갈등

[해설]
• **잠재적 갈등**: 지각된 갈등 이전 단계로 갈등이 일어날 수 있는 상황 또는 조건을 의미
• **지각된 갈등**: 논리적이고 객관적인 것으로 갈등이 일어날 수 있는 자신 또는 집단 내의 상태를 인식하는 것

[정답] ③

07 ★

조직문화에 대한 설명으로 옳지 않은 것은?

① 한 조직의 구성원들이 공유하는 가치관, 신념, 이념, 지식 등을 포함하는 종합적인 개념이다.
② 특정 조직 구성원들의 사고판단과 행동의 기본 전제로 작용하는 비가시적인 지식적, 정서적, 가치적 요소이다.
③ 조직 구성원들이 공통적으로 생각하는 방법, 느끼는 방향, 공통의 행동 패턴의 체계이다.
④ 조직 외부 자극에 대한 조직 전체의 반응과 임직원의 가치의식 및 행동을 결정하는 요인을 포함한다.
⑤ 다른 기업의 제도나 시스템을 벤치마킹하는 경우 그 조직문화적 가치도 쉽게 이전된다.

해설
조직문화는 조직의 구성원들이 오랜 시간 만들어낸 가치관, 신념, 규범, 행동 양식 등의 총체적인 것이므로 다른 기업의 제도나 시스템을 벤치마킹하는 것만으로 조직문화를 바꾸는 것은 불가능함

정답 ⑤

08 ★★

아래 글상자에서 설명하고 있는 리더십 유형으로 가장 옳은 것은?

> • 구성원들의 기본적 가치, 믿음, 태도 등을 변화시켜서 조직이 기대하는 것보다 더 높은 수준의 성과를 스스로 추구하도록 만드는 리더십을 의미한다.
> • 리더와 구성원 간의 원활한 상호작용을 통해 구성원을 긍정적으로 변화시켜 성과를 내는 데 집중한다.

① 거래적 리더십
② 변혁적 리더십
③ 상황적 리더십
④ 지시형 리더십
⑤ 위임형 리더십

해설
• 거래적 리더십: 리더와 구성원 간 교환관계에 기초한 것으로, 리더는 구성원들이 원하는 것을 제공하며 구성원들의 성과를 유도하여 목표를 이루도록 유도함. 구성원 개인의 성장이나 발전보다는 조직의 목표달성에 목적을 두는 리더십의 유형
• 상황적 리더십: 리더가 지시와 명령을 내리고 업무 수행을 감독하지만, 부하직원의 제안을 받아들여 전진할 수 있도록 원조하는 리더십 유형
• 지시형 리더십: 특정 지시를 내리고 업무 과정을 지켜보는 비교적 강압적인 리더십의 한 유형
• 위임형 리더십: 리더가 직접 일을 하지 않고, 다른 사람에게 활동량을 분배하며, 리더십이 필요한 상황에서도 간섭을 하지 않으려는 특징을 가짐

정답 ②

09 ★

리더의 행동을 생산에 대한 관심과 사람에 대한 관심을 기준으로 구분하여 연구한 블레이크(Blake)와 무톤(Mouton)의 관리격자연구에 따른 리더십 유형에 대한 설명으로 가장 옳지 않은 것은?

① 중도형(5-5) - 절충에 신경을 쓰기 때문에 때로는 우유부단하게 비칠 수 있다.
② 팀형(9-9) - 팀의 업적에만 관심을 갖는 리더로 부하를 하나의 수단으로 취급할 수 있다.
③ 컨츄리클럽형(1-9) - 부하의 욕구나 동기를 충족시키면 그들이 알아서 수행할 것이라는 전제하에 나타나는 리더십이다.
④ 무관심형(1-1) - 리더는 업무에 대한 지시만 하고 어려운 문제가 생기면 회피한다.
⑤ 과업형(9-1) - 리더 혼자서 의사결정을 하고 관리의 초점도 생산성 제고에 맞춰진다.

해설
팀형 리더는 성과와 인간관계를 모두 중시하는 리더십 유형으로써 부하의 욕구를 충족시키고 자율성을 부여하여 부하 스스로 성장하고 발전할 수 있도록 지원함. 따라서 부하를 하나의 수단으로 취급한다는 것은 팀형 리더십의 특징으로 볼 수 없음

정답 ②

10 ★★

직무분석과 직무평가에 대한 설명으로 옳지 않은 것은?

① 직무분석이란 과업과 직무를 수행하는 데 요구되는 인적 자질에 의해 직무의 내용을 정의하는 공식적 절차를 말한다.

② 직무분석에서 직무요건 중 인적 요건을 중심으로 정리한 문서를 직무기술서라고 한다.

③ 직무분석은 효과적인 인적자원관리를 위해 선행되어야 할 기초적인 작업이다.

④ 직무평가는 직무를 일정한 기준에 의거하여 서로 비교함으로써 상대적 가치를 결정하는 체계적인 활동을 말한다.

⑤ 직무평가는 직무의 가치에 따라 공정한 임금지급 기준, 합리적인 인력의 확보 및 배치, 인력의 개발 등을 결정할 때 이용된다.

[해설]
직무분석에서 직무요건 중 인적 요건을 중심으로 정리한 문서는 직무명세서라고 한다.

[정답] ②

11 ★

인적자원관리에 관련된 능력주의와 연공주의를 비교한 설명으로 옳지 않은 것은?

구분	능력주의	연공주의
㉠ 승진기준	직무 중심 (직무능력 기준)	사람 중심 (신분 중심)
㉡ 승진요소	성과, 업적, 직무수행 능력 등	연력, 경력, 근속연수, 학력 등
㉢ 승진제도	직계승진제도	연공승진제도
㉣ 경영 내적 요인	일반적으로 전문직종의 보편화 (절대적은 아님)	일반적으로 일반직종의 보편화 (절대적인 아님)
㉤ 특성	승진관리의 안정성/ 객관적 기준 확보 가능	승진관리의 불안정/ 능력평가의 객관성 확보가 힘듦

① ㉠　　　　② ㉡

③ ㉢　　　　④ ㉣

⑤ ㉤

[해설]
능력주의는 개인의 능력과 역량을 강조하며, 인재 채용과 교육 등을 통해 개인의 능력을 개발하고 활용하는 것을 중요시하는 반면에 연공주의는 조직 전체의 성과를 중시하며, 조직 구성원들의 협력과 조화를 강조함. 따라서 인적자원관리에서는 조직 구성원들의 역량과 조직의 목표를 모두 고려해야 함

[정답] ⑤

12 ★

ROI에 대한 내용으로 옳지 않은 것은?

① 투자에 대한 이익률이다.

② 순자본(소유주의 자본, 주주의 자본 혹은 수권자본)에 대한 순이익의 비율이다.

③ ROI가 높으면 제품재고에 대한 투자가 총이익을 잘 달성했다는 의미이다.

④ ROI가 낮으면 자산의 과잉투자 등으로 인해 사업이 성공적이지 못하다는 의미이다.

⑤ ROI가 높으면 효과적인 레버리지 기회를 활용했다는 의미로도 해석된다.

[해설]
ROI는 순이익과 투자한 자본의 비율을 나타내는 지표이기 때문에 제품 재고에 대한 투자와는 직접적인 연관성이 없음

[정답] ③

13 ★
자본예산과 자본조달, 자본비용

기업이 자금을 조달하는 각종 원천에 대한 설명으로 옳지 않은 것은?

① 단기자금 조달을 위해 신용대출을 활용하기도 한다.
② 채권발행의 경우 기업 경영진의 지배력은 유지되는 장점이 있다.
③ 주식 매각의 장점은 주주들에게 주식배당을 할 법적의무가 없어진다는 것이다.
④ 팩토링은 대표적인 담보대출의 한 형태이다.
⑤ 채권발행은 부채의 증가로 인해 기업에 대한 인식에 악영향을 끼칠 수 있다.

해설
팩토링은 기업의 자본조달 방법 가운데 하나로서 은행 등 금융기관이 기업의 외상매출금, 받을 어음 등 매출채권을 매입함으로써 자금을 공급하는 제도로 담보대출과는 관계가 없음

정답 ④

14 ★★
구매 및 조달관리의 개념 및 절차

정량주문법과 정기주문법을 적용하기 유리한 경우에 대한 상대적인 비교로 가장 옳은 것은?

구분	항목	정량주문법	정기주문법
㉠	표준화	전용부품	표준부품
㉡	품목 수	적음	많음
㉢	주문량	변경가능	고정
㉣	리드타임	짧다	길다
㉤	주문시기	일정	일정하지 않음

① ㉠
② ㉡
③ ㉢
④ ㉣
⑤ ㉤

해설
㉣을 제외한 모든 답이 반대로 기재되어 있음

정답 ④

15 ★★★
구매실무(원가계산, 구매가격, 구매계약, 구매협상, 재고관리)

재고관리에 대한 설명으로 가장 옳지 않은 것은?

① 소비자가 원하는 상품을 적시에 제공하기 위하여 소매점은 항상 적절한 양의 재고를 보유해야 할 필요가 있다.
② 재고가 지나치게 많을 경우, 적절한 시기에 처분하기 위해 상품가격을 인하시켜 판매하기 때문에 투매손실이 발생할 수 있다.
③ 재고가 너무 적은 경우 소비자의 수요에 대응할 수 없는 기회손실이 발생할 수 있다.
④ 투매손실이나 기회손실이 발생하지 않도록 하기 위해서 유지해야 하는 적정 재고량은 표준재고이다.
⑤ 재고가 적정 수준 이하가 되면 미리 결정해둔 일정주문량을 발주하는 방법은 상황 발주법이다.

해설
상황 발주법은 재고가 특정 수준 이하로 떨어지면 재고를 보충하는 방법임. 재고가 적정 수준 이하가 되면 미리 결정해둔 일정주문량을 발주하는 방법은 상황 발주법이 아니라 정기 발주법임

정답 ⑤

01 ★★★

물류의 기본적 기능과 관련한 활동에 대한 설명으로 가장 옳지 않은 것은?

① 서로 다른 두 지점 간의 물자를 이동시키는 활동은 수송활동이다.
② 보관활동은 시간적 수급조절기능, 가격조정기능을 수행한다.
③ 상품의 가치 및 상태를 보호하기 위해 적절한 재료와 용기를 사용하는 것은 유통가공활동이다.
④ 수송과 보관 사이에서 이루어지는 물품의 취급활동은 하역활동이다.
⑤ 유통을 촉진시키기 위한 무형의 물자인 정보를 유통시키는 활동은 정보유통활동이다.

[해설]
유통가공활동은 상품의 가치 및 상태를 보호하기 위해 상품을 소분, 재포장, 표시, 라벨링 등의 작업을 수행하는 활동임. 따라서 적절한 재료와 용기를 사용하는 것은 유통가공활동에 포함되지 않음

[정답] ③

02 ★

유통기업들이 물류에 대한 높은 관심을 가지고 이에 대한 합리화를 적극적으로 검토·실행하고 있는 원인으로 옳지 않은 것은?

① 물류비가 증가하는 경향이 있기 때문이다.
② 생산 부문의 합리화 즉 생산비의 절감에는 한계가 있기 때문이다.
③ 기업 간 경쟁에서 승리하기 위해 물류 면에서 우위를 확보하여야 하기 때문이다.
④ 고객의 요구는 다양화, 전문화, 고도화되어 고객서비스 향상이 특히 중요시되기 때문이다.
⑤ 기술혁신에 의하여 운송, 보관, 하역, 포장기술이 발전되었고 정보 면에서는 그 발전 속도가 현저하게 낮아졌기 때문이다.

[해설]
정보기술은 물류의 다른 분야에 비해 상대적으로 발전 속도가 느렸기 때문에 물류의 효율성 향상에는 정보기술의 발전이 중요한 요소로 작용하고 있음

[정답] ⑤

03 ★★

물류영역과 관련해 고려할 사항으로 가장 옳지 않은 것은?

① 조달물류: JIT 납품
② 조달물류: 수송루트 최적화
③ 판매물류: 수배송시스템화를 위한 수배송센터의 설치
④ 판매물류: 공정재고의 최소화
⑤ 반품물류: 주문예측 정밀도 향상으로 반품을 감소시키는 노력

[해설]
공정재고는 생산공정 내에서 필요한 재고를 의미하므로, 판매물류와는 관련이 없음

[정답] ④

04 ★★★

재고, 운송, 고객서비스 등의 상충관계(trade-off)에 대한 설명으로 옳지 않은 것은?

① 재고수준을 낮추게 되면 보관비용이 감소되고 고객서비스 수준도 낮아진다.
② 재고 감소는 주문에 적시 대응하는 조직의 능력을 저하시킨다.
③ 배달을 신속하게 해서 고객서비스 수준을 증가시키는 것은 수송비용 증가를 초래한다.
④ 높은 고객서비스 수준을 지향하는 경우 재고비용과 재고운반비가 증가한다.
⑤ 낮은 배송비용을 지향하는 것은 시간측면에서 고객서비스 수준의 증가를 가져온다.

[해설]
⑤은 재고비용과 운송비용의 감소를 통해 고객서비스 수준을 향상시킬 수 있다는 내용임. 재고, 운송, 고객서비스의 상충관계에 대한 설명으로 옳지 않음

[정답] ⑤

05 ★

도·소매 물류를 7R을 활용하여 효과적으로 관리하는 방법에 대한 설명으로 가장 옳지 않은 것은?

① 적절한 품질의 제품을 적시에 제공해야 한다.
② 최고의 제품을 저렴한 가격으로 제공해야 한다.
③ 좋은 인상으로 원하는 장소에 제공해야 한다.
④ 적정한 제품을 적절한 양으로 제공해야 한다.
⑤ 적시에 원하는 장소에 제공해야 한다.

[해설]
도·소매 물류를 7R을 활용하여 효과적으로 관리하는 방법은 적절한 품질의 제품을 적시에 원하는 장소에 제공하는 것임. 따라서 최고의 제품을 저렴한 가격으로 제공하는 것은 7R의 개념과 맞지 않음

[정답] ②

06 ★★

두 가지 이상의 운송 수단을 활용하는 복합운송의 결합 형태 중 화물차량과 철도를 이용하는 시스템으로 옳은 것은?

① 버디백 시스템(Birdy Back System)
② 피기백 시스템(Piggy Back System)
③ 피시백 시스템(Fishy Back System)
④ 스카이십 시스템(Sky-Ship System)
⑤ 트레인십 시스템(Train-Ship System)

[해설]
- 버디백 시스템(Birdy Back System): bird, 항공운송과 back, 도로운송이 연결된 것
- 피시백 시스템(Fishy Back System): fish, 해상운송과 back, 도로운송이 연결된 것
- 스카이십 시스템(Sky-Ship System): sky, 항공운송과 ship, 해상운송이 연결된 것
- 트레인십 시스템(Train-Ship System): train, 철도운송과 ship, 해상운송이 연결된 것

[정답] ②

07 ★★

아래 글상자 괄호 안에 들어갈 보관 원칙 정의가 순서대로 바르게 나열된 것은?

> • 출입구가 동일한 경우 입출하 빈도가 높은 상품을 출입구에서 가까운 장소에 보관하는 것은 (㉠)의 원칙이다.
>
> • 표준품은 랙에 보관하고 비표준품은 특수한 보관기기 및 설비를 사용하여 보관하는 것은 (㉡)의 원칙이다.

① ㉠ 유사성
　 ㉡ 명료성
② ㉠ 위치표시
　 ㉡ 네트워크 보관
③ ㉠ 회전대응 보관
　 ㉡ 형상 특성
④ ㉠ 명료성
　 ㉡ 중량 특성
⑤ ㉠ 동일성
　 ㉡ 유사성

해설

• 회전대응 보관의 원칙: 입출하 빈도가 높은 화물은 출입구에 가까운 장소에 보관하고 낮은 경우에는 먼 장소에 보관하는 것
• 형상 특성의 원칙: 형상에 따라 보관방법을 변경하며, 화물의 형상특성에 부응하여 보관하는 원칙

정답 ③

08 ★

자사가 소유한 자가창고와 도·소매상이나 제조업자가 임대한 영업창고를 비교한 설명으로 가장 옳지 않은 것은?

① 충분한 물량이 아니라면 자가 창고 이용비용이 저렴하지 않은 경우도 있다.
② 자가 창고의 경우 기술적 진부화에 따른 위험이 있다.
③ 영업창고를 이용하면 특정 지역의 경우 세금혜택을 받는 경우도 있다.
④ 영업창고를 이용하는 경우 초기투자비용이 높은 것이 단점이다.
⑤ 영업창고의 경우 여러 고객을 상대로 하므로 규모의 경제가 가능하다.

해설

영업창고는 타사가 소유한 창고를 임대하는 것이므로 초기투자비용이 발생하지 않음

정답 ④

09 ★

물류합리화 방안의 하나인 포장표준화에 관한 내용으로 옳지 않은 것은?

① 재료표준화 – 환경대응형 포장 재료의 개발
② 강도표준화 – 품목별 적정 강도 설정
③ 치수표준화 – 표준 팰릿(pallet)의 선정
④ 관리표준화 – 포장재 구매 기준 및 사후 관리 기준 제정
⑤ 가격표준화 – 물류 여건에 대응하는 원가 절감형 포장법 개발

해설

• 포장표준화: 포장 재료, 강도, 치수, 관리 등을 표준화하여 물류 효율성을 높이는 것
• 가격표준화: 포장재의 단가를 표준화하는 것
포장표준화의 목적은 물류 효율성을 높이는 것이므로, 가격표준화는 포장표준화의 목적에 부합하지 않음

정답 ⑤

10 ★

다음 사례에서 적용된 기법이 다른 하나는?

① 유통업체의 판매, 재고데이터가 제조업체로 전달되면 제조업체가 유통업체의 물류센터로 제품을 배송
② 전자기기의 모듈을 공장에서 생산한 뒤 선박으로 미국이나 유럽으로 보내고 현지에서 각국의 니즈에 맞게 조립
③ 기본적인 형태의 프린터를 생산한 후 해외주문이 오면 그 나라 언어가 기재된 외관을 조립하여 완성
④ 페인트 공장에서 페인트를 만드는 대신에 페인트 가게에서 고객의 요청에 맞게 페인트와 안료 비율을 결정하여 최종 페인트로 완성
⑤ 고객들이 청바지 매장에서 신체치수를 맞춰놓고 가면, 일반 형태의 청바지를 고객치수에 맞게 바느질만 완성하여 제품을 완성시킴

[해설]
① 제조업체 관점 공급사슬관리(VMI: Vendor-managed Inventory)와 관련된 내용임
②~⑤ 개인화, 즉 customization에 대한 사례임

[정답] ①

11 ★

풀필먼트(fulfillment)에 대한 설명으로 가장 옳지 않은 것은?

① 판매자 입장에서 번거로운 물류에 신경 쓰지 않고 기획, 마케팅 등 본업에 집중할 수 있도록 도와준다.
② 생산지에서 출발해 물류보관창고에 도착하는 구간인 last mile의 성장과 함께 부각되고 있다.
③ e-commerce 시장의 성장으로 소비자들의 소비 패턴이 오프라인에서 온라인으로 이동하며 급격히 발달하고 있다.

④ 다품종 소량 상품, 주문 빈도가 잦은 온라인 쇼핑몰에 적합하다.
⑤ 판매상품의 입고, 분류, 재고관리, 배송 등 고객에게까지 도착하는 전 과정을 일괄처리하는 시스템이다.

[해설]
풀필먼트는 생산지에서 출발해 물류보관창고에 도착하는 구간인 last mile과는 밀접한 관련이 없음
• **풀필먼트(fulfillment)**: 판매상품의 입고, 분류, 재고관리, 배송 등 고객에게 도착하는 전 과정을 일괄처리하는 시스템

[정답] ②

12 ★

서비스 유통의 형태인 플랫폼 비즈니스(platform business)에 대한 설명으로 가장 옳지 않은 것은?

① 플랫폼을 통해 사람과 사람, 사람과 사물을 연결함으로써 새로운 유형의 서비스가 창출된다.
② 정보통신기술의 발달은 사람 간의 교류를 더 빠르고 효율적으로 실현시키면서 플랫폼 비즈니스 성장에 긍정적인 영향을 미치고 있다.
③ 플랫폼 비즈니스의 구성원은 플랫폼 구축자와 플랫폼 사용자로 크게 나뉜다.
④ 플랫폼은 소식, 물건, 서비스 등 다양한 유형의 콘텐츠 교류가 가능하게 해주는 일종의 장터이다.
⑤ 플랫폼 비즈니스 사업자는 플랫폼을 제공해주는 대가를 직접적으로 취할 수 없으므로, 광고 등을 통해 간접적으로 수익을 올리는 비즈니스 모델이다.

[해설]
플랫폼 비즈니스 사업자는 플랫폼을 제공해주는 대가를 직접적으로 취하는 경우도 많음

[정답] ⑤

13 ★★

제3자물류가 제공하는 혜택으로 옳지 않은 것은?

① 여러 기업들의 독자적인 물류업무 수행으로 인한 중복투자 등 사회적 낭비를 방지할 뿐만 아니라 수탁업체들의 경쟁을 통해 물류효율을 향상시킬 수 있다.
② 유통 등 물류를 아웃소싱함으로써 리드타임의 증가와 비용의 절감을 통해 고객만족을 높여 기업의 가치를 높일 수 있다.
③ 기업들은 핵심부문에 집중하고 물류를 전문업체에 아웃소싱하여 규모의 경제 등 전문화 및 분업화 효과를 극대화할 수 있다.
④ 아웃소싱을 통해 제조·유통업체는 자본비용 및 인건비 등이 절감되고, 물류업체는 규모의 경제를 통해 화주기업의 비용을 절감해 준다.
⑤ 경쟁력 강화를 위해 IT 및 수송 등 전문업체의 네트워크를 활용하여 비용절감 및 고객서비스를 향상시킬 수 있다.

[해설]
아웃소싱을 통해 기업은 물류업무에 대한 비용과 시간을 절감할 수 있어 핵심 업무에 더 집중할 수 있으며, 이를 통해 기업의 가치를 높일 수 있음. 즉 아웃소싱을 통해 리드타임을 감소할 수 있음

[정답] ②

14 ★★

기업이 물류부문의 아웃소싱을 통해 얻을 수 있는 편익에 대한 설명으로 가장 옳지 않은 것은?

① 비용 절감
② 물류서비스 수준 향상
③ 외주 물류기능에 대한 통제력 강화
④ 핵심부분에 대한 집중력 강화
⑤ 물류 전문 인력 활용

[해설]
물류아웃소싱을 통해 기업이 외주 물류기능에 대한 통제력을 강화하는 것은 불가능함. 물류아웃소싱을 통해 기업은 물류 업무를 물류업체에 위탁하는 것이기 때문에, 물류업체의 의사결정에 대한 통제권은 물류업체에 있음

[정답] ③

15 ★

국제물류주선업에 관련된 설명으로 가장 옳지 않은 것은?

① 화주에게 운송에 관련된 최적의 정보를 제공하고 물류비, 인력 등을 절감하는 데 도움을 줄 수 있다.
② 일반적으로 선사는 소량화물을 직접 취급하지 않기 때문에 소량화물의 화주들에게는 무역화물 운송업무의 간소화와 운송비용 절감의 혜택을 제공할 수 있다.
③ 국제물류주선인은 다수의 화주로부터 위탁받은 화물로 선사에 보다 효과적인 교섭권을 행사하여 유리한 운임률 유도를 통해 규모의 경제 효과를 창출할 수 있다.
④ 안정적 물량 확보를 위해 선사는 국제물류주선인과 계약하는 것보다 일반화주와 직접 계약하는 것이 유리하다.
⑤ NVOCC(Non-Vessel Operating Common Carrier)는 실제운송인형 복합운송인에 속하지 않는다.

[해설]
선사는 안정적인 물량 확보를 위해 대규모 화주와 계약하는 것을 선호함. 국제물류주선인은 일반적으로 소규모 화주로부터 화물을 위탁받기 때문에, 선사에 안정적인 물량을 제공하기에는 어려움이 있음. 따라서 선사는 국제물류주선인과 계약하는 것보다 일반화주와 직접 계약하는 것이 유리하다는 것은 적합하지 않음

[정답] ④

05 유통기업의 윤리와 법규

01 ★★★★★ 기업윤리의 기본개념, 기업윤리의 기본원칙

기업윤리의 중요성을 강조하기 위해 취할 수 있는 방법으로 가장 옳지 않은 것은?

① 기업윤리와 관련된 헌장이나 강령을 만들어 발표한다.
② 기업윤리가 기업의 모든 의사결정 프로세스에 반영될 수 있게 모니터링한다.
③ 윤리경영의 지표로는 정성적인 지표가 아닌 계량적인 지표를 활용한다.
④ 조직 내의 문제점을 제기할 수 있는 제도를 활성화한다.
⑤ 윤리기준을 적용한 감사 결과를 조직원과 공유한다.

[해설]
기업윤리와 관련된 지표는 정성적인 지표와 계량적인 지표를 모두 활용해야 한다.

[정답] ③

02 ★ 기업윤리의 기본개념, 기업윤리의 기본원칙

기업윤리와 관련된 설명으로 옳지 않은 것은?

① 기업은 종업원에게 단순히 돈의 대가로 노동력을 요구하는 것이 아니라, 떳떳한 구성원으로서 헌신과 열정을 이끌어 낼 수 있도록 그들에게 자긍심과 비전을 심어 주어야 한다.
② 협력사는 물품을 사오는 대상 이상의 의미를 지니는 장기적으로 협조해야 할 상생의 대상이다.
③ 거래비용의 발생 원인은 기회주의, 제한된 합리성, 불확실성 등이며 교환당사자 간에 신뢰가 부족할 때 거래비용은 작아진다.

④ 도덕적 해이는 도덕적 긴장감이 흐려져서 다른 사람의 이익을 희생한 대가로 자신의 이익을 추구하는 행위이다.
⑤ 대리인비용은 주인이 대리인에게 자신을 대신하도록 할 때 발생하는 비용으로, 주인과 대리인의 이해불일치와 정보 비대칭상황 등의 요인 때문에 발생한다.

[해설]
교환당사자 간에 신뢰가 부족할 때 거래비용은 높아짐

[정답] ③

03 ★ 유통기업의 사회적 책임

기업의 사회적 책임의 중요성에 대한 내용으로 가장 옳지 않은 것은?

① 기업의 사회적 책임의 중요성은 자주성의 요구에 있다.
② 기업의 사회적 책임의 중요성은 자유주의 발전에 근거를 두고 있다.
③ 기업의 사회적 책임의 중요성은 기업 자체의 노력에 있다.
④ 사회적 책임의 중요성 내지 필요성은 권력-책임-균형의 법칙에 있다.
⑤ 기업의 사회적 책임은 기업이 당연히 지켜야 할 의무는 포함하지만 이익을 사회에 공유, 환원하는 것은 포함하지 않는다.

[해설]
기업은 이익의 일부를 사회에 환원함으로써 사회의 구성원으로서 역할을 다하고, 사회의 발전에 기여할 수 있음. 따라서 기업의 사회적 책임은 기업이 당연히 지켜야 할 의무를 포함하지만 이익을 사회에 공유, 환원하는 것도 포함하지 않는다는 것은 옳지 않은 설명임

[정답] ⑤

04 ★

UNGC(UN Global Compact)는 기업의 사회적 책임에 대한 지지와 이행을 촉구하기 위해 만든 자발적 국제협약으로 4개 분야의 10대 원칙을 핵심으로 하고 있다. 4개 분야에 포함되지 <u>않는</u> 것은?

① 반전쟁(Anti-War)
② 인권(Human Rights)
③ 노동규칙(Labour Standards)
④ 환경(Environment)
⑤ 반부패(Anti-Corruption)

해설

UNGC(UN Global Compact)는 인권, 노동규칙, 환경, 반부패 분야에서의 사회적 책임을 다루는 협약임

정답 ①

05 ★

기업 내에서 일어날 수 있는 각종 윤리상의 문제들에 대한 설명으로 가장 옳지 <u>않은</u> 것은?

① 다른 이해당사자들을 희생하여 회사의 이익을 도모하는 행위는 지양해야 한다.
② 업무 시간에 SNS를 통해 개인활동을 하는 것은 업무시간 남용에 해당되므로 지양해야 한다.
③ 고객을 위한 무료 음료나 기념품을 개인적으로 사용하는 것은 지양해야 한다.
④ 회사에 손해를 끼칠 수 있는 사안이라면, 중대한 문제라 해도 공익제보를 하는 것은 지양해야 한다.
⑤ 다른 구성원들에게 위협적인 행위나 무례한 행동을 하는 것은 지양해야 한다.

해설

회사에 손해를 끼칠 수 있는 중대한 문제라 해도 공익제보를 하는 것은 지양해야 한다는 것은 윤리적 관점에서 옳지 않은 설명임

정답 ④

06 ★

경제활동의 윤리적 환경과 조건을 세계 각국 공통으로 표준화하려는 것으로 비윤리적인 기업의 제품이나 서비스를 국제거래에서 제한하는 움직임을 뜻하는 것은?

① 우루과이라운드
② 부패라운드
③ 블루라운드
④ 그린라운드
⑤ 윤리라운드

해설

• 우루과이라운드 : 국제교역질서 강화
• 부패라운드 : 국제 상거래에서 외국 공무원에게 뇌물을 주는 관행을 없애자는 국제적 합의
• 블루라운드 : 저임금이나 아동근로자, 죄수 노동자를 이용하여 값싼 제품을 만들어 수출하지 말라는 요구
• 그린라운드 : 지구환경 보전과 개발을 양립시키는 목적

정답 ⑤

07 ★

"유통산업발전법"(시행 2021.1.1., 법률 제17761호, 2020.12.29., 타법개정)상 유통정보화시책의 내용으로 옳지 <u>않은</u> 것은?

① 유통표준코드의 보급
② 유통표준전자문서의 보급
③ 판매시점 정보관리시스템의 보급
④ 유통산업에 종사하는 사람의 자질 향상을 위한 교육·연수
⑤ 점포관리의 효율화를 위한 재고관리시스템·매장관리시스템 등의 보급

해설

유통산업에 종사하는 사람의 자질 향상을 위한 교육·연수는 유통정보화시책의 내용에 포함되지 않음

정답 ④

식품위생법(법률 제18363호, 2021.7.27., 일부개정)상, 아래 글상자의 ( ) 안에 들어갈 용어로 옳게 나열된 것은?

> - (㉠)(이)란 식품, 식품첨가물, 기구 또는 용기 · 포장에 존재하는 위험요소로서 인체의 건강을 해치거나 해칠 우려가 있는 것을 말한다.
> - (㉡)(이)란 식품 또는 식품첨가물을 채취 · 제조 · 가공 · 조리 · 저장 · 소분 · 운반 또는 판매하거나 기구 또는 용기 · 포장을 제조 · 운반 · 판매하는 업(농업과 수산업에 속하는 식품 채취업은 제외한다)을 말한다.

① ㉠ 합성품
　㉡ 식품이력추적관리
② ㉠ 화학적 합성품
　㉡ 공유주방
③ ㉠ 위해
　㉡ 영업
④ ㉠ 식품위생
　㉡ 영업자
⑤ ㉠ 위험요소
　㉡ 집단급식소

해설
㉠ 식품위생법 제2조의 6
㉡ 식품위생법 제2조의 9

정답 ③

소비자기본법(법률 제17799호, 2020.12.29., 타법개정)에 의한 소비자의 기본적 권리로만 바르게 짝지어진 것은?

> - ㉠ 물품 또는 용역을 선택함에 있어서 필요한 지식 및 정보를 제공받을 권리
> - ㉡ 합리적인 소비생활을 위하여 필요한 교육을 받을 권리
> - ㉢ 사업자 등과 더불어 자유시장경제를 구성하는 주체일 권리
> - ㉣ 안전하고 쾌적한 소비생활 환경에서 소비할 권리
> - ㉤ 환경친화적인 자원재활용에 대해 지원받을 권리

① ㉠, ㉡, ㉢, ㉣, ㉤
② ㉠, ㉡, ㉢
③ ㉠, ㉡, ㉣
④ ㉡, ㉢, ㉤
⑤ ㉡, ㉣, ㉤

해설
소비자는 사업자 등과 더불어 자유시장경제를 구성하는 주체임을 인식하여 물품 등을 올바르게 선택해야 할 권리가 있음

정답 ③

10 ★★★　　　　　전자문서 및 전자거래기본법, 소비자기본법

유통산업발전법(법률 제19117호, 2022.12.27., 타법개정)의 제2조 정의에서 기술하는 용어 설명이 옳지 <u>않은</u> 것은?

① 매장이란 상품의 판매와 이를 지원하는 용역의 제공에 직접 사용되는 장소를 말한다. 이 경우 매장에 포함되는 용역의 제공 장소의 범위는 대통령령으로 정한다.

② 임시시장이란 다수(多數)의 수요자와 공급자가 일정한 기간 동안 상품을 매매하거나 용역을 제공하는 일정한 장소를 말한다.

③ 상점가란 일정 범위의 가로(街路) 또는 지하도에 대통령령으로 정하는 수 이상의 도매점포·소매점포 또는 용역점포가 밀집하여 있는 지구를 말한다.

④ 전문상가단지란 같은 업종을 경영하는 여러 도매업자 또는 소매업자가 일정 지역에 점포 및 부대시설 등을 집단으로 설치하여 만든 상가단지를 말한다.

⑤ 공동집배송센터란 여러 유통사업자 또는 물류업자가 공동으로 사용할 수 있도록 집배송시설 및 부대업무시설이 설치되어 있는 지역 및 시설물을 말한다.

[해설]
공동집배송센터는 물류업자가 물류의 효율성을 높이기 위해 공동으로 사용하는 시설임. 따라서 공동집배송센터는 물류업자가 공동으로 사용하는 시설이므로, 유통사업자가 공동으로 사용하는 시설이라고 할 수는 없음

[정답] ⑤

memo

SUBJECT 02
상권분석

상권분석
이론 + 문제 완전정복

※ 출제순위는 2023~2021 3개년 출제경향을 기준으로 함

01 | 유통 상권조사

CHAPTER 01 상권의 개요

1 상권의 정의와 유형

1) 상권의 정의와 특성

(1) 상권(Trade area)

① 한 점포 또는 점포들의 집단이 고객을 흡인(또는 유인)할 수 있는 지역적·공간적 범위이며, 배후지와도 같은 개념이다.

② 상권은 주로 판매자 입장에서 점포의 매출이 발생하는 지역적 범위를 의미하며, 소비자의 입장에서는 생활권이라고 한다.

> **POWER 정리**
>
> **상권의 유사 개념**
> - **상세권**: 복수의 점포로 구성되는 상업 집단((시장 혹은 상점가)의 상업세력이 미치는 지리적 범위
> - **거래권**: 주로 도매업 등에서 사용하는 개념으로 거래 상대방이 되는 고객의 소재지 범위
> - **판매권**: 소매점이 판매 대상으로 삼고 있는 지역

(2) 상권의 특성

① 상권은 그 상권 내 인구의 구매력과 점포에서 취급하는 상품에 대한 예상 매출액 설정에 필요한 기본적인 데이터를 제공하며, 판촉활동의 범위 결정을 위한 필수적인 데이터를 제공한다.

② 소매업체는 점포의 입지(location)를 선정하기 전 상권분석을 통해 상권을 먼저 설정하는 것이 일반적이다.

③ 상권의 범위에 영향을 미치는 요인: 점포의 업종·업태, 점포의 크기, 상품의 종류와 상업 집적도, 인구밀도 분포, 교통 여건, 상품 구성, 가격대, 고객의 라이프스타일. 마케팅전략 등이 있다.

④ 상권의 범위는 유동적이고 가변적이다.

(3) 상권의 영향요인

① **자연조건**: 하천이나 산과 같은 자연조건은 상권에 영향을 미친다. 도로 개설이 용이하지 않은 산이나 하천을 배후로 하여 독립적으로 형성되는 상권을 항아리상권 또는 포켓상권이라고 한다.

② **교통 체계**: 도로나 대중교통과 같은 교통 체계도 상권에 영향을 미친다. 점포 주변의 도로가 잘 형성되어 있고 대중교통 수단이 발달되어 접근성이 우수하다면 그 점포의 상권은 확대될 가능성이 높다.

③ **점포 규모와 소비재 유형**
- 일반적으로 점포의 규모가 클수록 상권은 커진다. 즉, 상권은 점포 규모에 비례한다.
- 점포 규모가 동일하더라도 취급하는 상품의 종류에 따라 상권의 범위가 달라진다.
- 소비자의 구매 관습을 기준으로 소비재를 편의품, 선매품, 전문품으로 구분할 때, 상권의 범위는 전문품이 가장 넓고 선매품, 편의품의 순으로 좁다.

소비재 유형	특징
편의품	• 주택지에 근접한 편리한 장소에 입지하는 것이 유리 • 상권 범위는 대개 도보로 5분 정도의 거리 범위 내(좁은 상권)
선매품	• 선매품은 소비자가 제품을 구매하기 전에 품질, 가격, 욕구, 형태 등에 대해 충분히 비교 및 검토하여 구매하는 제품이므로 점포들이 서로 인접해 하나의 상가를 형성하는 것이 유리 • 선매품을 취급하는 소매점포는 비교적 상위의 소매 중심지나 상점가에 입지하여 넓은 범위의 상권을 가지는 것이 유리 • 승용차와 대중교통을 이용한 접근성이 상권 범위를 결정
전문품	전문품의 경우 브랜드에 대한 애호도가 강하여 잠재고객이 지역적으로 널리 분산되어 있으므로 상권의 밀도는 낮으나, 범위는 넓음(넓은 상권)

POWER 정리

상권단절 요인
- **자연 지형물**: 하천, 공원 등
- **인공 지형물**: 도로(6차선 이상), 철도
- **장애물 시설**: 쓰레기처리장, 학교, 병원
- **C급지 분포업종**: 카센터, 공작기계, 우유 대리점, 가구점, 표구점, 기타 기술 위주 업종
- **기타**: 주유소, 공용주차장, 은행 등

2) 상권의 유형

(1) 개별 점포상권의 분류

개별 점포상권은 고객의 흡인정도 또는 판매량(액) 그리고 설정거리에 따라 1차, 2차, 그리고 3차 상권(한계상권)으로 분류한다.

구분	내용
1차 상권 (Primary Trading Area)	• 점포를 기준으로 반경 500m 이내 지역, 즉 직경 1km 이내 지역 • 전체 점포 고객의 50~70%를 흡인하는 지역 • 고객 1인당 매출액이 가장 높고, 점포를 중심으로 도보로 10~30분 정도 소요 • 대부분 그 점포에 지리적으로 인접한 지역에 거주하는 소비자들로 구성 • 해당 점포의 이용 빈도가 가장 높은 고객층이 유입되기 때문에 매출액 비중이 가장 높아 마케팅 전략 수립 시 주요 관심 대상 • 주로 생필품을 중심으로 한 식품류, 편의품류로 구성하는 것이 유리 • 포켓상권: 1차 상권을 기준으로 외부의 영향을 덜 받으면서 상권 내에서 자체적으로 소비 활동이 왕성하게 일어나, 자체 상권으로서의 독립성향이 매우 강한 특성을 발휘하는 배산임수의 형태
2차 상권 (Secondary Trading Area)	• 1차 상권 외곽에 위치하며, 점포를 기준으로 1km, 즉 직경 2km 이내의 지점 • 전체 점포 이용 고객의 20~30%를 흡인하는 지역
3차 상권 (Fringe Trading Area)	• 2차 상권 외곽을 둘러싼 지역 범위로 2차 상권에 포함되지 않은 나머지 고객들을 흡인하는 지역(한계 상권이라고도 함) • 반경 2km 이외의 지구로 사업장 이용고객은 5~10% 정도 범위 • 점포 이용 고객은 점포로부터 상당히 먼 거리에 위치하며, 고객들이 광범위하게 분산

POWER 정리

개별 점포상권의 특징

• 점포규모가 클수록 그 상권도 크다.
• 교통편이 좋은 곳이나 일류상가에 위치한 점포일수록 상권이 크다.
• 지명도가 높고, 개성이 강한 상품을 취급하는 점포일수록 상권이 크다.
• 동종의 소매점포에 대한 밀집도가 높은 경우 상권이 크다.
• 상품의 성격이나 종류가 같은 점포들에서는 차별화 전략을 추구하는 점포가 표준화 전략을 추구하는 점포보다 상권의 범위가 크다.
• 상권의 크기는 주택가에 입지할수록 좁아지고, 주변에 점포가 많으면 넓어진다.
• 지형지세가 낮거나 편평한 곳일수록 상권력이 강하다.
• 배후지가 깊은 곳, 즉 세대수가 많은 곳일수록 상권력이 강하다.

② 상권의 계층성

1) 지역상권(GTA: General Trading Area)

(1) 지역상권 또는 총상권 지역은 가장 포괄적인 상권범위로, 도시의 행정 구역과 거의 일치하여 시 또는 군을 포함하는 범위이다. 따라서 도시 간의 흡인이 이루어지는 범위이다.

(2) 지역상권을 결정하는 요소는 인구 규모, 행정 기관 집적도, 업무 기능 집적도, 상업 및 서비스 시설의 수 및 성격, 교통 체계 등이다.

2) 지구상권(DTA: District Trading Area)

(1) 지구상권은 집적된 상업시설이 갖는 상권의 범위로 행정 구역상 구를 포함한다. 따라서 하나의 지역 상권 내 여러 지구상권이 포함된다.

(2) 지구상권을 결정하는 요소는 상업시설, 업무 시설, 서비스 시설의 집적도 및 성격, 교통 체계, 유동객 수, 지역상권의 특성 및 범위이다. 따라서 지구상권의 크기는 상권 내에 대형 백화점의 존재 여부, 관련 점포들 간 집적 여부에 따라 달라진다.

3) 개별 점포상권(ITA: Individual Trading Area)

(1) 점포상권 또는 지점상권은 지역상권과 지구상권 내 각각의 개별점포들이 형성하는 상권이다.

(2) 점포상권을 결정하는 요소는 배후 상권의 규모, 시설, 업종, 입지력, 지구상권의 특성 및 범위이다.

4) 경쟁의 정도에 따른 상권 분류

포화성이론(Saturation Theory)에 따르면, 상권은 경쟁의 정도에 따라 포화상권, 과소상권, 과다상권으로 분류할 수 있다.

구분	내용
포화상권	소매점의 포화 상태로 기존의 점포시설이 효율적으로 이용되고 있으며, 특정 상품이나 서비스에 대한 고객의 욕구에 잘 적응하고 있는 상태(충분한 소매 시설)이다.
과소상권	• 시장의 점포 수가 너무 적기 때문에 고객의 욕구를 충족시키지 못하는 시장 상황이다. • 점포 수가 적기 때문에 이 상권에서는 점포당 평균 수익률이 매우 높다.
과다상권	• 과잉 점포 상태에 있는 상권으로, 점포 수가 너무 많기 때문에 적정한 투자수익률을 올릴 수 없는 시장 상황이다. • 점포의 일부가 도산하거나 시장에서 퇴출되기도 한다.

- 포화성 이론(Saturation Theory)
  - 어느 지역이 다른 시장 지역에 비하여 상품과 서비스의 수요에 얼마나 잘 대응하고 있는가를 설명하는 이론으로 소매점 시설의 수(공급)와 용도(수요)의 균형을 설명한다.
  - 상권이 과소점포 상태인지 과잉점포 상태인지를 알려주는 지표는 주로 소매포화지수(IRS)를 이용한다.
  - 소매포화지수가 다른 지역의 상권보다 높다면 점포당 매출액이 크다는 것(점포가 부족하다는 것)을 의미하기 때문에 매력적인 상권이라고 할 수 있다.
- 과점상권
  - 과점상권은 포화성 이론과는 무관한 것으로 개인 점포가 과점하여 판매하고 있는 상권이다.
  - 과점상태라고 해서 폐업을 하거나 신규점포가 출점할 수 없는 상태인 것은 아니다.

5) 상권의 범위에 따른 분류

(1) 도심상권

① 중심상업지역(CBD)을 포함하는 도시의 중심상권으로 상권의 범위가 넓고, 소비자들의 체류 시간이 긴 편이다.

② 역이나 터미널 등이 있는 대중교통의 중심지로 접근성이 가장 좋은 상권이다.

(2) 부도심상권

간선도로의 결절점(다양한 기능이 집중되는 접촉 지점)이나 역세권을 중심으로 형성되는 경우가 많으나 도시 전체의 소비자를 유인하는 것은 불가능하다.

(3) 근린상권

① 동네상권이라고도 하며, 도로에 인접한 경우가 많다.

② 점포 인근 거주자들을 주요 고객으로 하는 생활 밀착형 업종의 점포들이 입지한다.

(4) 역세권상권

① 지하철이나 철도역을 중심으로 형성된다.

② 지상과 지하 부지를 입체적으로 연계하여 고밀도 개발이 이루어지는 경우가 많다.

(5) 아파트상권

① 고정 고객의 비중이 높아 안정적인 수요 확보가 가능하지만, 외부 고객을 유치하기는 어렵고, 대부분 해당 단지를 넘어서지 못하는 한계가 있다.

② 대형이나 중형 등 면적이 큰 가구일수록 단지 내 상가 이용률은 낮아진다.

(6) 포켓상권

① 독립상권이라고도 부르며 상권 내 고객이 외부로 유출되지 않아 외부 상권의 영향을 거의 받지 않고 자체상권의 이익을 누릴 수 있는 상권이다.

② 도로, 산, 강에 둘러싸인 배산임수의 형태를 띤다.

1 상권설정과 상권정보

1) 상권설정의 의의

(1) 상권설정이 필요한 이유는 그 지역에 거주하는 고객의 구매력을 추정하고, 점포에서 판매하는 상품에 대한 예상 매출액(잠재수요)을 구하는 데 필요한 기본적인 데이터를 제공하기 때문이다.

(2) 상권설정은 지역 내 고객의 특성을 파악하여 상품구색과 촉진의 방향을 설정하고, 구체적인 입지계획을 수립하며, 판촉활동의 범위를 결정하는 데 있어서도 필수적인 데이터를 제공한다.

2) 상권의 범위

(1) 고정적인 것이 아니고 영위하고자 하는 업종의 종류, 사업장의 규모, 경영전략, 상권 구분의 물리적 요소 등의 복합적 요인에 의해 변화한다.

(2) 점포의 규모에 의해 비례하여 커지는 것이 일반적이다. 즉 대형 슈퍼마켓과 편의점을 찾는 고객의 상권을 비교해보면 대형 슈퍼마켓을 찾는 고객의 상권이 더 크다.

3) 상권의 결정 요인

(1) 업종의 종류

업종에 따라 상권의 범위는 달라진다. 또 업태에 따라 편의점, 슈퍼마켓, 전문점, 백화점 등으로 구분하여 보면 상권의 범위가 다르게 형성된다.

(2) 점포의 규모

동일한 업종에 종사하는 경우에도 점포의 규모에 따라, 시설의 고급화 정도에 따라 상권의 범위는 달라진다.

(3) 경영전략

업종 및 시설 조건이 동일하다고 하더라도, 경영자의 경영 자세 및 영업, 판촉 전략에 따라 상권은 크게 확장되기도 하고 축소되기도 한다.

(4) 상권 구분의 물리적 요소

① 산, 하천, 철도, 도로 등 자연 지형물은 상권을 분할하는 대표적 요소이다.
② 학교, 공공건물, 운동장 등의 대형 시설물은 상권을 분할시키는 요소이다.
③ 도로망의 연계 상태, 도로의 폭 등 도로 상태는 상권에 큰 영향을 미친다.

4) 상권분석

(1) 상권 내 제반 입지 특성, 소비자의 특성, 경쟁구조를 분석한다.

(2) 신규점포에 대한 상권분석 방법

① **서술적 방법**: 체크리스트법, 유추법, 현지 조사법, 비율법, CST
② **규범적 모형**: 소매중력(인력)법칙, 컨버스법칙, 흡인력 모델, 애플바움 모형, 중심지 이론
③ **확률적 모형**: 허프 모형, 루스 모형, MNL(Multinomial Logit) 모형, MCI 모형 등

2 상권정보시스템, 지리정보 활용

1) GIS(지리정보)의 의의

(1) 지리정보시스템(GIS: Geographic Information System)

과거 인쇄물 형태로 이용하던 지도 및 지리 정보를 컴퓨터를 이용해 작성 관리하고, 여기서 얻은 지리 정보를 기초로 데이터를 수집, 분석, 가공하여 상권분석 등 지형과 관련되는 모든 분야에 적용하기 위해 설계된 종합정보시스템이다.

(2) 점포의 고객을 대상으로 gCRM을 실현하기 위한 기본적 틀을 제공할 수 있다.

POWER 용어

gCRM

GIS와 CRM의 결합으로 지리정보시스템(GIS) 기술을 활용한 고객관계관리(CRM) 기술이다.

---

2) GIS를 이용한 상권분석의 기능

(1) 고객의 인구통계 정보, 구매 행동 등을 포함하는 지리적 데이터베이스로 표적 고객 집단을 파악하고 상권의 경계선을 추정하는 데 사용할 수 있다.

(2) 대규모 점포의 입지 선정은 물론 소규모 점포의 입지 선정과 잠재고객 추정에도 활용할 수 있다.

(3) 컴퓨터를 이용한 지도작성(mapping) 체계와 데이터베이스 관리시스템(DBMS)의 결합을 통해 공간 데이터의 수집, 생성, 저장, 분석, 검색, 표현 등 다양한 기능을 기반으로 상권분석에 활용하고 있다.

(4) 주제도 작성, 공간 조회, 버퍼링을 통해 효과적인 상권분석이 가능하다.

(5) GIS를 이용한 상권분석에서 각 점포에 대한 속성값 자료는 점포 명칭, 점포 유형, 매장 면적, 월 매출액, 종업원 수 등을 포함할 수 있다.

상권분석의 접근방법

- **시장침투형**: 상권이 중첩되어 경쟁이 심한 업종으로 백화점이나 슈퍼마켓에 적용하기 쉬우며, 선매품점에 응용 가능
- **공간적 독점형**: 거리제한을 두는 업종, 면허가 필요한 업종으로 주로 면세점이나 주류 판매점에 적용되며, 편의점에 응용 가능
- **분산시장형**: 매우 전문화된 상품(고급가구점, 전자제품)이나 특정 수요계층을 대상으로 하며 전문점에 응용 가능

CHAPTER 03 상권설정과 상권분석

1 상권분석의 개념 및 평가방법

1) 상권분석의 개념

(1) 상권분석은 일반적으로 기존점포에 대한 상권분석과 신규점포에 대한 상권분석으로 구분하여 실행한다.

(2) 기존점포에 대한 상권분석이 신규점포에 대한 상권분석보다 더욱 상세하며 보다 정확한 분석이 가능하다.

2) 상권분석의 목적 및 필요성

(1) 입지선정을 위한 기초자료로 활용된다.

(2) 업종선택의 기준으로 활용된다.

(3) 잠재수요와 매출 추정의 근거를 확보하기 위해 필요하다.

(4) 고객에 대한 이해를 바탕으로 상품 구색과 판매촉진전략을 수립하기 위해 필요하다.

(5) 경쟁자에 대한 분석자료로 활용된다.

(6) 임대료 평가기준으로 활용된다.

3) 기존점포에 대한 상권분석

(1) 기존점포의 상권은 점포 내부 자료와 기타 다른 목적으로 수행된 조사 자료 등 기업 내 2차 자료를 이용하여 측정할 수 있다.

(2) 2차 자료는 특정 구역 내 고객들의 자사 점포에서의 상품 구입빈도, 고객의 평균 구매량(액) 등이 있다.

(3) 차량조사법이나 소비자 조사법, 마일리지 고객 주소 활용법 등을 이용할 수 있다.

(4) 기존점포의 상권분석은 신규점포의 상권분석에 비해 상권의 크기와 특성 등을 비교적 정확한 분석이 가능하다.

2 상권설정

1) 상권설정의 절차

(1) 1/10,000 또는 1/5,000 지도를 준비하여 계획 지점을 마크한다.

(2) **원형**

영위하고자 하는 사업의 업종과 업태를 고려하여 가상적인 기본 상권의 반경 범위를 그려 넣는다.

(3) 가상적인 기본 상권의 범위가 그려진 상태에서 산, 하천, 철도, 도로, 대형 시설물 등 물리적으로 상권을 구분하는 요소들을 감안하여 현실적인 상권범위를 조정한다.

(4) **아메바형**

조정된 상권에 경쟁점의 위치 및 영향권, 도로의 현재 상황, 중심 방향 등을 감안하여 더욱 현실적인 상권범위를 확정한다.

(5) 확정된 상권범위 내에 속하는 행정 구역 단위의 인구수(세대수), 사업체 수(종업원 수), 산업 통계 지표 등의 자료를 입수하여 상권 규모를 계량화한다.

2) 상권설정의 방법

상권의 설정 방법으로는 단순 원형 상권설정법, 실사 상권설정법, 앙케이트를 이용한 상권설정법 및 고객 리스트를 통한 상권설정법 등이 있다.

3 상권 · 입지분석의 제이론

서술적 방법	규범적 모형	확률적 모형
• 체크리스트법 • 유추법 • CST • 현지조사법 • 비율법	• 크리스탈러의 중심지이론 • 레일리의 소매인력법칙 • 컨버스의 수정소매인력법칙 • 케인의 흡인력 모델 • 애플바움 모형 • 리슈의 수정중심지이론	• 허프모형 • 수정허프모형 • MNL 모형 • MCI 모형

1) 서술적 방법에 의한 상권분석

(1) 체크리스트법

① 개념

- 상권의 규모에 영향을 미치는 요인들의 수집 및 평가를 통해 시장잠재력을 측정하는 방법으로 특정 상권의 제반 특성을 여러 항목으로 구분하여 조사하고, 이를 바탕으로 신규점포의 개설 가능성 여부를 평가한다.
- 체크리스트에는 부지특성, 주변 상황, 상권의 특성 등에 관한 변수가 포함되며, 개별변수에 대해서는 가중치가 부과된다.
- 상권분석의 결과는 신규점포의 개설은 물론 마케팅전략에 반영 가능하다.
- 상권의 범위에 영향을 미치는 요인을 크게 상권 내의 제반 입지의 특성, 상권 내 고객의 특성, 상권의 경쟁구조로 구분하여 분석한다.

② 장단점

장점	• 이해하기 쉽고 사용하기 쉬우며, 비용이 상대적으로 적게 듦 • 체크리스트를 수정할 수 있는 유연성이 있음
단점	• 체크리스트를 작성하고 변수를 선정하는 과정, 변수를 해석하는 과정에서 조사자의 주관성이 개입될 수 있음 • 예상 매출액을 구체적인 수치로 추정하기는 어려움 • 서로 다른 영향 요소 간의 상호 작용 효과를 파악 불가능

③ 체크리스트법의 조사 내용

상권 내 입지의 특성에 대한 평가	• 상권 내의 행정 구역 상황 및 행정 구역별 인구통계적 특성 • 상권 내 도로 및 교통 특성 • 상권 내 도시 계획 및 법적·행정적 특기 사항 • 상권 내 산업 구조 및 소매 시설 변화 패턴 • 상권 내 대형 건축물 및 교통 유발 시설
상권 내 고객들의 특성에 대한 분석	• 배후 상권 고객: 상권 내 거주하는 가구수 또는 인구수로 파악 • 직장(학생) 고객: 점포 주변에 근무(등교)하는 직장인(학생) 고객의 수로써 파악 • 유동 고객: 기타의 목적으로 점포 주변을 왕래하는 중 흡인되는 고객
상권의 경쟁구조의 분석	• 업태 내 경쟁구조 분석: 동일 상권 내 같은 점포들 간의 경쟁관계 • 잠재적 경쟁구조 분석: 현재는 그 상권에서 영업하고 있지 않지만 상권 내 진입 가능한 잠재 경쟁자와의 경쟁관계 • 보완 및 경쟁관계 분석: 근접한 동종 점포 간 보완 및 경쟁관계 • 업태 간 경쟁구조 분석: 백화점, 할인점, 재래시장 상호 간의 경쟁관계

(2) 유추법

① 개념 및 특성

- 애플바움(W. Applebaum)이 개발한 유추법(analog method) 또는 유사점포법으로 새로운 점포가 위치할 입지에 대한 매출액 예측에 많이 활용되는 방법이다.

- 유추법은 신규점포와 특성이 비슷한 기존의 유사점포를 선정하여 그 점포의 상권범위를 추정한 결과를 자사의 신규점포에 적용한 후, 신규입지에서의 매출액(상권 규모)을 측정하는 데 이용하는 방법이다.
- 신규점포의 상권분석뿐만 아니라 기존 점포의 상권분석에도 적용 가능하다.
- 유추법은 실제의 소비자 쇼핑 패턴을 반영하며, 적용하기 쉽다는 이점이 있다. 이 방법은 조사자의 계량적 경험과 주관적 판단을 함께 필요로 한다.
- 유추점포에 따라 상권 추정 및 입지가 달라질 수 있다.

② 조사 절차

유사점포 선정	신규점포와 점포 특성, 고객의 쇼핑 패턴, 고객의 사회적·경제적·인구통계적 특성에서 유사한 기존점포(유사점포, analog store)를 선정한다.
유사점포의 상권 범위 결정	• 유사점포의 상권범위는 1차 상권과 2차 상권을 나누어 그 범위를 설정한다. • 유사점포의 상권규모는 유사점포를 이용하는 소비자와의 면접이나 실사를 통하여 수집된 자료를 토대로 추정한다.
구역의 1인당 매출액 계산	• 전체 상권을 단위 거리(예컨대 반경 1M, 2M 등)에 따라 소규모 구역으로 나눈다. • 각 구역 내에서 유사점포가 벌어들이는 매출액을 그 구역 내의 인구수로 나누어 각 구역 내에서의 1인당 매출액을 구한다.
예상 매출액 계산	• 신규점포가 들어서려는 지역의 상권의 크기 및 특성이 유사점포와 동일하다고 가정하고, 예정 상권 입지 내 각 구역의 인구수에 유사점포의 1인당 매출액을 곱하여 각 구역에서의 예상 매출액을 구한다. • 신규점포의 예상 총매출액은 각 구역에서의 예상 매출액을 합한 값이다. • 구해진 예상 매출액은 신규점포가 위치할 상권의 입지 특성과 경쟁 수준을 고려하여 조정한 후 확정한다.

(3) CST(Customer Spoting Technique) map 기법

① 자사 점포를 이용하는 고객들의 거주지를 파악하여 지도상에 표시한 후 자사 점포를 중심으로 서로 다른 거리의 동심원을 그림으로써 상권 규모를 시각적으로 파악할 수 있다.
② CST map 기법: 대상지 인근의 토지이용현황, 지형, 지세 등을 고려하여 상권을 파악하므로 상권의 규모 파악, 고객 특성 조사, 광고 및 판촉 전략 수립, 경쟁 정도의 측정, 점포의 확장 계획 등 소매 정책의 수립에 유용하게 이용할 수 있다.
③ CST map 기법: 내점객을 상대로 설문조사를 하거나 고객충성도 프로그램을 이용하여 수집한 2차 자료를 사용할 수 있다. 그러나 현재의 과제를 해결하기 위해 수집한 1차 자료를 이용하는 경우에 정확도가 더 높다.

(4) 현지 조사법

① 대상 부지를 보다 정확하게 평가하기 위해서는 현지 실사 조사가 필요하다.
② 현지 조사의 내용은 대상 점포나 판매 제품, 조사 성격에 따라 달라질 수 있다.
③ 현지 조사법은 조사자에 따라 주관적으로 조사될 가능성이 높다는 단점이 있다.
④ **점포의 매출 예측을 위한 실사 원칙**: 예측 습관의 원칙, 비교 검토의 원칙, 현장 확인 우선의 원칙, 수치화의 원칙, 가설 검증의 원칙 등이 있다.

(5) 비율법

① 비율법은 몇 가지 비율을 사용하여 적정 부지를 선정하거나 주어진 부지를 평가하고, 가능한 매상고를 추정하는 방법으로, 지역 비율과 상권 비율로 분류된다.

② 지역 비율은 입지 가능성이 큰 지역이나 도시를 선정하는 데 사용하며, 상권 비율은 주로 주어진 점포에 대한 가능 매상고를 산정하는 데 사용한다.

③ 비율법의 가장 큰 장점은 간단하다는 것이며, 비율법에 사용되는 자료는 손쉽게 구할 수 있고, 분석비용도 다른 어떤 것보다 저렴하다.

④ 상권 확정에 분석자의 주관성이 많이 개입되며, 가능 매상고에 대한 예측력이 떨어진다는 단점이 있다.

2) 규범적 모형에 의한 상권분석

(1) 크리스탈러(Christaller)의 중심지이론(Central Place Theory)

① 개념 및 특성
- 한 지역 내의 생활 거주지(취락)의 입지 및 수적 분포, 취락 간의 거리관계와 같은 공간구조를 중심지 개념에 따라 설명하려는 이론이다.
- 중심지이론의 핵심은 한 도시 내의 상업 중심지가 포괄하는 상권의 규모는 도시의 인구 규모에 비례하여 커진다는 것이다.
- 한 도시(지역)의 중심지 기능의 수행 정도 및 상권의 규모는 그 도시(지역)의 인구 규모에 비례하며, 중심도시(지역)를 둘러싼 배후상권의 규모도 도시(지역)의 규모에 비례한다.
- 중심지는 배후 지역에 대해 다양한 상품과 서비스를 제공하고 교환의 편의를 도모해 주는 장소를 말하며, 일반적으로 모든 도시는 중심지 기능을 수행한다. 중심지 기능이란 도시의 여러 기능 중 도소매업, 교통, 행정, 기타 서비스업 등의 3차 산업의 기능을 말한다.
- 중심지는 그 기능이 넓은 지역에 미치는 고차중심지로부터 그보다 작은 기능만 갖는 저차중심지까지 여러 가지 계층으로 나뉘는데, 크리스탈러는 이러한 크고 작은 여러 형태의 중심지가 공간적으로 어떻게 입지해야 하는가를 고찰하고 연역적 모델을 도출하였다.
- 공급의 합리성만을 추구하는 경우, 중심지와 교통로 · 행정 구획과의 관계가 합리적이지 못할 수 있으므로 공급 원리와는 별도로 교통 원리 · 행정 원리에 근거한 중심지 시스템 모델을 추구한다.

② 기본 가정
- 지표 공간은 균질적 표면으로 되어 있고, 한 지역 내의 교통수단은 오직 하나이며, 운송비는 거리에 비례한다.
- 인구는 공간상에 균일하게 분포되어 있고, 주민의 구매력과 소비 행태는 동일하다.
- 인간은 합리적인 사고에 따라 의사결정을 하며, 최소의 비용과 최대의 이익을 추구하는 경제인이다.
- 소비자들의 구매형태는 획일적이며 유사점포들 중 가장 가까운 곳을 선택한다고 가정한다.
- 여러 상권이 존재하는 경우 상권중심지를 거점으로 배후 상권이 다른 상권과 겹치지 않는다.

③ 주요 내용
- 상업 중심지로부터 중심지 기능(또는 상업 서비스 기능)을 제공받을 수 있는 가장 이상적인 배후 상권의 모양은 정육각형이며, 정육각형의 배후상권은 중심지 기능의 최대 도달거리와 최소수요 충족거리가 일치하는 공간구조이다.
- 중심지이론의 핵심적인 개념은 중심지, 중심지 기능의 최대 도달거리, 최소수요 충족거리, 육각형 형태의 배후지 모양, 중심지 계층 등이다.
- 중심지 기능의 최대 도달거리(range): 중심지가 수행하는 상업적 기능이 배후지에 제공될 수 있는 최대(한계)거리를 말한다. 즉, 배후지에 거주하는 소비자가 상품을 구매하기 위해 중심지까지 움직이는 최대거리를 의미한다.
- 상업 중심지의 정상 이윤 확보에 필요한 최소한의 수요를 발생시키는 상권범위를 최소수요 충족거리(threshold)라고 한다. 결국 최소수요 충족거리는 (상업)중심지의 존립에 필요한 최소한의 고객이 확보된 배후지의 범위를 말한다.
- 동일 계층의 중심지가 하나라면 배후지의 형태는 원형이고, 최소수요 거리와 재화의 도달거리가 일치한다. 그러나 동일 계층의 중심지가 다수 분포할 경우 이상적인 배후지는 정육각형의 형태이고, 최대 도달거리가 최소수요 충족거리보다 클 경우 중심지가 형성된다.
- 중심지이론에 의하면 한 지역 내 거주자들이 모든 상업 중심지로부터 중심지 기능(최적 구입 가격으로 상품을 구입하는 것)을 제공받을 수 있고, 상업 중심지 간 안정적인 시장 균형을 얻을 수 있는 이상적인 상권 모형은 원형 대신에 정육각형의 형상을 가질 때이다. 정육각형의 상권 모형에서는 최대 도달거리와 최소수요 충족거리가 일치한다.
- 중심지이론에서 다루는 중요 개념의 하나로 중심지 계층의 포함 원리(또는 포섭 원리)라는 것이 있는데, 이는 고차중심지의 육각형의 상권 안에 차수가 작은 중심지들의 배후 상권이 어떻게 분할·포함되는지를 설명한다.

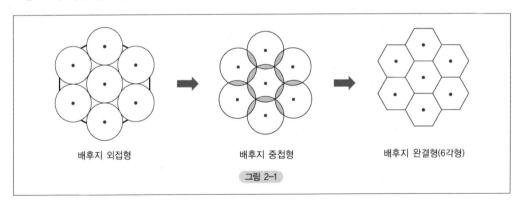

배후지 외접형   배후지 중첩형   배후지 완결형(6각형)

그림 2-1

④ 한계점
- 도시를 인구규모에 따라 건설하면 도시인구의 순위 사이에 실제로는 계층성이 생기지 않으므로 중심지 시스템의 계층성을 둘러싼 논쟁이 존재한다.
- 비현실적인 가정을 포함한다.
- 도시기능에 대한 부분적 이론이다.

(2) 레일리(Reilly)의 소매인력법칙(Law of Retail Gravitation)

① 개념 및 특성

- 점포들의 밀집도가 점포의 매력도를 증가시키는 경향이 있음을 나타내는 법칙으로, 주로 이웃 도시 간의 상권경계를 결정하는 데 이용한다.
- 두 경쟁 도시가 그 중간에 위치한 소도시의 거주자들을 끌어들일 수 있는 상권 규모는 인 구에 비례하고, 각 도시와 중간 도시 간 거리의 제곱에 반비례한다.
- 두 도시(A, B)의 크기(인구)를 Pa와 Pb, 중간에 위치한 소도시로부터 두 도시까지의 거리를 Da와 Db라고 하면 상권의 경계는 아래 식으로 구할 수 있다.
- 많은 인구를 가진 도시일수록 보다 많은 점포(상품구색)들이 입지하여 더 많은 쇼핑 기회를 제공할 가능성이 많으므로 먼 거리에 있는 고객도 흡인 가능하다.

② 기본 가정

- 소비자들은 주요 도로에 두 지역을 통하여 똑같이 접근 가능하다.
- 두 지역의 상점들은 똑같이 효과적으로 운영한다.

$$\frac{B_a}{B_b} = \left(\frac{P_a}{P_b}\right)\left(\frac{D_b}{D_a}\right)^2$$

- B_a = A시의 상권영역(중간도시로부터 도시 A가 흡인하는 소매흡인량)
- B_b = B시의 상권영역(중간도시로부터 도시 B가 흡인하는 소매흡인량)
- P_a = A시의 인구(거주)
- P_b = B시의 인구(거주)
- D_a = A시로부터 분기점까지의 거리
- D_b = B시로부터 분기점까지의 거리

- 위 두 요인 이외의 것은 일정하다고 가정

③ 한계점

- 특정 상업지구까지의 거리는 주요 도로를 사용하여 측정되나, 소비자들이 샛길이나 간선 도로를 이용할 경우에 거리는 보다 길지만 여행시간이 짧게 걸릴 수 있으므로 상업지구까지의 거리보다 여행시간이 보다 나은 척도가 될 수 있다.
- 편의성 및 서비스가 낮고 혼잡한 점포는 보다 쾌적한 환경의 점포보다 소비자에게 생각되는 거리가 더 길 수 있기 때문에 실제거리는 소비자가 생각하는 거리와 일치하지 않을 수 있다.
- 지역 거래 장소와 다른 거래 장소 간의 인지된 차이, 다양성 추구 행위, 의료 서비스나 오락시설을 비롯하여 기타 서비스를 고려하지 못한다.
- 편의품, 선매품, 전문품 등의 상품유형별 차이를 고려하지 않는다.

(3) 컨버스(Converse)의 수정 소매인력의 법칙

① 개념 및 특성

- 컨버스(Paul D. Converse)는 레일리의 소매인력법칙을 수정하여, 두 도시 사이의 거래가 분기되는 중간 지점의 정확한 위치를 결정하기 위해 거리가 멀어짐에 따라 구매 이동이 줄어드는 현상을 거리-감소 함수로 파악하여 거리와 구매빈도 사이의 관계를 역의 지수 함수의 관계로 도출하였다.
- 주로 선매품과 전문품에 적용되는 모델이다.
- 소비자가 소매점포에서 지출하는 금액이 거주 도시와 경쟁 도시 중 어느 지역으로 흡수되는가에 대한 것으로 중소 도시의 소비자가 선매품을 구입하는 데 있어 인근 대도시로 얼마나 유출되는지를 설명하는 이론이다.

■ 컨버스 제1의 법칙 공식

$$D_a = \frac{D_{ab}}{1 + \sqrt{\dfrac{P_b}{P_a}}} \quad or \quad D_b = \frac{D_{ab}}{1 + \sqrt{\dfrac{P_a}{P_b}}}$$

- D_a = A시로부터 분기점까지의 거리
- D_b = B시로부터 분기점까지의 거리
- D_{ab} = A · B 두 도시(지역) 간의 거리
- P_a = A시의 인구
- P_b = B시의 인구

※ 단, $\dfrac{B_a}{B_b} = 1$일 경우 적용 가능(즉, A · B시의 규모나 상업시설이 비슷한 경우)

■ 컨버스 제2의 법칙 공식

$$\frac{Q_a}{Q_b} = \left(\frac{P_a}{H_b}\right)\left(\frac{4}{d}\right)^2 \quad or \quad Q_b = \frac{1}{\left(\dfrac{P_a}{H_b}\right)\left(\dfrac{4}{d}\right)^2 + 1}$$

- Q_a = 외부의 대도시로 유출되는 중소도시 X의 유출량(%)
- Q_b = 중소도시 X에서 소비되는(%), 즉 X의 체류량
- P_a = 외부 대도시 Y의 인구
- H_b = 당해 중소도시 X의 인구
- d = 대도시 Y와 중소도시 X와의 거리(Mile)
- 4 = 관성인자로(4mile, 6.4km) 적용 평균치

---

3) 확률적 모형에 의한 상권분석

(1) 허프(Huff)의 확률 모형

① 개념
- 데이빗 허프(David Huff)의 모형은 소비자들의 점포 선택과 소매상권의 크기를 예측하는 데 널리 이용되어 온 확률적 점포 선택 모형이다.
- 레일리나 컨버스의 이론은 지역이나 도시의 고객 흡인력이 각각의 지역의 인구 규모에 의해 상권의 크기가 결정되는 것으로 보았으나, 허프의 모형에서는 점포의 규모, 점포까지의 거리와 시간이 소비자들의 점포 선택에 영향을 미치는 주요 요인이다.
- 허프 모형의 활용: 상권 지도 작성, 점포 및 상업시설 등에 방문할 수 있는 소비자수의 산정, 상업시설 간 경쟁구조의 파악, 최적의 상업시설 또는 최적의 매장 면적에 대한 유추에 활용한다.

② 기본 가정
- 특정 점포에 대한 소비자 효용은 점포의 크기와 점포까지의 거리(또는 시간)에 의해 좌우된다. 즉 점포에 대한 소비자 효용은 점포의 매장이 크면 클수록 증가하고, 점포까지의 거리는 멀수록(또는 시간이 많이 걸릴수록) 감소한다.
- 루스의 모형에 따라 특정 점포에 대한 선택확률은 소비자가 방문을 고려하는 대안 점포들의 효용의 총합에 대한 해당 점포의 효용의 비율로 표시된다.

③ 예상 매출액의 추정 절차: 허프의 모형은 신규점포의 예상 매출액 추정에 널리 활용되는 기법이다. 예상 매출액을 추정하는 절차는 다음과 같다.
- 신규점포를 포함하여 분석 대상 지역 내의 점포 수와 규모를 파악한다.
- 분석 대상 지역을 몇 개의 구역으로 나눈 다음 각 구역의 중심지에서 개별점포까지의 거리를 구한다.
- 각 구역별로 허프 모형의 공식을 활용하여 점포별 이용 확률을 계산한다.
- 각 구역별 소매 지출액에 신규점포의 이용 확률을 곱하여 구역별로 신규점포의 예상 매출액을 구하고 이를 합산한다.
- 이 모형에서 신규점포의 예상 매출액 = 특정 지역의 잠재수요의 총합 × 특정 지역으로부터 계획지로의 흡인율이다. 또한 허프의 모형에서 지역별 또는 상품의 잠재수요 = 지역별 인구 또는 세대수 × 업종별 또는 점포별 지출액으로 구할 수 있다.

④ 공식
- i 지구의 소비자가 점포 j를 선택하는 확률은 이용 가능한 점포 각각의 매력도 총합 중에 점하는 매력도의 비율로 나타낸다.
- i 지구의 소비자에 대해서 갖는 점포 3의 규모와 61간의 시간 거리의 2개의 변수에 의해 결정한다.

$$P_{ij} = \frac{U_{ij}}{\sum_{j=1}^{n} U_{ij}} = \frac{\dfrac{S_j}{T_{ij}^{\lambda}}}{\sum_{j=1}^{n} \dfrac{S_j}{T_{ij}^{\lambda}}}$$

- U_{ij} = 점포 j가 i지구에 있는 소비자에 대해 갖는 흡인력
- P_{ij} = 거주지구 i에 있는 소비자가 점포 j에 구매하러 가는 확률
- S_j = 점포 j의 규모(또는 특정의 상품계열에 충당되는 매장면적)
- T_{ij} = 소비자의 거주지구 i로부터 점포 j까지의 시간 거리
- n = 점포의 수
- λ = (특정 상품의 구입에 대해) 점포를 방문하는 데 요하는 시간 거리가 쇼핑에 어느 정도의 영향을 주는가를 나타내는 매개변수(Parameter), 종류별 구매출향(고객이 타 지역에서 물품을 구입하는 경향)에 대한 이동시간의 효과를 반영하는 경험적 확정 매개변수
- ※ 매개변수 λ는 실제 표본에서 조사하여 그 실태 결과에 따라 경험적으로 적합한 것을 정하나 계산이 복잡하여 컴퓨터를 사용하여야 한다.

- U_{ij}는 비율 $\dfrac{S_j}{T_{ij}^{\lambda}}$에 정비례한다.
- 매개변수는 상품별 구매행동 실태조사 결과에 따라 더욱 적합하게 추정된다.

⑤ 한계
- 특정 점포의 매력도를 점포의 크기만으로 측정하는 데 문제가 있다.
- 점포 크기 이외에 취급 상품의 가격, 판매원의 서비스, 소비자 행동 등 다른 요인들의 영향을 고려하지 않는다.

(2) 수정 허프(Huff) 모형

① 개념
- 수정 허프 모형은 허프 모형의 한계를 보완하기 위해 점포의 크기 이외에 점포의 이미지 관련 변수, 대중교통 수단의 이용 가능성 등 점포 매력도에 영향을 미치는 여러 변수들을 추가하여 예측력을 개선한 것이다.
- 허프 모델은 복수의 상업시설의 고객흡인율을 계산할 수 있으므로 실용성이 크다.
- 기존 상가 근처에 대규모 상업시설을 계획할 때 고객흡인가능성을 예측하는 데 유용하다.
- 소비자가 어느 상업지에서 구매하는 확률은 '그 상업 집적의 매장면적에 비례하고 그곳에 도달하는 거리의 제곱에 반비례 한다'는 것을 내용으로 한다.

② 특징

• 수정 허프 모형은 실무적 편의를 위해 점포 면적과 거리에 대한 민감도를 따로 추정하지 않는다.

• 점포 면적과 이동 거리에 대한 소비자의 민감도는 1과 −2로 고정하여 인식한다.

• 허프 모형과 같이 점포 면적과 점포까지의 거리 두 변수만으로 소비자들의 점포 선택 확률을 추정할 수 있다.

• 허프 모형보다 정확도는 낮을 수 있지만, 일반화하여 쉽게 적용하고 대략적 추정을 가능하게 한 것이다.

③ 공식

$$P_{ij} = \frac{\dfrac{S_j}{D_{ij}^2}}{\displaystyle\sum_{j=1}^{n} \dfrac{S_j}{D_{ij}^2}}$$

• P_{ij} = i지점의 소비자가 j상업 집적에 가는 확률
• S_j = j상업 집적의 매장면적
• D_{ij} = i지점에서 j까지의 거리

(3) MNL(Multinomial Logit) 모형

① 개념

• MNL 모형은 루스(R. D. Luce)의 선택 공리 이론에 근거한 모델로, 상권 내 소비자들의 각 점포에 대한 집합적 관측자료를 이용하여 각 점포에 대한 선택확률의 예측은 물론, 각 점포의 시장 점유율 및 상권의 크기를 추정한다.

• Luce 모형은 소매환경변수와 점포의 성과 간의 관계를 확률적 관계로 가정해서 분석한다.

• Luce 모형은 특정한 점포의 매력도 및 효용이 높을수록 소비자들에게 해당 점포가 선택될 확률이 높아진다.

② Luce의 선택 공리 공식

$$P_{ij} = \frac{U_{ij}}{\displaystyle\sum_{j=1}^{i} U^{ij}}$$

③ 기본 가정
  - 가정1
    - 소비자의 특정 점포 안에 대한 효용은 결정적 요소와 무작위 요소로 구성된다.
    - 결정적 요소는 관찰 가능한 점포 대안들의 점포 속성들 또는 소비자 특성들의 영향을 반영한다.
    - 무작위 요소는 결정적 요소에서 고려되지 않은 기타 변수들의 효과를 반영한다.
  - 가정2
    - 확률적 효용극대화 이론에 근거하여 소비자는 고려 중인 점포 대안들 중에서 가장 효용이 높은 점포를 선택한다.
    - 특정 점포 대안이 선택될 확률은 그 대안이 가지는 효용이 다른 점포 대안들보다 클 확률과 같다.
  - 가정3: 무작위 요소(오차항)는 서로 독립적이며, Double Exponential(Extreme Value) 분포를 가진다.
④ 주요 내용
  - MNL 모형은 상권 내 소비자들의 각 점포에 대한 개별적인 쇼핑에 관한 관측 자료를 이용하여 각 점포에 대한 선택 확률의 예측은 물론, 각 점포의 시장점유율 및 상권의 크기를 추정할 수 있다.
  - 소비자의 점포 선택 행위는 각 대체 점포가 갖는 특성 중에서 소비자가 알고 있는 결정적 요소와 무작위적 요소에 대한 평가로 결정된다.

4 상권조사의 방법과 분석

1) 상권조사의 의의와 특징

(1) 상권조사는 상권분석의 기초가 되는 2차 자료와 1차 자료를 수집하는 일련의 절차와 방법을 의미한다. 일반적으로 2차 자료를 먼저 수집한 후 1차 자료를 수집한다.

(2) 2차 자료는 과거에 다른 목적을 위해 수행된 조사 자료나 정부의 인구통계 자료, 세무 자료, 여러 유통연구소의 발표 자료 등이다.

(3) 1차 자료는 현재 당면한 과제를 해결하기 위해 직접적으로 수집하는 자료를 의미한다. 1차 자료를 수집하는 데는 시간과 비용이 소요되므로 현재 당면한 문제에 충분한 해결책을 줄 수 있는 2차 자료가 있다면 1차 자료 수집은 생략 가능하다.

(4) 1차 자료의 수집 방법으로는 관찰법(Observation Method), 질문법(Survey Method), 실험법(Experiment Method), 표적집단면접법(PGII: Focus Group Interview) 등이 있다.

2) 상권조사의 내용

(1) 유동인구 조사

유동인구는 주말이나 공휴일에 따라 달라지며, 날씨에 따라 차이가 많이 나기 때문에 날씨가 좋은 평일과 주말에 조사하는 것이 더욱 정확하다.

(2) 고객층과 시간대별 통행량 조사

주부들을 대상으로 하는 업종이라면 오전 11시부터 오후 5시까지, 학생들을 대상으로 한다면 하교 시간대를, 직장인이라면 퇴근 시간대를 대상으로 정밀 조사한다.

(3) 총유동인구 조사

주고객이 몰리는 시간에만 조사하는 것이 아니라 하루 전체의 총유동인구를 조사해야 한다.

(4) 내점률 조사

추정 매출액을 조사하기 위해 점포 후보지의 내점률을 조사하는데, 내점률은 경쟁점포나 유사 업종의 매출액을 통해 추정할 수 있다.

(5) 구매 품목과 가격대 조사

유동인구의 성별, 연령별 주요 구매 품목과 구매가격대를 조사하는 것으로, 점포 앞은 물론 각 방향에서의 입체적 통행량도 조사해야 한다.

3) 상권조사 시 고려사항

(1) 점포의 기본 환경 조사

점포의 위치, 점포의 형태 및 규모, 도로와의 접근성, 주변 환경, 주차 용이성, 지역 특성, 경쟁점포, 각종 규제 여부 등을 조사하여 평가기준에 따라 평가한다.

(2) 상권을 세분화하여 조사한다.

상세하게 그려진 지도를 가지고 핵심 상권과 전략 상권을 결정한 후 해당 상권별 인구 분포, 세대수, 상권 내 고객의 소비 수준, 주요 교통수단 등을 조사해야 한다. 주요 공중 집객 시설, 경쟁점포 및 상호 보완 업종, 고객 흡인 시설 유무, 학교, 향후 발전 가능성, 도시계획의 변경 등도 함께 조사해야 한다.

(3) 유동인구와 주변 상권의 관계 고려

점포의 핵심 고객층 설정을 위해 점포 주변과 상권의 유동인구 수는 물론 연령대, 성별 구성비, 주요 통행 시간, 통행 방향, 주출입구 등을 조사한다. 이러한 유동인구의 조사는 시간대별 상황 및 평일과 휴일의 상황을 함께 조사해야 한다.

(4) 점포의 접근성, 가시성, 편의성을 고려한다.

(5) 그 밖에 창업 자금의 규모, 입지의 개발 전망, 주거지와의 거리, 임대 매장의 경우 건물주의 성향 등을 고려하여 적정한 점포를 선정한다.

4) 상권조사의 절차

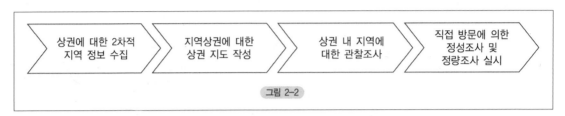

그림 2-2

5) 상권조사의 방법

(1) 전수조사와 표본조사

① **전수조사(Complete Enumeration)**: 조사 대상이 되는 모집단 전부를 조사하는 것이다.
② **표본조사(Sampling Survey)**: 모집단의 일부를 표본추출하여 조사하는 것이다.
③ 전수조사는 표본조사에 비해 표본 오차가 없다는 장점이 있지만 조사 대상 상권의 규모가 클수록 시간과 비용이 많이 소요되므로 모집단이 큰 경우 전수조사는 실질적으로 불가능하다.

(2) 자료조사와 실지조사

① **자료조사**: 저렴한 비용으로 필요 정보를 효율적이고 신속하게 구할 수 있도록 자료에 대한 신뢰성을 확보하는 것이 좋다.
② **실지조사**: 점두조사, 호별 방문조사, 경쟁점 조사 등과 같이 상권의 파악 및 도로 구조와 지역 특성을 분석하는 경우가 많으며, 대부분은 입지조건 분석을 위해 실시한다.

(3) 상권조사를 위한 표본추출 방법

① **확률표본추출법**: 통계적인 방법을 통해 객관적으로 표본을 추출하는 방법이다. 확률 계산이 가능하고, 오류의 정도에 대한 추정이 가능하다는 장점이 있다. 대표적인 방법으로 단순임의추출법, 층화표본추출법 등이 있다.

② **비확률표본추출법**: 통계학적 방법을 쓰지 않고 편의상 혹은 할당에 의해 표본을 추출하는 방법이다. 가장 널리 사용되는 방법이 할당표본추출법이다. 이 방법은 조사자의 주관으로 표본을 선정하므로 비용과 시간을 절감할 수 있으나 추정치의 편의를 계산할 수 없다는 문제점이 있다.

확률표본 추출법	단순무작위추출법	• 일정 수의 표본을 난수표를 이용해 무작위로 추출한다. • 시간과 비용이 많이 든다.
	층별표본추출법	모집단을 소집단들로 나누고 이들 각 소집단들로부터 표본을 무작위로 추출한다.
	군집표본추출법	모집단을 소집단들로 나누고 이들 각 소집단을 무작위로 표본추출한 후 추출된 소집단 내의 구성원들을 모두 조사한다.
비확률표본 추출법	편의표본추출법	임의로 선정한 지역과 시간대에 조사자가 원하는 사람들을 표본으로 선택한다.
	판단표본추출법	조사 문제를 잘 알고 있거나 모집단의 의견을 반영할 수 있을 것으로 판단되는 특정 집단을 표본으로 선정한다.
	할당표본추출법	• 분류 기준에 의해 전체 표본을 소집단으로 분류하고 각 집단별로 필요한 대상을 추출한다. • 상업적으로 마케팅조사에서 널리 이용된다(비확률표본추출 방법 중 가장 정교한 기법).

02 | 입지분석

CHAPTER 01

입지의 개요

1 도매입지와 소매입지의 개념

1) 상권과 입지의 비교

구분	입지	상권
개념	점포가 소재하고 있는 위치 및 장소, 지점(point), 부지(site)로 정적이면서도 공간적인 개념	• 어떠한 사업 활동을 영위하는 데 있어 목표로 하는 소비자들이 존재하고 있는 시간적·공간적 범위 • 점포 또는 점포집단의 유효수요 분포 공간이자 영향권으로 동적인 개념
물리적 특성	평지, 도로변, 상업시설, 도시 계획 지구 등 물리적 시설	대학가, 역세권, 아파트 단지, 시내 중심가, 먹자 상권 등 비물리적인 상거래 활동 공간
등급 구분	1급지, 2급지, 3급지	1차 상권, 2차 상권, 3차 상권(한계 상권)
분석 목적	• 각각의 개별 점포의 성패에 대한 여부 파악 • 규모 및 용도 결정 • 토지가 지닌 잠재력 최대화	• 상권의 전체에 있어 성쇠 여부 유추 • 점포의 입지 선정 전에 선행되는 조사
분석 방법	점포 분석, 통행량 분석	업종 경쟁력 분석, 흡인력 또는 구매력 분석
평가 기준	점포면적, 가시성, 주차시설, 권리금(영업권), 임대료(m²당 단가)	반경 거리(250m, 500m, 1km)

2) 소매입지의 중요성

(1) 소매업은 입지 산업이라고 할 정도로 입지는 소매업 성공의 가장 중요한 요소 중 하나이다.

(2) 위치에 따라 매출이나 이익이 좌우되기 때문에 점포의 입지는 사업의 성공 여부에 중요한 역할을 한다.

(3) 기업이 일단 점포의 입지를 결정하게 되면 이를 바꾸기가 쉽지 않고, 부적합한 입지로 인한 불이익을 극복하기 어렵다.

3) 도매입지의 중요성

(1) 도매상은 최종 소비자를 대상으로 하는 영업이 아니기 때문에 도매입지는 도심이나 철도역 등지의 중심 상가 지역이 아니어도 무방하다.

(2) 도매상은 대체로 임대료가 싸거나 도매 단지가 조성된 교외 지역이나 도시 변두리 지역에 입지를 선정하는 경우가 많다.

CHAPTER 02 　입지별 유형

1 도심입지(CBDs)

1) 개념

(1) 대도시나 소도시의 전통적인 도심, 즉 중심상업지역(CBD: Central Business District)이다.

(2) 계획적으로 조성되는 신도시와 달리 보통 복잡하게 조성되어 있고 많은 사람들이 유입된다.

2) 특징

(1) 대중교통의 중심지로서 많은 사람들의 유입으로 인해 지가가 가장 높은 지역이다.

(2) 상업 활동으로 인해 많은 사람들을 유인하기 유리한 지역이다.

(3) 대중교통의 중심지역으로 자동차와 도보 통행 인구가 많아 도시 외곽 주거지 및 도심 입지 간 심각한 교통체증 및 주차문제가 발생한다.

(4) 높은 지가로 인해 토지 이용이 집약화되어 건물이 고층화, 과밀화된다. 이로 인해 주거기능이 약화되어 도심공동화 현상(도넛화 현상)이 발생한다.

(5) 행정관서, 백화점, 기업체 및 고급 전문 상점들이 집중적으로 위치한다.

(6) 주말이나 야간에는 도심공동화 현상이 나타나 유동인구의 감소로 저조한 매출을 보인다.

(7) 계획적으로 조성된 것이 아니고 자연 발생적으로 형성되어 전통적으로 이어져 오는 상업지역이기 때문에 신도시처럼 계획성 있는 입지 조성이 어려워 불규칙적 입지 구조를 보인다.

(8) 일부 중심상업지역은 공동화되었거나 재개발을 통해 새로운 주택 단지가 건설된 경우도 있다.

부도심 소매 중심지(SBD: Secondary Business District)
- 부도심 소매 중심지는 도시 규모의 확장에 따라 여러 지역으로 인구가 분산, 산자되어 생긴 지역
- 근린형 소매 중심지로 주된 소매업태는 슈퍼마켓, 일용 잡화점, 소규모 소매점 등
- 주거지역 도로변이나 아파트 단지 상점가 등의 형태

3) 입지 선정 기준

(1) 잠재고객 여부

잠재고객이 충분한가 여부

(2) 고객층의 성향

고객의 재산, 학력, 성별·연령별 구성 분포 등

(3) 동일 업종군의 분포

경쟁점포 조사

(4) 가시성(시계성)

간판, 점포의 위치 등

(5) 접근성

도보 또는 대중교통, 자가용의 접근 용이

(6) 건물 특성

노후, 위치, 주변 상권 분포 등

(7) 기타

임대비용, 창업자의 개인 환경 등

2 독립입지

1) 개념

노면 독립입지 또는 고립된 점포입지는 다른 업체들과 지리적으로 떨어져서 교외 지역에 독립하여 입지하는 것을 말한다. 여러 점포가 한 곳에 모여 있는 군집입지와 반대되는 개념이다.

2) 특징

(1) 중소형 소매업체보다는 하이퍼마켓, 대형할인점, 회원제 창고형 할인점, 파워센터 등이 흔히 독립입지를 선택한다.

(2) 전문품의 경우에는 독립입지가 바람직할 수도 있지만, 선매품의 경우에는 여러 점포를 통해 상품을 비교한 후 구매하므로 독립입지는 바람직하지 않다.

(3) 독립입지를 선택하는 경우에는 다른 업체들과 고객을 공유하지 않으므로 그에 알맞은 경영전략을 수립해야 한다.

3) 독립입지의 장단점

장점	• 높은 가시성과 저렴한 임대료가 특징이다. • 고객을 위한 편의성이 높고, 직접적인 경쟁업체가 없다. • 확장이 용이하고 주차공간이 넓다. • 소비자의 일괄 구매(One-Stop Shopping)가 가능하다. • 영업시간·제품·간판에 대한 규제가 완화되므로 그에 알맞은 경영자의 경영전략 수립이 필요하다.
단점	• 다른 점포와의 시너지 효과를 기대할 수 없다. • 고객들은 오직 그 점포만을 생각하고 방문하기 때문에 고객을 유인하기 위한 상품, 가격, 판촉, 서비스 등에 차별화를 기해야 한다. 이러한 차별화로 인해 마케팅 비용이 많이 소요된다.

4) 독립입지가 적합한 경우

(1) 취급하는 상품에 대해 확실한 기술력을 보유하고 있는 전문성을 갖춘 소매점

(2) 목적 구매 상품을 취급하는 대규모 소매점

(3) 독자적으로 고객을 흡인할 수 있는 마케팅 능력을 갖춘 소매점

(4) 물류 네트워크상에서 비용절감을 위해 특정한 위치가 요구되는 경우

(5) 독자적인 점포 운영 정책(예 24시간 운영)을 실시할 필요가 있는 경우

(6) 할인점처럼 저비용, 저가격정책을 실시해야 하는 경우

아웃렛 센터(Outlet Center) 또는 아웃렛 몰(Outlet Mall)

- 제조업자와 백화점의 비인기상품, 재고상품, 사용상에는 아무 문제가 없는 하자상품, 이월상품 등을 대폭적인 할인가격으로 판매하는 상설할인점포(outlet store) 또는 점포로 구성되는 판매 지역 내지 공간을 일컫는 말이다.
- 유명 메이커의 재고 처리점인 팩토리 아웃렛(Factory Outlet)과 일반 소매점의 재고 처리점인 리테일 아웃렛(Retail Outlet) 스토어들이 군집 형태로 모여 있는 곳이다.
- 미국에서는 도심 밖의 물류 창고에 위치하는 경우가 많다. 우리나라의 경우에도 최근 미국과 비슷한 추세를 보이고 있다.

3 쇼핑센터

1) 개념

(1) 용역의 제공 장소를 제외한 매장 면적의 합계가 3천 제곱미터 이상인 점포의 집단을 말한다. 다수의 대규모 점포 또는 소매 점포와 각종 편의 시설이 일체적으로 설치된 점포로서 직영 또는 임대의 형태로 운영된다.

(2) 쇼핑센터는 하나의 개발업자가 도시 근교에 대규모 토지를 확보하여 의도적인 개발 계획하에 대규모 커뮤니티 시설로 만들어지는 것이 보통이다.

(3) 산업화로 도시가 확산되고 자가용 승용차의 보급이 확대됨에 따라 쇼핑센터는 도시 외곽의 대형 건물에 원스톱 쇼핑이 가능하도록 조성되었다. 소매점을 비롯한 다양한 업종 및 업태들을 모아 만든 대규모 집단 판매 시설이며 상점가라고도 한다.

2) 분류

입지별 분류	교외형 쇼핑센터	특정 상권의 사람들을 구매층으로 하며 비교적 저층이고, 대규모 주차장을 갖고 있으며 백화점, 대형 슈퍼마켓 등을 중심으로 하는 경우가 많음
	도심형 쇼핑센터	• 불특정 다수의 사람들을 구매층으로 함 • 지가가 높은 지역에 입지하기 때문에 면적 효율상 고층이 되는 경우가 많고 주차 공간도 집약됨
규모별 분류	근린형 쇼핑센터	도보권을 중심으로 한 상권의 슈퍼마켓, 드러그 스토어를 중심으로 한 일용품 위주의 소규모 쇼핑센터
	커뮤니티형 쇼핑센터	슈퍼마켓, 버라이어티 스토어, 소형 백화점, 약국, 사무용품점, 스포츠용품점 등을 중심으로 한 실용품 위주의 중규모 쇼핑센터
	지역형 쇼핑센터	백화점, 종합슈퍼, 대형 버라이어티 스토어 등의 대형 상점을 중심으로 하고, 여러 가지 서비스 기능이나 레저·스포츠 시설 등을 갖춘 대규모 쇼핑센터

3) 쇼핑센터의 유형

스트립 쇼핑센터	네이버후드 센터	• 소비자와 가장 가까운 지역에서 일상적인 욕구 만족을 위한 편리한 쇼핑 장소를 제공하도록 설계된 근린형 쇼핑센터 또는 동네 쇼핑센터 • 슈퍼마켓이 가장 강력한 핵점포의 역할을 수행
	커뮤니티 센터	• 지역 쇼핑센터라고 하며, 지구 중심에 위치하여 네이버후드 센터보다는 다양한 범위의 의류와 일반상품을 제공 • 센터 내 주요 소매업태는 일반적인 슈퍼마켓과 대형 드러그스토어 , 할인백화점 등이고, 카테고리 전문점이나 할인점 등의 업체들이 입점
	파워센터	• 전문센터라고도 하며, 할인점 · 카테고리 킬러 · 창고형 클럽 등 저가를 무기로 하여 강한 집객력을 가진 초대형 소매센터 • 여러 종류의 전문 할인점들이 임대의 형식으로 들어오게 되는 구조 • 대형점포는 물론 소수의 소규모 전문점도 입주하고 있으나, 대규모 할인점이나 백화점을 핵점포로 유치하는 것이 적절한 점포 유형
쇼핑몰	지역센터	일반상품과 서비스를 매우 깊고 다양하게 제공
	패션/전문품 센터	선별된 패션이나 품질이 우수하며, 값이 비싸고 독특한 제품을 판매하는 고급의류점, 부티크, 선물점 등
	아웃렛센터	유통업자 상표제품 및 이월상품을 할인 판매
	테마센터	• 특정 주제를 바탕으로 그 주제와 연속성을 가지는 환경, 놀이시설, 쇼핑시설 등으로 구성 • 다양한 형태의 점포와 다양한 구색의 상품을 제공하며, 쇼핑과 오락을 결합시킬 수도 있음 • 초기 점포형태 계획 시 입점 업체에 대한 믹스를 계획하여 균형 잡힌 상품 구색을 제시할 수 있음
	페스티벌 센터	세계 유명 브랜드 체인점은 물론 의류점, 기념품, 미용실, 오락실 등 모든 시설이 갖추어진 종합쇼핑센터

4) 쇼핑몰(Shopping Mall) 개념 및 특징

(1) 과거의 도로를 중심으로 한 직선적 상가 배치에서 벗어나, 원형 등 면 중심으로 상가를 배치한 형태를 말한다.

(2) 쇼핑몰 내에 녹지나 분수 등의 환경을 갖춘 홀이나 통로를 갖추고 있으며, 가로수 · 가로등 · 안내판 · 벤치 등을 고객들의 취향에 맞게 디자인하여 보행자의 쾌적성을 중시하고, 머무는 시간이 길어지도록 계획된 상점가이다.

(3) 최근에는 단일의 개발업자가 건물의 내부에 천장까지 이어지는 넓은 홀을 두고 그 주변으로 상점들을 배치한 형태의 대형 복합 쇼핑몰이 등장하고 있다.

(4) 쇼핑몰의 전체적 관점에서 쇼핑몰 본부가 입점 업체의 구성, 즉 입점 업체 믹스를 계획하고 통제한다. 이와 함께 입점 업체들의 매장 경영 전반에 대해 계획 · 실행 · 관리를 해주기 때문에 개별 업체들 입장에서는 투자의 위험성이 상대적으로 낮다.

(5) 개별점포의 영업시간이나 외부환경 등이 동질적으로 관리되므로, 개별점포는 외부환경에 대해 별도로 관리할 필요가 없다.

(6) 다양한 유형의 점포, 다양한 상품구색, 쇼핑과 오락의 결합 등으로 고객 흡인력이 매우 높고, 따라서 전천후 쇼핑을 가능하게 하는 쇼핑의 중심지가 된다.

(7) 도심지형 쇼핑몰은 주로 편의성 개념을 중심으로 형성된다. 따라서 백화점이나 전문점 등이 키 테넌트(key tenant)가 되며 핵점포가 차지하는 비율은 다른 쇼핑센터 유형보다 상대적으로 높다.

4) 쇼핑센터의 테넌트

(1) 테넌트의 개념

① 테넌트(tenant): 상업시설의 일정한 공간을 임대하는 계약을 체결하고 해당 상업시설에 입점하여 영업을 하는 임차인을 일컫는 말이다.
② 테넌트 믹스(tenant mix): 상업시설의 머천다이징 정책을 실현하기 위해서는 시설 내 테넌트 간에 과도한 경쟁이 되지 않도록 해야 한다.

(2) 테넌트의 유형

① 앵커 테넌트(anchor tenant): 백화점, 할인점, 대형 서점 등으로 핵점포라고도 하며 상업시설 전체의 성격을 결정짓는 요소로 작용한다. 해당 상업시설로 많은 유동인구를 발생시키기도 한다. 해당 상업시설의 가치를 높여 주는 역할을 한다.
② 마그넷 스토어(magnet store): 쇼핑센터의 이미지를 높이고 쇼핑센터의 회유성을 높이는 점포를 말한다.
③ 트래픽 풀러(traffic puller): 전문점 빌딩 등의 스페셜리티 센터(speciality center)에 배치된 흡인력이 높은 임차인을 의미한다.

5) 쇼핑센터의 입지전략

(1) 쇼핑센터의 위치 설정은 커뮤니티형과 교외형의 경우 자동차를 이용하여 도달할 수 있는 소요거리 및 소요시간이 중요하다.

(2) 쇼핑센터를 구성하는 중심 상점, 몰, 코트(court), 전문 상가, 사회·문화시설 등의 연계 체계를 세심하게 검토하여야 하며, 고객을 위한 다양한 공간의 제공 또한 고려하여야 한다.

(3) 쇼핑센터의 특징적인 요소인 보행자 지대와 몰의 계획이 중요하다. 보행자 지대와 몰은 쇼핑센터 내의 주요 동선으로 고객을 각 점포에 균등하게 접근할 수 있도록 하며, 고객에게 다양한 공간과 휴식공간도 동시에 제공하여야 한다.

(4) 전문점과 중심 상점의 주출입구는 몰에 면하도록 하며, 쇼핑센터의 몰은 단층 또는 다층으로 계획할 수 있으나 각 층 사이의 시야 개방이 고려되어야 한다.

POWER 용어

드러그 스토어(Drug Store)
드러그 스토어는 일반 의약품과 건강·미용상품을 주로 취급하는 상점이다. 국내의 올리브영이 여기에 해당하는데 의약품을 취급하지 못하므로 H&B Store(Healith & Beauty Store)라고 부른다.

POWER 정리

쇼핑센터의 유형별 핵점포
- **근린형 쇼핑센터**: 슈퍼마켓, 드러그 스토어, 편의품에 중점
- **커뮤니티 쇼핑센터**: 양판점 또는 종합 할인점, 편의품 및 일부 선매품에 중점
- **지역형 쇼핑센터**: 하나 혹은 두 개의 (대형)백화점, 일부 선매품 및 일부 전문품에 중점
- **초광역형 쇼핑센터**: 다수의 백화점, 선매품 및 전문품에 중점

POWER 정리

목적점포와 기생점포
- **목적점포(Destination Stores)**
  - 점포가 일반적인 상업 중심지 밖에 있더라도 소비자가 그 점포만을 방문하기 위하여 이동할 용의가 있는, 즉 매장 자체가 목적지가 되는 점포이다.
  - 유명 브랜드의 아웃렛이 도시 외곽에 세워졌다고 하더라도 소비자는 기꺼이 장거리를 이동하여 그 점포를 이용한다. 이 경우 같은 센터에 있는 매장이라도 다른 상권을 가지게 될 수 있다.
  - 다른 업체와 비교하여 확실한 기술력을 보유하고 있는 업체나 뛰어난 마케팅 능력을 보유하고 있으며 스스로도 충분히 능력을 발휘할 수 있어 확실한 비교우위를 가진 점포라면 목적점포가 될 수 있다.
  - 고객이 스스로 찾아올 수 있도록 서비스와 시설 규모를 가진 점포로, 예컨대 특정 상권 안에서 가장 낮은 가격으로 식료품을 판매하는 대형 슈퍼마켓, 특정 상권 안에서 빅사이즈 의류를 파는 유일한 점포, 수많은 종류의 장난감을 판매하는 카테고리 킬러 등이 이에 속한다.
- **기생점포(Parasite Store)**
  - 점포 자체가 소비자의 이동을 유도하지 못하고, 그 자체로 상권을 형성할 수 없는 점포이다.
  - 쇼핑몰 혹은 쇼핑센터에 입점해 있는 전문점이나 할인점은 목적점포이지만, 같은 곳에 입점해 있는 음식점이나 편의점, 세탁소 등은 기생점포라고 할 수 있다.

4 복합용도 개발지역

1) 개념

(1) 복합용도 개발(MXD: Mixed-use Development)은 주거 · 상업 · 업무 활동 등 3가지 이상의 활동이 함께 이루어지도록 계획되어, 편리성과 쾌적성을 높인 복합용도의 건축물 또는 건축물군으로 개발하는 것을 의미한다.

(2) 복합용도 개발은 하나의 건물에 쇼핑센터, 오피스텔, 호텔, 주상복합건물, 시민회관, 컨벤션 센터 등 다양한 용도를 결합하는 것이다.

2) 복합용도 개발의 요건

(1) 세 가지 이상의 용도 수용

복합용도로 개발된 건물은 호텔, 오피스, 상가, 주거 등 도시 속 인간생활의 기본 요소인 주거, 작업, 여가의 각 활동을 동시에 수용하는 건물로서 세 가지 이상의 용도가 한 건물에 물리적 · 기능적으로 복합된 건물을 말한다.

(2) 물리적 · 기능적 통합

복합용도 개발의 또 하나의 특징은 구성요소 간에 견고한 물리적 기능의 통합에 의한 고도의 토지 이용을 창출하는 데 있다. 이를 위해서는 수직적 · 수평적 동선 체계의 집중적인 연결로써 긴밀하게 통합되어야 한다.

(3) 통일성 있는 계획에 의한 개발

복합용도 개발은 단위 개발 프로젝트에 비해 관련 전문 분야와의 협력이 필요하며, 전체 프로젝트의 규모, 형태, 밀도, 용도 간의 상대적인 관계, 오픈 스페이스 등의 일관된 계획에 의해 이루어진다.

3) 복합용도 개발의 특징

(1) 많은 쇼핑객을 점포로 유인하므로 소매업체에 인기가 높고, 넓은 공간을 생산적으로 사용하기 때문에 비용이 절감되어 개발업체에도 인기가 높다.

(2) 공간 활용률이 매우 높다.

(3) 다양한 목적을 가진 고객을 유인하여 비업무 시간대에도 높은 활용도를 보인다.

(4) 특정한 지역에 같은 기능을 하는 점포들이 몰려 있기 때문에 많은 고객들을 점포로 유인할 수 있다.

(5) 오피스 개념의 도심지에 주거 기능을 도입함으로써 도넛 현상인 도심 공동화 현상을 어느 정도 방지
할 수 있어 도시에 활력소가 된다.

(6) 개발 가능성이 높기 때문에 재개발을 수행함으로써 도심지역 토지 이용의 효율성을 높일 수 있다.

4) 복합용도 개발의 장단점

장점	단점
• 높은 시너지 효과 • 업무의 효율성 향상 • 획일적 기능 완화 • 도심 공동화 현상 완화	• 쾌적성 문제 • 공공시설 및 문화시설 확보의 어려움

5) 복합용도 개발의 유형

(1) 업무 중심의 복합화

하나의 건물 내에 서로 다른 기능을 수용하는 유형으로, 여러 기능을 수용함으로써 건물이 고층화된
다. 소규모 부지에도 적용이 가능하고, 지역의 랜드마크적인 역할을 수행하며, 사람과 물자의 이동이
건물 내에서 수직 동선으로 처리되므로 교통 혼잡 문제가 해결된다는 장점이 있다.

(2) 다발층 콤플렉스

서로 다른 몇 개의 건물을 배치하고, 이를 상업 용도의 저층 기단부로 묶어 그 하부에 공공 지원 시
설, 주차 시설 등을 구획하는 유형이다.

(3) 도시 블록 연계형

중·저층의 건축물들을 한 개 층의 시설을 중심으로 연결·배치하고, 기능 배치는 층별로 중첩시키거
나 인접 도로의 성격에 따라 분산 배치하는 형태이다.

6) 복합용도 개발의 효과

(1) 복합 기능의 수용에 따라 도시 내 상업 기능만의 급격한 증가 현상을 억제함으로써 도시의 균형 잡힌
발전을 도모할 수 있다.

(2) 젊은 독신자나 젊은 부부처럼 도시 내에서 살고자 하는 사람이나 살 필요가 있는 사람들에게 양질의
주택을 공급할 수 있으며 이로 인해 직주 분리 현상에 따른 도심 공동화 현상을 방지할 수 있다.

(3) 도심지 주변에 주상 복합 건물을 건설할 경우 이 지역이 도소매업, 광고업, 인쇄업 등 서비스 기능
위주의 전이 지역으로 변화하는 것을 방지할 수 있다.

(4) 도심지 내 주생활에 필요한 근린생활 시설 및 각종 생활 편익 시설의 설치가 가능하게 되어 도심지가 생동감이 넘치고 다양한 삶의 장소로 바뀔 수 있다.

CHAPTER 03 입지선정 및 분석

1 입지선정과 입지영향인자

1) 입지선정의 개념

(1) 입지선정은 입지 주체가 추구하는 조건을 갖춘 토지를 발견하는 것(입지론)으로 동적(dynamic)인 개념이다. 입지선정에는 주어진 토지에 가장 적정한 용도를 결정하는 것(적지론)도 포함된다.

(2) 입지선정 시 업종과의 부합성을 반드시 검토하여야 하는데, 일반적으로 좋은 입지라고 하는 곳도 업종과 부합되지 않으면 좋은 입지라고 할 수 없다.

(3) 입지선정 시 학교, 관공서, 오락시설, 재래시장 등이 있으면 고객의 유입이 원활하다.

2) 입지선정 요인

(1) 입지선정 요인은 입지 주체가 추구하는 토지의 자연적·인문적 조건, 사회적 조건을 말하는 것으로, 토지의 용도에 따라 다르다. 예컨대 주거지는 쾌적성과 편리성, 상업지는 매상고, 수익성 등이 입지에 영향을 미치게 된다.

(2) 유통시설의 입지조건은 유통전략에도 영향을 준다. 즉, 입지조건에 따라 유통전략은 달라져야 한다. 예컨대 유동인구가 아주 많은 뛰어난 상권 내에 위치하고 있다면 특별한 유통전략을 세우지 않아도 되지만, 그렇지 못한 경우에는 고객을 유인하기 위하여 차별화 전략 등을 세워야 한다.

(3) 흔히 말하는 좋은 입지와 나쁜 입지의 예를 들면 다음과 같다. 나쁜 입지라면 각각의 상황에 적합한 전략을 세워 점포를 운용해야 한다.

좋은 입지	나쁜 입지
• 유동인구가 많음, 접근성이 용이 • 대형 사무실보다 5층 이하의 사무실 • 집객 시설이 있는 곳 • 퇴근길 방향, 주차장 확보 공간 • 코너 상가, 중소형 대규모 아파트 단지 • 낮은 지대 중심 상권, 비어 있는 점포가 없는 곳	• 상권이 필요 이상으로 확대된 지역 예 신도시 • 업종이 자주 바뀌는 곳 • 쇠퇴기의 상권 • 주변에 공터가 많은 곳 • 보도의 폭이 좁은 곳

3) 이용 목적에 따른 입지유형

(1) 적응형 입지

적응형 입지란 거리를 지나다니는 유동인구에 의해 영업이 좌우되는 입지를 말한다. 대부분의 패스트 푸드, 판매형 아이템 사업 등이 이에 해당한다.

(2) 목적형 입지

고객이 특정한 목적을 가지고 이용하는 입지이다. 특정한 테마에 따라 고객이 유입되며, 도심 외곽의 테마 카페 등이 이에 해당한다.

(3) 생활형 입지

아파트, 주택 등의 주민들이 이용하는 입지를 말한다. 지역의 주민들이 이용하므로 생활형 아이템이 많다.

4) 입지영향인자

(1) 인구통계적 특성

① 배후지 인구의 통계적 특성(가구수, 인구수, 가구당 인구수, 인구의 연령별 구조 등)을 파악한다.
② 질적자료: 글의 형태로 나타내며 그 종류로는 현지조사노트, 심층면담사본, 문서 등이 있다.
③ 양적자료: 숫자로 나타내며 그 종류로는 서베이, 센서스, 여론조사 그리고 각 정부 기관 또는 사설 연구 기관에서 수집하는 다양한 종류의 통계 자료 등이 있다.

(2) 라이프스타일 특성

① 소비자의 라이프스타일은 소비자의 심리적 측면을 고려하기 때문에 소비자의 욕구 파악에 있어 각 광받는 영향요소이다.
② 라이프스타일에 대한 측정은 AIO(Activities, Interests and Opinions) 기법, RVS(Rokeach Value Survey), VALS(Value and Life-Style Survey), LOV(List Of Value) 접근 방법 등을 이용할 수 있다.

(3) 비즈니스 환경

① 일반적 환경요인: 거시적 요인으로 기후나 지형과 같은 자연 현상처럼 그 영향이 사회 전반에 미쳐서 개별 기업의 차원에서는 어쩔 수 없이 받아들일 수밖에 없는 것으로 경제, 정치·법률, 사회·문화, 국제 환경으로 나눌 수 있다.
② 구체적 환경요인: 경쟁업체·소비자·정부·금융기관처럼 조직 활동과 밀접한 관련을 맺고 있는 기업의 이해 당사자들로 구성되며 특히 고객, 유통업체, 경쟁업체는 경영 성과에 직접적으로 영향을 미친다. 거시적 환경과는 달리 이들 요인이 미치는 영향은 경영자가 어느 정도 관리할 수 있다.

(4) 경쟁상황

① 상권 내의 업종별 점포 수, 업종 비율, 업종별 층별 분포, 판매 업종과 서비스 업종의 구조, 건물의 층별 점포구성 등을 분석하여 경쟁상황을 파악한다.

② 경쟁분석은 위계별 경쟁구조 분석, 업태별, 업태 내 경쟁구조 분석, 경쟁 및 보완관계 분석, 잠재 경쟁구조 분석 등이 포함된다.

③ 경쟁우위의 구축 전략
- 원가우위 전략: 업계에서 생산 원가가 가장 낮아 판매에서 경쟁우위가 되는 전략
- 차별화 전략: 경쟁자들은 보유하고 있지 않으나 소비자들은 가치 있다고 보는 점포의 특징 혹은 속성으로 비싼 가격을 보상하려는 전략
- 집중화 전략: 틈새시장을 집중적으로 공략하여 경쟁자보다 우위에 서는 전략

(5) 다점포 경영(Chain-Store Operation)

① 다점포 경영은 각 지역에 지점포를 출점하게 하는 전략에 따라서 만든 각 체인점에 대한 영업 관리를 의미한다. 즉 규모의 경제 이익과 효율성을 고려하여 계획적으로 여러 지역에 출점하는 것을 말한다.

② 다점포 경영의 장단점

장점	• 본사의 경험과 노하우를 이용하므로 실패의 위험이 상대적으로 적음 • 저렴한 가격으로 원부자재의 공급이 용이 • 광고비용이 적게 들고, 높은 홍보 효과 • 본사의 시장 조사와 상품 개발로, 시장 변화에 빠르게 적응 가능 • 본사의 개설비용 융자와 상품의 외상 공급으로 자금 부담을 절감
단점	• 본사의 방침에 따라 운영되므로 사업의 독립성이 보장되지 않음 • 일관된 운영 방식으로 각 프랜차이즈의 개성과 특성이 고려되지 못함 • 본사에 대한 로열티 부담 • 점포의 양도나 매매가 제한되기도 함 • 특정 가맹점이 잘못하는 경우 다른 가맹점 전체가 피해를 볼 수도 있음

(6) 접근성

① 접근성은 어떤 위치에 도달하는 데 소요되는 시간적 경제적·거리적 부담과 관련되는 개념이다. 일반적으로 접근성이 좋을수록 입지조건은 양호한 것이 원칙이다.

② 접근성은 점포로의 진입과 퇴출의 용이성을 의미한다. 접근성을 평가하려면 도로 구조, 도로 상태, 주도로로의 진입과 퇴출, 교통량과 흐름, 가시도, 장애물 등을 분석해야 한다.

③ 입지유형에 따른 접근성 분석

적응형 입지	• 적응형 입지는 도보객의 접근성을 우선 고려하여야 한다. • 도보객이 접근하기 쉬운 출입구는 물론 시설물, 계단, 가시성 등이 좋아야 한다. • 출입구도 자동문이나 회전문은 좋지 않다. • 대부분의 도보객은 버스나 택시, 지하철을 이용하므로 이들 교통시설물과 근접하면 좋다.
목적형 입지	• 특정 테마에 따라 고객이 유입되므로 차량이 접근하기 쉬워야 한다. • 주도로에서 접근하기 쉽고, 주차장이 크고 편리성이 있어야 하며, 주차관리원도 두어야 한다. • 주차장의 위치는 건물 앞쪽에 있어야 이용자의 편리성이 높다.
생활형 입지	• 지역주민이 주로 이용하는 입지이므로 도보객이나 차량 이용객을 모두 흡수할 수 있어야 한다. • 주차시설도 갖추고 도보객의 접근도 유리한 지역에 출점해야 한다.

2 상업지의 입지

1) 상업지의 입지조건

(1) 사회 · 경제적 조건

① 배후지(Hinterland) 및 고객의 양과 질: 배후지는 상권 또는 시장 지역이라고도 하는데 상업 활동은 고객을 상대로 하므로 그들이 존재하는 배후지가 가장 중요하다. 따라서 인구 밀도와 지역 면적이 크고, 고객의 소득 수준이 높아야 유리하다.

② 고객의 교통수단과 접근성: 상점가는 고객의 교통 인구가 많은 곳이 좋다. 교통 인구는 단순한 통과 인구가 아닌 고객 인구라야 한다.

③ 일일 교통 인구: 일일 교통 인구가 5,000~6,000명 정도, 또는 보행 인구와 자동차 인구를 합하여 약 10,000~12,000명이면 100% 상업지화 될 수 있다.

④ 그 지역의 번영 정도: 당해 지역이 지역 사이클로 볼 때 어떤 국면에 있으며, 현재 얼마나 번영하고 있는가를 살펴야 한다. 당해 지역의 지가 수준, 임료 수준, 매상고, 교통량, 입지 경쟁 등의 상태를 파악하면 이를 알 수 있다.

(2) 물리적(지리적) 조건

① 가로의 구조: 동서로 된 가로는 서쪽이 유리하고, 커브를 이룬 가로의 경우는 바깥쪽이 유리하다.

② 가로의 길이: 가로의 길이가 500m 이상의 직선인 경우는 상가로서 유리한 위치가 아니고 100m 이내에서 끊어지는 경우도 불리하다.

③ 접면 너비(바깥 길이): 상품의 전시(진열)를 위하여 가급적 가로와 접한 폭인 바깥 길이가 넓은 것이 유리하며, 가로의 폭은 지나치게 넓지도 좁지도 않은 것이 유리하다.

④ 지반의 고저: 주거지는 가로보다 낮으면 마이너스 요인이 되지만 상업지는 가로보다 높으면 마이너스 요인이 된다.

⑤ 지리적 특성: 입지의 지리적 특성으로는 상권 내 자연 경계 특성, 상권 내 도로 및 교통 특성, 상권 내 대형 건축물 · 교통 유발 시설 등이 있다.

2) 상업지의 입지평가 요인

상업지의 입지평가 요인은 지역적 요인과 개별적 요인으로 나누어 살펴볼 수 있다. 지역적 요인은 해당 부지를 포함하고 있는 인근 주변 지역을 대상으로 하는 평가 요인이고, 개별적 요인은 점포가 들어설 대상 부지에 대한 평가 요인이다.

지역적 요인	개별적 요인
• 배후지 및 고객의 양과 질 • 고객의 교통수단의 상태 • 인근 지역의 번영의 정도 • 영업의 종별 및 경쟁의 상태 • 지역 경영자들의 창의와 자력 • 토지 이용에 관한 공법상의 규제 상태	• 가로와의 접면 너비, 가로의 형상 및 지반 • 가로의 고저, 각지, 접면 가로와의 관계 • 고객의 통행 패턴 및 적합성 • 중심으로의 접근성 • 부동산의 상태

3 공간균배 원리에 따른 상점의 분류

1) 공간균배의 원리

(1) 페터(R. M. Petter)의 이론으로 경쟁관계에 있는 점포 상호 간에는 공간을 서로 균배(균등하게 나눔)한다는 것이다. 한 점포가 입지한 후 또 다른 점포가 입지하는 경우 어느 곳에 입지하는 것이 유리한가를 설명하는 이론이다..

(2) 시장이 좁고 수요의 교통비 탄력성이 작은 경우에는 집심적 입지, 시장이 넓고 수요의 교통비 탄력성이 큰 경우에는 분산입지 현상이 나타난다는 주장이다.

2) 상점의 분류

(1) **집심성 점포**

도시의 중심지(CBD)에 입지해야 유리한 유형의 점포이다. 백화점, 고급 음식점, 보석 가게, 고급 의류점, 대형 서점, 영화관 등이 있다.

(2) **집재성 점포**

동일 업종이 서로 한 곳에 모여 있어야 유리한 유형의 점포로 집적 효과를 얻을 수 있다. 가구점, 중고 서점, 전자제품, 기계점, 관공서 등이다.

(3) **산재성 점포**

서로 분산입지해야 유리한 유형의 점포로 잡화점, 이발소, 세탁소, 대중목욕탕, 어물점 등이 있다.

(4) **국부적 집중성 점포**

어떤 특정 지역에 동종 업종끼리 국부적 중심지에 입지하여야 유리한 유형의 점포이다. 농기구점, 석재점, 비료점, 종묘점, 어구점 등이 있다.

4 소매입지 선정

1) 소매입지 선정 절차

출점지역(region)의 선정
지역 내 상권(trade area) 결정

- 소매점포들 사이의 경쟁관계를 분석하는 데 가장 적합한 수준은 상권 수준이다.
- 상권의 범위는 소매점이 제공하는 제품이나 서비스의 성질·구색·가격 등에 의해서 결정될 뿐 아니라, 점포 내부의 특성, 운영 방식, 상점의 밀집 정도에 의해서도 영향을 받는다.

구체적인 출점 부지(site) 선정

- 잠재적인 상권이 규정되면 소비자의 접근 가능성, 교통량, 상권 인구의 규모와 분포, 수입, 경제적 안정성, 경쟁 등의 요인에 의해 선택 가능한 점포입지가 선정된다.
- 점포입지의 대안으로는 다른 소매점들과 지리적으로 격리되어 있는 독립입지(isolated site)와 지리적으로 인접하거나 밀집되어 있는 군집입지(clustered site) 등이 있을 수 있다.
- 일반적으로 의류, 구두, 가구 등의 선매품을 판매하는 점포들은 군집입지에 위치하여야 하나 전문품을 판매하는 점포는 독립입지에 위치하여도 매출에는 큰 영향을 받지 않는다.

2) 입지 또는 부지 선정 시 고려 사항

(1) 예상 매출액

유망한 부지를 선택하기 위해서는 잠재적인 1년 매출액을 추정해야만 한다.

(2) 취급 상품의 종류와 고객의 구매 관습

고객의 구매 관습과 취급 상품의 종류는 부지의 선택에 매우 중요한 요소이다.

(3) 고객의 통행량

교통 계수(traffic coefficient), 시간당·주당 고객의 통행량 및 통행의 유형은 점포의 위치에 중요한 영향을 준다. 다른 요소가 같을 때는 보통 통행량이 많을수록 영업 거래량이 많아진다.

(4) 경쟁자들과 다른 점포들에 관련된 위치

소매업자는 인근에 있는 경쟁점에 대해서 면밀한 연구를 해야 한다.

(5) 접근성(accessibility)

접근성을 평가하기 위해서는 대중교통 시설, 고객들의 주거지와 점포까지의 거리, 점포가 도로변에 위치해 있는지의 여부 등을 파악해야 한다.

(6) 자본 투자에서 얻어지는 수익

특정 부지에 자본을 투자하여 얻어지는 수익은 부지선정의 가장 중요한 요인이다.

구분	고려 사항	
출점지역(region) 선정 시 고려 요소 (거시적 요소)	• 상업지역의 인구 • 잠재적 고객의 구매 관습 • 경쟁점의 확장 계획 • 제반 법령과 제도	• 지역의 발전상황 • 지역 주민의 구매력 • 경쟁 상태와 강도 • 도로망의 확장 계획
부지(site) 선정 시 고려 요소 (미시적 요소)	• 예상 매출액 • 취급 상품의 종류와 고객의 구매 관습 • 고객의 통행량 • 경쟁점포와의 위치 관계	• 접근성 • 자본 투자에서 얻어지는 수익 • 부지의 특징 • 부지의 유용성(임대 계약조건 등)

5 소매입지 평가

1) 소매입지 평가의 개념 및 특징

(1) 소매업의 마케팅 요소인 가격(price)이나 촉진(promotion), 제품구색(products), 고객 서비스 등은 쉽게 바꿀 수 있다. 그러나 소매점포의 입지(place)는 소매업의 계약조건이나 막대한 점포의 설비비용 등으로 인해 한 번 결정되면 쉽게 바뀔 수 없다.

(2) 소매입지와 상권을 결정할 때는 그 지역의 인구수와 소득, 그리고 전년도의 총소매 매출액 등 여러 가지 입지평가 요인을 고려하여 소매입지를 평가해야 한다.

(3) 미국에서는 매년 각 지역별 구매력지수(BP)가 발표되고 있는데, 이는 그 지역의 인구수와 소득, 그리고 전년도의 총소매 매출액에 가중치를 부여하여 계산된다. 이러한 구매력지수도 소매입지와 상권을 평가하는 데 중요한 지표로 활용된다.

2) 소매입지와 상권분석의 평가 방법

(1) 구매력지수(BPI: Buying Power Index)

① 개념 및 특징
- 구매력지수(BPI)는 해당 지역시장의 구매력을 측정하는 기준으로 사용되며, 이는 해당 시장에서 구매할 수 있는 능력을 나타낸다.
- BPI가 높을수록 시장의 구매력이 크다는 것을 의미하고, 따라서 그 지역은 신규점포를 내기에 매력적이라는 것을 의미한다.
- 제품의 성격이 소비자 시장에서 멀어질수록 보다 많은 차별적 요소(계층, 연령, 성별, 소득)를 가지고 BPI를 수정해야 할 필요성이 높아진다.

② **구매력지수의 측정**: 구매력지수(BPI)는 세 가지 지표를 이용하여 측정한다.
  • 유효소득: 전체의 가처분소득 중에서 차지하는 그 지역의 가처분소득 비율이다.
  • 인구: 총인구에서 차지하는 그 지역인구의 비율이다.
  • 소매 매출액: 전체의 소매 매출액에서 차지하는 그 지역의 소매 매출액 비율이다.

$$BPI = (인구비 \times 0.2) + (소매\ 매출액비 \times 0.3) + (유효구매\ 소득비 \times 0.5)$$

(2) 판매활동지수(SAI: Sales Activity Index)

① 타 지역과 비교한 특정한 지역의 1인당 소매 매출액을 가늠하는 것으로 인구를 기준으로 해서 소매매출액의 비율을 계산하는 방식이다.

② SAI가 높을수록 지역의 구매력은 크다는 것을 의미한다.

$$SAI = \frac{총소매\ 매출액에서\ 차지하는\ 그\ 지역의\ 비율(\%)}{총인구에서\ 차지하는\ 그\ 지역\ 인구의\ 비율(\%)}$$

③ 높은 SAI는 비거주자의 구매력이나 특정 기업체의 대량 구매, 소수 거주자의 대량 구매 등에 의해서 나타난 것일 수도 있기 때문에 주의를 기울여야 한다.

(3) 소매포화지수(IRS: Index of Retail Saturation)

① 개념 및 특징
  • 지역시장의 매력도를 측정하는 것으로, 한 지역시장에서 수요 및 공급의 현 수준을 반영하는 척도이다.
  • 특정 소매업태 또는 집적소매시설의 단위면적당 잠재수요(또는 잠재매출액)를 표현하고 1에 근접할수록 좋다.
  • IRS는 지역 시장의 수요는 물론, 공급을 종합적으로 측정할 수 있는 지표로, 신규점포에 대한 시장 잠재력을 측정할 때 유용하게 사용된다.

$$IRS = \frac{잠재수요}{특정\ 업태의\ 총\ 매장\ 면적}$$
$$= \frac{지역\ 시장의\ 총가구수 \times 가구당\ 특정\ 업태에\ 대한\ 지출액}{특정\ 업태의\ 총\ 매장\ 면적}$$

  • 이 지수의 값이 클수록 수요가 공급에 비해 크다는 것(또는 수요에 비해 점포가 적어서 공급이 적다는 것)을 의미한다. 즉 현재 과소 점포의 상태에 있고, 따라서 잠재적으로 고객을 흡인할 기회가 많으므로 그 지역이 신규점포를 내기에 매력적이라는 것을 의미한다.

② 소매포화지수의 평가
- IRS는 경쟁의 양적인 측면만 고려되고 질적인 측면은 고려하지 못한다는 점과 미래의 신규수요를 반영하지 못한다는 점에서 한계가 있다.
- 신규점포에 대한 시장잠재력을 측정하는 데에는 유용하게 사용될 수 있지만, 미래의 신규수요를 반영하지 못한다.
- 거주자들의 지역 시장 밖에서의 쇼핑 정도 및 수요를 측정·파악하기가 어렵다(시장잠재력을 측정하는 데 유용하게 사용될 수 있다는 의미이지 시장잠재력이 반영되어 있다는 의미는 아님).
- IRS는 점포가 비슷한 전통적인 슈퍼마켓 등에는 적용이 용이하나 스포츠용품 또는 가구점 등 전문화된 점포에는 적용이 어렵다.

(4) 시장확장 잠재력지수(MEP: Market Expansion Potential)

① 시장성장잠재력은 지역시장이 미래에 신규 수요를 창출할 수 있는 잠재력을 반영하는 지표로, 해당 상품(서비스)에 대한 예상수요액을 총 매장면적으로 나눈 값이다.
② MEP는 IRS의 단점을 보완해주는 지표이며, 거주자들의 해당 지역시장 외에 다른 시장에서의 쇼핑지출액까지 추정하여 계산 가능하다.
③ IRS와 MEP를 동시에 고려할 때에는 두 지수값이 가장 큰 지역이 매력성이 가장 높은 지역이다.
④ MEP 값은 타 지역에서의 쇼핑지출액을 근거로 계산되며, 타 지역의 쇼핑정도가 높을수록, 즉 MEP 값이 클수록 시장성장잠재력이 커진다.

$$MEP = \frac{\text{해당 상품(서비스)의 예상수요}}{\text{총 매장 면적}}$$

POWER 정리

- 중심성지수
  - 소매업의 공간적 분포를 설명하는 지수로, 중심이 되는 지역을 파악하기 위해 지수를 개발하여 각 지역에 부여한 것
  - 어떤 지역의 소매판매액을 1인당 평균 구매액으로 나눈 값을 상업인구라 하고, 상업인구를 그 지역의 거주인구로 나눈 값
  - 소매 판매액의 변화가 없어도 해당 지역의 인구가 감소하면 중심성지수는 상승
- 소비잠재지수(SPI: Spending Potential Index)
  - 어떤 특정 제품 혹은 서비스의 가계소비를 분석하는 데 사용
  - 특정 제품에 대한 지역평균소비량(PB)을 전국평균소비량(NB)으로 나누어 산출
  - 특정 제품에 대한 지수가 100 이하인 경우 제품소비량이 전국평균보다 낮다고 해석

6 점포의 입지평가

1) 넬슨(R. L. Nelson)의 8가지 입지평가방법

상권의 잠재력	점포가 진입한 상권 내 인구를 파악하여 현재 관할 상권 내에서 취급하려는 상품에 대한 매출액과 수익성 확보 가능성에 대한 검토
접근가능성	관할 상권 내에 있는 고객을 자기 점포에 어느 정도 흡인할 수 있는가에 대한 가능성을 검토하기 위해 도로구조, 주도로로의 진입과 퇴출, 가시도, 장애물 등을 분석하는 것
성장가능성	인구 증가와 소득수준의 향상으로 시장규모나 선택한 사업장, 유통 상권의 매출액이 성장할 가능성에 대한 검토
중간저지성	기존 점포나 상권지역이 고객과의 중간에 위치함으로써 경쟁점포나 기존의 상권지역으로 접근하는 고객을 중간에서 차단할 수 있는 가능성을 검토
누적적 흡인력	영업의 형태가 유사하거나 동일한 상품들을 판매하는 점포가 집중적으로 몰려 있어 고객의 흡인력을 극대화할 수 있는 가능성 및 사무실, 학교, 문화시설 등에 인접함으로써 고객을 흡인하기에 유리한 조건에 속해 있는가에 대한 검토
양립성	상호 보완관계에 있는 점포가 서로 인접해 있어서 고객을 서로 주고받을 수 있어 고객의 흡인력을 높일 수 있는 가능성에 대한 검토
경쟁회피성	진입한 상권에 경쟁점이 입지하여 기존점포와 우위를 확보할 수 있는 가능성 및 차후에 새로운 경쟁점이 입점함으로써 기존 사업장에 미칠 영향력의 정도를 평가
용지 경제성	점포가 진입할 입지의 가격 및 비용 등으로 인한 수익성과 생산성의 정도에 관한 검토

• POWER 기출 ✓ •

넬슨(R.L. Nelson)의 소매입지 선정원리 중에서 아래 글상자의 괄호 안에 들어갈 내용을 순서대로 나열한 것으로 가장 옳은 것은?

(㉠)은 동일한 점포 또는 유사업종의 점포가 집중적으로 몰려 있어 집객효과를 높일수 있는 가능성을 말하며 집재성 점포의 경우에 유리하다. (㉡)은 상이한 업종의 점포들이 인접해 있으면서 보완관계를 통해 상호 매출을 상승시키는 효과를 발휘하는 것을 의미한다.

① ㉠ 양립성   ㉡ 누적적 흡인력
② ㉠ 양립성   ㉡ 경합의 최소성
③ ㉠ 누적적 흡인력 ㉡ 양립성
④ ㉠ 상권의 잠재력 ㉡ 경합의 최소성
⑤ ㉠ 누적적 흡인력 ㉡ 경합의 최소성

2) 입지 매력도 평가의 원칙(입지 대안평가의 원칙)

(1) 고객 차단의 원칙(principle of intercept)

① 고객이 특정 지역에서 다른 지역으로 이동할 때에 고객으로 하여금 점포를 방문하도록 하는 입지적 특성이 얼마나 되는지를 평가하는 것이다.

② 사무실밀집지역, 쇼핑지역 등은 고객이 특정 지역에서 타 지역으로 이동 시 점포를 방문하게 한다는 원칙이다(중간 저지성).

(2) 동반유인의 원칙(principle of cumulative attraction)

유사하거나 보충적인 소매업들이 군집하고 있는 경우가 분산되어 있거나 독립되어 있는 경우보다 더 큰 유인 잠재력을 가질 수 있다는 원칙이다(누적적 흡인력).

(3) 보충 가능성의 원칙(principle of compatibility)

두 개의 사업이 고객을 서로 교환할 수 있는 정도를 의미하는데, 이 원칙에 의하면 인접한 지역에 위치한 사업 간에 보충 가능성이 높을수록 점포의 매출액이 높아진다(양립성).

(4) 점포 밀집의 원칙(orinciple of store congestion)

동반 유인이나 보충 가능성과는 반대로 지나치게 유사한 점포나 보충할 수 있는 점포들이 밀집되어 있어서 고객의 유인 효과를 감소시키는 현상을 의미한다.

(5) 접근 가능성의 원칙(principle of accesiblity)

고객의 입장에서 점포를 방문할 수 있는 심리적, 물리적 특성을 의미하는데, 지리적으로 인접해 있거나, 교통이 편리하거나, 시간의 소요가 적은 경우에 점포의 매출이 증대된다는 원칙이다.

POWER 정리		
점포의 입지유형		
집심성 점포	• 도시 전체를 배후지로 하여 배후지의 중심부에 입지하여야 유리한 점포 • 도매상, 대형백화점, 고급음식점, 대형서점, 귀금속점, 대형영화관, 의류패션전문점, 스포츠전문점	
집재성 점포	• 동일한 업종의 점포가 한 곳에 모여 입지하여야 하는 점포 • 보험회사, 관공서, 사무실, 가구점	
산재성 점포	• 한 곳에 집재하면 서로 불리하기 때문에 분산입지해야 하는 점포 • 소매점포, 잡화점, 주방용품점, 이발소, 목욕탕, 세탁소	
국부적 집중성 점포	• 동업종의 점포끼리 일정한 지역에 집중하여 입지하여야 유리한 점포 • 컴퓨터부품점, 기계공구점, 철공소, 농기구점, 비료상, 종묘판매상	

7 고객유도시설과 동선

1) 고객유도시설

(1) 고객유도시설은 고객을 모으는 자석과 같은 역할을 한다고 하여 소매 자석(CG: Customer Generator)이라고도 한다.

(2) 입지유형별 고객유도시설

입지유형	고객유도시설(자석)
도시형	역 개찰구, 대형 소매점, 대형 교차로
교외형	대형 소매점, 간선 도로의 교차점, 간선 도로, 인터체인지, 대형 레저 시설
인스토어형	대형 소매점의 주 출입구, 주차장 출입구, 에스컬레이터, 엘리베이터

2) 동선(traffic line)

(1) 동선

고객들이 이동하는 궤적, 즉 사람들이 집중하는 자석(customer generator)과 자석을 연결하는 흐름을 말한다. 점포 내부의 점내 동선과 점포 외부의 점외 동선으로 구분한다.

(2) 점외 동선은 주동선(단독 동선), 복수 동선(유희 동선), 부동선(후면 동선) 및 접근 동선으로 구분한다. 또한 동선은 출근 동선, 퇴근 동선 등 다양한 기준으로 분류할 수 있다.

(3) 동선을 조사할 때 중요한 것은 사람들이 많이 걸어다니는 곳이 동선이 아니라는 점이다. 쇼핑이나 놀이, 레저를 위해 내점하는 사람들이 많이 걸어다니는 곳이 동선이다.

동선 종류	특징
주동선	자석과 자석을 잇는 가장 기본이 되는 선이다. 자석의 특성 및 종류에 의해 걸어다니는 사람의 질과 양이 변화한다.
복수 동선	동선이 여러 개 혼재하는 것을 말한다. 역 → 대형 교차점 → 대규모 소매점 → 역 등의 순서처럼 복수의 자석이 같은 동선상에 있는 경우 동선의 힘은 자석의 수만큼 커진다.
부동선	주동선 이외에 사람들이 통행하는 뒷골목 같은 동선을 말한다. 경제적 사정으로 많은 자금이 필요한 주동선에 입지하기 어려운 점포는 부동선을 중시한다.
접근 동선	동선으로 접근할 수 있는 동선을 말한다.

(4) 고객이 주로 승용차로 내점하는 점포의 경우에는 주 주차장에서 주 출입구까지가 동선이 된다.

(5) 대규모 소매점은 고객이 각 층별로 돌아보기 때문에 각 층이 자석이 되고 이를 연결하는 에스컬레이터가 동선이 된다.

(6) 고객의 내점 수단이 도보인 경우 주 출입구에서 에스컬레이터까지가 주동선이 된다.

3) 인간 심리와 동선과의 관계

(1) 최단거리 실현의 법칙

사람들은 최단거리로 목적지에 가려고 한다. 멀리 돌아가거나 쓸데없는 일, 손해는 보지 않으려고 한다. 그래서 부동선(후면 동선)이 생긴다.

(2) 보증 실현의 법칙

인간은 득실을 따져 득이 되는 쪽을 선택한다. 목적지를 향하여 최초의 횡단보도를 건너 진행한다. 예컨대 역 앞 로터리 정면에 점포가 있어도 자신이 지금부터 진행하는 방향에 있지 않는 점포로는 가려 하지 않는다.

(3) 안전 중시의 법칙

인간은 기본적으로 신체의 안전을 지키기 위해, 알지 못하는 길은 지나가려고 하지 않는다.

(4) 집합의 법칙

인간은 자연적으로 사람들이 모여 있는 곳에 모인다.

POWER 정리

건폐율과 용적률
- **건폐율:** 대지면적에 대한 건축면적의 비율
- **용적률:** 대지면적에 대한 건축물의 연면적 비율
- **건축물의 연면적:** 건축물 각 층의 바닥면적의 합계를 말하며, 용적률을 산정할 때 지하층의 면적, 지상층의 주차장, 주민공공시설의 면적, 초고층 건축물의 피난안전구역의 면적은 제외

• POWER 기출 ✓ •

사람들은 눈앞에 보여도 간선도로를 건너거나 개울을 횡단해야 하는 점포에는 접근하지 않으려는 경향이 있다. 이런 현상에 대한 설명으로 가장 옳은 원칙은?

① 사람이 운집한 곳을 선호하는 인간집합의 원칙
② 득실을 따져 득이 되는 쪽을 선택하는 보증실현의 원칙
③ 위험하거나 잘 모르는 길을 지나지 않으려는 안전추구의 원칙
④ 목적지까지 최단거리로 가려고 하는 최단거리 추구의 원칙
⑤ 자신의 자아이미지에 가장 합당한 공간을 추구하는 자아일치의 원칙

1 백화점

1) 백화점의 개념 및 특징

(1) 백화점은 의류 · 가정용품 · 신변 잡화류 · 가구 등의 상품을 부문별로 구성하여 일괄 구매할 수 있도록 하고, 대부분의 매장을 직영 형태로 운영하는 대형 소매점포이다.

(2) 우리나라의 백화점은 매장 면적이 $3,000m^2$ 이상이고 30% 이상이 직영으로 운영되어야 한다(유통산업발전법 시행령). 또한 판매장 이외에도 주차시설, 문화 행사 시설, 휴게실 등 서비스 시설에 대한 다양한 규제가 가해지고 있다.

(3) 백화점이 소비자에게 주는 큰 장점은 많은 상품 계열과 다양한 상품구색, 편리한 입지, 쾌적한 쇼핑 공간 등이다.

(4) 백화점은 대규모 경영을 통해 규모의 경제를 추구하며, 점포의 입지를 대도시 중심이나, 부도심 및 민자 철도 역사, 터미널 등에 정하고 있다.

(5) 우리나라의 백화점은 서구와는 달리 슈퍼마켓과 푸드코트, 문화센터 등을 포함하고 있는데, 이는 집객효과를 높이는 데 매우 중요한 역할을 한다.

(6) 우리나라의 경우 최근에는 교통체증과 주차난이 심한 구도심보다 도시 외곽이나 신도시지역, 유동인구가 많은 역세권 및 지방 도시를 중심으로 출점하는 다점포 경영전략을 시도하고 있고, 레저 및 부대시설을 겸비한 쇼핑센터식으로 대형화되는 추세를 보이고 있다.

(7) 백화점 경영에서 최근 추세 중 하나는 대형 편집매장(multi-shop)이 늘고 있다는 점이다. 편집매장은 여러 브랜드의 제품을 한곳에 모아놓고 판매하는 매장을 말하는데, 특정 브랜드의 제품만 판매하는 브랜드숍(brand shop)과는 달리 여러 상표를 비교해 살 수 있는 장점이 있다.

2) 백화점의 입지선정

(1) 주로 도심 및 교통망의 결절점에 입지하며, 유동인구, 인근 지역 소비자의 소비 형태 등을 고려하여야 한다.

(2) 입지의 지리적, 환경적 요인을 분석하여 소비자의 흡인률을 높일 뿐만 아니라 강한 집객력을 배경으로 제품구색의 폭이 넓으며 점포 건물의 층별 제품구색 차별화를 구현하는 MTD 구성 및 문화 레저 산업과의 연계 등을 통한 차별화된 전략이 요구된다.

(3) 백화점은 소비자가 가장 편리하게 접근할 수 있도록 주차의 편리성을 우선 고려해야 한다. 또한 소비자의 흡인력에 따라 성과가 좌우되므로 사람이 많이 모일 수 있는 곳에 입지를 선정해야 한다.

(4) 백화점의 입지선정에는 그 지역의 주요 산업, 유동인구, 소비자의 소비 행태, 소비자의 흡인력, 소비자의 접근성, 소비자의 경제력, 대중교통의 연계성 등을 고려해야 한다.

(5) 중심상업지역(CBD)과 쇼핑센터는 백화점의 좋은 입지가 된다. 중심상업지역에 위치하는 백화점은 그 지역에 근무하는 사람들을 잠재고객으로 확보할 수 있다.

3) 백화점의 입지전략과 매장배치

(1) 입지전략

① 지리적 · 환경적 요인의 분석: 주변의 교통, 문화시설, 환경요인 등을 고려해 교통이 편리하고 주변 시설과 연결될 수 있는 곳이 좋다.
② 유동인구의 분석: 지리적 · 환경적 요인이 충족되어도 유동인구가 적으면 잠재고객의 확보가 어렵다. 따라서 유동인구가 비교적 많은 곳을 택한다.
③ 부지의 분석: 백화점의 부지는 정사각형에 가까운 직사각형이 좋으며 주도로에 한 변을 접하고 다른 한 변이나 두 변이 상당한 폭을 가진 도로에 편하는 것이 이상적이다.

(2) 매장배치

① 배치계획
  • 백화점은 각 층의 매장 효율을 높이기 위해 계획적 구매 상품, 충동적 구매 상품 등을 고려하여 배치한다.
  • 매장배치에서 저가 상품과 고가 상품, 신사용품과 숙녀용품, 대형 상품과 소형 상품, 실용품과 사치품 등의 관계를 고려하여 수익성, 구매객의 수요, 선택상의 편의 등을 고려하여 결정한다.
  • 주통로와 부통로의 유기적 관계가 중요하며, 고객이 보기 쉽도록 구성해야 하며 가능하면 장방형으로 하고 벽면을 최대한 사용하여 공간을 활용한다.
② 동선계획
  • 동선은 매장 내의 고객이 가능한 많은 매장을 거치도록 고려하여야 한다.
  • 계획적인 구매를 하는 상품판매장으로 가는 중간에 충동적인 구매를 하는 상품을 배치한다.
  • 식료품은 혼잡한 장소에 배치하고, 귀금속은 한산한 장소에 배치하는 방법을 이용한다.
  • 고객과 점원의 동선, 그리고 상품의 교통로는 주변 환경에 따라 분리하여야 한다.

2 의류 패션 전문점

1) 의류 패션 전문점의 특징

의류 패션은 경기 변동에 많은 영향을 받고(유행 상품은 일반적으로 순환) 충동구매가 많으며 브랜드를 선호한다. 또한 가족 단위 구매가 많이 이루어지므로 서로 다른 연령층 고객을 표적으로 삼는 전략이 필요하다.

2) 머천다이징

(1) 의류 패션 전문점은 브랜드 매장구성을 위하여 머천다이징(MID)의 개념을 도입해야 한다. 소매업의 머천다이징(MD: Merchamdising)이란 마케팅 목표를 실현하는 데 가장 도움이 되도록 특정 상품 및 서비스를 표적 고객에 대응하여 적정한 매장, 시기, 가격, 그리고 수량으로 구색을 갖추기 위해 적절하게 구매하고 재고를 관리하는 것으로 상품화계획이라고도 한다.

(2) 생산 또는 판매할 상품에 관한 결정, 상품의 구색 맞추기, 점포구성과 레이아웃 및 콘셉트 설정 등은 머천다이저(merchandiser)의 핵심 업무이다.

3) 의류 패션 전문점의 입지

(1) 도심의 중심상업지구(CBD)나 쇼핑센터들의 밀집 지역과 그 지역 전체를 포함한 형태로, 의류 패션 전문센터 또는 테마 의류센터 등의 형태로 입지하는 것이 일반적이다.

(2) 백화점보다 더 인기 있는 곳이라고 생각되는 곳에 입지하며, 그 위치들은 소비자들을 위한 볼거리와 레크리에이션 기회를 제공하며 많은 사람들이 구매하도록 하는 능력을 발휘한다.

4) 의류 패션 전문점의 운영전략

(1) 시장 상황의 파악

① 의류 시장 조사는 패션 트렌드 파악과 물건 매입 그리고 도매 상인들과의 관계를 돈독히 하는 여러 가지 복합적인 목적을 갖고 있다.

② 매장에서도 바쁘지 않은 시간대에는 항상 패션 잡지와 사이트를 둘러보며 유행 패션을 연구하도록 하고, 인기 TV프로나 유명 스타의 패션에도 관심을 갖는다.

(2) 매장구성 및 관리

① 최근 브랜드 매장구성의 기본개념은 비주얼 머천다이징(VMD: Visual Merchandising)이다. VMD는 매장에 진열되어 있는 상품을 효과적으로 보여 주어 고객들에게 강한 구매욕구를 불러일으키고, 또 상품을 기억하고 구매 충동을 갖게 하여 상품을 구입하게 만드는 역할을 하게 하는 데 초점이 있다.

② VMD란 소비자가 원하는 상품을 적절한 시기에, 적절한 가격으로, 적절한 장소에서 제공받을 수 있도록 하기 위해 각각의 상품에 아이덴티티를 부여함으로써, 그 상품이 소비자에게 최대한 부각될 수 있도록 시각적으로 연출하고 제시하는 것을 말한다.

3 제조 직매형 전문점(SPA)

1) SPA의 확산

(1) 가두 매장이 대형화되면서 의류업체 등이 종전 프랜차이즈 형태에서 직영점 체제로 변화를 시도하고 있다. 패션 전문점의 확산과 더불어 합리적 가격의 중요성이 대두되면서 직영 또는 반직영 체제의 유통망인 SPA(Speciality retailer of Private label Apparel) 형태의 점포가 크게 확산되고 있다.

(2) ZARA, UNIQLO, Forever21, H&M, SPAO 등이 대표적인 SPA 업체이다.

2) SPA의 개념

(1) SPA란 1986년 미국의 청바지 회사인 갭(Gap)이 도입한 개념으로, 전문점(Speciality retailer)과 자사 상표(Private label) 및 의류(Apparel)의 앞문자를 딴 합성어로, 이를 번역하자면 제조 직매형 의류 전문점이라고 할 수 있다.

(2) SPA는 기획부터 디자인 · 생산 · 유통 · 판매가 모두 한 회사의 지붕 아래에서 이루어지는 것을 말한다. 모든 공정이 일괄적으로 이루어짐으로써 저렴하고 트렌디한 제품을 소비자에게 공급할 수 있다는 것이 강점이다. 급변하는 유행에 맞춰 새로운 아이템을 빠르게 선보여 패스트패션(fast fashion)이라고도 한다.

3) SPA의 특징과 영업전략

(1) 백화점 유통에 드는 비용을 절감시키고, 매장을 직영으로 운영하므로 가격은 저렴하고 소비자의 요구는 빨리 알아차려 제품에 반영하는 것을 특징으로 한다.

(2) 기획에서부터 판매에 이르기까지 하나로 연결되어 있기 때문에, 이곳에서는 이미 판매하여 소비자들에게 검증된 상품만을 제조하여 판매가 이루어진다.

(3) 비용 절감을 통하여 소비자의 부담을 줄이는 합리적인 패션유통의 한 형태이기 때문에, 소비자가 원하는 스타일을 파악해 신속한 기획과 생산, 반품과 매장 관리가 한꺼번에 이루어져 재고부담이 적다.

(4) 매장 내에서 모두 팔 수 있는 상품을 만들기 위해 정확한 수요예측이 필수적이다. 또한 다품종 소량생산의 제조 직매형 의류 브랜드라는 차별화된 제품전략이 요구된다.

4 패션잡화점, 생활용품 전문점

1) 패션잡화점

(1) 패션상품의 개념 및 특징

① 패션잡화의 성공은 고객이 위치하는 패션상품의 수명주기가 어디인지의 파악, 소매점으로서의 명성 획득, 대량 판매에 대한 준비, 적절한 때에 빠져나오는 타이밍 결정 등에 달려 있다.

② 소비자들의 패션을 수용하는 기간과 정도에 대한 이해는 패션상품 도입에 필수적으로 요구되고 있다. 패션상품의 수명주기는 도입기, 수용기, 쇠퇴기의 3단계로 분류된다.

(2) 패션잡화점의 입지

① 패션잡화점의 최적 입지는 상호보완적인 상품을 제공하는 다양한 점포들이 모여 있는 곳으로 다양한 상품을 판매하고 유동인구가 많으며, 주로 젊은 세대들이 자주 찾는 지역이 적합하다.

② 여러 층으로 구성된 매장에서 고객의 주된 출입구가 있는 층, 쇼핑몰 내부 입지에서 핵점포의 통로 · 출입구 근처의 입지, 상호보완적인 상품을 판매하는 다양한 점포들이 함께 모여 있는 입지가 패션잡화점의 입지로 바람직하다.

2) 생활용품 전문점

(1) 생활용품 전문점의 특징

① 생활용품 전문점은 가능하면 1층 점포에 출점하는 것이 좋다. 생활용품 전문점의 판매 품목 중 상당수는 충동구매 성향이 높아서 접근성이 뛰어난 점포가 유리하기 때문이다.

② 소득 수준 면에서는 생활용품 할인점의 경우 서민층 밀집 주거지역 부근이 유리하다. 생활수준이 높은 중산층 이상의 소비자들은 물건이 비싸도 고가의 브랜드나 명품을 선호하는 경향이 있고, 생활용품 가격의 높고 낮음에 크게 신경 쓰지 않고 백화점이나 대형 할인매장의 생활용품을 더 선호한다.

(2) 생활용품 전문점의 입지

① 생활용품은 의식주와 관련된 소비재 상품이므로, 입지 선정이 사업의 성패를 좌우한다. 생활용품이라도 상품의 성격에 따라 입지를 달리해야 한다.

② 대형할인점 등과 취급 품목이 겹치는 업태라면 인근에 대형 유통센터가 없는 지역이 유리하다.

③ 기능성 생활용품, 장식용 디자인 소품, 홈쇼핑 판매 품목 등과 같이 대형할인점에서는 취급하지 않는 틈새 상품(niche products)을 취급하는 매장이라면 적극적으로 대형할인점 출점지의 인근으로 진출하는 것이 오히려 유리하다.

④ 생활용품 전문점은 대단위 아파트 밀집지역, 주택가 밀집지역 등 주거지 인근에 출점하여야 하며, 통행량이 많은 곳이나 슈퍼마켓 근처가 입지로 적합하다.

1 경쟁점 조사

1) 경쟁점 조사의 의의

(1) 경쟁점 조사는 입지선정 과정에서 가장 중요한 작업 중 하나이다. 아무리 상권이 뛰어나고, 좋은 입지를 선정했다고 해도 그 상권에 자신이 하려는 업종이 이미 포화 상태라면 개점의 의미가 없기 때문이다.

(2) 경쟁점 조사에서는 먼저 경쟁에 대한 개념을 정립해야 한다. 대부분의 업종은 다른 점포와 경쟁하는 동시에 양립한다. 양립이란 상권 내에 유사 업종이 함께 모여 있음으로써 서로의 매출이 증대하는 효과를 말한다.

2) 경쟁점 조사의 목적

(1) 점포 후보지 인근의 경쟁점 현황을 조사하는 목적은 경쟁점포의 인지도, 매장 크기, 취급하는 상품의 성격, 영업시간, 하루 내점 고객수 등을 조사하여 경쟁점보다 우월화, 차별화 전략을 세우기 위해서이다.

(2) 경쟁점이라는 말에서 알 수 있듯이 주변 상권에 경쟁점이 많으면 영업에 부정적인 영향을 주는 것이 일반적이다. 하지만 경쟁점이 있다고 해서 모두 불리한 것은 아니고 주위에 같은 업종이 많아서 오히려 시너지효과를 얻는 경우도 있다.

(3) 경쟁점 조사의 궁극적인 목적은 차별화 전략을 세워 해당 상권을 찾아온 고객을 경쟁점이 아닌 자신의 점포로 끌어들이는 방법을 찾아내는 것이다.

2 경쟁점 분석

1) 경쟁구조를 분석하는 경우에는 상권의 계층적 구조에 입각하여 경쟁업체를 분석하는 것이 필요하고, 직접적인 경쟁 점포뿐만 아니라 잠재적인 경쟁업체도 고려하여야 한다.

2) 예를 들면 1차 상권 또는 2차 상권 내의 경쟁업체를 중점적으로 분석해야 하지만, 경우에 따라서는 3차 상권에 위치한 업체도 강력한 경쟁상대로 철저히 분석하여야 한다.

3) 경쟁점 분석의 궁극적 목적은 효과적인 경쟁전략을 수립하는 데 있다.

03 | 개점전략

CHAPTER 01 개점계획

1 점포개점을 위한 계획 및 전략수립 절차

1) 상권분석 → 입지 선정 → 점포계획 → 소매믹스 설계

2) 출점 의사결정 과정

출점방침 결정 → 출점할 점포 결정 → 점포의 확보 및 사용과 관련된 행정처리 → 점포의 층별 배치 결정 → 머천다이징 결정

2 출점을 위한 투자 타당성 분석

1) 투자의 적절성 평가 기법

(1) 화폐의 시간가치를 고려하는 현금흐름 할인법

순현재가치법 (NPV: Net Present Value)	미래의 모든 현금 유입의 현재가치에서 미래의 모든 현금 유출의 현재가치를 뺀 값이 바로 순현재가치(NPV)인데, NPV = 0이나 0보다 크면 투자안 채택, 0보다 작으면 투자안 기각 • 화폐의 시간가치를 고려 • 현금흐름을 기준으로 함 • 가치의 합계원칙 적용
내부수익률법 (IRR: Internal Rate of Return)	어떤 투자안의 NPV가 0이 되게 하는 할인율(= 내부수익률)을 구해서 시장에서 평가된 회사의 자본비용보다 크면 투자안 채택, 그렇지 않으면 기각
수익성지표법 (PI: Profitability Index)	• 미래의 현금흐름을 투자액으로 나눈 것으로 화폐의 시간가치 고려 • 판단기준은 지수가 1보다 크면, 즉 미래 현금흐름의 현재가치 합이 투자액보다 크면 채택, 그렇지 않으면 포기

(2) 화폐의 시간적 가치를 고려하지 않는 비할인 방식

회수기간법 (PP: Payback Period)	투자에 소요된 투자액을 회수하는 데 걸리는 기간을 구하여 투자의사 결정을 하는 기법 • 계산이 간단하고 이해하기 쉬움 • 위험지표로서의 정보를 제공, 즉 회수기간이 짧을수록 안전한 투자안 • 화폐의 시간적인 가치를 무시 • 회수기간 이후의 현금흐름 무시 • 회수기간만을 고려하기 때문에 투자안의 수익성 자체는 무시

투자분석	• 예상 매출액을 기준으로 손익 분석을 실시한다. 이익은 매출이익, 영업이익, 경상이익, 순이익 등을 추정한다. • 투자수익률(ROI: Return On Investment)은 순이익을 총투자액으로 나눈 것이다. 투자수익률을 12로 나누어 월단위의 투자 회수 기간을 추정한다.

• POWER 기출 ✓ •

소매점포를 개점하기 전에 실시하는 투자분석에 대한 설명으로 가장 옳지 <u>않은</u> 것은?

① 예상매출액을 기준으로 손익분석을 실시한다.
② 매출이익, 영업이익, 경상이익, 순이익 등 다양한 이익을 추정한다.
③ 투자수익률은 연간 매출이익을 총 투자액으로 나눈 것이다.
④ 투자수익률을 12로 나누어 월단위의 투자회수기간을 추정한다.
⑤ 투자회수기간은 짧을수록 바람직하다.

---

③ 개점입지에 대한 법률적 검토

1) 상가건물 임대차보호법

(1) 타인의 건물을 임차하여 점포를 개점하려면 「상가건물 임대차보호법」의 주요내용을 알고 있어야 한다. 이 법은 임대차 등기가 없더라도 임대인이 건물을 인도하고, 사업자 등록을 신청한 다음 날부터 제3자에 대해 효력이 생긴다.

(2) 「민사집행법」에 의한 경매 또는 「국세징수법」에 의한 공매 시 임차 건물의 환가 대금에서 후순위 권리자 또는 그 밖의 채권자보다 우선하여 보증금을 변제받을 수 있는 권리가 생긴다.

(3) 5년 내에 임대료를 12% 이상 올리려고 할 때, 임차인은 이 법을 통해 보호받을 수 있다.

2) 계약 갱신 요구 등

임대인은 임차인이 임대차 기간이 만료되기 6개월 전부터 1개월 전까지 사이에 계약 갱신을 요구할 경우 정당한 사유 없이 거절하지 못한다. 다만, 다음의 어느 하나의 경우에는 그러하지 아니하다(제10조).

(1) 임차인이 3기의 차임액에 해당하는 금액에 이르도록 차임을 연체한 사실이 있는 경우

(2) 임차인이 거짓이나 그 밖의 부정한 방법으로 임차한 경우

(3) 서로 합의하여 임대인이 임차인에게 상당한 보상을 제공한 경우

(4) 임차인이 임대인의 동의 없이 목적 건물의 전부 또는 일부를 전대한 경우

(5) 임차인이 임차한 건물의 전부 또는 일부를 고의나 중대한 과실로 파손한 경우

(6) 임차한 건물의 전부 또는 일부가 멸실되어 임대차의 목적을 달성하지 못할 경우

3) 권리금

(1) 권리금은 기존점포의 영업시설·비품 등 유형물이나 거래처, 신용, 영업상의 노하우 또는 점포 위치에 따른 영업상의 이점 등 무형의 재산적 가치에 대한 대가이다.

(2) 권리금은 그동안 관행적으로만 인정되어 왔으나 2015년「상가건물 임대차보호법」이 개정되면서 법률 규정으로 포함되었다.

(3) 법에서는 "권리금이란 임대차 목적물인 상가건물에서 영업을 하는 자 또는 영업을 하려는 자가 영업시설·비품, 거래처, 신용, 영업상의 노하우, 상가 건물의 위치에 따른 영업상의 이점 등 유형·무형의 재산적 가치의 양도 또는 이용대가로서 임대인, 임차인에게 보증금과 차임 이외에 지급하는 금전 등의 대가를 말한다"고 정의하고 있다.(법 제10조의 3)

(4) 권리금은 바닥 권리금, 영업 권리금, 시설 권리금으로 나뉜다. 바닥 권리금은 말 그대로 상권과 입지를 말하며, 역세권이나 유동인구가 많은 곳일수록 바닥 권리금이 높다. 영업 권리금은 사업자가 얼마나 많은 단골을 확보했는지 여부에 따라 결정된다. 시설 권리금은 감가상각 후 남은 시설의 가치를 말한다.

4) 상가임대료의 인상률 상한

차임 또는 보증금의 증액 청구는 청구 당시의 차임 또는 보증금의 100분의 5의 금액을 초과하지 못한다.

5) 환산 보증금

(1) 환산 보증금 기준은 영세상인의 범위를 규정하기 위해 정한 보증금 수준을 의미하는 것으로「상가건물 임대차보호법」에서 보증금과 월세 환산액을 합한 금액을 말한다.

(2) 우선 변제를 받을 환산 보증금의 기준은 전국적으로 표준화된 동일 기준에서 현재는 지역별 차등 적용으로 변경되었다. 보증금액을 정할 때에는 해당 지역의 경제 여건 및 임대차 목적물의 규모 등을 고려하여 지역별로 구분하여 규정하되, 보증금 외에 차임이 있는 경우에는 그 차임액에 은행의 대출금리 등을 고려하여 100분의 1을 곱하여 환산한 금액을 포함하여야 한다.

(3) 환산 보증금이 일정액(서울특별시는 6억 1,000만원, 수도권 과밀억제권역은 5억원, 광역시 2억 4,000만원. 그 밖의 지역 1억 8,000만원)을 넘게 되면 건물주가 월세를 올리는 데 제한이 없어진다.

상가건물 임대차보호법(법률 제18675호, 2022.1.4.,일부개정)에서 규정하는 환산보증금의 계산식으로 가장 옳은 것은?

① 보증금 + (월임차료 × 24)
② 보증금 + (월임차료 × 36)
③ 보증금 + (월임차료 × 60)
④ 보증금 + (월임차료 × 100)
⑤ 보증금 + (월임차료 × 120)

6) 국토의 계획 및 이용에 관한 법률(국토계획법) 등

(1) 용도지역 · 용도지구

① 「국토의 계획 및 이용에 관한 법률」에서는 용도지역을 도시지역, 관리지역, 농림지역 및 자연환경 보존지역으로 구분하고 있다.

② 도시지역은 주거지역, 상업지역. 공업지역, 녹지지역으로 구분한다. 이 중 상업지역은 중심상업지역, 일반 상업지역, 근린 상업지역, 유통상업지역으로 세분하고 있다.

③ 용도지구는 용도지역의 제한을 강화하거나 완화하여 적용함으로써 용도지역의 기능 증진을 도모하는 것이다. 용도지구는 경관지구, 고도지구, 방화지구, 방재지구, 보호지구, 취락지구, 개발진흥지구, 특정 용도 제한지구(주거 및 교육 환경 보호나 청소년 보호 등의 목적으로 오염물질 배출시설, 청소년 유해시설 등 특정 시설의 입지를 제한할 필요가 있는 지구), 복합용도지구 등 9개 지구로 구분하고 있다.

④ 용도구역은 용도지역 및 용도지구의 제한을 강화하거나 완화하여 이들을 보완하는 역할을 한다.

국토의 계획 및 이용에 관한 법률(법률 제18310호, 2021. 7. 20., 타법 개정)에 의거한 주거 및 교육 환경 보호나 청소년 보호 등의 목적으로 오염물질 배출시설, 청소년 유해시설 등 특정 시설의 입지를 제한할 필요가 있는 용도지구에 해당하는 것으로 가장 옳은 것은?

① 청소년보호지구
② 보호지구
③ 복합용도지구
④ 특정용도제한지구
⑤ 개발제한지구

(2) 토지의 구분

① **획지**: 인위적(인위적인 경제)·자연지(산, 하천 등)·행정적(지목, 지번 등) 조건에 의해 다른 토지와 구별되는 가격 수준이 비슷한 토지를 말한다. 건축용으로 구획 정리를 할 때 한 단위가 되는 땅을 말한다.

② **필지**: 하나의 지번이 붙는 토지의 등록 단위를 말하며(지적법, 제2조 8호), 토지 소유자의 권리를 구분하기 위한 표시이다.

③ **부지**: 구조물의 지반이 되는(또는 될 예정인) 토지를 말한다.

④ **각지**: 둘 이상의 도로에 접하고 있는 획지를 말하며, 접면하는 각의 수에 따라 2면 각지, 3면 각지, 4면 각지로 나눌 수 있다. 각지는 일조와 통풍이 양호하고 출입이 편리하여 광고효과가 높지만, 상대적으로 소음, 도난, 교통 등의 피해를 받을 가능성이 높다는 단점이 있다.

• POWER 기출 ✔ •

점포를 건축하기 위해 필요한 토지와 관련된 설명으로서 옳지 않은 것은?

① 획지란 인위적·자연적·행정적 조건에 따라 다른 토지와 구별되는 일단의 토지이다.
② 획지는 필지나 부지와 동의어이며 획지의 형상에는 직각형, 정형, 부정형 등이 있다.
③ 각지는 일조와 통풍이 양호하지만 소음이 심하며 도난이나 교통피해를 받기 쉽다.
④ 각지는 출입이 편리하며 시계성이 우수하여 광고선전의 효과가 높다.
⑤ 각지는 획지 중에서도 2개 이상의 가로각(街路角)에 해당하는 부분에 접하는 토지이다.

---

7) 유통산업발전법

(1) 소매점포의 개설 및 입지

① 대규모 점포를 개설하거나 전통 상업 보존 구역에 준대규모 점포를 개설하려는 자는 영업을 시작하기 전에 상권영향평가서 및 지역협력계획서를 첨부하여 특별자치시장·시장·군수·구청장에게 등록하여야 한다.

② 대규모 점포 등의 위치가 전통 상업 보존 구역에 있을 때에는 등록을 제한하거나 조건을 붙일 수 있다.

(2) 대형마트 등에 대한 영업시간 제한이나 의무휴업일 지정

① 특별자치시장·시장·군수·구청장 등은 오전 0시부터 오전 10시까지의 범위에서 영업시간을 제한할 수 있다.

② 특별자치시장·시장·군수·구청장 등은 매월 이틀을 의무휴업일로 지정하여야 한다.

③ 영업시간 제한 및 의무휴업일 지정에 필요한 사항은 해당 지방자치단체의 조례로 정한다.

④ 의무휴업일은 공휴일 중에서 지정하되, 이해당사자와 합의를 거쳐 공휴일이 아닌 날을 의무휴업일로 지정할 수 있다.

① 점포의 개점을 위한 검토 내용

1) 상권의 현황 파악

먼저 거주 인구 및 세대수 증가 여부, 재개발이나 재건축 등에 따른 장래의 인구 동향, 연령 구성, 소득 수준 등을 조사해야 한다. 그리고 인근에 살거나 현재 영업을 하고 있는 점포들을 방문하여 점포 범위 내의 상권 현황을 충분히 파악한다.

2) 유동인구의 흐름 파악

특정한 시간대가 아닌 아침부터 밤까지 유동인구의 흐름을 확인하고 상권을 점검한다. 또한 가까운 장래에 대중교통의 변화나 대형점포의 출점 계획이 있는지에 대해 도시 계획, 도로 확장 계획 등을 검토해 봐야 한다.

3) 통행량 조사

점포 성공에 적합한 입지조건은 사람과 자동차의 움직임이나 통행량에 의해서 결정된다. 이것은 하루의 시간 경과에 따라 변화하므로 어느 정도의 양이 얼마만큼 변화하는지 종합적인 평가가 이루어져야 정확한 결과를 얻을 수 있다.

4) 상품별 입지 확인

점포에서 취급하는 상품별로 유리한 입지를 구별해 보면, 식품과 생활용품 등을 판매하는 점포라면 주택이나 아파트 밀집 지역이 좋다. 또 패션과 관련된 의류품, 화장품, 보석 등을 취급하는 점포라면 역세권의 유동인구가 많은 곳이 유리하다.

② 개점 전략의 방향

1) 시장력 우선 전략

점포를 개점할 때는 시장력이 높은 지역부터 출점하는 것이 바람직하다. 그 이유는 시장력의 크기에 따라 경합의 정도가 다르기 때문이다. 시장력이 크면 경합의 영향은 작고 시장력이 작으면 경합의 영향은 크다. 이 전략은 인지도 확대 전략과도 연계하여 확인해야 한다.

2) 시장력 흡수 전략

시장에 맞는 규모와 형태로 출점해야 한다는 것이다. 시장규모에 맞는 출점을 해야 그 시장이 갖는 잠재력을 충분히 흡수할 수 있다. 시장규모가 크다고 해도 상대적으로 점포 규모가 작다면 시장의 잠재수요를 충분히 흡수할 수 없다.

3) 인지도 확대 전략

점포개점 지역에서 인지도를 높이기 위해서는 상품이나 체인을 인지시키는 광고뿐만 아니라 점포 그 자체를 인지시킬 수 있도록 고객과의 접촉 횟수를 늘리려는 노력이 필요하다. 이는 신규고객의 유치를 위해 필요하다.

3 출점 전략의 유형

구분	시장력 낮음	시장력 높음
점포 수 많음	도미넌트 전략	
점포 수 많음	–	브랜드 전략
점포 수 많음	–	다각화 전략
점포 수 많음	–	인지도 우선 전략
점포 수 적음	무풍지대 전략	시장력 선택 전략
점포 수 적음	시장력 우선전략	

1) 도미넌트 전략

도미넌트(Dominant) 상권 전략은 하나의 특정 상권에 여러 개의 점포를 개설하여 시장점유율을 확대하려는 전략이다. 주로 스타벅스와 같은 커피전문점이나 파리바게트 등의 외식산업 프랜차이즈 업체에서 사용하고 있다.

2) 도미넌트 전략의 장점

물류 및 점포관리의 효율성 증대, 상권 내 시장점유율의 확대, 경쟁점의 진입 차단, 브랜드 인지도 개선 및 마케팅효과 개선 등을 들 수 있다. 그러나 자기잠식, 즉 제살 깎아먹기와 같은 문제가 발생할 수 있고, 단위 점포의 매장 면적을 키우기 어렵다.

3) 도미넌트 전략의 유형

브랜드 전략	끼어들기나 위성 출점이라고 불리는 것으로 집중 출점에 의해 최적으로 배치한 후, 점포 사이의 상권을 메워 매출을 늘리고자 하는 중복출점전략
다각화 전략	• 집중 출점으로 동일 간판 점포를 최적 배치한 후 해당 상권에서 자사의 시장점유율을 더 높이기 위한 전략 • 시장력이 높은 지역에서 업종과 업태를 변화시켜 고객의 니즈를 흡수하여 매출을 올리는 전략
인지도 우선 전략	일정한 넓은 지역이나 도시 전체를 대상으로 한 집중 출점전략으로 시장력이 높은 상권범위에 복수의 동일 간판점포를 최적으로 배치하여 그 지역에서 인지도를 높이는 전략

4 신규점포의 출점 절차

출점 방침 결정 → 출점지역 결정 → 점포 물색 → 사업 계획(수익성 및 자금 조달 계획) 수립 → 점포매입 (또는 건설) → 개점

5 점포의 매력도를 평가하는 입지조건의 특성

1) 접근성

얼마나 그 점포를 쉽게 찾아올 수 있는가 또는 점포 진입이 수월한가를 의미

2) 인지성

점포를 찾아오는 고객에게 점포의 위치를 쉽게 설명할 수 있는 설명의 용이도

3) 가시성

점포 전면을 오고 가는 고객들이 그 점포를 쉽게 발견할 수 있는지의 척도

4) 홍보성

사업 시작 후 고객에게 어떻게 유효하게 점포를 알릴 수 있는가를 의미

5) 호환성

점포에 입점 가능한 업종의 다양성 정도 즉, 다양한 업종의 성공 가능성을 의미

6 피해야 할 점포입지

1) 점포 주변에 같은 업종의 큰 점포가 있는 곳

2) 상권이 확대되어 경쟁만 치열해지는 곳

3) 맞은편에 점포가 없어 고객 흡인력이 약한 곳

4) 주변 점포가 기술 위주 서비스업종이나 저가 상품 위주인 곳

5) 일방(편도)통행 도로변인 곳

6) 유동인구가 많아도 그냥 흐르는 곳

7) 업종이나 주인이 자주 바뀌는 점포

8) 임대료나 권리금이 유난히 싼 점포

• **POWER 기출** ✅ •

소매점포의 부지(site)를 선정할 때 고려해야 할 가장 중요한 기준으로 옳은 것은?

① 부지의 고객접근성
② 부지의 주요 내점객
③ 점포의 가시성
④ 점포의 수익성
⑤ 점포의 임대료

---

01   유통 상권조사

01 ★★★★
상권의 정의와 유형

상권을 구분하거나 상권별 대응전략을 수립할 때 필수적으로 이해하고 있어야 할 상권의 개념과 일반적 특성을 설명한 내용 중에서 가장 옳지 <u>않은</u> 것은?

① 1차 상권이 전략적으로 중요한 이유는 소비자의 밀도가 가장 높은 곳이고 상대적으로 소비자의 충성도가 높으며 1인당 판매액이 가장 큰 핵심적인 지역이기 때문이다.

② 1차 상권은 전체상권 중에서 점포에 가장 가까운 지역을 의미하는데 매출액이나 소비자의 수를 기준으로 일반적으로 약 60% 정도까지를 차지하지만 그 비율은 절대적이지 않다.

③ 2차 상권은 1차 상권을 둘러싸는 형태로 주변에 위치하여 매출이나 소비자의 일정비율을 추가로 흡수하는 지역이다.

④ 3차 상권은 상권으로 인정하는 한계(fringe)가 되는 지역 범위로, 많은 경우 지역적으로 넓게 분산되어 위치하여 소비자의 밀도가 가장 낮다.

⑤ 3차 상권은 상권 내 소비자의 내점빈도가 1차 상권에 비해 높으며 경쟁점포들과 상권중복 또는 상권잠식의 가능성이 높은 지역이다.

[해설]

3차 상권은 상권으로 인정하는 한계(fringe)가 되는 지역 범위로, 소비자의 밀도가 가장 낮음. 따라서 3차 상권은 상권 내 소비자의 내점빈도가 1차 상권에 비해 낮을 수밖에 없고 경쟁점포들과 상권이 중복되거나 상권이 잠식될 가능성이 높음

[정답] ⑤

02 ★
상권의 정의와 유형

소매점포의 상권범위나 상권형태를 설명한 내용 중에서 가장 옳지 <u>않은</u> 것은?

① 현실에서 관찰되는 상권의 형태는 점포를 중심으로 일정거리 이내를 포함하는 원형으로 나타난다.

② 상품구색이 유사하더라도 판촉활동이나 광고활동의 차이에 따라 점포들 간의 상권범위가 달라진다.

③ 입지조건과 점포의 전략에 변화가 없어도 상권의 범위는 다양한 영향요인에 의해 유동적으로 변화하기 마련이다.

④ 동일한 지역시장에 입지한 경우에도 점포의 규모에 따라 개별 점포의 상권범위는 차이를 보인다.

⑤ 점포의 규모가 비슷하더라도 업종이나 업태에 따라 점포들의 상권범위는 차이를 보인다.

[해설]

현실에서 관찰되는 상권의 형태는 점포를 중심으로 일정거리 이내를 포함하는 원형으로 나타나는 것이 아님. 상권의 형태는 점포의 위치, 소비자의 특성, 교통여건, 경쟁상황 등 다양한 요인에 의해 영향을 받으므로 상권의 형태는 원형, 타원형, 다각형 등 다양한 형태로 나타날 수 있음

[정답] ①

03 ★★★

상권의 유형에 대한 설명으로 가장 옳지 <u>않은</u> 것은?

① 도심상권은 중심업무지구(CBD)를 포함하며 상권의 범위가 넓고 소비자들의 평균 체류시간이 길다.

② 근린상권은 점포인근 거주자들이 주요 소비자로 생활밀착형 업종의 점포들이 입지하는 경향이 있다.

③ 부도심상권은 간선도로의 결절점이나 역세권을 중심으로 형성되는 경우가 많으며 도시전체의 소비자를 유인한다.

④ 역세권상권은 지하철이나 철도역을 중심으로 형성되며 지상과 지하의 입체적 상권으로 고밀도 개발이 이루어지는 경우가 많다.

⑤ 아파트상권은 고정고객의 비중이 높아 안정적인 수요확보가 가능하지만 외부와 단절되는 경우가 많아 외부고객을 유치하는 상권확대가능성이 낮은 편이다.

[해설]
부도심상권은 주로 도심상권과 근린상권 사이에 위치하기 때문에, 도심상권이나 근린상권을 이용하는 소비자가 부도심상권을 이용하기도 함. 그러나 부도심상권을 이용하기 위해 별도로 이동하는 소비자는 상대적으로 적음

[정답] ③

04 ★★

소매점의 입지와 상권에 대한 설명으로 가장 옳은 것은?

① 입지 평가에는 점포의 층수, 주차장, 교통망, 주변 거주인구 등을 이용하고, 상권 평가에는 점포의 면적, 주변유동인구, 경쟁점포의 수 등의 항목을 활용한다.

② 상권을 강화한다는 것은 점포가 더 유리한 조건을 갖출 수 있도록 점포의 속성들을 개선하는 것을 의미한다.

③ 상권은 점포를 경영하기 위해 선택한 장소 또는 그 장소의 부지와 점포 주변의 위치적 조건을 의미한다.

④ 입지는 점포를 이용하는 소비자들이 분포하는 공간적 범위 또는 점포의 매출이 발생하는 지역 범위를 의미한다.

⑤ 상권은 일정한 공간적 범위(boundary)로 표현되고 입지는 일정한 위치를 나타내는 주소나 좌표를 가지는 점(point)으로 표시된다.

[해설]
입지는 점포의 위치를 의미하는 반면, 상권은 점포의 잠재 고객이 분포하는 지역을 의미함. 따라서 입지를 강화한다는 것은 점포의 위치를 개선하는 것이 아니라, 점포의 속성들을 개선하여 더 유리한 조건을 갖추는 것을 의미함

[정답] ⑤

05 ★★★★

상권범위의 결정 요인에 대한 설명으로 가장 옳지 <u>않은</u> 것은?

① 상권을 결정하는 요인에는 시간요인과 비용요인이 포함된다.

② 공급측면에서 비용요인 중 교통비가 저렴할수록 상권은 축소된다.

③ 수요측면에서 고가품, 고급품일수록 상권범위가 확대된다.

④ 재화의 이동에서 사람을 매개로 하는 소매상권은 재화의 종류에 따라 비용 지출이나 시간 사용이 달라지므로 상권의 크기도 달라진다.

⑤ 시간요인은 상품가치를 좌우하는 보존성이 강한 재화일수록 상권범위가 확대된다.

[해설]
교통비가 저렴할수록 고객의 이동 비용이 감소하므로, 상권 범위가 확대될 수 있음

[정답] ②

06 ★

한 도시 내 상권들의 계층성에 대한 설명으로 가장 옳지 않은 것은?

① 지역상권은 보통 복수의 지구상권을 포함한다.
② 지역상권은 대체로 도시의 행정구역과 일치하기도 한다.
③ 일반적으로 점포상권은 점포가 입지한 지구의 상권보다 크지 않다.
④ 같은 지구 안의 점포들은 특성이 달라도 상권은 거의 일치한다.
⑤ 지방 중소도시의 지역상권은 도시 중심부의 지구상권과 거의 일치한다.

해설

같은 지구 안의 점포라 하더라도 대형마트는 식료품, 의류, 가전제품 등 다양한 상품을 판매하는 반면, 편의점은 식료품과 생필품 위주로 판매함. 따라서 대형마트의 상권은 편의점의 상권보다 넓을 수 있음

정답 ④

07 ★★★★★

지리정보시스템(GIS)을 이용한 상권정보시스템 구축과 관련된 내용으로 가장 옳지 않은 것은?

① 개별 상점의 위치정보는 점 데이터로, 토지이용 등의 정보는 면(面) 데이터로 지도에 수록한다.
② 지하철노선, 도로 등은 선(線) 데이터로 지도에 수록하고 데이터베이스(DB)를 구축한다.
③ 고객의 인구통계정보 등은 DB로 구축하여, 표적고객집단을 파악하고 상권경계선을 추정할 수 있게 한다.
④ 주제도 작성, 공간 조회, 버퍼링을 통해 효과적인 상권분석이 가능하다.
⑤ 지리정보시스템에 기반한 상권분석정보는 현실적으로 주로 대규모점포에 한정하여 상권분석, 입지선정, 잠재수요 예측, 매출액 추정에 활용되고 있다.

해설

지리정보시스템에 기반한 상권분석정보는 소규모점포에도 활용될 수 있음. 소규모점포의 상권분석을 위해 고객의 인구통계정보, 경쟁점포의 정보, 교통정보 등을 활용하여 상권경계선을 추정하고, 잠재수요를 예측할 수 있음

정답 ⑤

08 ★★★

신규점포의 예상매출액을 추정할 때 활용하는 애플바움(W. Applebaum)의 유추법(analog method)에 대한 설명으로 옳지 않은 것은?

① 일관성 있는 예측이 중요하므로 소비자 특성의 지역별 차이를 고려하기보다는 동일한 방법을 적용해야 한다.
② 현재 운영 중인 상업시설 중에서 유사점포(analog store)를 선택한다.
③ 과거의 경험을 계량화한 자료를 이용해 미래를 예측하지만 시장요인과 점포특성들이 끊임없이 변화하기 때문에 주관적 판단이 요구된다.
④ 비교대상 점포들의 특성이 정확히 일치하는 경우를 찾기 어려울 뿐만 아니라 특정 환경변수의 영향이 동일하게 작용하지도 않기 때문에 주관적 판단이 요구된다.
⑤ 점포의 물리적 특성, 소비자의 쇼핑패턴, 소비자의 인구통계적 특성, 경쟁상황이 분석대상과 비슷한 점포를 유사점포(analog store)로 선택하는 것이 바람직하다.

해설

애플바움의 유추법은 과거의 경험을 바탕으로 미래를 예측하는 방법이므로, 소비자 특성의 지역별 차이를 고려하지 않고 동일한 방법을 적용하면, 지역별 특성에 따른 매출액의 차이를 제대로 반영하지 못할 수 있다.

정답 ①

09 ★★★★★　　　　　　상권분석의 개념 및 평가 방법

입지 분석에 사용되는 각종 이론들에 대한 설명 중 가장 옳지 않은 것은?

① 공간상호작용모델은 소비자 구매행동의 결정요인에 대한 이해를 통해 입지를 결정한다.
② 다중회귀분석은 점포성과에 영향을 주는 요소의 절대적 중요성을 회귀계수로 나타낸다.
③ 유추법은 유사점포에 대한 분석을 통해 입지 후보지의 예상매출을 추정한다.
④ 체크리스트법은 특정 입지의 매출규모와 입지비용에 영향을 줄 요인들을 파악하고 유효성을 평가한다.
⑤ 입지분석이론들은 소매점에 대한 소비자 점포선택 행동과 소매상권의 크기를 설명한다.

[해설]
다중회귀분석은 점포성과에 영향을 주는 요소들의 상호작용을 고려하여 점포성과를 예측하는 통계적 방법으로, 다중회귀분석을 통해 얻을 수 있는 회귀계수는 해당 요소가 점포성과에 미치는 영향의 상대적 중요성을 나타냄

[정답] ②

10 ★★★★★　　　　　　상권분석의 개념 및 평가 방법

허프(Huff)모델보다 분석과정이 단순해서 상권분석에서 실무적으로 많이 활용되는 수정허프(Huff)모델의 특성에 관한 설명으로 가장 옳지 않은 것은?

① 분석을 위해 상권 내에 거주하는 소비자의 개인별 구매행동 데이터를 수집할 필요가 없다.
② 허프(Huff)모델과 같이 점포면적과 점포까지의 거리를 통해 소비자의 점포 선택확률을 계산할 수 있다.
③ 상권분석 상황에서 실무적 편의를 위해 점포면적과 거리에 대한 민감도를 따로 추정하지 않는다.
④ 허프(Huff)모델과 달리 수정허프(Huff)모델은 상권을 세부지역(zone)으로 구분하는 절차를 거치지 않는다.
⑤ 허프(Huff)모델에서 추정해야하는 점포면적과 이동거리변수에 대한 소비자의 민감도계수를 '1'과 '-2'로 고정하여 인식한다.

[해설]
수정허프모델은 허프모델과 달리 상권을 세부적으로 구분하고, 그에 따라 세부지역별로 상점 선택 확률을 계산하는 절차를 포함함. 따라서 수정허프모델은 상권을 세부지역으로 구분하는 절차를 거치지 않는다는 것은 옳지 않음

[정답] ④

11 ★★★　　　　　　상권분석의 개념 및 평가 방법

아래 글상자의 상권분석방법들 모두에 해당되거나 모두를 적용할 수 있는 상황으로서 가장 옳은 것은?

- 컨버스의 분기점분석
- CST(customer spotting technique) map
- 티센다각형(thiessen polygon)

① 개별 소비자의 위치 분석
② 소비자를 대상으로 하는 설문조사의 실시
③ 상권의 공간적 경계 파악
④ 경쟁점의 영향력 파악
⑤ 개별점포의 매출액 예측

[해설]
컨버스의 분기점 분석, CST map, 티센다각형은 모두 상권의 공간적 경계를 파악하는 분석 방법임

[정답] ③

12 ★★

아래 글상자의 왼쪽에는 다양한 상권분석 기법들의 특성이 정리되어 있다. 이들 특성과 관련된 상권분석 기법들을 순서대로 정리한 것으로 가장 옳은 것은?

분석내용 및 특성		상권분석 기법
두 도시 간의 상권경계지점	( )	
점포이미지 등 다양한 점포특성 반영	( )	
Newton의 중력모형을 수용한 초기모형	( )	㉠ 다항로짓(MNL) 모형 ㉡ Huff 모형 ㉢ Converse 모형 ㉣ Christaller 중심지이론 ㉤ Reilly의 소매중력모형
소비자의 점포선택은 결정론적이 아님	( )	
육각형 형태의 배후자 모양	( )	

① ㉠, ㉤, ㉡, ㉢, ㉣
② ㉢, ㉣, ㉤, ㉡, ㉠
③ ㉢, ㉡, ㉠, ㉣, ㉢
④ ㉣, ㉤, ㉢, ㉠, ㉡
⑤ ㉢, ㉠, ㉤, ㉡, ㉣

해설

㉠ 다항로짓(MNL) 모형: 점포이미지와 입지특성을 반영하여 상권을 분석하는 기법
㉡ Huff 모형: 효용의 상대적 크기를 상업집적의 면적과 소비자의 거주지로부터의 거리에 따라 결정된다는 이론으로 거리가 가깝고 매장면적이 큰 점포가 큰 효용을 제공한다고 가정함
㉢ Converse 모형: 두 도시 사이의 거래가 분기되는 중간지점의 위치를 결정하는 분석 기법
㉣ Christaller 중심지이론: 지역 내의 생활거주지의 입지, 수적 분포, 취락들 간의 거리관계와 같은 공간구조를 설명하는 이론으로 중심지와 그 세력권은 육각형 구조를 이루고 입지하는 것이 합리적이라고 가정함
㉤ Reilly의 소매중력모형: 점포들의 밀집도가 점포의 매력도를 증가시키는 경향이 있음을 나타내는 법칙

정답 ⑤

13 ★★★

지역시장의 매력도를 분석할 때 소매포화지수(IRS)와 시장성장잠재력지수(MEP)를 활용할 수 있다. 입지후보가 되는 지역시장의 성장가능성은 낮지만, 시장의 포화 정도가 낮아 기존 점포 간의 경쟁이 치열하지 <u>않은</u> 경우로서 가장 옳은 것은?

① 소매포화지수(IRS)와 시장성장잠재력지수(MEP)가 모두 높은 경우
② 소매포화지수(IRS)는 높지만 시장성장잠재력지수(MEP)가 낮은 경우
③ 소매포화지수(IRS)는 낮지만 시장성장잠재력지수(MEP)가 높은 경우
④ 소매포화지수(IRS)와 시장성장잠재력지수(MEP)가 모두 낮은 경우
⑤ 소매포화지수(IRS)와 시장성장잠재력지수(MEP)만으로는 판단할 수 없다.

해설

① 소매포화지수(IRS)와 시장성장잠재력지수(MEP)가 모두 높은 경우: 지역시장의 매력도가 매우 높은 경우
② 소매포화지수(IRS)는 높지만 시장성장잠재력지수(MEP)가 낮은 경우: 지역시장의 매력도가 낮은 경우
③ 소매포화지수(IRS)는 낮지만 시장성장잠재력지수(MEP)가 높은 경우: 지역시장의 매력도가 높은지 낮은지 판단하기 어려움
④ 소매포화지수(IRS)와 시장성장잠재력지수(MEP)가 모두 낮은 경우: 지역시장의 매력도가 낮은 경우

정답 ②

14 ★★★ 상권분석의 개념 및 평가 방법

소매입지를 선정하기 위해 활용되는 각종 지수(index)에 대한 설명으로 가장 옳지 <u>않은</u> 것은?

① 시장포화지수(IRS)는 특정 시장 내에서 주어진 제품계열에 대한 점포면적당 잠재매출액의 크기이다.
② 구매력지수(BPI)는 주로 통계자료의 수집단위가 되는 행정구역별로 계산할 수 있다.
③ 시장확장잠재력지수(MEP)는 지역 내 소비자들이 타지역에서 쇼핑하는 비율을 고려하여 계산한다.
④ 판매활동지수(SAI)는 특정 지역의 총면적당 점포면적 총량의 비율을 말한다.
⑤ 구매력지수(BPI)는 주로 인구, 소매 매출액, 유효소득 등의 요인을 이용하여 측정한다.

[해설]
판매활동지수는 특정 지역의 총면적당 점포면적 총량의 비율이 아니라, 특정 지역의 점포 수와 인구수의 비율로 계산함. 따라서 판매활동지수(SAI)는 특정 지역의 총면적당 점포면적 총량의 비율을 말한다는 설명은 옳지 않음

[정답] ④

15 ★★★ 상권설정, 업태 및 업종별 상권의 분석, 상권·입지분석의 제이론, 상권조사의 방법과 분석

지리학자인 크리스탈러(W. Christaller)의 중심지이론의 기본적 가정과 개념에 대한 설명으로 옳지 <u>않은</u> 것은?

① 중심지 활동이란 중심지에서 재화와 서비스가 제공되는 활동을 의미한다.
② 중심지에서 먼 곳은 재화와 서비스를 제공받지 못하게 된다고 가정한다.
③ 조사대상 지역은 구매력이 균등하게 분포하고 끝이 없는 등방성의 평지라고 가정한다.
④ 최소요구범위는 생산자가 정상이윤을 얻을 만큼 충분한 소비자들을 포함하는 경계까지의 거리이다.
⑤ 중심지이론은 인간의 각종 활동공간이 어떤 핵을 중심으로 배열되어 있다는 인식에서 비롯되었다.

[해설]
크리스탈러의 중심지이론은 중심지와 그 주변의 보완구역이 육각형으로 분포한다는 가정 아래, 중심지와 보완구역의 관계를 설명하는 이론임. 따라서 중심지에서 먼 곳이 재화와 서비스를 제공받지 못하게 된다고 가정하는 것은 옳지 않음

[정답] ②

제1과목

제2과목

제3과목

제4과목

모의고사

SUBJECT 02 · 상권분석 **191**

01 ★

매력적인 점포입지를 결정하기 위해서는 구체적인 입지 조건을 평가하는 과정을 거친다. 점포의 입지조건에 대한 일반적 평가로서 그 내용이 가장 옳은 것은?

① 점포면적이 커지면 매출도 증가하는 경향이 있어 점포규모가 클수록 좋다.
② 건축선 후퇴(setback)는 직접적으로 가시성에 긍정적인 영향을 미친다.
③ 점포 출입구 부근에 단차가 없으면 사람과 물품의 출입이 용이하여 좋다.
④ 점포 부지와 점포의 형태는 정사각형에 가까울수록 소비자 흡인에 좋다.
⑤ 평면도로 볼 때 점포의 정면너비에 비해 깊이가 더 클수록 바람직하다.

[해설]
① 점포면적이 커지면 매출도 증가하는 경향이 있어 점포규모가 클수록 좋다는 것은 매출과 관련된 내용이지만, 점포규모가 클수록 임대료나 인건비 등 고정비가 증가할 수 있기 때문에 무조건 점포규모가 클수록 좋은 것은 아님
② 건축선 후퇴(setback)는 직접적으로 가시성에 긍정적인 영향을 미친다는 것은 가시성과 관련된 내용이지만, 건축선 후퇴는 점포의 면적을 감소시키는 요인이 되므로, 가시성만을 고려하여 건축선 후퇴를 결정하는 것은 바람직하지 않음
④ 점포 부지와 점포의 형태는 정사각형에 가까울수록 소비자 흡인에 좋다는 것은 소비자 흡인과 관련된 내용이지만, 점포의 형태는 점포의 용도나 특성에 따라 적합한 형태가 다르므로, 무조건 정사각형에 가까운 형태가 소비자 흡인에 좋다고 할 수는 없음
⑤ 평면도로 볼 때 점포의 정면너비에 비해 깊이가 더 클수록 바람직하다는 것은 점포의 구성과 관련된 내용이지만, 점포의 구성은 점포의 상품구성이나 진열방식에 따라 적합한 형태가 다르므로, 무조건 정면너비에 비해 깊이가 더 큰 형태가 바람직하다고 할 수는 없음

[정답] ③

02 ★

사람들은 점포가 눈앞에 보여도 간선도로를 횡단해야 하는 경우 그 점포에 접근하지 않으려는 경향을 보인다. 이런 현상에 대한 설명으로 가장 옳은 것은?

① 최단거리로 목적지까지 가고자 하는 최단거리 추구의 원칙
② 득실을 따져 득이 되는 쪽을 선택하려는 보증 실현의 원칙
③ 위험하거나 잘 모르는 길을 지나지 않으려는 안전추구의 원칙
④ 사람이 운집한 곳을 선호하는 인간집합의 원칙
⑤ 동선을 미리 예상하고 진행하지만 상황에 맞추어 적응하는 목적추구의 원칙

[해설]
사람들은 일반적으로 위험하거나 잘 모르는 길을 지나지 않으려는 경향이 있는데 이는 위험을 회피하고 안전을 추구하려는 인간의 본능에 기인함. 점포가 눈앞에 보여도 간선도로를 횡단해야 하는 경우, 사람들은 간선도로의 교통량이나 교통사고 위험 등을 우려하여, 그 점포에 접근하지 않으려는 경향을 보임

[정답] ③

03 ★

도매입지와 소매입지의 개요

입지선정을 위해서는 도시공간구조상에서의 동선(動線)에 대한 이해가 필요하다. 동선에 대한 아래 글상자의 설명 중에서 옳지 <u>않은</u> 설명들만을 바르게 짝지은 것은?

> ㉠ 화물차 통행이 많은 도로는 자석(anchor)과 자석을 연결하는 동선상에 있다고 할 수 있다.
> ㉡ 동선이란 사람들이 집중하는 자석(anchor)과 자석을 연결하는 흐름을 말한다.
> ㉢ 주동선이란 자석(anchor)과 자석을 잇는 가장 기본이 되는 선을 말한다.
> ㉣ 경제적 사정으로 많은 자금이 필요한 주동선에 입지하기 어려운 점포는 부동선(副動線)을 중시한다.
> ㉤ 복수의 자석(anchor)이 있는 경우의 동선을 부동선(副動線)이라 한다.

① ㉠ - ㉡   ② ㉠ - ㉤
③ ㉡ - ㉣   ④ ㉢ - ㉣
⑤ ㉢ - ㉤

해설

㉠ 화물차 통행이 많은 도로는 자석과 자석의 연결을 막는 동선의 특징을 가진다고 볼 수 있음
㉤ 복수의 자석입지가 있는 경우에는 복수동선이라고 함

정답 ②

04 ★★★

도매입지와 소매입지의 개요

공간균배의 원리나 소비자의 이용목적에 따라 소매점의 입지유형을 분류하기도 한다. 이들 입지유형과 특성의 연결로서 가장 옳은 것은?

① 적응형 입지 - 지역 주민들이 주로 이용함
② 산재성 입지 - 거리에서 통행하는 유동인구에 의해 영업이 좌우됨
③ 집재성 입지 - 동일 업종끼리 모여 있으면 불리함
④ 생활형 입지 - 동일 업종끼리 한 곳에 집단적으로 입지하는 것이 유리함
⑤ 집심성 입지 - 배후지나 도시의 중심지에 모여 입지하는 것이 유리함

해설

① 적응형 입지: 거리에서 통행하는 유동인구에 의해 영업이 좌우됨
② 산재성 입지: 동일점포가 모여 있지 않고 산재하는 것이 유리함
③ 집재성 입지: 동일 업종끼리 한 곳에 집단적으로 입지하는 것이 유리함
④ 생활형 입지: 지역 주민들이 주로 이용함

정답 ⑤

05 ★★

도매입지와 소매입지의 개요

입지의사결정 과정에서 점포의 매력도에 영향을 미치는 입지조건 평가에 대한 설명으로 가장 옳지 <u>않은</u> 것은?

① 상권단절요인에는 하천, 학교, 종합병원, 공원, 주차장, 주유소 등이 있다.
② 주변을 지나는 유동인구의 수보다는 인구특성과 이동방향 및 목적 등이 더 중요하다.
③ 점포가 보조동선 보다는 주동선상에 위치하거나 가까울수록 소비자 유입에 유리하다.
④ 점포나 부지형태는 정방형이 장방형보다 가시성이나 접근성 측면에서 유리하다.
⑤ 층고가 높으면 외부가시성이 좋고 내부에 쾌적한 환경을 조성하기 유리하다.

해설

점포나 부지 형태는 가시성과 접근성 측면에서 정방형이 장방형보다 항상 유리한 것은 아니며, 구체적인 상황과 용도에 따라 다름

정답 ④

06 ★★★

소매입지 유형과 아래 글상자 속의 입지특성의 올바르고 빠짐없는 연결로서 가장 옳은 것은?

⊙ 고객흡인력이 강함
ⓒ 점포인근에 거주인구 및 사무실 근무자가 많음
ⓒ 점포주변 유동인구가 많음
ⓔ 대형 개발업체의 개발계획으로 조성됨
---

① 백화점 - ⊙, ⓒ, ⓔ
② 독립입지 - ⊙, ⓒ, ⓔ
③ 도심입지 - ⊙, ⓒ, ⓔ
④ 교외 대형쇼핑몰 - ⓒ, ⓒ, ⓔ
⑤ 근린쇼핑센터 - ⊙, ⓒ, ⓔ

해설
백화점은 고객흡인력이 강하고, 주변에 유동인구가 많으며, 개발계획에 의해 조성된 경우가 많음

정답 ①

07 ★★

소매점포의 다른 입지유형과 비교할 때 상대적으로 노면독립입지가 갖는 일반적인 특징으로 가장 옳지 않은 것은?

① 가시성이 좋다.
② 다른 점포와의 시너지 효과를 기대하기 어렵다.
③ 임대료가 낮다.
④ 주차공간이 넓다.
⑤ 마케팅 비용이 적게 든다.

해설
노면독립입지는 고객들이 오직 그 점포만을 생각하고 방문하기 때문에 고객을 유인하기 위한 상품, 가격, 판촉, 서비스 등에 차별화를 기해야 함. 따라서 마케팅 비용이 많이 소요됨

정답 ⑤

08 ★★★

중심상업지역(CBD: central business district)의 입지특성에 대한 설명 중 가장 옳지 않은 것은?

① 상업활동으로도 많은 사람을 유인하지만 출퇴근을 위해서도 이곳을 통과하는 사람이 많다.
② 백화점, 전문점, 은행 등이 밀집되어 있다.
③ 주차문제, 교통혼잡 등이 교외 쇼핑객들의 진입을 방해하기도 한다.
④ 소도시나 대도시의 전통적인 도심지역을 말한다.
⑤ 대중교통의 중심이며, 도보통행량이 매우 적다.

해설
중심상업지역(CBD)은 대중교통의 중심지이므로 도보통행량이 많을 수밖에 없음

정답 ⑤

09 ★

둥지내몰림 또는 젠트리피케이션(gentrification)에 관한 내용으로 가장 옳지 않은 것은?

① 낙후된 도심 지역의 재건축 · 재개발 · 도시재생 등 대규모 도시개발에 연관된 현상
② 도시개발로 인해 지역의 부동산 가격이 급격하게 상승할 때 주로 발생하는 현상
③ 도시개발 후 지역사회의 원주민들의 재정착비율이 매우 낮은 현상을 포함
④ 상업지역의 활성화나 관광명소화로 인한 기존 유통업체의 폐점 증가 현상을 포함
⑤ 임대료 상승으로 인해 대형점포 대신 다양한 소규모 근린상점들이 입점하는 현상

해설
젠트리피케이션 과정에서는 일반적으로 임대료가 급격히 상승하여 대형 프랜차이즈나 고급 상점들이 들어오는 경향이 있음. 따라서 임대료 상승으로 소규모 근린상점들이 들어오는 현상은 전형적인 젠트리피케이션 현상과 일치하지 않음

정답 ⑤

10 ★★
쇼핑센터

다양한 소매점포 유형들 중에서 광범위한 상권범위를 갖는 대형상업시설인 쇼핑센터의 전략적 특성은 테넌트믹스(tenant mix)를 통해 결정된다고 한다. 상업시설의 주요 임차인으로서 시설 전체의 성격을 결정하는 앵커점포(anchor store)에 해당하는 것으로 가장 옳은 것은?

① 마그넷 스토어
② 특수테넌트
③ 핵점포
④ 일반테넌트
⑤ 보조핵점포

[해설]
① 마그넷 스토어: 앵커점포와 유사한 개념으로, 상업시설의 중심에 위치하여 많은 소비자의 유입을 유도하는 점포
② 특수테넌트: 상업시설에서 특정 업종이나 특화된 상품을 판매하는 점포
④ 일반테넌트: 상업시설에서 다양한 업종과 상품을 판매하는 점포
⑤ 보조핵점포: 핵점포와 함께 상업시설의 중심을 형성하는 점포

[정답] ③

11 ★
기타 입지

대형마트, 대형병원, 대형공연장 등 대규모 서비스업종의 입지 특성에 대한 아래의 내용 중에서 옳지 않은 것은?

① 대규모 서비스업은 나홀로 독자적인 입지선택이 가능하다.
② 상권 및 입지적 특성을 반영한 매력도와 함께 서비스나 마케팅력이 매우 중요하다.
③ 주로 차량을 이용하는 고객이 많고, 상권범위는 반경 2~3km 이상이라고 볼 수 있다.
④ 경쟁점이 몰려있으면 상호보완효과가 높아지므로 경쟁력은 입지에 의해 주로 정해진다.
⑤ 대규모 서비스업은 유동인구에 의존하는 적응형 입지보다는 목적형 입지유형에 해당한다.

[해설]
대규모 서비스업은 주로 차량을 이용하는 고객이 많고, 상권범위가 넓기 때문에, 경쟁점이 몰려있으면 오히려 경쟁이 심화되고, 고객의 선택권이 다양해져서 오히려 경쟁력이 떨어질 수 있음

[정답] ④

12 ★★
입지선정의 의의, 입지영향인자

넬슨(R.L. Nelson)의 소매입지 선정원리 중에서 아래 글상자의 괄호 안에 들어갈 내용을 순서대로 나열한 것으로 가장 옳은 것은?

> (㉠)은 동일한 점포 또는 유사업종의 점포가 집중적으로 몰려 있어 집객효과를 높일 수 있는 가능성을 말하며 집재성 점포의 경우에 유리하다.
> (㉡)은 상이한 업종의 점포들이 인접해 있으면서 보안관계를 통해 상호 매출을 상승시키는 효과를 발휘하는 것을 의미한다.

① ㉠ 양립성, ㉡ 누적적 흡인력
② ㉠ 양립성, ㉡ 경합의 최소성
③ ㉠ 누적적 흡인력, ㉡ 양립성
④ ㉠ 상권의 잠재력, ㉡ 경합의 최소성
⑤ ㉠ 누적적 흡인력, ㉡ 경합의 최소성

[해설]
'누적적 흡인력'은 해당 지역에 대한 고객들의 관심도와 선호도를 나타내며, '양립성'은 해당 지역에 이미 존재하는 유사한 업종의 경쟁 업체들과의 조화로움을 나타냄

[정답] ③

13 ★★★   입지선정의 의의, 입지영향인자

아래 글상자에서 설명하는 입지대안의 평가 원칙으로 가장 옳은 것은?

> 점포를 방문하는 고객의 심리적, 물리적 특성과 관련된 원칙이다. 지리적으로 인접해 있거나, 교통이 편리하거나, 점포이용이 시간적으로 편리하면 입지의 매력도를 높게 평가한다고 주장한다.

① 고객차단의 원칙
② 동반유인의 원칙
③ 점포밀집의 원칙
④ 접근가능성의 원칙
⑤ 보충가능성의 원칙

해설

접근가능성의 원칙은 지리적으로 인접하거나 또는 교통이 편리하면 매출이 증대된다는 이론임

정답 ④

14 ★   입지선정의 의의, 입지영향인자

동선과 관련한 소비자의 심리를 나타내는 대표적 원리로 가장 옳지 않은 것은?

① 최단거리실현의 법칙: 최단거리로 목적지에 가려는 심리
② 보증실현의 법칙: 먼저 득을 얻는 쪽을 선택하려는 심리
③ 고차선호의 법칙: 넓고 깨끗한 곳으로 가려는 심리
④ 집합의 법칙: 군중심리에 의해 사람이 모여 있는 곳에 가려는 심리
⑤ 안전중시의 법칙: 위험하거나 모르는 길은 가려고 하지 않는 심리

해설

고차선호의 법칙은 소비자의 선택 행위에 초점을 맞추고 있으며, 동선과 관련된 소비자 심리는 물리적 공간에서의 이동과 행동 패턴에 초점을 맞춤. 두 개념은 서로 다른 측면에서 소비자 행동을 이해하는 데 도움을 주지만, 직접적인 관련성은 적음

정답 ③

15 ★★★★   업태별 입지 개발방법, 경쟁점(채널) 분석, 입지의 선정

복수의 입지후보지가 있을 때는 상세하고 정밀하게 입지조건을 평가하는 과정을 거치게 된다. 가장 유리한 점포입지를 선택하기 위해 참고할 만한 일반적 기준으로 가장 옳은 것은?

① 건축선 후퇴(setback)는 상가건물의 가시성을 높이는 긍정적인 효과를 가진다.
② 점포 출입구 부근에 단차가 있으면 사람과 물품의 출입이 용이하여 좋다.
③ 점포 부지와 점포의 형태는 정사각형에 가까울수록 소비자 흡인에 좋다.
④ 점포규모가 커지면 매출도 증가하는 경향이 있으므로 점포면적이 클수록 좋다.
⑤ 평면도로 볼 때 점포가 도로에 접한 정면너비가 깊이 보다 큰 장방형 형태가 유리하다.

해설

① 건축선 후퇴는 상가건물의 도로변 면적을 줄여, 차량 통행의 원활성을 높이고, 보행자의 안전을 확보하기 위한 목적으로 시행되므로 가시성을 직접적으로 높이는 효과는 없음
② 점포 출입구 부근에 단차가 있으면, 사람과 물품의 출입이 용이해지기는 하지만, 가시성을 높이는 데에는 도움이 되지 않음
③ 점포 부지와 점포의 형태는 점포의 규모와 내부 구성에 영향을 미칠 수 있으나, 소비자 흡인에 직접적인 영향을 미친다고 보기는 어려움
④ 점포규모가 커지면 매출이 증가할 가능성이 높기는 하지만, 반드시 그렇지는 않음. 점포의 규모가 커지더라도, 점포의 위치, 상품구성, 마케팅 전략 등이 적절하지 않으면 매출이 증가하지 않을 수도 있음

정답 ⑤

03 개점전략

01 ★
점포개점 의의 및 원칙

점포 개점을 위한 경쟁점포의 분석에 관한 설명으로 가장 옳지 <u>않은</u> 것은?

① 1차 상권 및 2차 상권 내의 주요 경쟁업체를 분석하고 필요할 경우 3차 상권의 경쟁업체도 분석한다.
② 점포 개설을 준비하고 있는 잠재적인 경쟁업체가 있다면 조사에 포함시킨다.
③ 목적에 맞는 효과적인 분석을 위해 동일 업태의 점포에 한정해서 분석한다.
④ 경쟁점포의 상품 구색 및 배치에 대해서도 분석한다.
⑤ 상권의 계층 구조를 고려하여 분석한다.

해설

경쟁점포 분석은 동일 업태뿐만 아니라, 유사 업태의 점포도 포함하여 분석하는 것이 좋음

정답 ③

02 ★★
투자의 기본계획, 개점입지에 대한 법률규제 검토

국토의 계획 및 이용에 관한 법률(법률 제18310호, 2021.7.20., 타법개정)에 의거한 주거 및 교육 환경보호나 청소년 보호 등의 목적으로 오염물질 배출시설, 청소년 유해시설 등 특정 시설의 입지를 제한할 필요가 있는 용도지구에 해당하는 것으로 가장 옳은 것은?

① 청소년보호지구   ② 보호지구
③ 복합용도지구   ④ 특정용도제한지구
⑤ 개발제한지구

해설

국토의 계획 및 이용에 관한 법률에 따르면, 특정용도제한지구는 주거 및 교육 환경보호나 청소년 보호 등의 목적으로 오염물질 배출시설, 청소년 유해시설 등 특정 시설의 입지를 제한할 필요가 있는 용도지구를 말함

정답 ④

03 ★
투자의 기본계획, 개점입지에 대한 법률규제검토

"유통산업발전법"(법률 제18310호, 2021.7.20., 타법개정)이 정한 "전통상업보존구역"에 "준대규모점포"를 개설하려고 할 때 개설등록 기한으로서 옳은 것은?

① 영업 개시 전까지
② 영업 개시 30일 전까지
③ 영업 개시 60일 전까지
④ 대지나 건축물의 소유권 또는 사용권 확보 전까지
⑤ 대지나 건축물의 소유권 또는 사용권 확보 후 30일 전까지

해설

「유통산업발전법」 제8조 제1항에 따르면, 전통상업보존구역에 준대규모점포를 개설하려는 자는 영업을 시작하기 전에 특별자치시장·시장·군수·구청장(이하 "시장등"이라 함)에게 상권영향평가서와 지역협력계획서를 첨부하여 등록하여야 함. 따라서 영업 개시 전까지 개설등록을 해야 함

정답 ①

04 ★★★★
투자의 기본계획, 개점입지에 대한 법률규제 검토

상가건물 임대차보호법(법률 제18675호, 2022.1.4., 일부개정)은 임대인은 임차인이 임대차기간이 만료되기 6개월 전부터 1개월 전까지 사이에 계약갱신을 요구할 경우 정당한 사유 없이 거절하지 못한다고 규정하면서, 예외적으로 그러하지 아니한 경우를 명시하고 있다. 이 예외적으로 그러하지 아니한 경우로서 가장 옳지 <u>않은</u> 것은?

① 임차인이 2기의 차임액에 해당하는 금액에 이르도록 차임을 연체한 사실이 있는 경우
② 서로 합의하여 임대인이 임차인에게 상당한 보상을 제공한 경우
③ 임차인이 임대인의 동의 없이 목적 건물의 전부 또는 일부를 전대(轉貸)한 경우
④ 임차인이 임차한 건물의 전부 또는 일부를 고의나 중대한 과실로 파손한 경우
⑤ 임차인이 거짓이나 그 밖의 부정한 방법으로 임차한 경우

상가건물 임대차 보호법 제10조 제1항은 "임대인은 임차인이 임대차 기간이 만료되기 6개월 전부터 1개월 전까지 사이에 계약 갱신을 요구할 경우 정당한 사유 없이 거절하지 못함. 다만, 예외 사유의 하나로 제1호에서 '임차인이 3기의 차임액에 해당하는 금액에 이르도록 차임을 연체한 사실이 있는 경우'를 들고 있음

정답 ①

05 ★★★   투자의 기본계획, 개점입지에 대한 법률규제 검토

권리금에 대한 설명으로 가장 옳지 않은 것은?

① 때로는 권리금이 보증금보다 많은 경우도 있다.
② 시설 및 상가의 위치, 영업상의 노하우 등과 같은 다양한 유무형의 재산적 가치에 대한 양도 또는 사용료로 지급하는 것이다.
③ 권리금을 일정 기간 안에 회복할 수 있는 수익성이 확보될 수 있는지를 검토해야 한다.
④ 신축건물인 경우 주변 상권의 강점을 반영하는 바닥권리금의 형태로 나타나기도 한다.
⑤ 임차인이 점포의 소유주에게 제공하는 추가적인 비용으로 보증금의 일부이다.

해설

권리금은 임차인이 영업권을 양수하기 위해 지급하는 금액으로, 임차인이 점포의 소유주에게 제공하는 비용이 아님. 권리금은 임대차 계약의 체결과는 별개로, 기존 임차인으로부터 영업권을 양수하는 데에 소요되는 비용임

정답 ⑤

06 ★   투자의 기본계획, 개점입지에 대한 법률규제 검토

현 소유주의 취득일과 매매과정, 압류, 저당권 등의 설정, 해당 건물의 기본내역 등이 기록되어 있는 공부서류로 가장 옳은 것은?

① 등기사항전부증명서
② 건축물대장
③ 토지대장
④ 토지이용계획확인서
⑤ 지적도

해설

② **건축물대장**: 건물의 소재 · 번호 · 종류 · 구조 · 면적, 소유자의 주소 · 성명 등을 등록하여 건물의 상황을 명확하게 하는 장부
③ **토지대장**: 토지의 소재지와 지번, 지목, 면적, 소유자 주소와 성명, 주민등록번호 등 토지에 대한 기초사항들이 수록된 지적공부
④ **토지이용계획확인서**: 하나의 토지에 설정되어 있는 모든 규제사항들이 집합되어 있는 것
⑤ **지적도**: 토지의 소재, 형질, 면적, 지목, 축척, 지번 및 경계 등을 기록한 지도

정답 ①

07 ★   투자의 기본계획, 개점입지에 대한 법률규제 검토

대지면적에 대한 건축물의 연면적의 비율인 용적률을 계산할 때 연면적 산정에 포함되는 항목으로 가장 옳은 것은?

① 지하층의 면적
② 주민공동시설면적
③ 건축물의 부속용도가 아닌 지상층의 주차용 면적
④ 건축물의 경사지붕 아래에 설치하는 대피공간의 면적
⑤ 초고층 건축물과 준초고층 건축물에 설치하는 피난안전구역의 면적

해설

용적률을 계산할 때 지하층, 주민공동시설, 대피공간, 피난안전구역 면적은 제외됨

정답 ③

08 ★★　　출점 및 개점, 점포개점을 위한 준비, 업종전환과 폐점

점포를 개점할 경우 전략적으로 고려해야 할 사항들에 대한 설명으로 가장 옳지 않은 것은?

① 경쟁관계에 있는 다른 점포의 규모나 위치도 충분히 검토한다.

② 상품의 종류에 따라 소비자의 이동거리에 대한 저항감이 다르기 때문에 상권의 범위도 달라진다.

③ 개점으로 인해 인접 주민의 민원제기나 저항이 일어날 부분이 있는지 검토한다.

④ 점포의 규모를 키울수록 규모의 경제 효과는 커지기에 최대규모를 지향한다.

⑤ 점포는 단순히 하나의 물리적 시설이 아니고 소비자들의 생활과 직결되며, 라이프스타일에도 영향을 미친다.

[해설]
점포의 규모를 키울수록 규모의 경제 효과는 커질 수 있지만, 이는 점포의 형태, 유형, 상품, 서비스 등에 따라 달라질 수 있음. 또한, 점포의 규모가 커질수록 점포 운영비용도 증가하기 때문에 최대 규모를 지향하는 것은 항상 옳은 것은 아님

[정답] ④

09　　출점 및 개점, 점포개점을 위한 준비, 업종전환과 폐점

점포의 매매나 임대차 시 필요한 점포 권리분석을 위해서 공부서류를 이용할 수 있다. 이들 공부서류와 확인 가능한 내용의 연결이 옳지 않은 것은?

① 지적도 – 토지의 모양과 경계, 도로 등을 확인할 수 있음

② 등기사항전부증명서 – 소유권 및 권리관계 등을 알 수 있음

③ 건축물대장 – 건물의 면적, 층수, 용도, 구조 등을 확인할 수 있음

④ 토지초본 – 토지의 소재, 지번, 지목, 면적 등을 확인할 수 있음

⑤ 토지이용계획확인서 – 토지를 규제하는 도시계획 상황을 확인할 수 있음

[해설]
토지초본은 토지의 소재, 지번, 지목, 면적 등을 확인할 수 있는 공부서류임. 따라서 토지초본에서 건물의 면적, 층수, 용도, 구조 등을 확인할 수 있다는 것은 옳지 않음

[정답] ④

10 ★★　　출점 및 개점, 점포개점을 위한 준비, 업종전환과 폐점

아래 글상자에 제시된 신규점포의 개점 절차의 논리적 진행순서로 가장 옳은 것은?

> ㉠ 상권분석 및 입지선정
> ㉡ 홍보계획 작성
> ㉢ 가용 자금, 적성 등 창업자 특성 분석
> ㉣ 실내 인테리어, 점포꾸미기
> ㉤ 창업 아이템 선정

① ㉠ – ㉤ – ㉢ – ㉡ – ㉣

② ㉤ – ㉢ – ㉠ – ㉡ – ㉣

③ ㉤ – ㉢ – ㉠ – ㉡ – ㉣

④ ㉢ – ㉤ – ㉠ – ㉡ – ㉣

⑤ ㉢ – ㉤ – ㉠ – ㉣ – ㉡

[해설]
신규점포 개점(창업) 절차
창업자 특성 파악 → 창업 아이템 선정 → 상권분석 및 입지선정 → 점포 인테리어 → 홍보 전략 수립

[정답] ⑤

SUBJECT 03
유통마케팅

유통마케팅
이론 + 문제 완전정복

※ 출제순위는 2023~2021 3개년 출제경향을 기준으로 함

PART

01 | 유통마케팅 전략기획

3과목에서 가장 많이 출제

CHAPTER 01 유통마케팅 전략

1 유통마케팅의 개념

1) 마케팅의 개념

궁극적으로 마케팅이 지향하는 것은 고객을 이해하고 제품과 서비스를 고객에게 맞추어 제공함으로써 저절로 팔리도록 하는 것이다. – Philip Kotler

(1) 미국마케팅학회 (AMA)의 정의

마케팅이란 개인적이거나 조직적인 목표를 충족시키기 위한 교환을 창출하기 위해 아이디어, 제품, 그리고 서비스의 개념정립, 가격결정, 촉진, 그리고 유통을 계획하고 집행하는 과정이다.

→ 쌍방의 가치를 증대시키기 위한 교환이 핵심이다.

(2) 시장지향적 경영사고에 의한 정의

마케팅이란 기업이 최종고객들과의 교환과정을 통하여 그들에게 가능한 한 최대한의 가치를 제공해 주기 위해 아이디어, 제품 그리고 서비스의 개념정립, 가격결정, 촉진, 그리고 유통을 계획하고 집행하는 과정이며, 이를 위해 기업 내부의 가치생산 고객들과 기업 외부의 가치생산 촉진고객들의 상호작용을 지속적으로 관리하는 것을 말한다.

(3) 4P 마케팅 믹스

마케팅은 아이디어, 제품 및 서비스에 대한 발상(product), 가격결정(price), 촉진(promotion) 및 유통(place)을 계획하고 실행하는 과정(ing)이다.

2) 마케팅의 핵심개념

needs →	wants →	demands →	products →	exchange →	transaction →	market
(욕구)	(욕망)	(수요)	(상품)	(교환)	(거래)	(시장)

그림 3-1

(1) 교환(거래)

교환이란 기업이 제공하는 제품(재화, goods) 및 서비스(용역)에 대해 소비자가 지불하고자 하는 효용 간의 거래를 말한다.

> **POWER 정리**
>
> **제품과 서비스의 구분**
> 생산자가 생산한 것을 제품이라 하고, 판매하기 위하여 시장에 공급한 것을 상품이라 한다.
> - **제품(product)**: 인간의 욕구를 충족시켜 주는 생산품
> - **상품(merchandise, commodity)**: 매매하려는 유형·무형의 대상
> - **유형의 재화(goods)**: 기계, 건물 등과 같이 형태가 있는 대상(유형재)
> - **무형의 서비스(service)**: 형태가 없는 대상(무형재)

> **POWER 정리**
>
> **중간상이 주는 4가지 효용**
> - **형태효용**: 수량의 불일치를 해소하기 위하여 중간상이 소비자들이 원하는 수량만큼, 원하는 형태로 조립하고 개량하여 판매한다. 이를 구매단위의 적정화라고도 한다.
> - **소유효용**: 구색의 불일치를 해소하기 위하여 중간상이 소비자들이 원하는 품목을 쉽게 구매할 수 있도록 제품을 소유 또는 임대의 방법으로 보관한다.
> - **시간효용**: 시간의 불일치를 해소하기 위하여 중간상이 소비자들이 원하는 시간에 제품을 인도하여 준다.
> - **장소효용**: 장소의 불일치를 해소하기 위하여 중간상이 소비자들이 희망하는 장소에서 구매할 수 있도록 편리한 장소 에 판매한다.

(2) 소비자의 필요(needs)와 욕구(wants)

마케팅이란 소비자의 필요와 욕구를 충족시킴으로써 기업의 목표를 달성하는 일련의 과정(ing)이다.

> **POWER 정리**
>
> - **필요(needs)**: 인간의 생존을 위해 요구되는 기본 요건이 충족되지 않은 상태
>   예 배가 고프다.
> - **욕구(wants)**: 필요를 만족시킬 수 있는 제품이나 서비스에 대한 구체적인 바람
>   예 맥도날드에 가고 싶다.

(3) 고객만족과 가치

① **고객만족**: 기업이 판매 행위 뿐 아니라 사후적으로 고객의 가치를 극대화시켜야 한다는 마케팅 목표 중 하나를 말한다.
② **가치**: 제품 및 서비스를 구매함으로 인해 소비자가 얻을 수 있는 효용과 비용과의 관계를 말한다.

(4) 수요

일정기간 동안 재화와 서비스를 소비하고자 하는 욕구, 구매력이 수반되는 수요를 말한다.

3) 유통의 개념

재화의 생산자와 소비자를 연결하는 과정에서 생산과 소비 사이의 시간적 · 공간적 격차를 해소하여 효용을 발생시킴으로써 소비자의 구매욕구를 충족시키고 재화의 부가가치를 높이는 일련의 경제 활동을 말한다.

4) 마케팅 관리 철학의 발전 단계

(1) 마케팅 철학의 변화

공급자/고객	개념	정의	KEYWORD
공급자 측면	생산개념	공급보다 수요가 많은 시장 상황, 대량 생산 통한 규모의 경제 실현에 따른 생산의 효율성 극대화	규모의 경제 범위의 경제
	제품개념	차별화된 제품의 품질 및 특성에 관심을 가지며 마케팅 전략의 초점을 지속적인 제품 혁신에 맞춰서 인식	마케팅근시안
	판매개념	경쟁이 심한 시장에서 제품의 차별화뿐만 아니라 충분한 판매 및 촉진 활동이 중요함을 인식	제품개발 투자 필요
고객 측면	마케팅개념	목표 시장의 고객들의 필요와 욕구 파악, 경쟁자에 비해 우월한 제품을 제공하여 기업의 이익과 고개의 만족 추구	데이터 베이스마케팅
	사회지향적 마케팅개념	사회복지 향상이 이루어지는 방향으로 마케팅 전략 수립, 기업의 이미지 브랜드 강화	장기적인 이익, 고객지향성, 사회복지지향성, 관계지향성, 환경지향성

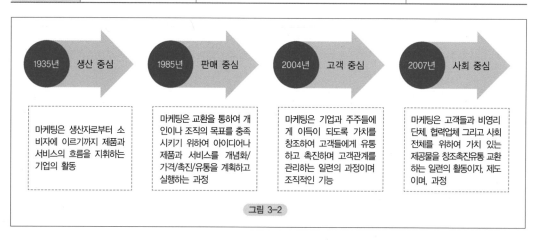

그림 3-2

(2) 마케팅활동의 패러다임의 변화

공급자/고객	정의	KEYWORD
전통적 마케팅	강압적, 고압적, 일방향적	PUSH마케팅
	고객의 반응에 피드백 없음	
현대적 마케팅	소비자의 만족, 욕구 충족 및 순환적 마케팅	PULL마케팅
	구매자 중심, 전사적, 통합적, 마케팅 추구	

POWER 정리

푸시 전략과 풀 전략

• 푸시(push) 전략
  - 제조업자는 도매상에게, 도매상은 소매상에게, 소매상은 최종 소비자에게 제품을 적극적으로 판매하는 전략
  - 직접 구매자의 행동 변화를 촉진하는 것이 필요하므로 소비자와 밀접하게 맞닿아 있는 인적판매가 중요함
  - 중간상이나 최종 소비자에게 인센티브를 부여하는 가격할인 등 판매촉진 수단이 유용함

• 풀(pull) 전략
  - 최종 소비자들이 자사 제품을 자발적으로 구매하도록 제조업자가 최종 소비자를 대상으로 한 전략
  - 최종 소비자들에게 널리 알리고 마음에 호소하여 구매를 유도하는 방법이 필요하므로 제조업체가 광고, 판매촉진 또는 다른 커뮤니케이션 수단을 사용하여 소비자들의 인지도를 높이는 전략이 효과적임

---

(3) 신개념 마케팅의 정의

신개념 마케팅	정의	KEYWORD
세분화마케팅	소비의 특성에 따라 시장을 다양하게 세분화	개별고객 욕구 충족
맞춤형 마케팅	개별 소비자의 욕구에 맞는 제품을 만들어 판매하는 방식 1:1마케팅	Customized Marketing
관계마케팅	기업 간 경쟁이 치열해 짐에 따라 새로운 고객 확보 위해서 많은 비용 발생, 기존고객과의 장기적 관계 유지 마케팅	고객관계관리(CRM) 고객참여마케팅
CSR마케팅	지속가능경영을 위한 경제적, 사회적, 환경적 측면의 사회적 기여 마케팅 개념	사회적 마케팅
공생마케팅	기업 간 협력 전략적 제휴	콜라보레이션
인터넷 마케팅	인터넷을 이용하여 사이버 공간에서 일어나는 마케팅	프로슈머
노이즈 마케팅	긍정적 또는 부정적 영향에 관계없이 상품에 대한 소비자들의 호기심만을 부추겨 상품 판매	지속할 경우 불신만 조장
SNS 마케팅	페이스북, 인스타그램, 블로그 등을 통해 다수의 불특정 타인의 관계 맺는 서비스	쌍방향 마케팅
바이러스마케팅	구전 또는 온라인 구전으로 소비자들로 하여금 온라인 통해 다른 사람에게 제품 정보 또는 기업이 개발한 제품이나 서비스 전달하도록 자극하는 마케팅	구전마케팅

매스마케팅	대중마케팅 또는 대량 마케팅, 특정 기업이 모든 구매자를 대상으로 하나의 제품을 대량 생산하여 대량 유통하고 대량 촉진하는 형태	최소의 원가로 최대의 잠재시장 현실시장으로 창출
틈새마케팅	특정한 성격을 지닌 소비자층 겨냥 마케팅기법	니치마케팅
코즈마케팅	사회적인 이슈나 비영리 기업과 연계하여 기업이익과 사회적 공익을 동시에 추구	명분마케팅
데이터베이스마케팅	1:1마케팅을 통해 고객만족 극대화	정보 수집 분석

(4) 지속가능한 마케팅

① 현재와 미래의 고객가치를 창출하고 고객과의 관계를 강화하는 마케팅이라고 할 수 있다. 기업이 지속가능한 마케팅을 하려면, 다섯 가지의 마케팅 원칙이 실행되어야 한다.

소비자 지향적 마케팅(consumer-oriented marketing)

- 기업이 소비자(고객)의 관점에서 추진하는 마케팅을 말한다.
- 고객의 관점이란 소비자들의 현재 요구와 미래의 요구 모두를 인식하고 만족시키는 활동을 말한다.

고객가치 창출 마케팅(consumer-value marketing)

- 기업의 모든 노력과 많은 자원을 고객가치 창출에 집중하는 마케팅을 말한다.
- 기업이 소비자들의 가치를 창출하기 위하여 노력할 때 비로소 기업의 가치도 상승한다.
- 고객가치를 증가시킬 때 고객생애가치도 상승하며, 고객과 장기 거래관계가 구축되며, 고객과 기업 모두 성공하는 윈-윈 관계가 성립한다는 논리이다.

혁신적 마케팅(innovative marketing)

- 기업이 끊임없이 제품과 마케팅의 개선점을 찾기 위하여 노력하는 마케팅을 말한다.
- 끊임없이 신제품을 개발하고 고객들에게 새롭고 더 나은 방법으로 접근하려는 노력이 필요하다.
- 혁신적 마케팅이야말로 가장 기본적이면서 가장 어려운 마케팅이라고 할 수 있다.

기업사명 실현 마케팅(sense-of-mission marketing)

- 기업이 사회적 역할을 달성하려는 창업주의 설립취지와 설립목적을 달성하려고 노력하는 마케팅을 말한다.
- 기업의 최상위 개념인 기업사명(mission)을 충실히 실현하는 마케팅 목표를 설정하고 이를 달성하도록 노력할 때 기업이 발전하고 국가 또는 사회적 역할을 다하게 된다.

사회지향적 마케팅(societal marketing)

- 소비자들의 요구, 기업의 필요요건, 소비자들과 사회의 장기 이해관계 등을 고려한 마케팅을 말한다.
- 소비자들의 요구는 고객 중심의 고객 만족을 의미하며, 기업의 필요요건은 이윤을 극대화하면서 사회적 · 환경적 · 윤리적 책임을 다하는 모습이며, 소비자들과 사회의 장기 이해관계란 현재 뿐만 아니라 미래 세대들을 위한 지속가능성을 의미한다.

② 지속가능한 마케팅은 현재와 미래의 즐거움과 유익함을 모두 제공한다. 지속가능한 마케팅을 전개하는 기업은 바람직한 제품을 만든다. 바람직한 제품이란 높은 단기만족과 높은 장기편익을 모두 제공하는 제품을 말한다. 그리고 사회적 · 환경적 · 윤리적으로 책임 있는 행동을 통하여 고객들에게 높은 가치를 창출하는 기업이다.

③ 결론적으로 지속가능한 마케팅은 오늘의 고객에게 필요와 욕구를 채워주며, 내일의 고객에게 풍요로움을 제공하는 것, 그리하여 소비자, 기업, 정부, 비정부기구, 비영리단체, 협력업체, 사회 전체의 가치를 창출하여 모두 공존하고 밝은 미래를 약속하는 활동이라 할 수 있다.

POWER 용어	
마케팅 최신 용어	
용어	**정의**
O2O 마케팅	상품이나 서비스 주문을 바당 오프라인으로 해결해주는 서비스행위, 온라인에서 소비자의 구매를 유도, 오프라인 상점으로 방문을 유도하는 의미
옴니채널	옴니(Omni)와 상품의 유통경로를 뜻하는 채널 합성된 단어, 인터넷, 모바일, 카탈로그 오프라인 매장 다양한 유통 채널을 유기적으로 결합해 고객 경험 극대화
쇼루밍	오프라인 매장에서 상품을 보고 → 온라인에서 더 저렴한 가격으로 상품 구매
웹루밍	온라인에서 제품 정보를 얻고 → 구매는 오프라인 매장에서(역 쇼루밍)

5) 마케팅 개념의 변화

기업 중심적 마케팅믹스(4P)	고객 중심적 마케팅믹스(4C)
제품(Product)	고객가치(Customer Value)
가격(Price)	비용(Cost)
장소(Place)	편의(Convenience)
촉진(Promotion)	소통(Communication)

(1) 미국마케팅협회가 내린 마케팅 정의에 4P가 포함된다는 사실만으로도 충분히 알 수 있다.

(2) 1985년 미국마케팅협회는 "마케팅은 아이디어나 제품과 서비스를 개념화하고 가격을 책정하여 판매를 촉진하고 유통을 계획하고 실행하는 과정"이라고 정의한다.

(3) 2004년에는 "제품은 가치를 창조하는 행위이며, 가격은 가치를 획득하는 행위이며, 유통은 가치를 전달하는 행위이며, 촉진은 가치를 커뮤니케이션하는 과정"이라고 해석한 바 있다.

6) 소매업태의 성장과 발전이론

(1) 소매수레바퀴이론(Wheel of Retailing)

Malcolm 교수가 1957년 주장한 이론으로 소매업태들이 처음에는 혁신적인 형태의 저비용, 저가격, 저마진 업태로 출발하여 성장하다가 시간이 지나면서 고비용, 고가격 업태로 변화되어 새로운 개념을 가진 신업태에게 그 자리를 양보하고 사라진다는 이론을 말한다.

① **진입단계**: 저가격, 저비용, 저마진의 혁신적인 소매형태가 나타나는 단계이다.

② **성장단계**: 시간의 흐름에 따라 새로운 소매점 진입이 본격화되는 시기로, 이들 사이에 경쟁이 격화되며 차별적인 상품과 서비스의 증가로 고가격, 고비용, 고서비스 소매점으로 위치가 확립하는 단계이다.

③ **쇠퇴단계**: 새로운 유형의 혁신적인 소매점이 저가격, 저마진, 저서비스로 시장에 등장하며 기존 소매상은 쇠퇴하게 되는 순환적인 단계이다.

(2) 소매아코디언이론(Retail Accordion Theory)

① 소매점 업태의 진화 과정을 소매점에서 취급하는 상품계열의 수로 설명하는 이론이다.

② 소매점 업태는 다양한 상품구색을 갖춘 점포로 시작하여 시간이 경과함에 따라 점차 전문화되고 한정된 상품 계열을 취급하는 소매점 형태로 변화하고, 이는 다시 다양하고 전문적인 제품 계열을 취급하는 소매점으로 진화해 가는 것으로 가정한다.

③ 발전과정상의 상품 계열의 구색 수가 '확대 → 수축 → 확대'되어 가는 과정의 양태가 아코디언 모양과 같다고 하여 붙여진 이론이다.

(3) 변증법적 과정이론

① **개념**: 소매점 업태의 발전과정을 헤겔의 변증법칙 유물론에 대응하여 발전시킨 이론이다. 서로 다른 경쟁적인 소매업태가 각자의 경쟁우위요인을 수용하여 결국 서로의 특성이 화합된 새로운 소매업태로 발전한다는 이론이다.

② **사례**: 고마진, 고서비스 업태인 백화점 업태의 출현에 대해 저마진, 고회전율, 저서비스 업태인 할인점이 나타나고, 결국에는 둘의 장점을 합한 카테고리킬러(Category Killer)가 발생한다.

(4) 빅미들이론(Big Middle Theory)

대규모의 소매업체들이 경쟁하고 있는 시장에 신규 소매업태가 진입하려면 시장침투가격전략을 쓰거나 혁신적인 아이템을 보유하고 있어야 가능하다는 이론이다.

(5) 진공지대이론(Vaccum Zone Theory)

① 덴마크 학자 닐센이 주장한 진공지대이론은 특정 제품계열의 상품을 판매하는 복수의 소매점이 있고, 이들 소매점이 제공하는 서비스 정도는 각각 상이한 수준에서 행해지고 있다고 가정한다.

② 이 경우 경쟁은 A와 C 그리고 동시에 B와 C 간에 행하여지는데 이들 경쟁은 A와 B로 하여금 선호분포도상의 중심 C를 향하여 이동시키는 결과를 초래한다. 따라서 A와 B 모두 중립적인 C 점포에 가까워지려고 노력한다.

③ 원래의 가격과 서비스 수준을 제공하던 점포의 특색이 없어지고 중간영역에 위치하고자 하는데 그 영역을 진공지대라 칭한다.

(6) 소매수명주기이론

① 하나의 소매기관이 출현하여 사라지기까지 일반적으로 도입기, 성장기, 성숙기, 쇠퇴기를 거친다는 생애주기이론이다.

② 각 단계별 특징

- 도입기: 새로운 소매기관이 탄생하여 새로운 상품구색으로 일반 대중을 수용한다.
- 성장기: 혁신자의 지리적 확장과 모방적 경쟁자의 진입이 나타나면서 판매량, 수익성, 시장점유율 등이 급격히 증가한다.
- 성숙기: 많은 경쟁자의 등장으로 경쟁이 치열해지고 성장이 둔화된다.
- 쇠퇴기: 시장이 과포화상태로 접어들며 시장점유율이 떨어지고, 수익이 감소하여 경쟁에서 뒤처지게 된다.

• POWER 기출 ✓ •

다음에서 설명하는 유통업태 발전이론과 가장 관련이 깊은 것은?

- 업태의 변화는 가격이나 마진이 아니라 상품의 변화에 따른다.
- 다양한 상품계열을 취급하는 소매업태에서 전문적이고 한정적인 상품계열을 취급하는 소매업태(전문점)로 변모해간다.
- 한정된 계열을 추구하는 전문점들은 시간의 흐름에 따라 다시 다양한 상품 계열을 추구하게 된다
- 이러한 현상이 반복적으로 나타난다.

① 변증법적 이론
② 진공지대이론
③ 소매차륜 이론
④ 소매수명주기 이론
⑤ 소매아코디언 이론

---

7) 서비스마케팅 믹스(7P)

일반적으로 마케팅 믹스 4P 믹스를 의미하지만 서비스마케팅 믹스는 서비스 재화의 특성상 여기에 3P (Process, Physical evidence, People)를 더해 확장된 서비스마케팅 믹스로 구분하고 있다.

(1) 서비스의 개념

판매 목적으로 제공되거나 또는 상품판매와 연계되어 제공되는 모든 활동, 편익, 만족을 말한다.

거래 전 요소	거래 중 요소	거래 후 요소
• 서면화된 제품 정책 • 정책에 대한 고객의 이해 • 조직구조 • 시스템 유연성 • 관리자의 서비스	• 제품의 결품률 • 주문 정보 • 주문 주기의 요인들 • 물품 대체, 교환 • 주문의 편의성 • 선적 지연	• A/S, 설치, 보증, 수리, 변경 • 물품 추적 • 클레임 및 고충 처리, 반품 • 물품의 일시 대체

POWER 정리

서비스의 특징
- **무형성**: 서비스를 제공받기 전에는 서비스의 형태나 가치를 파악하거나 평가하기가 어렵다는 것으로 서비스 품질평가를 어렵게 하는 요인이다.
- **비분리성**: 서비스는 생산과 소비가 동시에 일어나므로 유형 제품과 달리 누리거나 즐길 뿐 가질 수는 없다는 것이다 (생산과 소비의 동시성).
- **소멸성**: 서비스는 제공 시 즉시 사용되지 않으면 존재하지 않으므로, 재고 형태로 저장할 수 없는 성질을 가진다는 것이다(비저장성).
- **이질성**: 서비스는 제공 주체마다 상이하고 비표준적이며 가변적이므로 표준화가 어렵다.

---

2 마케팅 전략(시장세분화, 목표시장 선정, 포지셔닝 전략)

1) 마케팅 전략(STP)

마케팅 전략이란 마케팅 목표를 달성하기 위한 중기 전략과 단기 전략을 말한다. 이를 STP 전략이라 한다. 세부실천과제란 전사적인 마케팅 목표를 설정하고 마케팅 전략을 실제 실행에 옮기려면 선행되어야 할 조치들을 말한다.

예 조직 개편, 필요한 인력 재배치, 제품 · 가격 · 유통 · 촉진 등 분야별로 실행에 옮길 과제 제시, 향후 추진일정, 특별 마케팅 이후 예상되는 매출액과 손익 추정, 필요한 예산 할당 등 제시

수요상황	과제	명칭
부정적 수요	수요의 전환	전환적 마케팅
무수요	수요의 창조	자극적 마케팅
잠재적 수요	수요의 개발	개발적 마케팅
감퇴적 수요	수요의 부활	리마케팅
불규칙적 수요	수요 공급 시기의 일치	동시화 마케팅
완전수요	수요의 유지	유지적 마케팅
초과수요	수요의 감소	디마케팅
불건전한 수요	수요의 파괴	대항적 마케팅

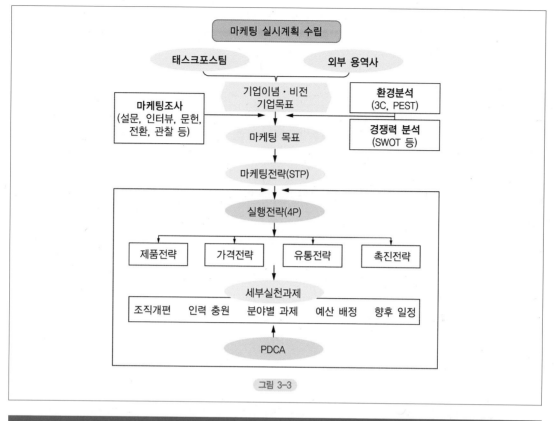

그림 3-3

POWER 정리

STP 전략

시장 세분화 → 시장 표적화 → 시장 위치화의 단계로 진행된다.
- **세분화:** 마케팅 목표를 달성하기 위하여 전체 시장을 여러 세분시장으로 나눔
- **표적화:** 여러 세분시장 중에서 목표시장을 선정
- **위치화:** 목표시장에서 자사의 제품이 경쟁사 제품과 차별화되도록 이미지를 설정

2) 시장 세분화

(1) 시장 세분화는 전체 시장을 다양한 기준에 의하여 작은 시장으로 나누는 과정을 말한다. 여기서 시장 (market)이란 고객(customer) 또는 구매자가 소속된 집단을 말한다.

(2) 작은 시장으로 세분화하는 이유

① 대부분의 기업들이 자금, 인력, 생산시설 등 보유 자원이 제한되어 있어 전체 시장을 모두 공략할 수 없기 때문에 기업의 한정된 자원을 효율적으로 사용하기 위하여 선택과 집중이 필요하다.

② 구매자들의 다양한 니즈에 따라 시장을 세분하면 자사 제품이 경쟁우위가 있는 시장을 쉽게 찾아 낼 수 있기 때문이다. → 자사 제품의 기능과 속성에 맞는 세분시장을 찾아내 차별적으로 공략하면 성공할 수 있다.

(3) 시장 세분화의 분류

① 인구통계학적 세분화(demographic segmentation)
- 성별, 나이, 가족 구성원, 생애주기, 소득, 직업, 교육, 종교 등과 같은 인구통계학적 변수를 활용하여 시장을 세분화하는 방법이다.
- 연령대별 세분화
  - 베이비붐 세대: 1946~1964년 출생
  - X세대: 1965~1980년 출생
  - Y세대: 1981~1996년 출생, 밀레니얼 세대
  - Z세대: 1997~2009년 출생, 센테니얼 세대, 트윈 세대
  - MZ세대: 밀레니얼 세대 + Z세대
  - α세대: 2010년 이후 출생
  - 중국: 바링허우 세대(1980년대 출생), 주링허우 세대(1990년대 출생), 링링허우 세대(2000년대 출생)
    → 최근 디지털 시대에 세대별 디지털 수용 속도가 달라 소비에도 영향을 크게 미치므로 세대 구분은 매우 중요하다.

POWER 정리

인구통계학적 변수	성별, 나이, 소득, 직업, 종교, 교육 수준, 라이프사이클 등
지리적 변수	국가 또는 도시, 지역 지형, 도시 규모, 인구밀도, 기후 등
심리학적 변수	사회계층, 라이프스타일, 개성, 재산 등
행동적 변수	추구하는 편익, 사용상황, 사용용도, 사용량, 브랜드 충성도 등

② 생애주기(life cycle)에 의한 세분화: 사람의 생애를 개인이나 가족을 중심으로 분류한 세분화이다.
- 개인의 생애주기: 영아기, 유아기, 아동기, 청소년기, 성년기, 중년기, 노년기 등으로 구분(인생주기론)한다.
- 가족의 생애주기: 독신 전기(결혼 전), 가족 형성기, 가족 확대기, 가족 축소기, 독신 후기(배우자 사망 이후)의 5단계(가정주기론)

③ 지리적 세분화(geographic segmentation)
- 국가, 도, 군, 시 등과 같이 지리적 변수를 활용한 시장 세분화이다.
- 고객이 거주하는 지리적 위치에 따라 욕구가 다르고 소비 특성이 다르다.

④ 심리학적 세분화(psychographic segmentation)
- 동일한 인구통계학적 집단이더라도 사회계층, 생활양식, 개성 등과 같은 심리학적 변수에 따라 구성원들의 소비 특성이 다르다는 점에 착안하여 시장을 세분화하는 것이다.
- 사회계층(재산에 따라 상류층, 중상층, 중간층, 중하층, 서민층, 극빈층 등), 신분의 지위(지배계층, 중간계층, 피지배계층) 등으로 구분한다.
- 생활양식(lifestyle)에 따른 세분화: 사이코그래픽 세분화, AIO 분석(activity, interest, opinion) 등이 있다.

⑤ 행동적 세분화(behavioristic segmentation)
- 구매자들이 제품에 대해 갖고 있는 지식, 태도, 사용법 또는 반응 등 행동적 변수를 기준으로 한 시장 세분화이다.
- 고객특성에 의한 세분화: 인구통계학적 세분화, 지리적 세분화, 심리학적 세분화이다.

3) 시장 세분화 요건

(1) 동질성과 이질성 기준

전체시장을 세분시장으로 분류하면 세분시장은 내부적으로 동질적이어야 하고, 외부적으로 이질적이어야 한다.

① 내부적으로 동질적이라는 것은 하나의 세분시장에서는 하나의 마케팅 프로그램이 필요하다는 것을 의미한다.

② 외부적으로 이질적이어야 한다는 것은 다른 세분시장에는 다른 마케팅 프로그램을 사용하여야 한다는 것을 의미한다.

(2) 측정 가능성

① 세분화된 시장의 규모나 구매력, 구체적인 특성 등을 모두 통계적으로 측정할 수 있어야 한다는 의미이다.

② 측정할 수 있어야 다른 세분시장과 비교할 수 있고, 목표를 수립하고 적절한 마케팅 전략을 구사할 수 있다.

(3) 규모의 적정성

세분시장은 제품의 매출과 이익 측면에서 의미 있는 크기가 되어야 한다는 의미이다.

(4) 접근 가능성

자사 제품을 소비자들에게 유통시킬 수 있고, 소비자들은 정부 규제, 종교 등 장애 없이 구매할 수 있어야 한다는 의미이다.

(5) 실행 가능성

기업이 세분시장에서 매출을 늘리려면, 4P(제품, 가격, 유통, 촉진) 측면에서 실행 가능성이 있어야 한다는 의미이다.

4) 표적시장의 선정

(1) 시장 표적화(targeting)

① 전체 시장을 세분화하였으면 그 다음 '어떤 세분시장에 진출할 것인가?'를 결정하는 단계에서 어떤 시장에 진출할 것인가를 결정하는 과정이다.

② 세분화된 시장에서 자사 제품이 경쟁우위를 발휘할 수 있는 목표시장(또는 표적시장, target market)을 선정하는 과정이다.

(2) 시장 표적화가 필요한 이유

① 자원의 제한성: 기업이 보유하고 있는 내부자원(인적자원, 물적자원, 자본금 등)이나 제품을 생산할 때 조달하는 외부자원(원자재, 중간재 등)이 한정되어 있기 때문에 선택과 집중이 필요하다.

② 시장마다 상이한 특성과 매력도를 보유하고 있기 때문 하나의 마케팅 프로그램으로 모든 시장을 공략하기 힘들다.

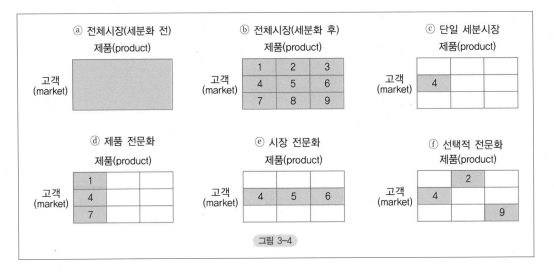

그림 3-4

(3) 목표시장 선정에 따른 마케팅 전략

목표시장의 규모별로 마케팅 프로그램을 달리하는 전략이다.

① 대중시장(또는 대량시장, mass market)
- 전체 시장을 세분하지 않고 전체 고객들을 하나의 집단으로 보고 하나의 프로그램으로 마케팅하는 전략 예 쌀, 과일과 같은 제품은 하나의 제품으로 전체 시장에 대량 판매하는 경우
- 대량시장에서의 마케팅을 매스 마케팅, 비차별적(무차별적) 마케팅이라고 한다.

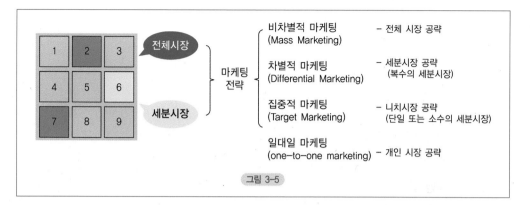

그림 3-5

② 세분시장(market segment)
- 전체시장을 구매자의 특성별로 나눈 시장을 말한다.
- 소비자들을 니즈별로 세분화하고 세분화된 시장에 적합한 마케팅 프로그램을 제공하는 전략을
  취한다.
  예 치약: 어린이용, 충치용, 미백용, 잇몸용 등 고객 니즈별로 다양한 제품을 제공함
- 세분시장에서의 마케팅은 복수의 세분시장을 공략하는 것으로 세분화 마케팅, 차별적 마케팅이
  라고 한다.
③ 니치시장(niche market)
- 세분시장을 보다 더 세밀하게 나눈 시장, 세분시장보다 규모가 더 작아 적소시장 또는 틈새시장
  이라 한다.
- 자원이 부족한 중소기업, 시장점유율이 낮은 기업, 시장에 신규 진입하는 후발기업이 주로 공략
  한다.
- 틈새 마케팅, 선택과 집중에 의한 타깃 마케팅(target marketing), 집중적 마케팅이라고 한다.
④ 개인시장(individual market)
- 소비자들의 개별적인 욕구에 맞춰 제품을 판매하는 시장을 말한다.
  예 맞춤형 정장, 수제화, 자가 출판 등 개별 소비자들을 대상으로 주문 제작하는 형태로 공급되는 경우
- 일대일(one-to-one) 마케팅, 맞춤(customized) 마케팅, 개별 마케팅(personalized marketing)
  이라고 한다.

POWER 정리

DIY · 매스 커스터마이제이션
- **DIY(do-it-yourself) 상품**: 미국에서 1950년대부터 도입, 완성된 제품이 아니라 소비자가 개별 부품을 구입하여
  직접 조립하거나 제작하여 사용하도록 만든 상품
- **매스 커스터마이제이션(mass-customization)**: 대중성(mass production) + 개별성(customization), 개별 고객의
  다양한 주문을 받아 대량 제작하는 대량 맞춤 마케팅

5) 포지셔닝 전략

(1) 시장 위치화(positioning)란?

① 목표시장에서 자사의 제품이 고객의 마음속에 특별한 이미지로 인식되도록 만드는 과정이다.

② 이름만 들어도 자동적으로 떠오르는 차별적인 이미지를 가진 제품들이 많다.

　예 벤츠는 최고, BMW는 성능, 볼보는 안전, 포르쉐는 스포츠, 현대자동차 아이오닉은 미래지향적 등

③ 포지셔닝은 자사 제품이 독특한 특징을 갖도록 차별화함으로써 '이 제품은 …하다.'라는 인식을 소비자들의 마음속에 각인시키는 과정이다.

(2) 포지셔닝 맵(positioning map)

① 포지셔닝을 설계할 때 통상 포지셔닝 맵을 사용한다.

② 소비자들의 마음속에 형성되어 있는 이미지를 2차원 또는 3차원의 공간에 표시한 지도로 속성 2~3가지를 기준으로 자사 제품과 경쟁제품의 포지션을 2차원 또는 3차원 공간에 표시하면, 자사 제품과 경쟁제품의 차별화된 특징을 한눈에 파악할 수 있다.

③ 제품의 이미지가 소비자에게 인지된다는 의미에서 인지도 또는 지각도(perceptual map)라고도 한다.

④ 가로축은 제품을, 세로축은 고객을 기준으로 그린 그림이다.

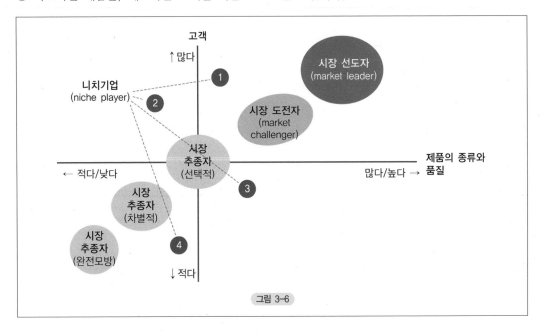

그림 3-6

POWER 정리

제품 포지셔닝의 분류

- **속성(또는 편익)에 의한 포지셔닝**
  - 자사 제품이 소비자들에게 제공하는 기능 또는 편익을 기준으로 차별화하는 전략
  - 자사 브랜드의 긍정적인 이미지가 연상되도록 차별화하는 전략
  - 예 롯데 칠성사이다: '순수하고 깨끗한 음료'
    카카오: "사람과 세상, 그 이상을 연결하는 카카오톡" 슬로건
- **사용 상황에 의한 포지셔닝**: 자사 제품이 특정한 상황에서 사용될 수 있음을 강조하는 전략
  - 예 컨디션 헛개: "확~ 깬다"의 광고에서 숙취해소 음료로 차별화
- **제품 사용자에 의한 포지셔닝**: 자사 제품이 특정 사용자 계층에 적합하다는 것을 소비자들의 마음속에 심어주는 전략
- **경쟁제품에 의한 포지셔닝**
  - 자사 제품의 혜택이나 편익을 경쟁제품과 비교하면서 포지셔닝하는 전략
  - 이른바 비교 광고에 의한 포지셔닝이다.
  - 예 렌터카 AVIS: "We are number two. So, we're try harder." 최선을 다하는 모습을 포지셔닝
- **품질이나 가격에 의한 포지셔닝**
  - 예 이마트24: 물가 안정 프로젝트 「THE PRICE」 제도를 시행하여 저가격 판매점이라는 점을 부각시킴

(3) 재포지셔닝

① 재포지셔닝(repositioning) 또는 리포지셔닝
- 고객들의 마음속에 형성되어 있는 자사 제품에 대한 이미지를 변경하고 새로운 가치제안을 하는 작업이다.
- 최초 포지셔닝을 한 이후 상당한 시간이 흘렀을 때 시장의 경쟁상황이나 소비자의 욕구와 기대가 변화하였을 때 기존 포지셔닝이 경쟁우위를 상실하였을 때 추진하게 된다.

② 포지셔닝 맵(positioning map)
- 소비자들의 마음속에 형성되어 있는 이미지를 2차원 또는 3차원의 공간에 표시한 지도 제품의 속성을 2~3가지를 선정하여 2차원 또는 3차원 공간에 표시하면, 자사 제품과 경쟁제품의 위치를 선명하게 구별할 수 있다.
- 주의할 점: 포지셔닝 맵은 기업이 인지하고 있는 것을 그린 그림이 아니라 고객들이 인지하고 있는 것을 시각적으로 나타낸 지도이다. → 포지셔닝 맵을 인지도 또는 지각도라고 한다.

③ 포지셔닝 맵 작성절차와 방법
- 유의사항: 소비자 분석을 할 때 소비자들이 중요시하는 지표를 선정하는 것이 필요하다. 지표는 기업이나 마케터의 생각이 아닌, 소비자의 생각이 반영되어야 하므로 충분한 소비자 분석이 필요하다.
- 경쟁자를 확인하고 경쟁제품의 포지션을 분석할 때에는 다차원척도법(MDS)을 활용한다.
- 포지셔닝, 제품포트폴리오구성, 신제품 평가 테스트, 마케팅 광고효과 측정 등에 사용된다.

다차원척도법

여러 가지 제품을 몇 가지 속성으로 측정하고, 제품들 사이의 거리를 측정하여 2차원 또는 3차원 공간에 점으로 표현하는 통계적 분석방법을 말한다.

④ 포지셔닝 맵의 유의사항

- 포지셔닝의 출발점은 기업이나 제품이 아닌 소비자 인식이다.
- 포지셔닝 개념은 기업이나 제품의 객관적 특성도 중요하지만, 고객이 어떻게 생각하느냐에 따라 결정해야 한다. 기업 입장, 제품의 강점에 초점을 두는 것이 아니라 소비자 인식 또는 인식 변화에 초점을 두어야 한다.
- 목표고객에 대한 프로파일 조사 필요: 목표고객의 성별, 연령, 직위, 수입, 학력, 경력, 여가활동 등 세부적인 프로파일 분석은 소비자들의 인식을 정확하게 파악하고 자사 제품의 포지션을 차별적으로 선정하기 위해 필요하다.

포지셔닝의 종류

- **과소 포지셔닝(under-positioning)**: 자사 제품에 대한 이미지를 소비자들에게 명확하게 인식시키지 못하는 포지셔닝
- **과대 포지셔닝(over-positioning)**: 자사 제품의 실제 가치보다 과장되게 포지셔닝하는 것
- **혼란스러운 포지셔닝(confused positioning)**: 회사가 여러 개의 포지셔닝을 설정하거나 빈번하게 포지셔닝을 변경하여 소비자들이 혼동하는 경우
- **의심스러운 포지셔닝(doubtful positioning)**: 소비자들이 기업이 제시한 속성과 가치를 믿을 수 없도록 포지셔닝하는 경우

3 유통마케팅 환경분석

1) 유통마케팅 환경의 변화 추세

(1) 매스 커스터마이제이션(대량고객화)

(2) 온·오프라인의 융합화 현상

(3) 업태 포지셔닝 전략의 다양화

(4) 파워 소매업자에 의한 지배력의 심화

(5) 유통업체 상표의 매출액 증대

(6) 첨단기술을 통한 하이테크형에서 고객의 감성에 호소하는 아이터치형으로 변화

(7) 1·2인 가구 증대 및 소비의 편의성 추구 경향 강화

2) 기업의 마케팅 환경분석

기업과 환경은 불가분의 관계에 놓여 있다. 기업은 환경의 산물로서 환경이 기업을 탄생시키고 변화시키지만, 기업이 환경을 변화시키기도 한다. 따라서 기업이 발전하려면, 환경을 면밀히 분석하여 능동적이면서 적극적으로 대응할 수 있어야 한다.

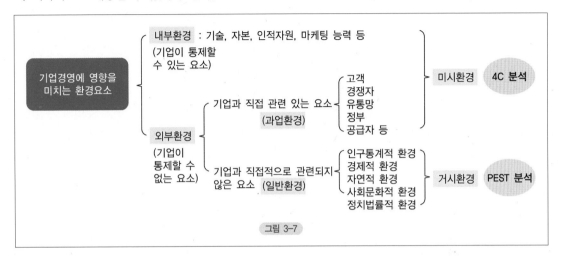

그림 3-7

(1) 미시환경(micro environment)이란?

∨ 기업이 속해 있는 산업 내에 존재하는 환경
∨ 미시환경의 범위: 기업의 내부환경 + 기업의 외부환경 중에서 과업환경
∨ 과업환경: 고객, 경쟁자, 정부, 협력업체 같이 기업에 직접적으로 영향을 미치는 외부요소
→ 미시환경 분석은 고객(customer), 경쟁자(competitor), 자사(company), 유통(channel)을 분석하므로 4C 분석에 해당

① 고객분석

공급업자의 분석	• 공급업자는 산업재시장에서 자사에게 원자재와 중간재를 공급하는 기업이다. • 산업재시장을 공급업자가 주도하느냐, 생산자가 주도하느냐에 따라 향후 제품의 생산 및 원가에 큰 영향을 미친다. → 공급업자의 확보 가능성, 공급업자의 시장 지위, 시장 점유율, 안정적인 공급 가능성, 노사관계 등 검토
유통업자의 분석	• 제품이 아무리 좋더라도 유통업자를 통하여 최종 소비자에게 전달되지 못하면 무용지물이므로 유통이 매우 중요하다. • 유통업자에 대한 분석은 4C의 유통(channel)에 해당된다.
최종소비자의 분석	• 자사 제품을 구매하는 고객을 추출하고, 향후 예상되는 시장의 규모, 시장의 성장률 등을 분석한다(이를 '고객의 크기'라고 함). • 고객의 크기가 클수록 시장의 미래는 밝다고 할 수 있다. • 고객의 각종 자료나 데이터를 분석하여 고객의 자사 제품 구매동기, 고객만족도, 구매행동 유형 등을 조사하고, 단골고객 데이터도 조사하여야 한다. 단골고객이 많으면 안정적인 매출이 가능하기 때문이다. • 최근에는 고객을 분석할 때 빅데이터를 많이 활용한다.

② 경쟁자분석(competitor analysis): 현재의 경쟁상태와 미래의 경쟁 예측 등 경쟁 측면에서 기업 경영을 위협할 수 있는 요소들을 분석한다.
- 분석 범위: 현재 경쟁자, 향후 잠재 경쟁자, 경쟁사의 제품, 대체재, 브랜드 경쟁, 자사와 경쟁사의 시장 지위를 분석한다.
- 분석 방법: 재무 분석, 시장점유율, 시장성장률 분석, 제품계열의 구성이나 제품 개발력 분석 등이 있다.
③ 자사분석(company analysis)
- 회사의 경영이념, 경영전략, 경영목표, 마케팅전략, 경영실적, 매출, 이익, 비용, 자사의 보유자원인 인재, 제품, 자금, 기술력 등을 분석한다.
- 특히 제품 개발의 핵심요인인 기술인력, 인재와 조직, 최신 설비, 자금력, 무형의 자산과 노하우, 특허 등을 분석한다. 중요 신제품 개발을 위한 특별 마케팅의 경우에는 신제품과 기존 제품 사이에 시너지가 발생하는지도 검토해야 한다.
④ 유통 분석(channel analysis): 자사 제품이 유통망을 통하여 최종 소비자에게 전달되는 경로를 분석한다.
- 분석 범위: 유통업자가 물적 유통전문회사인지, 일반 중간상인지, 최종 판매점인지에 따라 분석을 달리한다. 유통회사가 자사보다 힘이 있는 경우에는 향후 상황 변화에 따라 유통경로 갈등이 발생할 수 있다.
- 유통회사가 어떤 제품을 확충할 계획이 있는지 또는 어떤 제품을 축소할 계획이 있는지 등도 점검한다.
- 최종판매점 분석은 대형 유통점인지, 아니면 소형 판매점인지 등도 점검한다.

(2) 거시환경분석이란?

∨ 거시환경을 분석하는 도구: PEST 분석
∨ 정치적 · 법률적(political), 경제적(economic), 사회 · 문화적(social & cultural), 기술적(technological) 환경의 약자
∨ PEST 분석은 미시환경 분석과 함께 경쟁력 분석에 많이 활용되므로 서로 연계하여 분석하는 것이 바람직함

① 정치적 · 법률적 환경: 기업의 설립과 운영의 근거가 되는 법률, 그리고 설립 이후 경영에 많은 영향을 미치는 각종 규제와 관련된 환경이다.
→ 관련된 법률의 제정 또는 개정, 정부기관과 압력단체의 규제 신설 또는 완화 등을 분석한다.
② 경제적 환경: 제품의 생산과 판매, 설비 투자 등 생산과 소비자들의 구매력과 소비패턴에도 영향을 미친다.
- 기본 경제변수: 경제성장률, 금리, 환율, 물가상승률, 경기순환, 에너지 가격, 원자재 가격 등 변화와 향후 예측
- 소비자에게 영향을 미치는 경제적 요소: 소득 수준과 소비구조 등

③ **사회·문화적 환경**: 자사 제품이 판매되는 시장과 자사 제품을 구매하는 소비자들에게 영향을 미치는 요소이다.

④ **기술적 환경**: 기업의 제품 생산에 직접적으로 영향을 미치는 기술경쟁력, 기술변화 속도 등 기술과 관련된 시장 환경을 말한다.

- 기존 제품을 개량하는 기술, 제품의 생산방식에 영향을 미치는 기술, 신제품 개발 기술 등이 포함된다.
- 4차 산업혁명 진전에 따른 신제품 개발과 신기술 확산 등 기술적 환경을 철저하게 분석하는 것이 중요하다.

4 소매 고객의 특성 및 점포선택

1) 소비자행동분석

(1) 소비자행동(consumer behavior) 분석이란?

소비자들이 어떤 동기로 제품을 구매하고, 어떤 절차를 거쳐 구매의사를 결정하고, 구매한 후에는 어떤 반응을 보이는가를 분석하여 마케팅전략에 활용하려는 이론이다.

(2) 소비자행동의 중요성

소비자행동은 최종적으로 소비의 형태로 나타나므로 기업의 입장에서 매우 중요하다. 기업이 생산하는 제품이 소비자에게 팔리지 않는다면, 기업이 존립할 수 없기 때문이다. 따라서 현대마케팅에서 기업이 소비자들의 생각과 행동 특성을 이해하려 노력하고 소비자지향적 마케팅을 추구하며, 고객만족(CS: customer satisfaction)을 강조하는 이유도 바로 여기에 있다.

2) 관여도와 구매행동 유형

(1) 관여도(involvement)란?

① 구매자가 구매를 결정할 때 기울이는 시간과 노력의 정도를 말한다.
② 관여의 정도는 소비자의 성향, 제품의 특성 등에 따라 다르다.
③ 동일한 소비자가 동일한 제품을 구매하더라도 구매 상황에 따라 다르다.

(2) 소비자들의 관여하는 수준에 따른 분류

① 고관여(high involvement): 소비자가 제품을 구매할 때 심사숙고하여 구매를 결정하는 것이다.
② 저관여(low involvement): 소비자가 제품을 구매할 때 크게 고민하지 않고 구매를 결정하는 경우이다.

(3) 관여의 지속성 여부에 따른 분류

① 지속적 관여(enduring involvement): 오랜 기간 동안 지속적으로 관심을 갖는 경우이다.
② 상황적 관여(situational involvement):특정한 상황에서만 일시적으로 관심을 갖는 경우이다.

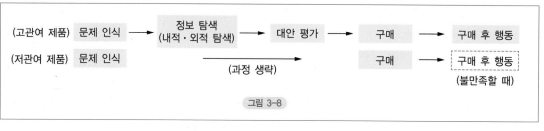

그림 3-8

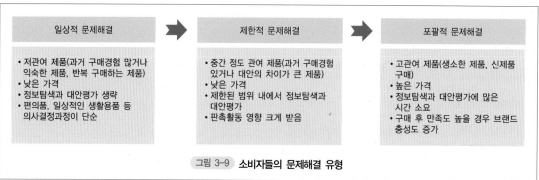

그림 3-9 소비자들의 문제해결 유형

3) 소비자 구매의사결정과정

(1) 소비자 구매의사결정과정 단계

① 3단계: 구매 전 행동 → 구매 결정 → 구매 후 행동

② 5단계: 문제 인식 → 정보 탐색 → 대안 평가 → 구매 결정 → 구매 후 행동

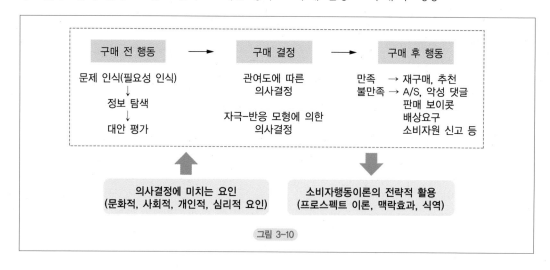

그림 3-10

(2) 문제 인식

소비자들은 일상생활을 하면서 어떤 제품을 구매할 필요성을 느끼는 것이다.

① 내적 요인: 목이 마르다, 배가 고프다 등과 같이 본원적 욕구 또는 과시 욕구로부터 발생한다.

② 외적 요인: 외부환경에 의한 자극과 마케터들에 의한 마케팅 자극이 있다.

③ 문제인식(Gap 인지): 현재의 상태와 바람직한 상태 사이에 차이(gap)를 지각하는 것이다.

(3) 정보 탐색

① 내적 탐색: 기억 속에 저장되어 있는 정보, 즉 과거의 경험이나 축적된 지식 중에서 의사결정에 도움이 되는 정보를 끄집어내는 과정이다.

② 외적 탐색: 내부정보가 부족하거나 고급정보를 원할 때 외부 정보를 추가로 얻는 과정이다.

③ 상표(brand)의 중요성: 내적 탐색이든 외적 탐색이든 가장 크게 영향을 미치는 요소 중 하나는 상표(brand)이다.

POWER 용어

• 환기상표군(evoked set): 소비자의 기억 속에 자연스럽게 떠오르는 상표
• 고려상표군(consideration set): 자연스럽게 떠오르는 환기상표군과 외적 탐색과정에서 발견한 상표들
• 선택집합: 고려상표군 중에서 최종적으로 선정된 몇 개의 선택대안

---

(4) 대안 평가

① 휴리스틱 방식(heuristics): 과거의 경험이나 직관으로 의사결정하는 방식이다. 신속하게 결정한다는 장점이 있으나 비합리적이고 선입견에 의한 결정이라는 단점이 있다.

② 보완적 평가방식(compensatory rule): 대안을 평가하는 기준을 만들고 중요성을 감안하여 평가기준마다 가중치를 부여하여 총점을 산출한 후 최고점을 얻은 대안을 선택하는 방식, 평가기준이 하나일 때 오류가 발생할 수 있으므로 평가기준을 복수로 만들어 서로 보완이 되도록 만든 방식이다.

③ 비보완적 평가방식(non-compensatory rule): 여러 가지 평가기준에 따라 평가하되, 어느 한 평가기준에서 최소점수를 넘지 못하면 탈락(cut-off)시키는 방식이다.

④ 사전편집 방식(lexicographic rule): 평가기준 중에서 가장 중요하다고 생각하는 1순위 평가기준에서 최고 점수를 받은 대안을 선택하고, 만약 동점 대안이 발생하면, 차순위 평가기준에서 최고 점수를 받은 대안을 선택하는 방식이다.

⑤ 순차적 제거 방식(elimination by aspect): 1순위 평가기준부터 최소 점수에 미달하는 대안을 탈락시켜 나가면서, 순차적으로 선택범위를 좁혀 나가는 방법이다.

⑥ 결합방식(conjunctive rule): 평가기준 중에서 최소 점수에 미달하는 평가기준이 있으면 무조건 탈락시키는 방법이다.

⑦ 분리방식(disconjunctiverule): 평가기준 중에서 최소 점수를 넘는 평가기준이 있으면, 1차 평가에서 모두 통과시키는 방법이다.

(5) 구매 후 행동

① 기대불일치 이론

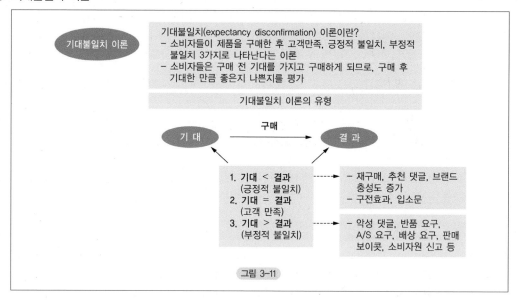

그림 3-11

② 인지부조화 형상

- 소비자의 관여도가 높은 제품을 구매할 때 주로 발생한다.
- 구매 후 결과에 대하여 위험 부담이 높은 제품에서 빈번하게 발생한다.
- 주로 고가의 제품이나 전문품을 구매할 때 빈번하게 발생한다.
- 부정기적으로 구매해야 하는 제품을 구매할 때 빈번하게 발생한다.
- 각 상표 간 차이가 미미한 제품을 구매할 때 빈번하게 발생한다.

③ 귀인 이론

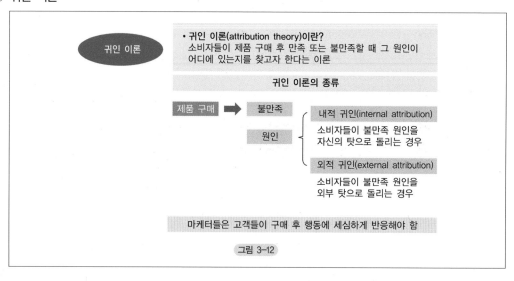

그림 3-12

4) 소비자 행동에 영향을 미치는 요인들

(1) 문화(culture)적 요인

① 사회에서 널리 통용되는 가치관과 행동양식을 말한다.

② 문화는 국가와 거주지역에 따라 다르며, 동일 국가와 동일 지역이라도 시대흐름에 따라 변동되기도 한다.

③ 문화는 작은 문화들로 구성된다 → 하위문화(subculture)

④ 직업, 학력, 소득, 주거지역 등이 비슷한 사람들 사이에 형성되어 있는 집단이다.

⑤ 사회계층은 여러 가지 요인들이 결합되어 형성되며, 가치관, 생활양식, 관심사, 소비유형 등에 큰 영향을 미친다.

⑥ 회피집단(평소 기피하거나 벗어나고 싶은 집단)의 제품을 기피한다.

(2) 사회적 요인

① **준거집단(reference group)**: 개인의 태도와 행동을 결정하는 데 직접 또는 간접적으로 기준이 되는 집단이다.
  - 1차 준거집단: 가족, 친구, 이웃 등으로 가장 영향력이 있다.
  - 2차 준거집단: 직장, 종교집단, 동호회 등으로 영향력은 다소 낮지만, 소속이 동일하므로 많은 영향을 미친다.

② 의견선도자(opinion leader)와 인플루언서(influencer)의 영향을 많이 받는다.

③ **열망집단**: 평소 닮고 싶어 하거나 소속되고 싶은 집단)의 제품을 선호한다.

(3) 개인적 요인

① **생애주기론(life cycle theory)**: 연령층에 따라 살아가는 방식이 다르므로 구매행동도 다르게 나타난다. 대부분의 사람들은 가정을 형성하고 있으므로 가족의 생애주기도 중요하다.

② **생활방식(life-style)**: 개인들의 살아가는 방식에 따라 시간과 돈을 소비하는 방법이 다르게 나타난다.

③ **소비자들의 독특한 개성(personality)**: 소비자에 따라 자동차를 좋아하기도 하고, 명품시계를 좋아하기도 하고, 중저가 제품을 좋아하기도 한다.

④ **소비자들의 자아(self-concept) 개념**: 스스로 되고 싶은 '이상적 자아'와 현재의 '현실적 자아'를 갖고 있다. 소비활동을 할 때 이상적 자아를 실현하려고 한다.

(4) 심리적 요인

① **동기(motivation)**: 사람들이 어떤 행동을 하도록 만드는 원동력을 말한다. 동기가 무엇이냐에 따라 소비자 행동은 다르게 나타난다.

② **지각(perception)**: 소비자가 외부의 자극(정보)을 받아들이는 과정, 정보처리과정(information processing)이다.

③ 매슬로우(Abraham Maslow)의 욕구단계: 생리적 욕구, 안전 욕구, 사회적 욕구, 존경의 욕구, 자아실현 욕구로 나누어진다.

④ 학습(learning): 교육, 정보, 경험을 통하여 어떤 제품을 알아가는 과정을 말한다.

⑤ 정보처리과정이론(information processing theory): 노출 → 주의 → 지각 → 태도 → 기억의 과정을 거치면서 학습이 이루어진다.

⑥ 스키마 이론: 만약 새로운 정보를 받아들이면, 기존의 스키마는 일부 수정되고 새로운 스키마가 형성하게 되어 태도가 변화하게 된다는 이론이다.

POWER 용어

스키마(schema)

기존에 형성되어 있는 지식구조 또는 정보처리과정을 말한다.

POWER 정리

소비자 지각

- **선택적 주의(selective attention)**: 자극 중에서 일부만 주의를 기울이는 현상
- **선택적 왜곡(selective distortion)**: 자신의 선입견에 맞추어 해석하는 경향
- **선택적 보유(selective retention)**: 소비자들은 자신의 신념이나 태도와 일치하거나 익숙한 것만 기억하려는 경향

CHAPTER 02 유통경쟁 전략

1 유통경쟁의 개요

1) 유통이란?

(1) 생산자로부터 소비자에게 제품이 전달되거나 소유권이 이전되는 과정이다.

(2) 생산자가 유통업자(도매업자, 소매업자)에게 배송하고, 소매업자가 최종 소비자에게 판매하며, 유통과정에서 각종 서비스를 제공하는 기능을 모두 포함한다.

2) 유통이 마케팅믹스 4P에 포함된 이유

(1) 아무리 좋은 제품을 만들고 적절한 가격을 책정하더라도 구매자들이 제품에 접근할 수 없다면, 무용지물이기 때문이다.

(2) 유통장소는 한 번 결정되면, 다른 장소로 변경하기 어렵다. 많은 시간과 많은 자금이 소요되기 때문이다.

3) 최근 유통환경 변화

(1) 판매장소로서 유통의 개념이 확대

① 과거에는 제품을 판매하는 물리적 장소로서 매장(점포)이 중요했으나, 최근에는 인터넷 쇼핑, 모바일 쇼핑, TV 홈쇼핑 등 가상의 공간이 유통장소로 등장하고 있다.

② 물리적 장소로서 매장도 백화점, 전문점, 편의점, 슈퍼마켓, 대형마트(할인점), 카테고리 킬러 (전문 할인점), 회원제 창고형 매장 등으로 더욱 대형화·전문화되고 있다.

(2) 유통의 대상 변화

유통의 대상은 자동차, 컴퓨터와 같은 유형의 제품이 주류를 이루었으나, 이제는 무형의 제품으로 다양화되고 있다.

(3) 제품을 전달받는 방법의 변화

그동안 소비자들이 점포에서 직접 제품을 구매하고 전달받았으나, 이제는 인터넷 다운로드, 택배를 통한 배송 등 다양한 방법으로 전달받고 있으며, 배송에 대한 소비자들의 요구도 더욱 까다로워지고 있다.

(4) 유통과정의 시스템화

① 유통과정이 복잡·다양해지고, 수출입 물량이 증가함에 따라 공급사슬관리의 중요성이 강조되며, 로지스틱스가 더욱 전문화되고 있다. → 최근 유통환경의 변화로 유통 개념이 바뀌고 있다.

② 유통관리는 유통 장소(place)의 개념보다는 유통 채널(channel)의 개념이 더 강조되고 있다. 이에 따라 유통경로는 최근 유통채널(distribution channel), 마케팅채널(marketing channel), 판매 채널(sales channel)이라고 부른다.

4) 마케팅의 유통관리

(1) 전방흐름과 후방흐름

① 전방흐름(Forward Flow): 제품이나 서비스가 공급망을 따라 제조업체로부터 최종 소비자에게로 이동하는 흐름을 의미한다. 주로 물리적인 제품의 이동을 포함하지만, 관련된 정보와 재무 흐름도 포함될 수 있다.

② 후방흐름 (Backward Flow): 최종 소비자나 소매업체로부터 공급망을 역으로 따라 제조업체나 공급업체로 제품이나 정보를 반환하는 흐름을 의미한다. 주로 반품, 재활용, 리콜 또는 정보 피드백의 형태로 나타난다.

(2) 양방향 흐름

제품의 판매과정이나 유통과정에서 생산자·유통업자·소비자 사이의 정보 교환, 금융 거래, 거래협상, 위험 부담이 해당한다.

(3) 공급사슬관리 측면에서 유통관리

제품의 흐름, 정보의 흐름, 재무의 흐름, 협상과 교섭, 거래 협상, 위험 부담 등을 종합적으로 통합 관리하는 것을 말한다.

5) 유통업자(중간상)의 필요성

(1) 수량의 불일치

① 생산자가 모든 소비자가 희망하는 수량을 일일이 조사하여 생산할 수가 없다는 것을 의미한다.
② 유통업자는 생산자로부터 제품을 이전받아 저장·보관·관리하면서 소비자들이 희망하는 수량만큼 판매한다. 즉 유통업자가 생산자와 소비자의 수량 불일치 문제를 해소해 준다.

(2) 구색의 불일치

① 생산자가 소비자들이 희망하는 품목을 모두 제공할 수 없다는 것을 의미한다.
② 소비자는 한꺼번에 한 생산자로부터 필요한 모든 제품을 구입하고 싶지만, 어느 생산자도 모든 제품을 생산·공급할 수 없다.
③ 유통업자는 다수 생산자로부터 제품을 제공받아 소비자들이 원하는 품목을 제공하여 구색 불일치를 해소한다.

(3) 시간의 불일치

① 생산자가 소비자들이 희망하는 소비시간을 맞춰줄 수 없다는 것을 의미한다.
② 유통업자는 생산자의 제품을 이전받아, 적정량의 재고를 유지하면서 양자 간의 시간적 불일치를 해소한다.

(4) 장소의 불일치

① 생산자가 제품을 생산하는 공장과 소비자들이 희망하는 장소가 멀리 떨어져 있다는 것을 의미한다.
② 유통업자는 생산자의 제품을 이전받아, 소비자들이 편리한 구매할 수 있도록 장소의 불일치를 해소한다.

6) 유통경로 설계의 원리

(1) 총거래수 최소의 원리

생산자가 직접 유통을 담당하지 않고 소수의 유통업자만 관리하면 총거래는 감소한다.

(2) 분업의 원리

유통업무를 도매상과 소매상에게 위임하면 생산자는 생산업무를 유통업자는 유통업무를 전문화함으로써 분업의 효과가 발생한다.

(3) 위험부담 분산의 원리

생산자가 유통업무를 유통업자에게 위임하면 많은 위험이 분산되는 효과가 발생한다.

(4) 집중저장의 원칙

도매상은 많은 생산자로부터 제품을 인도받아 물류창고에 보관하면서 제품 종류별로 적정 온도와 습도를 유지하여 효과적으로 제품을 관리할 수 있으며, 소매상은 대량 보관 부담에서 벗어나 필요할 때 공급받게 되므로 물류비용을 줄일 수 있다는 것을 말한다.

(5) 생산자와 소비자의 욕구 충족

중간상이 존재함으로써 생산자는 적은 종류의 제품을 대량생산(소품종 대량생산)할 수 있고, 소비자는 다양한 종류의 제품을 소량으로 소비(다품종 소량소비)할 수 있어 생산자와 소비자의 욕구를 모두 충족시킨다.

7) 유통경로의 범위

(1) 집약적 유통(intensive distribution) 또는 개방적 유통

① 모든 도매상과 소매상이 자사 제품을 취급할 수 있도록 경로를 개방하는 전략이다.

　예 과자, 음료수, 세제, 치약 등과 같은 편의품은 소비자들이 원하는 장소에서 언제든지 구입할 수 있는 품목

② 장단점
- 장점: 소비자들에게 편의성을 최대한으로 제공하는 것이다.
- 단점: 유통비용 증가, 유통경로 통제력이 약하다는 것이다.

(2) 전속적 유통(exclusive distribution) 또는 독점적 유통

① 자사의 제품만 취급하는 중간상에게 독점적 판매권한을 부여하는 형태이다.

　예 자동차, 고급 의류, 고급 가방 등과 같은 전문품을 판매할 때 특약점이나 대리점의 형태로 판매

② 장단점
- 장점: 유통점이 자사 제품 판매에 집중하여 서비스 수준을 높일 수 있고, 통제력이 강하다는 점이다.
- 단점: 소비자들에게 노출수준이 낮아 매출 확대가 어려울 수 있다는 점이다.

(3) 선택적 유통(selective distribution)

① 일정한 기준을 충족하는 중간상들에게 자사 제품의 유통을 맡기는 전략이다.

　예 가전제품, 캐주얼 의류, 운동화 등과 같은 선매품은 생산자와 중간상이 협력관계를 맺고 유통시키는 것

② 장단점
- 장점: 적은 유통비용으로 판매성과를 높이고 중간상을 적절히 통제할 수 있다.
- 단점: 중간상이 다른 회사의 제품도 취급하므로 통제력이 약하다.

8) 유통시스템

생산자로부터 소비자에게 흐르는 물류 흐름을 수직적인 관계를 구축하여 전문적이고 집중적으로 관리하는 체계를 말한다.

(1) 기업형 VMS

① 생산자, 도매상, 소매상을 하나의 기업조직으로 통합하여 운영하는 형태이다.
② 생산과 유통이 하나의 공동 소유권으로 통합되므로 상호 이해관계 조정과 갈등 관리는 조직 내에서 이루어지며, 통제력이 가장 높은 형태이다.

(2) 계약형 VMS

① 생산자, 도매상, 소매상이 각기 독립된 회사로 운영되지만, 계약을 체결하여 서로 협력관계를 유지하는 형태이다.
② 경로 구성원들은 계약 내용에 따라 역할 조정과 갈등 관리를 위해 협조한다.
  예 프랜차이즈 조직, 체인점, 협동조합 등

(3) 관리형 VMS

생산자, 도매상, 소매상이 공동 소유권이나 계약관계는 아니지만, 비공식적으로 협력체제를 구축한 형태이다.
  예 브랜드 지명도가 높은 제조업자가 경로 리더가 되어 중간상들의 지원과 협조를 받아 제품 진열이나 판촉, 가격경쟁에서 유리한 지위를 확보하는 사례이다.

(4) 수평적 마케팅 시스템(HMS: Horizontal Marketing System)

① 동일한 단계의 유통경로에 있는 기업들이 결합하는 형태이다.
② 이들 기업은 새로운 기업 설립, 또는 공동상표, 공동구매, 공동광고, 공동물류, 공동판매 등을 통하여 서로 공생한다.

(5) 복수경로 유통시스템(multi-channel marketing system)

① 하이브리드 마케팅 시스템, 다중경로 유통시스템이라고도 한다.
② 하나의 기업이 두 가지 이상의 마케팅 경로를 사용하는 시스템이다.
  예 전자제품 생산자가 직영점을 통하여 직접 판매하면서, 도매상이나 소매상을 통해서도 제품을 판매하는 경우
③ 동일한 고객층을 대상으로 상이한 유통시스템을 둘 수도 있고, 세분시장에 따라 상이한 유통시스템을 둘 수도 있다.

2 유통경로의 유형

1) 도매상

(1) 상인도매상(merchant wholesaler)

제품의 소유권을 가지며 생산자와 소매상의 연결 역할을 수행한다.

① 일반도매상(general wholesaler): 모든 제품을 소매상에게 공급하는 도매상이다.

② 전문도매상(specialty wholesaler): 특정 품목 위주로 소매상에게 공급하는 도매상이다.

③ 직송도매상(drop shipper): 재고 없이 생산자 제품의 운송을 전담하는 도매상이다.

④ 트럭도매상(truck jobber): 식료품 등을 트럭에 싣고 다니며 판매하는 도매상이다.

⑤ 선반도매상(rack jobber): 비식료품 위주로 편의점 등에 판매하는 도매상이다.

(2) 대리도매상(agent wholesaler)

제품의 소유권을 가지지 않고 생산자와 소매상의 연결 역할을 수행한다.

① 중개인(broker): 가격 협상 등 매매가 원활하게 이루어지도록 중개기능을 수행한다.

② 제조업자 대리인(manufacturer's agent): 영업망을 구축하지 못한 제조업자 대리를 말한다.

③ 판매대리인(selling agent): 제조업자와 계약을 맺고 제품의 판매권을 보유한다.

④ 구매대리인(purchasing agent): 구매자와 계약을 맺고 제조업자의 제품을 관리·운송한다.

⑤ 수수료상인(commission merchant): 제품을 보관·판매하고 제조업자로부터 수수료를 수취한다.

(3) 제조업자 영업점

① 제조업자가 소유·운영하는 도매상을 말한다.

② 직접 도매상 또는 소매상에게 제품을 판매하면서 기술적 부분을 지원하는 역할을 수행한다.

2) 소매상

(1) 점포 소매상

기존의 백화점, 전문점, 슈퍼마켓 외에 등장한 소매상을 말한다.

① 편의점(CVS): 주거지역에서 24시간 영업하여 소비자들에게 편의를 제공하는 점포(GS25, CU, 7-eleven)

② 슈퍼센터: 슈퍼마켓과 할인점이 결합한 소매상(주스코)

③ 하이퍼마켓(hyper market): 대형슈퍼마켓과 할인점의 중간 형태(까르푸)

④ 카테고리 킬러(category killer): 한 종목에 특화한 전문할인점(하이마트, ABC마트)

⑤ 할인점(discount store): 가정용품을 판매하는 점포(롯데마트, 이마트)

⑥ 양판점(GMS): 백화점과 슈퍼마켓의 중간 형태 점포(시어즈, 다이에)

⑦ 제조업체 상설할인매장: 도심 외곽지역에 위치한 대형 할인점(아웃렛)

⑧ 회원제 창고형 매장: 할인점보다 저렴하게 대량판매(코스트코)

(2) 무점포소매상

자동판매기, 직접마케팅(통신판매, 텔레마케팅), 텔레비전 마케팅(직접반응광고, 홈쇼핑), 전자마케팅(인터넷 쇼핑, 모바일 쇼핑), 방문판매 등이 해당한다.

3 유통경로 갈등

1) 유통경로 갈등(channel conflict)이란?

경로 구성원들이 자신의 단기 이익을 추구하거나 독자적으로 행동할 때 전체 경로에 문제가 발생할 수 있으며, 다른 구성원들과 지나친 경쟁으로 분쟁이 발생하는 경우를 말한다.

2) 경로갈등의 발생원인

(1) 목표 불일치

성장 목표와 수익성 목표, 이익배분 방법, 자금 지원 문제, 타사 제품 취급 범위, 마진율, 대금결제 방법 등에서 이견이 있을 때 발생한다.

(2) 역할-영역 불일치

프랜차이즈 본부와 가맹점이 서로 기대하는 역할이 다르거나 대리점이 주어진 판매영역을 침범할 때와 같이 역할이나 영역이 모호하여 서로 충돌하는 현상이다.

(3) 지각의 불일치

유통과정에서 발생하는 상황에 대하여 서로 다르게 인식하고 서로 다르게 접근하여 문제를 해결하지 못하는 경우를 말한다.

3) 경로갈등의 유형

(1) 수평적 갈등

동일한 유통단계에 있는 구성원들 사이에 발생하는 갈등을 말한다.

(2) 수직적 갈등

서로 다른 유통단계에 있는 구성원들 사이에 발생하는 갈등을 말한다.

(3) 복수경로 갈등

서로 다른 유통경로에 있는 구성원들 사이에 발생하는 갈등을 말한다.

4) 갈등관리 유형

(1) 경쟁 유형

자기주장을 굽히지 않고 상대에 대한 배려가 전혀 없는 경우, 결과는 win-lose의 형태로 나타난다.

(2) 회피 유형

갈등이 발생했을 때 갈등 자체를 회피하는 경우, lose-lose의 결과가 나타난다.

(3) 양보 유형

갈등이 발생했을 때 상대의 요구를 수용하고 배려하는 경우, 결과는 lose-win의 형태로 나타난다.

(4) 협력 유형

자기의 요구를 주장하면서 상대를 충분히 배려하는 경우, 결과는 win-win의 형태로 나타난다.

(5) 타협 유형

자기의 요구를 적당히 주장하면서 상대에 대한 배려도 수용하는 경우, give & take 형태로 나타난다.

CHAPTER 03　상품관리 및 머천다이징 전략

1 머천다이징 및 상품관리의 개요

1) '잘 팔리는 제품'이란?

(1) 소비자, 기업, 사회의 욕구를 만족시키는 생산품을 말한다.

(2) 기업에 수익성(profitability)을 안겨주고, 소비자에게 편익·만족·가치를 충족시켜 유용성(usefulness)을 제공해 주며, 사회에 윤리경영, 사회적 책임, 환경보호 등 사회적·생태학적인 측면에서 사회성(sociality)을 창출하는 제품을 말한다.

2) 제품이 수익성·유용성·사회성을 갖춘 '잘 팔리는 제품'이 되기 위하여 '핵심제품, 유형제품, 확장제품'이라는 3대 속성이 잘 결합된 제공물이 되어야 한다.

POWER 정리

핵심제품·유형제품·확장제품

- **핵심제품(core product):** 제품이 고객에게 제공하고자 하는 근본적인 가치를 핵심기능, 핵심편익, 핵심가치라고도 한다. 소비자들이 제품을 사용하면서 얻는 편익이나 혜택
- **유형제품(tangible product):** 브랜드, 디자인, 품질수준, 패키징, 라벨링 등이 잘 결합되어 핵심기능을 잘 전달하고 사용하기 편리하도록 잘 만든 제품을 말한다. 형식제품, 실제제품이라고도 한다.
- **확장제품(augmented product):** 배달, 설치, 품질보증, A/S, 반품처리 등 제품에 추가적인 편익을 제공하는 제품을 말한다. 부가서비스, 보강제품이라고도 한다.

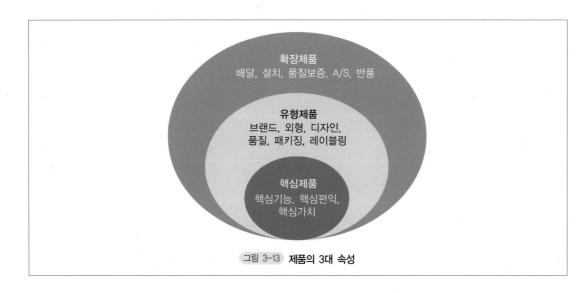

그림 3-13 **제품의 3대 속성**

2 제품의 종류

1) 소비재

(1) 편의품(convenience goods)

비교적 가격이 저렴하고, 소비자들이 빈번히 구매하며, 편리한 지역에서 편리한 시간에 구매하는 제품이다.

⟮예⟯ 음료수, 우산, 아이스크림 등 주로 편의점이나 대형 할인점에서 저가로 구매할 수 있는 제품

(2) 선매품(shopping goods)

구매하기 전에 비슷한 제품들의 가격이나 품질을 서로 비교하고 분석한 후 선별적으로 구매하는 제품이다.

⟮예⟯ 냉장고, TV, 휴대폰 등 주로 고가품이며, 백화점, 전문판매점 등에서 구입

(3) 전문품(specialty goods)

고품질이거나 브랜드가 뛰어난 제품이다.

⟮예⟯ 명품 가방, 명품 자동차, 수입 브랜드 등 구매장소는 선매품과 같이 백화점, 전문판매점 등 소수의 유통점

(4) 미탐색품(unsought goods)

소비자들이 제품의 존재 여부를 모르거나, 알고 있더라도 평상시 구매할 생각이 없어 탐색하지 않는 제품이다.

⟮예⟯ 출시된 지 얼마 되지 않은 신상품이나 직접적인 관심이 없는 기호품, 금융상품 등

2) 산업재

(1) 산업재란?

① 어떤 제품을 제조하거나 사업상의 용도로 구매하는 원자재, 중간재 또는 최종재를 말한다.
② 원자재와 부품, 자본재, 소모성 제품과 서비스 등이 포함된다.

(2) 제품믹스의 4개 차원(4dimensions of product mix)

제품믹스의 너비, 길이, 깊이, 일관성을 말하며, 제품전략을 결정하는 기본요소이다.

(3) 제품믹스의 너비(폭, width)

한 회사의 제품계열(또는 제품라인, 제품군)의 수를 말한다.
예 동서울전자(주) 제품믹스의 너비

(4) 제품계열의 길이(length)

① 각 제품계열에는 여러 종류의 개별제품이 존재하는데, 개별제품의 수를 말한다.
  예 동서울전자(주)의 모바일 제품계열의 길이
② 제품믹스의 길이: 제품계열의 길이를 모두 합한 숫자 예 동서울전자(주)의 제품믹스 길이
③ 제품믹스의 평균 길이: 각 제품계열의 길이 평균 예 동서울전자(주)의 제품믹스 평균 길이

(5) 제품의 깊이(depth)

① 품목(item): 개별제품의 다양한 색상과 크기의 제품
② 개별제품이 보유하고 있는 품목의 수
  예 동서울전자(주)의 노트북 제품의 깊이: 20(= 용량별 5개 종류 × 크기별 2개 종류 × 색상별 2개 종류)
③ 제품계열 확장(line stretching)
  • 시장점유율과 매출액 증가율을 높이기 위하여 현재의 고객 이외의 새로운 고객을 창출하기 위하여 제품의 종류를 늘리는 전략이다.
  • 현재의 제품계열에서 가격과 품질 측면에서 차별적인 새로운 제품을 추가하는 방법이다.

> **POWER 정리**
>
> 제품계열 확장
> • 상향 확장(upward stretching): 고가품을 새로 출시하는 것
> • 하향 확장(downward stretching): 저가품을 추가로 출시하는 것
> • 양방향 확장(two-way stretching): 상향 확장과 하향 확장을 동시에 추진하는 것

④ 제품계열 확충(line filling)
  • 현재 생산하고 있는 제품에 용량별, 크기별, 색상별 품목을 추가하는 경우가 해당한다.
  • 현재의 제품계열 내에서 더 많은 품목을 추가하는 것을 제품계열 확충이라고 한다.

- 제품계열의 확충은 제품믹스의 깊이를 확대하는 전략이라 할 수 있다.
- 제품계열의 확충은 현재 생산시설이 여유가 있을 때 품목을 다양화하여 고객의 니즈에 부응하여 매출을 늘리거나 이익을 증가할 목적으로 추진된다.

(6) 제품계열의 확장 또는 확충의 장단점

① 장점: 고객들에게 다양한 제품을 제공하여 시장을 확대하고 시장점유율을 높이고 매출성장률을 높인다.

② 단점
- 위험 부담 또한 증가한다.
- 경쟁자들을 자극하여 경쟁이 더욱 치열해질 수 있다.
- 추가로 유통망을 확충하고 유통업자들 교육도 강화하여야 한다.
- 자기잠식(cannibalization) 현상이 발생할 수도 있다.

> **POWER 용어**
>
> **자기잠식(cannibalization)**
> 동일 고객을 대상으로 자사 제품이 추가됨으로써 시장이 확장되는 것이 아니라 제살 깎기식으로 기존 고객을 단순 이동시키는 현상

3 머천다이징과 브랜드

> ∨ 기업이 성공적인 머천다이징을 통해 매출액을 향상시키기 위해서는 상품화계획의 수단으로 브랜드를 전략적으로 활용하는 것이 유용하다.
> ∨ 신제품 출시에 있어서 기존의 고객들에게 친숙하게 인지된 브랜드를 활용하는 브랜드 확장을 통해 신제품의 안정화를 이끌 수 있다.

1) 브랜드의 이해

(1) 브랜드의 정의

① 브랜드(상표, brand)란?

> 회사의 이름? 제품의 이름? 회사와 제품의 이름 통칭? 소비자들의 머릿속에 있는 그 무엇?

② 미국마케팅협회 정의

> "브랜드는 어떤 판매자의 제품과 서비스를 다른 판매자의 제품이나 서비스와 구별해주는 이름, 용어, 디자인, 심벌 또는 어떤 다른 특징"이다.

③ 우리나라 상표법의 정의

> "상표란 자기의 상품(서비스 포함)과 타인의 상품을 식별하기 위하여 사용하는 표장(標章)"이다.

④ 우리가 일상생활에서 말하는 브랜드: 브랜드 가치(삼성, 애플 등), 브랜드 종류(제품 브랜드, 기업 브랜드 등), 브랜드 자산, 브랜드 인지도 등 다양하게 사용한다.

⑤ 종합하면 브랜드는 단순히 제품의 이름만을 지칭하지 않는다는 것을 알 수 있다.
- 좁은 의미: 미국마케팅협회나 우리나라 상표법의 정의와 같이 '제품의 이름 또는 이름과 관련된 표장'을 뜻한다.
- 넓은 의미: '기업 및 제품의 이름 또는 이름과 관련된 표장, 그리고 소비자들의 머릿속에 형성되어 있는 기업 및 제품에 대한 주관적인 판단까지 포함하는 개념'을 뜻한다.

(2) 브랜드 요소와 브랜드 이름

① 브랜드 요소(brand element): 브랜드를 식별하고 차별화하는 여러 가지 요소이다.
② 브랜드 이름(brand name): 글자, 단어, 숫자와 같이 말로 표현되어 발음할 수 있는 것을 말한다.
예 갤럭시, 제네시스, 7UP 등 제품의 이름

2) 브랜드 자산 관리(David A. Aaker)

(1) 브랜드 인지도(brand awareness)

브랜드가 알려진 정도

예 '탄산음료 = 코카콜라', '햄버거 = 맥도날드'

(2) 브랜드 이미지(brand image) · 브랜드 연상(brand association)

어떤 브랜드에 대한 긍정적 또는 부정적인 생각이나 감정, 느낌, 이미지, 경험

(3) 브랜드 충성도(brand loyalty)

어떤 브랜드를 습관적이고 반복적으로 구매하거나 다른 사람들에게 긍정적인 이미지를 전달하는 행동

(4) 지각된 품질(perceived quality)

소비자들이 주관적으로 평가하는 제품의 우수성

(5) 독점적인 브랜드 자산(other propriety assets)

특허, 등록상표 등과 같이 배타적인 사용권을 보유한 자산

• POWER 기출 ✓

브랜드 관리와 관련된 설명으로 가장 옳지 않은 것은?

① 브랜드 자산(brand equity)이란 해당 브랜드를 가졌기 때문에 발생하는 차별적 브랜드 가치를 말한다.
② 브랜드 재인(brand recognition)은 브랜드가 과거에 본인에게 노출된 적이 있음을 알아차리는 것이다.
③ 브랜드 인지도(brand awareness)가 높을수록 브랜드자산(brand equity)이 증가한다고 볼 수 있다.
④ 브랜드 인지도(brand awareness)는 브랜드 이미지의 풍부함을 의미한다.
⑤ 브랜드 회상(brand recall)이란 브랜드 정보를 기억으로부터 인출하는 것을 말한다.

---

3) 브랜드 가치

(1) 브랜드 가치(brand value)란?

① 브랜드가 가지고 있는 총체적인 힘을 금액으로 환산한 가치를 말한다.
② 브랜드 가치는 시장에서 평가한 가치, 시장에서 브랜드를 매매할 때 평가되는 가격(매입가격)이다.
③ 브랜드가 가지고 있는 총체적인 힘(브랜드 파워brand power)을 금액으로 환산한 것을 브랜드 가치라고 한다.

(2) 브랜드 가치를 추정하는 방법

브랜드의 재무적 평가 + 마케팅적 평가

(3) 세계적인 브랜드 평가회사(Interbrand)의 평가방법

재무적 평가와 마케팅적 평가를 혼합하여 경제적 이익, 브랜드 영향력, 브랜드 강도의 3가지 항목을 평가한다.

4) 브랜드 개발 전략

(1) 신제품 개발의 브랜드 전략

① 라인 확장(line extension) – 수직 확장
  • 신제품을 출시하되, 기존 제품계열로 분류하고 기존 브랜드를 그대로 사용하는 것이다.
  • 신제품이 형태, 컬러, 사이즈, 원료 등 유형제품 측면에서 기존 제품과 다르지만, 핵심제품 측면에서는 기존 제품과 동질적일 때 사용된다.
  • 특정 브랜드를 대표로 내세워 마케팅 활동에 집중하기 때문에 깃발 마케팅으로 분류된다.
② 브랜드 확장(brand extension) – 카테고리 확장, 수평 확장
  • 신제품을 출시하면서 새로운 제품계열로 분류하되, 기존 브랜드를 부착하는 경우이다.
    예 대상(주)의 식품 브랜드 '청정원'은 1996년 출시 이후 많은 신제품을 개발하였으나 여전히 '청정원'이라는 브랜드를 계속 사용하고 있다.
  • 기존 브랜드를 사용하며 기존 브랜드의 후광효과(halo effect)를 얻으려는 의도가 있다.
③ 복수 브랜드(multi-brand): 신제품을 출시하면서 기존 제품계열로 분류하되, 새로운 브랜드를 부착하는 것이다.
    예 LG생활건강은 세탁세제 내에서 수퍼타이, 하모니, 한스푼 등 신제품을 출시하면서 서로 다른 브랜드를 사용하였다.

(2) 신규 브랜드

① 신제품을 출시하면서 새로운 제품계열로 분류하고, 새로운 브랜드를 부착한다.
② 기존 브랜드의 파워가 약해지고 있어 새로운 브랜드를 도입할 필요가 있을 때 사용하거나 새로운 명품 브랜드를 만들고 싶을 때 사용하는 전략이다.

CHAPTER 04 | 가격관리 전략

1 가격관리의 개요

1) 소비자

고객가치와 제품의 가격을 비교하면서 소비품목과 소비량을 결정한다.

(1) 소비자들은 구매하고자 하는 제품으로부터 얻는 편익이 지불하는 비용보다 크다고 생각되면 그 제품을 구입한다.

(2) 고객가치(customer value)

고객이 제품으로부터 얻는 편익이다.

(3) 제품의 가격

제품 구입할 때 지불하는 비용이다.

2) 기업

제품을 판매하여 이윤 극대화를 추구한다.

(1) '이윤 = 매출액 − 비용', '매출액 = 판매량 × 가격'이므로 이윤 극대화를 위하여 기업은 판매량을 늘리든지, 가격을 올리든지, 생산비용을 줄여야 한다.

(2) 기업의 가격 결정은 이윤 극대화라는 원칙 아래, 자사의 생산원가, 경쟁제품의 가격수준, 소비자들의 가격 민감도 등을 고려하여 이루어진다.

3) 가격관리

기업이 다양한 요인을 감안하여 이윤을 극대화하는 방향으로 가격을 결정하고 관리하는 전략이다.

4) 내부요인

(1) 마케팅 목표

이익 극대화, 시장점유율, 매출 극대화, 고객만족 극대화 등에 따라 가격의 수준이 달라진다. 마케팅 목표를 달성하기 위하여 가격전략이 달라진다.

(2) 마케팅 전략

가격전략 이외에 마케팅믹스(4P) 전략(제품전략, 유통전략, 촉진전략)에 따라 가격의 수준이 달라진다.

5) 외부요인

(1) 고객의 반응(탄력성)

① 소비자의 최대지불용의(willingness to pay): 소비자들이 기꺼이 지불하고자 하는 최고 가격(가격의 상한선)

② 수요의 가격탄력성(price elasticity of demand): 소비자들의 가격 변화에 대한 민감도

(2) 경쟁 환경

① 시장이 완전경쟁시장인지, 독점시장인지, 과점시장인지에 따라 가격 책정이 달라진다.

② 이미 시장에 출시되어 있는 비슷한 제품의 가격 수준도 가격 결정에 많은 영향을 미친다.

(3) 정부의 규제 및 법률

① 통신료, 전기료, 택시요금, 버스요금 등 정부가 가격을 규제한다.

② 생필품, 최저임금제 등 가계에 많은 영향을 미치는 제품도 정부가 가격 안정을 위하여 관리한다.

2 가격설정 방법

1) 가격 책정 순서

> 시장가격 조사 → 가격결정 목표 설정 → 가격결정 방법 선택 → 가격대별 시뮬레이션 → 가격결정 전략 수립 → 최종가격 결정

2) 경쟁제품의 시장가격 조사

자사 제품의 가격을 결정하기 전에 시장에서 경쟁제품들의 가격이 어떻게 형성되어 있는지, 소비자들의 반응은 어떠한지, 그리고 각종 가격 정보를 수집하여 적당한 가격대를 파악한다.

3) 가격결정 목표 설정

(1) 이윤극대화 목표

'이윤 = 총수익(매출액) − 총비용', '총수익 = 가격 × 판매량'이므로 이윤을 극대화하기 위하여 가격을 높게 책정하거나 판매량을 최대화하거나, 총비용을 최소화하여야 한다.

(2) 시장점유율 목표

① 자사 제품이 시장에서 차지하는 비중을 높이고자 할 때 채택되는 목표이다.

② 시장점유율을 목표로 하는 이유는 시장 지배력을 강화하여 시장에서 안정적인 지위를 구축하기 위함이다.

③ 이익이 다소 감소하더라도 제품의 판매량을 늘리고자 할 때 사용된다.

④ 이윤이 다소 줄어들더라도 자사 제품의 판매량을 늘려 시장에서의 인지도를 높이고자 하거나, 새로운 기업이 시장에 진입할 때 저지할 목적으로 가격을 낮추고 판매량을 늘리려고 할 때 사용된다.

제1과목 | 제2과목 | 제3과목 | 제4과목 | 모의고사

(3) 현상유지 목표

① 기존 가격을 유지하거나 경쟁제품의 가격과 비슷하게 책정하는 방법이다.

② 현재의 시장 지위 혹은 현재의 수익구조에 만족하고 장기안정적인 지위를 유지하면서 경쟁사와의 경쟁에서 우위를 확보하려고 할 때 사용된다.

(4) 고객만족도 목표

단기적인 이익에 주안점을 두지 않고 품질 향상과 저가정책을 유지하여 고객들의 마음을 사로잡아 장기 단골고객으로 유인하는 차원에서 추진된다.

(5) 이미지 향상 목표

① 자사 제품이 명품이라는 브랜드 이미지를 유지하기 위하여 고가정책을 사용한다.

② 높은 가격은 품질이 매우 우수하다는 의미 외에도 부유한 사람만이 구매하는 특별한 제품이라는 이미지를 형성하기 때문이다.

3 가격결정법

1) 원가기준 가격결정법

(1) 원가가산(mark-up or cost-plus) 가격결정법

제품의 원가에 일정 마진을 더하여 판매가격을 결정하는 방법이다.

[사례]

어떤 제품 100개를 생산할 때 드는 총비용이 100,000원이고, 마진율을 10%로 하고 싶을 때 가격을 얼마로 책정하면 되는가?(마진율 10%는 총매출액의 10%가 이익이라는 의미이다).

[풀이]

이윤 = 총수입 − 총비용 = (가격 × 100개) − 100,000원

이윤 = 총수입 × 마진율 = (가격 × 100개) × 10%

(가격 × 100개) − 100,000원 = (가격 × 100개) × 10%

$$\rightarrow \text{가격} = \frac{100,000}{100 \times (1 - 10\%)} = \frac{\frac{100,000}{100}}{1 - 10\%} = 1,111 = 1,120\text{원}$$

$$\text{원가가산 가격} = \text{원가} + \text{마진} = \frac{\text{단위당 원가}}{1 - \text{기대수익률}}$$

---

(2) 목표이익(target profit) 가격결정법

① 기업이 원하는 목표이익을 실현하는 수준에서 제품의 가격을 결정하는 방법이다.

② 원가에 목표수익률을 곱하면 목표이익 가격이 된다.

$$목표이익\ 가격 = 원가 \times 목표수익률$$

(3) 손익분기(break-even) 가격결정법

총수입과 총비용이 같도록 가격을 책정하는 방법이다.

손익분기점에서 이윤 = 0이므로

이윤 = 총수입 − 총비용 = (가격 × 판매량) − 총비용 = 0

$$\rightarrow 손익분기점\ 가격 = \frac{총비용}{판매량} = \frac{고정비 + 변동비}{판매량} = 단위당\ 고정비 + 단위당\ 변동비$$

2) 가치기준 가격결정법

소비자들이 제품을 구매하여 사용할 때 느끼는 가치를 중심으로 가격을 책정하는 방법으로 소비자 중심 가격결정법 또는 수요기준 가격결정법이라고도 한다.

(1) 직접가격 평가법

① 소비자들에게 제품을 보여주면서 제품의 적정가격을 물어보고 가격을 책정하는 방법이다.

② 소비자들이 빈번히 구매하거나 평가하기 용이한 제품에 적합하다.

(2) 직접 지각가치 평가법

① 소비자들에게 자사의 제품과 경쟁제품들을 보여주면서 각 제품을 직접 평가하게 하여 자사 제품의 가격을 결정하는 방법이다.

② 목표시장에 있는 소비자들이 실제 지각하는 가치를 반영한다는 장점이 있다.

3) 경쟁기준 가격결정법

경쟁사 제품의 가격을 기준으로 자사 제품의 가격을 결정하는 방법이다.

(1) 모방가격 결정법(going-rate pricing)

① 시장점유율 1위인 선도기업이 가격을 결정하면 그 가격에 따라 자사 제품의 가격을 결정하는 방법이다.

② 선도기업의 제품 가격과 동일하게 책정할 수도 있고, 높거나 낮게 책정할 수도 있다.

(2) 입찰가격 결정법(sealed-bid pricing)

공공프로젝트나 민간프로젝트의 사업자를 경쟁입찰 방식으로 결정할 때 낮은 가격을 제시하는 사업자를 선정하는 방법이다. 낙찰자가 제시한 가격으로 가격이 결정된다.

4) 심리기준 가격결정법

소비자들의 심리를 최대한 활용하여 가격을 결정하는 방법으로 단수가격, 짝수가격, 명성가격, 관습가격 등이 해당한다.

---

5) 신제품 가격결정 전략

시장침투 가격전략은 경쟁제품들 사이에 차별성이 부족한 통신산업이나 성숙단계에 있는 산업에서 주로 사용된다.

(1) 초기 고가전략(market skimming pricing)

① 신제품을 출시하는 초기에는 높은 가격을 책정하였다가 시간이 경과하면서 점차 가격을 내리는 전략이다.
② 초기 고가정책을 채택하더라도 혁신 소비자나 고소득층은 신제품을 구매하게 되므로 신제품 선점효과가 나타나 단기 이익을 창출하게 된다.
③ 신제품 출시기업들은 신제품 출시 초기에는 높은 가격을 책정하고, 경쟁제품이 진입하기 직전에 가격을 낮추어 진입을 견제하면서 자사 제품의 수요층을 확대하는 전략을 사용한다.

(2) 시장침투 가격전략(market penetration pricing)

① 신제품을 출시하면서 저가정책을 사용하는 전략이다.

② 출시 초기 단기 이익을 희생하더라도 신속히 시장점유율을 확대하고자 할 때 저가정책을 사용한다.

③ 출시 초기 저가정책을 사용하는 상황
- 경쟁기업보다 늦게 신제품을 출시할 때
- 소비자들이 가격에 민감하게 반응할 때
- 초기 대량생산으로 신속하게 생산원가를 낮추려고 할 때
- 처음부터 경쟁자가 진입하지 못하도록 진입장벽을 높이고자 할 때

6) 제품믹스 가격결정 전략

(1) 제품라인 가격결정(product line pricing)

① 기업의 제품라인이 여러 제품으로 구성되어 있을 때 사용하는 방법이다.

② 소비자들에게 개별제품의 가격과 제품라인 전체의 가격을 보여주면서 소비자들이 선택하도록 하는 방법이다.

   예 세차 서비스: 외부 세차 10,000원, 내부와 외부 모두 세차 20,000원, 차의 모든 분야 세차 35,000원으로 책정

(2) 선택사양 가격결정(optional-product pricing)

주력제품에 추가하여 다양한 선택사양을 제공하고 판매가격을 결정하는 방법이다.

   예 승용차 가격은 기본모델의 가격으로 제시하고 오디오, 내비게이션, 프리미엄 엔터테인먼트 시스템 등을 선택사양으로 제공하면서 가격을 증액하는 방법

(3) 종속제품 가격결정(captive-product pricing)

① 주 제품과 함께 반드시 사용되어야 하는 종속제품의 가격을 결정하는 방법이다.

   예 프린터와 프린터 잉크를 판매할 때 프린터는 주 제품이며, 프린터 잉크는 종속제품이 된다.

② 주 제품 가격은 낮게 책정하여 판매한 후, 종속제품의 가격을 높게 책정하여 이익을 극대화하는 방법이다.

(4) 묶음 가격결정(product bundle pricing)

① 종류가 서로 다른 두 개 이상의 제품을 하나로 묶어 판매할 때 가격을 결정하는 방법이다.

   예 • 패스트푸드점에서 햄버거, 프렌치프라이, 음료를 하나의 세트로 묶어 판매하는 경우
   • 통신사에서 휴대전화, 집 전화, 인터넷, TV 유선방송 등을 묶어 판매할 때 할인하여 가격을 책정한다.

② 묶음판매는 '끼워 팔기'나 '1 + 1 판매'와는 다르다.
- 끼워 팔기: A 제품을 구매할 때 반드시 B 제품을 구매하도록 강제하는 방법으로 독점규제법에 의해 규제되고 있다.
- 1 + 1 판매: A 제품을 구매하면 A 제품 1개를 무료로 제공하여 판매를 늘리려는 방법이다. 1 + 1 판매는 편의점 등에서 쉽게 찾아볼 수 있다.

(5) 2부제 가격(two-part pricing)

가격체계를 기본가격과 사용가격으로 구분하여 2부제로 부과하는 가격결정 방법이다.

예 전기, 전화, 수도 등 공공요금(기본요금 + 사용요금), 놀이공원(입장료 + 시설이용료), 택시요금(기본요금 + 시간·거리병산) 등

(6) 부산물 가격(by-product pricing)

① 생산과정에서 발생하는 부산물에 대한 가격 책정 방법이다.

② 원래 부산물은 가치가 없어 버리거나 낮은 가격으로 판매되지만, 가공 처리하여 높은 가격을 받는 사례이다.

예 S-oil에서 원유 정제과정에서 나오는 잔사유(벙커씨유, 중질유와 같은 찌꺼기 기름)를 고도화 시설을 통하여 고부가가치 제품으로 전환한 사례

4 가격 차별화

1) 판매촉진을 위한 가격차별

(1) 소비자들의 구매를 자극하는 방법

① 현금할인: 현금으로 결제하거나 특별기간 동안 구매할 때 가격의 일부를 할인해 주는 방법이다.

② 수량할인: 일정량 이상 구매할 경우 가격을 할인해 주는 방법이다.

③ 기간할인: 특정 기간 동안 구매할 경우 가격을 할인해 주는 방법이다.

④ 계절할인: 비성수기동안 할인해 주는 방법이다.

⑤ 현금 환불(리베이트): 소비자들이 일정금액 이상 구매하면 현금 또는 상품권을 배부하는 방법이다.

⑥ 단골고객 보상제: 단골고객에게 현금이나 현금 상당액을 지급하거나 할인해 주는 방법이다.

(2) 중간상에 대한 가격할인

① 현금할인: 중간상이 외상거래를 하지 않고 직접 현금결제 또는 판매대금을 조기상환할 때 판매대금의 일부를 할인하는 방법이다.

② 거래할인(또는 기능할인): 중간상이 자사 제품을 대신 운송하거나 보관해 줄 때 또는 자사를 대신하여 거래처에 대하여 영업활동을 수행할 때 제조업자가 경비의 일부를 부담하는 방법이다.

③ 촉진공제: 중간상이 판매를 확대하기 위하여 자발적으로 자사 제품을 광고할 때 광고금액의 일부를 공제(광고공제)하거나 중간상이 진열대의 좋은 위치에 자사 제품을 진열해 줄 때 보상(진열공제)하는 방법 등이 있다.

2) 판매상황별 가격차별화

(1) 해외·국내, 서울·지방 등 지역별로 차별화

(2) 주중·주말 등 시간대별로 차별화

예 우유의 음료용·아이스크림용·버터용등 용도별로 차별화

3) 고객유형별 가격차별화

(1) 제조업자가 도매상과 소매상의 가격을 차별화

(2) 기차표를 어린이 · 일반인 · 노인 등으로 차별화

(3) 극장이나 음악회 등에서 VIP 석 · R 석 · S 석 · A 석 등 좌석별로 차별화

(4) 신문 또는 잡지의 구독료를 일반과 학생으로 차별화

4) 유통채널별 가격차별화

백화점, 일반매장, 전문매장, 홈쇼핑, 모바일 판매 등 제품의 판매채널별로 가격을 차별화하는 방법이다.

5 가격의 종류

1) 유보가격(reservation price)

소비자나 생산자가 주관적으로 판단하는 가격이다.

(1) 소비자의 유보가격

소비자가 주관적으로 판단하는 가격, 소비자가 기꺼이 지불할 용의가 있는 최고가격

(2) 생산자의 유보가격

생산자가 주관적으로 판단하는 가격, 생산자가 최소한 수취하고자 하는 최저가격(생산원가)

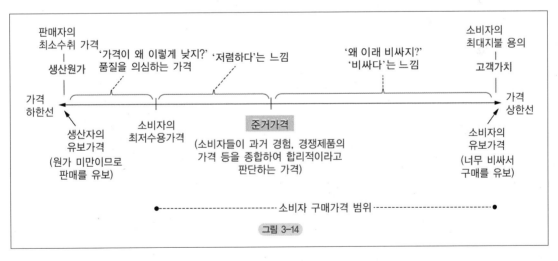

그림 3-14

2) 준거가격(reference price)

(1) 소비자들의 과거 경험, 경쟁제품의 가격 등 가격과 품질 정보를 종합하여 합리적이라고 판단하는 가격이다.

(2) 소비자들이 생각하는 적정수준의 가격이다.

3) 최저수용가격(lowest acceptable price)

(1) 소비자들이 품질을 의심하지 않고 구매할 수 있는 최저가격이다.

(2) 제품의 가격이 낮을 때 소비자들은 "왜 이렇게 싸지? 품질이 안 좋은 것 아니야?"라는 의구심을 갖는다.

(3) 소비자들의 경험과 정보를 토대로 의심하지 않고 받아들일 수 있는 가격이 최저수용가격이 된다.

4) 모방가격(going-rate price)

경쟁시장에서 선도기업이 가격을 결정하면 다른 기업들은 선도기업의 가격을 그대로 수용하게 되는 가격이다.

5) 입찰가격(sealed-bid price)

경쟁매매 방식으로 진행되는 정부나 기업이 물자를 구매하거나 공사 도급계약을 할 때 후보 기업들이 제출하는 가격이다.

6) 단수가격(odd price)

(1) 제품의 가격을 5,000원, $5.00 등으로 책정하지 않고 4,990원, $4.99로 책정하는 가격이다.

(2) 소비자들에게 싸다는 느낌을 주어 판매를 늘리려는 전략, 이를 '99 마케팅'이라고 한다(짝수가격).

(3) 제품의 가격을 49,000원, $48.00 등으로 책정하지 않고 반올림하여 50,000원, $50.00으로 책정하는 가격이다.

(4) 고소득층에게 고급품이라는 이미지를 주어 구매를 자극하려는 판매전략이다.

7) 명성가격(prestige price)

소비자들에게 명품이라는 인식을 주도록 높게 책정하는 가격이다.

예 고급승용차, 고급가방, 고급시계, 보석 등과 같이 사회적 지위나 권위를 과시하기 위하여 높은 가격을 책정

8) 관습가격(customary price)

(1) 껌, 우유, 자장면, 초코파이 등과 같이 오랫동안 소비자들에게 사랑을 받아온 제품들의 가격이다.

(2) 소비자들에게 관습적으로 형성되어 있는 가격이므로 가격을 인상하려 하면 소비자들의 저항에 부딪히게 된다.

9) 묶음가격(bundle price)

서로 다른 제품을 묶어 판매할 때 적용하는 가격이다.

예 패스트푸드점에서 햄버거, 프렌치프라이, 음료를 하나의 세트로 묶어 판매하는 경우

> ※ 묶음 가격은 끼워 팔기나 '1 + 1' 판매와는 다르다.
> • 끼워 팔기(tying): A 제품의 구매할 때 반드시 B 제품을 구매하도록 강요하는 방법. 독점규제법에 의해 규제되고 있다.
> • '1 + 1' 판매: A 제품을 하나 구매하면, A 제품 1개를 무료로 추가 제공하는 방법이다.

10) 촉진가격(promotional price)

기업이 매출을 확대하기 위하여 정상적인 가격보다는 낮게 책정한 가격 또는 원가보다 낮게 책정한 가격이다.

• POWER 기출 ✓ •

가격전술과 내용이 가장 옳지 <u>않은</u> 것은?

① 유인가격전술: 보다 많은 소비자를 자사점포로 유인하기 위한 가격전술
② 변동가격전술: 가격을 동일하게 제시하는 것이 아니라 소비자와의 흥정을 통해 최종가격을 설정하는 가격전술
③ 명성가격전술: 상품의 고품질과 높은 명성을 상징적으로 나타내기 위해 고가격을 설정하는 가격전술
④ 묶음가격전술: 상품 단위당 이익을 높이기 위해 상품을 큰 묶음 단위로 제공하는 가격전술
⑤ 가격대전술: 상품계열별로 취급상품들을 몇 종류의 가격대로 묶어 가격을 설정하는 전술

아래 글상자에서 설명하는 가격 전략으로 가장 옳은 것은?

> • 동일 상품군에 속하는 상품들에 다양한 가격대를 설정하는 가격전략
> • 소비자가 디자인, 색상, 사이즈 등을 다양하게 비교하는 선매품, 특히 의류품의 경우 자주 활용
> • 몇 개의 구체적인 가격만이 제시되므로 복잡한 가격 비교를 하지 않아도 되어 소비자의 상품선택과정이 단순화된다는 장점을 가짐

① 가격계열화전략(price lining strategy)
② 가격품목화 전략(price itemizing strategy)
③ 가격단위화 전략(price unitizing strategy)
④ 가격구색화 전략(price assortment strategy)
⑤ 가격믹스 전략(price mix strategy)

CHAPTER 05 촉진관리 전략

1 촉진관리 전략의 개요

1) 기존의 '촉진(Promotion)'의 개념은 '커뮤니케이션(Communication)'으로 바뀌고 있다.

(1) 기존에는 제품의 판매 확대에 초점 → 이제는 제품의 정보나 가치를 정확하게 전달하는 데 초점을 둔다.

(2) 커뮤니케이션

① '의사소통'보다는 '정보 · 가치 · 생각의 공유 또는 전달'이라는 의미가 강하다.
② 미국마케팅협회에서도 촉진을 "communicating offerings"로 정의하고 있다. communication mix라고 한다.

2) 기존의 마케팅 커뮤니케이션은 통합적 마케팅 커뮤니케이션(IMC)으로 변화하였다.

(1) 인터넷이 도입되기 이전인 1980년대까지 마케팅 커뮤니케이션은 TV, 신문, 라디오, 잡지의 4대 대중매체를 이용하였다.

→ 1990년대 이후 IT기술과 인터넷 발달로 온라인, 모바일 및 소셜 마케팅 등 다양한 커뮤니케이션 수단이 등장하였다.

(2) 기존에 주로 활용하였던 4대 대중매체는 많은 비용이 소요되고 일방향으로 진행되었다.

→ 이제는 저렴한 비용의 쌍방향 커뮤니케이션이 가능해졌으며, 정보 수집 용이하여 데이터베이스 마케팅이 급성장하였다.

(3) 커뮤니케이션 효과를 극대화하기 위하여 통합적 마케팅 커뮤니케이션이 등장하였다.

　　※ 통합적 마케팅 커뮤니케이션(IMC: integrated marketing communication)

(4) 기존에 별개로 활용되었던 커뮤니케이션 수단들을 하나로 통합하여 모든 접점에서 일관성 있게 커뮤니케이션할 수 있도록 계획하고 전략적으로 실행하여 커뮤니케이션 효과를 극대화하는 활동이다.

(5) 장기적인 관점에서 강력한 브랜드를 구축할 수 있고 잠재고객을 개발하여 관계를 강화하여 단골고객으로 만드는 역할을 수행하고 있다.

3) 광고 패러다임이 ATL 마케팅과 BTL 마케팅에서 TTL 마케팅으로 발전하였다.

(1) ATL(above the line) 마케팅

① 4대 매체(TV, 라디오, 신문, 잡지)와 뉴미디어(케이블 TV, 인터넷)를 통하여 불특정 다수에게 비대면, 일방적으로 메시지를 전달하는 마케팅, 즉 대량마케팅이다.
② 장점: 불특정 다수의 대중들에게 대량으로 정보를 제공하여 브랜드 인지도를 높이는 것이다.
③ 단점: 많은 비용이 들고, 소비자와 접촉 없이 한 방향으로 진행되어 비용대비 성과가 부족하다는 것이다.
④ 매장 전시, 이벤트, 세일즈 프로모션, 쿠폰, 스폰서십, PPL, CRM, DM, UCC, TM 등과 같이 미디어를 매개로 하지 않고 주로 대면 커뮤니케이션을 하는 마케팅, 즉 타깃 마케팅을 말한다.

(2) BTL(below the line)

① 비전통적 매체인 디지털, 오프라인 등을 통한 광고 활동을 뜻한다.
② 장점
　• 광고비가 저렴하고 양방향 접촉이 가능하며 고객의 참여기회를 제공하여 고객의 반응을 이끌어낸다.
　• 고객 세분화가 가능하고 효과 측정도 가능하다.
③ 단점
　• 소규모로 진행되어 파급력이 크지 않다.
　• 장기간 추진되어야 효과가 나타난다.

(3) TTL(through the line) 마케팅

① ATL과 BTL을 융합한 마케팅이다.
② ATL과 BTL의 장점을 모두 활용하고 통합적인 마케팅을 수행하여 보다 효율적인 마케팅이 가능하다.
　예 어떤 음식점에서 유튜브에 자사 음식을 소개하는 동영상을 게재하고, 해당 영상을 캡처하여 매장에서 음식을 주문하면 할인혜택을 주는 방법
③ 대중매체(ATL)를 적절히 활용하면서 고객과의 직접적인 접점(BTL)을 활용하는 방법이라는 점에서 통합적 마케팅 커뮤니케이션의 일환이라고 할 수 있다.

2 마케팅 커뮤니케이션

> ∨ 기업(발신자)이 보다 효과적으로 정보를 전달하기 위하여 메시지를 만들고 이를 부호화하여 방송매체 등
> 미디어를 통하여 수신자에게 전달되며, 수신자는 나름대로 해석하여 반응하는 과정을 거치게 된다.
> ∨ 기업은 광고주로서 광고효과를 극대화하기 위하여 전문업체인 광고대행사를 활용한다.
> ∨ 광고대행사가 정보를 메시지라는 함축적인 형태로 전환하는 과정을 부호화 또는 코딩화(encoding)라고 한다.

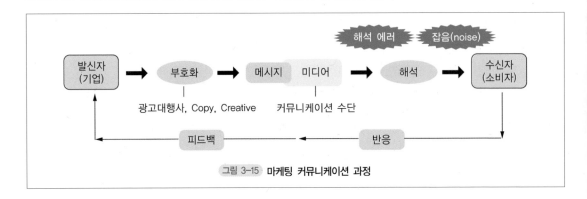

그림 3-15 **마케팅 커뮤니케이션 과정**

1) 해석 에러(error)

(1) 발신자가 당초 '전달하고자 하는 것'과 '수신자들이 이해하는 것'이 100% 일치하지 않는 것을 의미한다.

(2) 해석 에러가 발생하는 이유

수신자들이 듣고 싶은 것만 듣고(선택적 주의), 들은 메시지도 자의적으로 해석(선택적 왜곡)하며, 해석한 메시지도 자신에게 익숙하거나 인상 깊었던 내용만 기억(선택적 유지)하기 때문에 발생한다.

2) 마케팅 잡음(noise)

(1) 발신자가 수신자에게 정보를 전달하는 과정에서 정확하게 전달하지 못하도록 방해하는 요소이다.

(2) 마케팅 잡음의 종류

① 외적 잡음: 주변 소음, 타인과의 대화, 전달매체의 불량 등 정보전달과정에서 나타나는 외부의 방해요소

② 내적 잡음: 수신자의 수면부족, 피로, 긴장, 감정상태 등 수신자의 심리적·육체적 상태에 따라 발생하는 방해요소

③ 경쟁 잡음: 경쟁사의 광고 등 자사 제품과 경쟁제품 사이에 발생하는 잡음

3) 마케팅 커뮤니케이션 과정에는 피드백이 매우 중요하다.

(1) 피드백(feedback)

수신자 반응을 파악하여 커뮤니케이션 과정이 효과적으로 전달되었는지를 평가하는 절차이다.

(2) 피드백의 방법은 광고기획사의 광고효과 분석, 소비자에 대한 설문조사, 인터넷 댓글 분석 등이 있으며, 수집된 정보에 따라 문제점이 있으면 수정·보완하는 작업이 필요하다.

4) 마케팅 커뮤니케이션의 미시모형

(1) 마케팅커뮤니케이션 과정이 '거시모형'이라면, 소비자들의 광고 수용태도는 '미시모형'에 해당한다.

(2) 미시모형이란 마케팅 커뮤니케이션을 소비자들이 수용하는 과정을 말한다.

(3) 소비자들의 수용태도는 '인지-감정-행동'의 단계와 자극-반응(SR 모형)이 AIDA 모형, AIDMA 모형, 효과계층 모형으로 발전되었다.

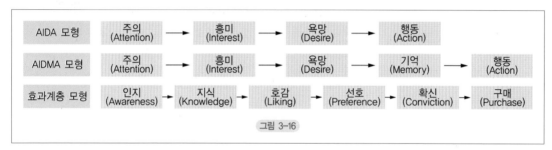

그림 3-16

① AIDA 모형
  • 소비자들이 '주의 – 흥미 – 욕망 – 행동'의 단계로 구매를 결정한다는 이론이다.
  • 외부의 자극이 오면, 소비자들은 외부의 자극에 대하여 주목(attention)하게 되고, 외부 자극에 대하여 흥미 또는 관심(interest)을 갖게 되면, 어떤 욕망(desire)에 사로잡히게 되고, 긍정적인 욕망은 구매(action)로 나타난다.
② AIDMA 모형: 1920년대 TV가 등장하면서 TV 광고를 시청하게 되면, 바로 구매로 연결되지 않고 소비자의 머릿속에 기억(memory)되는 과정이 추가되므로 AIDA 모형에서 '기억'을 추가한 모형이다.
③ 효과계층 모형(hierarchy-of-effects model): TV 광고를 시청한 소비자들이 제품의 존재를 인지(awareness)하면, 브랜드 이름을 알게 되는 지식(knowledge) 단계를 거쳐, 제품에 대하여 어떤 감정을 갖게 되는 호감(liking) 단계로 이동하게 된다. 호감을 갖게 되면 개인적인 선호(preference)를 가지게 되며, 제품에 대하여 확신(conviction)이 발생하면 가격할인, 프리미엄 혜택 등을 비교하면서 구매(purchase)하게 된다는 6단계 이론이다.

3 광고(Advertising)

1) 광고의 개념

기업(광고주)이 자사 또는 자사 제품을 불특정 다수에게 널리 알리기 위하여 광고대행사가 제작한 광고안을 미디어에 게재하는 비대면 커뮤니케이션 활동이다.

2) 광고의 특징

(1) 기업이 많은 비용을 부담하고 기업의 이름으로 제작된다.

(2) 비대면 커뮤니케이션으로 불특정 다수에게 폭넓게 진행되어 인적 판매 등 다른 촉진수단을 지원한다.

(3) 단기적인 효과보다는 장기적인 효과를 목표로 한다.

3) 광고 유의사항

이미지 광고와 제품 광고는 다르다.

(1) 이미지 광고(기업 광고)

자사가 국가적 · 사회적으로 또는 인류의 삶에 기여하는 모습을 광고한다.

(2) 제품 광고

① 특정 제품의 판매량을 확대하기 위하여 그 제품의 정보를 알리기 위한 광고이다.
② 광고는 브랜드에 따라 정보전달형, 설득형, 상기형으로 구분된다.

POWER 정리

광고의 구분
- **정보전달형**: 자사 제품의 가치를 널리 알리는 것을 목표로 한다. AIDMA 모형의 인지단계에서 사용
- **설득형**: 자사 제품이 경쟁제품과 다르다는 차별성을 부각한다. AIDMA 모형의 흥미 · 욕망단계에서사용
- **상기형**: 자사 제품을 잊지 않고 지속적으로 기억할 수 있도록 만든 광고. AIDMA 모형의 기억단계에서 사용

---

4 PR과 홍보

1) 공중관계(PR: public relation)

(1) 일반 대중들(public)이 자사 또는 자사 제품에 대한 이해도를 높이고 긍정적인 이미지를 갖도록 설계된 전략적인 커뮤니케이션 활동이다.

(2) PR에는 언론보도, 기자회견, 투자자 관계, 간행물 발간, 사회봉사활동 등이 포함된다.

2) 언론보도 또는 홍보(Publicity)

(1) 자사 또는 자사 제품과 관련된 정보를 언론에 기사화하는 것을 말한다.

(2) 홍보와 광고의 차이점

① 홍보: 금전적인 지불 없이 언론 보도되어 알리는 방법
② 광고: 기업이 유료로 자사 또는 자사 제품을 알리는 방법

(3) 기자회견

기업의 신제품 개발, M&A, 영업 실적 등을 널리 알리기 위하여 언론을 초청하여 설명하는 자리이다.

(4) 투자자 관계(IR: Investors Relations)

기업의 중요한 뉴스나 영업실적 등을 주주와 투자자에게 설명하는 자리이다.

(5) 그 밖에 방법

사보, 연차보고서, 홍보 책자 등 간행물 발간, 음악회 또는 스포츠 경기 후원, 봉사활동 등 사회공헌 활동 등이 있다.

• POWER 기출 ⊘ •

PR(public relations)에 대한 설명으로 옳지 <u>않은</u> 것은?

① 소비자뿐만 아니라 기업과 관련된 이해관계자들을 대상으로 한다.
② 제품 및 서비스에 대한 호의적 태도와 기업에 대한 신뢰도 구축을 병행한다.
③ 기업을 알리는 보도나 캠페인을 통해 전반적인 여론의 지지를 얻고자 한다.
④ 제품과 서비스에 대한 정보제공 및 교육 등의 쌍방향 커뮤니케이션 활동이다.
⑤ 기업 활동에 영향을 미치는 주요 공중과의 관계구축을 통해 호의를 얻어내고자 하는 것이다.

---

5 판매촉진(Sales Promotion)

∨ 제품의 판매를 촉진시키기 위하여 중간상 또는 최종 소비자에게 제공하는 단기 자극책(incentive)
∨ 광고의 효과가 장기적으로 발생한다면 판매촉진은 특정 제품을 단기에 대량 판매하려는 단기 인센티브

1) 소비자 촉진

(1) 최종 소비자에게 인센티브를 부여하여 판매를 촉진하는 방법이다.

(2) 제조사가 소비자에게 제공하는 소비자 촉진(consumer promotion)과 유통업체가 소비자에게 제공하는 리테일 촉진(retail promotion)으로 구분된다.

소비자 촉진 전략
- **샘플:** 구매를 유도하기 위한 소개 제품
- **쿠폰:** 기록된 제품의 가격으로 판매하겠다는 일종의 증빙서
- **현금 환불:** 소비자들이 일정금액 이상 구매하면 현금 또는 상품권을 배부하는 것
- **단골고객 보상:** 단골고객에게 현금이나 현금 상당액을 지급하거나 할인해 주는 방법
- **가격 할인:** '1+1'과 같이 묶음 판매할 때 또는 가격할인 전단지, 쿠폰을 제시할 때 가격을 할인해 주는 방법
- **프리미엄:** 어떤 제품을 구매할 때 어린이 장난감이나 인형 등을 무료로 주거나 낮은 가격으로 판매하는 방법
- **구매시점 판촉(POP: point-of-purchase):** 매장 통로에 제품을 진열하거나 포스터와 간판을 부착, 음료의 무료시식 등을 통하여 구매 시점에 소비자의 구매를 자극하는 방법

2) 중간상 촉진 또는 트레이드 촉진(Trade Promotion)

(1) 제조사가 유통업체에게 제공하는 촉진이다.

(2) 흔히 제조사는 중간상에 대한 촉진이 더 효과적이라고 판단하고 소비자 촉진보다 더 많은 예산을 할당한다.

중간상 촉진 전략
- **현금 할인:** 중간상이 제품을 현금으로 구매하거나 외상매입금을 조기에 상환할 때 판매대금의 일부를 할인해 주는 방법
- **물량비례 할인:** 지정된 기간 동안 중간상이 매입하는 물량에 따라 할인해 주는 방법
- **공제(allowance):** 중간상이 자발적으로 자사 제품을 광고할 때 광고금액의 일부를 보조해 주는 광고공제와, 중간상이 자사 제품을 특별히 진열해 줄 때 보상해 주는 진열공제 등
- **무료 제품:** 중간상에게 자사 제품의 마진을 확대해 주거나 고객에게 사은품으로 제공할 수 있도록 자사제품을 추가로 무료 제공하는 것

3) 사업자 판촉(Business Promotion)

(1) 사업체를 대상으로 하는 판매 촉진활동이다.

(2) 생산자는 국내외에서 개최되는 특별 전시회에 참여하여 자사 제품을 홍보한다.

(3) 전시회에 참여한 사업체들은 자사와의 거래를 사전 계약하기도 하며, 향후 거래를 약속하기도 한다.

4) 영업사원 촉진(Salesperson Promotion)

영업사원들이 주로 기업고객을 대상으로 하므로 자사 제품에 대한 교육을 강화하고 기존 거래처의 매출 확대와 신규 거래처 발굴을 장려하는 방법이다.

6 인적판매

1) 인적판매(Personal Selling)란?

잠재적인 고객들과 1:1 또는 1:다수로 직접 접촉하여 제품을 설명하고 필요할 경우 시연을 통하여 제품의 판매를 확대하는 방법이다.

2) 영업점을 통한 판매

은행 점포, 자동차 대리점 등과 같이 고객이 영업점을 방문하여 상담하고 구매하는 과정을 거친다.

3) 영업사원을 통한 판매

(1) 회사 직원 또는 모집인을 통한 판매이다.

(2) 모집인은 정식 직원은 아니지만, 회사를 대신하여 고객을 모집하고 계약을 체결하는 업무를 담당한다.

4) 인적판매의 장단점

(1) 장점

① 고객의 욕구와 행동에 맞추어 즉석에서 커뮤니케이션을 달리할 수 있는 융통성이 있다.
② 고객 가능성이 높은 잠재고객에게 집중되므로 오히려 전체적인 자원 낭비는 최소화될 수도 있다.
③ 다른 커뮤니케이션과 달리 만난 장소에서 판매행위를 종결할 수 있다.

(2) 단점

시간적인 제약이 많으며, 많은 비용이 발생한다.

5) 최근 인적판매의 변화(온라인, 모바일, 소셜미디어의 발달로 인한)

(1) 최근에는 온라인을 통하여 정보를 검색하고 다른 사람들의 추천을 받아 비교 검토한 후에 대리점을 방문하거나 영업사원과 접촉하는 절차를 거치고 있다.

(2) 온라인에서 수집되는 데이터를 통하여 데이터베이스 마케팅이나 빅데이터 마케팅과 인적판매가 결합된다.

7 직접 마케팅(Direct Marketing)

> ∨ 우편, 전화, 팩스, 이메일, 온라인 채팅, 소셜 미디어, 모바일 등을 통하여 고객들과 직접 의사소통하면서 전개하는 촉진활동이다.
> ∨ 과거에는 주로 우편물(DM: direct mail)을 이용하거나 전화, 팩스, 텔레마케팅 등을 활용하였다.

1) 직접 마케팅의 특징

(1) 일대일 마케팅으로 개별 소비자들과 양방향으로 의사소통하면서 소비자로부터 주문, 질의, 요구사항, 이의신청 등을 즉각적으로 처리할 수 있으며, 지속적으로 고객관계 관리가 가능하다.

(2) 세분화된 목표시장을 직접 공략할 수 있으며, 디지털 마케팅으로 확장되면서 더욱 각광받는 촉진활동이다.

(3) 구매자에게는 카탈로그나 웹 사이트를 통하여 언제, 어디서나 손쉽게 접촉할 수 있으며, 시간과 공간을 뛰어넘는 편리함도 있다.

(4) 판매업자에게는 적은 비용으로 다양한 경로를 통하여 소비자에게 언제, 어디서든 접근할 수 있다.

2) 비인적 판매(nonpersonal communication channel)

(1) 인적판매가 대면판매 또는 대면채널을 통한 판매라면, 비인적판매는 비대면판매라고 할 수 있다.

(2) 비대면판매는 인쇄매체, 공중파 방송, 전시매체(옥외광고, 간판, 포스터), 온라인 미디어, 각종 PR(기자회견, 전시회, IR) 등을 통하여 이루어지는 촉진활동이다.

(3) 인적판매와 구분하여 비인적판매를 직접마케팅이라고 하였으나, 최근 디지털 마케팅이 강화되면서 직접마케팅과 인적판매가 결합되기도 한다.

8 전자 카탈로그(e-Catalog)

1) e-Catalog 의 의의와 특징

(1) e-Catalog(전자 카탈로그)는 상품에 대한 광고나 기업에 대한 홍보가 전자적 파일로 제작, 인터넷 홈페이지, 홍보용 CD, 동영상, 플래시 애니메이션 등의 형태로 만들어진 카탈로그를 말한다.

(2) 무점포 소매업(Non-Store Retailing)의 한 형태로 e-Catalog 를 통해 고객에게 상품정보를 제공하여 소매 활동을 영위하게 된다.

2) e-Catalog 의 활용

e-Catalog는 상품에 대한 광고 및 촉진, 판매자와 구매자 간의 전자적 상품정보 교환, 상품정보 검색의 편의성 향상 등에 활용할 수 있다.

3) e-Catalog 의 장단점

(1) 장점

① 상품의 정보 검색이 용이하고 상품정보의 변경이 가능하며, 배포비용이 없어 전 세계적으로 배포할 수 있다.

② 종이 카탈로그보다 수정이 용이하고, 시간적, 공간적 제약을 상대적으로 적게 받으면서 홍보가 가능하다.

③ 음성이나 이미지를 포함하여 동영상으로 표시할 수 있으며 상품별로 개별화된 카탈로그를 제작할 수도 있다.

④ 인터넷을 통해 상품정보의 데이터베이스를 공유함으로써 유통과 제조업체의 업무 효율성을 높일 수 있다.

(2) 단점

① 사용자가 컴퓨터를 사용할 줄 알아야 하고, 인터넷 접근이 가능해야 e-Catalog를 사용할 수 있다.

② 표준화가 되어 있지 않아 전자 카탈로그의 개발에 어려움이 있다.

02 | 디지털마케팅 전략

CHAPTER 01

소매점의 디지털 마케팅 전략

1 디지털 마케팅에 대한 이해

1) 디지털 마케팅이란?

(1) 디지털 즉 온라인 기반으로 디지털 기술을 사용하여 제품 및 서비스를 홍보하는 마케팅이다.

(2) 온라인 마케팅으로도 불리며, 온라인 기반으로 한 마케팅이기 때문에 페이스북, 인스타그램, 틱톡 등 인터넷을 활용한 소셜 미디어가 발달한 시대에 필요한 마케팅이다.

(3) 컴퓨터, 태블릿, 스마트폰 등 전자기기 사용이 일반화되고, 대부분의 사람들이 스마트폰에 상당 시간을 소비하게 되어 디지털 마케팅의 중요성은 점점 더 커지고 있다.

2) 디지털 마케팅의 장점

(1) 모든 사용자에게 접근할 수 있다. 디지털 환경에서 마케팅을 하기 때문에 국가와 시간 상관없이 전세계 사용자에게 접근하기가 쉽고 데이터를 수집할 수 있다.

(2) 구글 애널리틱스 및 구글 서치 콘솔을 활용하여 어떤 사용자가 주로 관심을 보이는지, 어떤 경로를 통해서 유입이 되는지 등을 확인할 수 있다. 데이터를 기반으로 마케팅 방향을 설립할 수 있기 때문에 감으로 하는 것보다 더 정확하게 내가 원하는 결과를 만들 수 있다.

3) 디지털 마케팅의 종류

(1) 검색엔진최적화(SEO: Search Engine Optimization)
① 검색엔진을 사용자의 편의성에 맞추어 최적화하여 검색엔진 상단에 내 사이트를 노출시키는 것이다.
② 사용자의 대부분은 상위 3개의 사이트만 클릭하고 그 아래에 있는 사이트들은 거의 클릭하지 않는다. 따라서 검색엔진최적화를 통해 내 사이트를 상단에 노출시킬 수 있다면 매출에 영향을 미친다.

(2) 소셜 미디어 마케팅
① 인스타그램, 트위터, 페이스북, 유튜브 등의 소셜 미디어를 활용하여 마케팅을 한다.
② 타깃 사용자에 맞추어 소셜 미디어 채널을 선택하고 콘텐츠를 만들어서 소셜 미디어에 업로드한다.

③ 소셜 미디어 마케팅의 장점은 고객의 반응을 직접적으로 볼 수 있고 소통 또한 실시간으로 할 수 있다는 것이다.

> 예 브랜드에서 상품을 만들 때 인스타그램 스토리에 먼저 상품 시안을 올린 뒤 사용자의 반응을 보고 피드백을 받아 상품을 발전시키면서 최종적으로 발매를 한다.

(3) 인플루언서(influencer) 마케팅

① 연예인 못지않은 인기와 팔로워를 보유하고 있는 인플루언서를 활용한 마케팅이다.
② 인플루언서를 팔로우하는 사람들은 인플루언서처럼 되고 싶은 욕망을 가지고 있고 모방 소비를 하는 경향이 있다.
③ 내 제품과 브랜드 이미지에 잘 어울리는 인플루언서를 선별 · 컨택해서 협상 후 마케팅을 진행해야 한다.

(4) 콘텐츠 마케팅

사용자의 니즈를 파악한 후 그에 맞춘 콘텐츠를 꾸준히 만들어 소셜 미디어에 공개하는 것이다.

> 예 CU 편의점, '편의점 고인물'이라는 콘텐츠: MZ세대에서 큰 인기를 끌면서 백만뷰가 넘는 조회수를 기록했다.

(5) 이메일 마케팅

① 사용자 데이터베이스를 바탕으로 나의 목표에 맞는 사용자를 선택하여 이메일을 보내는 것이다.
② 내 제품, 내 사이트, 뉴스레터 등 내가 목표하는 바의 내용을 담아 메일을 보낸다.

(6) 바이럴 마케팅

① 소셜 미디어에 사용자들에게 자연스럽게 정보를 제공해서 사용자들이 자발적으로 내 제품 혹은 내 브랜드를 홍보하는 것이다.
② 저비용으로 좋은 효과를 얻을 수 있다.

(7) 모바일 마케팅

① 스마트폰, 태블릿 등 모바일 기기를 활용하여 내 제품 및 브랜드를 홍보하는 것으로 대표적인 예는 푸시 알림, 문자 발송 등이 있다.
② 사용자들이 스마트폰을 늘 소지하고 다니고 스마트폰을 장시간 사용하기 때문에 모바일 마케팅 전략을 설립하여 푸시 알림을 보내는 것도 사용자를 내 제품 및 사이트로 유입하는 데 큰 효과를 볼 수 있다.

(8) PPC(Pay-Per-Click)

① PPC란 사용자가 내 광고를 클릭 했을 때 내가 광고비용을 지불하는 것이다.
② PPC 마케팅 · SEO 마케팅: SEO 마케팅은 별도의 광고비용 없이 검색엔진 최적화를 통해서 상단에 내 사이트를 띄어 매출 효과를 보지만 PPC 마케팅은 광고비용을 지불하여 사용자가 광고를 클릭할 때 마다 클릭 횟수만큼 광고비용을 지불하는 것이다.

(9) 제휴 마케팅

① 제품 및 브랜드를 홍보해 줄 광고인을 찾아 계약을 하고 광고인의 개인 소셜 미디어 채널(인스타그램, 블로그 등)을 통해 제휴 상품을 홍보 및 판매하는 것이다.

② 유명한 인플루언서가 아니더라도 개인 블로그를 보유하고 있고 방문자 수가 일정 이상 된다면 제휴 마케팅 효과를 볼 수 있다.

③ 많은 방문자 수를 보유하고 있는 것보다 꾸준한 방문자 즉 충성 고객을 가지고 있는 사람이 더 많은 퍼포먼스를 낼 수 있다.

2 온라인 구매결정과정에 대한 이해

1) 마켓 스페이스(market space)에서 고객욕구에 효과적으로 반응하기 위해 소비자 욕구를 이해하는 것이 중요하다.

2) 인터넷 마케터는 전통적인 소비자행동모델이 어떻게 적용될 수 있는지를 검토해야 한다.

3) 온라인을 통하여 소비자들이 누릴 수 있는 혜택으로는 다양성, 편리성, 저비용, 비교구매, 개인화, 부가가치 추구, 공동체 등이 있으며, 이러한 요인들은 온라인 구매결정과정에 영향을 미칠 수 있다.

CHAPTER 02 | 웹사이트 및 온라인 쇼핑몰 구축

1 사용자 경험(UX)에 대한 이해

> ∨ 사용자 경험(UX)은 유용성, 접근성 및 만족도를 포함하여 제품 또는 서비스와 상호 작용할 때 사용자가 갖는 전반적인 경험을 나타낸다.
> ∨ 인식, 감정, 태도 및 행동을 포함하여 사용자 경험의 모든 측면이 포함되며 디자인, 기능, 유용성, 접근성 및 미학과 같은 요소의 영향을 받는다.
> ∨ 좋은 사용자 환경은 쉽고 직관적이며 즐겁고 사용자의 요구와 기대를 충족하는 환경이다.

1) 유용성

(1) 의도한 사용자가 목표를 효과적이고 효율적이며 만족스럽게 달성하기 위해 제품 또는 서비스를 사용할 수 있는 정도를 뜻한다.

(2) 유용성은 UX의 핵심 측면이며 사용하기 쉽고 이해하기 쉬운 인터페이스 디자인을 포함한다.

2) 접근성

(1) 시각 장애, 청각 장애 또는 이동 장애가 있는 사람을 포함하여 장애가 있는 사용자가 제품 또는 서비스를 사용할 수 있는 정도를 나타낸다.

(2) 접근성은 UX의 중요한 측면이며 모든 사용자가 포괄적이고 액세스할 수 있는 인터페이스를 설계하는 것과 관련이 있다.

3) 사용자 중심 디자인

(1) 사용자의 요구와 선호도를 디자인 프로세스의 중심에 두는 디자인 접근 방식이다.

(2) 디자인 프로세스에 사용자를 참여시키고, 사용자 연구를 수행하고, 사용자 피드백을 기반으로 디자인을 반복하는 작업이 포함된다.

4) 정보 아키텍처

(1) 정보 아키텍처는 제품 또는 서비스 내에서 정보의 구성 및 구조를 나타낸다.

(2) 잘 설계된 정보 아키텍처를 통해 사용자는 원하는 것을 쉽게 찾고 제품 또는 서비스를 탐색할 수 있다.

5) 시각 디자인

(1) 시각 디자인은 레이아웃, 타이포그래피, 색상 및 그래픽을 포함하여 제품 또는 서비스의 미적, 기능적 디자인을 포함한다.

(2) 시각 디자인은 제품 또는 서비스에 대한 사용자의 인식을 형성하는 데 중요한 역할을 하며 사용자 경험에 대한 전반적인 만족도에 영향을 줄 수 있다.

6) 상호 작용 디자인

(1) 상호 작용 디자인에는 인터페이스 요소, 탐색 및 사용자 흐름을 포함하여 사용자와 제품 또는 서비스 간의 상호 작용 디자인이 포함된다.

(2) 인터랙션 디자인은 직관적이고 매력적인 사용자 경험을 만드는 데 중요하다.

7) 사용자 피드백 및 테스트

(1) 사용자 피드백 및 테스트는 디자이너가 사용자로부터 피드백을 수집하고 제품 또는 서비스를 개선할 수 있도록 하기 때문에 UX 디자인 프로세스의 중요한 부분이다.

(2) 사용자 테스트는 사용성 테스트, A/B 테스트 및 사용자 설문 조사를 포함한 다양한 방법을 통해 수행할 수 있다.

8) 지속적인 개선

(1) UX 디자인은 반복적인 프로세스이며 지속적인 개선은 성공적인 사용자 경험을 만드는 열쇠이다.

(2) 사용자 피드백을 모니터링하고, 사용자 데이터를 분석하고, 사용자 요구 및 선호도에 따라 제품 또는 서비스를 지속적으로 개선하는 것이 포함된다.

2 온라인 쇼핑몰의 중요성과 이점

1) 저렴한 비용

(1) 오프라인 마케팅에 비해 온라인 마케팅이 더 저렴한 편이다.

(2) 예산이 적은 새로운 브랜드는 특히 소셜 미디어와 같은 일부 방법을 완전히 무료로 사용할 수 있기 때문에 타깃 고객에게 쉽게 도달할 수 있다.

2) 손쉬운 퍼포먼스 측정 및 분석의 용이함

(1) 구글 애널리틱스와 같은 분석 툴을 이용한다면 온라인 광고 및 마케팅의 실적을 추적할 수 있다.

(2) 분석을 통해 타깃층을 정의하거나 퍼포먼스가 좋은 콘텐츠 종류를 알아낼 수 있고, 더욱 더 효율적인 결과를 얻는 방법으로 마케팅 전략을 수정할 수 있다.

3) 장기 노출

(1) SEO 및 일부 스폰서 광고를 포함하여 특정 유형의 온라인 마케팅은 오랜 기간 지속된다.

(2) 초기 비용으로 많은 결과를 얻을 수 있기 때문에 매우 가성비가 좋다.

4) 많은 잠재고객에게 도달 가능

SEO와 소셜 미디어 마케팅, 광고 등의 방법을 통해서 현저히 많은 수의 사람들에게 도달할 수 있다.

5) 고객과의 관계 구축

(1) 타깃 고객이 온라인에서 광고를 계속해서 다시 보게 될 가능성이 높다.

(2) 브랜드 인지도가 높아질수록 그들은 브랜드를 빨리 인식하기 시작하며, 특정 브랜드를 더 많이 볼수록 더 많이 신뢰하게 된다. 결과적으로 온라인 마케팅은 고객과 브랜드와의 관계를 강화한다.

1 소셜미디어 플랫폼에 대한 이해

1) 소셜미디어 플랫폼 정의

(1) 소셜미디어란 사람들이 의견, 생각, 경험, 관점 등을 서로 공유하기 위해 사용하는 온라인 툴과 플랫폼을 뜻한다.

(2) 소셜미디어는 텍스트, 이미지, 오디오, 비디오 등의 다양한 형태를 가지고 있는데 가장 대표적인 소셜미디어로는 블로그(Blogs), 소셜 네트워크(Social Networks), 메시지 보드(Message Boards), 팟캐스트(Podcasts), 위키스(Wikis), 비디오블로그(Vlog) 등이 있다.

(3) 소셜미디어란 용어를 최초로 사용한 사람은 가이드와이어 그룹(Guidewire Group) 창업자이자 글로벌리서치 디렉터 인크리스쉬플리(Chris Shipley)이며 최초로 소셜미디어란 용어를 언론에 보도한 사람은 SHIFT Communications 의 토드데프런(Todd Defren)이다.

(4) 소셜미디어는 하나의 유행이 아니라 제2의 닷컴시대를 창출하는 웹 2.0의 핵심 도구로 부상하고 있는데 이에 따라 소셜미디어와 관련된, 소셜미디어를 구성하는 새로운 비즈니스 분야와 용어가 출현하고 있다.

(5) 비즈니스 영역에서 웹 2.0에 충실한 다양한 소셜미디어를 활용한 마케팅, 지식경영, 연구개발, 서비스 제공, 고객관리 등의 모델들이 나타나고 있다.

POWER 정리

소셜미디어의 특성

구분	정의
참여(Participation)	소셜미디어는 관심 있는 모든 사람들의 기여와 피드백을 촉진하며 미디어와 오디언스의 개념을 불명확하게 함
공개(Openness)	대부분의 소셜미디어는 피드백과 참여가 공개되어 있으며 투표, 피드백, 코멘트, 정보 공유를 촉진함으로써 콘텐츠 접근과 사용에 대한 장벽이 거의 없음
대화(Conversation)	전통적인 미디어가 'Broadcast'이고 콘텐츠가 일방적으로 오디언스에게 유통되는 반면 소셜미디어는 쌍방향성을 띰
커뮤니티(Community)	소셜미디어는 빠르게 커뮤니티를 구성케 하고 커뮤니티로 하여금 공통의 관심사에 대해 이야기하게 함
연결(Connectedness)	대부분의 소셜미디어는 다양한 미디어의 조합이나 링크를 통한 연결상에서 번성

2 소셜미디어 마케팅 전략과 콘텐츠 제작

1) 전략적 목표와 측정 지표 설정하기

> ∨ 목표를 명확히 세우면 마케팅 전략의 기반을 구축하기도 쉬워진다. 고객 참여도를 높이는 것이 주요 목표라면 현재의 고객 참여 데이터를 확인하고 효과적인 항목과 조정이 필요한 항목을 파악해야 한다.
> ∨ 고객 참여도 향상 전략은 신규 고객 확보나 웹 사이트 트래픽을 늘리기 위해 사용하는 전략과 다르다. 비즈니스에 가장 큰 영향을 미칠 목표를 정확히 설정하면 어디서부터 시작해야 하는지 명확히 알 수 있다.

(1) 브랜드 인지도 향상

① 브랜드 인지도: 기업의 브랜드에 대한 인식 수준을 설명하는 데 사용되는 용어이다. 예를 들어, 어떠한 정보도 없는 로고를 보고 바로 브랜드 이름이 떠오른다면 브랜드 인지도가 강력하다는 의미이다.

② 브랜드 검색량: 브랜드 인지도를 측정하는 유용한 지표이다. SEO(Search Engine Optimizer, 검색 엔진 최적화) 툴을 사용하면 Google에서 브랜드 이름이 검색되는 빈도를 확인할 수 있다.

③ 소셜 미디어 마케팅으로 브랜드 인지도가 높아지면 브랜드 검색량도 증가한다.

(2) 웹 사이트 트래픽 증가

① 웹 사이트 트래픽은 특정 소셜미디어 캠페인에서 웹 사이트로 이동하는 사람의 수를 알려준다.

② 이를 측정하는 가장 좋은 방법은 소셜미디어 마케팅 캠페인만의 랜딩 페이지를 만들거나, URL 뒤에 붙는 UTM(Urchin Tracking Module) 매개 변수를 사용하여 트래픽을 주시하는 것이다.

(3) 고객 참여도 향상

① 소셜미디어 마케팅은 고객 참여도를 높이는 가장 좋은 방법이다. 타깃 고객이 참여하는 곳이 소셜미디어이기 때문이다.

② 고객 참여도를 높이면 브랜드에 대한 관심을 유도할 뿐만 아니라 고객이 브랜드와 연관되어 있다는 느낌을 가질 수 있다. 자신이 브랜드와 연관되거나 연결되어 있다고 느끼면 고객은 더 많이 구매하게 된다.

③ 모든 소셜미디어 채널의 참여도를 확인하여 고객 참여가 어떻게 증가하고 변화하는지 명확하게 파악한다. 클릭률, 리트윗, 공유를 보고 고객 참여도를 측정할 수 있다.

(4) 신규 고객 확보

① 소셜미디어 마케팅을 통해 새로운 팔로워만 얻는 것은 아니다. 전환을 유도하고 신규 고객도 확보할 수도 있다.

② 이 목표는 측정하기 어려울 수 있다. 어떤 구매자에게는 소셜미디어 마케팅이 구매자 여정의 유일한 접점일 수도 있기 때문이다. 이런 경우 우수한 멀티터치 어트리뷰션(multi-touch attribution) 소프트웨어를 사용하면 소셜미디어 마케팅 전략을 통해 확보된 신규 고객을 추적할 수 있다.

2) 타깃 고객을 파악하고 조사하기

(1) 전략적 목표를 세웠다면 이제 페르소나(persona)를 정의하고 조정해야 한다.

(2) 이 단계를 제대로 수행하려면 실제 고객 데이터가 필요하다. 이 정보에 액세스할 수 없다면 먼저 강력한 실시간 고객 데이터 플랫폼(CDP)을 찾고, 통합 고객 데이터는 실제 사용자를 반영하는 정확한 페르소나를 생성하는 데 도움이 된다.

3) 적합한 소셜미디어 채널 선택하기

모든 채널이 똑같은 효과를 가져오지는 않는다. 각 플랫폼마다 타깃 고객이 다르기 때문이다.

예 젊은 기술 스타트업 창업자는 밤에 TikTok 영상을 보거나 Instagram 스토리를 확인할 수도 있으며, B2B 경영진은 모닝 커피를 마시며 Facebook을 볼 수도 있다. 반면 최근에 대학을 졸업한 사람은 하루 일과를 마치고 YouTube 메이크업 튜토리얼을 시청하고 싶어 할 수도 있다.

4) 타기팅되고 매력적인 콘텐츠 제작하기

소셜 미디어 마케팅 전략에서 타기팅되고 매력적인 콘텐츠를 제작하여 탁월한 콘텐츠를 만들려면 먼저 각 플랫폼에서 호스팅하는 콘텐츠 유형을 이해해야 한다.

(1) 콘텐츠 유형의 이해

① Twitte: 짧은 텍스트와 링크 공유가 중요하다. 요즘에는 스레드를 사용하여 긴 생각을 짧게 나눠 공유하는 것이 트렌드이다.
② Instagram: 이전에 이미지 중심이었다면 이제는 영상으로 전환되고 있다.
③ Facebook: 미디어를 기반으로 하며, 이미지와 일부 영상으로 사용자의 참여를 유도한다.
④ Pinterest: 이미지와 짧은 형식의 영상을 사용한다.
⑤ YouTube: 긴 영상 콘텐츠를 사용한다.
⑥ TikTok: 짧은 형식의 영상이 대세이다.

(2) 이미지와 영상의 균형 유지하기

Facebook 콘텐츠는 약 60~70%의 이미지와 15~20%의 영상으로 구성하는 것이 효과적이다.

(3) 친근하게 다가가기

누군가는 하루의 피로를 풀고 편한 마음으로 소비하기 쉬운 콘텐츠를 찾아 소셜미디어를 둘러본다. 인간미 있고 친근한 어조로 사용자의 공감을 얻어야 한다.

(4) 디자인 트렌드 및 미적 요소를 정의하고 유지하기

색상이 브랜드에 대한 인상을 정의하기도 하므로 색상을 비롯한 미적 요소를 신중히 선택해야 한다. 디자인 트렌드에 뒤처지지 않고, 소셜 채널에서 일관된 색상과 미적 요소를 사용하면 브랜드 인지도를 높이고 전문성을 전할 수 있다.

(5) 적절하게 콘텐츠 혼합하기

콘텐츠 제작 시 80:20 규칙(정보 콘텐츠 80%, 홍보 콘텐츠 20%)은 유용한 기본 구조이긴 하지만, 타깃 고객에게 적합한 비율을 사용하는 것이 더 중요하다. 어느 누구도 제품 및 서비스 판매가 강조된 페이지를 팔로우하고 싶어 하지 않는다. 팔로워의 관심사와 관련된 유용한 방법과 정보를 제공했을 때 홍보 게시물도 의적으로 받아들인다.

5) 소셜미디어 일정 계획하기

6) 경쟁사 살피기

7) 소셜미디어 전략 점검하기

소셜은 항상 존재하며, 트렌드는 항상 바뀐다. 앞서 설정한 목표와 지표를 참고하여 전략을 자주 점검하며 초기 목표와 비교하여 현재 전략의 성공도를 측정하고, 효과적인 항목과 그렇지 않은 항목을 파악한다. 그런 다음 새로운 인사이트를 기반으로 다음 캠페인을 조정한다.

• POWER 기출 ✅ •

소셜미디어 마케팅의 장점으로 옳은 것은?

① 소셜미디어는 표적화 되어 있고 인적(personal)인 속성이 강하다.
② 소셜미디어 캠페인의 성과는 측정이 용이하다.
③ 마케터의 메시지 통제 정도가 강하다.
④ 기업과 제품에 대한 정보를 푸시를 통해 적극적으로 제공한다.
⑤ 소셜미디어 캠페인은 실행이 단순하고 역효과가 없다.

1 디지털 마케팅 데이터 분석의 개요

1) 데이터 분석은 단순히 데이터를 결과로만 바라보던 과거에서 벗어나 소비자의 행동 패턴과 결합해 고객을 이해하는 도구로 활용되고 있다.

2) 데이터 분석이란 특정 타깃의 패턴과 트렌드와 같은 유용한 인사이트를 발견하기 위해 데이터를 수집 · 정리 · 조작 · 분석하는 전 과정을 말한다. 통계 분석, 머신러닝 및 데이터 마이닝과 같은 다양한 방법을 사용한다.

3) 데이터 분석에서 가장 중요한 것이 '데이터'이다. 데이터란 특정 사실이나 정보의 집합을 의미한다. 데이터 분석은 데이터를 기반으로 인사이트를 도출하는 것이기 때문에 양질의 데이터를 얼마나 많이 확보하느냐가 핵심이다. 데이터를 많이 가지고 있을수록 데이터 분석의 정확도가 높아진다.

4) 과거에는 데이터가 성과 측정 등의 용도로 활용되었다. 최근에는 고객의 구매 · 활동 데이터를 기반으로 서비스 개발과 추천, 고객 분류 및 구매 예측 등을 분석하는 데에도 사용되고 있다.

5) 공급망 관리나 제조 공정 개선 등 기업의 디지털 전환에도 폭넓게 활용되고 있다.

6) 데이터를 통해 도출된 인사이트는 기업이나 조직의 발전에 큰 도움을 준다. 데이터 분석을 통해 도출해 낸 패턴으로 결과를 예측할 수 있으며, 올바른 의사결정으로 이어질 수 있기 때문이다.

7) 장점

(1) 효율적인 의사결정에 도움

데이터의 중요성은 제품 개발부터 영업, 마케팅에 이르기까지 다양한 계획을 수립하는 전 과정에서 강조된다. 기업은 데이터를 분석해 인사이트를 도출하고, 예상되는 결과를 구체화할 수 있다. 이러한 예측은 신속한 의사결정에 도움을 주고 이를 통해 의사결정의 효율성을 높일 수 있다.

(2) 타깃 이해도와 만족도를 높임

① 데이터 분석이란 마케팅 분야에서 더욱 그 필요성이 강조되고 있는데 특정 소비자군의 구매 기록이나 선호도 같은 데이터를 추적해 구매 패턴과 선호도에 대한 인사이트를 얻을 수 있다.

② 고객에 대한 이해도를 높이는 데 많은 도움이 된다. 고객의 니즈를 보다 빨리 발견하고, A/B 테스트 등을 통해 검증해 볼 수 있다. 이를 통해 기업은 타깃 고객의 니즈에 부합하는 더 나은 제품과 서비스를 제공하여 고객 충성도와 만족도를 향상할 수 있다.

(3) 마케팅 최적화를 도움

① 고객 데이터를 측정·분석하여 마케팅 성과를 정량적으로 평가할 수 있으며, 이를 통해 지속적인 피드백을 반영하고, 시장과 고객에게 최적화된 마케팅 전략을 펼칠 수 있다.

② 주어진 데이터를 분석하여 위에서 수립한 타깃 이해도의 방향성을 재설정할 수 있다. 이를 통해 기업은 제품이나 서비스에 적합한 잠재 고객을 타깃으로 최적화된 마케팅을 꾸준히 제공할 수 있게 된다.

③ 일반 사용자가 가장 흔하게 접하는 빅데이터 활용 사례는 이러한 데이터 분석의 장점과 연관되어 있다. 개인 유튜브나 인스타그램, 블로그 등의 SNS에서 이탈률과 조회수 등을 분석하는 것처럼 기업에서도 타깃 이해도를 높이고, 마케팅 최적화를 도모하기 위해 계속해서 데이터를 수집·분석하고 있다.

(4) 업무 효율성을 높임

① 비즈니스 내 비효율성을 식별하고 운영 최적화한다.

② 기업은 판매 수치, 생산 비용, 만족도 등 주요 성능 지표(KPI)를 추적·모니터링하여 개선해야 할 영역을 보다 빨리 발견할 수 있다.

③ 데이터를 통해 비즈니스 목표와 성과를 명확히 관리할 수 있다. 이는 기업이 한정된 자원을 효율적으로 활용하는 데 큰 도움이 된다.

(5) 예측 가능성을 높여 비즈니스 리스크 관리를 강화함

① 제품이나 서비스를 정식으로 출시하기 전 데이터를 통해 인사이트를 얻을 수도 있다.

② 잠재적인 약점과 개선 영역을 발견하는 데 큰 도움을 준다(고객 니즈를 충족하고, 구매를 유도하는 더 나은 서비스를 제공할 수 있어 점점 더 데이터의 중요성이 강조).

③ 과거 데이터를 분석해 얻은 인사이트는 미래를 예측하고, 대응할 수 있도록 하면서 비즈니스가 잠재적 위험을 사전에 하고 개선하는 데 도움을 준다.

2 데이터 분석으로 성과 향상하기

1) 소비자 행동을 예측하는 데 도움

(1) 과거의 구매 내역, 검색 기록, 소셜 미디어 활동 등을 분석하여 소비자의 관심사와 선호도를 알아낼 수 있다.

(2) 이를 통해 기업은 개별 소비자에게 맞춤형 제안을 할 수 있으며, 소비자의 반응을 예측하여 마케팅 전략을 조정할 수 있다.

2) 고객충성도를 높일 수 있는 방안 제시

(1) 고객의 구매 이력과 행동 패턴을 분석하여 어떤 상품이나 서비스를 선호하는지, 구매 주기와 빈도는 어떤지 등을 파악할 수 있다.

(2) 이를 바탕으로 기업은 고객의 니즈에 맞는 다양한 프로모션, 할인 혜택, 혹은 개인화된 서비스를 제공함으로써 고객과의 유대를 강화할 수 있다.

3) 마케팅 예산의 효율적인 활용

(1) 마케팅 비용의 낭비를 최소화하기 위해서는 어떤 채널이 가장 효과적인지, 어떤 타깃 고객층에게 초점을 맞추어야 하는지를 알아야 한다.

(2) 고객 데이터 분석을 통해 기업은 소비자의 선호하는 채널과 플랫폼을 파악하고, 예산을 가장 효율적으로 배분할 수 있다. 이를 통해 기업은 불필요한 비용을 절감하고 더 많은 효과를 얻을 수 있다.

4) 고객 데이터 분석의 중요성과 활용

(1) 기업은 데이터에 기반한 의사결정을 통해 고객과의 관계를 강화하고, 경쟁력을 향상할 수 있다.

(2) 고객 데이터 분석은 마케팅의 핵심 원리를 뒷받침하며, 기업의 성장과 발전을 이끌어 갈 수 있는 필수적인 요소이다.

3 사용자 데이터 수집과 분석

1) 데이터 분석 과정 1단계 – 데이터 활용의 목표 설정

(1) 데이터 분석의 첫 번째 과정은 가장 먼저 데이터를 활용하여 분석하는 이유를 명확히 하는 것이다.

(2) 어떤 결과를 도출해 내고 싶은지, 어떤 문제를 해결하고 싶은지, 최종 목표는 무엇인지 확실한 데이터 활용의 목표가 있어야 그에 알맞은 데이터를 추출하고 분석할 수 있다.

(3) 목표 설정을 위해서는 수집된 데이터에 대한 이해가 반드시 필요하다.

2) 데이터 분석 과정 2단계 – 로우 데이터(raw data) 수집

(1) 명확한 목표를 설정했다면 그 다음 데이터 분석 과정은 목표를 달성하기 위한 원시 데이터들(로우 데이터)을 모두 수집하는 것이다.

(2) 이를 위해선 어떤 데이터를 수집해야 할지를 명확히 하는 것이 중요하다. 또한 데이터를 다뤄야 하는 분야에 따라 적절한 데이터를 수집해야 한다.

3) 데이터 분석 과정 3 단계 – 데이터 정리

(1) 세 번째 데이터 분석 과정은 필요한 로우 데이터를 모두 수집하고 나서 데이터를 정리하고 구조화하는 것이다.

(2) 누락된 데이터는 없는지, 여러 소스에서 수집한 로우 데이터의 오류를 수정하고 중복 데이터를 제거하고, 형식이 일치하지 않는 값을 수정하거나 필요하지 않은 데이터를 제거하는 등 정리 과정을 반드시 거쳐야 한다.

4) 데이터 분석 과정 4 단계 – 데이터 분석

활용해야 할 데이터를 선별했다면 데이터 분석 네 번째 과정은 1단계에서 설정한 목표에 따라 데이터를 분석해야 한다.

(1) 수집된 데이터를 요약

데이터의 흐름을 파악하기 위해, 데이터를 원인과 결과 등의 관점별로 나누고 요약한다.

(2) 문제가 되는 상황을 파악하고 데이터의 패턴을 찾음

왜 이런 결과가 일어났는지에 대한 진단을 한다.

(3) 데이터의 패턴으로 예측

데이터를 통해 반복되는 패턴으로 A → B가 되는 상황에 대한 예측과 가설을 수립한다.

(4) 예측한 상황에 대한 대비책과 계획을 수립

예측되는 상황에 대해 어떤 해결 방법을 적용할지 데이터에 적용한다.

5) 데이터 분석 과정 5 단계 – 결과 도출 시각화

(1) 마지막은 데이터를 분석한 결과를 정리하고 해석하여 보고서나 그래프, 대시보드 등으로 시각화하는 과정이다.

(2) 실제로 내가 목표한 결과를 도출해 냈는지, 이후에는 어떤 행동을 취해야 하는지에 대해서 분석한 내용을 정리하여 명확한 인사이트를 제공해야 한다.

(3) 이 결과는 조직의 의사결정과 향후 방향성에 영향을 미친다.

03 | 점포관리

CHAPTER 01 | 점포구성

1 점포구성의 개요

1) 점포는 잠재고객이 노력을 기울이지 않더라도 쉽게 찾을 수 있어야 한다.

2) 다양한 계층의 고객을 대상으로 점포는 매장 앞을 지나는 고객이 내부의 분위기를 느낄 수 있도록 설계되어야 한다.

3) 너무 화려하거나 고급스럽게 구성하면 고객이 부담을 느낄 수 있으므로 상품의 개성과 특성을 잘 살리면서 친근하고 대중적이어야 한다.

4) 특정한 목표고객이 대상일 경우에 목표고객만이 점포 안으로 들어오도록 설계한다.

2 점포의 구성과 설계

1) 점포구성의 의의

(1) 소비자들이 특별한 노력을 기울이지 않아도 용이하게 찾을 수 있도록 설계한다.

(2) 소비자들이 원하는 상품을 구입할 수 있는 환경을 만들고, 상품을 찾기 쉬운 곳에 진열한다.

(3) 간판

해당 점포를 발견하고 확인하게 하는 기능과 해당 점포에 대한 이미지를 심어준다.

(4) 입구

소비자들이 용이하게 출입할 수 있도록 설계한다.

(5) 진열창

진열된 상품들이 소비자들의 시선을 끌고 관심을 갖도록 해야 한다.

(6) 주차장

소비자들을 위한 서비스 차원에서의 배려가 이루어져야 한다.

제1과목 | 제2과목 | 제3과목 | 제4과목 | 모의고사

2) 점포설계의 의의

(1) 유동객 수 및 도로의 위치, 소비자에 따라 진열방식, 점두구성, 진열기구 종류 등을 입지조건에 맞게 설계해야 한다.

(2) 경영의 장소로서 노동생산성을 고려하여 설계해야 한다.

(3) 발생하는 작업을 고려해서 설계해야 한다.

(4) 좋은 점포의 설계는 이익 및 매출액을 극대화할 수 있는 노동생산성 향상 방법이 얼마나 잘 짜여 있는지에 따라 결정된다.

3) 상품이 잘 팔리는 점포구성의 요소

(1) 목표로 하는 소비자층에 대한 적절한 상품을 구성한다.

(2) 지역 소비자들에게 부합되는 가격대를 설정한다.

(3) 소비자들이 점포에 편리하게 방문할 수 있는 점포의 입지조건을 갖춘다.

(4) 외부에서 볼 때 매력 있는 점포의 외관을 갖춘다.

(5) 활용성 및 안전성을 고려한 점포 설비 및 시설을 갖춘다.

(6) 소비자들이 한눈에 봐도 알기 쉽도록 매장을 배치한다.

(7) 매력 있는 진열과 판매용 수단을 갖춘다.

(8) 점포 또는 판매원들이 풍기는 분위기도 중요한 요소이다.

3 점포 디자인

1) 점포 디자인 계획

(1) 점포 입지의 선정 → 점포 콘셉트 확립 → 점포 디자인 계획 수립

(2) 점포 디자인 계획은 소비자들이 상품을 용이하게 구입하도록 계획을 수립해야 한다.

(3) 중·장기적 계획을 통한 경영전략의 최적화 및 비용절감의 원칙하에 결정되어야 한다.

2) 점포 디자인 4대 요소

(1) 외장(Exterior)

점두, 입구, 건물 높이, 진열창, 고유성, 시각성, 주변지역, 교통의 혼잡성, 주변 점포, 정차장

(2) 내장(Interior)

조명, 온도 및 습도, 색채, 판매원, 탈의장, 냄새 및 소리, 바닥, 통로, 수직 동선, 집기/비품, 벽면 재질, 셀프서비스

(3) 진열

조화, 구색, 카트, POP, 주제 및 장치, 간판, VMD 진열보조구, 포스터, 게시판, 선반 및 케이스

(4) 레이아웃

고객동선, 상품공간, 후방공간, 판매원 공간, 휴식공간, 작업동선, 상품동선, 고객용 공간

3) 상품진열의 품목 구성 요소

레이아웃(Layout) → 그룹핑(Grouping) → 조닝(Zoning) → 페이싱(Facing)

• POWER 기출 ✔ •

점포 디자인의 요소로 옳지 않은 것은?

① 외장 디자인　　　　　　② 내부 디자인
③ 진열 부분　　　　　　　④ 레이아웃
⑤ 점포 면적

CHAPTER 02　매장 레이아웃 및 디스플레이

1 매장 레이아웃

1) 레이아웃(Layout)의 개요

(1) 매장의 의의 및 역할

① 매장은 유통경로를 통하여 공급된 상품을 고객에게 판매하는 곳이다.
② 상품을 전시하는 전시장이 아니라, 상품을 판매하는 곳이다.
③ 고객에게 가치를 제공하며, 고객으로 하여금 제공된 가치에 대하여 만족을 느끼게 하는 곳이다.
④ 수익을 실현하는 곳이다.

⑤ 고객에 대한 정보수집을 가장 현실적으로 빠르게 입수하는 곳, 이러한 정보를 토대로 상품흐름이
나 고객의 소비흐름에 대한 추이 파악이 가능한 곳이다.

(2) 매장의 기본조건

① 매장은 고객에게 꼭 필요한 상품을 잘 보이게 하면서 쇼핑에 편리하도록 조성해야 하며, 환경이미
지에 적합하도록 설계해야 한다.

② 매장은 상품을 구입하고 쇼핑을 즐기는 곳이므로 쇼핑에 불편함을 제공하는 장애물이 있어서는 안
된다.

2) 레이아웃의 의의

(1) 레이아웃이란 보다 효율적인 매장 구성이나 상품진열, 고객동선, 작업동작 등을 위한 일련의 배치작
업이다.

(2) 레이아웃은 사전 상권조사를 통한 점포 콘셉트를 설정한 후에 작성해야 한다.

(3) 고객의 심리를 파악하고 무의식적으로 점포 안을 자유롭게 걷게 함으로써 보다 많은 상품을 보여주고
구매하도록 하는 기술이 필요하다.

3) 레이아웃의 유형

(1) 격자형

① 쇼케이스, 진열대, 계산대, 곤돌라 등 진열기구가 직각 상태로 되어 있다.
② 주통로와 직각으로 보조통로가 있고, 그 넓이는 같다.
③ 비용이 적게 들고, 표준화된 집기배치가 가능하다.
④ 판매공간을 효율적으로 사용한다.
⑤ 셀프서비스 점포에 필요한 일상적이면서 계획된 구매행동을 촉진한다.
⑥ 재고 및 안전관리가 용이하다.

(2) 자유형

① 쇼케이스, 진열대, 계산대, 집기, 비품이 자유롭게 배치된 형태이다.
② 비품 및 통로를 비대칭으로 배치하는 방법이다.
③ 고객의 자유로운 쇼핑과, 충동적인 구매를 기대하는 매장에 적합하다.
④ 패션 지향적 점포에서 많이 사용한다. 예 백화점, 전문점
⑤ 집기, 비품류의 대부분은 원형, U자형, 아치형, 삼각형과 같은 불규칙한 형으로 배치한다.
⑥ 소비하는 시간이 길어져서 전체적인 쇼핑시간이 길어진다.
⑦ 제품당 판매비용이 많이 소요된다.
⑧ 충동구매를 유도함으로써 매출이 증대된다.

POWER 정리

격자형과 자유형 레이아웃

유형	장점	단점
격자형	• 비용이 싸다. • 고객은 자세히 볼 수 있으며, 쇼핑이 편하다. • 상품접촉이 용이하다. • 깨끗하고 안전하다. • 셀프서비스에 대한 판매가 가능하다.	• 단조롭고 재미없다. • 자유로운 기분으로 쇼핑할 수 없다. • 점내 방식이 한정된다.
자유형	• 구입동기가 자유롭고 점내 이동이 자연스럽다. • 충동구매를 촉진한다. • 시각적으로 고객의 주의를 끈다. • 융통성이 풍부하다.	• 쇼핑시간이 길다. • 안정감이 없다. • 비용이 든다. • 청소가 곤란하다.

(3) 변형형

① **표준형**: 입구, 계산대, 출구로 구성 예 외식 체인, 여행사에서 이용

② **부티크형**: 자유형 점포배치 형태에서 나온 구성 예 선물점, 백화점에서 이용

③ **경주로형**: 점포의 공간생산성을 높여주는 방식으로, 주된 통로를 기준으로 각 매장 입구들이 서로 연결되어 있음 예 선물점, 백화점에서 이용

4) 조닝(Zoning)과 페이싱(Facing)

(1) 조닝

레이아웃이 완성되면 각 코너별 상품구성을 계획하고, 진열면적을 배분하여 레이아웃 도면상에서 상품배치 존 구분을 표시하는 것이다.

(2) 페이싱

페이스의 수량을 의미, 정면에서 볼 때 하나의 단품을 옆으로 늘어놓은 개수를 말한다.

(3) 매장구성의 단계

> 그룹핑 → 조닝 → 페이싱

(4) 페이스표

단품별 진열도(= 표준진열도), 표준 페이스를 만들어 진열할 때 매일 활용해야 한다.

5) 점포의 공간관리

(1) 쇼윈도

소비자를 점포에 흡인하는 역할과 점포의 품격을 나타낸다.

(2) 멀티숍

여러 브랜드의 제품을 한 곳에 모아놓고 판매하는 점포이다.

(3) 버블계획과 블록계획

① 버블계획: 점포의 주요 기능 공간의 규모 및 위치를 간략하게 보여주는 것이다.
② 블록계획: 버블계획에서 간략하게 결정된 배치를 기반으로 점포의 각 구성부분의 실제규모와 형태까지 세부적으로 결정하는 것이다.

(4) 플래노그램(Planogram)

제품이 각각 어디에 어떻게 놓여야 하는지를 알려주는 진열공간의 생산성을 평가하는 지침서이다.

6) 매장 레이아웃 설계 목적

(1) 점포를 유지함에 있어서 경제적이어야 한다.

(2) 매출을 많이 내야 한다.

2 매장의 구성과 분류

1) 매장의 구성

(1) 점포의 입장에서 주력상품의 그룹인지 보조상품의 그룹인지가 기준이다.

(2) 소비자들의 입장에서 내점빈도가 높은지 또는 낮은지가 기준이다.

(3) 소비자의 시선에서 관련 구매 상품인지, 목적구매 상품인지, 충동구매 상품인지가 기준이다.

(4) 총이익률, 매매수량, 단품금액의 경우 높고 낮은지가 기준이다.

2) 매장의 분류

(1) 의의

① 매장을 방문하는 소비자들의 입장, 사용하는 사람의 입장에서 점포 측이 구성한 결과가 매장 단위라는 것을 의미한다.
② 상품이 보다 소비자들에게 눈에 잘 띌 수 있도록 진열해야 한다.
③ 소비자들이 고르기 쉽고, 찾기 쉽고, 상품에 대한 의사결정을 용이하게 한다.

(2) 상품을 분류해서 매장단위를 결정할 때의 조건

① 활용하거나 먹는 입장에서의 편리성을 추구한다.
② 상품을 구매 및 선택하는 입장에서의 편리성을 고려한다.
③ 아름다운 프레젠테이션으로 소비자들에게 접근해서 부담감을 제거한다.
④ 주기별 또는 계절별 MD를 개편하여 계절을 앞서 나간다.
⑤ 상품 명칭은 통상적으로 소비자들이 사용하는 일상적인 언어를 활용해서 친근감을 제공한다.

3 매장 배치와 통로 설정

1) 점포 내 매장관리의 흐름도

판매계획	매출목표를 수립
발주관리	매장에 필요한 상품을 주문
작업관리	입고된 상품에 대한 상품화
매장 및 판매관리	작업 완료된 상품을 진열하고 판매
재고관리	적정재고를 관리
이익관리	이익을 최대로 올리기 위함

2) 매장 내 작업 유형

- 월간 영업계획서의 작성
- 작업관리
- 매장관리
- 인하/폐기관리
- 발주작업
- 진열작업
- 매출관리

3) 통로 설정

(1) 통로의 종류

① **주통로**: 점포 입구에서 반대편 대각선 방향 끝까지의 통로
② **부통로**: 매장 안 끝의 주통로가 끝나는 부분에서부터 계산대까지의 통로나 매장 한가운데를 횡으로 가로지르는 중앙통로
③ **순환통로**: 진열대와 진열대 사이의 통로

(2) 통로의 조건

① 통로는 곧아야 한다.
② 통로는 넓어야 한다.
③ 통로는 평탄해야 한다.

4) 통로 레이아웃 유형

(1) 원 웨이 컨트롤(One-way Control) 방식

점포 내 전 통로를 가급적 마음대로 걷게 하되 결과적으로 점포가 기대한 대로 유인하는 방식이다.

(2) 투 웨이 컨트롤(Two-way Control) 방식

대형매장 특히 정방형 형태일 경우, 입구가 둘 이상으로 점포의 개방성과 회유성이 비교적 높지만, 동선계획 관리가 어렵다.

4 상품진열의 형식 및 배열기법

1) 진열의 개요

(1) 진열의 의의

① 진열: 매장에서 상품화된 품목을 표현과 주장을 통하여 가지런히 놓은 것이다.
② 타당성 있는 진열: 상품을 고르기 쉽고 보기 쉬우며 만지기 쉽게 정리·정돈해 놓은 것이다.
③ 손님에게 무엇을 권할 것인가에 대한 명확한 표현과 주장이 가장 중요하다.
④ 고객에게 꼭 필요한 상품을 놓는 것이 진열에서 가장 중요하다(ABC분석을 통해 잘 나가는 상품 위주로 진열품목을 구성해야 함).

POWER 정리

- **품목**: 무엇을 진열할 것인가, 점포에서 무엇을 팔 것인가를 결정
- **진열량**: 어느 정도로 진열할지, 진열수량을 결정
- **페이스(상품의 어느 면을 보일까)**: 상품의 어느 면을 보일 것인지에 따라 진열면적, 진열형태, 진열방식이 달라짐
- **진열위치(어디에 진열할까)**: 진열품목, 양, 페이스의 수, 페이싱 결정 후의 진열위치를 결정함
- **진열형태(어느 형태로 진열할까)**: 상품의 특성에 따른 사용기기 및 진열형태, 진열 이미지를 결정함

---

(2) 진열의 방법

① 정형진열: 상품특성을 고려하여 선도를 유지하고 계속 이용하도록 하는 일반적인 형식
  예 경사평면진열, 종별분류진열, 품종코너진열
② 변형진열: 매장에 활기를 주고 고객을 유도하기 위하여 쇼케이스의 일부를 변형시킴
  예 오픈쇼케이스의 변형진열, 관련 상품에 의한 악센트진열

(3) 진열의 효과를 높이는 방법

① POP(Point of Purchase) 광고: 고객의 구매시점에 행하는 광고이다.
② 효과적인 색채: 점포의 색채를 잘 선정했을 경우, 진열효과를 높여 판매량이 늘고, 점포를 밝고 즐겁게 한다.
③ 효과적인 조명: 상품진열의 효과와 매출에도 큰 역할을 한다.

2) 진열의 원칙 및 방법

(1) 진열의 원칙

① 보기 쉽고 선택하기 쉬워야 한다.
② 사기가 쉬워야 한다.
③ 전체적으로 균형이 있어야 한다.
④ AIDCA 원칙: 주목, 흥미, 욕망, 확신, 행동

(2) 상품진열의 원칙

① 기본원칙
- 고객이 보기 쉽고, 사기 쉽게 이루어져야 한다.
- 잘 팔리는 상품(주력상품)은 잘 보이는 곳에 진열한다.
- 너무 높거나 너무 낮은 곳에 진열하지 않는다.
- 관련 상품은 함께 진열한다.
- 이동공간을 넓혀 상품이 잘 보이도록 진열한다.
- 상품의 브랜드와 가격이 잘 보이도록 진열한다.
- 상품의 수량과 색상을 다양하게 진열한다.
- 회전율이 낮은 상품과 고가품은 최소한의 양만 진열한다.
- 매장 입구 쪽에는 비교적 가격단가가 낮은 제품을, 매장 안쪽으로 갈수록 가격단가 높은 제품과 구매빈도가 낮은 제품을 진열한다.
- 고객의 관점에서 본 제품 간 관련성을 고려하여 제품을 배치한다.

② 상품관리
- 점포경영에 중요한 것은 취급하고 있는 상품에 대한 관리이다.
- 업태별로 관리 포인트에 조금씩 차이가 있다.
  - 예 제조업: 상품개발에 / 소매업: 상품구성에 / 외식업: 음식의 맛
- 상품관리는 해당 업종의 성격과 유형에 적합하게 이루어져야 한다.

(3) 상품진열의 방법

① 효과적인 진열방법
- 원하는 상품을 쉽게 찾을 수 있도록 하는 것이 효과적이다. → 상품분류와 분류기준이 필요하다.
- 상품분류를 위해 사업자는 결국 손님이 상품을 선택할 때 고려하는 것이 무엇인지를 알아야 한다.

② 구체적인 진열방법: 용도별/대상별/사이즈별/디자인별/색상별/가격별

3) 진열의 유형

(1) 곤돌라 진열(Gondola Display)

① 셀프서비스 판매점에 있어 소비자들 자신이 직접적으로 상품을 쉽게 집을 수 있어야 한다.

② 많은 양의 상품이 소비자들에게 잘 노출되고 소비자가 풍요함을 직접 느끼게 하면서 상품을 가장 편하게 집을 수 있도록 한 입체식 진열이다.

③ 소비자들에게 시각적으로 눈높이나 그보다 약간 아래 부분이 핵심적인 곳으로, 매출이익이 되는 좋은 상품들이 진열된다.

(2) 엔드 진열(End Cap Display)

① 엔드 매대의 역할
- 노출도, 회유성, 점포에 있어 연출의 장, 판촉의 장
- 매출 및 이익확보의 장
- 집객력 증대를 통해 비계획적 충동구매 또는 정리구매를 꾀할 수 있다.

② 엔드 매대 상품구성 시 점검사항
- 계절이 적절한가?
- 제안형으로 생활 감각이 있는 정보제공에 도움이 되는가?
- 특매 또는 기획상품 등 해당 테마가 명확하고 진열과 밸런스는 좋은가?
- 대량판매 시에 소비성 또는 회전력 등을 감안하였는가?
- 신제품, 히트상품, 광고상품 등은 유행성이 고려되었는가?
- 메뉴의 소구가 친밀감이 있는가?
- 가격이 높은 상품 또는 부피가 큰 상품끼리 관련지어 진열하지는 않았는가?

③ 세 가지 엔드 진열

단품 진열	• 신상품, 기획상품 등의 특정한 브랜드 판매를 극대화시키는 데 적절함 • 1품목의 대량진열로 고객 주목률과 인지율은 가장 높지만, 매익률이 저하된다는 단점
다품 진열	• 생활제안, 메뉴제안, 시즌상품 등의 명확한 테마를 갖추고 엔드에 연출하는 방법 • 적정 상품 수는 진열하는 상품 특성 및 엔드 크기 등에 따라 조금씩 다름
관련 진열	상품력이 높은 주력 품목의 진열 페이싱을 확보한 후, 그에 관련된 보조상품을 일정 비율로 추가 구성해서 연출함

(3) 섬 진열(Island Display)

① 매장 내 독립적으로 존재하는 평대에 진열하는 방법이다.

② 소비자들이 사방에서 제품을 볼 수 있도록 진열한다.

③ 점포 매장의 빈 공간에 박스 등의 진열용구를 활용해서 이를 마치 섬과 비슷한 형태로 다량 진열하는 방식이다.

④ 신제품의 소개 등의 행사 시 효과를 발휘할 수 있으며, 더불어 무인판매의 수단으로 활용된다.

(4) 점블 진열(Jumble Display)

① 바스켓 진열이라고 하며, 과자, 라면 등의 스낵 같은 상품들을 아무렇게나 뒤죽박죽으로 진열하는 방식이다.

② 상품 정돈을 하지 않으므로 상품 진열에 대한 작업시간이 절감됨과 동시에 소비자들에게 '저렴하다' 또는 '특가품'이라는 인상을 준다.

③ 철제 소쿠리, 바구니, 쇼핑카트 등의 집기를 활용한다.

④ 즉석 식품류, 통조림 등의 제품에 많이 활용된다.

(5) 돌출 진열(Extended Display)

① 진열의 일부를 진열용구 및 박스 등을 활용해서 일반 매대보다 통로 쪽으로 튀어나오게 돌출시켜 진열하는 방식이다.

② 소비자들이 제품에 대한 주목효과 및 구매율이 상당히 높다.

③ 지나친 돌출은 오히려 소비자들의 통행을 방해해서 역효과를 일으킬 수 있기 때문에 주의가 필요하다.

(6) 변화 진열

일반 매대의 단조로운 진열에서 벗어나, 진열판의 경사를 바꾸거나 단 높이의 조정 등으로 매대 일부에 변화를 주어 소비자들의 제품에 대한 주목을 높이는 진열방식이다.

(7) 후크(Hook) 진열

① 통상적인 제품 진열 방법으로는 소비자들의 눈에 띄지 않는 두께가 얇은 상품 또는 가벼운 상품 등의 진열 시에 주로 활용되는 진열방식이다.

② 제품 포장의 위쪽에 구멍을 뚫어 걸개에 걸어서 활용하는 방식이다.

(8) 관련 진열

① 어떠한 상품군 중에서 상호 관련이 있는 상품끼리 연결해서 진열하는 방식이다.

② 주로 메뉴제안 또는 생활제안을 통해 연결구매를 유도하도록 하기 위한 진열방식이다.

(9) 박스 진열

① 점포 매장에 배달된 제품을 낱개로 진열하는 것이 아닌, 박스를 커팅해서 박스 그대로 점포 매장의 일정 공간에 진열하는 방식이다.

② 고회전율 상품 및 대량판매를 목적으로 하는 상품 진열에 주로 활용된다.

③ 진열수준이 낮은 점포 및 매장 내 작업하는 인력이 부족한 점포 매장에서도 활용이 용이한 방식이다.

(10) 수직 진열

① 곤돌라 내 동일 품종의 상품을 세로로 진열하는 방법이다.

② 움직이는 소비자들의 시선 흐름을 수직적으로 만들어서 각 상품의 부문을 효율적으로 보게 만드는 방식이다.

③ 갖가지 상품을 혼합해서 진열하기보다 동일한 성격의 상품을 모아서 진열하므로 소비자들의 눈에 쉽게 띄고, 시선이 상하로만 움직여도 상품을 쉽게 찾을 수 있는 방식이다.

④ 수직 진열은 진열 상품 부문 간 '회전율'에 차이가 없는 경우 수평 진열보다 효과적이다.

(11) 수평 진열

① 가로 방향으로 진열하는 방법이다.

② 우수한 자석 부문(Power Group)이 있는 경우에 유리한 방식이다.

(12) 샌드위치 진열

① 점포 매장의 진열대에서 잘 팔리는 상품 주위에 이익은 높지만 잘 팔리지 않는 상품을 진열하여, 소비자들의 시선에 잘 띄게 해서 판매를 높이는 진열방식이다.

② 무형의 광고효과가 있으므로 진열대 내 사각공간을 무력화시키는 효과가 높은 방식이다.

(13) 브레이크 업 진열

① 상품에 맞게 선반의 높낮이를 조정해서 소비자들의 주목률을 상승시키는 진열방식이다.

② 진열 라인에 변화를 주어 소비자들의 시선을 유도해서 상품 및 매장에 대한 주목률을 상승시키는 효과가 있다.

(14) 컬러 컨트롤 진열

① 상품의 색채 특성을 파악해서 이를 효율적으로 운용하는 방법이다.

② 소비자들의 시선에 수월하게 보이도록 계획하는 방식이다.

(15) 라이프스타일형 진열

① 고객생활의 한 장면을 연출하는 방법으로, 그 장면의 상품 콘셉트에 맞는 파티, 가정생활, 레저, 스포츠 등 특정 스타일을 상품연출로 보여주어 소비자 집단의 기대와 욕구를 시각적으로 코디네이트한다.

② Party, Out Door, Sports, Business, Picnic 등의 일상생활에 있을 수 있는 생활의 한 장면을 상품연출에 연관시켜 진열한다.

(16) 트레이 팩 진열(Tray Pack Display)

① 상품이 들어 있는 박스 아래를 트레이 형태로 잘라내 그대로 진열하는 방식으로 대량 진열에 적합하다.

② 상품을 하나씩 꺼낼 필요가 없고 진열도 깨끗하게 할 수 있다.

5 비주얼 프리젠테이션 개요 및 기술

1) 비주얼 프레젠테이션(Visual Presentation)

(1) 개요

점포에서는 신상품 및 잘 나가는 브랜드의 상품을 동시에 갖춰야 하며, 점포 내 상품을 어떤 기준으로 구색을 갖추어야 할지 프레젠테이션의 기준을 결정해야 한다.

① 소비자가 내점하여 브랜드를 보고 상품을 구입하는 경우 → '묶음'

② 브랜드가 소비자에게 중요하지 않은 상품군의 경우 → '구매의 편리'

③ 소비자 니즈가 어디에 해당하는지를 보고, 우선순위에 의한 '묶음'을 두는 것이 중요하다.

④ 비주얼 프레젠테이션은 상품을 만드는 입장/상품을 파는 입장이 아닌, 상품을 사용하는 입장/구매하는 입장에서 상품을 제공해야 한다는 것을 의미한다.

(2) 비주얼 프레젠테이션 시 주의사항

① 빈 공간에 진열은 금물이다.

② 저렴하게 보이는 것은 금물이다.

③ 상품을 옆으로 이동시키는 것은 금물이다.

④ 상품에 대한 꼼꼼한 배려로 차별화해야 한다.

2) 비주얼 프레젠테이션의 기술

(1) 알기 쉬움에 대한 기술

소비자가 점내로 들어왔을 때 흥분하거나 설렘을 맛볼 수 있도록 상품을 배치하는 것, 소비자가 점포에서 자신의 니즈에 부합하는 상품을 바로 찾을 수 있도록 하는 프레젠테이션

(2) 표현내용 및 방법에 대한 기술

① 제1자석상품(주력상품): 많은 소비자가 소비하므로 해당 기업의 주력상품인 경우

② 제2자석상품(연출 중시 상품)
   - 히트상품, 계절상품, 밝으면서 화려한 상품
   - 매체로 인해 유명해지는 상품

③ 제3자석상품(엔드 매대): 소비자의 흥미를 불러일으키고, 점포 밖으로 나가려고 하는 소비자를 자극해서 점포에 더 머무르도록 한다.

④ 제4자석상품 (품목): 진열대의 중간에 위치하고, 소비자를 긴 진열대 내부로 흡수하려는 상품이다.

(3) 볼륨감의 기술

① **전진 입체 진열**: 진열 조건 중 가장 진열에 대한 박력을 강조하기 위한 방식이다.
② **평면 후퇴 진열**: 상품의 첫 번째를 선반의 가장 안쪽으로 넣어두고, 다음 상품을 그 앞의 평면적인 상태로 둔다. 아래의 선반용 판자로부터 상품이 넘쳐흐를 때까지 앞으로 순서대로 놓아두고 가득 차게 되면, 첫 번째 위에 안착시키게 하는 진열방식이다.

(4) 배색의 기술

① **컬러 스트라이프 진열**: 상품의 컬러 및 패키지 컬러 등을 활용해서 상품진열 면에 세로로 색 줄무늬를 형성하는 기법이다.
② **컬러 스트라이프를 만드는 방식이다.**

(5) 재고의 기술

소비자들이 점포에서 구입하고자 하는 상품이 존재해야 함과 동시에 선택이 용이한 것을 의미한다.

6 컬러 머천다이징의 기초지식

1) 색채

(1) 색상

① **무채색**: 회색, 흰색, 검정색 등과 같이 채색이 없는 색을 말한다.
② **유채색**: 노란색, 빨간색 등과 같이 채색이 있는 색을 말한다.

(2) 채도

① 명도 및 색상이 일정한 유채색은 그 맑음 정도에 따라 구별이 된다.
② 채도가 가장 높은 색이 순수한 색이다.

(3) 명도

① 명도는 명암의 정도를 의미한다.
② 동일한 색이라도 그 밝기에 따라 구별되는 성능이 존재한다.

2) 색의 활용

(1) 색에 의한 심리효과

① **파란색**: 바다 시원함, 냉정, 남성, 여름, 물
② **빨간색**: 흥분, 따뜻함, 정열, 불
③ **노란색**: 열, 유쾌, 태양

④ **초록색**: 휴식, 전원, 평화, 자연

⑤ **흰색**: 순수, 청결, 의사

(2) 계절색

① **봄**: 초록색, 은색, 레몬색, 분홍색

② **여름**: 파란색, 흰색, 짙은 초록색, 짙은 노란색

③ **가을**: 갈색, 오렌지색, 보라색

④ **겨울**: 빨간색, 금색, 짙은 감색, 검은색

3) 색의 나열 방법

(1) 색의 진열방식 중 소비자들에 대해 강력한 소구방식은 컬러 스트라이프 진열이다.

(2) 컬러 스트라이프 진열 방식은 해당 상품을 두드러지게 표현하며, 아름다움, 편리함, 즐거움 등을 표현하는 데 있어 적합한 방식이다.

4) 색채에 의한 즐거운 표현

밸런스, 리듬, 색의 대조

7 디스플레이 웨어와 POP 광고 취급방법

1) POP 광고 개요

(1) POP 광고는 구매시점 광고(Point of Purchase)의 약자이다.

(2) POP 광고는 소비자들이 구매하는 입장에서의 광고이다.

(3) POP 광고의 경우 소비자들이 상품을 구매할 때 편리함을 도모하는 것이므로 이익액 또는 매출액 등을 좌우하는 힘을 지니고 있다.

2) POP 광고의 역할

(1) 종업원 대신에 소비자의 질문에 응답하는 것이다.

(2) 점포에 방문한 소비자들에게 부담 없이 상품들을 자유롭게 선택하도록 해준다.

(3) 경쟁의 경우 소비자들에게 명확하게 인식되는 타 점포와의 차별화 기능이 있다.

3) POP 광고의 종류

(1) 점포 밖 POP

고객의 시선을 집중시키고 호기심을 유발하여 판매점의 이미지 향상과 고객을 점포 내로 유도하는 역할을 한다.

(2) 점포 내 POP

고객에게 매장 안내와 상품 코너를 안내하고, 이벤트 분위기를 연출하여 충동구매를 자극하는 역할을 한다.

(3) 진열 POP

가격, 제품 비교, 제품정보 등을 안내하며, 타 상품과의 차별화를 주는 이익 및 장점을 안내하여 고객의 구매결정을 유도하는 역할을 한다.

4) POP 광고의 구축방법

서비스의 개시, 안내의 게시, 분류의 게시, 품명 및 가격 카드, 쇼 카드(Show Card), 광고 물건의 게시

5) 디스플레이 웨어

(1) 유통매장에서 브랜드 파워를 높일 수 있는 제품에 대한 디스플레이 방법이다.

(2) 활용 전략

① POP 광고 활용이 적절하다.
② 해당 그룹 제품의 배치를 자사의 브랜드만으로 가능하도록 제품화시키는 것(풀 라인 머천다이징의 실현)이다.
③ 자사 제품이 백화점 여러 위치의 매장 등에 분산/전시되어 있다면, 브랜드 파워를 나타내기는 상당히 어렵다.

• POWER 기출 ✓ •

POP 광고에 대한 설명으로 옳지 <u>않은</u> 것은?

① POP 광고는 판매원 대신 상품의 정보(가격, 용도, 소재, 규격, 사용법, 관리법 등)를 알려 주기도 한다.
② POP 광고는 매장의 행사분위기를 살려 상품판매의 최종단계까지 연결시키는 역할을 수행해야 한다.
③ 광고는 청중을 정확히 타키팅하기 좋기 때문에 길고 자세한 메시지 전달에 적합하다.
④ POP 광고는 판매원의 도움을 대신하여 셀프판매를 가능하게 한다.
⑤ POP 광고는 찾고자 하는 매장 및 제품을 안내하여 고객이 빠르고 편리하게 쇼핑을 할 수 있도록 도와주어야 한다.

---

1 매장환경의 개요

1) 소비자 중심의 점포 운영

점포 환경은 소비자 중심으로 이루어져 있어야 하며, 동시에 소비자들의 불안감을 최소화하는 관점에서 진행하는 것이 기본이다.

2) 청결

어떠한 업종에 관계없이 청결이 기초가 된다는 것을 인지하고, 특히 소비자들의 눈에 띄지 않는 곳도 신경을 써야 한다.

3) 기자재 작동 여부의 파악

기자재의 상태를 항상 점검하고 최상의 상태를 유지하도록 해야 한다.

2 매장 내외부 환경관리

1) 매장 외부관리

(1) 점포의 외관 디자인은 고객이 쉽게 발견할 수 있도록 구성해야 한다.

(2) **고객 흡인형 점포**

고객이 외부에서 점포 내의 분위기를 느낄 수 있도록 설계한다.

(3) **고객 선별형 점포**

목표 고객만이 점포 내로 들어오도록 점포 성격을 알릴 수 있도록 설계한다.

2) 매장 내부관리

(1) **내부 디자인**

① 고객의 구매욕구를 높이기 위해 점포 내의 분위기를 즐겁고, 상품을 보다 매력적으로 느낄 수 있도록 설계한다.
② 내부 면적의 배분: 매장 및 비매장 면적의 비율과 매장면적으로 상품구색별로 구분하여 가장 효율적인 비율로 구성해야 한다.

(2) 조명

① **바깥 조명**: 고객을 흡인하고 인도하며, 영업시간 외에도 점포의 존재를 기억시키는 역할을 한다.
② **점포 내 조명**: 고객의 시선을 상품으로 끌게 하여 구매의욕을 일으키게 설계하는 등 상품을 돋보이게 하는 색채 배합과 상품의 분위기에 맞는 상점 색채를 선정한다.

3 매장 구성요소와 관리 및 통제

1) 매장 구성요소

충동구매 대 수요구매	충동구매품은 소비자들의 발길이 가장 많은 곳에 위치
공간 판매 생산성	공간 단위당 기여도 비율 및 총 판매수익
매장 인접성	범위가 넓고 다양한 상품 진열 시 인접계획을 통한 상품의 진열
재배치 빈도	소비자들이 접근하기 용이한 장소에 편의품 및 선호품 진열
매장 크기	많은 공간을 차지하는 특정한 매장은 측면, 후면, 상층 등에 배치해서 소비자들에게 가치 있는 거래구역을 제공
계절에 따른 필요성	매장 전체공간의 변화 없이 매장면적을 늘리거나 줄이면서 인접성을 허용
구매 시의 고려사항	상품구매 시 주의 깊게 시험하는 상품의 경우에는 주통로보다 떨어진 곳에 배치
상품의 물리적 특성	상품의 특성에 따라 벽 또는 가장자리에 배치
매장 내 상품의 배치	매장 내 상품 종류별, 개별품목 배치

2) 점포관리

(1) 소비자들에게 보다 더 쾌적한 상업공간을 제공하며, 판매촉진에 공헌하는 두 가지 측면을 고려해서 조화를 모색한다.

(2) 판매촉진, 선전, 관리기능, 쾌적한 환경 등 점포의 기능을 효과적으로 달성하고자 하는 것이다.

4 매장 안전관리

1) 바닥

(1) 바닥재는 청소를 할 경우 반짝거려서 빛이 날 정도의 재질, 즉 양질의 것을 선택해야 한다.

(2) 바닥은 일정 정도 빛이 나야 한다.

(3) 바닥이 지저분한 장소의 주변은 인기 상품군 또는 필수품인 경우가 많다.

(4) 소비자들의 손에 자주 닿아 진열이 흐트러져 전진 입체 진열로 재진열하는 데 많은 시간을 투하하는 점포가 좋은 점포라 할 수 있다.

2) 조명

(1) 점포 내 수명이 다한 전구라든지 깜빡거리는 형광등은 해당 점포의 이미지를 깎아내리므로 언제나 점포를 점검해야 한다.

(2) 의류 매장의 경우 집중적으로 신경을 써야 할 부분은 피팅룸의 조명이다.

3) 화장실

(1) 청결하며 악취가 나지 않도록 관리해야 한다.

(2) 점포의 화장실이 불결할 경우 고객수가 줄어들고 매출이 하락하는 원인이 된다.

• POWER 기출 ⊘ •

소매점의 공간, 조명, 색채에 대한 설명으로 가장 옳지 <u>않은</u> 것은?

① 레일조명은 고객 쪽을 향하는 것보다는 상품을 향하는 것이 좋다.
② 조명의 색온도가 너무 높으면 고객이 쉽게 피로를 느낄 수 있다.
③ 벽면에 거울을 달거나 점포 일부를 계단식으로 높이면 실제 점포보다 넓어 보일 수 있다.
④ 푸른색 조명보다 붉은색 조명 위에 생선을 진열할 때 더 싱싱해 보인다.
⑤ 소매점 입구에 밝고 저항감이 없는 색을 사용하면 사람들을 자연스럽게 안으로 끌어들일 수 있다.

PART

04 | 상품판매와 고객관리

CHAPTER 01 상품판매

1 상품판매의 개요

1) 상품판매관리의 개념

(1) 소매점포의 상품판매관리(Selling Management)

소매점포의 영업 및 마케팅 부문의 경영활동을 평가하는 것을 의미한다. 즉, 소매점포의 경영활동이 포함된 영업실직 관련 계획과 실시된 실적을 평가, 피드백하는 과정이다.

(2) 미국마케팅학회(AMA: American Marketing Association)의 정의 – 전통적 정의

상품판매는 잠재고객이 상품이나 서비스를 구매하도록 하거나, 판매자에게 상업적 의미를 갖는 아이디어에 대하여 우호적인 행동을 하도록 설득하는 인적 또는 비인적 과정이다.

(3) 고객지향적 관점의 정의

① 최근 고객관계를 중시하는 고객지향적 관점에서의 판매가 중시되고 있다.
② 고객지향적 관점의 판매란 판매자와 소비자 모두 만족할 수 있도록 잠재고객의 요구와 욕구(Needs & Wants)를 발견하여 활성화시키고, 그것을 효과적으로 충족시키도록 도와주는 커뮤니케이션 기능이다.

POWER 정리

구매자와 판매자의 관계발전모형
구매자와 판매자 간의 거래가 단절적 거래로부터 관계형 교환으로 발전해 나가는 일련의 과정을 설명하는 모형이다.
- **인지단계:** 교환 가능한 대상으로 인식하는 단계
- **탐색단계:** 교환 대상을 탐색하고 접촉을 시도하는 단계
- **확장단계:** 상호의존성이 증가하는 단계
- **몰입단계:** 암묵적, 명시적인 서약을 맺는 단계
- **종식단계:** 각 단계에서 다음 단계로 넘어갈 수 있는 요건이 충족되지 않을 때 종식

---

2) 판매활동의 유형

(1) 판매활동의 분류

판매원에 의한 인적판매활동 또는 광고나 홍보 또는 판매촉진 등 인적판매활동으로 구분된다.

(2) 인적, 비인적판매활동의 특징

① 인적판매활동과 비인적판매활동은 상호보완적인 역할을 한다.
② 대표적인 비인적판매활동인 광고가 인적판매활동을 조성한다.
③ 인적판매는 광고에 의해 조성된 판매 기회를 판매담당자를 통하여 현실적인 판매로 유도하는 역할을 한다.

3) 판매관리의 평가대상

(1) 판매방법 측면

① 소매업태의 종류 및 전략에 따라서 풀서비스(Full-Service)가 적정한지 셀프서비스가 적정한지에 대해 고려한다.
② 수익률 재고를 위해 최근 유통혁신에 따른 무점포 소매업을 기존 오프라인 판매채널에 추가할지를 판단한다.

(2) 상품의 구성 측면

① 제품의 매장 내 구성을 위한 판매 품목의 넓이(다양성)와 깊이(전문성)를 고려해 평가한다.
② 제품의 판매 성과를 위해 품목 배치에 ABC분석을 적용해야 할지를 평가한다.
③ 머천다이징에 따라 품목별 구색과 함께 가격전략을 재검토한다.

(3) 유통경로 및 프로모션 측면

① 유통 경로상의 성과측정을 통해 유통경로정책의 전환 여부를 검토한다.
② 판매성과분석을 위해 프로모션별 비용 대비 수익성을 검토하여 프로모션 도구의 적합성과 기간을 평가한다.

4) 상품판매의 성과평가기준

(1) 효율성과 효과성

① **효율성**: 일정한 비용으로 가능한 많은 산출물을 획득하거나, 일정한 산출량을 얻기 위해 소요되는 비용을 가능한 줄이는 것을 말한다.
② **효과성**: 목표지향적인 성과측정치로서, 유통기업이 표적시장이 요구하는 서비스 성과를 얼마나 제공하였는가를 나타낸다.

(2) 형평성과 생산성

① **형평성**: 형평성 이슈는 개별 유통기업들이 해결하기 매우 어려우므로 정부의 정책에 의한 해결이 더 바람직할 수 있다. 단 성과 분배에 있어서 형평성과 효율성은 상충관계에 있다.

② **생산성**: 총투입량에 대한 산출량의 비율을 말한다(=산출량/총투입량). 즉, 생산을 위해 투입된 노동, 자본, 토지 등을 이용해서 산출된 부가가치가 얼마나 되는가를 측정하는 기준이다.

5) 상품 서비스 기획의 성과분석 방법

소매기업이 행하는 상품기획 성과분석 방법으로는 상품의 재고 결정을 위하여 상품에 대해 등위를 매기는 ABC분석과 실제 매출과 계획된 매출을 비교하여 매입계획을 수정하는 판매과정분석(Sell-Through Analysis), 계열별 공헌이익을 가중평균 계산하여 성과를 측정하는 다중속성모형이 있다.

(1) ABC 분석의 개념

파레토법칙에 기반한 방법으로 유통상이 취급하는 상품을 전체 수익에 대한 기여도에 따라 A, B, C로 분류한다. 이후 분류된 상품의 재고수준을 각기 달리함으로써 재고비용을 절감하고 수익성을 향상시킬 수 있는 방법이다.

(2) ABC 분석의 내용

파레토법칙에 따르면 소매업체 매출액의 약 80%는 상위 20%의 상품에 의해 창출되므로 유통상의 수익성이 높은 상품 카테고리를 집중적으로 관리해야 한다.

> **POWER 정리**
>
> • **파레토법칙**: 20:80 법칙으로도 불리며, 전체 결과의 80%가 일부 원인의 20%에서 발생한다는 것을 의미한다.
> • **롱테일의 법칙**: 크리스 앤더슨이 주장한 법칙으로 파레토법칙을 그래프에 나타냈을 때 긴 부분을 형성하는 하위 20%의 부분을 일컫는다. 종전 파레토법칙은 80:20 중 상대적으로 중요성이 적은 20% 부분을 무시하는 경향이 있었다. 그러나 인터넷과 새로운 유통, 물류 기술의 발달로 인해 이 부분도 경제적으로 의미가 있게 되었다. 롱테일법칙을 경제적으로 잘 활용한 사례로 아마존의 다양한 서적 판매가 있다.

(3) 매출 실적에 따른 상품 분류

일반적으로 유통기업이 취급하는 기존 상품은 매출 실적에 따라 다음과 같이 구분한다.

핵심상품군	• A등급 상품에 해당하며 유통기업에서 가장 집중적으로 관리하는 상품군 • 유통기업의 매출 증대와 이익 수준 향상에 기여하는 상품군 • 재고의 품질관리가 중요하므로 창고에 안전재고 수준을 유지해야 함
보완상품군	주력 부분인 핵심상품군을 보완하는 역할
전시상품군	• 점포 이미지를 창출함으로써 소비자를 점포로 흡인하기 위하여 취급하는 품목 • 구성비율은 약 60%로 높으나 매출액에서 차지하는 비중은 약 30% 정도에 머무르는 매출액에 비해 기여도는 낮은 상품으로 구성
촉진상품군	• 단기적으로 고객들의 충동구매를 유도하는 특가품으로 구성 • 가격을 대폭 인하한 상품으로 행사기간 중에 처분하기 위해 행사장 내에 특가품 코너에 집중 진열

2 판매서비스

1) 판매서비스의 개념

(1) 판매서비스의 정의

① 판매 행위는 마케팅믹스 4P를 통해서 고객에게 인지된 상품이 매출로 연결되는 경제 행위를 의미한다.

② 판매는 상품과 대금의 교환활동이자 마케팅 전략에 따른 전술적 마케팅 믹스의 결과물이라 할 수 있다.

③ 판매 행위가 최종적인 상품판매로 이루어지기 위해서는 판매원의 대인적 커뮤니케이션 설득 과정인 판매서비스가 수반되어야 한다.

(2) 판매원의 역할

① 정보전달 기능: 판매종업원은 소비자에게 상품에 대한 정보를 제공하는 역할을 한다. 판매를 위해서는 대상 상품 및 기업에 대한 정보전달 능력이 요구된다.

② 커뮤니케이션 기능: 상품판매원들은 고객과의 접점에 있는 동시에 기업의 이미지를 전달하는 커뮤니케이션 기능을 담당한다.

③ 정보취득 기능: 고객에게 상품에 대한 정보전달 및 고객을 설득하는 동시에 고객의 다양한 욕구를 파악하고 이를 기업에 전달한다.

④ 고객상담 기능: 고객의 라이프스타일을 파악하여, 고객생애가치를 향상시키는 역할을 담당한다.

⑤ 클로징 기능: 최종적으로 고객의 구매욕구를 충족시키면서 판매가 만족스럽게 잘될 수 있도록 하는 클로징(Closing) 기능을 담당한다.

2) 상품판매 과정

가망고객 발견 → 사전 준비 → 고객접촉 → 설명과 시연 → 이의처리 → 계약 → 후속조치

3) 판매과정분석(Sell-Through Analysis)

조기 생산 감소가 필요한지 또는 수요에 맞추어 사옴이 더 필요한지를 결정하기 위해 실제 매출과 계획된 매출을 비교하여 매입계획을 수정한다.

3 상품 로스(Loss)관리

1) 수요예측의 의의와 기법

수요예측은 기업활동에 관한 여러 가지 장·단기 계획을 수립하는 데 필요한 기초자료를 제공한다. 특히 도소매 물류관리에 있어 물류시설계획, 생산계획, 그리고 재고관리 등 물류운용계획에 관한 거의 모든 의사결정에는 미래수요의 예측이 필수적이다. 수요예측의 기법에는 크게 정성적 기법과 정량적 기법이 있다.

(1) 정성적 기법(질적 기법)

개인의 주관이나 판단 또는 여러 사람의 의견에 입각하여 수요를 예측하는 방법으로, 과거의 자료가 충분치 않거나 신뢰할 수 없는 경우에 특히 유용하다. 정성적 기법은 주로 중·장기 예측에 많이 쓰이며, 대표적으로 델파이법과 역사적 유추법이 있다.

① 델파이법(Delphi Method, 전문가의견조사)
- 예측하고자 하는 대상의 전문가집단을 선정한 다음 이들에게 여러 차례 우편 등을 통해 설문지를 보내어 의견을 수렴함으로써 예측치를 얻는다.
- 시간과 비용이 많이 드는 단점이 있으나 예측의 특성상 불확실성이 크거나 과거의 자료가 없는 경우에 많이 사용된다.
- 생산능력, 설비계획, 신제품개발, 시장 전략 등을 위한 장기 예측이나 기술 예측에 적합하다.

② **역사적 유추법(Historical Analog)**: 신제품과 같이 과거 자료가 없을 때 이와 비슷한 기존 제품이 과거에 시장에서 어떻게 도입기, 성장기, 성숙기를 거치면서 수요가 변동되었는지를 유추하는 방법이다.

(2) 계량적 기법(양적 기법)

자료를 기반으로 수요를 예측하는 기법으로 단기 수요를 예측할 때 유용하며, 인과형 모형과 시계열분석이 있다.

① 인과형 모형(Causal Forecasting Method): 과거 자료에서 수요와 밀접한 관련이 있는 변수들을 찾아내 수요와 이들 변수 간의 인과관계를 분석하여 수요를 예측하는 기법이다. 회귀분석, 계량경제모형, 투입-산출모형, 시뮬레이션모형 등이 있다.

② 시계열분석(Time Series Analysis): 시계열은 시간에 따라 변화하는 어떤 현상을 일정 시간 간격으로 관찰할 때 얻어지는 관측치로, 과거 관측된 패턴을 기준하여 미래의 수요를 예측하는 방법이다. 이동평균법, 지수평활법 등이 있다.

4 재고관리

1) 재고비용의 종류

일반적으로 재고비용에는 재고유지비, 재고발주비, 재고부족비 등이 있다.

종류	내용
재고유지비	적정 재고를 유지하기 위하여 필연적으로 발생하는 비용으로서 보관료, 보험료, 감가상각비, 제세공과, 이자비용 등을 의미
재고발주비	적정 재고를 보충하기 위해 주문할 경우 발생하는 비용으로 하역비, 수송비, 검사비용 등에 따른 비용 등
재고부족비	결품이 발생하는 경우에 유발될 수 있는 기회비용 성격의 손실비용

2) 경제적 주문량(EOQ) 모형

EOQ(Economic Order Quantity)는 재고유지비용과 재고주문비용을 더한 연간 재고비용의 최적화를 위한 1회 주문량을 결정하는 데 사용되며 다음과 같은 가정이 있다.

(1) 계획 기간 중 해당 품목의 수요량은 항상 일정하게 잘 알려져 있고 단위당 구입비용은 주문 수량에 관계없이 일정하며, 연간 단위당 재고유지비용은 일정하며, 1회 주문비용은 수량에 관계없이 일정하며 주문량은 일시에 입고되며 리드타임이 없거나 일정하다는 가정에서 출발한다.

(2) 위와 같은 가정에 따라 연간총비용(ATC: Annual Total Cost)은 1회 주문량(Q)에 의해 결정되며, 이를 식으로 나타내면 다음과 같다.

$$ATC = C_h \cdot \frac{Q}{2} + C_0 \cdot \frac{D}{Q}$$

연간 재고비용   연간 주문비용

- C_h: 연간 단위재고비용
- C_0: 주문당 소요비용
- D: 연간 수요량
- Q: 1회 주문량(결정변수)

(3) 여기서 ATC를 최소화하는 1회 주문량(Q), 즉 EOQ를 최종 도출하면 다음 식과 같다.

$$EOQ = \sqrt{\frac{2 \times D \times C_0}{C_h}}$$

(4) EOQ 모형의 기본 가정들이 많으며 실제적이지 못하다는 비판이 존재한다. 그럼에도 불구하고 간편하다는 장점으로 인해 실무에서 많이 활용되고 있다.

POWER 정리

재주문점(ROP: Re-Order Point)
재주문점 역시 기업에서 중요하다. 즉, 주문해야 할 시점의 재고 보유량인 재주문점을 설정하여 재고 수준이 재주문점에 도달했을 때 주문할 수 있도록 해야 하는데 이는 다음과 같은 공식으로 활용된다.
- 재주문시점 = 리드타임 동안의 평균수요량 + 안전재고
- 리드타임 = 도달 기간 + 재고점검주기
- 리드타임 동안의 평균수요량 = 평균수요/일 × 리드타임
- 안전재고량 = 안전계수 × 수요의 표준편차 × 조달기간

3) JIT 시스템

(1) 적기공급생산 또는 적시생산 방식이라고 하는 JIT(Just In Time)는 재고에 있어 낭비 요인들을 제거하고, 공급업자와의 장기적 협력관계를 통해 고객 주문이 들어옴과 동시에 생산이 시작되어 재고를 줄이는 시스템이다.

(2) 재고를 쌓아 두지 않고서도 필요한 때 적기에 제품을 공급하는 생산 방식으로 팔릴 물건을 팔릴 때에 팔릴 만큼만 생산하여 파는 방식이다.

(3) 목표

JIT는 재고의 감소, 제조준비시간의 단축, 리드타임의 단축, 불량품의 최소화, 자재 취급 노력의 경감을 목표로 한다.

(4) 특징

① 소로트(小-Lot 생산과 제조준비시간 단축, 작업자의 다기능화, 품질분임조(QC)와 제안제도, 작업지시라 할 수 있는 칸반 시스템(Kanban System), 공급자 네트워크화 그리고 생산자동화 (Jidoka)의 특징이 있다.

② 생산 과정에서 발생하는 비효율적인 작업과 과정을 개선하고, 품질 검사를 통해 제품의 불량률을 최소화하는 방법이다.

> **POWER 용어**
>
> **린 생산방식(Lean Production System)**
> 생산 라인에서 발생하는 낭비를 최소화하고, 고객의 수요를 바탕으로 생산량을 조절하여 재고를 최소화하는 것을 말한다.

(5) JIT II

납품회사의 직원이 발주회사의 공장에 파견되어 근무하면서 구매 및 납품업무를 대행하여 효율을 높이는 생산운영 시스템이다.

JIT	JIT II
• Pull 방식	• Pull 방식, MRP의 Push 방식 동시 수용
• 원부자재를 공급받는 데 집중	• 원부자재, 설비공구 등 모든 분야의 공급에 집중
• 개별적인 생산현장의 연결	• SCM상의 파트너들과 연결, 프로세스 변화시킴
• 공장 내 불필요한 활동 제거	• 기업 간 중복업무, 불필요한 활동 제거
• 물동량의 흐름이 주된 개선 대상임	• 기술, 영업, 개발을 동시화하여 물동량을 강력히 통제

JIT(Just-in-time)와 JIT(Just-in-time) 2와의 차이점에 대한 설명으로 가장 옳지 <u>않은</u> 것은?

① JIT는 부품과 원자재를 원활히 공급받는 데 초점을 두고, JITⅡ는 부품, 원부자재, 설비공구, 일반 자재 등 모든 분야를 공급받는 데 초점을 둔다.

② JIT가 개별적인 생산현장(plant floor)을 연결한 것이라면, JITⅡ는 공급체인상의 파트너의 연결과 그 프로세스를 변화시키는 시스템이다.

③ JIT는 자사 공장 내의 무가치한 활동을 감소·제거하는 데 주력하고, JITⅡ는 기업 간의 중복업무와 무가치한 활동을 감소·제거하는 데 주력한다.

④ JIT가 풀(pull)형인 MRP와 대비되는 푸시(push)형의 생산방식인데 비해, JITⅡ는 JIT와 MRP를 동시에 수용할 수 있는 기업 간의 운영체제를 의미한다.

⑤ JIT가 물동량의 흐름을 주된 개선대상으로 삼는 데 비해, JITⅡ는 기술, 영업, 개발을 동시화(synchronization)하여 물동량의 흐름을 강력히 통제한다.

4) 기타 주요 재고관리기법

(1) ABC분석

ABC분석은 파레토법칙에 근거하여 관리대상을 ABC그룹으로 나누어 가치가 높은 그룹에 더 많은 관리노력을 집중한다.

구분	내용	관리 정도	가치 비율	사용량 비율	재고 통제 방법
A그룹	고가치 저사용량	정밀 관리	70~80%	10~20%	정기발주 (P시스템)
B그룹	가치, 사용량 중급	정상 관리	15~20%	20~40%	정량발주 (Q시스템)
C그룹	저가치 고사용량	관리	5~10%	40~60%	투빈법 (수요변동이 적은 경우)

(2) 정량발주시스템(Q)과 정기발주시스템(P)

구분	정량발주시스템 (고정량주문시스템, Q시스템)	정기발주시스템 (고정주문기간시스템, P시스템)
개념	재고수준이 재주문점에 오면 고정량 발주	재고수준을 정기적 파악하여 기준재고량과 현재량 비교
발주주기	부정기	정기
발주량	정량(경제적 주문량)	부정량(최대 재고량 − 현재 재고량)
수요정보	과거실적	고급정보
재고성격	활동재고	활동재고 + 안전재고
적용품목	• 금액 및 기여도 낮은 B급 제품 • 수요변동폭이 적은 품목	• 금액 및 기여도 높은 A급 제품 • 수요변동폭이 높은 품목

CHAPTER 02 · 고객관리

1 고객관리의 개요

1) 고객관리의 중요성 대두

(1) 사회의 변화에 따라 소비자지향적 마케팅이 중요시 되면서 많은 기업들이 고객만족의 가치를 최우선으로 내세우고 있다.

(2) 기업이 판매를 통한 이윤 창출뿐만 아니라 고객만족을 통한 기존고객층 확보와 신규고객 발굴에 주안점을 두고 있음을 시사한다.

2) 고객정보의 수집과 활용

(1) 고객정보의 수집 방법

① 고객정보 수집을 위해 유통기업들이 일반적으로 활용하고 있는 방법은 고객을 대상으로 직접 면접을 실시하는 것과 판매시점 정보관리 시스템(POS System)을 이용하는 것이다.

② 판매시점 정보관리 시스템은 판매와 동시에 정보시스템을 통하여 판매 제품에 대한 판매정보 및 고객정보를 수집할 수 있는 좋은 대안이 되고 있다.

(2) 판매시점 관리시스템(POS System: Point Of Sale System)

① POS의 개념
- 기존 단품별로 이루어졌던 정보들을 일괄적으로 전산처리하여 정보를 유용하게 활용할 수 있도록 가공, 전달하는 체계를 말한다.
- 소매상의 발주, 매입, 단품관리, 고객정보관리, 매출정보관리 및 인기상품 목록관리, 관련상품 파악, 자동판독 등에 활용할 수 있다.

② POS의 구성: POS 단말기에 정보를 입력하기 위한 바코드 시스템과 스캐너, 중앙컴퓨터, 스토어 컨트롤러, POS 터미널 등이 필요하다.

③ POS의 시스템적 효과

직접적 효과	간접적 효과
• 작업생산성 향상 • 사무간소화에 따른 작업 오류 감소 • 이해관계자의 부정 방지 • 영수증 발급 기능	• 품절 방지 및 수요에 신속 대응 • 고객 선호 상품 파악 가능 • 신상품 및 프로모션에 대한 평가 가능 • 재고관리비, 운송비 등 물류비 감소

3) 고객정보의 활용

(1) 상품정보관리

① POS를 통해 수집된 정보는 제조기업에게는 상품 재고관리 및 판매전략에 있어서 중요한 ABC관리에 적용할 수 있다.

② ABC관리는 판매 상품의 공헌이익에 따른 분류로 POS를 통해 쉽게 분석 가능하며 이 밖에 상품의 배치에 있어서도 장바구니 분석을 통해 마진을 높일 수 있다.

(2) ABC 재고관리

① 재고관리에 있어서도 A, B, C등급을 나누어 등급별로 발주 시스템을 달리할 수 있다.

② A등급은 정기발주법, B등급은 정량발주법, C등급은 투빈법(Two Bin System)을 적용할 수 있도록 도움을 준다.

POWER 용어

투빈법(Two Bin System)
상품을 실은 두 개의 선반 중 한 선반은 가게에 진열, 다른 선반은 창고에 놓고, 진열된 선반이 품절되면 발주와 동시에 창고 선반의 재고를 배치하는 방법

---

(3) 고객관계관리(CRM)의 강화

고객관계관리란 고객정보를 통해 고객별로 저마다 다른 마케팅을 적용하는 기법이다. 고객정보 데이터베이스를 통해 고객의 성향 및 중점 구매 품목 등의 자료분석을 할 수 있다. 또한 이로 인해 고객화에 성공할 수 있게 된다.

(4) 고객충성도 향상

수집된 고객정보를 중심으로 고객화하는 경우 고객들은 장기적 고객으로 발전하게 되고, 기업에서 원하는 충성도 높은 고객이 된다. 이는 기업 측면에서는 고객점유율을 높일 수 있는 계기가 되므로 고객정보의 수집은 장기적 측면에서 이윤 획득에 중요한 요소가 된다.

❷ 고객 응대기법

1) 고객 응대의 개요

(1) 고객 응대의 개념

고객이 기업 또는 기업의 종업원을 접촉하는 순간에 이루어지는 상호 간의 작용을 의미하며, 이때 가장 중요한 것이 접점관리라 할 수 있다.

(2) 진실의 순간(MOT: Moment Of Truth)

① 의의
- 고객이 기업의 종업원 또는 특정 서비스와 처음 대면하게 되는 접점으로 고객이 서비스에 대한 인식을 하게 되는 순간을 의미한다.
- 결정적 순간이란 고객이 기업조직의 어떠한 측면과 접촉하는 순간이며, 그 서비스의 품질에 관하여 무언가 인상을 얻을 수 있는 순간이다.
- 서비스상품을 구매하는 동안의 모든 고객접점의 순간(MOT)을 관리하고 고객만족을 실현하여 지속적으로 고객을 유지하고자 하는 방법이 고객접점 마케팅이다.
- 고객접점에 있는 서비스 요원은 책임과 권한을 가지고 고객의 선택이 가장 좋은 선택이었다는 사실을 고객에게 입증시켜야 한다.
- 고객접점에 있는 서비스 요원들에게 권한을 부여하고 강화된 교육이 필요하며, 고객과 상호작용에 의하여 서비스가 순발력 있게 제공될 수 있는 서비스 전달 시스템을 갖추어야 한다.

② MOT의 중요성
- 서비스의 성공적인 제공은 서비스 제공자와 소비자가 서로 대면(접촉)하는 순간에 결정되므로 MOT는 서비스차별화, 품질 통제, 전달시스템, 고객만족에 영향을 미치게 된다. 일반적으로 고객만족은 서비스 제공자와의 접점의 품질에 의해 결정된다고 할 수 있다.
- 곱셈의 법칙에 의해 고객과의 많은 접점 중 단 한 가지라도 나쁜 인상을 주면 그것으로 고객만족도가 낮아진다.
- MOT는 그 자체가 하나의 상품가치로 발현될 수 있는데 고객에 있어서 결정적 순간들이 하나하나 쌓여 서비스 전체 품질뿐만 아니라 기업의 신뢰성 및 기업 가치를 결정하게 된다.

2) 고객충성도(로열티, Loyalty)

(1) 의의

경쟁기업과 차별화되는 브랜드의 특성 또는 서비스로 인하여 고객이 지속적으로 재구매 또는 재이용하고자 하는 구매 몰입의 정도를 의미한다.

(2) 종류

① **초우량 로열티**: 자사제품의 브랜드나 서비스에 대해 높은 심리적인 애착과 지속적인 반복 구매가 이루어지는 고객에게 보이는 강한 충성도

② **잠재적 로열티**: 브랜드에 대한 소비자의 애착 정도는 높으나 지속적인 반복 구매는 이루어지지 않는 충성도

③ **타성적 로열티**: 잠재적 로열티와는 반대로 브랜드에 대한 심리적 애착 정도는 낮으나 반복 구매 정도는 높은 경우의 충성도

④ **비로열티**: 브랜드에 대한 심리적 애착 정도와 지속적 반복 구매 정도가 낮은 유형으로, 상표전환이 빠른 고객층이 가지는 충성도

3) 고객 접객 방법

(1) 언제든지 고객을 맞이할 수 있는 준비와 마음가짐이 되어 있어야 하며 쾌적한 매장공간을 유지 및 보존해야 한다.

(2) 고객에게 가까이 다가가는 비결은 고객이 구입하고 싶어 하는 상품의 특성, 즉 고객의 취미와 가치관을 재빨리 알아내는 데 있다.

(3) 고객이 어떠한 특성을 가진 상품을 원하는가를 이해하고 그 패턴에 합치한 몇 개의 상품을 갖추어서 제시하는 것이 좋다.

(4) 판매원은 늘 고객과의 최접점에서 고객을 직접 상대하는 이들이다. 따라서 고객만족을 실천하기 위해 고객에게 이해하기 쉬운 일상용어를 이용하여 친근하면서도 친절하게 제품의 상세한 기능까지 꼼꼼하게 설명하는 것이 좋다.

4) 고객 컴플레인

(1) 고객 컴플레인의 의의

소매점포에 있어서 컴플레인이란 고객이 제품 또는 서비스를 구매하는 과정에서 불만족스러워 이에 대해 공식적으로 항의하는 것으로 서비스의 실패라고도 할 수 있다.

(2) 고객 컴플레인의 발생 원인

① 환불이나 보상 등의 경제적 손실을 만회하기 위한 경우
② 서비스 실패에 대한 감정적인 분노를 누그러뜨리기 위한 경우
③ 서비스의 개선을 바라는 이타적인 관점에서 제기하는 경우

(3) 컴플레인의 3단계 처리 방법(WIP 법)

사람(Man), 시간(Time), 장소(Place)를 바꾸어 고객 컴플레인을 처리하라는 방법이다.

POWER 정리

컴플레인의 3단계 처리 방법(WIP법)
- **사람(Man)을 바꿈:** 판매담당자에서 판매관리자(상위관리자)로 바꿈
- **시간(Time)을 바꿈:** 즉각 처리하지 않고 충분한 시간을 두고 처리
- **장소(Place)를 바꿈:** 판매 장소를 사무실 또는 소비자 상담실로 이동

---

3 고객서비스(Customer Service)

1) 고객서비스의 개념 및 전략

(1) 고객서비스(CS: Customer Service) 개념

고객의 서비스에 대한 만족도를 향상시키는 일련의 활동이다. 이는 재화나 서비스가 고객의 예측을 만족시키는 정도 내지는 사후적인 의미로는 재화나 서비스상품을 구입한 고객에게 제공하는 사후 관리 서비스를 의미한다.

(2) 고객서비스 전략

유통기업이 고객서비스에서 우위를 점하기 위한 전략적 방법에는 고객화(Customization)와 표준화(Standardization)가 있다.

① 고객화 접근법(Customization Approach)
- 개념: 개별 소비자 각각의 구매 성향에 맞게 서비스를 조정하는 전략이다. 예컨대 목표고객에 대하여 축적된 데이터를 활용하여 게스트 서비스 프로그램을 실시하거나, 목표고객별로 1:1 마케팅을 활용하여 양질의 서비스를 제공하는 것을 들 수 있다.
- 장점: 개별 소비자의 취향에 맞는 맞춤형 서비스를 지속적으로 제공할 수 있다.
- 단점: 비용이 많이 들고, 서비스의 품질이 공급자의 주관적 판단과 능력 여하에 따라 달라질 수 있다.

② 표준화 접근법(Standardization Approach)
- 개념: 전체 고객 집단에 대하여 동일한 서비스를 제공하는 전략이다. 내부에서 정해진 규칙과 절차를 토대로 지속적으로 이행한다. 패스트푸드 체인점을 예로 든다면, 모든 매장에서 동일한 메뉴와 매뉴얼을 통해서 동일한 금액에 음식과 서비스를 제공하는 경우를 들 수 있다.
- 장점: 표준화의 장점은 서비스의 품질을 결정하는 다양한 요인들로 인해 발생할 수 있는 불안정한 요소들을 최소화할 수 있다.
- 단점: 서비스 수준에 있어 개별 고객화 서비스 대비 취약할 수밖에 없다.

2) 고객서비스의 구성요소

거래 전 요소	거래 중 요소	거래 후 요소
• 서면화된 정책 • 정책(문서)에 대한 고객의 수취, 이해 • 조직구조 • 시스템 유연성 • 관리자 서비스	• 결품률 • 주문정보 및 주문 주기 • 지연선적 및 교환선적 • 시스템의 정확성 • 주문의 편의성 • 물품대체	• 설치, 보증, 수리, 변경, 부품 공급 • 물품 추적 • 클레임 및 고충 처리, 반품 • 물품의 일시대체

CHAPTER 03 CRM 전략

1 CRM(Customer Relationship Management, 고객관계관리)

1) CRM의 개념 및 특징

(1) CRM의 개념

① CRM이란 종전의 기업 중심적 마케팅 사고에서 벗어나 데이터를 기초로 한 개별 고객의 욕구를 파악하여 맞춤형 서비스를 제공해 고객의 생애가치를 극대화시키는 마케팅 전략을 말한다.

② 기업 내부에 축적된 고객정보를 효과적으로 활용하여 고객과의 관계를 유지 확대 개선함으로써, 고객의 만족과 충성도를 제고하고, 기업 및 조직의 지속적인 운영 확장, 발전을 추구하는 고객관련 제반 프로세스 및 활동으로 정의할 수 있다.

③ 한 번의 고객을 기업의 평생고객으로 전환시켜 기업의 장기적인 수익을 극대화할 수 있다. 즉, 고객과의 관계를 바탕으로 하여 고객의 생애가치(CLV: Customer Lifetime Value)를 극대화하는 것이다.

④ 고객관계관리를 위해서는 고객의 구매행동분석이 무엇보다 중요하므로 FRM분석, CLV분석, 고객실적 평가법(HPM: Historical Profitability Measurement) 등의 데이터마이닝 기법이 활용된다.

⑤ 데이터베이스에 의한 1:1 마케팅(고객맞춤형)을 통하여 기존 고객의 이탈을 방지하고 충성도를 높인다.

(2) CRM의 등장배경

① 시장경쟁이 심화되고 고객의 욕구가 다변화됨에 따라 시장을 세분화해 목표고객을 공략하는 마케팅의 시대가 도래했다.

② IT 기술의 발달로 고객에 대한 마케팅 자료를 DB로 축적할 수 있게 되었다.

③ 최근에는 기업의 성장뿐만 아니라 고객만족과 고객의 생애가치 극대화 개념을 접목시킨 고객관계관리(CRM) 마케팅이 등장하였다.

> 매스 마케팅 → 타깃 마케팅 → 틈새시장 마케팅 → CRM 마케팅

(3) CRM의 장점

① 기업은 CRM을 통해 고객에 대한 정보를 수집하고, 수집된 정보를 효과적으로 활용하여 매출과 이익을 증대시킬 수 있다.

② CRM은 고객세분화뿐 아니라 시스템적 접근으로 대량고객화도 가능하다.

③ CRM 시스템은 기존고객의 특성에 맞는 상품과 서비스를 제공하여 고객의 이탈을 방지하고 시장점유율을 높일 수 있게 한다.

④ CRM 시스템은 고객별 수익성을 평가하고 기여도에 따라 적합한 영업전략을 추진하여 고객 포트폴리오를 개선할 수 있게 한다.

⑤ 신규고객 창출보다 기존고객을 유지하는 것이 비용 측면에서 유리하다.

(4) CRM 관련 용어

① **고객자산**: 현재의 고객과 잠재적인 고객의 생애가치를 현재가치로 할인하여 모두 합한 것

② **고객생애가치(CLV)**: 한 고객이 한 기업의 고객으로 존재하는 전체 기간 동안 기업에게 제공할 것으로 추정되는 미래의 현금흐름을 현재가치로 환산한 금액 또는 재무적인 공헌도의 총합계

③ **교차판매(Cross-Seling) 전략**: 기존고객과 지속적이고 장기적인 관계를 유지하고 나아가 관계를 확대시키는 마케팅활동으로서, 특정 상품 구매 이외의 보완관계에 있는 관련 상품도 구매하도록 유도하는 전략

④ **업셀링(Up-Seling) 전략**: 상향판매 전략이라고도 하며 기존고객에게 특정 품목에 대해 기존 구매한 제품보다 고급화된 신상품을 홍보하여 구매하도록 유도하는 마케팅전략

　　예 기존에 K3를 타던 사람에게 동종업체의 K5중형차를 타도록 유도하는 것

⑤ **고객점유율(Customer Share)**: 특정 고객이 하나의 제품 카테고리에서 구매하는 총량 중 자사제품이 차지하는 비율

⑥ **RFM(Recency, Frequence, Monetary) 분석**: 최근 구매도 및 구매량을 이용하여 고객의 로열티를 측정하는 방법

⑦ **고객충성도 프로그램(Customer Loyalty Program)**: 한 번 고객을 지속적·장기적인 고객으로 유지하는 마케팅 전략

2 CRM의 구축 및 운용

1) CRM의 실행 단계 및 고려사항

(1) CRM 도입의 3단계

① 1단계(신규고객의 획득): 세분화와 타깃팅 후, 마케팅믹스를 통해 잠재고객을 신규고객으로 확보한다.
- 타기업과의 제휴 마케팅을 통해 타사 고객을 자사고객으로 유치
- 정기적 또는 비정기적 이벤트를 전개하여 잠재고객을 유치
- 고객센터, 홈페이지 등을 통해 잠재고객을 확보
- 이탈고객을 대상으로 수익 창출 가능성이 있는 고객들에 대한 재활성화

② 2단계(기존고객의 유지): 확보된 고객은 유지, 관리 정책을 통해 이탈을 방지하고 단골고객으로 향상시키도록 한다.

③ 3단계(기존고객의 충성도 향상): 단골고객 차원을 넘어 자사의 교차판매와 상향판매 등 자사의 다른 제품들도 이용할 수 있는 단계의 옹호자고객 또는 더 나아가 파트너십을 공유할 수 있도록 한다.
- 마일리지 프로그램을 통해 구매액에 따른 포인트적립 및 혜택 제공으로 충성도 유지

POWER 정리

고객발전단계

불특정 다수(Suspect) → 잠재고객(Potential Customer) → 구매고객(Customer) → 단골고객(Client) → 옹호자고객(Advocator) → 동반자고객(Partnership)

---

(2) CRM 실행 시 고려사항

① 기존고객이 이탈하지 않도록 유지, 관리에 중점을 둔다.
② 단기적인 이익 창출보다 장기적인 고객의 생애가치 극대화를 통한 이익 창출에 중점을 둔다.
③ 기업의 마케팅 성과지표가 시장점유율 향상보다는 고객점유율(이용률) 향상에 있다.
④ 기존고객과의 관계를 충성도 높은 옹호자에서 동반자 관계로 확장시킨다.
⑤ 고객충성도가 높은 애호고객의 구전을 통한 신규고객을 창출한다.
⑥ CRM의 관심 영역으로 고객 확보가 고객 발굴(교차판매, 상향판매)의 내용을 포함한다.

2) CRM 기반 활동 및 프로세스

(1) CRM에 기반한 마케팅활동의 종류

① 비용을 최소화할 수 있는 고객확보활동
② 고객과의 신뢰를 쌓아가는 전략적 마케팅활동
③ 수익성 높은 고객의 분류 및 표적 마케팅
④ 고객충성도를 통한 교차판매와 상향판매 기회 증대
⑤ 데이터마이닝을 통한 고객 분석

(2) CRM의 프로세스에 따른 운영 단계

① CRM의 분석적 단계: 데이터웨어하우스(Data Warehouse)나 데이터마트(Data Mart)로부터 유용한 CRM 정보를 가지고 데이터마이닝 기술을 통해서 수집, 분석하여 모델을 설정하는 단계

② CRM의 운영적 단계: 전사적자원관리(ERP)의 고객 접촉 관련 기능을 강화시키고 CRM의 데이터웨어하우스나 데이터마트가 지닌 요소들을 통합함으로써, 고객과의 접점에서 종업원들이 서비스를 수행할 수 있도록 지원하는 기능에 중점을 두는 단계

③ CRM의 협업적 단계: 분석 CRM과 운영 CRM을 통합하여 인터넷과 콜센터, 모바일 등 고객과의 다양한 접점을 지원하는 CRM 단계로 상품의 Cross-Selling, Up-Selling 기회를 활용

3 유통기업의 CRM 구축 효과

1) OLAP(Online Analysis Proccessing)를 활용

데이터웨어하우스(DWH)에 축적되어 있는 고객정보를 적시에 사용 가능

2) 데이터 마이닝 기법 활용

사업부별로 필요한 다양한 자료를 분석할 수 있고 이를 통해 매출액 향상에 기여

3) 개별 고객의 대량고객화(Mess Customization)

고객별 마케팅 수행 및 효과적인 고객관리가 가능

4) 효과적인 마케팅 프로그램 개발로 인한 프로모션의 적시적 향상

• POWER 기출 ⊘ •

고객가치를 극대화하기 위한 고객관계관리(CRM)의 중심활동으로 가장 옳지 <u>않은</u> 것은?

① 신규고객확보 및 시장점유율 증대
② 고객수명주기 관리
③ 데이터마이닝을 통한 고객 분석
④ 고객가치의 분석과 계량화
⑤ 고객획득/유지 및 추가판매의 믹스 최적화

---

05 | 유통마케팅 조사와 평가

CHAPTER 01 유통마케팅 조사

1 유통마케팅 조사의 개요

1) 마케팅조사(marketing research)란?

마케팅 계획이나 마케팅 전략을 수립할 때 기업이 직면하고 있는 상황을 파악하기 위하여 고객의 욕구와 시장 상황을 수집·분석·평가하는 활동이다.

2) 마케팅조사를 실시하는 상황

정기적으로 시장의 반응이나 트렌드 변화를 파악할 때, 특별마케팅을 실시할 때 마케팅조사를 한다.

3) 마케팅조사의 내용

조사내용은 상황에 따라 달라진다. 모든 분야를 조사할 수도 있고, 매출동향이나 가격, 유통, 촉진 등 특정분야만 조사할 수도 있다.

2 유통마케팅 조사방법과 절차

문제 정의 ➡ 조사 설계 ➡ 자료수집 방법 결정 ➡ 표본 설계 ➡ 마케팅 조사 실시 ➡ 조사결과 분석 ➡ 보고서 작성

그림 3-17

1) 문제 정의

'무엇을 조사할 것인가'라는 조사방향을 결정하는 일, 현재의 문제점이 무엇이며, 어떤 사항을 조사할 것인지 정의를 내리고 조사내용과 조사목적을 구체화한다.

2) 조사 설계

'어떻게 조사할 것인가'라는 조사방법을 결정하는 일, 조사 설계는 탐색적 조사, 기술적 조사, 인과적 조사로 구분한다.

3) 자료수집 방법 결정

자료수집 방법은 관찰법, 서베이법, 실험법, 면접법 등이 있으며, 수집된 자료는 1차 자료와 2차 자료로 구분된다.

4) 표본 설계

표본조사는 마케팅조사를 실시할 때 전수 조사할 수 없으므로 전체 중에서 일부만 추출하여 실시한다. 어떻게 표본을 추출하고 어느 정도의 크기로 표본을 추출할 것인지, 표본추출 방법과 표본의 크기를 결정한다.

5) 마케팅조사 실시

실제 조사를 실시하는 단계로 조사계획의 절차에 따라 자료를 수집하고 면접, 인터뷰, 설문조사 등의 방법으로 조사를 실시한다.

6) 조사결과 분석

조사결과를 컴퓨터에 입력하고 분석하는 단계, 분석하기 용이하도록 수집된 자료를 코딩하고 컴퓨터에 입력하는 펀칭작업을 하며, 각종 통계기법을 활용하여 통계분석을 하게 된다.

7) 보고서 작성

마케팅조사의 최종단계, 통계분석 결과를 해석하고, 이를 토대로 보고서를 작성하여 의사결정자에게 보고한다.

③ 유통마케팅 자료분석기법

'어떻게 조사할 것인가'라는 조사방법을 기획하는 것으로 가장 경제적이면서 효율적인 방법을 선택하면 된다.

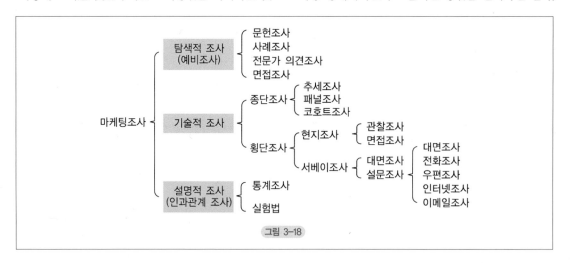

그림 3-18

1) 탐색적 조사(Exploratory Research)

(1) 본조사(main survey)를 실시하기 전에 조사에 대한 아이디어와 통찰력을 얻기 위하여 사전 점검용으로 실시하는 조사 예비조사, 사전조사, 선행조사, 기초조사, 파일럿조사라고도 한다.

(2) 탐색적 조사의 방법

문헌조사, 사례조사, 전문가 의견조사, 면접조사 등이 있다.

2) 기술적 조사(Descriptive Research)

(1) 본조사의 하나로서 탐색적 조사의 결과를 바탕으로 더 정확하고 추가정보를 얻기 위하여 실태를 조사하거나 현황을 파악하는 조사를 말한다.

(2) 기술적 조사의 종류

종단조사, 횡단조사가 있다.

① 종단조사(time-series analysis)
- 동일한 조사자를 대상으로 일정기간 동안 반복 조사하여 시간이 흐름에 따라 조사자의 반응이 어떻게 변화하는가를 조사하는 방법이다.
- 종단조사의 종류: 추세조사(시계열조사), 패널조사, 코호트 조사 등이 있다.

추세조사 (trend study)	일정기간 동안 시간의 흐름에 따라 조사결과의 변화 추이를 파악하기 위하여 실시하는 조사 예 서울시 종로구 거주자에 대한 소비행태 조사
패널조사 (panel study)	패널이라는 '응답자 집단'을 구성하여 장기간 반복 조사하는 방법 예 많은 기업들이 자사 제품의 소비자들 반응 조사를 위하여 소비자 패널을 구성하여 일정기간 운영한다.
코호트 조사 (cohort study)	동일집단이나 동년배, 동기생들을 대상으로 장기간 동안 어떤 내용을 조사하는 방법 예 '2020년 ○○대학교 입학생의 대학생활 만족도 조사'

② 횡단조사(cross-sectional analysis): 특정 시점의 상황을 파악하는 방법으로 정태적 조사라고도 한다.

3) 현지조사(Field Study)

실제 현장에 나가서 조사하는 방법으로 관찰조사와 면접조사가 있다.

4) 서베이조사(Survey Study)

조사 대상자에게 직접 대면하여 질문하거나 설문지를 배포하여 응답자료를 받아 정보를 수집하는 방법이다.

5) 설명적 조사(Explanatory Research)

(1) 본조사의 하나로 독립변수(원인변수)와 종속변수(결과변수) 사이의 인과관계를 규명하는 조사이며, 인과적 조사라고도 한다.

(2) 설명적 조사의 종류

통계조사와 실험법이 있다.

> 예 가격 인하가 매출액과 시장점유율에 미치는 영향을 조사할 때, 가격 인하는 원인변수가 되고 매출액과 시장점유율은 결과변수가 된다.

6) 통계조사

가격 인하와 매출액의 관계와 같이 실제 가격을 인하하였을 때 가격 인하 이전과 이후 매출액이 얼마나 변화하였는지 인과관계를 통계적으로 조사하는 방법이다.

7) 실험법

실험법의 종류로는 원시실험설계, 순수실험설계, 유사실험설계, 종속변수가 오직 독립변수에 의해서만 변화되도록 설계되는 실험법이 있다.

8) 척도의 종류

길이, 무게, 좋아한다, 싫어한다 등과 같이 어떤 것을 측정하거나 분류할 때 사용되는 도구를 말한다.

(1) 명목척도(Nominal Scale)

성별, 출생지, 출신학교, 직업 등과 같이 측정대상의 속성을 '분류'하기 위하여 사용하는 척도로 설문조사에서 가장 기초가 된다.

(2) 서열척도(Ordinal Scale)

학력, 선호도, 만족도, 소득수준 등과 같이 '순위'(서열)를 측정하기 위하여 사용되는 척도이다.

POWER 정리

명목척도와 서열척도의 차이점
- **명목척도**: 단순히 응답자의 속성을 분류하는 데 사용
- **서열척도**: 순위를 파악하는 데 사용

---

(3) 등간척도(Interval Scale)

설문조사 결과를 서로 비교분석할 수 있는 척도, 주로 제품의 선호도나 인지도와 같이 상업적 마케팅 조사에서 많이 사용된다.

(4) 비율척도(Ratio Scale)

설문조사 결과를 비교분석할 수 있을 뿐 아니라 배수까지 측정할 수 있는 척도, 몸무게, 키, 거리, 소득, 실업률, 투표율 등과 같이 수치로 표시할 수 있는 설문에 많이 사용된다.

9) 유통마케팅 자료분석과 보고서 작성

(1) 자료 처리의 순서

> 자료 편집 → 코딩 → 펀칭 → 분류 → 분석(통계분석)

(2) 코딩 또는 부호화(Coding)

설문지의 응답 자료를 숫자 또는 부호로 변환하는 작업

예 "귀하의 성별은 무엇입니까? ① 남자 ② 여자"의 설문에서 남자를 1, 여자를 2로 번호를 부여하는 과정

(3) 펀칭(Punching)

코딩과정을 통해 수치화 또는 부호화된 조사결과를 컴퓨터에 입력하는 과정

(4) 정제화(Data Cleansing)

펀칭하는 과정에서 설문지의 응답자료에 오류를 발견하면 수정하는 작업

(5) 에디팅(Data Editing)

데이터 오류를 찾고 수정하는 활동

CHAPTER 02 유통마케팅 성과 평가

1 유통마케팅 성과 평가의 개요

1) 마케팅 성과 평가의 필요성

(1) 기업에서는 마케팅과 관련된 비용이 꾸준히 증가하고 있지만, ROI 또는 목표 대비 효과 등과 같은 효율적 측면에서의 관리는 명확하게 이루어지고 있지 않다. 이로 인해 각 기업에서는 마케팅 성과를 체계적으로 평가, 관리할 필요성을 느끼기 시작하였다.

(2) 국내의 경우 BSC와 같은 성과지표에 대한 과학적인 관리가 도입되었으나, 마케팅 분야에서는 이와 관련해서 구체적인 변화가 거의 없었다.

(3) 일부 선진기업을 중심으로 마케팅 감사의 성과평가를 통해 마케팅 목표 달성의 측정 및 문제의 원인 분석 등의 노력이 진행되고 있으므로 여러 기업들에게 시사하는 바가 크다.

(4) 정보기술의 발전으로 인해 기업들의 마케팅활동에 대한 Reporting 및 Tracking 등과 같은 성과를 측정하는 데 있어 비용 절감이 가능해졌다.

2) 마케팅 성과 평가의 모형

(1) 마케팅 성과 평가(MPA: Marketing Performance Assessment)

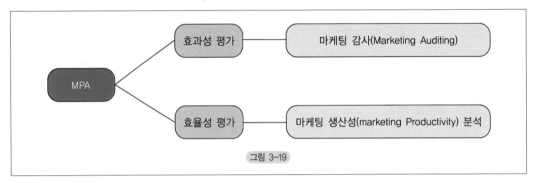

그림 3-19

① 마케팅 성과 평가란 마케팅 활동의 결과를 상충적 관계에 놓여 있는 효율성 및 효과성의 측면에서 평가하는 것
② 마케팅 목표를 얼마만큼 달성했는지를 측정하는 효과성 평가가 필요함(= 마케팅 감사)
③ 투입한 마케팅 자원에 대비해 달성된 성과를 평가하는 효율성 측면의 마케팅 생산성 평가가 있음

(2) Ambler 의 마케팅 성과 평가지표 분류

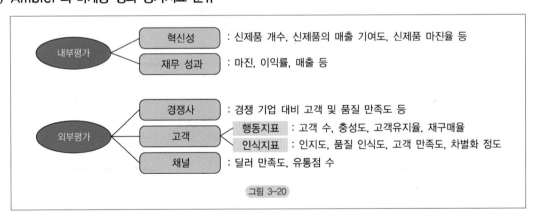

그림 3-20

(3) Berry의 서비스 마케팅 성과 평가모형

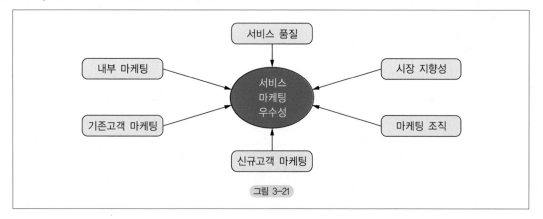

그림 3-21

(4) 마케팅 채널에 대한 성과 측정지표

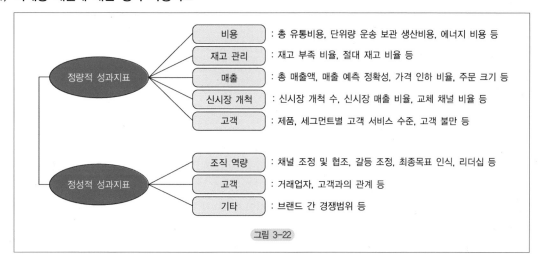

그림 3-22

(5) Hamilton Consulting의 마케팅 성과 평가지표 및 성과의 개선방향

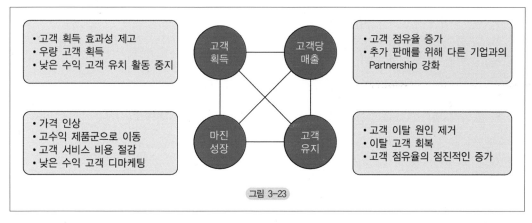

그림 3-23

2 유통마케팅 목표의 평가

1) 유통마케팅 목표 개요

(1) 마케팅 목표는 기업 전체의 목표 및 전략과 깊은 연관 관계를 지녀야 한다.

(2) 해당 목표의 긴급성과 마케팅 이후 기업에 미칠 수 있는 영향력을 기반으로 우선순위를 정해야 하며, 기업 목표를 인지한 후 마케팅 기획의 초반부터 해당 목표가 확실하게 규명되어야 한다.

(3) 세부목표는 SMART 원칙에 입각해서 설계해야 한다.

> **POWER 정리**
>
> SMART 원칙
> - Specific: 구체적
> - Measurable: 측정 가능
> - Attainable: 달성 가능
> - Result-Oriented: 결과 지향적
> - Time-Bounded: 시간 제한적

3 유통업의 성과평가

1) 유통성과에 대한 평가

(1) 효율성

① "무엇을 얼마나 어떤 방법으로 생산할 것인가"의 문제
② 최소의 비용으로 최대의 만족을 구한다는 경제행위의 원칙에 의거 생산 또는 소비가 최선으로 이루어졌는가를 평가하는 기준

(2) 형평성

① "누구에게 분배할 것인가"의 문제
② 분배의 평가기준으로 바람직한 분배상태를 말하며, 주관적인 가치판단의 개입과 시대와 사회에 따라 그 의미가 변함

(3) 효과성

표적시장이 요구하는 서비스 산출을 얼마나 제공하였는가를 측정하는 목표지향적 기준

2) 직접제품이익기법(DPP: Direct Product Profit)

(1) 각 경로대안의 총마진에서 직접 제품 비용만을 뺀 제품 수익성을 평가하여, 직접 제품이익이 가장 높은 경로대안을 선택하는 방법

(2) 구매자의 입장에서 특정 공급업자의 개별 품목 혹은 재고관리단위 각각에 대한 평가에 가장 적합한 방법

(3) 1985년 미국의 포드 마케팅 기구는 도소매상이 사용할 수 있는 표준 DPP 분석기법을 개발

(4) 직접제품이익을 추정하는 과정에서 유통경로상에서 발생되어 제품비용에 영향을 준 항목들을 모두 원가계산에 반영함

(5) 직접제품비용은 창고비용, 수송비용, 직접 점포비용의 세 가지 원천에서 발생함

(6) DPP의 주요 적용 분야의 하나는 유통경로 선택임

4 경로구성원의 평가

1) 개요

(1) 경로구성원으로 참가하는 적합한 도·소매상을 선정하는 문제이고, 피드백의 경우에는 분배된 유통기능을 적절하게 실행하고 있는지에 대한 평가

(2) 유통경로상에서 다음 단계에 위치한 경로구성원에게 바람직함

(3) 경로구성원의 유통기능 수행 평가 및 전 단계의 경로구성원의 활동에 대한 평가

2) 경로 구성원의 성과척도

(1) 성과에 대한 개념은 성과 및 타 구성개념 간의 이론적 관계를 인식하는 구성적 요소를 포함

(2) 관측이 가능한 구성개념은 타 구성개념들을 통해 직접적이거나 간접적으로 관측이 가능한 현상 및 성과를 연계시킴으로써 조작화되어야 함

5 영향력 및 갈등 평가

1) 유통경로의 힘(권력)

(1) 보상적 권력(Reward Power)

경로구성원 A가 B에게 보상을 제공할 수 있는 능력

(2) 강압적 권력(Coercive Power)

경로구성원 A의 영향력 행사에 경로구성원 B가 따르지 않을 때 A가 처벌을 가할 수 있는 능력

(3) 준거적 권력(Referent Power)

경로구성원 B가 A와 일체감을 갖기를 원하기 때문에 A가 B에 대해 갖는 영향력

(4) 전문적 권력(Export Power)

경로구성원 A가 특별한 지식이나 기술을 보유함으로 인해 B에게 미칠 수 있는 영향력

(5) 합법적 권력(Legitimate Power)

경로구성원 A가 B에게 영향력을 행사할 권리를 가지고 있고, B가 그것을 받아들일 의무가 있다고 믿기 때문에 발생하는 영향력

(6) 정보적 권력(Information Power)

다른 경로구성원이 이전에 얻을 수 없었거나 알 수 없었던 정보나 일의 결과를 제공해 준다고 인식하는 경우에 갖게 되는 영향력

2) 유통경로의 갈등관리(* 유통경로의 갈등은 p.232 에서도 다루고 있음)

(1) 유통경로 갈등발생의 이유

① 목표 불일치로 인한 갈등: 구성원 간의 목표가 다르고, 이들 목표를 동시에 달성하기 어려울 때
② 정보 불일치로 인한 갈등: 소비자의 기억 속에 있는 기존정보와 신규 정보와의 차이
③ 영역 불일치로 인한 갈등: 구성원 간의 상권범위와 그 상권에서의 역할에 대한 견해 차이

(2) 갈등의 유형

① 수직적 갈등: 유통경로상에서 서로 다른 단계에 있는 구성원 사이에 발생하는 갈등
② 수평적 갈등: 유통경로의 동일한 단계에서 발생하는 갈등

(3) 갈등관리 방안

① 갈등 해소책

- 경로리더의 지도력을 강화 · 경로구성원 간의 공동목표의 제시로 협력을 증대
- 경로구성원 간의 커뮤니케이션 강화 및 중재와 조정
- 유통채널 간의 시너지 효과를 높이기 위해 차별화된 고객을 목표로 할 때 효과가 가장 큼

② 제조업체와 유통업체 간의 갈등관리 방안

갈등의 유형	갈등발생 원인	갈등관리 방안
유통채널 간 갈등	채널 간 영역의 중복	채널별 제공가치 차별화

제조업체–유통업체 간 갈등	힘의 불균형	• 채널파워의 유지/강화
		  – 브랜드 파워의 유지/강화
		  – 채널포트폴리오 구성
		• 채널과의 협력

③ 인터넷 유통채널에서의 갈등관리 방안

- 채널기능의 차별화 – 고객가치의 차별화 – 표적시장의 차별화
- 채널 구성원 간의 차별화(중재를 통한 갈등관리 방안)
- 중재는 제3자를 개입시켜 경로갈등을 해소하기 위한 분쟁해결제 도입
- 중재는 단심제로 운영되기 때문에 비용과 시간을 절약할 수 있고, 소송의 결과와 유사한 수준의 구속력이 발생하고 객관성과 전문성이 확보됨
- 중재는 절차상 비공개주의에 입각해 진행됨

(4) 갈등의 순기능과 역기능

순기능	• 갈등은 경로구성원 간의 의사소통 기회를 늘림으로써 정보교환을 활발하게 만든다. • 고충처리와 갈등해결의 공식창구와 표준절차를 마련하는 데 도움을 준다. • 자신의 과거 행동을 비판적으로 되돌아보게 한다. • 유통시스템 내의 자원을 보다 공평하게 배분한다. • 갈등의 해결과정에 있어 동맹체 결성과 같은 수단이 활용되는 경우, 힘이 강한 구성원에 의한 불공정한 힘의 행사를 억제하고 경로구성원 간의 힘의 균형을 이루게 된다. • 향후 발생 가능한 갈등을 해결할 수 있는 표준화된 방법을 개발해준다.
역기능	• 갈등의 가장 큰 역기능은 비용과 시간, 노력이 낭비된다는 것이다. • 갈등은 경로구성원으로 하여금 독자적으로 기능을 수행하게 하며, 따라서 전체유통시스템을 비효율적인 것으로 만든다. • 비효율적인 유통시스템은 경제적 측면 뿐만 아니라 심리적 측면에서 경로구성원의 만족을 감소시킨다. 만족이 감소할수록 상대방에 대한 신뢰도 감소한다. • 신뢰의 감소는 의사결정에 필요한 정보의 공유를 기피하게 만든다. 이에 따라 최적의사결정이 어려워질 것이다. • 갈등에 의한 신뢰의 감소를 경로선도자가 정보적 힘과 준거적 힘에 의해 경로 구성원의 기능을 조정할 수 있는 가능성이 줄어들게 된다. • 궁극적으로 신뢰의 감소는 더 이상 관계를 유지하고 발전시키고자 하는 의지, 즉 몰입을 감소시킨다.

경로 갈등에 대한 내용으로 옳지 <u>않은</u> 것은?

① 경로 구성원 간의 갈등은 여러 가지 다른 상황과 요인 때문에 발생하며, 넓은 맥락에서 갈등이 항상 나쁜 것은 아니다.

② 수평적 갈등은 동일한 경로단계 상의 구성원들 사이에서 발생하는 갈등을 의미한다.

③ 수직적 갈등은 제조업자와 도매상 같이 서로 다른 경로단계를 차지하는 구성원들 사이에서 발생하는 갈등이다.

④ 분배적 공정성은 분쟁을 해결하거나 자원을 할당하는 과정에서 다른 경로구성원들과 비교했을 때 동등하고 공평한 대우를 받는 것과 관련된다.

⑤ 상호작용적 공정성이란 경로구성원에게 실질적인 자원할당이 적정하게 이루어졌는지에 대한 지각을 뜻한다.

6 온라인 유통마케팅의 성과지표

1) 기초 용어

이용자는 노출 → 클릭 → 전환의 순서로 행동

(1) 노출

이용자(고객)가 광고를 보는 것

(2) 클릭

이용자(고객)가 광고를 클릭해 연결된 페이지로 이동하는 것

(3) 전환

이용자(고객)가 광고를 클릭해 연결된 페이지로 이동하여 액션(제품구매, 회원가입, 설문조사 등)을 하는 것

2) CTR(Click-Through Rate)

(1) 광고 시청(노출)자 중 클릭까지 진행한 비율, 클릭율이라고 한다.

(2) '전체 광고를 시청한 사람 중 몇 %가 광고 클릭까지 하였는가?'를 수치화한 것으로, CTR이 높을수록 광고 클릭에 대한 효율이 좋다고 볼 수 있다.

(3) '클릭'은 링크를 통한 특정 사이트로의 이동이라고 볼 수도 있기 때문에 '유입'이란 단어로 통용되기도 한다.

> 클릭율 = 클릭수 / 노출수 × 100

3) CVR(Conversion Rate)

(1) 광고 클릭(유입)자 중 전환까지 진행한 비율, 전환율이라고 한다.

(2) '전체 광고를 클릭한 사람들 중 몇 %가 전환(구매, 참여 등)까지 하였는가?'를 수치화한 것으로, CVR이 높을수록 전환에 대한 효율이 좋다고 볼 수 있다.

(3) 가장 흔히 사용하는 형태의 광고인 CPC(클릭당 광고비 부과)의 경우 CVR이 낮을수록 낭비되는 광고비가 압도적으로 늘어나는데, 클릭은 많이 일어나지만 구매까지 연결되지 않는다면 광고비는 지속적으로 지출되는 것에 반해 매출이 일어나지 않기 때문이다.

(4) 광고비 부과(정산) 방법에 따라 어떤 광고 효율 수치를 중심으로 보아야 하는지도 다르기 때문에 효율 수치의 우선순위를 생각하며 광고데이터를 분석해야 한다.

> 전환률 = 전환수 / 클릭수 × 100

4) ROAS(Return on Ad Spend)

(1) 전체 광고비로 만들어 낸 매출의 비율, CTR, CVR은 노출, 클릭의 각 단계별 효율이다.

(2) '전환수 / 노출수'의 계산법으로 구할 수는 있겠지만, 결국 전환이라는 것은 판매 목적의 경우 매출이라는 더 근본적이고 직접적인 수치가 있기 때문에 전체적인 효율은 '이용자의 수'보다는 '광고비와 매출'로 효율을 계산하게 된다. '광고수익률'이라고 할 수 있다.

> 광고수익률 = 매출 / 광고비용 × 100

> 예 광고비 200만원을 투자해 진행한 행사의 매출이 4,000만원일 때,
> ROAS(로아스)는 4,000/200 · 100=2,000
> → 2,000%가 된다.

(3) 마케팅 최종 단계 효율을 알려주는 가장 중요한 수치이기 때문에 대부분의 광고에서 가장 먼저 확인하는 결과데이터라고 할 수 있으며, ROAS가 높을수록 마케팅 효율이 좋다고 할 수 있다.

5) CPM(Cost per Mile)

(1) 광고 1,000회 노출당 소진 비용, 1,000회의 광고가 이용자에게 노출되었을 때까지 사용되는 광고 비용이다.

(2) 1회 노출 시 광고비를 책정할 수도 있지만, 비용이 적은 경우에는 n원 이하로 떨어질 수도 있기 때문에 비용을 쉽게 체감하기 위해 1,000회를 기준으로 하는 CPM이 나타나게 되었다.

(3) CPM이 높을수록 건당 광고비가 많이 소진된다는 뜻으로, 이 수치가 낮을수록 광고 노출 측면에서 효율이 좋다고 볼 수 있다.

CPM = 전체 광고비 / 전체 노출 수 × 1,000

---

01   유통마케팅 전략 기획

01 ★
유통마케팅 전략

세분화된 시장들 중에서 매력적인 표적시장을 선정하기 위한 고려사항으로 가장 옳지 <u>않은</u> 것은?

① 경쟁의 측면에서 개별 세분시장 내의 경쟁강도를 살펴보아야 한다.
② 해당 세분시장이 자사의 역량과 자원에 적합한지를 살펴보아야 한다.
③ 선택할 시장들의 절대적 규모를 고려하여 살펴보아야 한다.
④ 자사가 기존에 가지고 있는 마케팅 믹스체계와 일치하는지를 살펴보아야 한다.
⑤ 선택할 시장이 자사가 가지고 있는 목표 및 이미지와 일치하는지 살펴보아야 한다.

[해설]
표적시장 선정 시엔 세분화된 시장의 매력도를 평가하여 우리기업과 제품에 맞는 시장을 고려하여야 함. 시장세분화요건으로는 측정가능성, 접근가능성(실행가능성), 시장의 크기(규모의 적절성), 내부적 동질성 대 외부적 이질성(차별화가능성), 일관성 및 지속성으로 정리할 수 있음

[정답] ③

02 ★
유통마케팅 전략

아래 글상자에서 설명하는 용어로 옳은 것은?

> 주어진 상황에서 특정 대상에 대한 개인의 중요성 및 관련성 지각정도를 의미하는 것으로 고객이 제품 구매결정에 투입하는 시간 및 정보수집 노력과 관련이 높다.

① 판매정보   ② 구매동기
③ 구매특성   ④ 지각도
⑤ 관여도

[해설]
소비자행동에서 가장 중요한 요소가 관여도임. 관여도는 특정상황에 있어 자극에 의해 유발되어 지각된 개인적인 중요성이나 관심도의 수준을 뜻함

[정답] ⑤

03 ★★
유통마케팅 전략

시장세분화 유형과 사용하는 변수들의 연결로서 가장 옳지 <u>않은</u> 것은?

① 행동분석적 세분화: 라이프스타일, 연령
② 지리적 세분화: 인구밀도, 기후
③ 인구통계적 세분화: 성별, 가족규모
④ 심리적 세분화: 개성, 성격
⑤ 인구통계적 세분화: 소득, 직업

[해설]
• (구매)행동분석적 세분화: 구매 또는 사용상황, 추구하는 편익, 사용량, 상표충성도, 구매자의 상태 등
• 지리적 세분화: 국가, 지역, 도시의 크기, 인구밀도, 기후 등
• 인구통계적 세분화: 나이, 성별, 소득, 직업, 교육수준, 종교, 인종, 세대, 국적, 가족규모 등
• 심리적(분석적)세분화: 사회적 계층, 생활양식, 개성, 성격 등

[정답] ①

04 ★

도매상의 마케팅믹스전략에 관한 설명으로 가장 옳지 않은 것은?

① 소매상이나 제조업자와 마찬가지로 거래규모나 시기에 따른 가격할인 또는 매출증대를 위한 가격인하 등의 가격변화를 시도하기도 한다.
② 제조업자가 제공하는 촉진물과 촉진프로그램을 적극 활용할 뿐만 아니라 자체적인 촉진프로그램의 개발을 통해 고객인 소매상을 유인하여야 한다.
③ 도매상은 소매상에게 제공해야 할 제품구색과 서비스 수준을 결정해야 한다.
④ 도매상은 최종소비자를 대상으로 영업활동을 하는 것이기 때문에 점포와 같은 물리적인 시설에 비용투자를 해야 한다.
⑤ 일반적으로 도매상은 소요비용을 충당하기 위해 원가에 일정비율을 마진으로 가산하는 원가중심 가격결정법을 사용한다.

[해설]
소매상은 최종소비자에게 개인자산을 판매하는 것이 목적이며, 도매상은 재판매를 위해 허가된 소매상, 직업인, 딜러 또는 기타 도매업자에게 유형의 개인자산을 판매함이 목적임

[정답] ④

05 ★

소매경영에서 공급업체에 대한 평가 시 사용하는 ABC 분석에 대한 다음 내용 중에서 옳지 않은 것은?

① 개별 단품에 대해 안전재고 수준과 상품가용성 정도를 결정하는 데 사용한다.
② 매출비중이 높더라도 수익성이 떨어지는 상품은 중요시 하지 않는 것이 바람직하다.
③ 소매업체들이 기여도가 높은 상품 관리에 집중해야 한다는 관점하에 활용된다.

④ 소매업체 매출의 80%는 대략 상위 20%의 상품에 의해 창출된다고 본다.
⑤ 상품성과의 척도로는 공헌이익, GMROI(마진수익률), 판매량 등이 많이 활용된다.

[해설]
ABC 분석은 제품의 매출을 중요도에 따라 분류하는 방법으로 취급하는 모든 제품들을 한데 모아 그중에 매출 비중의 70%를 차지하는 제품 A, 20% B, 10% C 세 부류로 나누어 분류하는 분석기법으로 매출비중을 중심으로 하기에 수익성과 연관되지는 않음

[정답] ②

06 ★★

아래 글상자가 공통적으로 설명하는 소매상의 변천과정 가설 및 이론으로 가장 옳은 것은?

주어진 상황에서 특정 대상에 대한 개인의 중요성 및 관련성 지각 정도를 의미하는 것으로 고객이 제품 구매결정에 투입하는 시간 및 정보수집 노력과 관련이 높다.

① 자연도태설
② 소매수명주기 이론
③ 소매아코디언 이론
④ 변증법적 이론
⑤ 소매업 수레바퀴가설

[해설]
① **자연도태설**: 다윈의 진화이론을 기반으로 환경에 적응하는 소매기업은 존속, 적응에 실패하면 도태
② **소매수명주기 이론**: 소매기관이 초기 도입기, 성장기, 성숙기, 쇠퇴기단계를 걸쳐 발전한다는 이론
③ **소매아코디언 이론**: 제품구색의 변화에 초점을 맞춰서 설명하는 이론
④ **변증법적 이론**: 정-반-합의 변증법 이론을 소매변천 이론에 적용한 이론

[정답] ⑤

07 ★

프랜차이즈 본부가 직영점을 설치하는 이유로 가장 옳지 <u>않은</u> 것은?

① 본부 직영점들은 프랜차이즈 시스템 내의 다른 점포들에 대한 모델점포로서의 기능을 할 수 있다.
② 직영점들은 프랜차이즈 시스템의 초기에 프랜차이즈 유통망의 성장을 촉진할 수 있다.
③ 본부 직영점을 통해 점포운영상의 문제점들을 직접 피부로 파악할 수 있다.
④ 본부가 전체 프랜차이즈 시스템의 운영에 대해 강력한 통제를 유지할 수 있는 가능성을 높일 수 있다.
⑤ 본부는 가맹점 증가보다 직영점을 통해 가입비, 교육비 등의 수입을 보다 적극적으로 확보할 수 있다.

[해설]
가맹본부는 가맹점 창업자가 안정적인 수익으로 창업 성공률을 높일 수 있도록 교육 또는 지속적인 관리를 하고, 이에 대한 수익이 발생함

[정답] ⑤

08 ★

소매업체들의 서비스 마케팅 관리를 위한 서비스마케팅믹스(7P)로 옳지 <u>않은</u> 것은?

① 장소(place)
② 가능 시간(possible time)
③ 사람(people)
④ 물리적 환경(physical evidence)
⑤ 과정(process)

[해설]
무형성을 가지고 있는 서비스는 전통적인 마케팅믹스(4P)인 상품(product), 가격(price), 촉진(promotion), 유통(place)에 과정(process), 사람(people), 물리적 환경(physical evidence)을 추가하여 서비스마케팅믹스 7P로 구성할 수 있음

[정답] ②

09 ★★★

아래 글상자가 설명하는 서비스품질을 평가하는 요소로 가장 옳은 것은?

> N사는 고객의 개별적 욕구를 충족시키고자 노력하는 기업으로 포지셔닝하며 고객의 개별 선호에 맞춘 고객 응대를 실천하고 있다. 예를 들어, 양쪽 발 사이즈가 다른 고객에게 사이즈가 각각 다른 두 켤레를 나누어 팔았다. 비록 나머지 짝이 맞지 않은 두 신발을 팔 수 없더라도 고객에게 잊지 못할 감동을 주고 있다.

① 신뢰성(reliability)
② 확신성(assurance)
③ 유형성(tangibility)
④ 공감성(empathy)
⑤ 응답성(responsiveness)

[해설]
• **신뢰성**: 약속한 서비스를 정확히 제공하는 능력
• **응답성**: 고객의 요구가 있을 때 즉각적으로 서비스를 제공하고자 하는 의지
• **공감성**: 고객 개개인에게 제공하는 관심과 보살핌
• **유형성**: 물리적 시설, 서비스제공자 모습, 장비, 인력, 서비스 제공 시 사용되는 도구, 커뮤니케이션 물품 등의 외양
• **확신성**: 서비스를 수행하는 데 필요한 기술과 지식의 소유 능력, 예절, 신용도(진실성, 정직성), 안전성, 접근가능성과 접근용이성

[정답] ④

10 ★

판매서비스는 거래계약의 체결 또는 완결을 지원하는 거래지원서비스 및 구매 과정에서 고객이 지각하는 가치를 향상시키는 가치증진서비스로 구분할 수 있다. 가치증진서비스에 해당되는 것으로 가장 옳은 것은?

① 상품의 구매와 사용 방법에 관한 정보제공
② 충분한 재고 보유와 안전한 배달을 보장하는 주문처리
③ 명료하고 정확하며 이해하기 쉬운 청구서를 발행하는 대금청구
④ 친절한 접객서비스와 쾌적한 점포분위기 제공
⑤ 고객이 단순하고 편리한 방식으로 대금을 납부하게 하는 대금지불

해설
• 거래지원서비스: 상품 거래 및 주문처리, 결재 서비스
• 가치증진서비스: 인적서비스 및 분위기

정답 ④

11 ★★

전략과 연계하여 성과를 평가하기 위해 유통기업은 균형점수표(BSC: balanced score card)를 활용하기도 한다. 균형점수표의 균형(balanced)의 의미에 대한 설명으로서 가장 옳지 않은 것은?

① 단기적 성과지표와 장기적 성과지표의 균형
② 과거 성과지표와 현재 성과지표 사이의 균형
③ 선행 성과지표와 후행 성과지표 사이의 균형
④ 내부적 성과지표와 외부적 성과지표 사이의 균형
⑤ 재무적 성과지표와 비재무적 성과지표 사이의 균형

해설
균형이란 재무적 지표와 비재무적 지표, 단기적 지표와 장기적 지표, 후속지표와 선행지표 간의 균형을 의미함

정답 ②

12 ★★★

아래 글상자의 괄호 안에 들어갈 용어를 순서대로 나열한 것으로 가장 옳은 것은?

상품의 다양성(variety)은 (㉠)의 수가 어느 정도 되는 지를 의미하며, 상품의 구색(assortment)은 (㉡)의 수를 말한다.

① ㉠ 상품계열
　㉡ 상품품목
② ㉠ 상품형태
　㉡ 상품지원
③ ㉠ 상품품목
　㉡ 상품계열
④ ㉠ 상품지원
　㉡ 상품형태
⑤ ㉠ 상품형태
　㉡ 상품계열

해설
• 상품의 다양성은 취급하는 상품계열의 수가 어느 정도 되는가를 의미하며, 동일한 성능이나 용도를 가진 상품들을 하나의 상품군으로 취급하기도 함
• 동일한 고객층 또는 동일한 가격대 등을 하나의 상품군으로 취급하기도 함
• 전문점은 백화점이나 양판점에 비해 상품구색의 다양성이 한정되어 있음

정답 ①

13 ★★★

아래 글상자의 (㉠)과 (㉡)에 들어갈 용어로 가장 옳은 것은?

> 유통경로에서의 수직적 통합에는 두 가지 유형이 있다. (㉠)은(는) 제조회사가 도·소매업체를 소유하거나, 도매상이 소매업체를 소유하는 것과 같이 공급망의 상류 기업이 하류의 기능을 통합하는 것이다. 반면 (㉡)은 도·소매업체가 제조기능을 수행하거나 소매업체가 도매기능을 수행하는 것과 같이 공급망의 하류에 위치한 기업이 상류의 기능까지 통합하는 것이다.

① ㉠ 후방통합
㉡ 전방통합

② ㉠ 전방통합
㉡ 후방통합

③ ㉠ 경로통합
㉡ 전방통합

④ ㉠ 전략적 제휴
㉡ 후방통합

⑤ ㉠ 전략적 제휴
㉡ 경로통합

해설

최종소비자의 행동을 포함하는 경영활동 영역의 확장을 예를 들면 제조업자가 소매점포를 구입하는 것을 전방통합이라 함. 후방통합이란 생산기업이 공급자에 대한 영향력을 강화하고 생산비용의 절감을 위해 원재료에 대한 소유권과 경제활동을 통제하려는 목적으로 원재료나 부품 관련 공급기업을 통합하는 것을 의미함

정답 ②

14 ★★

아래 글상자의 괄호 안에 들어갈 용어로 가장 옳은 것은?

> 제조업체가 최종소비자들을 상대로 촉진활동을 하여 이 소비자들로 하여금 중간상(특히 소매상)에게 자사제품을 요구하도록 하는 전략을 (㉠)이라고 한다. 반면에 어떤 제조업체들은 중간상들을 대상으로 판매촉진활동을 하고 그들이 최종 소비자에게 적극적인 판매를 하도록 유도하는 유통전략을 사용하는데, 이를 (㉡) 전략이라고 한다.

① ㉠ 풀전략
㉡ 푸시전략

② ㉠ 푸시전략
㉡ 풀전략

③ ㉠ 집중적 마케팅전략
㉡ 차별적 마케팅전략

④ ㉠ 풀전략
㉡ 차별적 마케팅전략

⑤ ㉠ 푸시전략
㉡ 집중적 마케팅전략

해설

• **풀전략**: 제조업자가 최종소비자를 대상으로 적극적인 촉진을 사용하여 소비자가 자사의 제품을 적극적으로 찾게 함으로써 중간상들이 자발적으로 자사 제품을 취급하게 만드는 전략임
• **푸시전략**: 제조업자가 중간상을 대상으로 적극적인 촉진전략을 사용하여 도매상, 소매상들이 자사의 제품을 소비자에게 적극적으로 판매하도록 유도하는 방법임

정답 ①

아래 글상자의 내용과 관련하여 가장 옳지 <u>않은</u> 것은?

> ㉠ 기존 자사 제품을 통해 기존 시장에서 매출액이
> 나 시장점유율을 높이기 위한 전략이다.
> ㉡ 두 개 이상의 소매업체 간의 자원을 공동으로
> 이용하여 소유권, 통제권, 이익이 공유되는 새
> 로운 회사를 설립할 때 활용하는 전략이다.
> ㉢ 기존의 제품으로 새로운 유통경로를 개척하여
> 시장을 확장하는 전략이다.

① ㉠은 소매업체의 성장전략 중 시장침투전략에
     대한 설명이다.
② ㉠은 자사 점포에서 쇼핑하지 않은 고객을 유인
     하거나 기존 고객들이 더 많은 상품을 구매하도
     록 유인하는 전략이다.
③ ㉡은 위험이 낮고 투자가 적게 요구되는 전략이
     지만, 가맹계약 해지를 통해 경쟁자가 되는 위험
     을 가지고 있다.
④ ㉡은 소매업체가 해외시장에 진출할 때 활용되
     는 진입전략 중 하나이다.
⑤ ㉢은 새로운 시장에서 기존 소매업태를 이용하
     는 성장전략이다.

[해설]
㉠ 시장침투전략 ㉡ 다각화 ㉢ 시장개척전략

[정답] ③

다음은 산업 구조분석 방법인 마이클 포터의 5 force model과 시장매력도 간의 관계에 해당하는 내용이다. 가장 옳지 <u>않은</u> 것은?

① 기업들은 새로운 경쟁자들이 시장에 쉽게 들어
     오지 못하도록 높은 수준의 진입장벽을 구축하기
     위해 노력한다.
② 구매자의 교섭력이 높아질수록 그 시장의 매력
     도는 낮아진다.
③ 산업 구조분석에서 다루어지는 시장매력도는 산
     업전체의 평균 수익성을 의미한다.
④ 5 force model은 누가 경쟁자이고 누가 공급자
     이며 누가 구매자인지 분명하게 구분된다는 것을
     가정하고 있다.
⑤ 대체제가 많을수록 시장의 매력도는 높아진다.

[해설]
마이클 포터의 5 force model과 시장매력도는 기존 기업들은 높
은 진입장벽의 구축을 통해 시장매력도를 높일 수 있으며 구매
자의 교섭력이 높아질수록 시장 매력도는 낮아짐. 시장매력도는
산업 전체의 평균 수익성을 의미하며, 경쟁자, 공급자, 구매자가
분명하게 구분되는 것을 가정함. 그러므로 대체제가 많을수록 시
장의 매력도는 낮아짐

[정답] ⑤

17 ★

원가가산법(cost plus pricing)에 의한 가격책정에 관한 설명으로 가장 옳지 <u>않은</u> 것은?

① 제품의 원가에 일정률의 판매수익률(또는 마진)을 가산하여 판매가격을 결정하는 방법을 말한다.
② 단위당 변동비, 고정비, 예상판매량, 판매수익률을 바탕으로 산출할 수 있다.
③ 예상판매량이 예측 가능한 경우 주로 사용하는 방법이다.
④ 생산자 입장에서 결정되는 가격이므로 소비자에게 최종적으로 전달되는 가격과는 차이가 있다.
⑤ 가격변화가 판매량에 큰 영향을 미치지 않거나 기업이 가격을 통제할 수 있는 경우에 효과적이다.

> **해설**
> 원가가산법은 표준마진율가산 가격결정법으로 가장 쉬우며, 수요탄력성이 낮거나 가격통제가 가능한 제품에 효과적임. 하지만 수요와 경쟁사 가격은 고려하지 않기에 합리적이지 않을 수 있음

> **정답** ③

18 ★★★

마케팅투자수익률(MROI)에 대한 설명으로서 가장 옳지 <u>않은</u> 것은?

① 마케팅투자수익을 마케팅투자비용으로 나눈 값이다.
② 마케팅투자비용의 측정보다 마케팅투자수익의 측정이 더 어렵다.
③ 측정과 비교가 용이한 단일 마케팅성과척도를 사용하는 것이 바람직하다.
④ 고객생애가치, 고객자산 등의 평가를 통해 마케팅투자수익을 측정할 수 있다.
⑤ 브랜드인지도, 매출, 시장점유율 등을 근거로 마케팅투자수익을 측정할 수 있다.

> **해설**
> 마케팅투자수익률(MROI)에는 수익/장부기입, 확보당 비용(CPA) 비율, 판매주기일, 참여기간, 고객생애가치(CLTV) 유형이 있음. MROI를 측정할 때에는 브랜드인지도, 매출, 시장점유율, 고객만족도, 고객충성도, 고객생애가치, 고객자산 등의 다양한 마케팅 성과척도를 종합적으로 사용하여 마케팅투자수익을 측정하는 것이 바람직함

> **정답** ③

19 ★

고객 서비스는 사전적 고객 서비스, 현장에서의 고객서비스, 사후적 고객 서비스로 구분해 볼 수 있다. 다음 중 사전적 고객 서비스 요소로 가장 옳은 것은?

① 자사의 경영철학에 따라 서비스에 관한 표준을 정하고 조직을 편성하여 교육 및 훈련한다.
② 구매계획이나 공급 여력 등에 따라 발생할지 모르는 재고품절을 방지하기 위해 적정 재고수준을 유지한다.
③ 고객의 주문 상황이나 기호에 맞는 상품의 주문을 위한 정보시스템을 효율적으로 관리·운영한다.
④ 고객의 상품 주문에서부터 상품 인도에 이르기까지 적절한 물류서비스를 공급한다.
⑤ 폭넓은 소비자 선택을 보장하기 위해 가능한 범위 내에서 다양한 상품을 진열하고 판매한다.

> **해설**
> ②, ③, ⑤ 현장에서의 고객서비스
> ④ 사후적 고객서비스

> **정답** ①

01 ★★★
디지털 마케팅 유형

옴니채널(omni-channel)의 특징으로 옳지 않은 것은?

① 독립적으로 운영되던 채널들이 유기적으로 통합되어 서로의 부족한 부분을 메워주는 보완적 관계를 갖는다.
② 채널 간의 불필요한 경쟁은 온·오프라인의 판매실적을 통합함으로써 해결한다.
③ 동일한 제품을 온라인이나 오프라인에 상관없이 동일한 가격과 프로모션으로 구매할 수 있다.
④ 온·오프라인의 재고관리 시스템을 일원화할 수 있다.
⑤ 동일한 기업으로부터 공급받은 제품을 매장별로 독특한 마케팅 프로그램을 활용하여 판매한다.

해설

옴니채널은 소비자가 온라인, 오프라인, 모바일 등 다양한 경로를 넘나들며 상품을 검색하고 구매할 수 있도록 한 서비스임. 어떤 채널에서든 같은 매장을 이용하는 것처럼 느낄 수 있도록 한 쇼핑환경을 말함

정답 ⑤

02 ★
개인정보보호

고객의 개인정보보호에 관한 내용으로 가장 옳지 않은 것은?

① 고객정보를 제3자에게 제공하거나 제공받은 목적 외의 용도로 이용해서는 안 된다.
② 고객은 개인정보수집, 이용, 제공 등에 대해 동의 철회 및 정정을 요구할 수 있다.
③ SMS 광고 전송 시 전송자의 명칭을 표시하고, 수신거부 의사를 표현할 수 있게 해야 한다.
④ 경품응모권을 통해 수집한 개인정보는 보유 및 이용기간의 제한이 없기 때문에 영구적인 이용이 가능하다.
⑤ 오후 9시부터 아침 8시까지는 별도의 동의 없이 광고를 전송해서는 안 된다.

해설

- **수집 제한의 법칙(Collection Limitation Principle):** 개인정보의 수집은 합법적이고 공정한 방법에 의하여 가능한 한 정보주체에게 고객의 개인정보보호를 알리거나 동의를 고객의 개인정보보호를 얻은 후에 수집되어야 함
- **정보 정확성의 원칙(Data Quality Principle):** 개인정보는 수집 과정에서 명시된 이용 목적에 부합해야 하고, 이용 목적에 필요한 범위 내에서 정확하고 완전하며 최신의 상태로 유지해야 함
- **목적 명시의 원칙(Purpose Specification Principle):** 개인정보는 수집 시 목적이 명확해야 하며, 이를 이용할 경우에도 수집 목적의 실현 또는 수집 목적과 적합해야 하고 목적이 변경될 때마다 명확히 해야 함
- **이용 제한의 원칙(Use Limitation Principle):** 개인정보는 정보 주체의 동의 또는 법률의 규정에 의한 경우를 제외하고는 명시된 목적 이외의 용도로 공개되거나 이용되어서는 안 됨

정답 ④

03 ★★   온라인 광고 유형

온라인광고의 유형에 대한 설명으로 가장 옳지 <u>않은</u> 것은?

① 배너광고(banner advertising)는 웹페이지의 상하 좌우 또는 중간에서도 볼 수 있다.

② 삽입광고(insertional advertising)는 웹사이트 화면이 바뀌고 있는 동안에 출현하는 온라인 전시광고이다.

③ 검색관련광고(search-based advertising)는 포털 사이트에 검색엔진 결과와 함께 나타나는 링크와 텍스트를 기반으로 하는 광고이다.

④ 리치미디어광고(rich media advertising)는 현재 보고 있는 창 앞에 나타나는 새로운 창에 구현되는 온라인 광고이다.

⑤ 바이럴광고(viral advertising)는 인터넷상에서 소비자가 직접 입소문을 퍼트리도록 유도하는 광고이다.

해설

리치미디어광고

배너광고의 한 종류로 다양한 멀티미디어 기술을 활용하여 풍부한 콘텐츠를 제공함. 상호작용이 가능하며 낮은 거부감과 높은 주목도로 높은 클릭률을 이룸

정답 ④

04 ★   데이터분석과 성과측정

광고 매체를 선정할 때 고려해야 할 여러 가지 요인에 대한 설명으로 옳지 <u>않은</u> 것은?

① 도달범위(reach)란 일정기간 동안 특정 광고에 적어도 한 번 이상 노출된 청중의 수 또는 비율을 말한다.

② GRP(gross rating points)란 광고효과를 계량화하여 측정하기 위한 기준으로 보통 시청자들의 광고인지도를 중심으로 측정한다.

③ 광고스케줄링이란 일정기간 동안 광고예산을 어떻게 배분하여 집행할 것인가에 대한 결정이다.

④ 도달빈도(frequency)란 일정기간 동안 특정 광고가 한 사람에게 노출된 평균 횟수를 말한다.

⑤ CPRP(cost per rating points)란 매체비용을 시청률로 나눈 비용이라 할 수 있다.

해설

GRP는 광고에 대한 총 시청률이 중요함

정답 ②

05 ★   데이터분석과 성과측정

촉진예산을 결정하는 방법에 대한 설명으로 가장 옳지 <u>않은</u> 것은?

① 가용예산법: 기업의 여유 자금에 따라 예산을 결정하는 방법

② 매출액 비율법: 과거의 매출액이나 예측된 미래의 매출액을 근거로 예산을 결정하는 방법

③ 단위당 고정비용법: 고가격 제품의 촉진에 특정 비용이 수반될 때 이를 고려하여 예산을 결정하는 방법

④ 경쟁 대항법: 경쟁사의 촉진 예산 규모를 기반으로 결정하는 방법

⑤ 목표 과업법: 촉진목표를 설정하고 이를 달성하기 위한 과업을 분석하여 예산을 결정하는 방법

해설

단위당 고정비용법은 고가격 제품의 촉진 비용을 고려하여 예산을 결정하는 방법이 아니라, 고정비용을 단위당으로 나누어 계산하는 방법임

정답 ③

CRM과 eCRM을 비교하여 설명한 내용으로 가장 옳은 것은?

① CRM과 달리 eCRM은 원투원마케팅(one-to-one marketing)과 데이터베이스마케팅 활용을 중시한다.
② CRM과 달리 eCRM은 고객 개개인에 대한 차별적 서비스를 실시간으로 제공한다.
③ eCRM과 달리 CRM은 고객접점과 커뮤니케이션 경로의 활용을 중시한다.
④ eCRM과 달리 CRM은 고객서비스 개선 및 거래 활성화를 위한 고정고객 관리에 중점을 둔다.
⑤ CRM과 eCRM 모두 데이터마이닝 등 고객행동 분석의 전사적 활용을 추구한다.

해설

① CRM과 eCRM 모두 원투원마케팅과 데이터베이스마케팅 활용을 중시함
② CRM은 고객 개개인에 대한 차별적 서비스를 실시간으로 제공하는 것이 목적이 아니라, 고객의 구매패턴 및 선호도를 파악하고 이에 맞는 마케팅 활동을 수행하는 것이 목적임
③ CRM은 고객접점과 커뮤니케이션 경로의 활용을 중시하며, eCRM은 이를 더욱 중시함
④ CRM은 고객서비스 개선 및 거래활성화를 위한 고정고객 관리에 중점을 두며, eCRM은 이를 더욱 중시함

정답 ⑤

CRM 전략을 위한 데이터웨어하우스에 대한 설명으로 가장 옳은 것은?

① 조직 내의 모든 사람이 다양하게 이용할 수 있도록 데이터들을 통합적으로 보관·저장하는 시스템이다.
② 의사결정에 필요한 정보를 생산할 수 있도록 다양한 소스로부터 모아서 임시로 정리한 데이터이다.
③ 의사결정에 필요한 데이터를 분석 가능한 형태로 변환하고 가공하여 저장한 요약형 기록 데이터이다.
④ 데이터의 신속한 입력, 지속적인 갱신, 추적 데이터의 무결성이 중시되는 실시간 상세 데이터이다.
⑤ 일정한 포맷과 형식이 없어 사용자가 원하는 작업을 수행할 수 있는 데이터들의 집합이다.

해설

데이터웨어하우스란 POS 트랜잭션, 마케팅 자동화, 고객 관계 관리 시스템 등의 여러 소스에서 가져온 구조화된 데이터와 반구조화된 데이터를 분석하고 보고하는 데 사용되는 엔터프라이즈 시스템으로 요약형 기록데이터임

정답 ③

온라인 쇼핑몰의 마케팅채널에서 구매전환율을 높이기 위해 시도할 수 있는 방안으로 가장 옳지 않은 것은?

① 장바구니에서 오래 담겨져 있는 제품들 위주로 무료배송을 적용한다.
② 랜딩페이지에서부터 구매전환까지 이르는 프로세스를 개선한다.
③ 구매결정에 도움을 주지 못하는 필수적이지 않은 정보는 간소화하여 수정 배치한다.
④ 핵심적인 바이럴 요소의 내재화 전략을 설계한다.
⑤ 장바구니에 담겨 있는 제품들 위주로 관련 프로모션 안내와 함께 리마인드 메시지를 보낸다.

09 ★★
온라인 쇼핑몰 구축

온라인 쇼핑몰관리를 위한 KPI(key performance indicator)
및 주요 용어에 대한 설명으로 옳지 않은 것은?

① CPM(cost per mille)은 제공하는 검색 링크나
배너광고의 클릭 1회당 비용을 의미한다.
② CTR(click through rate)은 검색 결과 화면에
노출된 여러 가지 광고(배너 등) 중에서 해당 광
고를 클릭한 횟수를 의미한다.
③ ROAS(return on advertising spend)는 광고
수익률로, 온라인 광고비 대비 매출(수익)의 비
율로 계산할 수 있다.
④ Impression은 온라인 사용자가 검색 키워드를
검색했을 때, 해당 쇼핑몰의 광고가 얼마나 노출
되었는가를 나타낸다.
⑤ Bounce Rate는 사용자가 사이트에 들어왔다가
아무런 상호작용을 거치지 않고 즉시 떠나는 비
율을 뜻한다.

해설
• CPM(cost per mille): 1,000회 노출당 광고 비용을 의미함
• CPC(Cost per click): 제공하는 검색 링크나 배너광고의 클릭
1회당 비용을 의미함

정답 ①

01 ★
매장 레이아웃

매장 레이아웃(layout)에 대한 설명으로 가장 옳지 않은
것은?

① 격자형 배치는 고객이 매장 전체를 둘러보고 자
신이 원하는 상품을 쉽게 찾을 수 있게 한다.
② 격자형 배치는 다른 진열방식에 비해 공간효율
성이 높고 비용 면에서 효과적이다.
③ 경주로형 배치는 고객들이 다양한 매장의 상품
을 볼 수 있게 하여 충동구매를 유발할 수 있다.
④ 자유형 배치는 규모가 작은 전문매장이나 여러
개의 소규모 전문매장이 있는 대형점포의 배치
방식이다.
⑤ 자유형 배치는 고객들이 주 통로를 지나다니면서
다양한 각도의 시선으로 상품을 살펴볼 수 있다.

해설
자유형 배치는 고객들이 주 통로를 지나다니면서 다양한 각도의
시선으로 상품을 살펴볼 수 있게 하는 것이 아니라, 주 통로를
따라 진열된 상품을 중심으로 고객들이 자유롭게 이동하면서 상
품을 살펴볼 수 있게 하는 배치 방식임

정답 ⑤

02 ★

시각적 머천다이징에 대한 아래의 설명 중에서 가장 옳지 않은 것은?

① 점포 내외부 디자인도 포함하는 개념이지만 핵심 개념은 매장 내 전시(display)를 중심으로 한다.
② 상품과 판매환경을 시각적으로 연출하고 관리하는 일련의 활동을 말한다.
③ 상품과 점포 이미지가 일관성을 유지할 수 있게 진열하는 것이 중요하다.
④ 시각적 머천다이징의 요소로는 색채, 재질, 선, 형태, 공간 등을 들 수 있다.
⑤ 상품의 잠재적 이윤보다는 인테리어 컨셉 및 전체적 조화 등을 고려하여 이루어진다.

[해설]
시각적 머천다이징은 상품과 판매환경을 시각적으로 연출하고 관리하는 일련의 활동을 말함. 따라서 상품의 잠재적 이윤보다는 인테리어 콘셉트 및 전체적 조화 등을 고려하여 이루어진다는 설명은 시각적 머천다이징의 개념과 맞지 않음

[정답] ⑤

03 ★★

소매업체 입장에서 특정 공급자의 개별품목 또는 재고관리 단위를 평가하는 방법으로 가장 옳은 것은?

① 직접제품이익
② 경로 구성원 성과평가
③ 평당 총이익
④ 상시 종업원당 총이익
⑤ 경로 구성원 총자산 수익률

[해설]
소매업체 입장에서 특정 공급자의 개별품목 또는 재고관리 단위를 평가하는 방법은 직접제품이익임. 직접제품이익은 공급자로부터 구입한 상품의 매출액에서 구입원가를 차감한 금액을 뜻함. 따라서 공급자의 개별품목 또는 재고관리 단위의 수익성을 가장 정확하게 평가할 수 있는 지표임

[정답] ①

04 ★

종적인 공간효율을 개선시키고 진열선반의 높이가 낮을 때는 위에서 아래로 시선을 유도하는 페이싱 방법으로 가장 옳은 것은?

① 페이스 아웃(face out)
② 슬리브 아웃(sleeve out)
③ 쉘빙(shelving)
④ 행깅(hanging)
⑤ 폴디드 아웃(folded out)

[해설]
페이싱은 상품의 종류, 크기, 높이, 색상 등을 고려하여 상품을 배치하는 방법을 뜻함. 종적인 공간효율을 개선시키고 진열선반의 높이가 낮을 때는 위에서 아래로 시선을 유도하는 페이싱 방법을 사용하는 것이 효과적임

④ 행깅(hanging): 상품을 옷걸이에 걸어서 진열하는 방법. 행깅은 종적인 공간효율을 개선시키고 진열선반의 높이가 낮을 때는 위에서 아래로 시선을 유도하는 효과가 있음
① 페이스 아웃(face out): 상품의 앞면을 정면으로 향하게 진열하는 방법
② 슬리브 아웃(sleeve out): 상품의 슬리브(sleeve) 부분을 정면으로 향하게 진열하는 방법
③ 쉘빙(shelving): 상품을 선반에 진열하는 방법
⑤ 폴디드 아웃(folded out): 상품을 접어서 진열하는 방법

[정답] ④

05 ★

점포의 매장면적에 관한 설명으로 가장 옳지 않은 것은?

① 점포면적은 매장면적과 비매장면적으로 구분한다.
② 각 상품부문의 면적당 생산성을 고려하여 매장 면적을 배분한다.
③ 일반적으로 전체 면적에서 차지하는 매장면적의 비율은 점포의 규모가 클수록 높아진다.
④ 매장면적을 배분할 때는 소비자의 편의성에 대한 요구, 효과적인 진열과 배치 등도 고려해야 한다.
⑤ 전체 면적 중 매장면적의 비율은 고급점포일수록 낮아진다.

해설
점포의 규모가 클수록 매장 면적이 전체 면적에서 차지하는 비율이 낮아지는 경향이 있음. 이는 대형 점포가 소형 점포에 비해 더 많은 보조 시설과 고객 편의 공간을 필요로 하기 때문임

정답 ③

06 ★★

유통업체가 활용하는 자체 브랜드(PB: private brand)의 유형으로 가장 옳지 않은 것은?

① 제조업체 브랜드의 외형이나 명칭을 모방한 저가브랜드사용료를 지불한 제조업체 브랜드의 라이센스 브랜드
② 가격에 민감한 세분시장을 표적으로 하는 저가 브랜드
③ 제조업체 브랜드와 품질과 가격에서 경쟁하는 프리미엄 브랜드
④ 사용료를 지불한 제조업체 브랜드의 라이센스 브랜드
⑤ 제조업체 브랜드를 모방한 대체품이지만 유통업체 브랜드임을 밝힌 유사 브랜드

해설
사용료를 지불한 제조업체 브랜드의 라이센스 브랜드는 PB의 유형이 아니라 OEM(Original Equipment Manufacturer) 또는 ODM (Original Design Manufacturer)이라고 불리는 제조업체 브랜드의 유형임. PB는 유통업체가 자체적으로 브랜드를 개발하고 제조업체에 제품을 생산하게 하는 것으로 사용료를 지불한 제조업체 브랜드의 라이센스 브랜드는 PB의 유형이 아님

정답 ④

07 ★

브랜드 관리와 관련된 설명으로 가장 옳지 않은 것은?

① 브랜드 자산(brand equity)이란 해당 브랜드를 가졌기 때문에 발생하는 차별적 브랜드 가치를 말한다.
② 브랜드 재인(brand recognition)은 브랜드가 과거에 본인에게 노출된 적이 있음을 알아차리는 것이다.
③ 브랜드 인지도(brand awareness)가 높을수록 브랜드 자산(brand equity)이 증가한다고 볼 수 있다.
④ 브랜드 인지도(brand awareness)는 브랜드 이미지의 풍부함을 의미한다.
⑤ 브랜드 회상(brand recall)이란 브랜드 정보를 기억으로부터 인출하는 것을 말한다.

해설
"브랜드 인지도(brand awareness)는 브랜드 이미지의 풍부함을 의미한다."는 옳지 않은 설명임. 브랜드 인지도는 소비자들이 해당 브랜드를 인식하고 기억하는 정도를 나타내는 지표이며, 브랜드 이미지와는 다른 개념임. 브랜드 이미지는 브랜드가 소비자들에게 전달하는 이미지와 소비자들이 브랜드에 대해 가지는 인식, 감정, 경험 등을 종합적으로 나타내는 것임

정답 ④

08 ★

비주얼 머천다이징(VMD, visual merchandising)에 대한 설명으로 가장 옳지 <u>않은</u> 것은?

① 비주얼머천다이징은 상업공간에 적합한 특정의 상품이나 서비스를 조합하고 판매증진을 위한 시각적 연출계획으로 기획하고 상품·선전·판촉 기능을 수행한다.

② 비주얼머천다이징은 기업의 독자성을 표현하고 타 경쟁점과의 차별화를 위해 상품 진열에 관해 시각적 요소를 반영하여 연출하고 관리하는 전략적인 활동이다.

③ 비주얼머천다이징의 구성요소인 PP(point of sale presentation)는 고객의 시선이 머무르는 곳에 볼거리를 제공하여 상품에 관심을 갖도록 유도하기 위해 활용된다.

④ 비주얼머천다이징의 구성요소인 IP(interior presentation)는 실제 판매가 이루어지는 장소에서 상품구역별로 진열대에 진열하는 방식으로 주로 충동구매 상품을 배치하여 매출을 극대화하기 위해 활용된다.

⑤ 비주얼머천다이징의 구성요소인 VP(visual presentation)는 상점의 콘셉트를 부각시키기 위해 쇼윈도 또는 테마 공간연출을 통해 브랜드 이미지를 표현하기 위해 활용된다.

해설
- IP: 단순히 상품을 진열하는 것을 넘어, 매장 전체 공간을 활용하여 시각적 매력을 창출하고 고객 경험을 향상시키는 전략임
- 비주얼 머천다이징(VMD, visual merchandising): 상업공간에 적합한 특정의 상품이나 서비스를 조합하고 판매 증진을 위한 시각적 연출계획으로 기획하고 상품·선전·판촉 기능을 수행함
- VP: 목적은 중점상품과 테마에 따른 매장 전체 이미지 표현임. VP는 점포나 매장 입구에서 유행, 인기, 계절상품 등을 제안하기 위한 진열임
- PP: 고객의 시선이 머무르는 곳에 볼거리를 제공하는 진열임

정답 ④

09 ★

상품진열에 대한 설명으로 가장 옳지 <u>않은</u> 것은?

① 고객의 오감을 즐겁게 하면서도 찾기 쉽고 선택을 용이하게 하는 진열을 한다.

② 매장 입구에는 구매빈도가 높은 상품 위주로 진열한다.

③ 오픈진열을 할 경우 경품 및 행사상품, 고회전상품, 저회전상품 순으로 진열한다.

④ 셀프서비스 판매방식 소매점에서는 소비자가 직접 상품을 선택할 수 있도록 곤돌라 또는 쇼케이스를 이용한 진열방식의 활용이 일반적이다.

⑤ 엔드진열은 신상품, 행사상품의 효율적 소구를 위해 매장의 빈 공간에 독립적으로 진열하는 방식이다.

해설
독립적으로 진열하는 방법은 섬진열, 엔드진열은 단품진열, 다품진열, 관련진열로 연출할 수 있으며 고객인지도가 높은 상품으로 고객 시선을 끌고, 특가판매로 발길을 멈추게 하여 계절감으로 고객 마음을 끌게 하는 것이 핵심임

정답 ⑤

10 ★★★

과자나 라면 같은 상품들을 정돈하지 않고 뒤죽박죽으로 진열하여 소비자들에게 저렴한 특가품이라는 인상을 주려는 진열방식의 명칭으로 가장 옳은 것은?

① 돌출진열(extended display)

② 섬진열(island display)

③ 점블진열(jumble display)

④ 후크진열(hook display)

⑤ 골든라인진열(golden line display)

해설
점블진열(jumble display)은 상품들을 뒤죽박죽으로 진열하여 소비자들에게 저렴한 특가품이라는 인상을 주는 진열방식임

정답 ③

11 ★

점포의 구성 및 설계에 대한 설명으로 옳지 <u>않은</u> 것은?

① 포스 죠닝(POS zoning)은 판매가 이루어지는 마지막 접점이므로 최대한 고객의 체류시간을 늘려야 한다.

② 매장의 주통로는 고객의 편안한 이동을 제공하는 동시에 보조통로들과 잘 연계되게 구성해야 한다.

③ 공간면적당 판매생산성 향상을 고려하여 매장 내의 유휴 공간이 없도록 레이아웃을 구성해야 한다.

④ 동선 폭은 고객의 편의를 고려해 유동성과 체류시간 등의 동선 혼잡도를 예상하여 결정해야 한다.

⑤ 표적고객을 최대한 명확하게 설정하고 상품 관련성을 고려하여 상품을 군집화한다.

해설

포스 죠닝은 결제를 위한 공간을 구분하여 효율적인 결제 프로세스를 제공하는 것이 목적이며, 고객의 체류시간을 늘리는 것은 주요 목적이 아님

정답 ①

---

04 상품판매와 고객관리

01 ★

서비스기업의 고객관계관리 과정은 "관계구축 – 관계강화 – 관계활용 – 이탈방지 또는 관계해지"의 단계로 나누어 볼 수 있다. 관계구축 단계의 활동으로서 가장 옳지 <u>않은</u> 것은?

① 교차판매, 묶음판매를 통한 관계의 확대

② 고객의 요구를 파악할 수 있는 시장의 세분화

③ 시장의 요구 수준을 충족시키는 양질의 서비스 개발

④ 기업의 핵심가치제안에 부합하는 표적고객 선정

⑤ 고객 니즈를 충족시키는 차별화된 마케팅 전략 수립

해설

• 관계구축 단계는 새로운 고객을 유치하고, 잠재 고객을 고객으로 전환하는 단계임. 이 단계에서는 고객의 요구를 파악하고, 고객의 필요를 충족시킬 수 있는 서비스와 마케팅 전략을 수립하는 것이 중요함

• 교차판매, 묶음판매는 기존 고객에게 새로운 상품이나 서비스를 판매하는 활동임. 이는 관계구축 단계보다는 관계강화 단계에서 이루어지는 활동임

정답 ①

02 ★★

전략적 CRM(customer relationship management)의 적용과정으로서 가장 옳지 <u>않은</u> 것은?

① 정보관리과정

② 전략 개발과정

③ 투자 타당성 평가 과정

④ 가치창출 과정

⑤ 다채널 통합과정

③ **투자타당성 평가 과정**: CRM 전략의 효과와 비용효율성을 평가하여 투자계획을 수립

① **정보관리과정**: 고객의 기본정보, 구매이력, 라이프스타일, 니즈 등 다양한 고객정보를 수집, 분석하여 고객 데이터베이스를 구축

② **전략개발과정**: 고객정보를 기반으로 고객 세분화, 고객관계 목표 설정, CRM 전략 수립 등을 수행

④ **가치창출과정**: CRM 전략을 실행하여 고객관계를 강화하고 고객 가치를 창출

⑤ **다채널통합과정**: 다양한 고객접점 채널을 통합하여 고객과의 커뮤니케이션을 강화

정답 ③

---

03 ★★★　　　　　　　　　　　　　　　　CRM 전략

고객관계 강화 및 유지를 위한 CRM활동으로 가장 옳지 않은 것은?

① 교차판매(cross-selling)
② 상향판매(up-selling)
③ 고객참여(customer involvement)
④ 2차 구매 유도(inducing repurchase)
⑤ 영업자원 최적화(sales resource optimization)

해설

CRM은 고객을 중심으로 기업의 모든 활동을 수행하는 것을 목표로 함. 따라서 CRM활동은 고객과의 관계를 강화하고, 고객의 충성도를 높이는 데 초점을 맞추어야 함. 영업자원 최적화는 영업 활동을 효율적으로 수행하기 위한 활동으로 CRM활동의 목표와는 다름

정답 ⑤

---

04 ★　　　　　　　　　　　　　　　　　CRM 전략

고객관계관리(CRM)에 대한 접근방법으로 가장 옳지 않은 것은?

① 마케팅부서만이 아닌 전사적 관점에서 고객지향적인 전략적 마케팅활동을 수행한다.
② 전사적 자원관리(ERP) 시스템을 통해 고객정보를 파악하고 분석한다.
③ 데이터마이닝 기법을 활용해 고객행동에 내재돼 있는 욕구(needs)를 파악한다.
④ 고객과의 관계 강화를 지속적으로 모색하는 고객 중심 비즈니스모델을 수립한다.
⑤ 표적고객에 대한 고객관계 강화에 집중하며 고객점유율 향상에 중점을 둔다.

해설

ERP 시스템은 기업 내부의 자원을 효율적으로 관리하기 위한 시스템으로, 고객관계관리(CRM)에 직접적으로 관련된 시스템은 아님. CRM은 고객과의 관계를 중심으로 전략을 수립하고 실행하는 것이 목적이므로, ERP 시스템을 활용하는 것보다는 CRM 전용 시스템을 도입하거나, CRM 기능을 강화한 ERP 시스템을 도입하는 것이 더 적절함

정답 ②

---

05 ★★　　　　　　　　　　　　　　　　　고객관리

고객생애가치(CLV: customer lifetime value)에 대한 설명으로 가장 옳지 않은 것은?

① CLV는 어떤 고객으로부터 얻게 되는 전체 이익 흐름의 현재가치를 의미한다.
② 충성도가 높은 고객은 반드시 CLV가 높다.
③ CLV를 증대시키려면 고객에게 경쟁자보다 더 큰 가치를 제공해야 한다.
④ CLV 관리는 단속적 거래보다는 장기적 거래관계를 통한 이익에 집중한다.
⑤ 올바른 CLV를 정확하게 산출하려면 수입흐름뿐만 아니라 고객획득비용이나 고객유지비용 같은 비용 흐름도 고려해야 한다.

고객의 생애가치는 고객의 이용실적, 고객당 비용, 고객이탈가능성 및 거래기간 등을 통해 추정할 수 있음. 충성도가 높은 고객이 CLV가 높을 수 있는 이유는 그들이 장기적인 거래관계를 유지하며 지속적으로 구매를 하기 때문에 고객획득비용이나 고객유지비용 등의 비용이 줄어들기 때문임. 하지만 충성도가 높은 고객이라고 해서 반드시 CLV가 높은 것은 아님

06 ★

제품에 맞는 판매기법으로 가장 옳지 않은 것은?

① 편의품은 입지 조건에 따라 판매가 크게 좌우되므로 접근이 더 용이하도록 배달서비스 제공을 고려할 필요가 있다.
② 편의품은 보다 풍요로운 생활과 즐거움을 제공하는 제품으로 스타일과 디자인을 강조한다.
③ 선매품의 경우 고객의 질문에 충분히 답할 수 있는 판매원의 교육 훈련이 필요하다.
④ 선매품은 패션성이 강하기 때문에 재고가 누적되지 않도록 시의적절한 판촉을 수행한다.
⑤ 전문품은 전문적이고 충분한 설명을 통해 소비자의 구매의욕을 충분히 자극시켜야 한다.

편의품은 소비자의 구매 빈도가 높고, 구매 결정 시간이 짧은 제품을 말함. 따라서 편의품은 스타일과 디자인을 강조하기보다는 가격, 편리성, 접근성 등을 강조하는 판매기법이 적합함

07 ★

다단계 판매에 대한 설명으로 옳지 않은 것은?

① 고객과 대면접촉을 통해 상품을 판매하는 인적 판매의 일종이다.
② 유통마진을 절감시킬 수 있다.
③ 고정 인건비가 발생하지 않는다.
④ 매출 증가에 따라 조직이 비대해지는 단점이 있다.
⑤ 점포 판매에 비해 훨씬 더 적극적으로 시장을 개척해 나갈 수 있다.

다단계 판매는 하위 판매원을 통해 상품을 판매하는 방식으로 매출 증가에 따라 조직이 비대해지는 것은 당연한 결과이므로 다단계 판매의 특성과 맞지 않음

08 ★

다음 중 제품별 영업조직(product sales force structure)의 장점으로 가장 옳지 않은 것은?

① 제품에 대한 지식과 전문성이 강화된다.
② 특히 다양한 제품계열을 가지고 있는 기업의 경우에 적합하다.
③ 제한된 지역을 순방하므로 상대적으로 영업비용을 줄일 수 있다.
④ 제품별 직접판매이익공헌을 평가하기가 용이하다.
⑤ 소비재 기업보다는 산업재를 취급하는 기업일수록 이런 형태의 조직이 유리하다.

소매점의 POS(point of sales)시스템에 대한 설명으로 가장 옳지 <u>않은</u> 것은?

① POS시스템을 통해 소매점별로 수집된 판매 제품의 품목명, 수량, 가격, 판촉 등에 관한 정보를 수집할 수 있다.
② POS시스템은 POS 단말기, 바코드 스캐너, 스토어 콘트롤러(store controller)로 구성되어 있다.
③ POS시스템을 통해 확보한 정보는 고객관계관리(CRM)를 위한 기반 데이터로 활용된다.
④ 전년도 목표 대비 판매량 분석 또는 전월 대비 매출액 변화분석과 같은 시계열 정보를 수집하고 분석하는 데 한계가 있다.
⑤ POS시스템을 통해 신제품에 대한 마케팅효과, 판촉효과 등을 분석할 수 있다.

[해설]

POS(Point of Sale) 시스템은 매장 판매 시 발생하는 정보를 수집, 처리, 분석하여 판매관리 및 마케팅 활동에 활용하는 시스템으로 주요 기능은 다음과 같음

- **판매 데이터 수집 및 관리**: 판매 제품의 품목명, 수량, 가격, 판촉 등에 관한 정보를 수집하여 관리함
- **재고 관리**: 재고 수량, 재고 회전율 등을 관리함
- **고객 관리**: 고객의 구매 이력, 구매 패턴 등을 관리함
- **마케팅 지원**: 판매 데이터를 분석하여 마케팅 전략을 수립하고 평가하는 데 활용됨

[정답] ④

[해설]

제품별 영업조직은 제품별로 영업사원을 배치하여, 각 제품에 대한 전문성을 강화하고, 고객의 요구를 보다 세밀하게 파악하기 위한 조직임. 다양한 제품계열을 가지고 있는 기업의 경우에 적합하며, 제품별 직접판매이익공헌을 평가하기가 용이하다는 장점이 있음. 또한 산업재를 취급하는 기업의 경우에는 제품에 대한 전문성이 중요하므로, 유리하다는 장점도 있음. 영업사원이 제한된 지역을 순방하게 되므로 영업비용이 증가할 수 있음. 이는 제품별 영업조직이 지역별 영업조직에 비해 영업사원 수가 증가하기 때문임

[정답] ③

09 ★★★   가격결정방식

가격결정방식에 대한 설명으로 가장 옳지 <u>않은</u> 것은?

① 가격 탄력성이 1보다 클 경우 그 상품에 대한 수요는 가격비탄력적이라고 한다.
② 가격을 결정할 때 기업의 마케팅목표, 원가, 시장의 경쟁구조 등을 고려해야 한다.
③ 제품의 생산과 판매를 위해 소요되는 모든 비용을 충당하고 기업이 목표로 한 이익을 낼 수 있는 수준에서 가격을 결정하는 방식을 원가중심 가격결정이라고 한다.
④ 소비자가 제품에 대해 지각하는 가치에 따라 가격을 결정하는 것을 수요중심 가격결정이라고 한다.
⑤ 자사제품의 원가나 수요보다도 경쟁제품의 가격을 토대로 가격을 결정하는 방식을 경쟁중심 가격결정이라고 한다.

[해설]

가격 탄력성은 가격 변화에 따른 수요의 변화량을 나타내는 지표임. 가격 탄력성이 1보다 크면 가격이 1% 상승할 때 수요가 1% 이상 감소하는 것을 의미하며, 가격비탄력적이라고 함. 반대로 가격 탄력성이 1보다 작으면 가격이 1% 상승할 때 수요가 1% 미만 감소하는 것을 의미하며, 가격탄력적이라고 함. 따라서 가격 탄력성이 1보다 클 경우 그 상품에 대한 수요는 가격탄력적이라고 하는 것이 옳음

[정답] ①

11 ★

소매업체 대상 판촉프로그램에 대한 설명으로 옳지 않은 것은?

① 가격할인이란 일정 기간의 구매량에 대해 가격을 할인해주는 방법을 말한다.
② 리베이트란 진열위치, 판촉행사, 매출실적 등 소매상의 협력 정도에 따라 판매금액의 일정률에 해당하는 금액을 반환해 주는 것을 말한다.
③ 인적지원이란 월 매출이 일정수준 이상인 점포에는 판촉사원을 고정적으로 배치하고 그 외 관리대상이 될 만한 점포에는 판촉사원을 순회시키는 것을 말한다.
④ 소매점 경영지도란 소매상에게 매장연출방법, 상권분석 등의 경영지도를 통해 매출증대를 돕는 것을 말한다.
⑤ 할증판촉이란 소매점이 진행하고 있는 특정 제품 및 세일 관련 광고비용 일부를 부담하는 것을 말한다.

[해설]
할증판촉은 제조사가 소매업체에 제품을 공급할 때, 소매업체가 특정 제품을 판매할 때마다 일정액의 수수료를 받는 것을 말함. 따라서 제조사가 소매업체의 광고비용을 부담하는 것은 할증판촉의 개념에 포함되지 않음

[정답] ⑤

---

05 유통마케팅 조사와 평가

01 ★★★

아래 글상자의 설명을 모두 만족하는 유통마케팅조사의 표본추출방법으로 가장 옳은 것은?

> • 모집단을 적절한 기준 변수에 따라 서로 상이한 소집단으로 나누고, 각 소집단별로 할당된 숫자의 표본을 단순무작위로 추출한다.
> • 기준 변수를 잘 선택할 경우 모집단을 대표하는 표본을 얻을 수 있는 장점이 있다.

① 할당표본추출
② 군집표본추출
③ 판단표본추출
④ 층화표본추출
⑤ 편의표본추출

[해설]
유통마케팅조사에서는 대상인 소비자들이 다양한 특성을 가지고 있기 때문에 이를 고려하여 층화표본추출 방법이 가장 적합함. 층화표본추출은 모집단을 비슷한 특성을 가진 층으로 나눈 후, 각 층에서 무작위로 표본을 추출하는 방법임. 이 방법을 사용하면 각 층에서 대표성 있는 표본을 추출할 수 있으며, 모집단의 다양한 특성을 고려하여 표본을 추출할 수 있음

[정답] ④

02 ★

아래 글상자에서 설명하는 경로구성원의 공헌도 평가기법이 평가하는 요소로 가장 옳은 것은?

> 구매자 입장에서 특정 공급자의 개별품목 혹은 재고관리단위(SKU: stock keeping unit) 각각에 대해 평가하는 기법

① 평당 총이익
② 직접제품이익
③ 경로구성원 종합성과
④ 경로구성원 총자산수익률
⑤ 상시종업원당 총이익

해설
경로구성원의 공헌도 평가기법은 경로구성원의 성과를 평가하는데, 이때 평가하는 요소로는 경로구성원의 직접제품이익이 가장 옳음. 직접제품이익은 경로구성원이 직접 판매한 제품에서 발생한 이익으로 경로구성원의 판매 능력과 노력을 반영하는 지표임. 따라서 경로구성원의 직접제품이익이 높을수록 공헌도가 높다고 평가할 수 있음

정답 ②

03 ★

아래 글상자에서 설명하는 경로 구성원들 간의 갈등이 발생하는 원인으로 가장 옳은 것은?

> 소비자 가격을 책정할 때 대규모 제조업체는 신속한 시장침투를 위해 저가격을 원하지만, 소규모 소매업자들은 수익성 증대를 위해 고가격을 원함으로써 갈등이 발생할 수 있다.

① 경로 구성원의 목표들 간의 양립불가능성
② 마케팅 과업과 과업수행 방법에 대한 경로 구성원들 간의 의견 불일치
③ 경로 구성원들 간의 현실을 지각하는 차이
④ 경로 구성원들 간의 파워 불일치
⑤ 경로 구성원들 간의 품질 요구 불일치

해설
소비자 가격 책정 시 경로구성원 각자 목표 간 차이로 인한 양립불가능성이 가격측면에서 잦은 갈등이 일어날 수 있음

정답 ①

04 ★★★

아래 글상자의 내용에 해당되는 마케팅조사 기법으로 가장 옳은 것은?

> 제품, 서비스 등의 대안들에 대한 소비자의 선호 정도로부터 소비자가 각 속성에 부여하는 상대적 중요도와 속성수준의 효용을 추정하는 분석방법

① t-검증
② 분산 분석
③ 회귀 분석
④ 컨조인트 분석
⑤ 군집 분석

해설
• 컨조인트 분석: 군집에 속한 객체들의 유사성과 서로 다른 군집에 속한 객체 간의 상이성을 규명하는 통계분석방법
• t-검증: 모집단의 분산이나 표준편차를 알지 못할 때 사용
• 분산 분석: 명목척도로 측정된 독립변수와 등간척도 또는 비율척도로 측정된 종속변수 사이의 관계를 연구하는 통계 기법
• 회귀 분석: 관찰된 연속형 변수들에 대해 두 변수 사이의 모형을 구한 뒤 적합도를 측정해 내는 분석 방법
• 군집 분석: 각 객체(대상)의 유사성을 측정하여 유사성이 높은 대상집단을 분류

정답 ④

05 ★

유통마케팅 조사 절차의 첫 번째 단계로서 가장 옳은 것은?

① 조사 설계
② 자료 수집
③ 모집단 설정
④ 조사문제 정의
⑤ 조사 타당성 평가

[해설]
유통마케팅 조사 절차는 다음과 같이 크게 5단계로 나누어짐
1. 조사문제 정의 2. 조사 설계 3. 자료 수집 4. 자료 분석 5. 조사 결과 보고

[정답] ④

06 ★★★

유통업 고객관계관리 활동의 성과 평가기준으로서 가장 옳은 것은?

① 시장점유율의 크기
② 판매량의 안정성
③ 고객자산(customer equity)의 크기
④ 고객정보의 신뢰성
⑤ 시장의 다변화 정도

[해설]
고객자산(customer equity)의 크기는 유통업 고객관계관리 활동의 성과 평가기준으로 가장 옳은 것임. 이는 고객이 기업에 대해 가지고 있는 긍정적인 인식과 기업과의 장기적인 관계를 통해 창출되는 가치를 의미함. 따라서 고객자산의 크기가 클수록 기업의 장기적인 성장과 안정성을 보장할 수 있으며, 이는 곧 기업의 경쟁력을 높이는 요인이 됨

[정답] ③

SUBJECT 04
유통정보

유통정보
이론 + 문제 완전정복

※ 출제순위는 2023~2021 3개년 출제경향을 기준으로 함

01 | 유통정보의 이해

CHAPTER 01

유통정보의 개념과 정보화사회

1 자료, 정보, 지식의 관계

1) 자료 → 정보로 전환

(1) 자료(data)를 의사결정에 활용하기 위해 유용한 형태로 전환한 것이 정보(Information)이다.

(2) 전환 과정에서 발생하는 활동(5C 활동)

① Contextualization: 자료 수집의 목적을 알리는 맥락화
② Categorization: 자료의 주요 분석 단위를 확인하는 분류
③ Calculation: 자료를 활용한 수학(통계)적 분석
④ Correction: 자료의 오류를 수정하는 정정
⑤ Condensation: 자료를 요약하는 축약

2) 정보 → 지식으로 전환

(1) 지식(Knowledge)

정보가 체계적으로 축적되어 전환된 것을 말한다.

(2) 전환 과정에서 발생하는 활동(4C 활동)

① Comparison: 정보 간의 비교
② Consequences: 의사결정과 행동을 위해 정보에 포함된 결과
③ Connections: 지식 간의 연결
④ Conversation: 정보에 관한 생각을 알기 위해 사람들 간의 대화

지식변환이 일어나는 과정의 사례 중, 지식변환 형태가 다른 것은?

① 공급자와 고객이 함께 직접 체험함으로서 나름의 정보를 모으는 프로세스

② 판매현장이나 제조현장에서 대화나 관찰을 통해 정보를 모으는 프로세스

③ 스스로 쌓은 경험을 자기 머리 속에 체계적으로 저장하는 프로세스

④ 자기 생각이나 신념 지식을 말이나 글로 표현하지 않고, 행동하는 것으로 보여줌으로서 동료나 부하가 나름 체득화하여 공유하는 프로세스

⑤ 아직 말이나 글로 표현되지 않은 자기의 생각, 사고, 이미지, 노하우 등을 글이나 그림과 같은 형태로 변환하여 보여주는 프로세스

2 정보의 개념과 속성

1) 정보(Information)

사용 주체(개인 및 조직)가 의사결정에 활용하기 위해 다양한 자료를 유용한 형태로 가공하고 해석하고 정리한 것이다.

2) 정보의 속성

정확성, 관련성, 신뢰성, 접근성, 경제성

POWER 정리

자료, 정보, 지식의 속성 비교

구분	자료	정보	지식
핵심개념	현실, 사실 자체를 의미	사용 목적에 맞게 가공	축적된 형태
객관성 수준	높음	중간	낮음
구조화 가능성	높음	중간	낮음
의사결정 관련성	낮음	높음	높음

3 정보화 사회(Information-oriented Society)

1) 개념

정보통신(IT) 기술의 발달로 정보가 핵심 자원이 되고 정보를 활용하여 생활에 적응하는 사회이다.

2) 특징

다양한 사회, 소프트웨어 중심 사회, 가치 창출 중심의 산업 사회, 정보통신 기술 사회이다.

3) 부정적 측면

(1) 소수에 의한 정보 독점과 독재

(2) 정보 과잉의 역기능

(3) 개인 정보 침해 및 관련 범죄 증가

(4) 정보 격차로 인한 국가 간 불평등 심화

4) 소비자

정보화 사회에서 소비자는 자신의 욕구와 의견을 생산에 반영하는 역할도 수행하는 프로슈머(Prosumer)이자 기업의 제품 개발 및 판매 등의 활동에도 참여하는 크리슈머(Cresumer)이다.

CHAPTER 02 **정보와 유통혁명**

■ 유통정보혁명의 시대

1) 4차 산업혁명 시대

(1) 개념

디지털 혁명에 기반한 기술 융합의 시대를 뜻한다.

(2) 특징

초연결성, 초지능화, 네트워크 기반을 특징으로 한다.

(3) 주요 기술

클라우드 컴퓨팅, 사물인터넷, 3D 프린팅, 인공지능 등이 해당한다.

4차 산업혁명에 따라 파괴적인 혁신을 이루는 기하급수 기술(exponential technology)로 가장 옳지 않은 것은?

① 3D 프린팅(3D printing)
② 인공지능(artificial intelligence)
③ 로봇공학(robotics)
④ 사물인터넷(internet of things)
⑤ 레거시 시스템(legacy system)

2) 4차 산업혁명시대의 차세대 기술을 융합한 마케팅, 고객중심을 기본으로 하면서 현재와 미래 세대를 위하여 삶의 질을 풍요롭게 하고, 다양한 디지털 기기를 활용하여 고객의 소리를 반영하고 지속가능한 발전을 도모하는 유통정보혁명의 시대이다.

3) 4차 산업혁명시대에는 고객참여 마케팅이 더욱 중시된다. 4차 산업혁명시대에는 다양한 소셜미디어가 확산되고 고객들의 자발적·능동적인 참여가 확대되기 때문이다.

4) 고객중심 마케팅과 고객참여·고객주도 마케팅의 차이점은 고객중심 마케팅이 기업 중심으로 진행된다면, 고객참여·고객주도 마케팅은 고객 중심으로 진행된다(모바일앱 활용, CRM 활용, 라이브커머스 확대, 게임화 등).

5) 4차 산업혁명시대에는 콘텐츠 마케팅, 소셜미디어 마케팅, 빅데이터 마케팅, 옴니채널 마케팅, 인공지능 마케팅, 소셜 CRM 등 무수히 많은 마케팅 이론이 등장하지만, 공통점은 고객 참여의 확대와 효과적인 활용이다.

POWER 정리

• 파레토 법칙이 오프라인의 전통적인 마케팅에서 중시되었다면, 롱테일 법칙은 온라인 마케팅에서 중시된다.
• 롱테일 법칙이 온라인 미디어 시장에서 효과를 발휘하면서 콘텐츠 마케팅의 중요성을 강조하는 근거가 된다.
  예 인터넷 서점 아마존 닷컴. 연간 몇 권 밖에 팔리지 않는 80%의 인기 없는 책들이 상위 20% 베스트셀러의 매출을 추월했다.
• **코즈의 법칙**: 인터넷을 활용함으로써 거래의 비용이 감소하여 기업 내부의 중복 기능을 통합 또는 축소할 수 있기 때문에 조직의 복잡성과 규모가 감소한다는 법칙

6) 유통정보 혁명시대의 디지털 경제 특징

(1) 정보의 신속한 공유

(2) 시간적, 공간적 제약 극복

(3) 디지털 제품 간의 융합 증가

(4) 수확체증의 법칙 적용

생산량이 증가함에도 불구하고 추가적 생산비용이 거의 증가하지 않는 수확체증의 법칙 적용

(5) 생산자/기업 중심 → 구매자/고객 중심의 환경으로 변화

② 유통업에 있어서의 정보혁명

1) 옴니채널(Omni Channel)이란?

(1) 온라인, 오프라인, 모바일 등 다양한 디지털 채널을 자유롭게 넘나들며 소비할 수 있도록 운영되는 채널이다.

(2) 카탈로그, 인터넷 쇼핑 사이트, 오프라인 매장 등 여러 판매채널이 유기적으로 연결되어 고객의 쇼핑 경험을 극대화하는 판매 형식이다.

2) 4차 산업혁명시대의 옴니채널 종류

'나우경제'의 모바일 전자상거래, 오프라인 채널에서의 쇼루밍, 온라인 채널에서의 웹루밍, 사물인터넷을 이용한 구매, AR · VR을 이용한 가상매장 쇼핑 등이다.

3) 옴니채널의 중요성

(1) 4차 산업혁명은 전통적인 매장과 디지털 미디어, 경험이 통합하여 고객들이 다양한 접점에서 구매할 수 있는 기술적 배경을 제공한다.

(2) 다양한 조합은 고객들에게 쇼핑의 편리성과 신속성을 제고하여 고객만족을 증진시킨다.

(3) 마케터들은 온라인 채널의 편리성과 신속성, 오프라인 채널의 친근감을 통합하여야 한다.

(4) 모든 고객의 구매 데이터를 실시간으로 수집하고 빅데이터 분석을 통해 고객의 불편함과 요구사항을 파악하여 맞춤형 서비스를 제공하는 것이 중요하다.

전자상거래 판매시스템에 대한 설명으로 가장 옳은 것은?

① 상향판매(up selling)는 고객들이 구매하고자 하는 제품에 대해, 보다 저렴한 상품을 고객들에게 제시해 주는 마케팅 기법이다.
② 역쇼루밍(reverse-showrooming)은 고객들이 특정 제품을 구매하고자 할 때, 보다 다양한 마케팅 정보를 제공해주는 마케팅 기법이다.
③ 교차판매(cross selling)는 고객들이 저렴한 제품을 구매하는 데 도움을 제공한다.
④ 옴니채널(omni-channel)은 온라인과 오프라인 채널을 통합함으로써 보다 개선된 쇼핑환경을 고객들에게 제공해준다.
⑤ 프로슈머(prosumer)는 전문적인 쇼핑을 하는 소비자를 의미한다.

3 정보화 진전에 따른 유통업태의 변화

1) '나우경제'의 모바일 전자상거래

나우경제(now economy)란 고객들이 인터넷을 통하여 실시간으로 구매하는 경제를 말한다.

예 우버 택시: 실시간으로 택시를 이용하는 사례, 아마존: 당일 배송하는 사례

2) 오프라인 채널에서의 쇼루밍

(1) 쇼루밍(showrooming)

고객이 어떤 제품을 구매하기 위하여 오프라인 매장에서 제품들을 비교 검토한 후 온라인 매장에서 주문하고 결제하는 형태이다.

(2) 모루밍(morooming)

모바일을 통하여 주문하고 결제하는 형태이다.

(3) 온라인 채널에서의 웹루밍

웹루밍(webrooming)이란 쇼루밍과는 반대로 소비자들이 어떤 제품을 온라인 매장에서 검색하고 품질과 가격 등을 비교 검토한 후 가까운 오프라인 매장에서 구매하는 행태(역쇼루밍이라고도 함)이다.

(4) 기계와 기계가 연결된 사물인터넷을 이용한 구매

미국의 애플스토어, 게임스탑(비디오 게임 판매점) 등은 오프라인 매장의 제품에 비콘(beacon), NFC, RFID의 센서를 부착하여 온라인 매장과 동일한 효과를 만든 사례이다.

(5) AR · VR을 이용한 가상매장 쇼핑

온라인 채널에 가상매장을 만들어 오프라인 쇼핑과 동일한 경험을 하도록 만들고, 고객이 가상매장에서 경험한 후 온라인으로 주문을 하면 집으로 배달되는 형태이다.

1 의사결정의 개념과 과정

1) 개념

조직의 모든 계층에서 발생하는 것으로, 특정 문제를 해결하기 위해 여러 가지 대안 중 가장 바람직한 대안을 선택하는 논리적인 과정이다.

2) 과정

(1) 문제 인식과 정의

발생한 문제에 대해 명확히 인식하고 구체적으로 정의한다.

(2) 대안집합 도출

문제를 해결할 수 있는 여러 가지 대안을 도출한다.

(3) 대안 평가와 선정

가장 바람직한 대안을 선택하기 위한 평가 진행 및 최종 대안을 선정한다.

(4) 대안 실행과 결과 평가

선정된 대안을 실행하고 결과를 평가하며 결과에 대한 피드백은 다음 의사결정에 영향을 미친다.

2 의사결정모형의 종류

1) 규범적(Normative) 모형

효용극대화를 추구하는 의사결정에 관한 모형이다.

2) 기술적(Descriptive) 모형

최적은 아니지만 만족할 만한 결과를 추구하는 의사결정에 관한 모형이다.

3) 의사결정 유형의 비교

구분	규범적 모형	기술적 모형
의사결정의 방식	정형적 의사결정	비정형적 의사결정
문제의 성격	보편적이고 일상적인 문제	특수한 비일상적인 문제
문제해결 대안의 선정 방법	사전에 명확하게 상세하게 제시됨	창의적으로 제안됨

의사결정의 목적	관리적 목적	전략적 목적
전통적인 문제해결 방식	업무절차에 따라	직관, 경험에 따라
최근의 문제해결 방식	OR, EDPS	휴리스틱

3 의사결정 단계와 유형

1) 최고 경영층에 의한 전략적 의사결정

주로 기업 외부의 문제에 대한 의사결정으로 정보시스템보다는 외부 정보에 의존하여 의사결정을 한다.

2) 중간 경영층에 의한 관리적 의사결정

기업의 자원을 조달 및 배분하는 문제에 대한 의사결정을 한다.

3) 현장 경영층에 의한 업무적 의사결정

업무의 일정을 계획하고 통제하는 문제에 대한 의사결정을 한다.

4 의사결정의 오류

1) 과도한 확신의 오류

자신감이 도를 넘어서 지나친 확신이 되면 의사결정의 오류가 발생한다.

2) 앵커링 효과(Anchoring Effect)

정박효과라고도 하며, 어떤 고정관념이나 과거 경험을 토대로 미래를 예상 및 판단할 경우 의사결정의 오류가 발생한다.

3) 선택적 지각의 오류

문제에 대해 자신의 편향된(biased) 인식을 토대로 선택적으로 구성, 이해함으로써 의사결정의 오류가 발생한다.

5 의사결정지원시스템(DSS: Decision Support System)

1) 개념

기업의 의사결정을 지원하는 정보시스템으로 의사결정이 보다 쉽고 정확하게, 신속하게 이루어질 수 있도록 지원한다.

2) 특징

(1) 의사결정 자체를 하는 도구가 아니라 의사결정을 지원하는 도구이다.

(2) 비체계적, 비구조적, 비정형적인 문제를 해결할 수 있도록 지원하는 도구이다.

(3) 비용보다는 목표 달성 중심으로 의사결정의 효율성을 높일 수 있도록 지원하는 도구이다.

3) 종류

(1) 중역정보시스템(EIS: Executive Information System)

중역, 즉 임원들이 필요한 정보를 조회할 수 있도록 지원하는 시스템이다.

(2) 전문가시스템(ES: Expert System)

특정한 분야의 지식을 체계적으로 정리, 저장하는 시스템이다.

(3) 소프트웨어 에이전트(또는 지능형 에이전트)

스스로 환경 변화를 인지하여 변화한 환경에 맞추어 인간 사용자를 대신하여 작업을 수행하는 시스템이다.

• POWER 기출 ⊘ •

의사결정시스템에 대한 설명으로 가장 옳지 않은 것은?

① 최고경영층은 주로 비구조적 의사결정에 대한 문제에 직면해 있고, 운영층은 주로 구조적 의사결정에 대한 문제에 직면해 있다.
② 의사결정지원시스템을 이용해 의사결정의 품질을 높이기 위해서는 의사결정지원시스템에서 활용하는 데이터의 품질을 개선해야 한다.
③ 의사결정지원시스템은 수요 예측 문제, 민감도 분석 등에 활용된다.
④ 운영층은 주로 의사결정지원시스템을 이용해 마케팅 계획 설계, 예산 수립 계획 등과 같은 업무를 수행한다.
⑤ 의사결정지원시스템의 의사결정 품질 개선을 위해 딥러닝(deep learning)과 같은 고차원적 알고리즘(algorithm)이 활용된다.

6 지식경영과 지식관리시스템 활용

1) 지식경영

(1) 개념

개인의 노하우와 지식을 발굴하여 보편적인 지식으로 조직 전체에 공유함으로써 조직의 의사결정능력 및 문제해결능력을 향상시키는 경영이다.

(2) 긍정적 효과

혁신 촉진, 수익 증대, 조직 구성원의 사기 강화, 지적 자본의 축적, 효율적 운영을 통한 비용 감소 등이 있다.

> **POWER 정리**
>
> **지식의 유형**
> - 형식지(Explicit Knowledge): 교과서에서 배우는 지식과 같이 기호나 언어로 표현이 가능한 지식
> - 암묵지(Tacit Knowledge): 기호로 표현되기 어려운 지식으로 조직이나 개인(사람)의 몸에 배어있는 지식

2) 지식관리시스템

(1) 개념

통합적인 지식 관리를 지원하는 기업의 정보기술 시스템이다.

(2) 기능

기업 구성원들이 가지고 있는 비정형의 지적 자산을 기업 내에 축적하여 활용할 수 있도록 한다.

(3) 긍정적 효과

기업의 운영 및 관리의 효율성 증대, 기업의 경쟁력 강화, 지적 자원의 자산화, 새로운 지식의 창출 능력 증대 등이 있다.

아래 글상자의 괄호 안에 들어갈 내용을 순서대로 나열한 것으로 가장 옳은 것은?

	자료	정보	지식
구조화	(㉠)	단위필요	(㉡)
부가가치	(㉢)	중간	(㉣)
객관성	(㉤)	가공필요	(㉥)

	(㉠)	(㉡)	(㉢)	(㉣)	(㉤)	(㉥)
①	어려움	쉬움	적음	많음	객관적	주관적
②	쉬움	어려움	많음	적음	주관적	객관적
③	어려움	쉬움	많음	적음	주관적	객관적
④	쉬움	어려움	적음	많음	객관적	주관적
⑤	어려움	쉬움	적음	많음	주관적	객관적

CHAPTER 04   유통정보시스템

1 시스템

1) 개념

투입물(input)을 산출물(output)로 전환하는 과정으로 하나의 개체를 형성하여 상호작용하는 구성요소의 집합이다.

2) 구성요소

투입물(input), 산출물(output), 환경(environment), 경계(boundary), 인터페이스(interface) 등

3) 바람직한 시스템의 특징

(1) 목적을 가져야 한다.

(2) 구성요소 간의 상호작용이 원활해야 한다.

(3) 주어지는 조건이나 상황의 변화에 대응할 수 있어야 한다.

(4) 예상을 벗어나는 사건의 발생을 사전에 감지할 수 있어야 한다.

(5) 개별 개체가 얻은 성과의 합을 초과하는 성과를 달성해야 한다.

2 유통정보시스템

1) 개념

유용한 정보를 얻기 위해 방대한 자료를 수집 · 처리 · 분석 · 보관하는 시스템이다.

2) 구성요소

하드웨어	키보드나 마우스와 같은 입력장치, 연산 및 제어를 위한 처리장치, 모니터나 프린트와 같은 출력장치, 기억장치
소프트웨어	운영 체제나 엑셀 등 컴퓨터의 작업을 통제하는 프로그램들
데이터베이스	자료를 조합, 가공하여 조직화한 집합
네트워크	기업과 고객, 시스템을 연결하는 역할
인적자원	시스템을 운영하고 관리하고 유지하는 모든 사람들

3 데이터베이스와 빅데이터

1) 데이터베이스의 구축과 관련된 용어들

(1) 스키마(Schema)

스키마 자체는 구조라는 의미, 데이터베이스 스키마란 데이터(자료) 개체와 속성들, 개체 집합 간의 관계에 대한 정의와 유지되어야 할 제약 조건을 의미한다.

(2) 관계형 데이터 베이스(RDB: Relational DataBase)

관계형 데이터를 저장, 수정, 관리할 수 있게 해주는 데이터베이스로 테이블을 기반으로 하므로 구조를 이해하거나 사용하기 쉽다.

(3) NoSQL

Not Only SQL의 약자로 비관계형 데이터 저장소를 의미, 위의 관계형 데이터베이스와 다르게 설계된다.

2) 빅데이터(Big Data)

(1) 개념

디지털 환경에서 생성되는 방대한 데이터, 정형 데이터뿐만 아니라 비정형 데이터까지 포함하며 생성 주기가 짧다.

POWER 정리
빅데이터의 특징 양(Volume), 생성 속도(Velocity), 다양성(Variety), 가치(Value)

(2) 수집 방법

① 로그 수집: 웹서버의 로그, 트랜잭션 로그, 클릭로그 등을 수집
② 크롤링: 웹문서를 돌아다니며 필요한 정보를 수집, 정리하는 웹로봇을 활용
③ 센싱: 각종 센서를 통해 데이터 수집 예 온도, 습도 등
④ Open-API: 사용자가 직접 응용 프로그램과 서비스를 개발할 수 있도록 공개된 Application Programmer Interface

---

• POWER **기출** ✔ •

NoSQL에 관련된 내용으로 가장 옳지 않은 것은?

① 화면과 개발로직을 고려한 데이터 셋을 구성하여 일반적인 데이터 모델링이라기 보다는 파일구조 설계에 가깝다고 볼 수 있다.
② 데이터 항목을 클러스터 환경에 자동적으로 분할하여 적재한다.
③ 스키마 없이 데이터를 상대적으로 자유롭게 저장한다.
④ 대규모의 데이터를 유연하게 처리할 수 있는 전통적인 관계형 데이터베이스 시스템이다.
⑤ 간단한 API Call 또는 HTTP를 통한 단순한 접근 인터페이스를 제공한다.

4 온라인 분석 프로세싱(OLAP: On-Line Aanalytical Processing)

1) 개념

자료를 다차원적으로 수집, 관리, 처리, 표현하는 응용 프로그램 및 기술이다.

2) 사용 사례

사용자는 일정 기간 동안 특정 지역에서 A제품의 판매량, 작년 대비 판매량, 판매기대 수량과의 비교 등을 OLAP과 대화하는 방식으로 파악하여 의사결정에 활용한다.

3) 기능

드릴링	자료 분석의 수준(차원의 깊이)을 자유롭게 조정하며 분석하는 기능
리포팅	원하는 형태의 보고서를 만드는 기능
분해	다차원 모델에서 차원의 수를 조정함으로써 자료의 범위를 좁혀가는 기능
피보팅	자료 분석의 차원을 자유롭게 전환하는 기능
필터링	원하는 기준에 해당하는 정보만 볼 수 있는 기능

4) OLAP 과 OLTP(On-Line Transaction Processing)

구분	OLAP	OLTP
데이터의 종류	일괄적으로 처리된 집단 데이터	실시간 데이터
데이터의 단위	특정 주제 단위	거래 단위
데이터의 복잡성	낮음	높음
데이터의 갱신	주기적	일시적
적합한 분석법	비구조화된 분석	구조화된 분석

1) 종합정보통신망(ISDN: Integrated Services Digital Network)

안정된 디지털망을 통해 음성, 문자, 영상 등을 송수신할 수 있는 멀티미디어 통신을 말한다.

2) 비콘(Beacon)

(1) 개념

주기적으로 어떤 신호를 전송하여 위치정보를 전달하는 기기, 즉 근거리무선통신 장치를 의미한다.

(2) 활용

비접촉식으로 최대 50m 거리의 통신을 지원하므로 사이렌오더 서비스에 활용, 미술관에서 현재 감상하는 작품에 대한 자동 설명 서비스에 활용한다.

3) 방화벽(Fire Wall)

(1) 기능

내부 네트워크와 외부 네트워크를 연결하는 기능, 서비스의 접속 또는 거부 기능, 사용자 인증 기능이 있다.

(2) 주요 목적

내부 네트워크의 보호가 목적이다.

• POWER 기출 ✓ •

아래 글상자의 (   ) 안에 들어갈 용어로 옳은 것은?

(   )은(는) 원래 봉화나 화톳불 등 위치와 정보를 수반한 전달 수단을 가리키는 말이었고, 사전적 의미로는 등대·경광등·무선 송신소 등이지만 21세기 초부터는 주로 '무선 표식'을 지칭하는 용어이다. 이는 본질적으로 위치를 알려주는 기준점 역할을 하며, 정보를 전달하기 위해서는 통신기술(단거리 전용 통신방식 (DSRC), 초음파, 적외선, 블루투스, CDMA, LTE, WiFi, LiFi 등) 활용이 필요하다. 신호를 전송하는 방법에 따라 사운드 기반의 저주파 (   ), LED (   ), 와이파이 (   ), 블루투스 (   ) 등으로 구분한다. 이 서비스는 스마트폰 앱이 (   ) 신호를 수신해 전용서버의 질의하면 서버가 정보를 취득, 앱에 표시하는 방식으로 작동한다. 물류, 유통분야에서는 창고 내 재고·물류 관리, 센서를 이용한 온도 관리, 전용 AP를 복수로 설치해 어디에 무엇이 있는지 확인하는 등에 활용되고 있다.

① 드론(Drone)
② 무인자동체
③ 비콘(Beacon)
④ 딥러닝(Deep-learning)
⑤ NFC(Near Field Communication)

---

1 바코드

1) 개념

굵은 라인과 가느다란 라인을 가지는 흑백의 평행한 줄로 이루어진 막대(bar)와 빈 공간(여백)으로 구성, 제품이나 제품의 포장에 표시된다.

2) 기능

제품을 식별하는 수단으로 제품에 대한 어떤 정보도 포함하지 않는다.

3) 원리

(1) 컴퓨터가 이해할 수 있도록 0과 1의 비트(bit)로 이루어진다.

(2) 막대의 두께와 여백의 비율에 따라 다양한 코드 체계가 존재한다.

(3) 막대는 흑(검은)색의 라인으로 빛을 쏠 때 반사율이 적고, 여백은 백(흰)색으로 반사율이 높아서 이러한 차이에 의해 바코드를 판독한다.

(4) 스캐너를 이용하여 바코드를 판독한다.

4) 바코드의 구조

(1) Quiet Zone

① 바코드의 시작과 끝의 여백으로 시작 부분의 여백은 전방 여백, 끝부분의 여백은 후방 여백이라 한다.
② 바코드의 시작과 끝을 명확히 하기 위한 요소이다.

(2) Start 캐릭터

바코드의 맨 앞의 문자로 스캐너가 데이터의 입력 방향과 바코드의 종류를 알 수 있게 한다.

(3) Stop 캐릭터

바코드 맨 뒤의 문자로 바코드가 끝났다는 것을 알리는 역할을 하기 때문에 스캐너는 바코드를 어느 방향에서든지 읽을 수 있다.

(4) Check Digit

바코드가 정확하게 인식되었는지 검사한다.

(5) Interpretation Line

바코드의 위쪽 또는 아래쪽을 말하며 사람이 읽을 수 있는 문자나 숫자 등이 표시된 부분이다.

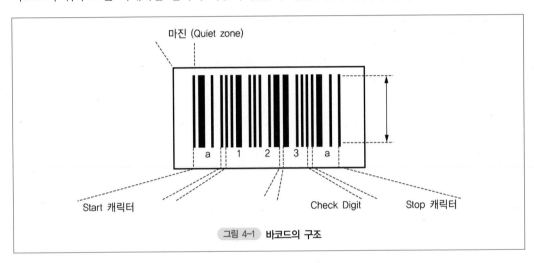

그림 4-1 바코드의 구조

5) 바코드의 장점

(1) 신뢰성

잘못 판독하는 오독률이나 에러율이 낮다.

(2) 신속성

직접 입력(타이핑) 방식의 컴퓨터보다 스캐너로 바코드를 읽어 들이는 것이 훨씬 빠르다.

(3) 경제성

도입비용이 저렴함. 정보 입력 방식이 경제적이므로 작업의 생산성을 높여 비용이 효율적이다.

(4) 실시간 처리

스캐너가 읽어 들인 정보는 컴퓨터에서 실시간으로 처리 가능하다.

6) 바코드의 표시와 활용 분야

(1) 소스 마킹(Source Marking)

제품의 포장지나 용기에 바코드를 바로 인쇄하는 것, 제조업체가 직접 인쇄한다.

(2) 인스토어 마킹(Instore Marking)

생선이나 과일 등 소스 마킹이 불가능한 제품에 대해 소매업체에서 상품마다 바코드를 인쇄하여 붙이는 것이다.

7) 바코드 활용 분야

(1) 유통 관리

거래에서 발생하는 정보를 바로 컴퓨터에 입력하여 모든 거래 및 판매정보를 한번에 알 수 있다.

(2) 창고 관리

원재료 및 자재의 공급부터 입고, 창고의 재고 현황, 완제품 입고 등 모든 경로를 추적하고 관리할 수 있다.

(3) 근태 관리

종업원의 출근, 퇴근 시간 및 기타 출입을 체계적으로 관리할 수 있다.

(4) 매장 관리

제품의 주문, 판매, 입고 등 각 매장의 정보를 본사의 컴퓨터로 전송하여 원활한 관리를 할 수 있다.

(5) 출하 선적 관리

제품을 출하하고 창고 입고 및 출고 정보를 파악함으로써 제품의 수량과 이동 목적지를 신속하게 확인할 수 있다.

8) QR코드

(1) 개념

매트릭스형 바코드에 해당됨, 기존의 바코드를 대체하는 것으로 별도의 리더기 없이 스마트폰을 사용할 수 있다.

(2) 특징

① 바코드가 오염되거나 훼손되어도 4개의 모서리에 분산된 오류 정정 키들이 있어서 데이터를 읽어들이기 쉽다.
② 담긴 정보의 양이 많고 여러 개의 QR코드에 나뉘어 저장된 정보를 1개의 데이터로 연결하는 것이 가능하다.

③ 360도 다방향으로 심볼의 판독이 가능하다.

④ 마이크로 QR코드: 좁은 공간이나 소량의 데이터만 필요한 경우에 사용할 수 있다.

⑤ iQR코드: 기존의 QR코드보다 정보의 표현 밀도가 높고, 최대 4만 자리의 숫자 정보를 담을 수 있는 QR코드이다.

⑥ Frame QR코드: 코드 안에 문자 등을 넣을 수 있는 캔버스 영역을 가진 QR코드이다.

QR코드

마이크로 QR코드

iQR코드

Frame QR코드

그림 4-2 QR코드의 예

• POWER 기출 ✓ •

QR코드에 대한 설명으로 가장 옳지 않은 것은?

① 1994년 일본의 덴소 웨이브(DENSO WAVE)에서 데이터를 빠르게 읽는 데 중점을 두고 개발 보급한 기술이다.

② 360° 어느 방향에서나 빠르게 데이터를 읽을 수 있다.

③ 기존 바코드 기술과 비교할 때, 대용량 데이터의 저장이 가능하고, 고밀도 정보표현이 가능하다.

④ 일부 찢어지거나 젖었을 때 오류를 복원하는 기능이 포함되어 있다.

⑤ 바이너리(binary), 제어 코드를 제외한 모든 숫자와 문자를 처리할 수 있다.

---

2 POS(Point Of Sales) 시스템

1) 개념

소매업체에서 판매 시점에 수집한 POS 데이터를 활용하여 재고관리 및 판매관리를 효율적으로 하기 위한 시스템이다.

2) 기능

(1) 개별 상품 관리

각 상품을 제조업체, 상표, 규격에 따라 구분해서 정보를 수집하기 때문에 개별적으로 관리 가능하다.

(2) 판매 시점에서의 정보 입력

바코드를 읽어 들여서 판매 시점에 바로 정보를 입력할 수 있다.

(3) 집중적인 정보 관리

개별 상품 정보, 고객 정보, 매출 정보 등 다양한 정보를 수집하여 집중적으로 관리할 수 있다.

3) 구성 기기

(1) POS 터미널

매장의 계산대에 설치되어 있는 것으로 통신 기능을 갖추고 있는 컴퓨터 본체와 모니터 등이다.

(2) 스캐너

상품의 바코드를 자동으로 판독하는 기기, 고정형과 핸디형이 있다.

(3) 스토어 컨트롤러

매장의 호스트 컴퓨터를 의미한다. 매장에서 판매가 이루어지면 스토어 컨트롤러에 전송되고 자동으로 여러 데이터를 갱신하고 기록 · 저장한다.

3 EDI(Electronic Data Interchange)

1) 개념

의사소통이 필요한 파트너 간에 교환되는 내용을 일정한 형태를 가진 전자 메시지로 변환하여 컴퓨터를 통해 교환할 수 있게 해주는 전자문서교환 시스템이다.

2) 활용되는 통신망

EDI 사용을 위해서 VAN(부가가치통신망)을 이용한다.

3) EDI 표준

(1) 개념

EDI 사용자 간에 교환되는 전자문서에 관한 규칙과 지침으로 사용자들 간의 공통 언어이다.

(2) 종류

① 전자문서 표준(또는 메시지 표준): 전자문서에 포함되는 정보, 정보의 형태 및 순서, 정보의 부분별 의미 등에 대한 지침이다.
② 통신 표준(또는 데이터 표준): 전자문서를 어떤 방식으로 전송할지에 대한 사용자들 간의 합의이다.

4) EDI 사용의 긍정적·부정적 효과

효과	문제점
• 종이 사용이 줄어든 업무 환경과 비용 절감 • 업무 처리 시간의 단축 • 업무 처리의 정확성 향상 • 파트너와의 정보 공유를 통한 협력 증진	• 내용 변경 시 낮은 유연성 • EDI를 사용하지 않는 파트너가 존재하므로 의사소통의 이중화 • 정보의 보안 및 통제 문제

4 QR(Quick Response) 시스템

1) 개념

(1) 상품의 납기를 단축하고 필요한 시점에 필요한 양만큼 공급하기 위해 정보기술을 활용한 시스템이다.

(2) 제조업체와 소매업체 간 상품에 대한 정보를 공유하여 소비자 중심의 시장 환경을 구축하기 위한 시스템이다.

(3) 공급사슬관리(SCM: Supply Chain Manegement) 방법의 일종으로 생산부터 유통까지 표준 전자거래 체제를 기반으로 한다.

2) 역할

정확하고 빠른 납품, 생산과 유통 기간의 단축, 재고 감소, 상품의 분실 및 반품의 감소, 소비자 요구에 대한 빠른 파악과 반영 등이다.

3) 긍정적 효과

(1) 고객이 상품을 받아보기까지 발생하는 비용을 절감한다.

(2) 고객에게 즉각적인 서비스 제공, 만족도를 향상하게 한다.

(3) 원재료 수급부터 배송까지의 리드타임을 단축한다.

(4) 범위의 경제(한 기업이 두 가지 이상의 상품을 함께 생산할 경우, 두 가지를 따로 생산하는 것보다 생산비용이 적게 발생하는 현상)를 통해 기업의 재고를 줄이고 상품의 회전율을 높인다.

03 | 유통정보의 관리와 활용

CHAPTER 01 | 데이터관리

1 데이터웨어하우스(Data Warehouse)

1) 개념

기업 내에 분산된 개별적인 시스템에 축적된 데이터를 공통의 양식으로 전환하여 통합적으로 관리하는 데이터베이스, 대형 전자정보 창고를 의미한다.

2) 특징

(1) 경영자의 의사결정을 지원하기 때문에 주제(예 가격, 지역, 고객 등) 중심으로 조직된다.

(2) 통합적인 정보를 제공한다.

(3) 데이터베이스에 대한 수정 불가, 즉 읽기 전용(비휘발성) 데이터베이스로 정보를 저장 및 갱신만 할 수 있다.

(4) 정보를 지속적으로 업데이트하기 때문에 시계열적 특성을 지닌다.

(5) 전문적인 지식이 없는 사용자도 쉽게 접근할 수 있다.

(6) 관계형 데이터베이스로서 정보를 단순히 저장하는 것이 아니라 저장된 정보들을 빠르게 분석하여 의사결정을 돕는다.

(7) OLAP(온라인 분석 처리)와 다차원 분석 처리를 지원한다.

2 데이터마트(Data Mart)

1) 개념

데이터웨어하우스의 일부분, 관리자가 항상 확인해야 하는 데이터를 집중화시켜서 요약하여 관리자만을 위해 개별적으로 제공되는 데이터베이스이다.

2) 특징

(1) 데이터웨어하우스를 축소한 것이다.

(2) 낮은 비용으로 창출 및 운영 가능하다.

(3) 관리자 또는 전략적 사업 단위를 위해 설계된다.

3 데이터웨어하우징(Data Warehousing)

1) 개념

기존 데이터베이스의 정보를 분석하고 필요한 정보를 선택하여 새로운 데이터웨어하우스를 구축하고 활용하는 과정을 의미한다.

2) 구성

(1) 기존 데이터의 추출, 변환, 통합 과정이다.

(2) 데이터웨어하우스 관리 과정이다.

(3) 미들웨어

표준화된 인터페이스를 제공함으로써 서로 다른 기기 또는 데이터베이스를 연결하는 다리 역할이다.

4 데이터마이닝(Data Mining)

1) 개념

데이터베이스에서 지식(예 관계, 패턴, 트렌드 등)을 발견하는 과정이다.

2) 원리

(1) 데이터베이스에 저장된 지식은 데이터베이스 관리시스템(DBMS)에 내장된 질문언어(SQL: Structured Query Language)를 통해 추출한다.

(2) 데이터베이스의 깊은 곳에 저장된 지식은 OLAP(온라인 분석 처리)를 통해 추출한다.

(3) 아주 깊이 저장되어 추출하기 어려운 지식은 의사결정나무, 전문가 시스템 또는 인공지능을 활용하여 추출한다.

3) 기법

(1) 연관관계 규칙 분석

(2) 군집 분석

여러 개체 간의 유사성을 측정하여 그룹화하는 것

(3) 의사결정나무 모형

(4) 전문가 시스템

(5) 인공지능을 활용한 신경망 기법

컴퓨터가 반복적인 학습을 통해 데이터 내의 패턴을 찾아내고 일반화하는 기법

5 텍스트마이닝(Text Mining)

1) 개념

비정형 텍스트 데이터(예 기사, 논문, 보고서 등)로부터 가치 있는 정보를 찾아내는 것이다.

2) 데이터마이닝과 비교

구조화된 데이터베이스에서 원하는 것을 찾는 것이 데이터마이닝인 것에 반해, 텍스트 마이닝은 구조화되지 않은 텍스트를 분석 대상으로 한다.

6 웹마이닝(Web Mining)

1) 개념

고객관계관리를 위해서 웹에 존재하는 모든 데이터(주로 웹 로그파일)를 분석, 즉 데이터 간의 관계를 분석하고 웹에 접속한 이용자의 접속 행위에 대한 패턴을 분석하는 것이다.

2) 기법

(1) 웹 콘텐츠마이닝

웹 사이트의 텍스트, 이미지, 오디오, 비디오 등을 마이닝

(2) 웹 구조마이닝

하이퍼 텍스트로 구성된 문서의 구조를 마이닝

(3) 웹 사용마이닝

웹 사이트 방문자들의 웹 사용 행위의 패턴을 마이닝

3) 웹 로그분석

(1) 웹 로그란 웹 사이트에 방문한 방문자의 흔적, 즉 로그를 의미, 구체적으로 누가, 언제, 어디서, 무엇을, 어떤 경로를 통해서, 어떤 페이지를 방문했는지 등에 대한 기록을 의미한다.

(2) 웹 사용마이닝의 한 부분이다.

(3) 웹 로그를 분석함으로써 방문자의 성향을 파악할 수 있다.

(4) 분석의 종류

Access/Refferer/Agent/Error 로그 파일 분석

CHAPTER 02 개인정보보호와 프라이버시

1 개인정보보호와 보안

1) 에스크로(Escrow)

(1) 개념

거래 대금을 제3자에게 맡겼다가 상품 배송을 확인한 후 판매자에게 대금을 지불하는 것이다.

(2) 장점

① 신뢰할 만한 에스크로 사업자를 활용하면 다양한 피해를 방지하여 거래의 양쪽 당사자(판매자와 구매자) 모두를 보호한다.

② 쇼핑몰은 구매자에게 신뢰를 줄 수 있어서 매출 증대 효과가 있다.

③ 우리나라는 모든 거래에 에스크로를 적용하도록 한다.

④ 구매자가 특별한 이유 없이 상품을 배송받았다는 통보를 해주지 않는 경우 배송 완료일로부터 3일 이상 지난 후에 결제 대금을 판매자에게 지급한다.

2) SSL(Secure Sockets Layer)

Netscape가 개발한 것으로 인터넷 상거래에서 필요한 개인 정보를 보호하기 위한 개인 정보 유지 및 보호 프로토콜이다.

3) SET(Secure Electronic Transaction)

신용카드 결제를 효과적으로 처리하는 지불 프로토콜, 현재 거의 활용되지 않는다.

2 전자상거래 관련 범죄

1) 범죄 유형

(1) 디도스(DDos) 공격

네트워크로 연결된 여러 대의 컴퓨터를 이용하여 공격 거점을 분산시켜 특정한 서버나 네트워크를 공격하는 것이다.

(2) 웜(Worm)

컴퓨터 내부 프로그램에서 자신을 계속 복제하여 과부하를 일으켜 시스템을 다운시키는 것이다.

(3) 바이러스(Virus)

컴퓨터 내부 프로그램에 자신을 복제해두고 해당 내부 프로그램이 작동될 때 나타나 컴퓨터의 작동을 방해하는 것이다.

(4) 패스워드 크래킹(Cracking)

해당 시스템에 저장된 패스워드를 알아내는 해킹 기법으로 허락 없이 타인의 비밀번호를 탈취하는 행위를 말한다.

(5) 스푸핑(Spoofing)

가짜 웹 사이트에 사용자가 방문하도록 유도하여 개인 정보를 유출하는 것이다.

(6) 스니핑(Sniffing)

네트워크상을 지나다니는 패킷을 엿보는 행위이다. 마치 개가 냄새를 맡는 것처럼 네트워크 트래픽을 탐지하여 데이터를 캡처하거나 분석하는 기술을 뜻한다.

(7) 피싱(Phishing)

특정 사이트와 동일하거나 유사한 가짜 웹 사이트를 만들어 사용자가 정보를 남기도록 유도하여 개인 정보를 탈취하는 것이다.

2) 범죄가 아닌 해킹

그로스 해킹(Growth Hacking)은 제한적인 예산을 가지고 빠르게 성장해야 하는 스타트업이 고객의 욕구와 취향을 효과적으로 파악하기 위해 활용하는 온라인 마케팅 기법이다.

3) 범죄 예방법

암호화, 방화벽 설치, 인증, 커버로스 인증(제3의 인증 서버를 활용하여 클라이언트와 서버가 서로의 신분을 확인하는 인증법이다.

4) 전자상거래의 보안을 위해 요구되는 사항들

(1) 인증

사용자의 신분을 확인하고 네트워크에 접속할 수 있는 권한을 부여하는 것이다.

(2) 무결성

데이터베이스에 저장된 데이터 또는 데이터 전송 중에 데이터가 위조나 변조되는 것을 방지하는 것이다.

(3) 기밀성

허가받지 않은 사용자가 정보를 획득한 경우 그 내용을 알 수 없도록 하는 것이다.

(4) 부인(아니라고 주장하는 것) 방지

정보를 송신하고 수신한 당사자들이 미래에 송수신 사실을 부인하는 것을 방지하는 것이다.

5) 전자서명의 조건

(1) 전자서명은 필요한 경우 서명한 사람(서명자)을 검증할 수 있어야 한다.

(2) 위조가 불가하고 재사용이 불가하며 변경이 불가하다.

(3) 서명자가 미래에 서명한 사실에 대해 부인할 수 없어야 한다.

3 암호화 방식

1) 공개키(비대칭키) 암호화 방식

(1) 암호화 및 복호화(암호화되기 전의 상태로 되돌리는 것, 사람이 읽을 수 있는 형태로 되돌리는 것)를 할 때 다른 키를 사용하므로 비대칭키 암호화 방식이라고도 한다.

(2) 대칭키 암호화 방식에 비해 안전하다.

(3) 키를 관리하기가 편하고 안전하므로 전자서명 등에 활용하기 좋다.

2) 비밀키(대칭키) 암호화 방식

(1) 암호화할 때 사용한 키와 복호화할 때 사용하는 키가 동일하므로 속도가 빠르다.

(2) 상대적으로 안전성이 떨어지므로 키를 자주 교체해야 한다.

(3) 사용자가 증가하면 관리해야 할 키의 수가 증가한다.

3) 블록체인(Blockchain)

(1) 다수의 거래 상대방이 있을 때 개인 사용자들의 디지털 기기에 데이터를 저장해두고 공동으로 관리하는 분산형 정보기술이다.

(2) 암호 화폐 거래 시 발생할 수 있는 해킹을 막기 위한 목적에서 개발된다.

(3) 유명한 가상 화폐인 비트코인(Bitcoin)의 기반 기술이며 서버가 아닌 개인 간의 네트워크(Peer to Peer: P2P 네트워크)를 활용한다.

• POWER 기출 ✓ •

대칭키 암호화 방식에 해당되지 않는 것은?

① IDEA(International Data Encryption Algorithm)
② SEED
③ DES(Data Encryption Standard)
④ RSA(Rivest Shamir Adleman)
⑤ RC4

CHAPTER 03 | 고객충성도 프로그램

1 고객충성도(Customer Loyalty)

1) 개념

특정 기업의 제품이나 서비스에 대해 고객이 가지는 애정의 정도를 말한다.

2) 높은 충성도의 긍정적 결과

(1) 재구매율이 증가한다.

(2) 가격비탄력성(가격에 덜 민감함, 즉 가격이 높아져도 구매 의도의 변화가 크지 않음)이 증가한다.

3) 고객관계관리와의 관계

고객관계관리를 통해 고객충성도를 높일 수 있고 수익성이 높은 고객에 대해서는 더 세밀한 관계관리를 통해 고객만족과 고객충성도를 높일 수 있다.

2 고객충성도 프로그램(로열티 프로그램)

1) 근거

(1) 파레토 법칙(상위 20% 고객이 전체 매출의 80%를 차지)에 따라 충성고객의 중요성을 인식하고 고객 충성도 프로그램이 생겨났다.

(2) 기존고객을 유지하는 비용이 신규고객을 획득하는 비용보다 훨씬 적기 때문에 고객관리를 중요하게 생각한다.

2) 의의

(1) 기존고객이 경쟁사로 이탈하는 것을 방지한다.

(2) 고객만족을 최대화하기 위해 노력한다.

(3) 수익성이 높은 고객에게 인센티브(예 반복 구매에 대한 할인, 마일리지 적립, 사은품 등)를 제공한다.

• POWER 기출 ✓ •

고객충성도 프로그램에 대한 설명으로 가장 옳지 않은 것은?

① 충성도 프로그램으로는 마일리지 프로그램과 우수고객 우대 프로그램 등이 있다.
② 충성도에는 행동적 충성도와 태도적 충성도가 있다.
③ 충성도 프로그램은 단기적 측면보다는 장기적 측면에서 운영되어야 유통업체가 고객경쟁력을 확보할 수 있다.
④ 충성도 프로그램을 운영하는 데 있어, 우수고객을 우대하는 것이 바람직하다.
⑤ 충성도 프로그램 운영에 있어 비금전적 혜택 보다는 금전적 혜택을 제공하는 것이 유통업체 측면에서 보다 효율적이다.

---

1 전자상거래(EC: e-Commerce)

1) 개념

(1) 기업과 기업 간에, 기업과 소비자 간에 인터넷을 기반으로 다양한 통신 네트워크를 통해 상품을 사고 파는 행위이다.

(2) 인터넷과 WWW 기술에 의해 실현되는 비즈니스와 시장 형성의 모든 것을 의미한다.

2) 전자상거래로 인해 등장한 조직 - Click-and-Mortar

온라인과 오프라인을 모두 활용하는 조직으로, 오프라인에서 유형적 제품을 생산하여 판매하는 기업을 Brick-and-Mortar라고 하는 것과 비교되는 개념이다.

3) 유형

(1) 기업과 기업 간의 전자상거래(B2B)

네트워크로 연결된 두 개 이상의 기업이 EDI, 엑스트라넷(Extranet), 전자 자금이체 등을 통해 거래, 전체 전자상거래 중 80% 이상을 차지한다.

(2) 기업과 소비자 간의 전자상거래(B2C)

기업이 소비자에게 제품이나 서비스를 직접 전달하기 위해서 구축한다.
예 인터넷 쇼핑몰, 홈쇼핑, 인터넷 뱅킹, 교육서비스 제공, 게임 등

(3) 기타 전자상거래

기업과 정부 간의 전자상거래(B2G, 예 나라장터), 소비자와 정부 간의 전자상거래(C2G)를 말한다.

4) 전자상거래 시스템 구축 과정

시스템 구축 → 전자 계약 체결 → 전자 인증 → 전자결제(e-Payment) → 배송

5) 전자상거래의 기대효과

(1) 기업이 기대하는 효과

① 공간과 시간의 제약을 받지 않고 거래
② 인터넷을 통해 소비자와 직접 연결되므로 유통 채널이 짧아 저렴한 가격 제시 가능
③ 오프라인 점포와 같은 물리적인 공간이 불필요하여 비용 절감
④ 개별 고객에 대한 정보를 수집하고 활용하기에 용이함
⑤ 고객의 욕구(니즈)에 맞는 일대일 마케팅 활동 가능
⑥ 효율적인 재고관리를 통해 재고 관련 비용의 절감

(2) 소비자가 기대하는 효과

① 공간과 시간의 제약을 받지 않고 거래
② 다양한 상품에 대해 유리한 조건으로 구매할 수 있는 가능성과 선택의 폭이 증가
③ 향상된 고객 서비스를 누림
④ 게시판이나 질의응답 기능을 활용하여 실시간으로 서비스 제공받음

(3) 사회가 기대하는 효과

① 상대적으로 개발수준이 낮은 국가나 농촌 지역의 사람들이 구입하기 어려웠던 제품이나 서비스의 제공 가능
② 재택근무와 재택수업이 원활하여 교통 혼잡과 대기 오염의 감소 효과 기대

2 E-Biz 와 U-Biz

1) E-Biz(e-비즈니스)

(1) 개념

인터넷과 IT기술을 활용하여 원재료 구매부터 판매와 사후 서비스까지 이어진 비즈니스의 전체 과정을 효율적으로 수행하는 것이다.

(2) 목적

정보 및 지식, 제품과 서비스의 전달과 교환을 효율적으로 수행하여 제공물의 가치를 높이고 비용의 절감을 추구한다.

2) U-Biz(유비쿼터스 비즈니스)

(1) 개념

유비쿼터스 정보기술을 활용하여 현실 세계와 가상 세계를 결합하여 언제 어디서나 정보를 교환함으로써 매장관리, 공급사슬관리, 물류관리, 고객관계관리 등의 분야에 활용하는 비즈니스 애플리케이션 시스템이다.

(2) 특징

① 시간과 장소의 구분 없이 비즈니스 수행
② 현실 공간과 가상 공간이 결합된 제3의 공간인 유비쿼터스 공간에서 비즈니스 수행
③ 휴대용 기기뿐만 아니라 다양한 사물 등에 내재된 컴퓨터를 이용한 비즈니스 수행
④ 고객 개인 맞춤형 마케팅, 표적 마케팅 가능
⑤ 하나의 제품이 다양한 기능을 수행하는 복합 제품의 활용
⑥ 인공지능을 활용하여 지능화된 기기들이 비즈니스 수행
⑦ 새로운 형태의 모형과 수익 모델의 창출 기대 상승

3 전자상거래 비즈니스

1) 개념

인터넷을 활용하여 수익을 창출하는 비즈니스(사업) 모델이다.

2) 비즈니스 모델의 구성요소

제품, 서비스, 정보 흐름, 참여자의 역할, 잠재적 이익 등이 있다.

3) 비즈니스 모델의 유형

(1) 티머스가 제안한 분류

총 11가지로 상점형, 조달형, 경매형, 몰(Mall)형, 가상 커뮤니티형, 제3자 시장형, 가치사슬 서비스 제공형, 가치사슬 통합형, 협력 플랫폼형, 정보 중개형, 보안 서비스 제공형

(2) 직접 수익 창출 방식에 따른 분류

제품이나 서비스를 판매하는 형태로 소비자가 곧 비용지불자에 해당한다.
① 제품 중심형: 백화점과 같은 쇼핑몰형, 단일 품목 중심 전문형
② 직접 서비스형: 웹 사이트를 중심으로 직접 서비스를 제공하고 서비스 비용을 지불받음
③ 간접 서비스형: 오프라인 중개 수수료보다 저렴하게 온라인상에서 중개를 해주고 수수료를 지불받음

(3) 간접 수익 창출 방식에 따른 분류

다양한 부가서비스를 제공하는 형태로 소비자는 비용지불자가 아니다.
① 스폰서십: 특정 사이트의 한 페이지를 후원하거나 유명 사이트에 프로모션 판을 별도로 운영하는 형태
② 제휴 프로그램: 서로 다른 웹 사이트 간에 배너 광고를 교환하고 공지된 사이트를 통해 접속한 경우 일정 금액을 지불하는 형태
③ 배너 광고: 인지도가 높은 사이트에서 자사의 광고를 끼워넣는 형태
④ 사이버 커뮤니티 형성: 자율적으로 커뮤니티를 형성하게 한 후 그 커뮤니티를 대상으로 마케팅 활동
⑤ 프로그램 무상 배포: 일정 동안 무상으로 프로그램 사용을 할 수 있게 배포함으로써 소프트웨어 회사의 인지도를 높이고 적정 수준 이상의 사용자 수를 확보하기 위한 형태

PART

05 | 유통혁신을 위한 정보자원관리

CHAPTER 01 ERP시스템

1 개념과 특징

1) 개념

(1) ERP는 전사적자원관리(Enterprise Resource Planning)의 줄임말로 비즈니스 전반에 걸친 업무 프로세스를 통합적으로 관리할 수 있도록 돕는 시스템 및 소프트웨어를 의미한다.

(2) ERP는 회사의 인사, 재무, 생산, 판매, 운영 등 전반적인 업무 프로세스를 하나의 시스템 안에 구축해 각각의 정보와 자원을 유기적으로 공유하고, 이를 통해 빠른 의사결정과 업무 진행이 가능하도록 돕는다.

2) 특징

(1) 경영정보시스템(MIS: Management Information System)이나 전략 정보 시스템(SIS: Strategic Information Systems)과 다르지 않지만, ERP와의 결정적인 차이점은 바로 기업 각 부문에 걸친 '정보'라는 경영자원을 하나의 체계 아래에 통합해 관리하는 시스템이라는 점이다.

(2) 경영정보시스템의 경우 부문별 시스템으로 운영돼, 중요한 정보들이 부서 간 공유되거나 연결되지 않는다는 문제가 있다. 이는 부서 간 정보 단절로 인해 의사결정이 지연되고, 커뮤니케이션 비용이 증가함을 의미한다.

(3) ERP의 출현으로 인해 기업의 어느 한 부문에서 입력된 데이터를 회사의 전 부문이 필요에 따라 정보로 활용할 수 있게 되었고, 덕분에 인력, 설비, 자재, 정보, 시간 등의 경영자원을 최적화해 기업의 중요한 의사결정에 활용할 수 있게 되었다.

(4) ERP를 공급하는 대표적인 해외 업체에는 SAP, Oracle(오라클), Microsoft(마이크로소프트), Infor(인포) 등이 있으며, 국내의 경우 가비아, 더존비즈온, 영림원, 이카운트 등의 회사가 있다.

378 유통관리사 2급 핵심이론

2 장점과 도입 필요성

1) 장점

(1) ERP를 도입하는 것은 시스템을 자체 개발하는 것보다 단기간에 이룰 수 있음

① 기업환경의 변화는 가속화되고 있으며, 이러한 환경변화에 적응하기 위한 기업의 업무프로세스도 급속도로 전환되어야 한다.

② 기존의 시스템을 재구축하는 데는 장기간 소요되지만 이미 구축된 ERP는 짧은 시간 내에 파라미터 변경을 통해 전환이 쉽고 빠르게 이루어질 수 있다.

(2) ERP는 통합정보시스템이므로 기업정보를 통합적으로 관리하는 데 기여함

과거의 시스템은 부문이나 사업부의 업무만을 지향하는 단위시스템이 많기 때문에 시스템 전체의 유연성이 크게 떨어졌으나 ERP는 데이터의 통합이 가능하므로 기업의 경영활동을 통합할 수 있는 장점을 가지고 있다.

(3) 공간적, 시간적 한계를 초월할 수 있음

① 과거에는 지역적으로 흩어진 기업의 자원을 중앙집중적으로 관리하기 어려웠으나 ERP는 흩어져 있는 자원을 마치 중앙에서 통괄 관리하는 것처럼 운영하여 중앙집권의 장점인 규모의 경제를 이룰 수 있다.

② ERP는 본사와 영업소, 지점, 현장과의 관계를 밀접하게 만드는 인프라로 활용될 수 있다.

(4) ERP는 비즈니스 프로세스 모델을 혁신하는 비즈니스 리엔지니어링을 구현할 수 있음

① ERP를 도입하는 기업은 '베스트 프랙티스'에 의해 제공된 '비즈니스 프로세스 모델'을 이용해서 자사의 업무와 비교하여 더 탁월한 방식을 채택할 수 있다.

② ERP의 도입과 비즈니스 리엔지니어링을 동시에 실현할 수 있다.

(5) ERP는 정보를 다양한 원천에서 실시간으로 모아 통합적으로 제공하기 때문에 업무가 원활해짐

업무시간을 대폭적으로 축소할 수 있다.

2) 도입 효과의 필요성

(1) 운영의 효율성

① 기업의 모든 프로세스가 통합적으로 이루어져 업무 중복, 업무 대기시간 등의 비부가가치 활동을 제거한다. 이는 업무가 동시적으로 이루어질 수 있고 BPR을 지원하기 때문이다.

② 운영의 효율성을 이뤄 업무시간을 단축할 수 있고 필요인력과 필요자원을 절약할 수 있다.

(2) 배분의 효율성

구매/자재관리 모듈은 실시간으로 자재 현황과 위치 등을 파악하고 수요를 정확히 예측하고 필요 재고 수준을 결정함으로써 불필요한 재고를 없애고 물류비용을 절감할 수 있도록 한다.

(3) 정보의 효율성

정보의 신속성과 정보의 일치성, 개방성은 정보의 공유화를 이루어 기업 구성원들의 정확한 정보를 신속하게 활용할 수 있도록 업무 효율을 높일 수 있도록 한다.

(4) 필요성

① ERP는 일반업무를 단순히 컴퓨터로 처리하는 기존 정보시스템과는 개념부터 다르며 업무 프로세스 자체를 조직적 체계로 바꾼 뒤 ERP프로그램을 통해 이를 처리하게 된다.
② 과정을 통해 구축된 ERP시스템은 각 부서가 정한 경영환경 변화에 신속하게 대응할 수 있게 해줌
③ 업무 프로세스를 표준화하고 재무회계, 원가회계 등 회사 업무 전체를 한 시스템에서 처리할 수 있다.
④ ERP는 국제통화기금(IMF)이 요구하는 기업경영의 투명성을 갖추는 데 탁월한 효과를 발휘한다. 기업신용평가에 까다로운 스탠다드푸어스(S&P)나 무디스도 ERP를 통해 산출한 사업자료는 인정하고 있다.

> **CHAPTER 02** CRM시스템

---

1 고객관계관리(CRM: Customer Relationship Management)

1) 개념

고객과 관련된 모든 정보를 통합하고 분석하여 고객 만족도 향상을 위한 전략을 수립하고 시스템으로 구현하는 과정을 뜻한다.

2) 특징

(1) 고객의 정보를 적극적으로 활용한다.

(2) 고객 정보를 토대로 고객을 세분화(유사한 고객별로 그룹화)하는 것에서 출발되었다.

(3) 데이터베이스 마케팅, 일대일 마케팅, 관계 마케팅과 밀접한 관계가 있다.

(4) 목적

신규고객 획득, 기존고객 유지, 고객생애가치 증진, 잠재고객 활성화, 고객충성도 증대 등이다.

(5) 긍정적 효과

① 기존 고객, 특히 가치가 높은 우수 고객의 유지율 제고

② 기존 고객의 이탈 방지를 통한 손실 최소화

③ 잠재고객 활성화 및 신규 고객 유치를 통한 수익 증대

④ 고객생애가치 증대

⑤ 고객생애가치가 높은 고객 파악을 통한 효과적인 타깃 마케팅

⑥ 고객 만족과 고객충성도 증대

⑦ 시장 변화와 고객 욕구(니즈)의 변화를 파악하고 신속하게 대응

⑧ 변화되는 고객 욕구(니즈)에 적합한 상품 개발

⑨ 최적의 유통 경로(채널) 제공

2 e-CRM

1) 개념

인터넷 채널 중심의 고객관계관리, 인터넷 기반의 정보시스템을 활용한 고객관계관리를 뜻한다.

2) 목적

(1) 웹 로그파일 분석을 통해 일대일 마케팅 활동 지원, 즉 개별 고객에 맞는 제품이나 서비스를 추천하거나 제공한다.

(2) 실시간 대화 기술 등 다양한 새로운 기술의 등장으로 더욱 차별화되고 개인 맞춤화된 서비스를 제공한다.

(3) 신속한 쌍방향 의사소통을 한다.

(4) 고객의 구매 등에 관해 보다 정확하게 예측함으로써 고객만족을 높이고 기업의 수익을 증대시킨다.

POWER 정리

e-CRM 주요 기능
- 고객을 한 명씩 세분화하여 각 고객의 특성을 파악함으로써 맞춤 서비스를 제공
- 언제든지(24시간 내내) 자동화된 신속한 고객 서비스 제공 가능
- 고객 정보를 분석하는 분석 소프트웨어와 고객과의 의사소통, 상호작용을 위한 운영 소프트웨어가 결합된 형태

---

1 SCM 개념

1) 공급사슬의 개념

원재료 조달부터 소비자에게 제품 전달까지의 모든 흐름, 기업의 자원, 정보 등이 가치사슬을 따라 이동하면서 부가가치를 창출하는 과정이다.

2) 공급사슬관리의 개념

공급사슬에서 불필요한 시간과 비용을 절감하기 위해 관리하는 것이다.

3) 공급사슬관리의 목표

정보 공유를 통한 재고 감축, 고객이 원하는 상품을 원하는 시점에 공급한다.

4) 공급사슬관리의 등장 배경

(1) 1980년대 미국 의류 업계에서 QR을 도입하였고 이를 통해 재고 감소와 매출 증대를 이루어냈다. 이후 가공식품 업계에서도 효율적 소비자 대응이라는 목적을 가지고 공급망의 비효율적인 부분들을 제거하고자 노력하면서 공급사슬관리의 개념이 등장하였다.

(2) 제품 품질의 차이가 적어지면서 고객 서비스 향상을 통해 기업의 경쟁력을 강화하고자 한다.

(3) 제품의 수명 주기(사람처럼 제품도 시장에 태어나서 사라지는 주기가 있음)가 짧아지고 신제품 개발 및 출시 속도가 빨라짐에 따라 시간 관리의 필요성이 증대하였다.

(4) 전 세계가 하나의 시장이 되면서 세계 곳곳에 제품을 적절하게 공급하기 위해서 공급망 관리의 필요성이 증대하였다.

POWER 정리

SCM의 주요 특징
- 정보의 공유와 사업 과정의 근본적인 혁신을 통해 공급사슬 전체를 최적화
- 생산, 배송, 판매를 개별적으로 구분하지 않고 하나로 인식하여 통합적으로 접근함
- 대량 고객화(Mass Customization)에 따라 재고관리 및 물류관리가 복잡해지면서 공급사슬의 혁신이 중요해짐

---

② 공급사슬에 있어 채찍효과(Bullwhip Effect)

1) 개념

(1) 공급사슬에 있어 채찍효과란 공급사슬에서 반복적으로 발생하는 수요의 왜곡현상을 의미한다.

(2) 채찍효과가 발생하는 이유는 공급업자, 제조업자, 유통기관, 소매업자 간의 정보 공유가 원활하지 않아 재고가 과다하게 발생하기 때문이다.

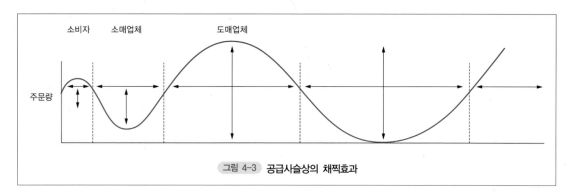

그림 4-3 공급사슬상의 채찍효과

2) 채찍효과의 발생원인 및 해결책

발생원인	발생원인의 설명	해결 방법
다단계 수요예측 (= 중복된 수요예측)	기업의 전통적인 수요예측은 소비자들의 실제 수요가 아닌 각 개별주체에게 수주되어 들어온 주문량에 근거함	단일 수요예측을 할 수 있도록 해야 하며, 이를 위해서 정보 공유 및 정보 집중이 중요
긴 리드타임	리드타임이 길어지거나 변동이 있으면 수요 변동의 작은 변화도 안전재고와 재주문점에 변동을 초래	SCM 구축을 통해 주문 리드타임과 정보 리드타임을 감소
공급사슬상 분배의 문제 (= 결품 방지를 위한 과잉 주문)	특정제품에 대한 수요 폭증으로 제조업체는 도·소매업체별로 제품을 일정하게 할당할 수밖에 없고, 유통기관은 차후 유사 상황을 대비해서 실수요보다 더 많은 양을 과잉 주문	반품제약을 엄격히 하거나 제품할당 시에 수요를 과거 판매 또는 주문실적에 의해 공급
일괄주문 처리 방식	일반적으로 주문은 일정 수준의 제품이 판매될 때까지 기다렸다 일시에 하게 되므로, 특정 시점에서 수요가 급격히 증가하는 현상 발생	유통기관들의 주문시점을 고루 분배하고, 일괄 주문보다는 실시간 주문 처리 필요
불규칙적인 가격정책	도·소매업체들은 특정 할인 기간에 한꺼번에 많은 물량을 구매하여 재고로 쌓아놓고, 이후 주문을 하지 않음에 따라 유통경로상 불규칙한 수요와 가격 왜곡이 발생	EDLP정책을 적절히 사용하거나 제품은 할인해 주되, 일정 간격으로 나누어 배분하는 방법이 용이

아래 글상자에서 설명하는 개념으로 옳은 것은?

제품에 대한 최종 소비자의 수요 변동 폭은 크지 않지만, 소매상, 도매상, 제조업자, 원재료 공급업자 등 공급사슬을 거슬러 올라갈수록 변동 폭이 크게 확대되어 수요예측치와 실제 판매량 사이의 차이가 커지게 된다.

① 블랙 스완 효과(black swan effect)
② 밴드 왜건 효과(band wagon effect)
③ 채찍 효과(bullwhip effect)
④ 베블렌 효과(Veblen effect)
⑤ 디드로 효과(Diderot effect)

3 유통분야에서의 SCM 활용

1) e-SCM(electronic SCM)

(1) 개념

정보통신 기술을 활용한 공급사슬관리를 말한다.

(2) 등장배경

전자상거래(e-Commerce)가 성공하기 위해서 인터넷 기반의 공급사슬관리가 필요하다.

(3) 주요 기능

정보 통합 및 디지털화, 정보와 물류 흐름의 동시화, 업무의 가상화, 업무 처리의 자동화 및 셀프화 등이 있다.

POWER 정리

e-SCM의 효과
- 거래비용의 최소화
- 리드타임의 단축
- 공급사슬 전체에서 낭비 요인 제거
- 실시간 공급 및 공급수량/시간/장소 등의 변경에 의한 사고 예방
- 재고 자동 보충을 통한 재고관리 효율화 및 재고 감축
- 고객 맞춤 서비스 제공

---

2) CPFR(Collaborative Planning, Forecasting and Replenishment)

(1) 개념

SCM 응용 전략의 하나로 생산업체와 유통업체가 예측, 계획, 상품 보충을 공동으로 운영하는 것이다.

(2) 과정

CPFR를 통해 유통업체가 생산업체에 정보를 보내고 이를 활용하여 생산업체는 상품 보충에 관한 예측을 한다. 최종적으로 상품 보충에 대해 공동으로 의사결정을 내린다.

> **POWER 정리**
>
> **CPFR의 효과**
> - 매출 증대
> - 현금 흐름의 개선
> - 행정과 운영의 효율성 증가
> - 자산수익률(ROA) 향상

3) SCM 의 성과를 측정하는 도구들

(1) SCOR(Supply Chain Operation Reference)

① **측정 방법**: 공급사슬을 계획, 조달, 제조, 배송, 반품의 5가지 부분으로 구분하고 각 부분에서 주요한 성과 지표들을 공급사슬 전체의 목적과 부합하도록 조정한다.

② **측정 요소**
- 기업 입장, 즉 내부적 관점에서 비용(상품판매비용, 공급망관리비용 등)과 자산(현금 순환, 자산 회전 등) 요소
- 고객 입장, 즉 외부적 관점에서 유연성(생산의 유연성), 반응성(공급망의 반응 시간), 신뢰성 요소

(2) 균형성과표(BSC: Balanced Score Card)

① **개념**: 1992년 최초로 제시된 조직 전체의 비전과 경영 목표를 개별 사업 부문과 개인의 성과를 측정하는 지표로 전환하여 전략의 실행을 최적화하는 경영 관리 기법이다.

② **측정 방법**: 내부 프로세스, 재무, 고객, 학습과 성장이라는 네 가지 분야에 대해 측정 지표를 선정하고 평가한 후에 각 지표별로 가중치를 적용하여 측정한다.

> **POWER 정리**
>
> **균형성과표의 관점**
> - **내부 프로세스**: 평균 리드타임, 고객 대응 시간, 내부 관리 능력
> - **재무**: 경제적 부가가치(EVA)
> - **고객**: 수익성, 재구매율
> - **학습과 성장**: 직원의 생산성, 노하우, 저작권, 조직의 역량, 정보시스템 역량

아래 글상자가 뜻하는 SCM 전략으로 가장 옳은 것은?

제조 및 유통업체 사이에서 판매 및 재고데이터 공유를 통하여 수요 예측과 주문 관리에 이용하고, 효과적인 상품 보충과 재고 관리를 지원하는 공급망관리를 위한 비즈니스 모델이다.

① QR(Quick Response)
② CMI(Co-Managed Inventory)
③ ECR(Efficient Consumer Response)
④ CRP(Continuous Replenishment Program)
⑤ CPFR(Continuous Planning & Forecasting Replenishment)

CHAPTER 01 │ 신융합기술

1 신융합기술 개요

1) 신기술을 재빠르게 받아들이고 비즈니스에 보다 잘 접목하는 것은 기업의 성과를 좌우하는 핵심 요인이다.

2) 첨단기술의 발전 속도는 더욱 가속화되고 다양해지고 있으며, 이 같은 흐름에 맞춰 글로벌 유통 기업은 변화하는 경영환경에 더욱 민첩하고 효율적으로 대응하기 위해 신기술에 대한 투자를 확대하였다.

2 유통 4.0과 리테일 테크의 부상

1) 4차 산업혁명 기반 기술(인공지능, IoT, AR·VR 등)을 중심으로 리테일 테크 기반의 유통 4.0 시대가 도래하였다.

2) 투자

유통 기업들의 유통 4.0 기반 기술 투자 확대 및 글로벌 유통산업의 ICT 부문으로의 M&A가 가속화되었다.

3) 제도·정책

(1) 세계 주요국은 유통 기업들이 4차 산업혁명의 주요 신기술을 선도적으로 확보하는 정책이 마련되었다.

(2) 소비자의 경우 리테일 테크 기반의 스마트 소비문화가 확산되었다.

4) 유통 4.0 시대의 세 가지 특징

유통산업은 단순한 상품과 서비스의 거래를 중개하는 역할이 아니라 생산과 소비에 대한 정보를 공유함으로써 가치를 창출하는 역할로 부상하게 되었다.

(1) 산업 내/산업 간 융합에 따른 업태 간 경계가 붕괴되었다.

(2) 기술혁신에 따른 가치창출 원천의 근본적 전환이 있었다.

(3) 국경 간 장벽의 완화로 인한 국내외 시장 통합이 가속화되었다.

3 신융합기술에 따른 유통업체 비즈니스모델 변화

1) 인공지능, 모바일 컴퓨팅, 클라우드 컴퓨팅, 사물인터넷, 3D 프린팅, AR · VR 및 로보틱스와 같은 4차 산업혁명 신기술은 전 세계적으로 유통 기업들의 비즈니스를 변화하게 만들었다.

2) 신기술을 재빠르게 받아들이고 비즈니스에 잘 접목하는 것은 이제 기업의 성과를 좌우하는 핵심 요인으로 부상하였다. 첨단기술의 발전 속도는 더욱 가속화되고 다양해졌다.

3) 글로벌 유통 기업은 변화하는 경영 환경에 더욱 민첩하고 효율적으로 대응하기 위해 신기술에 대한 투자를 확대하고 있다.

4) 고객 데이터 분석 역량을 확보하기 위해 D&A에 투자, 고객 경험을 개선하기 위해 챗봇, IoT 및 3D 프린팅, 사물인터넷, AR · VR, 인공지능 기술이 확대되었다.

5) 유통 기업들은 주요 신기술 중 대다수 기술에 적극적인 투자 의지를 보이며, 비즈니스에 신기술을 접목한 다양한 서비스를 출시하여 소비자 경험을 더욱 고도화시키고 있다.

CHAPTER 02 신융합기술의 활용

1 빅데이터와 애널리틱스의 개념 및 활용

1) 개념

(1) 고급 애널리틱스 또는 빅데이터 애널리틱스라고도 불리는 데이터 애널리틱스는 기존 비즈니스 인텔리전스(BI)보다 정교한 기술과 도구를 통해 데이터 또는 콘텐츠를 자율적 또는 반자동적으로 검사하여 더 깊은 통찰력을 발견하고, 예측 및 추천을 가능하게 하였다.

(2) 기술에는 데이터/텍스트 마이닝, 머신러닝, 패턴 일치, 예측, 시각화, 시멘틱 분석, 감정 분석, 네트워크 및 클러스터 분석, 다변수 통계, 그래프 분석, 시뮬레이션, 복잡한 이벤트 처리, 신경망 등이 포함된다.

2) 활용

(1) 데이터 애널리틱스는 통찰력을 도출하기 위해 알고리즘 또는 기계적 프로세스를 적용하는 것을 포함하여 조직과 기업이 데이터에서 답을 찾고 기존 이론과 모델을 검증(또는 반증)할 수 있도록 다양한 산업 분야에서 사용된다.

(2) 데이터 애널리틱스는 연구원이 이미 가지고 있는 정보를 기반으로 결론을 도출하는 프로세스에 초점을 맞춘다.

(3) 애널리틱스의 핵심 가치 제안은 비즈니스의 추진력과 궤적에 깊은 영향을 미치는 통찰력을 제공하는 능력이다.

3) 특징

(1) 개인화된 고객 경험을 제공한다.

(2) 운영 효율성을 새로운 표준으로 설정시킨다.

(3) 재무를 혁신하여 수익을 증대시킨다.

(4) 경쟁자보다 먼저 제품을 혁신한다.

(5) 심각한 비즈니스 위험을 식별하고 완화할 수 있다.

(6) 중요한 비즈니스 자산의 가치를 최적화시킨다.

4) 기업이 데이터를 캡처하고 분석할 때 새로운 기회를 식별하고, 더 나은 비즈니스 결정을 할 수 있고, 효율적인 운영과 높은 수익을 창출할 수 있어 고객을 만족시킬 수 있게 된다.

5) 빅데이터 애널리틱스의 기업 지원방식

(1) 시간 및 비용 절약

데이터 애널리틱스를 통해 많은 양의 데이터를 저장하고 보다 효율적인 비즈니스 수행 방법 식별이 가능하여 상당한 비용을 절감할 수 있다.

(2) 더 빠르고 정확한 의사 결정

새로운 데이터 소스 분석 기능에 속도와 인메모리 애널리틱스를 결합하여 기업은 실시간으로 정보를 분석하고 학습한 내용을 기반으로 의사결정을 내릴 수 있다.

(3) 제품 및 서비스 개발 강화

애널리틱스를 사용하여 고객의 요구와 만족도를 측정함으로써 제조업체와 서비스 제공업체는 특정 고객의 요구를 해결할 수 있다.

POWER 정리

데이터 애널리틱스 유형

- **규범적 애널리틱스**: 특정 정보 상태에 도달하거나 조건이 충족될 때 특정 조치를 권장하거나 처방하는 데 사용되는 예측 애널리틱스의 유형 또는 확장된 개념
- **예측 애널리틱스**: 빅데이터를 분석하여 예측하고 미래 결과, 추세 또는 이벤트의 가능성을 결정
- **진단 애널리틱스**: 과거를 조사하고 특정 이벤트가 발생한 이유를 분석. 일반적으로 대시보드 작업이 포함됨
- **설명 애널리틱스**: 기업이 특정 작업, 프로세스 또는 일련의 트랜잭션에서 발생한 일을 이해할 수 있도록 빅데이터를 사용 가능한 정보의 작은 덩어리로 분해함

---

6) 산업별 데이터 애널리틱스 활용

(1) 병원과 의료 서비스 제공자는 비용을 유지하는 동시에 환자 치료를 개선해야 하는 경쟁적인 문제에 직면하고 있다. 데이터 및 애널리틱스를 사용하여 환자 흐름, 치료 및 병원 장비 사용을 추적 및 최적화하고 궁극적으로 효율성과 비용을 모두 개선할 수 있다.

(2) 데이터 애널리틱스는 모바일/웹로그와 소셜 미디어 데이터 분석을 통해 구매 경험을 최적화하여 소비자와 여행 서비스 및 숙박을 제공하는 기업 모두의 여행 경험을 개선하고 있으며, 이제 소셜 미디어 데이터 기반의 데이터 애널리틱스를 통해 맞춤형 여행 상품을 제공한다.

(3) 컴퓨터 게임 회사는 데이터 애널리틱스를 통해 사용자가 게임 환경 내에서 관계를 형성하고 상호 작용하고 기능을 사용하는 방법을 이해한다.

(4) 유틸리티 및 에너지 공급업체는 유틸리티 회사의 스마트 그리드 관리, 에너지 최적화, 에너지 분배 및 건물 자동화를 위해 데이터 애널리틱스를 활용한다. 유틸리티는 네트워크에서 수백만 개의 데이터 포인트를 통합하여 엔지니어가 네트워크 모니터링을 위해 애널리틱스를 사용할 수 있도록 지원한다.

② 인공지능의 개념 및 활용

1) 개념

(1) 인공지능(AI)은 학습, 창조, 이미지 인식 등과 같이 주로 인간 지능과 연결된 인지 문제를 해결하는 데 주력하는 컴퓨터 공학 분야이다.

(2) 현대 조직은 스마트 센서, 사람이 생성한 콘텐츠, 모니터링 도구, 시스템 로그와 같은 다양한 소스에서 대량의 데이터를 수집한다.

(3) AI의 목표는 데이터에서 의미를 도출하는 자기 학습 시스템을 만드는 것으로 AI는 그 지식을 인간과 같은 방식으로 새로운 문제를 해결하는 데 적용할 수 있다.

(4) AI 기술은 사람의 대화에 의미 있게 반응하고, 독창적인 이미지와 텍스트를 만들고, 실시간 데이터 입력을 기반으로 결정을 내릴 수 있다.

(5) 조직은 애플리케이션에 AI 기능을 통합하여 비즈니스 프로세스를 최적화하고 고객 경험을 개선하며 혁신을 가속할 수 있다.

2) 인공지능 유형

(1) 기능 기반

① Reactive Machine: 메모리 성능이 없으며 과거 행동을 통해 학습하는 능력이 없다.
  예 IBM의 Deep Blue
② Limited Theory: 메모리가 추가된 이 AI는 과거 정보를 활용하여 더 나은 결정을 하는 GPS 위치앱이다.
③ Theory of Mind: 인간의 사고를 깊이 있게 이해하는 것을 목표로 지금도 개발 중이다.
④ Self-Aware AI: 인간의 감정을 이해하고 감정을 불러일으키며 자체 감정도 보유한 AI 가설 단계이다.

(2) 역량 기반

① ANI(Artificial Narrow Intelligence): 좁게 정의되어 프로그래밍된 작업을 수행하는 시스템, 반응형 메모리와 제한된 메모리를 함께 사용하며 현재 AI 애플리케이션 대부분은 이 카테고리에 속한다.
② AGI(Artificial General Intelligence): 인간처럼 교육, 학습, 이해, 수행하는 것이 가능하다.
③ ASI(Artificial Super Intelligence): 우수한 데이터 처리, 메모리, 의사 결정 능력 등으로 인간보다 작업 수행 능력이 우수한 인공지능으로 현재의 기술 수준으로는 실현되지 않았다.

3) 인공지능의 이점

(1) 복잡한 문제 해결

(2) 비즈니스 효율성 증대

(3) 더욱 스마트한 의사결정

(4) 비즈니스 프로세스 자동화

4) 활용

(1) 지능형 문서 처리

① 비정형 문서 형식을 사용 가능한 데이터로 변환한다.

  예 이메일, 이미지, PDF와 같은 비즈니스 문서를 구조화된 정보로 변환한다.

② IDP는 자연어 처리(NLP), 딥 러닝, 컴퓨터 비전과 같은 AI 기술을 사용하여 데이터를 추출, 분류 및 검증한다.

(2) 애플리케이션 성능 모니터링(APM)

① 소프트웨어 도구와 원격 측정 데이터를 사용하여 비즈니스 크리티컬 애플리케이션의 성능을 모니터링하는 프로세스이다.

② AI 기반 APM 도구는 기록 데이터를 사용하여 문제가 발생하기 전에 예측한다.

③ 개발자에게 효과적인 솔루션을 제안하여 실시간으로 문제를 해결할 수 있다.

④ 이 전략은 애플리케이션을 계속해서 효과적으로 실행하고 병목 현상을 해결한다.

(3) 예측 유지 보수

① AI 강화 예측 유지 보수는 대량의 데이터를 사용하여 운영, 시스템 또는 서비스의 가동 중단으로 이어질 수 있는 문제를 식별하는 프로세스이다.

② 기업에서는 예측 유지 보수를 통해 잠재적 문제를 발생 전에 해결하여 가동 중지 시간을 줄이고 중단을 예방할 수 있다.

(4) 의학 연구

① AI를 사용하여 프로세스를 간소화하고, 반복적인 태스크를 자동화하며, 방대한 양의 데이터를 처리한다.

② 의학 연구에 AI 기술을 사용하면 신약 발견 및 개발의 전체 과정을 촉진하고, 의료 기록을 전사하며, 신제품 출시 시간을 단축할 수 있다.

(5) 비즈니스 분석

① AI를 사용하여 복잡한 데이터 세트를 수집, 처리 및 분석한다.

② AI 분석을 사용하면 미래 가치를 예측하고, 데이터의 근본 원인을 이해하며, 시간 소모적인 프로세스를 줄일 수 있다.

3 RFID와 사물인터넷의 개념 및 활용

1) RFID

(1) 개념

무선 주파수를 이용하여 먼 거리에 있는 물건이나 사람을 식별할 수 있는 기술이다.

(2) 구성요소

① 태그(Tag): 데이터가 입력되는 IC칩과 안테나(무선 주파수를 발사하고 태그에서 전송된 데이터를 읽어들여 리더로 전달)로 이루어진 것으로 상품에 부착된다.

② 리더(reader): 주파수 발신을 통제하고 태그에서 전송된 데이터를 해독한다.

③ 호스트: 한 개 또는 여러 개의 태그에서 데이터를 읽어들이고 처리하며 다수의 리더를 관리한다.

(3) 특징

① 바코드가 빛을 이용하는 것과 달리, RFID는 전파를 이용한다.

② 태그의 데이터 변경이나 추가가 자유롭게 가능하다.

③ 한번에 대량의 판독이 가능하다.

④ 습기, 먼지 등의 영향이 적어 판독 환경이 좋지 않은 경우에도 판독률이 높다.

⑤ 원거리 및 고속 이동 시에도 인식 가능하다.

⑥ 바코드는 근거리(가까운 거리)에서만 작동하지만 RFID는 무선 신호의 세기에 따라 거리를 자유롭게 조절 가능하다.

(4) 종류

① 사용하는 동력에 따른 구분: 수동형, 반수동형, 능동형

② 주파수에 따른 구분

구분	LFID	HFID	UHFID	Microwave
주파수	120~140Khz	13.56Mhz	868~956Mhz	2.4GHz
거리	근거리	1m 이내	최대 수십 m	장거리
활용의 예	공장 자동화	IC카드나 출입 및 통제관리	유통 및 물류, 컨테이너 관리	빠른 인식 속도 기반 영역

③ 읽기와 쓰기의 가능 여부에 따른 구분
- 읽기 전용: 제조 시에 입력된 정보의 변경 불가, 가격 낮음, 단순 인식 분야에 활용
- 한 번 쓰기 가능: 정보를 1회 입력할 수 있고 그 이후에는 변경 불가
- 읽기/쓰기 가능: 여러 번 정보를 입력 및 변경 가능, 가격 높음, 고가 상품 등에 활용

2) 사물 인터넷(IoT: Internet of Things)

(1) 개념

현실의 사물들과 가상 세계를 네트워크를 이용하여 연결함으로써 사물 간, 사람과 사물 간에 소통할 수 있게 하는 인터넷 기술이다.

(2) 종류

올인원 사물 인터넷, 애프터마켓형 사물 인터넷이 있다.

(3) 특징

① 각 사물들은 유일한 IP를 가지고 인터넷에 연결되어야 한다.
② 정보가 푸시(push) 방식으로 제공되며 24시간 제공된다.
③ 원하는 정보를 얻을 수 있을 뿐만 아니라 정보들을 조합하여 필요한 지식을 제공한다.
④ 사용자가 정보를 찾는 것이 아니라 주변에 있는 것들이 알아서 정보를 찾아주는 방식이다.

4 로보틱스와 자동화의 개념 및 활용

1) 개념

(1) 소프트웨어 로보틱스라고 알려진 로보틱 프로세스 자동화(RPA)는 데이터 추출, 양식 작성, 파일 이동 등과 같은 사람들이 하는 백오피스 작업을 대신하기 위해 자동화 기술을 사용한다.

(2) API와 사용자 인터페이스(UI) 상호작용을 결합하여 엔터프라이즈 애플리케이션과 생산성 애플리케이션 간의 반복적인 작업을 통합하고 수행한다.

(3) RPA 툴은 인간 프로세스를 에뮬레이션(emulation)하는 스크립트를 배포함으로써 연관성이 없는 소프트웨어 시스템에서 다양한 활동 및 트랜잭션을 자율적으로 수행한다.

2) 활용

(1) 자동화는 규칙 기반 소프트웨어를 사용하여 비즈니스 프로세스 활동을 대규모로 수행하므로 인적자원은 보다 복잡한 작업에 우선순위를 둘 수 있다.

(2) RPA를 사용하면 CIO 및 기타 의사 결정권자가 디지털 혁신 노력을 가속화하고 직원의 투자수익률(ROI)을 높일 수 있다.

3) 이점

(1) 코딩 감소

RPA는 반드시 개발자가 구성할 필요가 없으며, 사용자 인터페이스의 끌어서 놓기 기능을 사용하면 비기술 직원도 손쉽게 온보딩할 수 있다.

(2) 빠른 비용 절감

RPA는 팀의 업무 부담을 줄여주기 때문에 인력 투입이 필요한 다른 우선순위 작업에 직원을 재배치할 수 있어 생산성과 ROI가 향상된다.

(3) 고객 만족도 향상

봇과 챗봇은 24시간 작동할 수 있으므로 고객 대기시간을 줄여 고객 만족도를 높일 수 있다.

(4) 직원 사기 향상

RPA가 팀에서 반복적이고 대량의 업무 부담을 덜어주므로 직원들이 보다 신중하고 전략적인 의사결정에 집중할 수 있고, 이러한 업무 변화는 직원의 행복에 긍정적인 영향을 준다.

(5) 정확성 및 규정 준수 개선

RPA 로봇이 특정 워크플로우 및 규칙을 따르도록 프로그래밍할 수 있으므로 특히 정확성과 규제 표준과 같은 규정 준수가 필요한 작업에서 인적 오류를 줄일 수 있다. RPA는 또한 감사 추적을 제공하므로 진행 상황을 손쉽게 모니터링하고 문제를 보다 신속하게 해결할 수 있다.

(6) 기존 시스템 계속 사용

로보틱 프로세스 자동화 소프트웨어는 봇이 기존 애플리케이션의 프레젠테이션 레이어에서 작동하기 때문에 기본 시스템을 중단시키지 않는다. 따라서 애플리케이션 프로그래밍 인터페이스(API) 또는 심층 통합을 개발할 리소스가 없는 상황에서 봇을 구현할 수 있다.

유통업체에서 업무 혁신을 위해 도입하고 있는 RPA(Robotic Process Automation) 시스템에 대한 설명으로 가장 옳지 <u>않은</u> 것은?

① RPA는 정형화된 반복업무에 대한 자동화기술이다.

② 업무처리 속도가 매우 빠르고 업무 효율성이 매우 높다.

③ 최근 데이터에 기반한 학습을 통해 스스로 의사결정을 할 수 있는 인공지능 기술이 RPA 시스템에 이용되는 추세이다.

④ 음성 변환 기술을 활용해서 보다 많은 고객들의 요구사항에 효율적으로 응대할 수 있도록 발전하고 있다.

⑤ 설계적 오류나 병목현상 발생 시, 자동으로 프로세스를 변경할 수 있으며, 다양한 요구에 유연하게 변경 가능하여 복잡한 업무 자동화에 적합하다.

5 블록체인과 핀테크의 개념 및 활용

1) 개념

(1) 블록체인(Blockchain)

① 블록체인 핀테크 시장은 기존의 금융 서비스가 가상자산(또는 디지털 화폐)과 결합하여 혁신하는 형태로 형성되고 있으며, 아직은 시장의 초기에 해당한다.

② 디파이(DeFi) 서비스는 기존의 전통 금융 서비스의 전반에 걸쳐 이에 대응하는 가상자산 기반의 서비스가 등장하고 있다.

③ 전통적 금융 서비스는 통화의 발행, 수신, 여신, 투자 등으로 분류할 수 있으며 블록체인 핀테크 산업은 화폐의 발행, 송금, 증권의 거래, 결제 및 수탁 시장에서 형성되고 있다.

(2) 핀테크(Fin Tech)

① 금융(Finace)과 기술(Technology)의 합성어로 인공지능, 빅데이터, 사물인터넷 기술을 기반으로 한 금융서비스를 의미한다.

② 핀테크의 사업영역은 크게 지급결제, 금융데이터 분석, 금융소프트웨어, 플랫폼 등으로 나눌 수 있다.

③ 핀테크를 통해 인터넷 은행, P2P 금융 서비스, 간편결제 시장 등 기존의 금융 사업자를 위협하는 새로운 서비스가 출현하였다. 기존 금융 서비스의 융합과 플랫폼 비즈니스 등의 신 금융 서비스가 등장하였다.

④ 핀테크(Fintech), 테크핀(Techfin), 블록체인 핀테크(Blockchain Fin Tech), 디파이(DeFi), 씨파이(CeFi) 등은 모두 전통 금융 서비스에서 변화한 혁신금융의 또 다른 이름이다.

2) 블록체인 기술을 활용하여 기존의 금융서비스 효율 증대나 비용 절감 등의 효과를 이루는 경우는 일반 핀테크 서비스로 분류한다. 핀테크와 블록체인 핀테크를 구분 짓는 가장 큰 경계는 기존의 법정화폐를 기반으로 하느냐, 가상자산(또는 디지털화폐)과 연계하느냐이다.

3) 블록체인 핀테크는 법정화폐와 가상자산의 경계에 있다는 점이 디파이(DeFi)와 다른 점이다. 따라서 블록체인 핀테크는 블록체인 기술 기반의 법정화폐와 가상자산을 연계한 금융서비스이다.

4) 1차 핀테크와 2차 핀테크는 모두 법정화폐를 중심으로 하고 있다. 하지만 3차 핀테크 시대에는 유일한 지급결제 수단이었던 법정화폐 외에 가상자산이 새로운 지급결제 수단으로 등장하여 기능하기 시작하였다.

5) 핀테크 주요사업 영역

사업영역	내용
지급결재	• 이용이 간편하면서도 수수료가 저렴한 지급결제 서비스를 제공 • 지급결제시장의 진입장벽을 완화
금융데이터분석	개인 및 기업고객과 관련된 다양한 데이터를 수집하여 분석함으로써 새로운 부가가치를 창출
금융 소프트웨어	진보된 스마트기술을 활용하여 기존 방식보다 효율적이고 혁신적인 금융업무 및 서비스 관련 SW 제공
플랫폼	전 세계 기업과 고객들이 금융기관과 자유롭게 금융거래를 할 수 있는 다양한 거래 기반 제공

6 클라우드 컴퓨팅의 개념 및 활용

1) 클라우드 컴퓨팅(Cloud Computing)의 개념

인터넷상의 서버에 사용자의 정보를 저장해 두고 다양한 IT 기기를 활용해 원하는 시점에 언제나 접속할 수 있는 것을 뜻한다.

2) 종류

Platform as a Service, Software as a Service, Infrastructure as a Service

3) 긍정적 효과

(1) 컴퓨터 시스템을 관리, 유지하는 비용 절감

(2) 서버 구매 및 설치비용 절감

(3) 소프트웨어 구매 및 업데이트 비용 절감

(4) 에너지 절감

☑ 가상현실과 메타버스의 개념 및 활용

1) 개념

(1) 가상현실(VR: Virtual Reality)

① 사용자를 몰입형 가상세계로 데려갈 수 있는 기술이다.

② VR 헤드셋, 컨트롤러 및 기타 장치를 사용하여 사용자는 가상세계에서 보고, 듣고, 만질 수 있다.

③ VR은 게임, 교육, 훈련, 엔터테인먼트 등 다양한 용도로 사용될 수 있다.

(2) 증강현실(AR: Augmented Reality)

① 사용자의 실제 세계에 가상 요소를 추가할 수 있는 기술이다.

② AR 헤드셋, 스마트폰 및 기타 장치를 사용하여 사용자는 실제 세계에 겹친 가상정보를 볼 수 있다.

③ AR은 게임, 교육, 쇼핑, 마케팅 등 다양한 용도로 사용될 수 있다.

(3) 메타버스(Metaverse)

① 현실과 가상이 융합된 초월적 세상이다.

② 메타버스에서 사용자는 아바타를 사용하여 가상세계를 탐험하고, 다른 사람들과 상호작용하고, 새로운 경험을 할 수 있다.

③ 메타버스는 게임, 교육, 엔터테인먼트, 비즈니스 등 다양한 용도로 실용화되고 있다.

2) 활용

(1) 교육

① VR과 AR은 학생들이 다른 장소로 가거나 위험한 경험을 할 필요 없이 다양한 주제에 대해 배울 수 있는 새로운 방법을 제공한다.

② VR을 활용하여 학생들이 역사적 사건을 경험하거나 다른 문화를 탐험할 수 있다.

③ AR을 활용하여 학생들이 가상요소를 사용하여 제품을 시각화하고 구매 결정을 내릴 수 있다.

(2) 훈련

① VR과 AR은 직원들이 위험하거나 비용이 많이 드는 작업을 시뮬레이션할 수 있는 새로운 방법을 제공할 수 있다.

② VR을 사용하면 직원들이 화재를 진압하는 방법이나 의학적 응급상황에 대처하는 방법을 훈련할 수 있다.

③ AR을 사용하면 직원들이 가상요소를 사용하여 장비를 작동하고 프로세스를 완료하는 방법을 훈련할 수 있다.

(3) 엔터테인먼트

사람들이 영화를 보고, 게임을 하고, 콘서트에 갈 수 있는 새로운 방법을 제공할 수 있다.

(4) 소셜네트워킹

서로 소통하고 친구 및 가족과 시간을 보내고, 새로운 사람들을 만날 수 있는 새로운 방법을 제공할 수 있다.

(5) 비즈니스

기업이 고객과 소통하고 제품을 판매하고 서비스를 제공하는 새로운 방법을 제공한다.

8 스마트물류와 자율주행의 개념 및 활용

1) 개념

(1) 스마트물류

① 스마트 하드웨어, 사물인터넷, 빅데이터 등 지능화 기술과 수단을 통해 물류시스템의 의사결정과 스마트 실행을 분석하는 능력을 높여 물류시스템 전체의 지능화, 자동화 수준을 높이는 것이다.
② 롤랜드 버거(Roland Berger)사는 4차 산업혁명으로 진화되는 과정에서 물류산업의 역할 또한 변천하고 있으며, '물류 4.0'을 융복합 기술의 역량으로 완전 통합된 공급망(Fully Integrated supply chain), 상호 연계된 시스템(Interconnected Systems), 완벽한 조정-관리(Perfect coordination)에 의한 물류시스템으로 정의한다.

(2) 자율주행(Autonomous Vehicle)

① 사람의 조작 없이 교통수단이 스스로 운행하는 시스템을 말한다.
② 자율주행은 외부에 있는 서버와 통신하며 서버의 명령에 따라 주행하는 무인운전 방식과 교통수단 내부에 탑재된 인공지능에 따라 스스로 판단하여 주행하는 방식으로 나눌 수 있다.

2) 활용

(1) 스마트물류

① 스마트물류를 도입할 경우, 물류 운영, 물류 관리, 물류 조직 등에서 내부 운영 및 관리 수준을 획기적으로 개선할 수 있어 원가 절감과 서비스 수준 향상을 기대할 수 있다.
② 스마트물류를 물류프로세스의 완전자동화로 설명하는 경우도 있다. 물류의 모든 영역에서 완전자동화를 이루게 된다면 불필요한 인원을 줄이고 불필요한 행동을 줄여 최적의 효율성을 낼 수 있다.
③ 비용 절감과 함께 미래에 발생할 수 있는 위험에 대한 관리가 가능하도록 업무 프로세스를 개선하는 데서부터 스마트물류의 도입이 시작된다.
④ 스마트물류는 IT 기기의 발전을 기반으로 한 정확하고 섬세한 정보 전달, 물류의 기본 기능에 컨설팅 기능을 더한 전체적인 효율화, 탄력-그린-고객지향이라는 트렌드를 바탕으로 한 유연성 향상을 핵심으로 설명된다.

(2) 자율주행

① 자율주행은 이미 우리 삶에 상당 부분 적용되어 있는데, 현재 운영되는 대부분의 지하철은 자율주행으로 운행되고 있으며 항공기와 선박에서도 '자동운항'이라는 방식으로 활용되고 있다.

② 철도 차량 및 선박, 항공기 등의 운항은 충돌 가능성 및 운행 과정에서의 돌발 상황 요소가 적어, 기술 적용이 상대적으로 쉽다.

③ 자동차 분야는 자율주행 발전이 매우 더딘데, 이는 도로 환경에서 차량의 밀집도 및 돌발 상황의 발생 가능성이 매우 높아 이를 완전히 제어하는 기술 구현이 어렵기 때문이다.

01 유통정보의 이해

01 ★★
정보와 자료의 개념, 정보 · 자료 · 지식 간의 관계

아래 글상자의 ( ) 안에 들어갈 내용을 순서대로 나열한 것으로 가장 옳은 것은?

	자료	정보	지식
구조화	(㉠)	단위 필요	(㉡)
부가가치	(㉢)	중간	(㉣)
객관성	(㉤)	가공 필요	(㉥)
의사결정	관련 없음	객관적 사용	주관적 사용

① ㉠ 어려움　㉡ 쉬움
　㉢ 적음　㉣ 많음
　㉤ 객관적　㉥ 주관적
② ㉠ 쉬움　㉡ 어려움
　㉢ 적음　㉣ 많음
　㉤ 객관적　㉥ 주관적
③ ㉠ 어려움　㉡ 쉬움
　㉢ 많음　㉣ 적음
　㉤ 주관적　㉥ 객관적
④ ㉠ 쉬움　㉡ 어려움
　㉢ 많음　㉣ 적음
　㉤ 주관적　㉥ 객관적
⑤ ㉠ 어려움　㉡ 쉬움
　㉢ 적음　㉣ 많음
　㉤ 주관적　㉥ 객관적

[해설]
자료 - 정보 - 지식 순서로
구조화 쉬움 → 어려움,
부가가치 적음 → 많음,
객관적 → 주관적

[정답] ②

02 ★
정보와 자료의 개념, 정보 · 자료 · 지식 간의 관계

데이터, 지식, 정보에 대한 설명으로 가장 옳지 <u>않은</u> 것은?

① 일반적으로 데이터에서 정보를 추출하고, 정보에서 지식을 추출한다.
② 1차 데이터는 이미 생성된 데이터를 의미하고, 2차 데이터는 특정한 목적을 달성하기 위해 직접적으로 고객으로부터 수집한 데이터를 의미한다.
③ 일반적으로 정보는 이전에 수집한 데이터를 재가공한 특성을 갖고 있다.
④ 암묵적 지식은 명확하게 체계화하기 어려운 지식을 의미한다.
⑤ 지식창출 프로세스에는 공동화, 표출화, 연결화, 내면화가 포함된다.

[해설]
② 2차 데이터는 특정한 목적을 달성하기 위해 직접적으로 고객으로부터 수집한 데이터를 의미하지 않음

[보충]
• **1차 데이터**: 특정한 목적을 달성하기 위해 직접적으로 수집한 데이터 [예] 고객 설문조사, 인터뷰, 관찰
• **2차 데이터**: 이미 생성된 데이터 [예] 공공기관 제공 통계, 기업 보유 고객 데이터
• **데이터**: 사실이나 숫자, 문자 등과 같은 정보의 단위
• **정보**: 데이터를 가공하여 의미 있는 형태로 제공된 것
• **지식**: 정보에 대한 이해와 통찰력을 바탕으로 한 능력

[정답] ②

데이터의 깊이와 분석차원을 마음대로 조정해가며 분석하는 OLAP(online analytical processing)의 기능으로 가장 옳은 것은?

① 분해(slice & dice)
② 리포팅(reporting)
③ 드릴링(drilling)
④ 피보팅(pivoting)
⑤ 필터링(filtering)

[해설]

③ **드릴링(drilling)**: OLAP의 기능 중 하나, 데이터의 깊이를 조정하여 분석하는 기능

① **분해(slice & dice)**: 데이터의 분석차원을 조정하여 분석하는 기능 예 제품별 매출을 분석하는 경우, 제품별, 월별, 지역별 등의 분석차원을 조정

② **리포팅(reporting)**: 데이터를 정형화하여 보고서를 생성하는 기능

④ **피보팅(pivoting)**: 데이터의 분석차원을 회전하여 분석하는 기능 제품별 매출을 분석하는 경우, 월별 매출을 제품별로 분석하거나, 제품별 매출을 월별로 분석하는 등의 방식으로 데이터의 분석차원을 회전할 수 있음

⑤ **필터링(filtering)**: 데이터에서 특정 조건을 만족하는 데이터만 추출하는 기능 OLAP의 기능 중 하나이지만, 데이터의 깊이나 분석차원을 조정하는 기능은 아님

[정답] ③

스튜어트(Stewart)의 지식 자산 특성에 대한 설명으로 가장 옳지 않은 것은?

① 지식 자산의 유형으로 고객 자산, 구조적 자산, 인적 자산 등이 있다.
② 대표적인 고객 자산에는 고객브랜드 가치, 기업 이미지 등이 있다.
③ 대표적인 인적 자산에는 구성원의 지식, 경험 등이 있다.
④ 대표적인 구조적 자산에는 조직의 경영시스템, 프로세스 등이 있다.
⑤ 구조적 자산으로 외재적 존재 형태를 갖고 있는 암묵적 지식이 있다.

[해설]

⑤ 암묵적 지식은 언어화하기 어려운 비전형적인 지식을 의미, 암묵적 지식은 경험을 통해 축적되고, 습득하기 어렵기 때문에 구조적 자산으로 분류되지 않음

[보충]

스튜어트(Stewart)는 지식 자산을 고객 자산, 구조적 자산, 인적 자산으로 구분함

• **고객 자산**: 기업의 제품이나 서비스에 대한 고객의 인식, 신뢰, 충성도 등을 의미
• **구조적 자산**: 기업이 보유하고 있는 경영시스템, 프로세스, 지적 재산권 등을 의미
• **인적 자산**: 기업의 구성원이 보유하고 있는 지식, 경험, 기술 등을 의미

[정답] ⑤

05 ★

아래 글상자에서 설명하는 플랫폼 비즈니스의 두 가지 핵심 특성과 관련한 현상을 순서대로 바르게 나열한 것은?

> ㉠ 플랫폼에 참여하는 이용자들이 증가할수록 그 가치가 더욱 커지는 현상이 나타나고, ㉡ 일정 수준 이상의 플랫폼에 참여하는 이용자를 확보하게 될 경우, 막강한 경쟁력을 확보해서 승자독식의 비즈니스가 가능하게 되는 현상이 나타난다.

① ㉠ 메트칼프의 법칙
　 ㉡ 티핑 포인트
② ㉠ 팔레토의 법칙
　 ㉡ 롱테일의 법칙
③ ㉠ 네트워크 효과
　 ㉡ 무어의 법칙
④ ㉠ 규모의 경제
　 ㉡ 범위의 경제
⑤ ㉠ 학습효과
　 ㉡ 공정가치선

[해설]
- **팔레토의 법칙**: 20:80 법칙
- **롱테일의 법칙**: 팔레토 법칙과 반대, 80% 사소한 다수가 20% 핵심 소수보다 더 뛰어난 성과를 창출함
- **네트워크 효과**: 어떤 재화에 대한 소비자의 수요가 그 재화를 소비하는 다른 소비자들의 수요에 의해 영향을 받는 효과
- **무어의 법칙**: 마이크로 칩에 저장할 수 있는 데이터 분량이 18~24개월마다 두 배씩 증가한다는 법칙
- **규모의 경제**: 기업의 생산규모가 증가할 때 생산량의 증가가 노동, 자본 등 생산요소의 증가보다 더 크게 증가함
- **범위의 경제**: 하나의 기업이 두 가지 이상의 제품을 함께 생산할 경우, 두 가지를 각각 따로 생산하는 경우보다 생산비용이 적게 드는 현상
- **학습효과**: 경험효과, 동일제품이나 서비스를 생산하는 두 기업을 비교할 경우, 일정기간 내에 보다 많은 제품이나 서비스를 생산했던 기업의 비용이 낮아지는 것
- **공정가치선**: 고객관점의 고객가치와 기업관점의 고객가치는 서로 밀접하게 연관된 동시에 서로 상충될 수 있는 관계에 있음

[정답] ①

06 ★

아래 글상자의 ㉠, ㉡에 해당되는 각각의 용어로 가장 옳은 것은?

> 전통적인 경제학에서 기업의 생산활동은 ㉠이 주로 적용된다고 가정하고 있다. 정보화 사회에 들어서면서 컴퓨터산업을 포함한 정보통신 산업분야에서는 이러한 현상이 적용되지 않는다. 오히려 ㉡이 적용되고 있다. 브라이언 아서 교수는 농업이나 자연자원을 많이 소모하는 대량생산 체제에서는 ㉠이 지배하고, 첨단기술의 개발과 지식 중심의 생산 체제에서는 반대로 ㉡이 지배한다고 주장하였다.

① ㉠ 수확체증의 법칙
　 ㉡ 수확불변의 법칙
② ㉠ 수확체증의 법칙
　 ㉡ 수확체감의 법칙
③ ㉠ 수확체감의 법칙
　 ㉡ 수확불변의 법칙
④ ㉠ 수확체감의 법칙
　 ㉡ 수확체증의 법칙
⑤ ㉠ 수확불변의 법칙
　 ㉡ 수확체감의 법칙

[해설]
- **수확체감의 법칙**: 생산에 필요한 요소들 중 다른 요소들은 변화하지 않은 상태에서 한 생산요소가 증가할 때 단위당 한계생산량은 줄어드는 현상
- **수확체증의 법칙**: 생산요소의 투입을 늘렸을 때 생산량이 생산요소의 증가율보다 큰 비율로 증가
- **수확불변의 법칙**: 끊임없는 생산성 향상으로 인해 경기가 침체하지 않는다는 것, '수확 체감의 법칙'이 작동하지 않게 된다는 뜻

[정답] ④

07 ★

데이터 유형 분류와 그 특성에 대한 설명으로 가장 옳지 않은 것은?

① 정형 데이터 – 관계형 데이터베이스 관리 시스템(RDBMS)의 고정된 필드에 저장되는 데이터들이 포함됨
② 정형 데이터 – 데이터의 길이와 형식이 정해져 있어 그에 맞추어 데이터를 저장하게 됨
③ 반정형 데이터 – 문서, 웹문서, HTML 등이 대표적이며, 데이터 속성인 메타데이터를 가지고 있음
④ 반정형 데이터 – JSON, 웹로그 등 데이터가 해당되며, XML 형태의 데이터로 값과 형식이 다소 일관성이 없음
⑤ 비정형 데이터 – 형태와 구조가 복잡한 이미지, 동영상 같은 멀티미디어 데이터가 이에 해당됨

해설

③ 반정형 데이터는 데이터의 구조가 정해져 있지 않고, 데이터의 속성이 자유롭게 설정될 수 있으므로 메타데이터를 가지고 있지 않음
① 정형 데이터는 관계형 데이터베이스 관리 시스템(RDBMS)의 고정된 필드에 저장되는 데이터들이 포함됨. 정형 데이터는 데이터의 길이와 형식이 정해져 있어 그에 맞추어 데이터를 저장하게 됨
② 정형 데이터는 데이터의 길이와 형식이 정해져 있어 그에 맞추어 데이터를 저장하게 됨
④ 반정형 데이터는 JSON, 웹로그 등 데이터가 해당. 반정형 데이터는 XML 형태의 데이터로 값과 형식이 다소 일관성이 없는 특징을 가짐
⑤ 비정형 데이터는 형태와 구조가 복잡한 이미지, 동영상 같은 멀티미디어 데이터가 이에 해당. 비정형 데이터는 데이터의 구조가 정해져 있지 않고, 데이터의 속성이 자유롭게 설정될 수 있음

정답 ③

08 ★

의사결정시스템에 대한 설명으로 가장 옳지 않은 것은?

① 최고경영층은 주로 비구조적 의사결정에 대한 문제에 직면해 있고, 운영층은 주로 구조적 의사결정에 대한 문제에 직면해 있다.
② 의사결정지원시스템을 이용해 의사결정의 품질을 높이기 위해서는 의사결정지원시스템에서 활용하는 데이터의 품질을 개선해야 한다.
③ 의사결정지원시스템은 수요 예측 문제, 민감도 분석 등에 활용된다.
④ 운영층은 주로 의사결정지원시스템을 이용해 마케팅 계획 설계, 예산 수립 계획 등과 같은 업무를 수행한다.
⑤ 의사결정지원시스템의 의사결정 품질 개선을 위해 딥러닝(deep learning)과 같은 고차원적 알고리즘(algorithm)이 활용된다.

해설

의사결정지원시스템(DSS)은 의사결정 과정을 지원하기 위한 정보시스템임. DSS는 의사결정의 유형에 따라 구조적 의사결정지원시스템(SDDSS), 준구조적 의사결정지원시스템(NDMS), 비구조적 의사결정지원시스템(NDSS)으로 구분됨
① 최고경영층 주로 비구조적 의사결정에 대한 문제에 직면해 있고, 운영층은 주로 구조적 의사결정에 대한 문제에 직면. 의사결정의 유형에 따른 의사결정권자의 분류에 대한 기본적인 설명
② 의사결정지원시스템을 이용해 의사결정의 품질을 높이기 위해서는 의사결정지원시스템에서 활용하는 데이터의 품질을 개선. 의사결정지원시스템의 기본적인 원리
③ 의사결정지원시스템은 수요 예측 문제, 민감도 분석 등에 활용. 의사결정지원시스템의 활용 사례 중 하나
⑤ 의사결정지원시스템의 의사결정 품질 개선을 위해 딥러닝(deep learning)과 같은 고차원적 알고리즘(algorithm)이 활용, 최근의 의사결정지원시스템의 발전 방향 중 하나임

정답 ④

09 ★

전형적인 조직구조는 피라미드와 유사하며 조직 수준별로 의사결정, 문제해결, 기회포착에 요구되는 정보유형이 각기 다르다. 조직구조를 3계층으로 구분할 때, 다음 중 운영적 수준에서 이루어지는 의사결정과 관련된 정보활용 사례로 가장 옳지 <u>않은</u> 것은?

① 병가를 낸 직원이 몇 명인가?
② 코로나19 이후 향후 3년에 걸친 고용수준 변화와 기업에 미치는 영향은?
③ 이번 달 온라인 쇼핑몰 구매자의 구매후기 건수는?
④ 지역별 오늘 배송해야 하는 주문 건수는?
⑤ 창고의 제품군별 재고 현황은?

[해설]
운영적 수준은 조직의 일상적인 운영을 담당하는 수준. 운영적 수준에서 이루어지는 의사결정은 단기적인 시야를 가지고, 구체적이고 실행 가능한 내용을 다루는 것이 일반적 반면, '코로나19 이후 향후 3년에 걸친 고용수준 변화와 기업에 미치는 영향은?'은 장기적인 시야를 가지고, 추상적이고 일반적인 내용을 다루는 것임. 따라서 운영적 수준에서 이루어지는 의사결정과는 관련이 없음

[정답] ②

10 ★

지식관리에 대한 설명으로 옳지 <u>않은</u> 것은?

① 명시적 지식은 쉽게 체계화할 수 있는 특성이 있다.
② 암묵적 지식은 조직에서 명시적 지식보다 강력한 힘을 발휘하기도 한다.
③ 명시적 지식은 경쟁기업이 쉽게 모방하기 어려운 지식으로 경쟁우위 창출에 기반이 된다.
④ 암묵적 지식은 사람의 머릿속에 있는 지식으로 지적자본(intellectual capital)이라고도 한다.
⑤ 기업에서는 구성원의 지식공유를 활성화하기 위하여 인센티브(incentive)를 도입한다.

[해설]
③ 명시적 지식은 경쟁기업이 쉽게 모방할 수 있는 지식이므로 명시적 지식만으로 경쟁우위를 창출하기는 어려움. 암묵적 지식은 개인의 경험과 노하우가 축적된 지식으로 경쟁기업이 쉽게 모방하기 어려움. 따라서, 암묵적 지식을 조직의 경쟁력으로 활용하기 위해서는 지식공유와 학습조직의 구축이 필요함. 명시적 지식은 경쟁기업이 쉽게 모방하기 어려운 지식으로 경쟁우위 창출에 기반이 됨

• **명시적 지식**: 문서, 데이터베이스, 표준화된 절차 등과 같이 체계화된 형태로 표현된 지식
• **암묵적 지식**: 개인의 경험, 노하우, 직관 등과 같이 비체계화된 형태로 표현된 지식

[정답] ③

11 ★

아래 글상자에서 제시하는 지식관리시스템 구현 절차를 순서대로 바르게 나열한 것으로 가장 옳은 것은?

> ⊙ 지식관리시스템 구현에 대한 목표를 설정한다. 예를 들면, 지식관리시스템을 통해 해결해야 하는 문제를 명확하게 정의한다.
> ⓒ 지식기반을 창출한다. 예를 들면, 고객의 니즈를 만족시킬 수 있도록 베스트 프랙티스(best practice) 등을 끊임없이 개발해서 지식관리시스템에 저장한다.
> ⓒ 프로세스 관리팀을 구성한다. 예를 들면, 최상의 지식관리시스템에서 지식 활용이 이루어질 수 있도록 프로세스를 구축한다.
> ② 지식 활용 증대를 위한 업무처리 프로세스를 구축한다. 예를 들면, 지식관리시스템에서 고객과 상호작용을 활성화하기 위해 전자메일, 라이브 채팅 등 다양한 커뮤니케이션 도구 활용이 가능하도록 구현한다.

① ⊙ - ⓒ - ⓒ - ②
② ② - ⓒ - ⓒ - ⊙
③ ⓒ - ② - ⓒ - ⊙
④ ⊙ - ⓒ - ② - ⓒ
⑤ ⊙ - ⓒ - ⓒ - ②

지식관리시스템은 조직 내의 지식을 체계적으로 관리하고 활용하기 위한 시스템임

[지식관리시스템 구축]
1. **목표 설정**: 지식관리시스템을 통해 달성하고자 하는 목표를 설정
2. **현황 분석**: 조직 내의 지식관리 현황을 분석
3. **시스템 설계**: 목표와 현황 분석을 바탕으로 시스템을 설계
4. **시스템 개발 및 구축**: 설계된 시스템을 개발하고 구축
5. **시스템 도입 및 운영**: 시스템을 조직에 도입하고 운영

정답 ⑤

12 ★★
지식경영과 지식관리시스템 활용

유통업체에서 지식관리시스템 활용을 통해 얻을 수 있는 효과로 옳지 <u>않은</u> 것은?

① 동종 업계의 다양한 우수 사례를 공유할 수 있다.
② 지식을 획득하고, 이를 보다 효과적으로 활용함으로써 기업 성장에 도움을 받을 수 있다.
③ 중요한 지식을 활용해 기업 운영에 있어 경쟁력을 확보할 수 있다.
④ 지식 네트워크를 구축할 수 있고, 이를 통해 새로운 지식을 얻을 수 있다.
⑤ 의사결정을 위한 정보를 제공해주는 시스템으로 의사결정권이 있는 사용자가 빠르게 판단할 수 있게 돕는다.

해설
⑤은 의사결정지원시스템(DSS: Decision Support System)에 대한 설명임

정답 ⑤

13 ★★
지식경영과 지식관리시스템 활용

노나카의 SECI모델을 근거로 아래 글상자의 내용 중 외재화(externalization)의 사례를 모두 고른 것으로 가장 옳은 것은?

> ㉠ 실무를 통한 학습
> ㉡ 숙련된 기능공의 지식
> ㉢ 숙련된 기능공의 노하우의 문서화
> ㉣ 형식적 지식을 통합하는 논문 작성
> ㉤ 이전에 기록된 적이 없는 구체적 프로세스에 대한 매뉴얼 작성

① ㉠, ㉡
② ㉡, ㉣
③ ㉢, ㉤
④ ㉠, ㉢, ㉤
⑤ ㉡, ㉣, ㉤

해설
• **외재화**: 숙련된 기능공의 노하우의 문서화, 구체적 프로세스에 대한 매뉴얼 작성
• **외부화**: 노나카 이쿠지로 교수는 지식변환 프로세스를 4단계로 구분하였는데 그 중 3단계가 외부화(externalization)임. 외부화는 암묵적 지식을 형식적 지식으로 변환하는 과정으로 경험이나 직관과 같은 암묵적 지식을 말이나 문서, 그림, 도식 등의 형태로 표현하는 것임

정답 ③

14 ★

유통정보시스템 이용에 있어서 정보보안의 주요 목표에 대한 내용으로 가장 옳은 것은?

① 허락받지 않은 사용자가 정보를 변경해서는 안 되는 것은 기밀성이다.
② 정보의 소유자가 원치 않으면 정보를 공개할 수 없는 것은 무결성이다.
③ 보낸 이메일을 상대가 읽었는지 알 수 있는 수신 확인 기능은 부인방지 원칙을 잘 반영한 것이다.
④ 웹사이트에 접속하려고 할 때 에러 등 서비스 장애가 일어나는 것은 무결성이 떨어진다고 볼 수 있다.
⑤ 인터넷 거래에 필요한 공인인증서에 기록된 내용은 타인이 조작할 수 없도록 만들어 가용성을 유지해야 한다.

[해설]
정보보안의 주요 목표는 기밀성, 무결성, 가용성임. 기밀성은 허락받지 않은 사용자가 정보를 볼 수 없도록 하는 것, 무결성은 정보의 소유자가 원치 않으면 정보를 변경할 수 없도록 하는 것, 가용성은 정보가 필요할 때 사용할 수 있도록 하는 것임
보낸 이메일을 상대가 읽었는지 알 수 있는 수신 확인 기능은 정보의 소유자가 원치 않으면 정보를 변경할 수 없도록 하는 무결성을 보장하는 기능임. 따라서 보낸 이메일을 상대가 읽었는지 알 수 있는 수신 확인 기능은 부인방지 원칙을 잘 반영한 것임

[정답] ③

15 ★

공급업체와 구매업체의 재고관리 영역에서 구매업체가 가진 재고 보충에 대한 책임을 공급업체에게 이전하는 전략을 일컫는 용어로 가장 옳은 것은?

① CPP(cost per rating point)
② ASP(application service provider)
③ CMI(co-managed inventory)
④ ABC(activity based costing)
⑤ VMI(vender managed inventory)

[해설]
VMI는 공급업체가 구매업체의 재고 수준을 실시간으로 모니터링하고, 재고 보충이 필요한 시점을 판단하여 재고를 보충하는 전략임. VMI를 통해 구매업체는 재고 보충에 대한 책임을 공급업체에게 이전함으로써, 재고 관리의 효율성을 향상시킬 수 있음. 따라서 공급업체와 구매업체의 재고관리 영역에서 구매업체가 가진 재고 보충에 대한 책임을 공급업체에게 이전하는 전략을 일컫는 용어는 VMI(vendor managed inventory)임
① CPP(cost per rating point): 광고 효과를 측정하는 지표
② ASP(application service provider): 애플리케이션 서비스 제공업체
③ CMI(co-managed inventory): 구매업체와 공급업체가 공동으로 재고를 관리하는 전략
④ ABC(activity based costing): 활동 기반 원가 계산을 의미

[정답] ⑤

01 ★★★

전자자료교환(EDI)에 대한 설명으로 가장 옳지 않은 것은?

① 전용선 기반이나 텍스트 기반의 EDI 서비스는 개방적 인터넷 환경으로 인해 보안상 취약성이 높아 웹기반 서비스가 불가하며, 2022년 서비스가 시행되었다.

② EDI 서비스는 기업 간 전자상거래 서식 또는 공공 서식을 서로 합의된 표준에 따라 표준화된 메시지 형태로 변환해 거래 당사자끼리 통신망을 통해 교환하는 방식이다.

③ EDI 서비스는 수작업이나 서류 및 자료의 재입력을 하지 않게 되어 실수 및 오류를 방지하며 더 많은 비즈니스 문서를 보다 정확하고 보다 빨리 공유하고 처리할 수 있다.

④ EDI 시스템의 기본 기능에는 기업의 수주, 발주, 수송, 결제 등을 처리하는 기능이 있으며, 상업 거래 자료를 변환, 통신, 표준 관리 그리고 거래처 관리 등으로 활용할 수 있다.

⑤ EDI 서비스는 1986년 국제연합유럽경제위원회(UN/ECE) 주관으로 프로토콜 표준화 합의가 이루어졌고, 1988년 프로토콜의 명칭을 EDIFACT로 하였으며, 구문규칙을 국제표준(ISO 9735)으로 채택하였다.

[해설]

전자자료교환(EDI)은 기업 간 전자상거래 서식 또는 공공 서식을 서로 합의된 표준에 따라 표준화된 메시지 형태로 변환해 거래 당사자끼리 통신망을 통해 교환하는 방식임. EDI는 전용선 기반이나 인터넷 기반으로 구현할 수 있음. 전용선 기반의 EDI는 보안성이 높지만, 비용이 많이 들고 설치와 유지 보수가 어렵다는 단점이 있음. 인터넷 기반의 EDI는 비용이 적게 들고 설치와 유지 보수가 쉽지만 보안성이 전용선 기반에 비해 낮다는 단점이 있음. 따라서 전용선 기반이나 텍스트 기반의 EDI 서비스는 개방적인 인터넷 환경으로 인해 보안상 취약성이 높아 웹기반 서비스가 불가하며, 2022년 서비스가 시행되었다는 설명은 옳지 않음

[정답] ①

02 ★★★★★

POS시스템의 특징에 대한 설명으로 가장 옳지 않은 것은?

① SKU별로 상품 정보를 파악할 수 있는 관리시스템으로 상품 판매동향을 파악할 수 있다.

② 모든 거래정보 및 영업정보를 즉시 파악할 수 있으므로 정보의 변화에 즉각 대응할 수 있는 배치(batch)시스템이다.

③ 현장에서 발생하는 각종 거래 관련 데이터를 실시간으로 직접 컴퓨터에 전달하는 수작업이 필요 없는 온라인시스템이다.

④ 고객과의 거래와 관련된 정보를 POS시스템을 통해 수집할 수 있다.

⑤ POS를 통해 수집된 정보는 고객판촉 활동의 기초자료로 사용할 수 있다.

[해설]

② POS시스템은 실시간으로 거래정보를 수집하고 처리하는 온라인(online) 시스템임. 따라서 POS시스템을 통해 수집된 정보는 즉시 확인하고 분석할 수 있으며 모든 거래정보 및 영업정보를 즉시 파악할 수 있으므로 정보의 변화에 즉각 대응할 수 있는 배치(batch) 시스템이라는 설명은 옳지 않음

① POS시스템은 SKU(Stock Keeping Unit)별로 상품 정보를 파악할 수 있는 관리시스템으로, 상품 판매동향을 파악하는 데 활용될 수 있음

③ POS시스템은 현장에서 발생하는 각종 거래 관련 데이터를 실시간으로 직접 컴퓨터에 전달하는 수작업이 필요 없는 온라인시스템임

④ POS시스템은 고객과의 거래와 관련된 정보를 수집할 수 있으며 이러한 정보는 고객의 구매 패턴, 선호도 등을 파악하는 데 활용될 수 있음

⑤ POS를 통해 수집된 정보는 고객판촉 활동의 기초자료로 사용할 수 있으며, 이러한 정보는 고객을 세분화하고, 맞춤형 마케팅을 수행하는 데 활용될 수 있음

[정답] ②

식별코드와 바코드에 대한 설명으로 가장 옳지 <u>않은</u> 것은?

① GS1 표준 상품 식별코드는 전 세계적으로 널리 사용되는 '사실상의(de facto)' 국제 표준이다.
② 상품 식별코드 자체에는 상품명, 가격, 내용물 등에 대한 정보가 포함되어 있다.
③ 바코드는 식별코드를 기계가 읽을 수 있도록 막대 모양으로 표현한 것이다.
④ GTIN은 기업에서 자사의 거래단품을 고유하게 식별하는 데 사용하는 국제표준상품코드이다.
⑤ ITF-14는 GTIN-14코드체계(물류단위 박스)를 표시하는 데 사용되는 바코드 심벌이다.

해설

② 상품 식별코드는 상품을 고유하게 식별하기 위한 코드로 상품명, 가격, 내용물 등과 같은 상품의 세부 정보는 상품 식별코드에 포함되어 있지 않음. 이러한 세부 정보는 상품의 포장, 상품 정보 시스템, 또는 기타 방식으로 제공되므로 상품 식별코드 자체에 상품명, 가격, 내용물 등에 대한 정보가 포함되어 있다는 설명은 옳지 않음
① GS1 표준 상품 식별코드는 GTIN(Global Trade Item Number)으로 알려져 있음
③ 바코드의 막대의 굵기와 간격에 따라 식별코드를 나타냄
④ GTIN은 8자리, 12자리, 13자리, 또는 14자리로 구성됨
⑤ ITF-14는 14자리의 GTIN-14코드와 물류 단위의 정보를 포함함

정답 ②

GS1 표준 식별코드에 대한 설명으로 가장 옳지 <u>않은</u> 것은?

① 식별코드는 숫자나 문자(또는 둘의 조합)의 열로, 사람이나 사물을 식별하는 데 활용
② 하나의 상품에 대한 GS1 표준 식별코드는 전 세계적으로 유일
③ A아이스크림(포도맛)에 오렌지맛을 신규상품으로 출시할 경우 고유 식별코드가 부여되어야 함
④ 상품의 체적정보 또는 총중량의 변화가 5% 이하인 경우 고유 식별코드를 부여하지 않음
⑤ 상품 홍보 또는 이벤트를 위해 특정기간을 정하여 판매하는 경우는 고유 식별코드를 부여하지 않음

해설

⑤ GS1 표준 식별코드는 전 세계적으로 유일한 식별코드로 상품 홍보 또는 이벤트를 위해 특정기간을 정하여 판매하는 경우에도 고유 식별코드를 부여해야 함. 이는 상품의 유통, 관리, 판매 등 전반적인 과정에서 정확한 식별이 가능하도록 하기 위함임
① 식별코드는 숫자, 문자, 또는 둘의 조합으로 이루어진 코드로, 사람이나 사물을 식별하는 데에 활용
② 하나의 상품에 대한 GS1 표준 식별코드는 전 세계적으로 유일함. 이는 상품의 정확한 식별을 위해 중요함
③ A아이스크림(포도맛)과 A아이스크림(오렌지맛)은 서로 다른 상품이기 때문에, 각각 고유 식별코드를 부여함
④ 상품의 체적정보 또는 총중량의 변화가 5% 이하인 경우, 상품의 성격이나 용도가 변경되지 않은 것으로 간주하여 고유 식별코드를 변경하지 않음

정답 ⑤

QR(Quick Response)에 대한 설명으로 가장 옳지 않은 것은?

① QR은 1980년대 중반 미국의 의류업계와 유통업체가 상호 협력하면서 시작되었다.

② QR의 도입으로 기업은 리드타임의 증가, 재고비용의 감소, 판매의 증진 등의 획기적인 성과를 거둘 수 있다.

③ QR이 업계 전반에 걸쳐 확산되기 위해서는 유통업체마다 각각 다르게 운영되고 있는 의류상품에 대한 상품분류체계를 표준화하여야 한다.

④ 미국의 식품업계는 QR에 대한 벤치마킹을 통해 식품업계에 적용할 수 있는 SCM 시스템인 ECR을 개발하였다.

⑤ QR의 핵심은 유통업체가 제조업체에게 판매된 의류에 대한 정보를 매일 정기적으로 제공함으로써 제조업체로 하여금 판매가 부진한 상품에 대해서는 생산을 감축하고 잘 팔리는 상품의 생산에 주력할 수 있도록 하는 데 있다.

[해설]

공급망 관리(SCM)의 효율성을 높이기 위해 도입된 QR은 다음과 같은 효과를 기대할 수 있음

1. **재고 관리의 효율성 향상**: QR을 통해 실시간으로 제품의 판매 현황을 파악할 수 있으므로, 재고 부족이나 과잉을 방지

2. **생산 계획의 최적화**: QR을 통해 판매 현황을 기반으로 생산 계획을 수립할 수 있으므로, 생산 비용을 절감하고 고객 만족도를 높일 수 있음

3. **고객 서비스의 향상**: QR을 통해 고객에게 제품에 대한 정보를 제공하거나, 고객의 의견을 수렴할 수 있으므로 고객 서비스의 질을 향상시킬 수 있음

위와 같은 효과를 고려할 때, QR의 도입으로 기업의 리드타임이 증가한다는 것은 옳지 않은 설명임. 리드타임은 제품의 생산부터 판매까지 소요되는 시간으로, QR을 도입하면 리드타임이 감소할 수 있음

[정답] ②

전자금융거래 시 간편결제를 위한 QR코드 결제 표준에 대한 내용으로 가장 옳지 않은 것은?

① 고정형 QR 발급 시 별도 위변조 방지 조치(특수필름부착, 잠금장치 설치 등)를 갖추어야 한다.

② 변동형 QR은 보안성 기준을 충족한 앱을 통해 발급하며 위변조 방지를 위해 1분 이내만 발급이 유지되도록 규정한다.

③ 자체 보안기능을 갖추어야 하며 민감한 개인·신용정보 포함을 금지하고 있다.

④ 고정형 QR은 소상공인 등이 QR코드를 발급·출력하여 가맹점에 붙여두고, 소비자가 모바일 앱으로 QR코드를 스캔하여 결제처리하는 방식이다.

⑤ 가맹점주는 가맹점 탈퇴·폐업 즉시 QR코드 파기 후 가맹점 관리자에게 신고해야 한다.

[해설]

금융위원회에서 제정한 전자금융거래 시 간편결제를 위한 QR코드 결제 표준에 따르면 변동형 QR은 보안성 기준을 충족한 앱을 통해 발급되며, 유효시간은 3분임. 따라서 1분 이내만 발급이 유지된다는 내용은 옳지 않음

[정답] ②

07 ★

베스트 오브 브리드(best of breed)전략을 통해 ERP 시스템을 구축할 경우에 대한 설명으로 가장 옳지 <u>않은</u> 것은?

① 상대적으로 낮은 비용으로 시스템을 구축할 수 있다.
② 특정 기능 구현에 있어서 고도의 탁월한 기능성을 발휘함으로써 보다 많은 경쟁우위를 창출하도록 해준다.
③ 별도의 미들웨어 개발 없이 모듈 간 통합을 할 수 있다.
④ 소프트웨어 선택, 프로젝트 관리 및 업그레이드에 더 많은 시간과 자원이 소요된다.
⑤ 고도의 전문성을 지닌 IT자원이 요구된다.

해설

③ 베스트 오브 브리드 전략은 개별 기능이나 모듈별로 최적의 소프트웨어를 선택하여 통합하는 방식. 따라서 개별 모듈이 서로 다른 개발사로부터 제공되는 경우가 많으며, 모듈 간 통합을 위해서는 별도의 미들웨어 개발이 필요할 수 있음
① 베스트 오브 브리드 전략은 개별 모듈을 선택하여 구축하기 때문에 통합 ERP 시스템을 구축하는 것에 비해 상대적으로 낮은 비용으로 구축할 수 있음
② 베스트 오브 브리드 전략은 개별 모듈별로 최적의 소프트웨어를 선택하기 때문에 특정 기능 구현에 있어서 고도의 탁월한 기능성을 발휘할 수 있음. 이는 기업의 경쟁력 강화에 기여할 수 있음
④ 베스트 오브 브리드 전략은 개별 모듈을 선택하여 통합해야 하기 때문에 소프트웨어 선택, 프로젝트 관리 및 업그레이드에 더 많은 시간과 자원이 소요될 수 있음
⑤ 베스트 오브 브리드 전략은 개별 모듈별로 최적의 소프트웨어를 선택하여 통합해야 하기 때문에 고도의 전문성을 지닌 IT자원이 요구됨

정답 ③

08 ★★

공급자재고관리(VMI)의 목적으로 가장 옳지 <u>않은</u> 것은?

① 비즈니스 가치 증가
② 고객서비스 향상
③ 재고 정확성의 제고
④ 재고회전율 저하
⑤ 공급자와 구매자의 공급사슬 운영의 원활화

해설

공급자재고관리(VMI)는 공급자가 구매자의 수요를 예측하고 재고를 관리하는 시스템임. 따라서 VMI의 목적은 재고회전율을 저하시키는 것이 아님. 재고회전율은 재고가 얼마나 빨리 회전하는지를 나타내는 지표로, 재고회전율이 낮을수록 재고가 더 오래 보유되고 있는 것임. VMI는 재고 정확성을 높이고 고객 서비스를 향상시키는 것을 목적으로 함

정답 ④

09 ★★★

CRM 시스템에 대한 설명으로 가장 옳지 <u>않은</u> 것은?

① 신규고객 창출, 기존고객 유지, 기존고객 강화를 위해 이용된다.
② 기업에서는 장기적인 고객관계 형성보다는 단기적인 고객관계 형성을 위해 도입하고 있다.
③ 다양한 측면의 정보 분석을 통해 고객에 대한 이해도를 높여준다.
④ 유통업체의 경쟁우위 창출에 도움을 제공한다.
⑤ 고객유지율과 경영성과 모두를 향상시키기 위해 정보와 지식을 활용한다.

해설

CRM 시스템은 고객관계관리(Customer Relationship Management) 약자로 고객의 정보를 수집, 분석하여 고객의 요구를 파악하고, 이를 바탕으로 고객과 지속적인 관계를 유지하고 발전시키는 관리 기법임. 따라서 CRM 시스템은 장기적인 고객관계 형성을 위한 수단으로 활용되며 단기적인 고객관계 형성을 위한 수단으로 활용된다는 것은 CRM 시스템의 본질과 맞지 않음

[CRM 시스템의 목적]
- **신규 고객 창출**: CRM 시스템을 통해 고객의 요구를 파악하여, 이를 충족시킬 수 있는 제품이나 서비스를 제공함으로써 신규 고객을 창출할 수 있음
- **기존 고객 유지**: CRM 시스템을 통해 기존 고객의 구매 패턴이나 선호도를 파악하여, 이를 반영한 마케팅 활동을 통해 기존 고객을 유지할 수 있음
- **기존 고객 강화**: CRM 시스템을 통해 기존 고객과 지속적인 관계를 유지함으로써 기존 고객의 충성도를 높이고, 재구매율을 높일 수 있음

정답 ②

10 ★
웹 3.0

웹 3.0과 관련된 설명으로 가장 옳지 <u>않은</u> 것은?

① 시맨틱 웹(Semantic Web) – 의미론적인 웹을 뜻하며 기계가 인간들이 사용하는 자연어를 이해하고 상황과 맥락에 맞는 개인 맞춤형 정보를 제공하는 웹
② 온톨로지(Ontology) – 메타데이터들의 집합, 예를 들어 사과를 떠올리면 사과의 색상, 종류 등 관련된 여러 가지 정보를 컴퓨터가 이해하고 처리할 수 있는 정형화된 수단으로 표현한 것
③ 중앙집중화(centralization) – 웹 3.0에서 사용자 간 연결은 플랫폼을 중심으로 연결하여 자유롭게 소통할 수 있도록 지원, 결과적으로 플랫폼이 강력한 권한을 가지게 됨
④ 웹 3.0을 실현하기 위해서는 블록체인, 인공지능, AR · VR, 분산 스토리지, 네트워크 등의 기반 기술이 필요, 사용성을 높여야 실효성이 있을 것으로 봄
⑤ 온라인 검색과 요청들을 각 사용자들의 선호와 필요에 따라 맞춰 재단하는 것이 웹 3.0의 목표

해설
웹 3.0은 분산화(decentralization)를 지향하는 웹으로, 중앙집중화와는 반대되는 개념임. 따라서 ③은 웹 3.0의 특성과 맞지 않음

[웹 3.0의 특징]
- **분산화**: 웹 3.0은 중앙 서버에 의존하지 않고, 사용자들 간의 분산된 네트워크를 기반으로 함
- **탈중앙화**: 웹 3.0은 사용자들이 자신의 데이터에 대한 소유권과 통제권을 가지게 됨
- **개방성**: 웹 3.0은 누구나 참여하고 정보를 공유할 수 있는 개방된 구조를 지님

정답 ③

11 ★★
신용어

아래 글상자에서 설명하고 있는 용어를 나열한 것으로 가장 옳은 것은?

- (㉠)는 유행에 관심이 많고 소비를 놀이처럼 즐기는 사람을 지칭하는 용어이다. 생산적인 소비자를 일컫는 프로슈머(prosumer)에서 한 단계 진화하여 참여와 공유를 통해 개인의 만족과 집단의 가치를 향상시키는 능독적인 소비자를 말한다. 필립 코틀러(Philip Kotler)의 '사회 구조가 복잡해지고 물질적으로 풍요로워질수록 소비자는 재미를 추구한다.'는 주장을 반영한 소비 형태이다.
- (㉡)는 에너지를 소비도 하지만 생산도 하는 사람을 지칭하는 용어이다. 스마트 그리드가 구축되면 일반 가정이나 사무실에도 소형 발전기, 태양광, 풍력 등을 이용한 신재생 에너지를 생산하고 사용한 후 여분을 거래할 수 있다.

① ㉠ 모디슈머, ㉡ 스마트너
② ㉠ 플레이슈머, ㉡ 스마트너
③ ㉠ 플레이슈머, ㉡ 에너지프로슈머
④ ㉠ 트랜드슈머, ㉡ 에너지프로슈머
⑤ ㉠ 트랜드슈머, ㉡ 스마트프로슈머

해설
플레이슈머(놀이), 에너지프로슈머(에너지 관련), 트랜드슈머(트랜드를 이끄는 소비자), 스마트프로슈머(스마트해진 소비자), 모디슈머(자신만의 방식으로 재창조하는 소비자)

정답 ③

12 ★★★

e-SCM을 위해 도입해야 할 주요 정보기술로 가장 옳지 않은 것은?

① 의사결정을 지원해주기 위한 자료 탐색(data mining) 기술
② 내부 기능부서 간의 업무통합을 위한 전사적 자원관리(ERP) 시스템
③ 기업 내부의 한정된 일반적인 업무활동에서 발생하는 거래자료를 처리하기 위한 거래처리시스템
④ 수집된 고객 및 거래데이터를 저장하기 위한 데이터웨어하우스(data warehouse)
⑤ 고객, 공급자 등의 거래 상대방과의 거래 처리 및 의사소통을 위한 인터넷 기반의 전자상거래(e-Commerce)시스템

[해설]

e-SCM은 기업의 공급망 관리를 전자적으로 수행하는 것을 말함. e-SCM을 위해서는 기업 내부뿐만 아니라 공급자, 고객 등 공급망의 모든 참여자 간의 정보 공유와 협업이 필수적임. 따라서 e-SCM을 위해서는 기업 내부의 거래처리시스템뿐만 아니라 기업 간 거래를 위한 전자상거래 시스템, 공급망 데이터를 통합 관리하기 위한 데이터웨어하우스, 의사결정을 지원하기 위한 자료 탐색 기술 등 다양한 정보기술이 필요함

거래처리시스템은 기업 내부의 한정된 일반적인 업무활동에서 발생하는 거래 자료를 처리하기 위한 시스템임. 거래처리시스템은 기업 내부의 업무 효율성을 높이는 데에는 효과적이지만 공급망 관리를 위해서는 부족한 점이 있음. 예를 들어, 거래처리시스템은 공급자와 고객 간의 거래 정보를 처리하지 못하며, 공급망 데이터를 통합 관리할 수 없음. 따라서 e-SCM을 위해서 도입해야 할 주요 정보기술로 기업 내부의 한정된 일반적인 업무활동에서 발생하는 거래자료를 처리하기 위한 거래처리시스템은 옳지 않음

[정답] ③

13 ★

아래 글상자의 ㉠과 ㉡에 해당되는 용어로 가장 옳은 것은?

> • (㉠)은(는) 종종 잘못된 제품 수요정보가 공급사슬을 통해 한 파트너에서 다른 참여자들에게로 퍼져나가면서 왜곡되고 증폭되는 것을 말한다. 예를 들면, 고객과의 최접점에서 어떤 제품의 수요가 약간 증가할 것이라는 정보가 공급사슬의 다음 단계마다 부풀려 전달되어 과도한 잉여재고가 발생하게 되는 현상이다.
>
> • e-SCM을 구축함으로서 공급사슬의 (㉡)을 확보하여 이러한 현상을 감소시키거나 제거할 수 있게 된다.

① ㉠ 풀현상, ㉡ 가시성
② ㉠ 푸시현상, ㉡ 가시성
③ ㉠ 채찍효과, ㉡ 완전성
④ ㉠ 채찍효과, ㉡ 가시성
⑤ ㉠ 채찍효과, ㉡ 확장성

[해설]
• **채찍효과**: 잘못된 수요정보
• **가시성**: e-SCM 가시성

[정답] ④

14 ★★

오늘날 공급사슬관리는 IT의 지원 없이 작동할 수 없다. 공급사슬관리에 일어난 주요 변화로 옳지 <u>않은</u> 것은?

① 공급자 중심에서 고객중심으로 – 비용보다는 유연한 대응력 즉 민첩성이 핵심요인
② 풀(pull)관행에서 푸시(push)관행으로 – 생산 풀로부터 소비자 주문 또는 구매를 근거로 하는 푸시관행으로 이동
③ 재고에서 정보로 – 실질 수요에 대한 더 나은 가시성 확보가 중요
④ 운송과 창고관리에서 엔드투엔드 파이프라인 관리가 강조 – 가시성과 시간단축 중요
⑤ 기능에서 프로세스로 – 급변하는 환경에 다기능적이고 시장지향적인 프로세스에 초점

[해설]

풀(pull)관행은 수요에 의해 공급이 결정되는 방식으로 소비자의 주문이나 구매에 따라 생산과 배송이 이루어짐. 반면 푸시(push)관행은 공급에 의해 수요가 결정되는 방식으로 생산 계획에 따라 제품이 생산되고 배송됨. 공급사슬관리의 주요 변화 중 하나는 풀(pull)관행으로의 이동으로 이는 소비자의 요구에 보다 민첩하게 대응하기 위한 것임. 따라서 푸시(push)관행으로의 이동은 공급사슬관리의 주요 변화로 보기 어려움
① 공급사슬의 목적이 고객의 요구를 충족시키는 데 있다는 인식의 변화를 의미함
③ 재고를 단순한 비용으로 인식하는 것에서 벗어나, 공급사슬의 효율성과 투명성을 높이기 위한 정보로 인식하는 변화를 의미함
④ 공급사슬의 각 단계를 단편적으로 관리하는 것에서 벗어나 전체 공급사슬을 종합적으로 관리하는 변화를 의미함
⑤ 공급사슬의 각 기능을 독립적으로 관리하는 것에서 벗어나, 공급사슬 전반의 프로세스를 통합적으로 관리하는 변화를 의미함

[정답] ②

15 ★★

아래 글상자의 괄호 안에 공통적으로 들어갈 용어로 가장 옳은 것은?

> • ( )은(는) 조직의 성과목표 달성을 위해 재무, 고객, 내부프로세스, 학습 및 성장 관점에서 균형잡힌 성과지표를 설정하고 그 성과를 측정하는 성과관리 기법을 말한다. 매우 논리적이며, 지표와 재무적 성과와의 분명한 상관관계를 보이고 있다. 다만, 외부 다른 기관의 평가와 비교하는 것은 곤란하다.
> • ( )기반 성과관리시스템은 기관의 미션과 비전을 달성할 수 있도록 전략목표, 성과목표, 관리과제 등을 연계하고, 성과지표를 근거로 목표 달성의 수준을 측정해서 관리할 수 있는 IT기반의 성과관리 및 평가시스템을 말한다.

① 경제적 부가가치(economic value added)
② 인적자원회계(human resource accounting)
③ 총자산이익률(return on assets)
④ 균형성과표(balanced score card)
⑤ 투자수익률(return on investment)

[해설]

제시된 내용은 균형성과표에 관한 설명임
① 경제적 부가가치: 투자자의 기대수익까지 반영함으로써 기업의 실질적인 부(wealth)의 창출이나 손실을 직접 측정하는 지표
② 인적자원회계: 조직자원으로서 인간 가치를 측정하는 것을 말함. 인적자원 측정방법은 크게 원가법과 경제적 가치법으로 나뉨
③ 총자산이익률: 전체 자산으로부터 발생한 당기순이익을 사용한 수익성 측정 방법
⑤ 투자수익률: 투자한 자본에 대한 수익 혹은 손실의 비율을 일컫는 용어

[정답] ④

01 ★
데이터베이스, 데이터웨어하우징, 데이터마트

아래 글상자의 괄호 안에 들어갈 용어로 가장 옳은 것은?

> 거래처리시스템으로부터 운영데이터를 모아 주제
> 영역으로 구축한 데이터웨어하우스는 조직 전체의
> 정보를 저장하고 있어 방대하다. (   )은(는) 특정
> 한 조직이 사용하기 위해 몇몇 정보를 도출하여 사
> 용할 수 있도록 한 사용자 맞춤데이터 서비스를 지
> 칭한다.

① 데이터윈도우
② 데이터마트
③ 데이터스키마
④ 데이터모델
⑤ 그룹데이터모델

[해설]
① **데이터윈도우**: 데이터베이스에 저장된 데이터를 검색, 표현, 조작하기 위해 사용
③ **데이터스키마**: 데이터베이스(Database) 전체 또는 일부의 논리적인 구조를 표현하는 것으로 데이터베이스 내에서 데이터가 어떤 구조로 저장되는지를 나타냄
④ **데이터모델**: 데이터의 관계, 접근과 그 흐름에 필요한 처리과정에 관한 추상화된 모형

[정답] ②

02 ★
데이터베이스, 데이터웨어하우징, 데이터마트

데이터 마이그레이션(migration) 절차에 대한 설명으로 가장 옳지 않은 것은?

① 데이터 운반은 외부로부터 유입된 데이터를 기업 표준으로 변환하는 작업이다.
② 데이터 정제는 데이터를 ERP시스템에서 사용할 수 있도록 수정하는 작업이다.
③ 데이터 수집은 새로운 데이터를 디지털 포맷으로 변환하기 위해 모으는 작업이다.
④ 데이터 추출은 기존의 레거시 시스템과 데이터베이스에서 데이터를 꺼내는 작업이다.
⑤ 데이터 정제는 린 코드번호, 의미 없는 데이터, 데이터 중복 및 데이터 오기(misspellings) 등 부정확한 데이터를 올바르게 고치는 작업이다.

[해설]
• **데이터 평가(Data Assessment)**: 데이터 소스 식별, 시스템 추출 및 쿼리 실행, 데이터 마이그레이션 프로세스 검토
• **데이터 정제(Data Cleansing)**: 소스 데이터 정제
• **추출/변환/적재(Extraction, Transformation, and Loading)**: 보통 ETL이라고 부름. 현재 시스템에서 데이터 추출 실행, 테이블 생성, 스크립트 작성, 잡 스케줄링, 모의 마이그레이션(mock migrations) 실행, 데이터 검증(data validation) 수행임

[정답] ①

**고객관리를 위해 인터넷 쇼핑몰을 운영하는 A사는 웹로
그 분석을 실시하고 있다. 아래 글상자의 (   ) 안에 들
어갈 용어로 가장 옳은 것은?**

> 방문자가 웹 브라우저를 통해 웹사이트에 방문할 때
> 브라우저가 웹 서버에 파일을 요청한 기록을 시간과
> IP 등의 정보와 함께 남기는데 이것을 (   )라고 한다.
> 이 로그는 웹사이트의 트래픽에 대한 가장 기초적인
> 정보를 제공하여 서버로부터 브라우저에 파일이 전송
> 된 기록이므로 Transfer Log라고도 한다.

① 리퍼럴 로그(referrer log)
② 에이전트 로그(agent log)
③ 액세스 로그(access log)
④ 에러 로그(error log)
⑤ 호스트 로그(host log)

[해설]

• **리퍼럴 로그**: 한 웹사이트에서 다른 웹사이트로 추천해주는 트
  래픽
• **에이전트 로그**: 에이전트 로그는 사용자에게 허용 또는 거부된
  로그 자원에 관한 로깅 예외 기록을 담당
• **에러 로그**: 정상적이지 않은 모든 상황

[정답] ③

**데이터마이닝에서 사용하는 기법과 그에 대한 설명으로
가장 옳지 않은 것은?**

① 추정 – 연속형이나 수치형으로 그 결과를 규정,
   알려지지 않은 변수들의 값을 추측하여 결정하는
   기법
② 분류 – 범주형 자료이거나 이산형 자료일 때 주
   로 사용하며, 이미 정의된 집단으로 구분하여 분
   석하는 기법
③ 군집화 – 기존의 정의된 집단을 기준으로 구분
   하고 이와 유사한 자료를 모으고, 분석하는 기법
④ 유사통합 – 데이터로부터 규칙을 만들어내는 것
   으로 어떠한 것들이 함께 발생하는지에 대해 결
   정하는 기법
⑤ 예측 – 미래의 행동이나 미래 추정치의 예측에
   따라 구분되는 것으로 분류나 추정과 유사 기법

[해설]

군집화는 기존의 정의된 집단을 기준으로 구분하는 것이 아니라,
데이터의 유사성을 기반으로 새로운 집단을 생성하는 기법임. 따
라서 기존의 정의된 집단을 기준으로 구분한다는 설명은 옳지
않음

[정답] ③

최근 개인정보보호 문제가 중요한 이슈로 대두되고 있다. 아래 글상자는 하버드 대학교 버크만 센터에서 제시한 개인정보보호 AI윤리원칙이다. ㉠과 ㉡에 해당하는 각각의 권리로 가장 옳은 것은?

> ㉠ 데이터 컨트롤러(data controller)가 보유한 정보가 부정확하거나 불완전한 경우, 사람들이 이를 수정할 권리가 있어야 함
> ㉡ 자신의 개인정보를 삭제할 수 있는 법적 강제력이 있는 권리가 있어야 함

① ㉠ 자기 결정권, ㉡ 정보 열람권
② ㉠ 자기 결정권, ㉡ 정보 정정권
③ ㉠ 정보 삭제권, ㉡ 자기 결정권
④ ㉠ 정보 정정권, ㉡ 정보 삭제권
⑤ ㉠ 정보 열람권, ㉡ 자기 결정권

[해설]
AI윤리원칙은 인간성을 위한 3대 기본원칙과 함께 인공지능 전체 생명주기에 걸쳐 충족돼야 하는 10가지 핵심 요건을 제시함

[보충]
[10가지 핵심요건]
- 인권 보장
- 프라이버시 보호
- 다양성 존중
- 침해 금지
- 공공성
- 연대성
- 데이터 관리
- 책임성
- 안전성
- 투명성 등

[정답] ④

아래 글상자의 OECD 개인정보 보호 8원칙 중 옳은 것만을 바르게 나열한 것은?

> ㉠ 정보 정확성의 원칙 – 개인정보는 적법하고 공정한 방법을 통해 수집되어야 한다.
> ㉡ 수집 제한의 법칙 – 이용 목적상 필요한 범위 내에서 개인정보의 정확성, 완전성, 최신성이 확보되어야 한다.
> ㉢ 목적 명시의 원칙 – 개인정보는 수집 과정에서 수집 목적을 명시하고, 명시된 목적에 적합하게 이용되어야 한다.
> ㉣ 안전성 확보의 원칙 – 정보 주체의 동의가 있거나, 법규정이 있는 경우를 제외하고 목적 외 이용되거나 공개될 수 없다.
> ㉤ 이용 제한의 원칙 – 개인정보의 침해, 누설. 도용 등을 방지하기 위한 물리적, 조직적, 기술적 안전 조치를 확보해야 한다.
> ㉥ 공개의 원칙 – 개인정보의 처리 및 보호를 위한 정책 및 관리자에 대한 정보는 공개되어야 한다.
> ㉦ 책임의 원칙 – 정보 주체의 개인정보 열람/정정/삭제 청구권은 보장되어야 한다.
> ㉧ 개인 참가의 원칙 – 개인정보 관리자에게 원칙 준수 의무 및 책임을 부과해야 한다.

① ㉠, ㉡   ② ㉠, ㉧
③ ㉡, ㉣   ④ ㉢, ㉥
⑤ ㉤, ㉦

[해설]
㉠ 수집제한의 원칙
㉡ 정보내용 정확성의 원칙
㉢ 수집목적 명확화의 원칙
㉣ 이용제한의 원칙
㉤ 안전 확보의 원칙
㉥ 공개의 원칙
㉦ 개인 참가의 원칙
㉧ 책임의 원칙

[정답] ④

07 ★

아래 글상자의 괄호 안에 들어갈 용어를 순서대로 바르게 나열한 것은?

> • (㉠)은(는) 데이터의 정확성과 일관성을 유지하고 전달과정에서 위변조가 없는 것이다.
> • (㉡)은 정보를 암호화하여 인가된 사용자만이 접근할 수 있게 하는 것이다.

① ㉠ 부인 방지
　㉡ 인증
② ㉠ 무결성
　㉡ 기밀성
③ ㉠ 프라이버시
　㉡ 인증
④ ㉠ 무결성
　㉡ 가용성
⑤ ㉠ 기밀성
　㉡ 무결성

해설

㉠ 무결성: 변조가 없는 것
㉡ 기밀성: 정보 암호화

정답 ②

08 ★

대칭키 암호화 방식에 해당되지 않는 것은?

① IDEA(International Data Encryption Algorithm)
② SEED
③ DES(Data Encryption Standard)
④ RSA(Rivest Shamir Adleman)
⑤ RC4

해설

대칭키 암호화 방식은 암호화와 복호화에 동일한 키를 사용하는 암호화 방식임. 반면 RSA는 공개키 암호화 방식으로 암호화와 복호화에 서로 다른 키를 사용하는 암호화 방식임
① IDEA(International Data Encryption Algorithm)는 1991년에 개발된 대칭키 암호화 방식
② SEED는 1999년에 개발된 대칭키 암호화 방식
③ DES(Data Encryption Standard)는 1977년에 개발된 대칭키 암호화 방식
⑤ RC4는 1987년에 개발된 대칭키 암호화 방식

정답 ④

09 ★★

데이터 내에 포함된 개인 정보를 식별하기 어렵게 하는 조치를 비식별화라 한다. 이에 대한 설명으로 가장 옳지 않은 것은?

① 정형데이터는 개인정보 비식별 조치 가이드라인의 대상데이터이다.
② 비식별화를 위해 개인이 식별 가능한 데이터를 삭제 처리하는 방법이 있다.
③ 성별, 생년월일, 국적, 고향, 거주지 등 개인특성에 대한 정보는 비식별화 대상이다.
④ 혈액형, 신장, 몸무게, 허리둘레, 진료내역 등 신체 특성에 대한 정보는 비식별화 대상이다.
⑤ JSON, XML 포맷의 반정형데이터는 개인정보 비식별화 대상이 아니다.

해설

JSON 및 XML 포맷의 반정형 데이터는 개인정보 비식별화 대상이 될 수 있으며, 적절한 기술과 절차를 통해 개인정보를 보호해야 함
• **개인식별정보:** 성명, 주민등록번호, 주소, 전화번호, 이메일주소, 직업, 학력, 재산, 건강상태, 범죄경력 등 개인을 식별할 수 있는 정보

- 개인특성정보: 성별, 생년월일, 국적, 고향, 거주지, 신체정보, 가족관계, 종교, 정치적 성향, 건강정보, 학력정보, 직업정보, 재산정보, 범죄경력 등 개인의 특성을 나타내는 정보
- 개인정보 비식별화 방법(삭제, 대체, 범주화)
  - 삭제: 개인을 식별할 수 있는 정보(개인식별정보, 개인특성정보)를 삭제하는 방법
  - 대체: 개인을 식별할 수 있는 정보(개인식별정보, 개인특성정보)를 암호화하거나, 임의의 값으로 대체하는 방법
  - 범주화: 개인을 식별할 수 있는 정보(개인특성정보)를 범주화하여 식별성을 떨어뜨리는 방법

정답 ⑤

10 ★
고객충성프로그램

충성도 프로그램에 대한 설명으로 옳지 않은 것은?

① 유통업체에서 운영하는 충성도 프로그램은 고객들의 구매 충성도를 높이기 위해 운영되는 단발성 프로그램이다.
② 유통업체 고객의 충성도는 다양한데, 대표적인 충성도에는 행동적 충성도와 태도적 충성도가 있다.
③ 유통업체 고객의 행동적 충성도의 대표적인 사례로는 고객의 반복구매가 있다.
④ 유통업체 고객이 특정한 상품에 대해 애착을 형성하거나 우호적 감정을 갖는 것을 태도적 충성도라고 한다.
⑤ 유통업체에서 가지고 있는 충성도 강화 프로그램은 사전에 정해진 지침에 의해 운영된다.

해설

충성도 프로그램은 고객의 구매 충성도를 높이기 위해 운영되는 마케팅 프로그램임. 충성도 프로그램은 고객에게 다양한 혜택을 제공함으로써 고객의 구매 빈도와 구매 금액을 증가시키고, 고객의 재구매율을 높이는 것을 목표로 함. 충성도 프로그램은 단발성으로 운영될 수도 있지만, 일반적으로 장기적으로 운영됨. 이는 충성도 프로그램이 고객의 구매 충성도를 높이기 위해서는 지속적으로 운영되어야 하기 때문임. 따라서 ①은 잘못된 설명임

정답 ①

01 ★
인터넷 상거래 비즈니스 모델

인터넷 상거래의 비즈니스 모델 유형별로 세부 비즈니스 모델을 짝지어 놓은 것으로 가장 옳지 않은 것은?

① 소매 모델 – 소비자에게 제품이나 서비스 판매 – 온·오프 병행소매
② 중개 모델 – 판매자와 구매자 연결 – 이마켓플레이스
③ 콘텐츠서비스 모델 – 이용자에게 콘텐츠 제공 – 포털
④ 광고 모델 – 인터넷을 매체로 광고 – 배너광고
⑤ 커뮤니티 모델 – 공통관심의 이용자들에게 만남의 장 제공 – 검색 에이전트

해설

커뮤니티 모델은 공통 관심을 가진 이용자들이 모여서 정보를 공유하고 소통하는 공간을 제공하는 비즈니스 모델(SNS, 온라인 커뮤니티 등)이고 검색 에이전트는 이용자가 원하는 정보를 찾아주는 역할을 하는 비즈니스 모델임. 대표적인 예로는 구글, 네이버 등이 있으며 커뮤니티 모델과 검색 에이전트는 서로 다른 비즈니스 모델임. 커뮤니티 모델은 이용자들에게 만남의 장을 제공하는 데 초점을 맞추는 반면, 검색 에이전트는 이용자가 원하는 정보를 찾아주는 데 초점을 맞춤

정답 ⑤

전자상거래를 이용하는 고객들이 기업에서 발송하는 광고성 메일에 대해 수신거부 의사를 전달하면, 고객들은 광고성 메일을 받지 않을 수 있는데 이를 적절하게 설명하는 용어로 옳은 것은?

① 옵트아웃(opt out)
② 옵트인(opt in)
③ 옵트오버(opt over)
④ 옵트오프(opt off)
⑤ 옵트온(opt on)

해설

① 옵트아웃(opt out): 고객이 기업으로부터 마케팅 정보 수신에 동의하지 않는 것. 고객은 기업이 발송하는 마케팅 정보에 대한 수신거부 의사를 전달함으로써 옵트아웃을 할 수 있음
② 옵트인(opt in): 고객이 기업으로부터 마케팅 정보 수신에 동의하는 것. 고객은 기업이 발송하는 마케팅 정보에 대한 수신 동의 의사를 표명함으로써 옵트인 할 수 있음
③ 옵트오버(opt over): 기존에 옵트아웃 상태였던 고객이 옵트인 상태로 변경하는 것
④ 옵트오프(opt off): 고객이 기업으로부터 마케팅 정보 수신에 대한 동의를 철회하는 것
⑤ 옵트온(opt on): 고객이 기업으로부터 마케팅 정보 수신에 대한 동의를 처음으로 하는 것

정답 ①

인터넷 기반의 전자상거래를 위협하는 요소와 그 설명이 가장 옳지 않은 것은?

① 바이러스 – 자체 복제되며, 특정 이벤트로 트리거되어 컴퓨터를 감염시키도록 설계된 컴퓨터 프로그램
② 트로이 목마 – 해킹 기능을 가지고 있어 인터넷을 통해 감염된 컴퓨터의 정보를 외부로 유출하는 것이 특징
③ 에드웨어 – 사용자의 동의 없이 시스템에 설치되어서 무단으로 사용자의 파일을 모두 암호화하여 인질로 잡고 금전을 요구하는 악성 프로그램
④ 웜 – 자체적으로 실행되면서 다른 컴퓨터에 전파가 가능한 프로그램
⑤ 스파이웨어 – 이용자의 동의 없이 또는 이용자를 속여 설치되어 이용자 몰래 정보를 빼내거나 시스템 및 정상프로그램의 설정을 변경 또는 운영을 방해하는 등의 악성행위를 하는 프로그램

해설

③ 에드웨어는 사용자의 동의 없이 시스템에 설치되어서 광고를 띄우는 악성 프로그램. 파일을 암호화하여 인질로 잡고 금전을 요구하는 것은 랜섬웨어의 특징임

정답 ③

04 ★★★★   신융합기술에 따른 유통업체 비즈니스 모델 변화

오늘날을 제4차 산업혁명 시기로 구분한다. 제4차 산업혁명에 대한 설명으로 가장 옳지 않은 것은?

① 2016 세계경제포럼에서 4차 산업혁명을 3차 산업혁명을 기반으로 디지털, 바이오와 물리학 사이의 모든 경계를 허무는 융합 기술 혁명으로 정의함

② ICT를 기반으로 하는 사물인터넷 및 만물인터넷의 진화를 통해 인간-인간, 인간-사물, 사물-사물을 대상으로 한 초연결성이 기하급수적으로 확대되는 초연결적 특성이 있음

③ 인공지능과 빅데이터의 결합과 연계를 통해 기술과 산업구조의 초지능화가 강화됨

④ 초연결성, 초지능화에 기반하여 기술 간, 산업 간, 사물-인간 간의 경계가 사라지는 대융합의 시대라고 볼 수 있음

⑤ 4차 산업혁명 시대의 생산요소 토지, 노동, 자본 중 노동의 가치가 토지와 자본에 비해 중요도가 커지는 특징이 있음

[해설]
제4차 산업혁명은 인공지능, 사물인터넷, 빅데이터 등 첨단 기술의 융합으로 인해 생산과 소비, 일자리, 사회 전반에 걸쳐 급격한 변화가 일어나는 시기를 의미함. 인공지능과 자동화 기술의 발전으로 인해 노동의 수요가 감소하고, 노동의 가치가 하락하는 경향이 나타나고 있음

[정답] ⑤

05 ★★   RFID, AI, RPA 등

아래 글상자의 ㉠에 들어갈 기술로 가장 옳은 것은?

- 유통업체에서는 판매 시점 상품관리를 위한 데이터의 입력 및 작업 보고서에 대한 자동 입력을 위해서 (㉠) 기술을 활용하고 있다.
- 유통업체에서 일단위 및 월단위 업무 마감 처리를 자동화하기 위해서 (㉠) 기술을 활용하고 있다.
- (㉠) 기술은 유통업체의 단순하고 반복적인 업무를 체계화해서 소프트웨어로 구현하여 일정한 규칙에 의해 자동화된 프로세스를 따라 업무를 수행하도록 되어 있다.

① IPA(Intelligent Process Automation)
② ETL(Extraction Transformation Loading)
③ RPA(Robotic Process Automation)
④ ETT(Extraction Transformation Tracking)
⑤ VRC(Virtual Reality Construction)

[해설]
③ ETT(Extraction Transformation Tracking): 추출변환추적
① IPA(Intelligent Process Automation): 지적 프로세스 자동화
② ETL(Extraction Transformation Loading): 실제로 존재하는 환경에 가상의 사물이나 정보를 합성하여 마치 원래의 환경에 존재하는 사물처럼 보이도록 하는 그래픽기술 증강현실 가능 시스템
④ VRC(Virtual Reality Construction): 가상현실

[정답] ③

06 ★★

빅데이터의 핵심 특성 3가지를 바르게 나열한 것은?

① 가치, 생성 속도, 유연성
② 가치, 생성 속도, 가변성
③ 데이터 규모, 가치, 복잡성
④ 데이터 규모, 속도, 다양성
⑤ 데이터 규모, 가치, 가변성

해설

빅데이터의 핵심 특성은 3V(Volume(규모), Velocity(속도), Variety(다양성))임

정답 ④

07 ★★★★

아래 글상자의 비즈니스 애널리틱스에 대한 분석과 설명 중 옳은 것만을 고른 것은?

> ㉠ 기술분석(descriptive analytics): 과거에 발생한 일에 대한 소급 분석함
> ㉡ 예측분석(predictive analytics): 특정한 일이 발생한 이유를 이해하는 데 도움을 제공
> ㉢ 진단분석(diagnostic analytics): 애널리틱스를 이용해 미래에 발생한 가능성이 있는 일을 예측함
> ㉣ 처방분석(prescriptive analytics): 성능개선 조치에 대한 대응 방안을 제시함

① ㉠, ㉡   ② ㉠, ㉢
③ ㉠, ㉣   ④ ㉡, ㉢
⑤ ㉡, ㉣

해설

기술분석, 처방분석에 관한 정보는 옳지만 예측분석은 일어날 일에 대한 예측이며 진단분석은 일이 발생한 이유를 이해하는 데 도움을 제공함

정답 ③

08 ★

아래 글상자가 설명하는 용어로 가장 옳은 것은?

> • Ian Foster, Carl Kesselman, Steve Tuecke에 의해 제안된 개념으로 분산 병렬 컴퓨팅의 한 분야로 원거리 통신망(WAN: wide area network)으로 연결된 서로 다른 기종의(heterogeneous) 컴퓨터들을 하나로 묶어 가상의 대용량 고성능 컴퓨터를 구성하는 기술을 지칭한다.
> • 거대 데이터 집합 분석과 날씨 모델링 같은 대규모 작업을 수행하는 네트워크로 연결된 컴퓨터 그룹이다.

① 클라우드 컴퓨팅
② 그리드 컴퓨팅
③ 그린 컴퓨팅
④ 클러스터 컴퓨팅
⑤ 가상 컴퓨팅

해설

① 클라우드 컴퓨팅: 정보처리를 자신의 컴퓨터가 아닌 인터넷으로 연결된 다른 컴퓨터로 처리하는 기술
③ 그린 컴퓨팅: 그린 IT(green IT)는 작업에 소모되는 에너지를 줄여보자는 기술캠페인임
④ 클러스터 컴퓨팅: 여러 대의 컴퓨터들이 연결되어 하나의 시스템처럼 동작하는 컴퓨터들의 집합
⑤ 가상 컴퓨팅: 물리적인 시스템(PC, Server)에서 가상의 컴퓨팅 환경을 만드는 기술을 말함

정답 ②

09 ★

아래 글상자에서 설명하는 내용에 부합하는 용어로 가장 옳은 것은?

> 모든 디바이스가 정보의 뜻을 이해하고 논리적인 추론까지 할 수 있는 지능형 기술로 사람의 머릿속에 있는 언어에 대한 이해를 컴퓨터 언어로 표현하고 이것을 컴퓨터가 사용할 수 있게 만드는 것이다.

① 고퍼(gopher)
② 냅스터(napster)
③ 시맨틱웹(semantic-Web)
④ 오페라(opera)
⑤ 웹클리퍼(Web-clipper)

[해설]
① **고퍼**: 인터넷을 위해 고안된 문서 검색 프로토콜
② **냅스터**: 음악 파일 공유 서비스
④ **오페라**: 크로스 플랫폼 인터넷 스위트
⑤ **웹클리퍼**: 캡처프로그램

[정답] ③

10 ★

최근 유통분야에서 인공지능 기술의 활용이 증대되면서 유통업무 혁신을 위한 다양한 가능성을 보여주고 있다. 이에 대한 설명으로 가장 옳지 <u>않은</u> 것은?

① 인공지능 기술을 활용하여 유통업체에서 고객의 일상적인 문의사항에 대해 다양한 정보를 다양한 경로로 제공할 수 있다.
② 인공지능 기술은 주문이행 관련 배송경로, 재고 파악 등 고객의 주문에 대한 업무와 관련된 최적의 대안을 신속하게 제공해주어 의사결정에 도움을 줄 수 있다.
③ 인공지능 기술을 활용하면 주문 데이터 패턴을 분석해서 정상적이지 않은 거래를 파악하는 등 이상 현상 및 이상 패턴을 추출하는 데 활용될 수 있다.
④ 인공지능 기술은 알고리즘을 이용해 학습 수준이 강화되기 때문에 이용자의 질의에 대한 응답 수준은 갈수록 정교해질 것이다.
⑤ 챗지피티는 사전에 구축된 방대한 양의 학습데이터에서 질의에 적절한 해답을 찾아 질의자에게 빠르게 제시해 주는 인공지능 기술 기반 서비스로 마이크로소프트사가 개발하였다.

[해설]
⑤ 챗지피티는 구글사가 개발. 챗지피티의 특성과 맞지 않음

[정답] ⑤

11 ★★★

RFID의 특징에 대한 설명으로 가장 옳지 않은 것은?

① 태그는 데이터를 저장하거나 읽어 낼 수 있어야
한다.
② 태그는 인식 방향에 관계없이 ID 및 정보 인식이
가능해야 한다.
③ 태그는 직접 접촉을 하지 않아도 자료를 인식할
수 있어야 한다.
④ 태그는 많은 양의 데이터를 보내고, 받을 수 있
어야 한다.
⑤ 수동형 태그는 능동형 태그에 비해 일반적으로
데이터를 보다 멀리까지 전송할 수 있다.

[해설]
• **RFID**: Radio Frequency Identification의 약자로 무선 주파수를
이용하여 물체를 식별하는 기술임. RFID 시스템은 태그, 리더,
호스트로 구성되며 태그는 정보를 저장하고, 리더는 태그의 정
보를 읽어내며, 호스트는 리더로부터 받은 정보를 처리함
• 수동형 태그는 내부에 배터리가 없기 때문에 리더의 전파에 의
해 동작하며, 능동형 태그에 비해 데이터를 전송하는 거리가
짧음
• 능동형 태그는 내부에 배터리가 있기 때문에 자체적으로 전력
을 공급받아 동작하므로 수동형 태그에 비해 데이터를 전송하
는 거리가 멀 수 있음. 따라서 수동형 태그는 능동형 태그에 비
해 일반적으로 데이터를 보다 멀리까지 전송할 수 있다는 설명
은 틀린 설명임

[정답] ⑤

12 ★

**사물인터넷 통신기술을 활용해 마케팅을 하고자 할 때,
아래 글상자의 설명에 해당하는 기술로 가장 옳은 것은?**

• 선박, 기차 등에서 위치를 확인하는데 신호를 보
내는 기술이다.
• RFID, NFC 방식으로 작동하며 원거리 통신을
지원한다.
• 모바일 결제 서비스와 연동하여 간편 결제 및 포
인트 적립에 활용된다.

① 비콘(Beacon)
② 와이파이(Wi-Fi)
③ 지웨이브(Z-Wave)
④ 지그비(ZigBee)
⑤ 울트라와이드밴드(Ultra Wide Band)

[해설]
• **지웨이브(Z-Wave)**: 양방향 통신을 지원하는 기술 홈오토메이
션의 모니터링과 컨트롤을 주목적으로 만들어진 저에너지 전
파를 사용하는 네트워크
• **지그비(ZigBee)**: 양방향 통신을 지원하는 기술 저속, 저비용 저
전력의 무선망
• **울트라와이드밴드(Ultra Wide Band)**: 다른 통신시스템에 간섭
을 방지하기 위해 신호에너지를 수 GHz 대역폭에 걸쳐 스펙트
럼으로 분산, 송신함으로써 다른 협대역 신호에 간섭을 주지
않고 주파수에 크게 구애받지 않는 통신

[정답] ①

13 ★

아래 글상자의 기사 내용과 관련성이 높은 정보기술 용어로 가장 옳은 것은?

> B**리테일이 'C*제*토한강점'을 선보였다.
> C*제*토한강점은 제*토월드에서 한강공원을 검색한 뒤 C*편의점에 입장하면 자체 브랜드(PB)상품뿐만 아니라 C*제**당과 협업을 통한 일반 제조사 브랜드(NB)상품을 둘러볼 수 있다.
> 또한 제품 위에 떠 있는 화살표를 선택하면 해당 제품을 손에 쥐는 것도 가능하다. 아바타들은 원두커피 기기에서 커피를 내리거나 한강공원 편의점 인기 메뉴인 즉석조리라면도 먹을 수 있다.

① 가상 에이전트
② O2O
③ BICON
④ 아바타 에이전트
⑤ 메타버스

[해설]
• 가상에이전트: 고객관계관리(CRM)에서 조직의 온라인 고객 담당 대표 역할을 하는 대화 로봇 프로그램
• O2O(Online to Offline)

[정답] ⑤

14 ★

유통업체에서 활용하는 블록체인 기술 중 하나인 대체불가능토큰(NFT)의 장점으로 가장 옳지 <u>않은</u> 것은?

① 블록체인 고유의 특성을 기반으로 하기 때문에 희소성을 보장할 수 있고, 위조가 어렵다.
② 블록체인 고유의 특성으로 투명성이 보장되며, 추적 가능하다.
③ 부분에 대한 소유권이 인정되어 각각 나누어 거래가 가능하다.
④ 정부에서 가치를 보증해서 안전하게 거래할 수 있다.
⑤ NFT 시장에서 자유롭게 거래할 수 있다.

[해설]
NFT는 블록체인 기술을 기반으로 하는 디지털 자산으로 희소성과 위조 방지, 투명성, 추적성 등의 장점이 있음. 정부에서 가치를 보증하지 않기 때문에 NFT의 가치는 시장의 수요와 공급에 따라 변동될 수 있음. 따라서 정부에서 가치를 보증해서 안전하게 거래할 수 있다는 설명은 옳지 않음

[정답] ④

15 ★

아래 글상자의 괄호 안에 공통적으로 들어갈 용어로 가장 옳은 것은?

> • ( )은(는) 디지털 기술을 사회 전반에 적용하여 전통적인 사회구조를 혁신시키는 것이다. 일반적으로 기업에서 사물 인터넷, 클라우드 컴퓨팅, 인공지능, 빅데이터 솔루션 등 정보통신기술을 플랫폼으로 구축·활용하여 기존의 전통적인 운영방식과 서비스 등을 혁신하는 것이다.
> • ( )은(는) 산업과 사회의 각 부문이 디지털화되는 현상으로 인터넷, 정보화 등을 뛰어넘는 초연결(hyperconnectivity) 지능화가 경제·사회 전반에 이를 촉발시키고 있다.

① 디지타이제이션(digitization)
② 초지능화(hyper-intellectualization)
③ 디지털 컨버전스(digital convergence)
④ 디지털 전환(digital transformation)
⑤ 하이퍼인텐션(hyper-intention)

[해설]
• **디지타이제이션(digitization)**: 단순한 디지털화로 아날로그 또는 물리적 데이터에서 디지털 데이터형식으로 이전 또는 변환하는 기술적 과정
• **초지능화(hyper-intellectualization)**: 사이버물리시스템과 디지털트윈을 고도화
• **디지털 컨버전스(digital convergence)**: 디지털 융합, 하나의 기기와 서비스에 모든 정보통신기술을 묶은 새로운 형태의 융합 상품

[정답] ④

16 ★

드론의 구성요인에 대한 설명으로 가장 옳지 않은 것은?

① 드론의 항법센서는 전자광학센서, 초분광센서, 적외선센서 등이 있다.
② 탑재 컴퓨터는 드론을 운영하는 브레인 역할을 하는 컴퓨터로 드론의 위치, 모터, 배터리 상태 등을 확인할 수 있다.
③ 드론 모터는 드론의 움직임이 가능하도록 지원하고, 배터리는 모터에 에너지를 제공한다.
④ 드론 임무장비는 드론 비행을 하면서 특정한 임무를 하도록 관련 장비를 장착한다.
⑤ 드론 프로펠러 및 프레임은 드론이 비행하도록 프레임 워크를 제공한다.

[해설]
• **GPS(Global Positioning System)**: 지구 위의 위성에서 보내는 신호를 받아 드론의 위치를 측정하는 센서
• **INS(Inertial Navigation System)**: 드론의 가속도, 자이로스코프 등의 센서를 사용하여 드론의 위치를 측정하는 센서
• **카메라 및 라이더(LiDAR)**: 드론의 주변 환경을 촬영하여 드론의 위치를 측정하는 센서

[정답] ①

17 ★

디지털 공급망을 구현하는 데 활용되는 블록체인 스마트 계약(blockchain smart contract) 기술에 대한 설명으로 가장 옳지 <u>않은</u> 것은?

① 특정 요구사항이 충족되면 네트워크를 통해 실시간으로 계약이 실행된다.
② 거래 내역이 블록체인상에 기록되기 때문에 높은 신뢰도를 형성한다.
③ 블록체인 스마트 계약은 중개자 없이 실행될 수 있기 때문에 상대적으로 거래 비용이 낮다.
④ 블록체인 기록을 뒷받침하는 높은 수준의 암호화와 분산원장 특성으로 네트워크에서 높은 보안성을 확보하고 있다.
⑤ 블록체인을 활용하기 때문에 거래 기록에 대하여 가시성을 확보할 수 없다.

해설
블록체인 스마트 계약은 블록체인 기술을 기반으로 자동화된 계약을 구현하는 기술임. 특정 조건이 충족되면 계약이 자동으로 실행되기 때문에 높은 신뢰도, 효율성, 투명성을 제공할 수 있음. 따라서 블록체인 스마트 계약은 거래 기록에 대한 가시성을 확보할 수 있음. 블록체인상에 기록된 모든 거래 기록은 누구나 열람할 수 있기 때문임

정답 ⑤

18 ★

아래 글상자의 괄호 안에 공통적으로 들어갈 용어로 가장 옳은 것은?

- ( )은(는) 마미론 크루거(Myron Krueger) 박사에 의해 제시된 개념으로 인조 두뇌 공간이라고도 한다.
- ( )에서는 3차원의 가상공간에서 사용자가 원하는 방향대로 조작하거나 실행할 수 있다.
- ( )의 특성은 영상물의 실시간 렌더링이 가능하므로 원하는 위치에 원하는 모습을 즉시 생산해낼 수 있다.

① 가상현실
② 증강현실
③ UI/UX
④ 사이버 물리 시스템
⑤ 브레인 컴퓨터 인터페이스

해설
- 증강현실: 영상 및 사진을 보여줄 때 컴퓨터가 만들어 낸 유용한 정보를 이미지에 겹쳐서 결합하거나 늘리는 과정
- UI/UX: UI란 보편적 인간을 모델로 '분석', UX란 제품, 시스템, 서비스를 사용하면서 인간이 얻게 되는 지각과 반응의 합. 특정 사용자를 모델로 '공감'
- 사이버 물리 시스템: 융합연구의 발전으로 새롭게 이목을 끌고 있는 시스템으로, 일반적으로는 다양한 컴퓨터 기능들이 물리 세계의 일반적인 사물들과 융합된 형태인 시스템
- 브레인 컴퓨터 인터페이스: BCI 기술은 뇌파를 이용해 컴퓨터를 사용할 수 있는 인터페이스

정답 ①

19

라이브 커머스(live commerce)에 대한 설명으로 가장 옳지 않은 것은?

① 라이브 스트리밍(live streaming)과 커머스(com-merce)의 합성어이다.
② 온라인상에서 실시간으로 쇼호스트가 상품을 설명하고 판매하는 비즈니스 프로세스이다.
③ 온라인상에서 소비자와 쇼호스트는 실시간으로 소통이 가능하지만 소비자 간의 대화는 불가능하다.
④ 기존 이커머스(e-commerce)보다 소통과 재미를 더한 진화된 커머스 형태이다.
⑤ 최근 소비자들에게 인기를 얻으면서 급성장하고 있다.

[해설]
라이브 커머스는 온라인상에서 실시간으로 쇼호스트가 상품을 설명하고 판매하는 비즈니스 프로세스임. 라이브 커머스에서는 소비자와 쇼호스트는 실시간으로 소통할 수 있을 뿐만 아니라, 소비자들 간의 대화도 가능함

[정답] ③

memo

시험 전 풀어보는
빈출 모의고사

V 최신(3개년) 출제 문항에서 선별

V 빈출된(3회 이상, 신규 출제영역 제외) 문항만 선별

V 시험 전 마무리 모의고사

유통관리사 2급 │ 빈출 모의고사

제1과목 **유통물류일반**

01 □□□ ○△✕

유통경로와 중간상이 필요한 이유에 대한 설명으로 가장 옳지 <u>않은</u> 것은?

① 거래의 일상화를 통해 제반 비용의 감소와 비효율을 개선할 수 있기 때문이다.

② 중간상의 개입으로 공간적, 시간적 불일치를 해소할 수 있기 때문이다.

③ 생산자의 다품종 소량생산과 소비자의 소품종 대량구매 니즈로 인한 구색 및 수량 불일치를 해소할 수 있기 때문이다.

④ 생산자와 소비자 상호 간의 정보의 불일치에 따른 불편을 해소해 줄 수 있기 때문이다.

⑤ 중간상을 통해 탐색과정의 효율성을 높일 수 있기 때문이다.

02 □□□ ○△✕

아래 글상자 ㉠, ㉡, ㉢에 해당하는 중간상이 수행하는 분류기준으로 옳게 짝지어진 것은?

┤ 보기 ├

㉠ 구매자가 원하는 소규모 판매단위로 나누는 활동
㉡ 다양한 생산자들로부터 제공되는 제품들을 대규모 공급이 가능하도록 다량으로 구매하여 집적하는 활동
㉢ 이질적인 제품들을 색, 크기, 용량, 품질 등에 있어 상대적으로 동질적인 집단으로 구분하는 활동

① ㉠ 분류(sorting out)
　 ㉡ 수합(accumulation)
　 ㉢ 분배(allocation)

② ㉠ 분류(sorting out)
　 ㉡ 구색갖춤(assorting)
　 ㉢ 수합(accumulation)

③ ㉠ 분배(allocation)
　 ㉡ 구색갖춤(assorting)
　 ㉢ 분류(sorting out)

④ ㉠ 분배(allocation)
　 ㉡ 수합(accumulation)
　 ㉢ 분류(sorting out)

⑤ ㉠ 구색갖춤(assorting)
　 ㉡ 분류(sorting out)
　 ㉢ 분배(allocation)

유통기업의 경로구조에 대한 설명으로 옳지 <u>않은</u> 것은?

① 도매상이 제조업체를 통합하는 것은 후방통합이다.
② 유통경로의 수직적 통합을 이루는 방법에는 합작투자, 컨소시엄, M&A 등이 있다.
③ 기업형 수직적 경로구조를 통해 유통경로상 통제가 가능하고 제품 생산, 유통에 있어 규모의 경제를 실현할 수 있다.
④ 기업형 수직적 경로구조는 소유의 규모가 커질수록 환경변화에 신속하고 유연하게 대응할 수 있다.
⑤ 관리형 수직적 경로구조는 독립적인 경로구성원 간의 상호 이해와 협력에 의존하고 있지만 협력을 해야만 하는 분명한 계약상의 의무는 없다.

아래 글상자의 ㉠, ㉡, ㉢에서 설명하는 유통경로의 효용으로 옳게 짝지어진 것은?

┤ 보기 ├
㉠ 소비자가 제품이나 서비스를 구매하기에 용이한 곳에서 구매할 수 있게 함
㉡ 소비자가 제품을 소비할 수 있는 권한을 갖는 것을 도와줌
㉢ 소비자가 원하는 시간에 제품과 서비스를 공급받을 수 있게 함

① ㉠ 시간효용
  ㉡ 장소효용
  ㉢ 소유효용
② ㉠ 장소효용
  ㉡ 소유효용
  ㉢ 시간효용
③ ㉠ 형태효용
  ㉡ 소유효용
  ㉢ 장소효용
④ ㉠ 소유효용
  ㉡ 장소효용
  ㉢ 형태효용
⑤ ㉠ 장소효용
  ㉡ 형태효용
  ㉢ 시간효용

05 ☐☐☐   ○ △ ✕

기업에서 사용할 수 있는 수직적 통합 전략의 장점과 단점에 대한 설명으로 가장 옳지 <u>않은</u> 것은?

① 조직의 규모가 지나치게 커질 수 있다.
② 관련된 각종 기능을 통제할 수 있다.
③ 경로를 통합하기 위해 막대한 비용이 필요할 수 있다.
④ 안정적인 원재료 공급효과를 누릴 수 있다.
⑤ 분업에 의한 전문화라는 경쟁우위효과를 누릴 수 있다.

06 ☐☐☐   ○ △ ✕

유통산업의 경제적 의의에 대한 설명으로 가장 옳지 않은 것은?

① 유통산업은 국민 경제적 측면에서 생산과 소비를 연결해주는 기능을 수행한다.
② 유통산업은 국민들로 하여금 상품이나 서비스 소비를 가능하게 함으로써 생활수준을 유지·향상시켜 준다.
③ 유통산업은 국가경제를 순환시키는 데 중요한 역할을 담당하고 있다.
④ 우리나라 유통산업은 2010년대 후반 유통시장 개방과 자유화 정책 이후 급속히 발전하여 제조업에 이은 국가 기간산업으로 성장하였다.
⑤ 유통산업은 생산과 소비의 중개를 통해 제조업의 경쟁력을 높이고 소비자 후생의 증진에 큰 기여를 하고 있다.

07 ☐☐☐   ○ △ ✕

유통경로를 설계할 때 유통경로 흐름과 소요되는 각종 비용의 예를 짝지은 것으로 가장 옳지 <u>않은</u> 것은?

① 물적유통 – 보관 및 배달 관련 비용
② 촉진 – 광고, 홍보, 인적판매 비용
③ 협상 – 시간 및 법적 비용
④ 재무 – 보험 및 사후관리 비용
⑤ 위험 – 가격보증, 품질보증 관련 비용

08 ☐☐☐   ○ △ ✕

유통산업의 환경에 따른 유통경로의 변화를 다음의 다섯 단계로 나누어 볼 때 순서대로 나열한 것으로 옳은 것은?

┤ 보기 ├
㉠ 크로스채널: 온, 오프라인의 경계가 무너지면서 상호 보완됨
㉡ 멀티채널: 온, 오프라인의 다양한 채널에서 구매 가능하나 각 채널은 경쟁관계임
㉢ 듀얼채널: 두 개 이상의 오프라인 점포에서 구매 가능
㉣ 싱글채널: 하나의 오프라인 점포에서 구매
㉤ 옴니채널: 다양한 채널이 고객의 경험관리를 중심으로 하나로 통합됨

① ㉠ – ㉡ – ㉢ – ㉣ – ㉤
② ㉡ – ㉤ – ㉣ – ㉠ – ㉢
③ ㉢ – ㉠ – ㉡ – ㉤ – ㉣
④ ㉣ – ㉢ – ㉡ – ㉠ – ㉤
⑤ ㉤ – ㉣ – ㉡ – ㉢ – ㉠

09 □□□ ○△✕

유통환경분석 시 고려하는 거시환경, 미시환경과 관련된 내용으로 옳지 <u>않은</u> 것은?

① 자본주의, 사회주의 같은 경제체제는 거시환경에 포함된다.
② 어떤 사회가 가지고 있는 문화, 가치관, 전통 등은 사회적 환경으로서 거시환경에 포함된다.
③ 기업과 거래하는 협력업자는 미시환경에 포함된다.
④ 기업이 따라야 할 규범, 규제, 법 등은 미시환경에 포함된다.
⑤ 기업과 비슷한 제품을 제조하는 경쟁회사는 미시환경에 포함된다.

10 □□□ ○△✕

마이클 포터의 5가지 세력 모델과 관련한 설명으로 옳지 <u>않은</u> 것은?

① 과업 환경을 분석하는 것으로 이해관계자 분석이라 할 수 있다.
② 산업 내 기업의 경쟁강도를 파악해야 한다.
③ 신규 진입자의 위험은 잠재적 경쟁업자의 진입 가능성으로 진입장벽의 높이와 관련이 있다.
④ 구매자의 교섭력과 판매자의 교섭력이 주요 요소로 작용한다.
⑤ 상호보완재의 유무가 중요한 경쟁요소로 작용한다.

11 □□□ ○△✕

최상위 경영전략인 기업 수준의 경영전략으로 옳지 <u>않</u>은 것은?

① 새로운 시장에 기존의 제품으로 진입하여 시장을 확장하는 시장개발전략
② 기존 시장에 새로운 제품으로 진입하기 위한 제품개발전략
③ 경쟁사에 비해 우수한 품질의 제품을 제공하려는 차별화전략
④ 기존 제품의 품질 향상을 통해 시장점유율을 높이려는 시장침투전략
⑤ 기존 사업과 연관된 다른 사업을 인수하여 고객을 확보하려는 다각화전략

12 □□□ ○△✕

동기부여와 관련된 여러 가지 학설에 대한 설명으로 옳지 <u>않은</u> 것은?

① 매슬로우는 인간의 욕구를 생리적 욕구부터 자아실현의 욕구까지 총 5단계로 구분하여 설명하였다.
② 맥클리란드는 성장, 관계, 생존의 3단계로 구분하여 설명하였다.
③ 알더퍼의 경우 한 차원 이상의 욕구가 동시에 동기부여 요인으로 사용될 수 있다고 주장하였다.
④ 허쯔버그의 동기요인에는 승진가능성과 성장가능성이 포함된다.
⑤ 허쯔버그의 위생요인에는 급여와 작업조건이 포함된다.

13 ☐☐☐   ○ △ ×

아래 글상자의 괄호 안에 들어갈 경로구성원 간 갈등 관련 용어를 순서대로 나열한 것으로 옳은 것은?

┌─ 보기 ─────────────────────────────┐
│ • (㉠)은(는) 상대방에 대해 적대감이나 긴장을 │
│   감정적으로 느끼는 것이다. │
│ • (㉡)은(는) 상대방의 목표달성을 방해할 정도의 │
│   갈등으로, 이 단계에서는 상대를 견제하고 해를 끼 │
│   치기 위해 법적인 수단을 이용하며 경로를 떠나거나 │
│   상대를 쫓아내기 위해 힘을 행사하는 것이다. │
└──────────────────────────────────┘

① ㉠ 잠재적 갈등, ㉡ 지각된 갈등
② ㉠ 지각된 갈등, ㉡ 갈등의 결과
③ ㉠ 감정적 갈등, ㉡ 표출된 갈등
④ ㉠ 표출된 갈등, ㉡ 감정적 갈등
⑤ ㉠ 갈등의 결과, ㉡ 지각된 갈등

14 ☐☐☐   ○ △ ×

아래 글상자에서 설명하고 있는 리더십 유형으로 가장 옳은 것은?

┌─ 보기 ─────────────────────────────┐
│ • 구성원들의 기본적 가치, 믿음, 태도 등을 변화시켜 │
│   서 조직이 기대하는 것보다 더 높은 수준의 성과를 │
│   스스로 추구하도록 만드는 리더십을 의미한다. │
│ • 리더와 구성원 간의 원활한 상호작용을 통해 구성원 │
│   을 긍정적으로 변화시켜 성과를 내는 데 집중한다. │
└──────────────────────────────────┘

① 거래적 리더십
② 변혁적 리더십
③ 상황적 리더십
④ 지시형 리더십
⑤ 위임형 리더십

15 ☐☐☐   ○ △ ×

직무분석과 직무평가에 대한 설명으로 옳지 <u>않은</u> 것은?

① 직무분석이란 과업과 직무를 수행하는데 요구되는 인적 자질에 의해 직무의 내용을 정의하는 공식적 절차를 말한다.
② 직무분석에서 직무요건 중 인적 요건을 중심으로 정리한 문서를 직무기술서라고 한다.
③ 직무분석은 효과적인 인적자원관리를 위해 선행되어야 할 기초적인 작업이다.
④ 직무평가는 직무를 일정한 기준에 의거하여 서로 비교함으로써 상대적 가치를 결정하는 체계적인 활동을 말한다.
⑤ 직무평가는 직무의 가치에 따라 공정한 임금지급 기준, 합리적인 인력의 확보 및 배치, 인력의 개발 등을 결정할 때 이용된다.

16 ☐☐☐   ○ △ ×

정량주문법과 정기주문법을 적용하기 유리한 경우에 대한 상대적인 비교로 가장 옳은 것은?

구분	항목	정량주문법	정기주문법
㉠	표준화	전용부품	표준부품
㉡	품목 수	적음	많음
㉢	주문량	변경가능	고정
㉣	리드타임	짧다	길다
㉤	주문시기	일정	일정하지 않음

① ㉠
② ㉡
③ ㉢
④ ㉣
⑤ ㉤

17 ☐☐☐   ○ △ ✕

재고관리에 대한 설명으로 가장 옳지 <u>않은</u> 것은?

① 소비자가 원하는 상품을 적시에 제공하기 위하여 소매점은 항상 적절한 양의 재고를 보유해야 할 필요가 있다.

② 재고가 지나치게 많을 경우, 적절한 시기에 처분하기 위해 상품가격을 인하시켜 판매하기 때문에 투매손실이 발생할 수 있다.

③ 재고가 너무 적은 경우 소비자의 수요에 대응할 수 없는 기회손실이 발생할 수 있다.

④ 투매손실이나 기회손실이 발생하지 않도록 하기 위해서 유지해야 하는 적정 재고량은 표준재고이다.

⑤ 재고가 적정 수준 이하가 되면 미리 결정해둔 일정주문량을 발주하는 방법은 상황 발주법이다.

19 ☐☐☐   ○ △ ✕

재고, 운송, 고객서비스 등의 상충관계(trade-off)에 대한 설명으로 옳지 <u>않은</u> 것은?

① 재고수준을 낮추게 되면 보관비용이 감소되고 고객서비스 수준도 낮아진다.

② 재고 감소는 주문에 적시 대응하는 조직의 능력을 저하시킨다.

③ 배달을 신속하게 해서 고객서비스 수준을 증가시키는 것은 수송비용 증가를 초래한다.

④ 높은 고객서비스 수준을 지향하는 경우 재고비용과 재고운반비가 증가한다.

⑤ 낮은 배송비용을 지향하는 것은 시간측면에서 고객서비스 수준의 증가를 가져온다.

18 ☐☐☐   ○ △ ✕

물류영역과 관련해 고려할 사항으로 가장 옳지 <u>않은</u> 것은?

① 조달물류: JIT 납품

② 조달물류: 수송루트 최적화

③ 판매물류: 수배송시스템화를 위한 수배송센터의 설치

④ 판매물류: 공정재고의 최소화

⑤ 반품물류: 주문예측 정밀도 향상으로 반품을 감소시키는 노력

20 ☐☐☐   ○ △ ✕

두 가지 이상의 운송 수단을 활용하는 복합운송의 결합 형태 중 화물차량과 철도를 이용하는 시스템으로 옳은 것은?

① 버디백 시스템(Birdy Back System)

② 피기백 시스템(Piggy Back System)

③ 피시백 시스템(Fishy Back System)

④ 스카이십 시스템(Sky-Ship System)

⑤ 트레인십 시스템(Train-Ship System)

21 ☐☐☐ ○ △ ✕

아래 글상자 괄호 안에 들어갈 보관 원칙 정의가 순서대로 바르게 나열된 것은?

┤ 보기 ├
- 출입구가 동일한 경우 입출하 빈도가 높은 상품을 출입구에서 가까운 장소에 보관하는 것은 (㉠)의 원칙이다.
- 표준품은 랙에 보관하고 비표준품은 특수한 보관 기기 및 설비를 사용하여 보관하는 것은 (㉡)의 원칙이다.

① ㉠ 유사성
　 ㉡ 명료성
② ㉠ 위치표시
　 ㉡ 네트워크 보관
③ ㉠ 회전대응 보관
　 ㉡ 형상 특성
④ ㉠ 명료성
　 ㉡ 중량 특성
⑤ ㉠ 동일성
　 ㉡ 유사성

22 ☐☐☐ ○ △ ✕

제3자물류가 제공하는 혜택으로 옳지 않은 것은?

① 여러 기업들의 독자적인 물류업무 수행으로 인한 중복투자 등 사회적 낭비를 방지할 뿐만 아니라 수탁업체들의 경쟁을 통해 물류효율을 향상시킬 수 있다.
② 유통 등 물류를 아웃소싱함으로써 리드타임의 증가와 비용의 절감을 통해 고객만족을 높여 기업의 가치를 높일 수 있다.
③ 기업들은 핵심부문에 집중하고 물류를 전문업체에 아웃소싱하여 규모의 경제 등 전문화 및 분업화 효과를 극대화할 수 있다.
④ 아웃소싱을 통해 제조·유통업체는 자본비용 및 인건비 등이 절감되고, 물류업체는 규모의 경제를 통해 화주기업의 비용을 절감해 준다.
⑤ 경쟁력 강화를 위해 IT 및 수송 등 전문업체의 네트워크를 활용하여 비용절감 및 고객서비스를 향상시킬 수 있다.

23 ☐☐☐ ○ △ ✕

기업이 물류부문의 아웃소싱을 통해 얻을 수 있는 편익에 대한 설명으로 가장 옳지 않은 것은?

① 비용 절감
② 물류서비스 수준 향상
③ 외주 물류기능에 대한 통제력 강화
④ 핵심부분에 대한 집중력 강화
⑤ 물류 전문 인력 활용

24 ▢▢▢ ○△✕

기업윤리의 중요성을 강조하기 위해 취할 수 있는 방법으로 가장 옳지 <u>않은</u> 것은?

① 기업윤리와 관련된 헌장이나 강령을 만들어 발표한다.
② 기업윤리가 기업의 모든 의사결정 프로세스에 반영될 수 있게 모니터링한다.
③ 윤리경영의 지표로는 정성적인 지표가 아닌 계량적인 지표를 활용한다.
④ 조직 내의 문제점을 제기할 수 있는 제도를 활성화한다.
⑤ 윤리기준을 적용한 감사 결과를 조직원과 공유한다.

25 ▢▢▢ ○△✕

유통산업발전법(법률 제19117호, 2022.12.27., 타법개정)의 제2조 정의에서 기술하는 용어 설명이 옳지 <u>않은</u> 것은?

① 매장이란 상품의 판매와 이를 지원하는 용역의 제공에 직접 사용되는 장소를 말한다. 이 경우 매장에 포함되는 용역의 제공 장소의 범위는 대통령령으로 정한다.
② 임시시장이란 다수(多數)의 수요자와 공급자가 일정한 기간 동안 상품을 매매하거나 용역을 제공하는 일정한 장소를 말한다.
③ 상점가란 일정 범위의 가로(街路) 또는 지하도에 대통령령으로 정하는 수 이상의 도매점포·소매점포 또는 용역점포가 밀집하여 있는 지구를 말한다.
④ 전문상가단지란 같은 업종을 경영하는 여러 도매업자 또는 소매업자가 일정 지역에 점포 및 부대시설 등을 집단으로 설치하여 만든 상가단지를 말한다.
⑤ 공동집배송센터란 여러 유통사업자 또는 물류업자가 공동으로 사용할 수 있도록 집배송시설 및 부대업무시설이 설치되어 있는 지역 및 시설물을 말한다.

제2과목 상권분석

26 ▢▢▢ ○△✕

상권을 구분하거나 상권별 대응전략을 수립할 때 필수적으로 이해하고 있어야 할 상권의 개념과 일반적 특성을 설명한 내용 중에서 가장 옳지 <u>않은</u> 것은?

① 1차 상권이 전략적으로 중요한 이유는 소비자의 밀도가 가장 높은 곳이고 상대적으로 소비자의 충성도가 높으며 1인당 판매액이 가장 큰 핵심적인 지역이기 때문이다.
② 1차 상권은 전체상권 중에서 점포에 가장 가까운 지역을 의미하는데 매출액이나 소비자의 수를 기준으로 일반적으로 약 60% 정도까지를 차지하지만 그 비율은 절대적이지 않다.
③ 2차 상권은 1차 상권을 둘러싸는 형태로 주변에 위치하여 매출이나 소비자의 일정비율을 추가로 흡인하는 지역이다.
④ 3차 상권은 상권으로 인정하는 한계(fringe)가 되는 지역 범위로, 많은 경우 지역적으로 넓게 분산되어 위치하여 소비자의 밀도가 가장 낮다.
⑤ 3차 상권은 상권 내 소비자의 내점빈도가 1차 상권에 비해 높으며 경쟁점포들과 상권중복 또는 상권잠식의 가능성이 높은 지역이다.

27 □□□   ○△✕

상권의 유형에 대한 설명으로 가장 옳지 않은 것은?

① 도심상권은 중심업무지구(CBD)를 포함하며 상권의 범위가 넓고 소비자들의 평균 체류시간이 길다.
② 근린상권은 점포인근 거주자들이 주요 소비자로 생활밀착형 업종의 점포들이 입지하는 경향이 있다.
③ 부도심상권은 간선도로의 결절점이나 역세권을 중심으로 형성되는 경우가 많으며 도시전체의 소비자를 유인한다.
④ 역세권상권은 지하철이나 철도역을 중심으로 형성되며 지상과 지하의 입체적 상권으로 고밀도 개발이 이루어지는 경우가 많다.
⑤ 아파트상권은 고정고객의 비중이 높아 안정적인 수요확보가 가능하지만 외부와 단절되는 경우가 많아 외부고객을 유치하는 상권확대가능성이 낮은 편이다.

28 □□□   ○△✕

상권범위의 결정 요인에 대한 설명으로 가장 옳지 않은 것은?

① 상권을 결정하는 요인에는 시간요인과 비용요인이 포함된다.
② 공급측면에서 비용요인 중 교통비가 저렴할수록 상권은 축소된다.
③ 수요측면에서 고가품, 고급품일수록 상권범위가 확대된다.
④ 재화의 이동에서 사람을 매개로 하는 소매상권은 재화의 종류에 따라 비용 지출이나 시간 사용이 달라지므로 상권의 크기도 달라진다.
⑤ 시간요인은 상품가치를 좌우하는 보존성이 강한 재화일수록 상권범위가 확대된다.

29 □□□   ○△✕

지리정보시스템(GIS)을 이용한 상권정보시스템 구축과 관련된 내용으로 가장 옳지 않은 것은?

① 개별 상점의 위치정보는 점 데이터로, 토지이용 등의 정보는 면(面) 데이터로 지도에 수록한다.
② 지하철노선, 도로 등은 선(線) 데이터로 지도에 수록하고 데이터베이스(DB)를 구축한다.
③ 고객의 인구통계정보 등은 DB로 구축하여, 표적고객집단을 파악하고 상권경계선을 추정할 수 있게 한다.
④ 주제도 작성, 공간 조회, 버퍼링을 통해 효과적인 상권분석이 가능하다.
⑤ 지리정보시스템에 기반한 상권분석정보는 현실적으로 주로 대규모점포에 한정하여 상권분석, 입지선정, 잠재수요 예측, 매출액 추정에 활용되고 있다.

30 □□□   ○△✕

신규점포의 예상매출액을 추정할 때 활용하는 애플바움(W. Applebaum)의 유추법(analog method)에 대한 설명으로 옳지 않은 것은?

① 일관성 있는 예측이 중요하므로 소비자 특성의 지역별 차이를 고려하기보다는 동일한 방법을 적용해야 한다.
② 현재 운영 중인 상업시설 중에서 유사점포(analog store)를 선택한다.
③ 과거의 경험을 계량화한 자료를 이용해 미래를 예측하지만 시장요인과 점포특성들이 끊임없이 변화하기 때문에 주관적 판단이 요구된다.
④ 비교대상 점포들의 특성이 정확히 일치하는 경우를 찾기 어려울 뿐만 아니라 특정 환경변수의 영향이 동일하게 작용하지도 않기 때문에 주관적 판단이 요구된다.
⑤ 점포의 물리적 특성, 소비자의 쇼핑패턴, 소비자의 인구통계적 특성, 경쟁상황이 분석대상과 비슷한 점포를 유사점포(analog store)로 선택하는 것이 바람직하다.

31

입지 분석에 사용되는 각종 이론들에 대한 설명 중 가장 옳지 <u>않은</u> 것은?

① 공간상호작용모델은 소비자 구매행동의 결정요인에 대한 이해를 통해 입지를 결정한다.
② 다중회귀분석은 점포성과에 영향을 주는 요소의 절대적 중요성을 회귀계수로 나타낸다.
③ 유추법은 유사점포에 대한 분석을 통해 입지 후보지의 예상매출을 추정한다.
④ 체크리스트법은 특정입지의 매출규모와 입지비용에 영향을 줄 요인들을 파악하고 유효성을 평가한다.
⑤ 입지분석이론들은 소매점에 대한 소비자 점포선택 행동과 소매상권의 크기를 설명한다.

32

허프(Huff)모델보다 분석과정이 단순해서 상권분석에서 실무적으로 많이 활용되는 수정허프(Huff)모델의 특성에 관한 설명으로 가장 옳지 <u>않은</u> 것은?

① 분석을 위해 상권 내에 거주하는 소비자의 개인별 구매행동 데이터를 수집할 필요가 없다.
② 허프(Huff)모델과 같이 점포면적과 점포까지의 거리를 통해 소비자의 점포 선택확률을 계산할 수 있다.
③ 상권분석 상황에서 실무적 편의를 위해 점포면적과 거리에 대한 민감도를 따로 추정하지 않는다.
④ 허프(Huff)모델과 달리 수정허프(Huff)모델은 상권을 세부지역(zone)으로 구분하는 절차를 거치지 않는다.
⑤ 허프(Huff)모델에서 추정해야하는 점포면적과 이동거리변수에 대한 소비자의 민감도계수를 '1'과 '-2'로 고정하여 인식한다.

33

아래 글상자의 상권분석방법들 모두에 해당되거나 모두를 적용할 수 있는 상황으로서 가장 옳은 것은?

┤ 보기 ├
- 컨버스의 분기점분석
- CST(customer spotting technique) map
- 티센다각형(thiessen polygon)

① 개별 소비자의 위치 분석
② 소비자를 대상으로 하는 설문조사의 실시
③ 상권의 공간적 경계 파악
④ 경쟁점의 영향력 파악
⑤ 개별점포의 매출액 예측

34

지역시장의 매력도를 분석할 때 소매포화지수(IRS)와 시장성장잠재력지수(MEP)를 활용할 수 있다. 입지후보가 되는 지역시장의 성장가능성은 낮지만, 시장의 포화 정도가 낮아 기존 점포 간의 경쟁이 치열하지 <u>않은</u> 경우로서 가장 옳은 것은?

① 소매포화지수(IRS)와 시장성장잠재력지수(MEP)가 모두 높은 경우
② 소매포화지수(IRS)는 높지만 시장성장잠재력지수(MEP)가 낮은 경우
③ 소매포화지수(IRS)는 낮지만 시장성장잠재력지수(MEP)가 높은 경우
④ 소매포화지수(IRS)와 시장성장잠재력지수(MEP)가 모두 낮은 경우
⑤ 소매포화지수(IRS)와 시장성장잠재력지수(MEP)만으로는 판단할 수 없다.

35 □□□

○ △ ×

소매입지를 선정하기 위해 활용되는 각종 지수(index)에 대한 설명으로 가장 옳지 <u>않은</u> 것은?

① 시장포화지수(IRS)는 특정 시장 내에서 주어진 제품계열에 대한 점포면적당 잠재매출액의 크기이다.
② 구매력지수(BPI)는 주로 통계자료의 수집단위가 되는 행정구역별로 계산할 수 있다.
③ 시장확장잠재력지수(MEP)는 지역 내 소비자들이 타지역에서 쇼핑하는 비율을 고려하여 계산한다.
④ 판매활동지수(SAI)는 특정 지역의 총면적당 점포면적 총량의 비율을 말한다.
⑤ 구매력지수(BPI)는 주로 인구, 소매 매출액, 유효소득 등의 요인을 이용하여 측정한다.

37 □□□

○ △ ×

공간균배의 원리나 소비자의 이용목적에 따라 소매점의 입지유형을 분류하기도 한다. 이들 입지유형과 특성의 연결로서 가장 옳은 것은?

① 적응형 입지 – 지역 주민들이 주로 이용함
② 산재성 입지 – 거리에서 통행하는 유동인구에 의해 영업이 좌우됨
③ 집재성 입지 – 동일 업종끼리 모여 있으면 불리함
④ 생활형 입지 – 동일 업종끼리 한 곳에 집단적으로 입지하는 것이 유리함
⑤ 집심성 입지 – 배후지나 도시의 중심지에 모여 입지하는 것이 유리함

36 □□□

○ △ ×

지리학자인 크리스탈러(W. Christaller)의 중심지이론의 기본적 가정과 개념에 대한 설명으로 옳지 <u>않은</u> 것은?

① 중심지 활동이란 중심지에서 재화와 서비스가 제공되는 활동을 의미한다.
② 중심지에서 먼 곳은 재화와 서비스를 제공받지 못하게 된다고 가정한다.
③ 조사대상 지역은 구매력이 균등하게 분포하고 끝이 없는 등방성의 평지라고 가정한다.
④ 최소요구범위는 생산자가 정상이윤을 얻을 만큼 충분한 소비자들을 포함하는 경계까지의 거리이다.
⑤ 중심지이론은 인간의 각종 활동공간이 어떤 핵을 중심으로 배열되어 있다는 인식에서 비롯되었다.

38 □□□

○ △ ×

입지의사결정 과정에서 점포의 매력도에 영향을 미치는 입지조건 평가에 대한 설명으로 가장 옳지 <u>않은</u> 것은?

① 상권단절요인에는 하천, 학교, 종합병원, 공원, 주차장, 주유소 등이 있다.
② 주변을 지나는 유동인구의 수보다는 인구특성과 이동방향 및 목적 등이 더 중요하다.
③ 점포가 보조동선 보다는 주동선상에 위치하거나 가까울수록 소비자 유입에 유리하다.
④ 점포나 부지형태는 정방형이 장방형보다 가시성이나 접근성 측면에서 유리하다.
⑤ 층고가 높으면 외부가시성이 좋고 내부에 쾌적한 환경을 조성하기 유리하다.

39 ☐☐☐   ○ △ ×

중심상업지역(CBD: central business district)의 입지 특성에 대한 설명 중 가장 옳지 <u>않은</u> 것은?

① 상업활동으로도 많은 사람을 유인하지만 출퇴근을 위해서도 이곳을 통과하는 사람이 많다.
② 백화점, 전문점, 은행 등이 밀집되어 있다.
③ 주차문제, 교통혼잡 등이 교외 쇼핑객들의 진입을 방해하기도 한다.
④ 소도시나 대도시의 전통적인 도심지역을 말한다.
⑤ 대중교통의 중심이며, 도보통행량이 매우 적다.

40 ☐☐☐   ○ △ ×

복수의 입지후보지가 있을 때는 상세하고 정밀하게 입지조건을 평가하는 과정을 거치게 된다. 가장 유리한 점포입지를 선택하기 위해 참고할 만한 일반적 기준으로 가장 옳은 것은?

① 건축선 후퇴(setback)는 상가건물의 가시성을 높이는 긍정적인 효과를 가진다.
② 점포 출입구 부근에 단차가 있으면 사람과 물품의 출입이 용이하여 좋다.
③ 점포 부지와 점포의 형태는 정사각형에 가까울수록 소비자 흡인에 좋다.
④ 점포규모가 커지면 매출도 증가하는 경향이 있으므로 점포면적이 클수록 좋다.
⑤ 평면도로 볼 때 점포가 도로에 접한 정면너비가 깊이 보다 큰 장방형 형태가 유리하다.

41 ☐☐☐   ○ △ ×

상가건물 임대차보호법(법률 제18675호, 2022.1.4., 일부개정)은 임대인은 임차인이 임대차기간이 만료되기 6개월 전부터 1개월 전까지 사이에 계약갱신을 요구할 경우 정당한 사유 없이 거절하지 못한다고 규정하면서, 예외적으로 그러하지 아니한 경우를 명시하고 있다. 이 예외적으로 그러하지 아니한 경우로서 가장 옳지 <u>않은</u> 것은?

① 임차인이 2기의 차임액에 해당하는 금액에 이르도록 차임을 연체한 사실이 있는 경우
② 서로 합의하여 임대인이 임차인에게 상당한 보상을 제공한 경우
③ 임차인이 임대인의 동의 없이 목적 건물의 전부 또는 일부를 전대(轉貸)한 경우
④ 임차인이 임차한 건물의 전부 또는 일부를 고의나 중대한 과실로 파손한 경우
⑤ 임차인이 거짓이나 그 밖의 부정한 방법으로 임차한 경우

42 ☐☐☐   ○ △ ×

권리금에 대한 설명으로 가장 옳지 <u>않은</u> 것은?

① 때로는 권리금이 보증금보다 많은 경우도 있다.
② 시설 및 상가의 위치, 영업상의 노하우 등과 같은 다양한 유무형의 재산적 가치에 대한 양도 또는 사용료로 지급하는 것이다.
③ 권리금을 일정 기간 안에 회복할 수 있는 수익성이 확보될 수 있는지를 검토해야 한다.
④ 신축건물인 경우 주변 상권의 강점을 반영하는 바닥권리금의 형태로 나타나기도 한다.
⑤ 임차인이 점포의 소유주에게 제공하는 추가적인 비용으로 보증금의 일부이다.

43 ☐☐☐　　　　　　　　　　　○ △ ✕

점포를 개점할 경우 전략적으로 고려해야 할 사항들에 대한 설명으로 가장 옳지 <u>않은</u> 것은?

① 경쟁관계에 있는 다른 점포의 규모나 위치도 충분히 검토한다.
② 상품의 종류에 따라 소비자의 이동거리에 대한 저항감이 다르기 때문에 상권의 범위도 달라진다.
③ 개점으로 인해 인접 주민의 민원제기나 저항이 일어날 부분이 있는지 검토한다.
④ 점포의 규모를 키울수록 규모의 경제 효과는 커지기에 최대규모를 지향한다.
⑤ 점포는 단순히 하나의 물리적 시설이 아니고 소비자들의 생활과 직결되며, 라이프스타일에도 영향을 미친다.

44 ☐☐☐　　　　　　　　　　　○ △ ✕

점포 개점을 위한 경쟁점포의 분석에 관한 설명으로 가장 옳지 <u>않은</u> 것은?

① 1차 상권 및 2차 상권 내의 주요 경쟁업체를 분석하고 필요할 경우 3차 상권의 경쟁업체도 분석한다.
② 점포 개설을 준비하고 있는 잠재적인 경쟁업체가 있다면 조사에 포함시킨다.
③ 목적에 맞는 효과적인 분석을 위해 동일 업태의 점포에 한정해서 분석한다.
④ 경쟁점포의 상품 구색 및 배치에 대해서도 분석한다.
⑤ 상권의 계층 구조를 고려하여 분석한다.

45 ☐☐☐　　　　　　　　　　　○ △ ✕

대지면적에 대한 건축물의 연면적의 비율인 용적률을 계산할 때 연면적 산정에 포함되는 항목으로 가장 옳은 것은?

① 지하층의 면적
② 주민공동시설면적
③ 건축물의 부속용도가 아닌 지상층의 주차용 면적
④ 건축물의 경사지붕 아래에 설치하는 대피공간의 면적
⑤ 초고층 건축물과 준초고층 건축물에 설치하는 피난안전구역의 면적

제3과목　**유통마케팅**

---

46 ☐☐☐　　　　　　　　　　　○ △ ✕

세분화된 시장들 중에서 매력적인 표적시장을 선정하기 위한 고려사항으로 가장 옳지 <u>않은</u> 것은?

① 경쟁의 측면에서 개별 세분시장 내의 경쟁강도를 살펴보아야 한다.
② 해당 세분시장이 자사의 역량과 자원에 적합한지를 살펴보아야 한다.
③ 선택할 시장들의 절대적 규모를 고려하여 살펴보아야 한다.
④ 자사가 기존에 가지고 있는 마케팅 믹스체계와 일치하는지를 살펴보아야 한다.
⑤ 선택할 시장이 자사가 가지고 있는 목표 및 이미지와 일치하는지 살펴보아야 한다.

47

시장세분화 유형과 사용하는 변수들의 연결로서 가장 옳지 <u>않은</u> 것은?

① 행동분석적 세분화: 라이프스타일, 연령
② 지리적 세분화: 인구밀도, 기후
③ 인구통계적 세분화: 성별, 가족규모
④ 심리적 세분화: 개성, 성격
⑤ 인구통계적 세분화: 소득, 직업

48

아래 글상자가 설명하는 서비스품질을 평가하는 요소로 가장 옳은 것은?

> ┤ 보기 ├
>
> N사는 고객의 개별적 욕구를 충족시키고자 노력하는 기업으로 포지셔닝하며 고객의 개별 선호에 맞춘 고객 응대를 실천하고 있다. 예를 들어, 양쪽 발 사이즈가 다른 고객에게 사이즈가 각각 다른 두 켤레를 나누어 팔았다. 비록 나머지 짝이 맞지 않은 두 신발을 팔 수 없더라도 고객에게 잊지 못할 감동을 주고 있다.

① 신뢰성(reliability)
② 확신성(assurance)
③ 유형성(tangibility)
④ 공감성(empathy)
⑤ 응답성(responsiveness)

49

전략과 연계하여 성과를 평가하기 위해 유통기업은 균형점수표(BSC: balanced score card)를 활용하기도 한다. 균형점수표의 균형(balanced)의 의미에 대한 설명으로서 가장 옳지 <u>않은</u> 것은?

① 단기적 성과지표와 장기적 성과지표의 균형
② 과거 성과지표와 현재 성과지표 사이의 균형
③ 선행 성과지표와 후행 성과지표 사이의 균형
④ 내부적 성과지표와 외부적 성과지표 사이의 균형
⑤ 재무적 성과지표와 비재무적 성과지표 사이의 균형

50

아래 글상자의 괄호 안에 들어갈 용어를 순서대로 나열한 것으로 가장 옳은 것은?

> ┤ 보기 ├
>
> 상품의 다양성(variety)은 (㉠)의 수가 어느 정도 되는 지를 의미하며, 상품의 구색(assortment)은 (㉡)의 수를 말한다.

① ㉠ 상품계열
  ㉡ 상품품목
② ㉠ 상품형태
  ㉡ 상품지원
③ ㉠ 상품품목
  ㉡ 상품계열
④ ㉠ 상품지원
  ㉡ 상품형태
⑤ ㉠ 상품형태
  ㉡ 상품계열

51 ☐☐☐   ○ △ ✕

아래 글상자의 (㉠)과 (㉡)에 들어갈 용어로 가장 옳은 것은?

┤ 보기 ├

유통경로에서의 수직적 통합에는 두 가지 유형이 있다. (㉠)은(는) 제조회사가 도·소매업체를 소유하거나, 도매상이 소매업체를 소유하는 것과 같이 공급망의 상류 기업이 하류의 기능을 통합하는 것이다. 반면 (㉡)은 도·소매업체가 제조기능을 수행하거나 소매업체가 도매기능을 수행하는 것과 같이 공급망의 하류에 위치한 기업이 상류의 기능까지 통합하는 것이다.

① ㉠ 후방통합
　 ㉡ 전방통합
② ㉠ 전방통합
　 ㉡ 후방통합
③ ㉠ 경로통합
　 ㉡ 전방통합
④ ㉠ 전략적 제휴
　 ㉡ 후방통합
⑤ ㉠ 전략적 제휴
　 ㉡ 경로통합

52 ☐☐☐   ○ △ ✕

아래 글상자의 괄호 안에 들어갈 용어로 가장 옳은 것은?

┤ 보기 ├

제조업체가 최종소비자들을 상대로 촉진활동을 하여 이 소비자들로 하여금 중간상(특히 소매상)에게 자사제품을 요구하도록 하는 전략을 (㉠)이라고 한다. 반면에 어떤 제조업체들은 중간상들을 대상으로 판매촉진활동을 하고 그들이 최종 소비자에게 적극적인 판매를 하도록 유도하는 유통전략을 사용하는데, 이를 (㉡) 전략이라고 한다.

① ㉠ 풀전략
　 ㉡ 푸시전략
② ㉠ 푸시전략
　 ㉡ 풀전략
③ ㉠ 집중적 마케팅전략
　 ㉡ 차별적 마케팅전략
④ ㉠ 풀전략
　 ㉡ 차별적 마케팅전략
⑤ ㉠ 푸시전략
　 ㉡ 집중적 마케팅전략

53 ☐☐☐   ○ △ ×

마케팅투자수익률(MROI)에 대한 설명으로서 가장 옳지 <u>않은</u> 것은?

① 마케팅투자수익을 마케팅투자비용으로 나눈 값이다.
② 마케팅투자비용의 측정보다 마케팅투자수익의 측정이 더 어렵다.
③ 측정과 비교가 용이한 단일 마케팅성과척도를 사용하는 것이 바람직하다.
④ 고객생애가치, 고객자산 등의 평가를 통해 마케팅투자수익을 측정할 수 있다.
⑤ 브랜드인지도, 매출, 시장점유율 등을 근거로 마케팅투자수익을 측정할 수 있다.

54 ☐☐☐   ○ △ ×

고객 서비스는 사전적 고객 서비스, 현장에서의 고객서비스, 사후적 고객 서비스로 구분해 볼 수 있다. 다음 중 사전적 고객 서비스 요소로 가장 옳은 것은?

① 자사의 경영철학에 따라 서비스에 관한 표준을 정하고 조직을 편성하여 교육 및 훈련한다.
② 구매계획이나 공급 여력 등에 따라 발생할지 모르는 재고품절을 방지하기 위해 적정 재고수준을 유지한다.
③ 고객의 주문 상황이나 기호에 맞는 상품의 주문을 위한 정보시스템을 효율적으로 관리·운영한다.
④ 고객의 상품 주문에서부터 상품 인도에 이르기까지 적절한 물류서비스를 공급한다.
⑤ 폭넓은 소비자 선택을 보장하기 위해 가능한 범위 내에서 다양한 상품을 진열하고 판매한다.

55 ☐☐☐   ○ △ ×

옴니채널(omni-channel)의 특징으로 옳지 <u>않은</u> 것은?

① 독립적으로 운영되던 채널들이 유기적으로 통합되어 서로의 부족한 부분을 메워주는 보완적 관계를 갖는다.
② 채널 간의 불필요한 경쟁은 온·오프라인의 판매실적을 통합함으로써 해결한다.
③ 동일한 제품을 온라인이나 오프라인에 상관없이 동일한 가격과 프로모션으로 구매할 수 있다.
④ 온·오프라인의 재고관리 시스템을 일원화할 수 있다.
⑤ 동일한 기업으로부터 공급받은 제품을 매장별로 독특한 마케팅 프로그램을 활용하여 판매한다.

56 ☐☐☐   ○ △ ×

온라인광고의 유형에 대한 설명으로 가장 옳지 <u>않은</u> 것은?

① 배너광고(banner advertising)는 웹페이지의 상하좌우 또는 중간에서도 볼 수 있다.
② 삽입광고(insertional advertising)는 웹사이트 화면이 바뀌고 있는 동안에 출현하는 온라인 전시광고이다.
③ 검색관련광고(search-based advertising)는 포털 사이트에 검색엔진 결과와 함께 나타나는 링크와 텍스트를 기반으로 하는 광고이다.
④ 리치미디어광고(rich media advertising)는 현재 보고 있는 창 앞에 나타나는 새로운 창에 구현되는 온라인 광고이다.
⑤ 바이럴광고(viral advertising)는 인터넷상에서 소비자가 직접 입소문을 퍼트리도록 유도하는 광고이다.

57 □□□   ○ △ ✕

CRM과 eCRM을 비교하여 설명한 내용으로 가장 옳은
것은?

① CRM과 달리 eCRM은 원투원마케팅(one-to-one
   marketing)과 데이터베이스마케팅 활용을 중시한다.
② CRM과 달리 eCRM은 고객 개개인에 대한 차별
   적 서비스를 실시간으로 제공한다.
③ eCRM과 달리 CRM은 고객접점과 커뮤니케이션
   경로의 활용을 중시한다.
④ eCRM과 달리 CRM은 고객서비스 개선 및 거래
   활성화를 위한 고정고객 관리에 중점을 둔다.
⑤ CRM과 eCRM 모두 데이터마이닝 등 고객행동
   분석의 전사적 활용을 추구한다.

58 □□□   ○ △ ✕

온라인 쇼핑몰관리를 위한 KPI(key performance indicator)
및 주요 용어에 대한 설명으로 옳지 않은 것은?

① CPM(cost per mille)은 제공하는 검색 링크나
   배너광고의 클릭 1회당 비용을 의미한다.
② CTR(click through rate)은 검색 결과 화면에
   노출된 여러 가지 광고(배너 등) 중에서 해당 광
   고를 클릭한 횟수를 의미한다.
③ ROAS(return on advertising spend)는 광고
   수익률로, 온라인 광고비 대비 매출(수익)의 비
   율로 계산할 수 있다.
④ Impression은 온라인 사용자가 검색 키워드를
   검색했을 때, 해당 쇼핑몰의 광고가 얼마나 노출
   되었는가를 나타낸다.
⑤ Bounce Rate는 사용자가 사이트에 들어왔다가
   아무런 상호작용을 거치지 않고 즉시 떠나는 비
   율을 뜻한다.

59 □□□   ○ △ ✕

시각적 머천다이징에 대한 아래의 설명 중에서 가장 옳
지 않은 것은?

① 점포 내외부 디자인도 포함하는 개념이지만 핵심
   개념은 매장 내 전시(display)를 중심으로 한다.
② 상품과 판매환경을 시각적으로 연출하고 관리하
   는 일련의 활동을 말한다.
③ 상품과 점포 이미지가 일관성을 유지할 수 있게
   진열하는 것이 중요하다.
④ 시각적 머천다이징의 요소로는 색채, 재질, 선,
   형태, 공간 등을 들 수 있다.
⑤ 상품의 잠재적 이윤보다는 인테리어 컨셉 및 전
   체적 조화 등을 고려하여 이루어진다.

60 □□□   ○ △ ✕

브랜드 관리와 관련된 설명으로 가장 옳지 않은 것은?

① 브랜드 자산(brand equity)이란 해당 브랜드를
   가졌기 때문에 발생하는 차별적 브랜드 가치를
   말한다.
② 브랜드 재인(brand recognition)은 브랜드가 과
   거에 본인에게 노출된 적이 있음을 알아차리는
   것이다.
③ 브랜드 인지도(brand awareness)가 높을수록
   브랜드 자산(brand equity)이 증가한다고 볼 수
   있다.
④ 브랜드 인지도(brand awareness)는 브랜드 이
   미지의 풍부함을 의미한다.
⑤ 브랜드 회상(brand recall)이란 브랜드 정보를
   기억으로부터 인출하는 것을 말한다.

61

비주얼 머천다이징(VMD, visual merchandising)에 대한 설명으로 가장 옳지 <u>않은</u> 것은?

① 비주얼머천다이징은 상업공간에 적합한 특정의 상품이나 서비스를 조합하고 판매증진을 위한 시각적 연출계획으로 기획하고 상품·선전·판촉 기능을 수행한다.
② 비주얼머천다이징은 기업의 독자성을 표현하고 타 경쟁점과의 차별화를 위해 상품 진열에 관해 시각적 요소를 반영하여 연출하고 관리하는 전략적인 활동이다.
③ 비주얼머천다이징의 구성요소인 PP(point of sale presentation)는 고객의 시선이 머무르는 곳에 볼거리를 제공하여 상품에 관심을 갖도록 유도하기 위해 활용된다.
④ 비주얼머천다이징의 구성요소인 IP(interior presentation)는 실제 판매가 이루어지는 장소에서 상품구역별로 진열대에 진열하는 방식으로 주로 충동구매 상품을 배치하여 매출을 극대화하기 위해 활용된다.
⑤ 비주얼머천다이징의 구성요소인 VP(visual-presentation)는 상점의 콘셉트를 부각시키기 위해 쇼윈도 또는 테마 공간연출을 통해 브랜드 이미지를 표현하기 위해 활용된다.

62

과자나 라면 같은 상품들을 정돈하지 않고 뒤죽박죽으로 진열하여 소비자들에게 저렴한 특가품이라는 인상을 주려는 진열방식의 명칭으로 가장 옳은 것은?

① 돌출진열(extended display)
② 섬진열(island display)
③ 점블진열(jumble display)
④ 후크진열(hook display)
⑤ 골든라인진열(golden line display)

63

전략적 CRM(customer relationship management)의 적용과정으로서 가장 옳지 <u>않은</u> 것은?

① 정보관리과정
② 전략 개발과정
③ 투자 타당성 평가 과정
④ 가치창출 과정
⑤ 다채널 통합과정

64

고객관계 강화 및 유지를 위한 CRM활동으로 가장 옳지 <u>않은</u> 것은?

① 교차판매(cross-selling)
② 상향판매(up-selling)
③ 고객참여(customer involvement)
④ 2차 구매 유도(inducing repurchase)
⑤ 영업자원 최적화(sales resource optimization)

65

고객생애가치(CLV: customer lifetime value)에 대한 설명으로 가장 옳지 <u>않은</u> 것은?

① CLV는 어떤 고객으로부터 얻게 되는 전체 이익 흐름의 현재가치를 의미한다.
② 충성도가 높은 고객은 반드시 CLV가 높다.
③ CLV를 증대시키려면 고객에게 경쟁자보다 더 큰 가치를 제공해야 한다.
④ CLV 관리는 단속적 거래보다는 장기적 거래관계를 통한 이익에 집중한다.
⑤ 올바른 CLV를 정확하게 산출하려면 수입흐름 뿐만 아니라 고객획득비용이나 고객유지비용 같은 비용 흐름도 고려해야 한다.

66 ☐☐☐　　　　　　　　　　　○ △ ✕

소매점의 POS(point of sales)시스템에 대한 설명으로 가장 옳지 <u>않은</u> 것은?

① POS시스템을 통해 소매점별로 수집된 판매 제품의 품목명, 수량, 가격, 판촉 등에 관한 정보를 수집할 수 있다.
② POS시스템은 POS 단말기, 바코드 스캐너, 스토어 콘트롤러(store controller)로 구성되어 있다.
③ POS시스템을 통해 확보한 정보는 고객관계관리(CRM)를 위한 기반 데이터로 활용된다.
④ 전년도 목표 대비 판매량 분석 또는 전월 대비 매출액 변화분석과 같은 시계열 정보를 수집하고 분석하는 데 한계가 있다.
⑤ POS시스템을 통해 신제품에 대한 마케팅효과, 판촉효과 등을 분석할 수 있다.

67 ☐☐☐　　　　　　　　　　　○ △ ✕

아래 글상자의 설명을 모두 만족하는 유통마케팅조사의 표본추출방법으로 가장 옳은 것은?

┤ 보기 ├

• 모집단을 적절한 기준 변수에 따라 서로 상이한 소집단으로 나누고, 각 소집단별로 할당된 숫자의 표본을 단순무작위로 추출한다.
• 기준 변수를 잘 선택할 경우 모집단을 대표하는 표본을 얻을 수 있는 장점이 있다.

① 할당표본추출
② 군집표본추출
③ 판단표본추출
④ 층화표본추출
⑤ 편의표본추출

68 ☐☐☐　　　　　　　　　　　○ △ ✕

아래 글상자에서 설명하는 경로 구성원들 간의 갈등이 발생하는 원인으로 가장 옳은 것은?

┤ 보기 ├

소비자 가격을 책정할 때 대규모 제조업체는 신속한 시장침투를 위해 저가격을 원하지만, 소규모 소매업자들은 수익성 증대를 위해 고가격을 원함으로써 갈등이 발생할 수 있다.

① 경로 구성원의 목표들 간의 양립불가능성
② 마케팅 과업과 과업수행 방법에 대한 경로 구성원들 간의 의견 불일치
③ 경로 구성원들 간의 현실을 지각하는 차이
④ 경로 구성원들 간의 파워 불일치
⑤ 경로 구성원들 간의 품질 요구 불일치

69 ☐☐☐　　　　　　　　　　　○ △ ✕

아래 글상자의 내용에 해당되는 마케팅조사 기법으로 가장 옳은 것은?

┤ 보기 ├

제품, 서비스 등의 대안들에 대한 소비자의 선호 정도로부터 소비자가 각 속성에 부여하는 상대적 중요도와 속성수준의 효용을 추정하는 분석방법

① t-검증
② 분산 분석
③ 회귀 분석
④ 컨조인트 분석
⑤ 군집 분석

70 □□□ ○△×

유통업 고객관계관리 활동의 성과 평가기준으로서 가장 옳은 것은?

① 시장점유율의 크기
② 판매량의 안정성
③ 고객자산(customer equity)의 크기
④ 고객정보의 신뢰성
⑤ 시장의 다변화 정도

제4과목 **유통정보**

---

71 □□□ ○△×

아래 글상자의 (   ) 안에 들어갈 내용을 순서대로 나열한 것으로 가장 옳은 것은?

	자료	정보	지식
구조화	(㉠)	단위 필요	(㉡)
부가가치	(㉢)	중간	(㉣)
객관성	(㉤)	가공 필요	(㉥)
의사결정	관련 없음	객관적 사용	주관적 사용

① ㉠ 어려움   ㉡ 쉬움
　 ㉢ 적음   ㉣ 많음
　 ㉤ 객관적   ㉥ 주관적
② ㉠ 쉬움   ㉡ 어려움
　 ㉢ 적음   ㉣ 많음
　 ㉤ 객관적   ㉥ 주관적
③ ㉠ 어려움   ㉡ 쉬움
　 ㉢ 많음   ㉣ 적음
　 ㉤ 주관적   ㉥ 객관적
④ ㉠ 쉬움   ㉡ 어려움
　 ㉢ 많음   ㉣ 적음
　 ㉤ 주관적   ㉥ 객관적
⑤ ㉠ 어려움   ㉡ 쉬움
　 ㉢ 적음   ㉣ 많음
　 ㉤ 주관적   ㉥ 객관적

72 □□□ ○△×

유통업체에서 지식관리시스템 활용을 통해 얻을 수 있는 효과로 옳지 않은 것은?

① 동종 업계의 다양한 우수 사례를 공유할 수 있다.
② 지식을 획득하고, 이를 보다 효과적으로 활용함으로써 기업 성장에 도움을 받을 수 있다.
③ 중요한 지식을 활용해 기업 운영에 있어 경쟁력을 확보할 수 있다.
④ 지식 네트워크를 구축할 수 있고, 이를 통해 새로운 지식을 얻을 수 있다.
⑤ 의사결정을 위한 정보를 제공해주는 시스템으로 의사결정권이 있는 사용자가 빠르게 판단할 수 있게 돕는다.

73 □□□ ○△×

노나카의 SECI모델을 근거로 아래 글상자의 내용 중 외재화(externalization)의 사례를 모두 고른 것으로 가장 옳은 것은?

┤ 보기 ├

㉠ 실무를 통한 학습
㉡ 숙련된 기능공의 지식
㉢ 숙련된 기능공의 노하우의 문서화
㉣ 형식적 지식을 통합하는 논문 작성
㉤ 이전에 기록된 적이 없는 구체적 프로세스에 대한 매뉴얼 작성

① ㉠, ㉡
② ㉡, ㉣
③ ㉢, ㉣
④ ㉠, ㉢, ㉤
⑤ ㉡, ㉣, ㉤

74 □□□   ○ △ ×

전자자료교환(EDI)에 대한 설명으로 가장 옳지 <u>않은</u> 것은?

① 전용선 기반이나 텍스트 기반의 EDI 서비스는 개방적 인터넷 환경으로 인해 보안상 취약성이 높아 웹기반 서비스가 불가하며, 2022년 서비스가 시행되었다.

② EDI 서비스는 기업 간 전자상거래 서식 또는 공공 서식을 서로 합의된 표준에 따라 표준화된 메시지 형태로 변환해 거래 당사자끼리 통신망을 통해 교환하는 방식이다.

③ EDI 서비스는 수작업이나 서류 및 자료의 재입력을 하지 않게 되어 실수 및 오류를 방지하며 더 많은 비즈니스 문서를 보다 정확하고 보다 빨리 공유하고 처리할 수 있다.

④ EDI 시스템의 기본 기능에는 기업의 수주, 발주, 수송, 결제 등을 처리하는 기능이 있으며, 상업 거래 자료를 변환, 통신, 표준 관리 그리고 거래처 관리 등으로 활용할 수 있다.

⑤ EDI 서비스는 1986년 국제연합유럽경제위원회 (UN/ECE) 주관으로 프로토콜 표준화 합의가 이루어졌고, 1988년 프로토콜의 명칭을 EDIFACT로 하였으며, 구문규칙을 국제표준(ISO 9735)으로 채택하였다.

75 □□□   ○ △ ×

POS시스템의 특징에 대한 설명으로 가장 옳지 <u>않은</u> 것은?

① SKU별로 상품 정보를 파악할 수 있는 관리시스템으로 상품 판매동향을 파악할 수 있다.

② 모든 거래정보 및 영업정보를 즉시 파악할 수 있으므로 정보의 변화에 즉각 대응할 수 있는 배치(batch)시스템이다.

③ 현장에서 발생하는 각종 거래 관련 데이터를 실시간으로 직접 컴퓨터에 전달하는 수작업이 필요 없는 온라인시스템이다.

④ 고객과의 거래와 관련된 정보를 POS시스템을 통해 수집할 수 있다.

⑤ POS를 통해 수집된 정보는 고객판촉 활동의 기초자료로 사용할 수 있다.

76 □□□   ○ △ ×

식별코드와 바코드에 대한 설명으로 가장 옳지 <u>않은</u> 것은?

① GS1 표준 상품 식별코드는 전 세계적으로 널리 사용되는 '사실상의(de facto)' 국제 표준이다.

② 상품 식별코드 자체에는 상품명, 가격, 내용물 등에 대한 정보가 포함되어 있다.

③ 바코드는 식별코드를 기계가 읽을 수 있도록 막대 모양으로 표현한 것이다.

④ GTIN은 기업에서 자사의 거래단품을 고유하게 식별하는 데 사용하는 국제표준상품코드이다.

⑤ ITF-14는 GTIN-14코드체계(물류단위 박스)를 표시하는 데 사용되는 바코드 심벌이다.

77 □□□ ○△×

GS1 표준 식별코드에 대한 설명으로 가장 옳지 <u>않은</u> 것은?

① 식별코드는 숫자나 문자(또는 둘의 조합)의 열로, 사람이나 사물을 식별하는 데 활용
② 하나의 상품에 대한 GS1 표준 식별코드는 전 세계적으로 유일
③ A아이스크림(포도맛)에 오렌지맛을 신규상품으로 출시할 경우 고유 식별코드가 부여되어야 함
④ 상품의 체적정보 또는 총중량의 변화가 5% 이하인 경우 고유 식별코드를 부여하지 않음
⑤ 상품 홍보 또는 이벤트를 위해 특정기간을 정하여 판매하는 경우는 고유 식별코드를 부여하지 않음

78 □□□ ○△×

QR(Quick Response)에 대한 설명으로 가장 옳지 <u>않은</u> 것은?

① QR은 1980년대 중반 미국의 의류업계와 유통업체가 상호 협력하면서 시작되었다.
② QR의 도입으로 기업은 리드타임의 증가, 재고비용의 감소, 판매의 증진 등의 획기적인 성과를 거둘 수 있다.
③ QR이 업계 전반에 걸쳐 확산되기 위해서는 유통업체마다 각각 다르게 운영되고 있는 의류상품에 대한 상품분류체계를 표준화하여야 한다.
④ 미국의 식품업계는 QR에 대한 벤치마킹을 통해 식품업계에 적용할 수 있는 SCM 시스템인 ECR을 개발하였다.
⑤ QR의 핵심은 유통업체가 제조업체에게 판매된 의류에 대한 정보를 매일 정기적으로 제공함으로써 제조업체로 하여금 판매가 부진한 상품에 대해서는 생산을 감축하고 잘 팔리는 상품의 생산에 주력할 수 있도록 하는 데 있다.

79 □□□ ○△×

전자금융거래 시 간편결제를 위한 QR코드 결제 표준에 대한 내용으로 가장 옳지 <u>않은</u> 것은?

① 고정형 QR 발급 시 별도 위변조 방지 조치(특수필름부착, 잠금장치 설치 등)를 갖추어야 한다.
② 변동형 QR은 보안성 기준을 충족한 앱을 통해 발급하며 위변조 방지를 위해 1분 이내만 발급이 유지되도록 규정한다.
③ 자체 보안기능을 갖추어야 하며 민감한 개인·신용정보 포함을 금지하고 있다.
④ 고정형 QR은 소상공인 등이 QR코드를 발급·출력하여 가맹점에 붙여두고, 소비자가 모바일 앱으로 QR코드를 스캔하여 결제처리하는 방식이다.
⑤ 가맹점주는 가맹점 탈퇴·폐업 즉시 QR코드 파기 후 가맹점 관리자에게 신고해야 한다.

80 □□□ ○△×

공급자재고관리(VMI)의 목적으로 가장 옳지 <u>않은</u> 것은?

① 비즈니스 가치 증가
② 고객서비스 향상
③ 재고 정확성의 제고
④ 재고회전율 저하
⑤ 공급자와 구매자의 공급사슬 운영의 원활화

81 □□□   ○ △ ×

CRM 시스템에 대한 설명으로 가장 옳지 <u>않은</u> 것은?

① 신규고객 창출, 기존고객 유지, 기존고객 강화를 위해 이용된다.
② 기업에서는 장기적인 고객관계 형성보다는 단기적인 고객관계 형성을 위해 도입하고 있다.
③ 다양한 측면의 정보 분석을 통해 고객에 대한 이해도를 높여준다.
④ 유통업체의 경쟁우위 창출에 도움을 제공한다.
⑤ 고객유지율과 경영성과 모두를 향상시키기 위해 정보와 지식을 활용한다.

82 □□□   ○ △ ×

아래 글상자에서 설명하고 있는 용어를 나열한 것으로 가장 옳은 것은?

┌─ 보기 ├─────────────────────────────
│
│ • (㉠)는 유행에 관심이 많고 소비를 놀이처럼 즐
│   기는 사람을 지칭하는 용어이다. 생산적인 소비자
│   를 일컫는 프로슈머(prosumer)에서 한 단계 진
│   화하여 참여와 공유를 통해 개인의 만족과 집단의
│   가치를 향상시키는 능독적인 소비자를 말한다. 필
│   립 코틀러(Philip Kotler)의 '사회 구조가 복잡해
│   지고 물질적으로 풍요로워질수록 소비자는 재미
│   를 추구한다.'는 주장을 반영한 소비 형태이다.
│ • (㉡)는 에너지를 소비도 하지만 생산도 하는 사
│   람을 지칭하는 용어이다. 스마트 그리드가 구축되
│   면 일반 가정이나 사무실에도 소형 발전기, 태양
│   광, 풍력 등을 이용한 신재생 에너지를 생산하고
│   사용한 후 여분을 거래할 수 있다.
│
└──────────────────────────────────────

① ㉠ 모디슈머, ㉡ 스마트너
② ㉠ 플레이슈머, ㉡ 스마트너
③ ㉠ 플레이슈머, ㉡ 에너지프로슈머
④ ㉠ 트랜드슈머, ㉡ 에너지프로슈머
⑤ ㉠ 트랜드슈머, ㉡ 스마트프로슈머

83 □□□   ○ △ ×

e-SCM을 위해 도입해야 할 주요 정보기술로 가장 옳지 <u>않은</u> 것은?

① 의사결정을 지원해주기 위한 자료 탐색(data mining) 기술
② 내부 기능부서 간의 업무통합을 위한 전사적 자원관리(ERP) 시스템
③ 기업 내부의 한정된 일반적인 업무활동에서 발생하는 거래자료를 처리하기 위한 거래처리시스템
④ 수집된 고객 및 거래데이터를 저장하기 위한 데이터웨어하우스(data warehouse)
⑤ 고객, 공급자 등의 거래 상대방과의 거래 처리 및 의사소통을 위한 인터넷 기반의 전자상거래(e-Commerce)시스템

84 □□□   ○ △ ×

오늘날 공급사슬관리는 IT의 지원 없이 작동할 수 없다. 공급사슬관리에 일어난 주요 변화로 옳지 <u>않은</u> 것은?

① 공급자 중심에서 고객중심으로 - 비용보다는 유연한 대응력 즉 민첩성이 핵심요인
② 풀(pull)관행에서 푸시(push)관행으로 - 생산 풀로부터 소비자 주문 또는 구매를 근거로 하는 푸시관행으로 이동
③ 재고에서 정보로 - 실질 수요에 대한 더 나은 가시성 확보가 중요
④ 운송과 창고관리에서 엔드투엔드 파이프라인 관리가 강조 - 가시성과 시간단축 중요
⑤ 기능에서 프로세스로 - 급변하는 환경에 다기능적이고 시장지향적인 프로세스에 초점

85

□□□　　　　　　　　　　　　○ △ ✕

아래 글상자의 괄호 안에 공통적으로 들어갈 용어로 가장 옳은 것은?

┤ 보기 ├

• (　　　　　)은(는) 조직의 성과목표 달성을 위해 재무, 고객, 내부프로세스, 학습 및 성장 관점에서 균형 잡힌 성과지표를 설정하고 그 성과를 측정하는 성과관리 기법을 말한다. 매우 논리적이며, 지표와 재무적 성과와의 분명한 상관관계를 보이고 있다. 다만, 외부 다른 기관의 평가와 비교하는 것은 곤란하다.

• (　　　　　)기반 성과관리시스템은 기관의 미션과 비전을 달성할 수 있도록 전략목표, 성과목표, 관리과제 등을 연계하고, 성과지표를 근거로 목표 달성의 수준을 측정해서 관리할 수 있는 IT기반의 성과관리 및 평가시스템을 말한다.

① 경제적 부가가치(economic value added)
② 인적자원회계(human resource accounting)
③ 총자산이익률(return on assets)
④ 균형성과표(balanced score card)
⑤ 투자수익률(return on investment)

86

□□□　　　　　　　　　　　　○ △ ✕

최근 개인정보보호 문제가 중요한 이슈로 대두되고 있다. 아래 글상자는 하버드 대학교 버크만 센터에서 제시한 개인정보보호 AI윤리원칙이다. ㉠과 ㉡에 해당하는 각각의 권리로 가장 옳은 것은?

┤ 보기 ├

㉠ 데이터 컨트롤러(data controller)가 보유한 정보가 부정확하거나 불완전한 경우, 사람들이 이를 수정할 권리가 있어야 함
㉡ 자신의 개인정보를 삭제할 수 있는 법적 강제력이 있는 권리가 있어야 함

① ㉠ 자기 결정권, ㉡ 정보 열람권
② ㉠ 자기 결정권, ㉡ 정보 정정권
③ ㉠ 정보 삭제권, ㉡ 자기 결정권
④ ㉠ 정보 정정권, ㉡ 정보 삭제권
⑤ ㉠ 정보 열람권, ㉡ 자기 결정권

87

□□□　　　　　　　　　　　　○ △ ✕

전자상거래를 이용하는 고객들이 기업에서 발송하는 광고성 메일에 대해 수신거부 의사를 전달하면, 고객들은 광고성 메일을 받지 않을 수 있는데 이를 적절하게 설명하는 용어로 옳은 것은?

① 옵트아웃(opt out)
② 옵트인(opt in)
③ 옵트오버(opt over)
④ 옵트오프(opt off)
⑤ 옵트온(opt on)

88 □□□ ○ △ ✕

오늘날을 제4차 산업혁명 시기로 구분한다. 제4차 산업혁명에 대한 설명으로 가장 옳지 <u>않은</u> 것은?

① 2016 세계경제포럼에서 4차 산업혁명을 3차 산업혁명을 기반으로 디지털, 바이오와 물리학 사이의 모든 경계를 허무는 융합 기술 혁명으로 정의함
② ICT를 기반으로 하는 사물인터넷 및 만물인터넷의 진화를 통해 인간-인간, 인간-사물, 사물-사물을 대상으로 한 초연결성이 기하급수적으로 확대되는 초연결적 특성이 있음
③ 인공지능과 빅데이터의 결합과 연계를 통해 기술과 산업구조의 초지능화가 강화됨
④ 초연결성, 초지능화에 기반하여 기술 간, 산업 간, 사물-인간 간의 경계가 사라지는 대융합의 시대라고 볼 수 있음
⑤ 4차 산업혁명 시대의 생산요소 토지, 노동, 자본 중 노동의 가치가 토지와 자본에 비해 중요도가 커지는 특징이 있음

89 □□□ ○ △ ✕

아래 글상자의 비즈니스 애널리틱스에 대한 분석과 설명 중 옳은 것만을 고른 것은?

┤ 보기 ├

㉠ 기술분석(descriptive analytics): 과거에 발생한 일에 대한 소급 분석함
㉡ 예측분석(predictive analytics): 특정한 일이 발생한 이유를 이해하는 데 도움을 제공
㉢ 진단분석(diagnostic analytics): 애널리틱스를 이용해 미래에 발생한 가능성이 있는 일을 예측함
㉣ 처방분석(prescriptive analytics): 성능개선 조치에 대한 대응 방안을 제시함

① ㉠, ㉡
② ㉠, ㉢
③ ㉠, ㉣
④ ㉡, ㉢
⑤ ㉡, ㉣

90 □□□ ○ △ ✕

RFID의 특징에 대한 설명으로 가장 옳지 <u>않은</u> 것은?

① 태그는 데이터를 저장하거나 읽어 낼 수 있어야 한다.
② 태그는 인식 방향에 관계없이 ID 및 정보 인식이 가능해야 한다.
③ 태그는 직접 접촉을 하지 않아도 자료를 인식할 수 있어야 한다.
④ 태그는 많은 양의 데이터를 보내고, 받을 수 있어야 한다.
⑤ 수동형 태그는 능동형 태그에 비해 일반적으로 데이터를 보다 멀리까지 전송할 수 있다.

빈출 모의고사 | 정답 및 해설

제1회 한눈에 보는 정답표

제1과목

01	02	03	04	05	06	07	08	09	10
③	④	④	②	⑤	④	④	④	④	⑤
11	12	13	14	15	16	17	18	19	20
③	②	③	②	②	④	⑤	④	⑤	②
21	22	23	24	25					
③	②	③	③	⑤					

제2과목

26	27	28	29	30	31	32	33	34	35
⑤	③	②	⑤	①	②	④	③	②	④
36	37	38	39	40	41	42	43	44	45
②	⑤	④	⑤	⑤	①	⑤	④	③	③

제3과목

46	47	48	49	50	51	52	53	54	55
③	①	④	②	①	②	①	③	①	⑤
56	57	58	59	60	61	62	63	64	65
④	⑤	①	⑤	④	④	③	③	⑤	②
66	67	68	69	70					
④	④	①	④	③					

제4과목

71	72	73	74	75	76	77	78	79	80
②	⑤	③	①	②	②	⑤	②	②	④
81	82	83	84	85	86	87	88	89	90
②	③	③	②	④	④	①	⑤	③	⑤

제1과목 　유통물류일반

01 　　　　　　　　　　정답 ③

유통경로와 중간상이 필요한 이유로 '생산량과 수요량의 불일치 및 구색의 불일치 해소'가 있음. 생산은 '소품종 대량 생산', 수요는 '다품종 소량 소비'로 제품의 물량과 구색의 불일치가 유통단계를 거치면서 해소됨

02 　　　　　　　　　　정답 ④

- **수합(accumulation):** 소규모로 제공되는 동질적인 제품들을 다양한 공급원으로 모아 대규모 공급이 가능하게 함
- **구색갖춤(assorting):** 상호연관성이 있는 제품들로 일정한 구색을 갖추어 함께 취급하는 것
- * 분류＝등급, 같은 말

03 　　　　　　　　　　정답 ④

기업형 수직적 경로구조에서 소유의 규모가 커질수록 환경변화에 신속하고 유연하게 대응하기 어렵다.

04 　　　　　　　　　　정답 ②

- **형태효용:** 소비자가 원하는 양을 분할해서 구매 가능함
- **정보효용:** 소비자에게 유용한 정보를 제공함

05 　　　　　　　　　　정답 ⑤

수직적 통합 전략의 경우 분업에 의한 전문화의 경쟁우위 효과를 누리기 힘듦

06 　　　　　　　　　　정답 ④

우리나라 유통산업은 1990대 후반 유통시장 개방과 자유화 정책 이후 급속히 발전하여 제조업에 이은 국가 기간산업으로 성장하였음

07 　　　　　　　　　　정답 ④

재무에는 금융비용, 환율비용, 보험비용 등이 포함됨

08 　　　　　　　　　　정답 ④

유통채널은 시간의 흐름과 기술 발달에 따라 싱글–듀얼–멀티–크로스–옴니채널 순으로 진화함

09 　　　　　　　　　　정답 ④

기업이 따라야 할 규범, 규제, 법 등은 거시환경에 포함됨

10 　　　　　　　　　　정답 ⑤

산업의 수익성은 대체재의 유무에 따라 크게 달라짐

11 　　　　　　　　　　정답 ③

경쟁사에 비해 우수한 품질의 제품을 제공하려는 차별화 전략은 사업부 수준의 전략임

12 　　　　　　　　　　정답 ②

맥클리랜드는 성취, 권력, 친화 욕구로 구분하여 설명함

13 　　　　　　　　　　정답 ③

- **잠재적 갈등:** 지각된 갈등 이전 단계로 갈등이 일어날 수 있는 상황 또는 조건을 의미
- **지각된 갈등:** 논리적이고 객관적인 것으로 갈등이 일어날 수 있는 자신 또는 집단 내의 상태를 인식하는 것

14 　　　　　　　　　　　　　　정답 ②

- **거래적 리더십**: 리더와 구성원 간 교환관계에 기초한 것으로, 리더는 구성원들이 원하는 것을 제공하며 구성원들의 성과를 유도하여 목표를 이루도록 유도함. 구성원 개인의 성장이나 발전보다는 조직의 목표달성에 목적을 두는 리더십의 유형
- **상황적 리더십**: 리더가 지시와 명령을 내리고 업무 수행을 감독하지만, 부하직원의 제안을 받아들여 전진할 수 있도록 원조하는 리더십 유형
- **지시형 리더십**: 특정 지시를 내리고 업무 과정을 지켜보는 비교적 강압적인 리더십의 한 유형
- **위임형 리더십**: 리더가 직접 일을 하지 않고, 다른 사람에게 활동량을 분배하며, 리더십이 필요한 상황에서도 간섭을 하지 않으려는 특징을 가짐

15 　　　　　　　　　　　　　　정답 ②

직무분석에서 직무요건 중 인적 요건을 중심으로 정리한 문서는 직무명세서라고 한다.

16 　　　　　　　　　　　　　　정답 ④

@을 제외한 모든 답이 반대로 기재되어 있음

17 　　　　　　　　　　　　　　정답 ⑤

상황 발주법은 재고가 특정 수준 이하로 떨어지면 재고를 보충하는 방법임. 재고가 적정 수준 이하가 되면 미리 결정해둔 일정주문량을 발주하는 방법은 상황 발주법이 아니라 정기 발주법임

18 　　　　　　　　　　　　　　정답 ④

공정재고는 생산공정 내에서 필요한 재고를 의미하므로, 판매물류와는 관련이 없음

19 　　　　　　　　　　　　　　정답 ⑤

⑤은 재고비용과 운송비용의 감소를 통해 고객서비스 수준을 향상시킬 수 있다는 내용임. 재고, 운송, 고객서비스의 상충관계에 대한 설명으로 옳지 않음

20 　　　　　　　　　　　　　　정답 ②

- **버디백 시스템(Birdy Back System)**: bird, 항공운송과 back, 도로운송이 연결된 것
- **피시백 시스템(Fishy Back System)**: fish, 해상운송과 back, 도로운송이 연결된 것
- **스카이십 시스템(Sky-Ship System)**: sky, 항공운송과 ship, 해상운송이 연결된 것
- **트레인십 시스템(Train-Ship System)**: train, 철도운송과 ship, 해상운송이 연결된 것

21 　　　　　　　　　　　　　　정답 ③

- **회전대응 보관의 원칙**: 입출하 빈도가 높은 화물은 출입구에 가까운 장소에 보관하고 낮은 경우에는 먼 장소에 보관하는 것
- **형상 특성의 원칙**: 형상에 따라 보관방법을 변경하며, 화물의 형상특성에 부응하여 보관하는 원칙

22 　　　　　　　　　　　　　　정답 ②

아웃소싱을 통해 기업은 물류업무에 대한 비용과 시간을 절감할 수 있어 핵심 업무에 더 집중할 수 있으며, 이를 통해 기업의 가치를 높일 수 있음. 즉 아웃소싱을 통해 리드타임을 감소할 수 있음

23 　　　　　　　　　　　　　　정답 ③

물류아웃소싱을 통해 기업이 외주 물류기능에 대한 통제력을 강화하는 것은 불가능함. 물류아웃소싱을 통해 기업은 물류 업무를 물류업체에 위탁하는 것이기 때문에, 물류업체의 의사결정에 대한 통제권은 물류업체에 있음

24 　　　　　　　　　　　　　　정답 ③

기업윤리와 관련된 지표는 정성적인 지표와 계량적인 지표를 모두 활용해야 한다.

25   정답 ⑤

공동집배송센터는 물류업자가 물류의 효율성을 높이기 위해 공동으로 사용하는 시설임. 따라서 공동집배송센터는 물류업자가 공동으로 사용하는 시설이므로, 유통사업자가 공동으로 사용하는 시설이라고 할 수는 없음

제2과목   상권분석

26   정답 ⑤

3차 상권은 상권으로 인정하는 한계(fringe)가 되는 지역 범위로, 소비자의 밀도가 가장 낮음. 따라서 3차 상권은 상권 내 소비자의 내점빈도가 1차 상권에 비해 낮을 수밖에 없고 경쟁점포들과 상권이 중복되거나 상권이 잠식될 가능성이 높음

27   정답 ③

부도심상권은 주로 도심상권과 근린상권 사이에 위치하기 때문에, 도심상권이나 근린상권을 이용하는 소비자가 부도심상권을 이용하기도 함. 그러나 부도심상권을 이용하기 위해 별도로 이동하는 소비자는 상대적으로 적음

28   정답 ②

교통비가 저렴할수록 고객의 이동 비용이 감소하므로, 상권 범위가 확대될 수 있음

29   정답 ⑤

지리정보시스템에 기반한 상권분석정보는 소규모점포에도 활용될 수 있음. 소규모점포의 상권분석을 위해 고객의 인구통계정보, 경쟁점포의 정보, 교통정보 등을 활용하여 상권경계선을 추정하고, 잠재수요를 예측할 수 있음

30   정답 ①

애플바움의 유추법은 과거의 경험을 바탕으로 미래를 예측하는 방법이므로, 소비자 특성의 지역별 차이를 고려하지 않고 동일한 방법을 적용하면, 지역별 특성에 따른 매출액의 차이를 제대로 반영하지 못할 수 있다.

31   정답 ②

다중회귀분석은 점포성과에 영향을 주는 요소들의 상호작용을 고려하여 점포성과를 예측하는 통계적 방법으로, 다중회귀분석을 통해 얻을 수 있는 회귀계수는 해당 요소가 점포성과에 미치는 영향의 상대적 중요성을 나타냄

32   정답 ④

수정허프모델은 허프모델과 달리 상권을 세부적으로 구분하고, 그에 따라 세부지역별로 상점 선택 확률을 계산하는 절차를 포함함. 따라서 수정허프모델은 상권을 세부지역으로 구분하는 절차를 거치지 않는다는 것은 옳지 않음

33   정답 ③

컨버스의 분기점 분석, CST map, 티센다각형은 모두 상권의 공간적 경계를 파악하는 분석 방법임

34   정답 ②

① 소매포화지수(IRS)와 시장성장잠재력지수(MEP)가 모두 높은 경우: 지역시장의 매력도가 매우 높은 경우
② 소매포화지수(IRS)는 높지만 시장성장잠재력지수(MEP)가 낮은 경우: 지역시장의 매력도가 낮은 경우
③ 소매포화지수(IRS)는 낮지만 시장성장잠재력지수(MEP)가 높은 경우: 지역시장의 매력도가 높은지 낮은지 판단하기 어려움
④ 소매포화지수(IRS)와 시장성장잠재력지수(MEP)가 모두 낮은 경우: 지역시장의 매력도가 낮은 경우

35

판매활동지수는 특정 지역의 총면적당 점포면적 총량의 비율이 아니라, 특정 지역의 점포 수와 인구수의 비율로 계산. 따라서 판매활동지수(SAI)는 특정 지역의 총면적당 점포면적 총량의 비율을 말한다는 설명은 옳지 않음

36

크리스탈러의 중심지이론은 중심지와 그 주변의 보완구역이 육각형으로 분포한다는 가정 아래, 중심지와 보완구역의 관계를 설명하는 이론임. 따라서 중심지에서 먼 곳이 재화와 서비스를 제공받지 못하게 된다고 가정하는 것은 옳지 않음

37

① **적응형 입지**: 거리에서 통행하는 유동인구에 의해 영업이 좌우됨
② **산재성 입지**: 동일점포가 모여 있지 않고 산재하는 것이 유리함.
③ **집재성 입지**: 동일 업종끼리 한 곳에 집단적으로 입지하는 것이 유리함
④ **생활형 입지**: 지역 주민들이 주로 이용함

38

점포나 부지 형태는 가시성과 접근성 측면에서 정방형이 장방형보다 항상 유리한 것은 아니며, 구체적인 상황과 용도에 따라 다름

39

중심상업지역(CBD)은 대중교통의 중심지이므로 도보통행량이 많을 수밖에 없음

40

① 건축선 후퇴는 상가건물의 도로변 면적을 줄여, 차량 통행의 원활성을 높이고, 보행자의 안전을 확보하기 위한 목적으로 시행되므로 가시성을 직접적으로 높이는 효과는 없음
② 점포 출입구 부근에 단차가 있으면, 사람과 물품의 출입이 용이해지기는 하지만, 가시성을 높이는 데에는 도움이 되지 않음

③ 점포 부지와 점포의 형태는 점포의 규모와 내부 구성에 영향을 미칠 수 있으나, 소비자 흡인에 직접적인 영향을 미친다고 보기는 어려움
④ 점포규모가 커지면 매출이 증가할 가능성이 높기는 하지만, 반드시 그렇지는 않음. 점포의 규모가 커지더라도, 점포의 위치, 상품구성, 마케팅 전략 등이 적절하지 않으면 매출이 증가하지 않을 수도 있음

41

상가건물 임대차 보호법 제10조 제1항은 "임대인은 임차인이 임대차 기간이 만료되기 6개월 전부터 1개월 전까지 사이에 계약갱신을 요구할 경우 정당한 사유 없이 거절하지 못함. 다만, 예외사유의 하나로 제1호에서 '임차인이 3기의 차임액에 해당하는 금액에 이르도록 차임을 연체한 사실이 있는 경우'를 들고 있음

42

권리금은 임차인이 영업권을 양수하기 위해 지급하는 금액으로, 임차인이 점포의 소유주에게 제공하는 비용이 아님. 권리금은 임대차 계약의 체결과는 별개로, 기존 임차인으로부터 영업권을 양수하는 데에 소요되는 비용임

43

점포의 규모를 키울수록 규모의 경제 효과는 커질 수 있지만, 이는 점포의 형태, 유형, 상품, 서비스 등에 따라 달라질 수 있음. 또한, 점포의 규모가 커질수록 점포 운영비용도 증가하기 때문에 최대 규모를 지향하는 것은 항상 옳은 것은 아님

44

경쟁점포 분석은 동일 업태뿐만 아니라, 유사 업태의 점포도 포함하여 분석하는 것이 좋음

45

용적률을 계산할 때 지하층, 주민공동시설, 대피공간, 피난안전구역 면적은 제외됨

유통마케팅

46　　　　　　　　　　　　　　정답 ③

표적시장 선정 시엔 세분화된 시장의 매력도를 평하여 우리기업과 제품에 맞는 시장을 고려하여야 함. 시장세분화요건으로는 측정가능성, 접근가능성(실행가능성), 시장의 크기(규모의 적절성), 내부적 동질성 대 외부적 이질성(차별화가능성), 일관성 및 지속성으로 정리 할 수 있음

47　　　　　　　　　　　　　　정답 ①

라이프스타일과 연령은 행동분석적 세분화의 변수로 보기보다는 심리적 및 인구통계적 세분화의 변수로 보는 것이 더 적절함

48　　　　　　　　　　　　　　정답 ④

- **신뢰성**: 약속한 서비스를 정확히 제공하는 능력
- **응답성**: 고객의 요구가 있을 때 즉각적으로 서비스를 제공하고자하는 의지
- **공감성**: 고객 개개인에게 제공하는 관심과 보살핌
- **유형성**: 물리적 시설, 서비스제공자 모습, 장비, 인력, 서비스 제공 시 사용되는 도구, 커뮤니케이션 물품 등의 외양
- **확신성**: 비스를 수행하는 필요한 기술과 지식의 소유 능력, 예절, 신용도(진실성, 정직성), 안전성, 접근가능성과 접근용이성

49　　　　　　　　　　　　　　정답 ②

균형이란 재무적 지표와 비재무적 지표, 단기적 지표와 장기적 지표, 후속지표와 선행지표 간의 균형을 의미함

50　　　　　　　　　　　　　　정답 ①

- 취급하는 상품계열의 수가 어느 정도 되는가를 의미하며, 동일한 성능이나 용도를 가진 상품들을 하나의 상품군으로 취급하기도 함
- 동일한 고객층 또는 동일한 가격대 등을 하나의 상품군으로 취급하기도 함

- 전문점은 백화점이나 양판점에 비해 상품구색의 다양성이 한정되어 있음

51　　　　　　　　　　　　　　정답 ②

최종소비자의 행동을 포함하는 경영활동 영역의 확장을 예를 들면 제조업자가 소매점포를 구입하는 것을 전방통합이라 함. 후방통합이란 생산기업이 공급자에 대한 영향력을 강화하고 생산비용의 절감을 위해 원재료에 대한 소유권과 경제활동을 통제하려는 목적으로 원재료나 부품 관련 공급기업을 통합하는 것을 의미함

52　　　　　　　　　　　　　　정답 ①

- **풀전략**: 제조업자가 최종소비자를 대상으로 적극적인 촉진을 사용하여 소비자가 자사의 제품을 적극적으로 찾게 함으로써 중간상들이 자발적으로 자사 제품을 취급하게 만드는 전략임
- **푸시전략**: 제조업자가 중간상을 대상으로 적극적인 촉진전략을 사용하여 도매상, 소매상들이 자사의 제품을 소비자에게 적극적으로 판매하도록 유도하는 방법임

53　　　　　　　　　　　　　　정답 ③

마케팅투자수익률(MROI)에는 수익/장부가입, 확보당 비용(CPA) 비율, 판매주기일, 참여기간, 고객생애가치(CLTV) 유형이 있음. MROI를 측정할 때에는 브랜드인지도, 매출, 시장점유율, 고객만족도, 고객충성도, 고객생애가치, 고객자산 등의 다양한 마케팅 성과척도를 종합적으로 사용하여 마케팅투자수익을 측정하는 것이 바람직함

54　　　　　　　　　　　　　　정답 ①

②, ③, ⑤ 현장에서의 고객서비스
④ 사후적 고객서비스

55
정답 ⑤

옴니채널은 소비자가 온라인, 오프라인, 모바일 등 다양한 경로를 넘나들며 상품을 검색하고 구매할 수 있도록 한 서비스임. 어떤 채널에서든 같은 매장을 이용하는 것처럼 느낄 수 있도록 한 쇼핑환경을 말함

56
정답 ④

- **리치미디어광고:** 배너광고의 한 종류로 다양한 멀티미디어 기술을 활용하여 풍부한 콘텐츠를 제공함. 상호작용이 가능하며 낮은 거부감과 높은 주목도로 높은 클릭률을 이끎

57
정답 ⑤

① CRM과 eCRM 모두 원투원마케팅과 데이터베이스마케팅 활용을 중시함
② CRM은 고객 개개인에 대한 차별적 서비스를 실시간으로 제공하는 것이 목적이 아니라, 고객의 구매패턴 및 선호도를 파악하고 이에 맞는 마케팅 활동을 수행하는 것이 목적임
③ CRM은 고객접점과 커뮤니케이션 경로의 활용을 중시하며, eCRM은 이를 더욱 중시함
④ CRM은 고객서비스 개선 및 거래활성화를 위한 고정고객 관리에 중점을 두며, eCRM은 이를 더욱 중시함

58
정답 ①

- **CPM(Cost Per Mille):** CPM은 광고비를 효율적으로 관리하고 다양한 매체와 캠페인의 성과를 비교하는 데 유용한 지표로 1,000회 노출당 광고 비용을 의미함
- **CPC(Cost Per Click):** 제공하는 검색 링크나 배너광고의 클릭 1회당 비용을 의미함

59
정답 ⑤

시각적 머천다이징은 상품과 판매환경을 시각적으로 연출하고 관리하는 일련의 활동을 말함. 따라서 상품의 잠재적 이윤보다는 인테리어 콘셉트 및 전체적 조화 등을 고려하여 이루어진다는 설명은 시각적 머천다이징의 개념과 맞지 않음

60
정답 ④

"브랜드 인지도(brand awareness)는 브랜드 이미지의 풍부함을 의미한다."는 옳지 않은 설명임. 브랜드 인지도는 소비자들이 해당 브랜드를 인식하고 기억하는 정도를 나타내는 지표이며, 브랜드 이미지와는 다른 개념임. 브랜드 이미지는 브랜드가 소비자들에게 전달하는 이미지와 소비자들이 브랜드에 대해 가지는 인식, 감정, 경험 등을 종합적으로 나타내는 것임

61
정답 ④

IP는 실제 판매 공간뿐만 아니라 온라인 매장, 쇼핑몰, 전시회 등 다양한 판매 공간에 적용될 수 있음

62
정답 ③

점블진열(jumble display)은 상품들을 뒤죽박죽으로 진열하여 소비자들에게 저렴한 특가품이라는 인상을 주는 진열방식임

63
정답 ③

③ **투자타당성 평가 과정:** CRM 전략의 효과와 비용효율성을 평가하여 투자계획을 수립
① **정보관리과정:** 고객의 기본정보, 구매이력, 라이프스타일, 니즈 등 다양한 고객정보를 수집, 분석하여 고객 데이터베이스를 구축
② **전략개발과정:** 고객정보를 기반으로 고객 세분화, 고객관계 목표 설정, CRM 전략 수립 등을 수행
④ **가치창출과정:** CRM 전략을 실행하여 고객관계를 강화하고 고객 가치를 창출
⑤ **다채널통합과정:** 다양한 고객접점 채널을 통합하여 고객과의 커뮤니케이션을 강화

64

CRM은 고객을 중심으로 기업의 모든 활동을 수행하는 것을 목표로 함. 따라서 CRM활동은 고객과의 관계를 강화하고, 고객의 충성도를 높이는 데 초점을 맞추어야 함. 영업자원 최적화는 영업 활동을 효율적으로 수행하기 위한 활동으로 CRM활동의 목표와는 다름

65
정답 ②

고객의 생애가치는 고객의 이용실적, 고객당 비용, 고객이탈가능성 및 거래기간 등을 통해 추정할 수 있음. 충성도가 높은 고객이 CLV가 높을 수 있는 이유는 그들이 장기적인 거래관계를 유지하며 지속적으로 구매를 하기 때문에 고객획득비용이나 고객유지비용 등의 비용이 줄어들기 때문임. 하지만 충성도가 높은 고객이라고 해서 반드시 CLV가 높은 것은 아님

66
정답 ④

POS(Point of Sale) 시스템은 매장 판매 시 발생하는 정보를 수집, 처리, 분석하여 판매관리 및 마케팅 활동에 활용하는 시스템으로 주요 기능은 다음과 같음

- **판매 데이터 수집 및 관리**: 판매 제품의 품목명, 수량, 가격, 판촉 등에 관한 정보를 수집하여 관리함
- **재고 관리**: 재고 수량, 재고 회전율 등을 관리함
- **고객 관리**: 고객의 구매 이력, 구매 패턴 등을 관리함
- **마케팅 지원**: 판매 데이터를 분석하여 마케팅 전략을 수립하고 평가하는 데 활용됨

67
정답 ④

유통마케팅조사에서는 대상인 소비자들이 다양한 특성을 가지고 있기 때문에 이를 고려하여 층화표본추출 방법이 가장 적합함. 층화표본추출은 모집단을 비슷한 특성을 가진 층으로 나눈 후, 각 층에서 무작위로 표본을 추출하는 방법임. 이 방법을 사용하면 각 층에서 대표성 있는 표본을 추출할 수 있으며, 모집단의 다양한 특성을 고려하여 표본을 추출할 수 있음

68
정답 ①

소비자 가격 책정 시 경로구성원 각자 목표 간 차이로 인한 양립불가능성으로 가격측면에서 잦은 갈등이 일어날 수 있음

69
정답 ④

- **컨조인트 분석**: 군집에 속한 객체들의 유사성과 서로 다른 군집에 속한 객체 간의 상이성을 규명하는 통계분석방법
- **t-검증**: 모집단의 분산이나 표준편차를 알지 못할 때 사용
- **분산 분석**: 명목척도로 측정된 독립변수와 등간척도 또는 비율척도로 측정된 종속변수 사이의 관계를 연구하는 통계 기법
- **회귀 분석**: 관찰된 연속형 변수들에 대해 두 변수 사이의 모형을 구한 뒤 적합도를 측정해 내는 분석 방법
- **군집 분석**: 각 객체(대상)의 유사성을 측정하여 유사성이 높은 대상집단을 분류

70
정답 ③

고객자산(customer equity)의 크기는 유통업 고객관계관리 활동의 성과 평가기준으로 가장 옳은 것임. 이는 고객이 기업에 대해 가지고 있는 긍정적인 인식과 기업과의 장기적인 관계를 통해 창출되는 가치를 의미함. 따라서 고객자산의 크기가 클수록 기업의 장기적인 성장과 안정성을 보장할 수 있으며, 이는 곧 기업의 경쟁력을 높이는 요인이 됨

71　　　　　　　　　　　　　　　　　　　정답 ②

자료-정보-지식 순서로
구조화 쉬움 → 어려움,
부가가치 적음 → 많음,
객관적 → 주관적

72　　　　　　　　　　　　　　　　　　　정답 ⑤

⑤은 의사결정지원시스템(DSS: decision support system)에 대한
설명임

73　　　　　　　　　　　　　　　　　　　정답 ③

• **외재화**: 숙련된 기능공의 노하우의 문서화, 구체적 프로세스에
대한 매뉴얼 작성
• **외부화**: 노나카 이쿠지로 교수는 지식변환 프로세스를 4단계로
구분하였는데 그 중 3단계가 외부화(externalization)임. 외부화
는 암묵적 지식을 형식적 지식으로 변환하는 과정으로 경험이
나 직관과 같은 암묵적 지식을 말이나 문서, 그림, 도식 등의
형태로 표현하는 것임

74　　　　　　　　　　　　　　　　　　　정답 ①

전자자료교환(EDI)은 기업 간 전자상거래 서식 또는 공공 서식을
서로 합의된 표준에 따라 표준화된 메시지 형태로 변환해 거래
당사자끼리 통신망을 통해 교환하는 방식임. EDI는 전용선 기반이
나 인터넷 기반으로 구현할 수 있음. 전용선 기반의 EDI는 보안성이
높지만, 비용이 많이 들고 설치와 유지 보수가 어렵다는 단점이
있음. 인터넷 기반의 EDI는 비용이 적게 들고 설치와 유지 보수가
쉽지만 보안성이 전용선 기반에 비해 낮다는 단점이 있음. 따라서
전용선 기반이나 텍스트 기반의 EDI 서비스는 개방적인 인터넷
환경으로 인해 보안상 취약성이 높아 웹기반 서비스가 불가하며,
2022년 서비스가 시행되었다는 설명은 옳지 않음

75　　　　　　　　　　　　　　　　　　　정답 ②

② POS시스템은 실시간으로 거래정보를 수집하고 처리하는 온
라인(online) 시스템임. 따라서 POS시스템을 통해 수집된 정
보는 즉시 확인하고 분석할 수 있으며 모든 거래정보 및 영
업정보를 즉시 파악할 수 있으므로 정보의 변화에 즉각 대응
할 수 있는 배치(batch) 시스템이라는 설명은 옳지 않음
① POS시스템은 SKU(Stock Keeping Unit)별로 상품 정보를 파악
할 수 있는 관리시스템으로, 상품 판매동향을 파악하는 데 활용
될 수 있음
③ POS시스템은 현장에서 발생하는 각종 거래 관련 데이터를
실시간으로 직접 컴퓨터에 전달하는 수작업이 필요 없는 온
라인시스템임
④ POS시스템은 고객과의 거래와 관련된 정보를 수집할 수 있
으며 이러한 정보는 고객의 구매 패턴, 선호도 등을 파악하는
데 활용될 수 있음
⑤ POS를 통해 수집된 정보는 고객판촉 활동의 기초자료로 사
용할 수 있으며, 이러한 정보는 고객을 세분화하고, 맞춤형
마케팅을 수행하는 데 활용될 수 있음

76　　　　　　　　　　　　　　　　　　　정답 ②

② 상품 식별코드는 상품을 고유하게 식별하기 위한 코드로 상
품명, 가격, 내용물 등과 같은 상품의 세부 정보는 상품 식별
코드에 포함되어 있지 않음. 이러한 세부 정보는 상품의 포
장, 상품 정보 시스템, 또는 기타 방식으로 제공되므로 상품
식별코드 자체에 상품명, 가격, 내용물 등에 대한 정보가 포
함되어 있다는 설명은 옳지 않음
① GS1 표준 상품 식별코드는 GTIN(Global Trade Item Number)
으로 알려져 있음
③ 바코드의 막대의 굵기와 간격에 따라 식별코드를 나타냄
④ GTIN은 8자리, 12자리, 13자리, 또는 14자리로 구성됨
⑤ ITF-14는 14자리의 GTIN-14코드와 물류 단위의 정보를 포함함

77

⑤ GS1 표준 식별코드는 전 세계적으로 유일한 식별코드로 상품 홍보 또는 이벤트를 위해 특정기간을 정하여 판매하는 경우에도 고유 식별코드를 부여해야 함. 이는 상품의 유통. 관리, 판매 등 전반적인 과정에서 정확한 식별이 가능하도록 하기 위함임

① 식별코드는 숫자, 문자, 또는 둘의 조합으로 이루어진 코드로, 사람이나 사물을 식별하는 데에 활용

② 하나의 상품에 대한 GS1 표준 식별코드는 전 세계적으로 유일함. 이는 상품의 정확한 식별을 위해 중요함

③ A아이스크림(포도맛)과 A아이스크림(오렌지맛)은 서로 다른 상품이기 때문에, 각각 고유 식별코드를 부여함

④ 상품의 체적정보 또는 총중량의 변화가 5% 이하인 경우, 상품의 성격이나 용도가 변경되지 않은 것으로 간주하여 고유 식별코드를 변경하지 않음

78

공급망 관리(SCM)의 효율성을 높이기 위해 도입된 QR은 다음과 같은 효과를 기대할 수 있음

1. **재고 관리의 효율성 향상:** QR을 통해 실시간으로 제품의 판매 현황을 파악할 수 있으므로, 재고 부족이나 과잉을 방지

2. **생산 계획의 최적화:** QR을 통해 판매 현황을 기반으로 생산 계획을 수립할 수 있으므로, 생산 비용을 절감하고 고객 만족도를 높일 수 있음

3. **고객 서비스의 향상:** QR을 통해 고객에게 제품에 대한 정보를 제공하거나, 고객의 의견을 수렴할 수 있으므로 고객 서비스의 질을 향상시킬 수 있음

위와 같은 효과를 고려할 때, QR의 도입으로 기업의 리드타임이 증가한다는 것은 옳지 않은 설명임. 리드타임은 제품의 생산부터 판매까지 소요되는 시간으로, QR을 도입하면 리드타임이 감소할 수 있음

79

금융위원회에서 제정한 전자금융거래 시 간편결제를 위한 QR코드 결제 표준에 따르면 변동형 QR은 보안성 기준을 충족한 앱을 통해 발급되며, 유효시간은 3분임. 따라서 1분 이내만 발급이 유지된다는 내용은 옳지 않음

80

공급자재고관리(VMI)는 공급자가 구매자의 수요를 예측하고 재고를 관리하는 시스템임. 따라서 VMI의 목적은 재고회전율을 저하시키는 것이 아님. 재고회전율은 재고가 얼마나 빨리 회전하는지를 나타내는 지표로, 재고회전율이 낮을수록 재고가 더 오래 보유되고 있는 것임. VMI는 재고 정확성을 높이고 고객 서비스를 향상시키는 것을 목적으로 함

81

CRM 시스템은 고객관계관리(Customer Relationship Management) 약자로 고객의 정보를 수집, 분석하여 고객의 요구를 파악하고, 이를 바탕으로 고객과 지속적인 관계를 유지하고 발전시키는 관리 기법임. 따라서 CRM 시스템은 장기적인 고객관계 형성을 위한 수단으로 활용되며 단기적인 고객관계 형성을 위한 수단으로 활용된다는 것은 CRM 시스템의 본질과 맞지 않음

82

플레이슈머(놀이), 에너지프로슈머(에너지 관련), 트랜드슈머(트랜드를 이끄는 소비자), 스마트프로슈머(스마트해진 소비자), 모디슈머(자신만의 방식으로 재창조하는 소비자)

83

e-SCM은 기업의 공급망 관리를 전자적으로 수행하는 것을 말함. e-SCM을 위해서는 기업 내부뿐만 아니라 공급자, 고객 등 공급망의 모든 참여자 간의 정보 공유와 협업이 필수적임. 따라서 e-SCM을 위해서는 기업 내부의 거래처리시스템뿐만 아니라 기업 간 거래를 위한 전자상거래 시스템, 공급망 데이터를 통합 관리하기 위한 데이터웨어하우스, 의사결정을 지원하기 위한 자료 탐색 기술 등 다양한 정보기술이 필요함

거래처리시스템은 기업 내부의 한정된 일반적인 업무활동에서 발생하는 거래 자료를 처리하기 위한 시스템임. 거래처리시스템은 기업 내부의 업무 효율성을 높이는 데에는 효과적이지만 공급망 관리를 위해서는 부족한 점이 있음. 예를 들어, 거래처리시스템은 공급자와 고객 간의 거래 정보를 처리하지 못하며, 공급망 데이터를 통합 관리할 수 없음. 따라서 e-SCM을 위해서 도입해야 할 주요 정보기술로 기업 내부의 한정된 일반적인 업무활동에서 발생하는 거래자료를 처리하기 위한 거래처리시스템은 옳지 않음

84 정답 ②

풀(pull)관행은 수요에 의해 공급이 결정되는 방식으로 소비자의 주문이나 구매에 따라 생산과 배송이 이루어짐. 반면 푸시(push)관행은 공급에 의해 수요가 결정되는 방식으로 생산 계획에 따라 제품이 생산되고 배송됨. 공급사슬관리의 주요 변화 중 하나는 풀(pull)관행으로의 이동으로 이는 소비자의 요구에 보다 민첩하게 대응하기 위한 것임. 따라서 푸시(push)관행으로의 이동은 공급사슬관리의 주요 변화로 보기 어려움

① 공급사슬의 목적이 고객의 요구를 충족시키는 데 있다는 인식의 변화를 의미함
③ 재고를 단순한 비용으로 인식하는 것에서 벗어나, 공급사슬의 효율성과 투명성을 높이기 위한 정보로 인식하는 변화를 의미함
④ 공급사슬의 각 단계를 단편적으로 관리하는 것에서 벗어나 전체 공급사슬을 종합적으로 관리하는 변화를 의미함
⑤ 공급사슬의 각 기능을 독립적으로 관리하는 것에서 벗어나, 공급사슬 전반의 프로세스를 통합적으로 관리하는 변화를 의미함

85 정답 ④

제시된 내용은 균형성과표에 관한 설명임

① **경제적 부가가치**: 투자자의 기대수익까지 반영함으로써 기업의 실질적인 부(wealth)의 창출이나 손실을 직접 측정하는 지표
② **인적자원회계**: 조직자원으로서 인간 가치를 측정하는 것을 말함. 인적자원 측정방법은 크게 원가법과 경제적 가치법으로 나뉨
③ **총자산이익률**: 전체 자산으로부터 발생한 당기순이익을 사용한 수익성 측정 방법
⑤ **투자수익률**: 투자한 자본에 대한 수익 혹은 손실의 비율을 일컫는 용어

86 정답 ④

AI윤리원칙은 인간성을 위한 3대 기본원칙과 함께 인공지능 전체 생명주기에 걸쳐 충족돼야 하는 10가지 핵심 요건을 제시함

• 인권 보장
• 프라이버시 보호
• 다양성 존중
• 침해 금지
• 공공성

• 연대성
• 데이터 관리
• 책임성
• 안전성
• 투명성 등

87 정답 ①

① **옵트아웃(opt out)**: 고객이 기업으로부터 마케팅 정보 수신에 동의하지 않는 것. 고객은 기업이 발송하는 마케팅 정보에 대한 수신거부 의사를 전달함으로써 옵트아웃을 할 수 있음
② **옵트인(opt in)**: 고객이 기업으로부터 마케팅 정보 수신에 동의하는 것. 고객은 기업이 발송하는 마케팅 정보에 대한 수신 동의 의사를 표명함으로써 옵트인할 수 있음
③ **옵트오버(opt over)**: 기존에 옵트아웃 상태였던 고객이 옵트인 상태로 변경하는 것
④ **옵트오프(opt off)**: 고객이 기업으로부터 마케팅 정보 수신에 대한 동의를 철회하는 것
⑤ **옵트온(opt on)**: 고객이 기업으로부터 마케팅 정보 수신에 대한 동의를 처음으로 하는 것

88 정답 ⑤

제4차 산업혁명은 인공지능, 사물인터넷, 빅데이터 등 첨단 기술의 융합으로 인해 생산과 소비, 일자리, 사회 전반에 걸쳐 급격한 변화가 일어나는 시기를 의미함. 인공지능과 자동화 기술의 발전으로 인해 노동의 수요가 감소하고, 노동의 가치가 하락하는 경향이 나타나고 있음

89 정답 ③

기술분석, 처방분석에 관한 정보는 옳지만 예측분석은 일어날 일에 대한 예측이며 진단분석은 일이 발생한 이유를 이해하는 데 도움을 제공함

90 정답 ⑤

- **RFID**: Radio Frequency Identification의 약자로 무선 주파수를 이용하여 물체를 식별하는 기술임. RFID 시스템은 태그, 리더, 호스트로 구성되며 태그는 정보를 저장하고, 리더는 태그의 정보를 읽어내며, 호스트는 리더로부터 받은 정보를 처리함
- 수동형 태그는 내부에 배터리가 없기 때문에 리더의 전파에 의해 동작하며, 능동형 태그에 비해 데이터를 전송하는 거리가 짧음
- 능동형 태그는 내부에 배터리가 있기 때문에 자체적으로 전력을 공급받아 동작하므로 수동형 태그에 비해 데이터를 전송하는 거리가 멀 수 있음. 따라서 수동형 태그는 능동형 태그에 비해 일반적으로 데이터를 보다 멀리까지 전송할 수 있다는 설명은 틀린 설명임

memo

자력 자격증의 힘

입실 5분전
키워드 100

001 물적 유통(물류)

상적 유통과정에서 발생하는 제품 운송, 보관(재고관리), 하역 등과 같은 물자의 흐름을 원활하게 하는 활동

002 유통효용

시간적 효용, 장소적 효용, 소유적 효용, 형태적 효용

003 유통경로

제조업자 → 도매상 → 소매상 → 소비자

004 경로커버리지(유통집약도)

• 특정한 지역에 얼마나 많은 수의 판매망을 확보할 것인가?
• 이들 판매망으로 하여금 어떤 기능을 수행하도록 할 것인가?

005 수직적 유통경로
(VMS: Vertical Marketing System)

• 중앙에서 계획된 프로그램에 의해 수직적 유통경로상의 경로구성원들을 전문적으로 관리·통제하는 네트워크 형태의 경로조직
• 전방/후방 통합한 형태

006 단속형 거래(Discrete Transaction)

거래 당사자들(판매자와 구매자)이 현재의 거래를 통해 최대 이윤을 올리고자 하는 경우

007 관계형 교환(Relational Exchange)

거래 당사자들이 현재뿐만 아니라 미래의 장기적인 경로 성과에 관심을 가지며 연속적 거래를 통해 이윤 극대화를 추구하는 거래

008 유통경로 믹스 전략

유통범위의 결정 → 유통길이의 결정 → 통제수준의 결정

009 옴니채널(Omni Channel)

온라인, 오프라인, 모바일 등 다양한 유통경로를 넘나들며 제품을 검색하고 구매할 수 있도록 하는 것

010 연기-투기이론
(Postponement-Speculation Theory)

재고 보유의 위험을 누가 부담하는가에 따라 경로구조가 결정된다는 이론

011 기능위양이론
(Functional Spinoff Theory)

유통 전문기관은 비용우위를 갖는 마케팅 기능들만을 수행하고, 나머지 마케팅 기능은 다른 경로구성원들에게 위양함

012 거래비용이론(Transaction Cost Theory)

수직적 계열화에 드는 비용과 시장거래에서 발생되는 거래비용 간의 상대적 크기에 따라 유통경로 길이가 결정된다는 이론

013 게임이론(Game Theory)

수직적으로 경쟁관계에 있는 제조업자와 유통업자(중간상)가 각자의 이익을 극대화하기 위해 자신과 상대방의 행위를 조정하는 과정에서 유통경로의 구조가 결정된다는 이론

014 규모의 경제(Economies of Scale)

개별 기업이 생산 규모를 확대하여 생산량을 점차 증가시킬 때 장기 평균비용이 하락하는 것을 의미함

015 범위의 경제(Economies of Scope)

두 가지 이상의 제품을 따로따로 독립된 기업에서 생산하는 것보다 한 기업이 동시에 생산하는 것이 비용 등에 있어 유리하게 나타나는 것

016 전략적 제휴(Strategic Alliance)

기업들이 특정 분야에 한해서 상호보완적이고 지속적인 협력관계를 위한 제휴를 맺는 것

017 서번트 리더십(Servant Leadership)

리더가 구성원들에게 조직의 목표를 공유하고 의견을 경청, 공감하고 성장 및 발전을 돕고 치유함으로써 조직의 목표를 달성하고자 하는 파트너형 리더십

018 직무기술서(Job Description)

직무분석을 통해 얻어진 직무의 성격과 내용, 직무의 이행 방법과 직무에서 기대되는 결과 등을 과업 요건 중심으로 정리해 놓은 문서

019 자본예산(Capital Budget)

조달된 자금의 운용을 의미하는 것으로 현금흐름이 1년 이상의 장기에 걸쳐 나타나는 투자에 관한 의사결정

020 손익분기점(BEP: Break-Even Point)

수익(매출액)과 총비용이 일치하여 이익 또는 손실이 발생하지 않는 생산량 또는 매출액을 의미

021 재무상태표(B/S: Balance Sheet)

일정 시점의 기업 재무 상태를 보여주는 재무보고서로 재무 상태를 차변의 자산과 대변의 (부채+자본)으로 나타냄

022 유통경로상의 파워

보상적, 강압적, 합법적, 준거적, 정보적 파워

023 종합적 품질경영
(TQM: Total Quality Management)

경영자가 소비자 지향적인 품질방침을 세우고 모든 종업원들이 전사적으로 참여하여 품질 향상을 추구하는 활동

024 공급사슬관리
(SCM: Supply Chain Management)

원재료나 부품의 공급자에서 제품의 최종 소비자에 이르기까지의 상호 관련된 가치 활동 등을 대상으로 정보의 공유와 업무 프로세스의 근본적 변혁을 통하여 공급망 전체의 효율성을 극대화하는 경영활동

025 소화물 일관운송(Courier Service)

개인 또는 기업의 하주로부터 소형·소량의 화물운송을 의뢰받아 송하주의 문전에서 수하주의 문전으로(Door to Door) 배달 물품의 접수(집하)·포장·운송·배달까지 신속·정확하게 운송서비스를 제공하는 운송체계

제2과목 **상권분석**

001 상세권

복수의 점포로 구성되는 상업 집단(시장 혹은 상점가)의 상업세력이 미치는 지리적 범위

002 소비재 유형

편의품, 선매품(비교구매), 전문품

003 상권단절 요인

- 자연 지형물: 하천, 공원 등
- 인공 지형물: 도로(6차선 이상), 철도
- 장애물 시설: 쓰레기처리장, 학교, 병원
- C급지 분포업종: 카센터, 공작기계, 우유 대리점, 가구점, 표구점, 기타 기술 위주 업종
- 기타: 주유소, 공용주차장, 은행 등

004 점포상권

- 1차 상권: 점포 기준 반경 500m(직경 1km) 이내 지역
- 2차 상권: 점포 기준 반경 1km(직경 2km) 이내 지역
- 3차 상권: 반경 1km 초과

005 포화성이론(Saturation Theory)

상권은 경쟁의 정도에 따라 포화상권, 과소상권, 과다상권으로 분류할 수 있음

006 포켓상권

독립상권이라고도 하며 상권 내 고객이 외부로 유출되지 않아 외부 상권의 영향을 거의 받지 않고 자체 상권의 이익을 누릴 수 있는 상권

007 지리정보시스템
(GIS: Geographic Information System)

과거 인쇄물 형태로 이용하던 지도 및 지리 정보를 컴퓨터를 이용하여 작성 관리, 지리 정보를 기초로 데이터를 수집, 분석, 가공하여 상권분석 등 지형과 관련되는 모든 분야에 적용하기 위해 설계된 종합정보시스템

008 상권분석의 접근방법

시장침투형, 공간적 독점형, 분산시장형

009 유추법

애플바움(W. Applebaum) 개발, 유사점포법이라고도 하며, 새로운 점포가 위치할 입지에 대한 매출액 예측에 활용

010 CST(Customer Spoting Technique) map

대상지 인근의 토지이용현황, 지형, 지세 등을 고려하여 상권을 파악하므로 상권의 규모 파악, 고객 특성 조사, 광고 및 판촉 전략 수립, 경쟁 정도의 측정, 점포의 확장 계획 등 소매 정책의 수립에 유용

011 크리스탈러 중심지이론
(Christaller Central Place Theory)

한 지역 내 생활 거주지(취락)의 입지 및 수적 분포, 취락 간의 거리관계와 같은 공간구조를 중심지 개념에 의해 설명하려는 이론

012 레일리(Reilly)의 소매인력법칙

두 경쟁 도시가 그 중간에 위치한 소도시의 거주자들을 끌어들일 수 있는 상권 규모는 인구에 비례하고, 각 도시의 분기점으로부터의 거리의 제곱에 반비례

013 컨버스(Converse)의 수정 소매인력의 법칙

레일리의 소매인력법칙을 수정. 두 도시 사이의 거래가 분기되는 중간 지점의 정확한 위치를 결정하기 위해 거리가 멀어짐에 따라 구매 이동이 줄어드는 현상을 거리-감소 함수로 파악하여 거리와 구매빈도 사이의 관계를 역의 지수 함수의 관계로 도출

014 허프(Huff)의 확률 모형

- 소비자들의 점포 선택과 소매상권의 크기를 예측하는 데 널리 이용되어 온 확률적 점포 선택 모형
- **수정 허프 모형:** 허프 모형의 한계를 보완. 점포의 크기 외 점포의 이미지 관련 변수, 대중교통 수단의 이용 가능성 등 점포 매력도에 영향을 미치는 여러 변수들을 추가하여 예측력을 개선함

015 MNL(MultiNomial Logit) 모형

루스(R. D. Luce)의 선택 공리 이론에 근거한 모델로 상권 내 소비자들의 각 점포에 대한 집합적 관측자료를 이용하여 각 점포에 대한 선택확률의 예측은 물론, 각 점포의 시장점유율 및 상권의 크기를 추정

016 점포의 입지유형

집심성 점포, 집재성 점포, 산재성 점포, 국부적 집중성 점포

017 도심입지(CBDs)

대도시나 소도시의 전통적인 도심, 중심상업지역
(CBD: Central Business District)으로 계획적으로
조성되는 신도시와 달리 보통 복잡하게 조성되어 있
고 많은 사람들이 유입됨

018 테넌트(tenant)

상업시설의 일정한 공간을 임대하는 계약을 체결하
고 해당 상업시설에 입점하여 영업을 하는 임차인

019 복합용도 개발
(MXD: Mixed-use Development)

주거 · 상업 · 업무 활동 등 3가지 이상의 활동이 함
께 이루어지도록 계획되어, 편리성과 쾌적성을 높인
복합용도의 건축물 또는 건축물군으로 개발하는 것

020 공간균배의 원리

- 페터(R. M. Petter)의 이론으로 경쟁관계에 있는 점
  포 상호 간에는 공간을 서로 균배(균등하게 나눔)한
  다는 것
- 한 점포가 입지한 후 또 다른 점포가 입지하는 경
  우 어느 곳에 입지하는 것이 유리한가를 설명하는
  이론

021 구매력지수(BPI: Buying Power Index)

해당 지역시장의 구매력을 측정하는 기준으로 사용
되며, 이는 해당 시장에서 구매할 수 있는 능력, BPI
가 높을수록 시장의 구매력이 크다는 것을 의미

022 소매포화지수(IRS: Index of Retail Saturation)

지역시장의 매력도를 측정하는 것으로 한 지역시장
에서 수요 및 공급의 현 수준을 반영하는 척도

023 시장확장 잠재력지수
(MEP: Market Expansion Potential)

지역시장이 미래에 신규수요를 창출할 수 있는 잠재
력을 반영하는 지표로 해당 상품(서비스)에 대한 예
상수요액을 총 매장면적으로 나눈 값

024 소비잠재지수
(SPI: Spending Potential Index)

특정 제품에 대한 지역평균소비량(PB)을 전국평균소
비량(NB)으로 나누어 산출

025 넬슨(R. L. Nelson)의 8가지 입지평가방법

상권의 잠재력, 접근가능성, 성장가능성, 중간저지성,
누적적 흡인력, 양립성, 경쟁회피성, 용지경제성

001 4P 마케팅 믹스

아이디어, 제품 및 서비스에 대한 발상(product), 가격결정(price), 촉진(promotion) 및 유통(place)을 계획하고 실행하는 과정(ing)의 구성요소

002 효용

형태효용, 소유효용, 시간효용, 장소효용

003 필요(needs)/욕구(wants)

- 인간의 생존을 위해 요구되는 기본 요건이 충족되지 않은 상태(필요)
- 필요를 만족시킬 수 있는 제품이나 서비스 바람(욕구)

004 푸시(push)/풀(pull) 전략

- **푸시 전략:** 제조업자가 중간상을 대상으로 적극적인 촉진 전략을 사용하여 도매상, 소매상들이 자사의 제품을 소비자에게 적극적으로 판매하도록 유도하는 전략
- **풀 전략:** 제조업자가 최종 소비자를 대상으로 적극적인 촉진을 사용하여 소비자가 자사의 제품을 적극적으로 찾게 하여 중간상들이 자발적으로 자사 제품을 취급하게 만드는 전략

005 쇼루밍/웹루밍

- **쇼루밍:** 오프라인 매장에서 상품을 보고 → 온라인에서 더 저렴한 가격으로 상품 구매
- **웹루밍:** 온라인에서 상품 정보를 얻고 → 오프라인 매장에서 상품 구매

006 7P 서비스 마케팅 믹스

- 마케팅 믹스 4P + 3P(Process, Physical evidence, People)
- 확장된 서비스 마케팅 믹스

007 서비스의 특징

무형성, 비분리성, 소멸성, 이질성

008 세분화 유형

인구통계학적, 지리적, 심리학적, 행동적

009 시장세분화 요건

동질성/이질성, 측정 가능성, 규모의 적정성, 접근 가능성, 실행 가능성

010 포지셔닝 분류

- 속성에 의한 포지셔닝
- 사용상황에 의한 포지셔닝
- 제품 사용자에 의한 포지셔닝
- 경쟁제품에 의한 포지셔닝
- 품질이나 가격에 의한 포지셔닝

011 관여도 유형

고관여, 저관여, 지속적 관여, 상황적 관여

012 유통경로설계

총거래수 최소의 원리, 분업의 원리, 위험부담분산의 원리, 집중저장의 원칙, 생산자와 소비자의 욕구 충족

013 유통경로의 범위

집약적 유통, 전속적 유통, 선택적 유통

014 제품유형

핵심제품, 유형제품, 확장제품, 소비재(편의품, 선매품, 전문품, 미탐색품), 산업재

015 브랜드관리

브랜드 자산, 브랜드 재인, 브랜드 인지도, 브랜드 회상

016 가격결정법

원가기준가격결정법, 가치기분가격결정법, 경쟁기준가격 결정법, 심리기준가격결정법

017 검색엔진최적화(SEO)

검색엔진을 사용자의 편의성에 맞추어 최적화하여 검색엔진 상단에 내 사이트를 노출시키는 것

018 사용자경험(UX)

유용성, 접근성 및 만족도를 포함하여 제품 또는 서비스와 상호 작용할 때 사용자가 갖는 전반적인 경험

019 온라인쇼핑몰 이점

저렴한 비용, 손쉬운 퍼포먼스, 장기노출, 잠재고객 도달가능성, 고객관계 구축

020 소셜미디어 특성

참여, 공개, 대화, 커뮤니티, 연결

021 상품진열 구성요소

레이아웃 → 그룹핑 → 조닝 → 페이싱

022 구매자 판매자 관계발전모형

인지 → 탐색 → 확장 → 몰입 → 종식

023 JIT, JIT2

JIT는 재고 최소화에 초점을 맞추고, JIT II는 JIT의 재고 최소화 목표를 유지하면서 공급망 전반에 걸친 협업에 더욱 중점을 둠

024 진실의 순간(MOT: Moment Of Truth)

고객이 기업의 종업원 또는 특정 서비스와 처음 대면 하게 되는 접점으로 고객이 서비스에 대한 인식을 하게 되는 순간

025 고객충성도

경쟁기업과 차별화되는 브랜드의 특성 또는 서비스로 인하여 고객이 지속적으로 재구매 또는 재이용하고자 하는 구매 몰입의 정도

001 롱테일 법칙

비인기 상품 80%가 인기상품 20%보다 훨씬 높은 가치를 창출한다는 이론(역파레토 법칙)

002 코즈의 법칙

민간 경제 주체들 간의 자유로운 협상을 통해 외부 효과를 효율적으로 해결할 수 있다는 것을 의미

003 의사결정지원시스템
(DSS: Decision Support System)

기업의 의사결정을 지원하는 정보시스템으로 의사결정이 보다 쉽고 정확, 신속하게 이루어질 수 있도록 지원함

004 지식의 유형

- **형식지(Explicit Knowledge):** 교과서에서 배우는 지식과 같이 기호나 언어로 표현이 가능한 지식
- **암묵지(Tacit Knowledge):** 기호로 표현되기 어려운 지식으로 조직이나 개인(사람)의 몸에 배어있는 지식

005 NoSQL

Not Only SQL의 약자로 비관계형 데이터 저장소를 의미, 관계형 데이터 베이스와 다르게 설계됨

006 빅데이터 특징

양(Volume), 생성속도(Velocity), 다양성(Variety), 가치(Value)

007 온라인 분석 프로세싱
(OLAP: On-Line Aanalytical Processing)

자료를 다차원적으로 수집, 관리, 처리, 표현하는 응용 프로그램 및 기술무형성, 비분리성, 소멸성, 이질성

008 QR코드

매트릭스형 바코드에 해당됨. 기존의 바코드를 대체하는 것으로 별도의 리더기 없이 스마트폰을 사용 가능

009 QR(Quick Response) 시스템

상품의 납기를 단축하고 필요한 시점에 필요한 양만큼 공급하기 위해 정보기술을 활용한 시스템

010 데이터웨어하우스(Data Warehouse)

기업 내에 분산되어 있는 개별적인 시스템에 축적된 데이터를 공통의 양식으로 전환하여 통합적으로 관리하는 데이터베이스, 대형 전자정보 창고를 의미

011 에스크로(Escrow)

거래 대금을 제3자에게 맡겼다가 상품 배송을 확인한 후 판매자에게 대금을 지불하는 개념

012 ERP

전사적자원관리(ERP: Enterprise Resource Planning)의 줄임말로 비즈니스 전반에 걸친 업무 프로세스를 통합적으로 관리할 수 있도록 돕는 시스템 및 소프트웨어

013 e-CRM

인터넷 채널 중심의 고객관계관리, 인터넷 기반의 정보시스템을 활용한 고객관계관리, 웹 로그파일 분석을 통해 일대일 마케팅 활동 지원, 개별 고객에 맞는 제품이나 서비스 추천 및 제공

014 SCM

원재료 조달부터 소비자에게 제품 전달까지의 모든 흐름, 기업의 자원, 정보 등이 가치사슬을 따라 이동하면서 부가가치를 창출하는 과정

015 채찍효과(Bullwhip Effect)

공급사슬에서 반복적으로 발생하는 수요의 왜곡현상, 제품에 대한 최종 소비자의 수요 변동 폭은 크지 않지만 소매상, 도매상, 제조업자, 원재료 공급업자 등 공급사슬을 거슬러 올라갈수록 변동 폭이 크게 확대. 수요예측치와 실제 판매량 사이의 차이가 커지게 됨

016 인공지능(AI)

학습, 창조, 이미지 인식 등과 같이 주로 인간 지능과 연결된 인지 문제를 해결하는 데 주력하는 컴퓨터 공학 분야, 기능기반과 역량기반

017 RPA(Robotic Process Automation)

데이터 추출, 양식 작성, 파일 이동 등과 같은 사람들이 하는 백오피스 작업을 대신 자동화 기술 사용

018 핀테크

• 금융(Finace)와 기술(technology)의 합성어
• 인공지능, 빅데이터, 사물인터넷 기술을 기반으로 한 금융서비스를 뜻함

019 가상현실(VR)

• 사용자를 몰입형 가상세계로 데려갈 수 있는 기술
• VR 헤드셋, 컨트롤러 사용하여 가상세계에서 보고, 들을 수 있음
• 증강현실(AR)은 사용자의 실제세계에 가상요소를 추가할 수 있는 기술

020 스마트물류

스마트 하드웨어, 사물인터넷, 빅데이터 등 지능화 기술과 수단을 통해 물류시스템의 의사결정과 스마트 실행을 분석하는 능력을 높여 물류시스템 전체의 지능화, 자동화 수준을 높이는 것

021 물류 4.0

융복합 기술의 역량으로 완전 통합된 공급망(Fully Integrated supply chain), 상호 연계된 시스템(Inter-connected Systems), 완벽한 조정-관리(Perfect coordination)에 의한 물류시스템

022 클라우드 컴퓨팅(Cloud Computing)

인터넷상 서버 사용자의 정보를 저장, 다양한 IT 기기 활용, 원하는 시점에 언제나 접속 가능

023 사물 인터넷(IoT: Internet of Things)

현실의 사물과 가상 세계를 네트워크를 이용하여 연결함으로써 사물 간, 사람과 사물 간 소통하는 인터넷 기술을 뜻함

024 RFID

무선 주파수를 이용하여 먼 거리에 있는 물건이나 사람을 식별할 수 있는 기술

025 U-Biz(유비쿼터스 비즈니스)

유비쿼터스 정보기술을 활용하여 현실 세계와 가상 세계를 결합. 언제 어디서나 정보를 교환함으로써 매장 관리, 공급사슬 관리, 물류 관리, 고객관계 관리 등의 분야에 활용하는 비즈니스 애플리케이션 시스템

"유통은 고객과의 신뢰를 쌓아가는 과정이다."
Distribution is the process of building trust with the customer.

- 제프 베조스(Jeff Bezos)

자력 유통관리사 2급
초단기 완전정복

초판발행	2024년 7월 15일
지은이	이지은 · 허소람 · 김경민
펴낸이	안종만 · 안상준
편 집	김보라
기획/마케팅	차익주 · 김락인
표지디자인	권아린
제 작	고철민 · 김원표
펴낸곳	(주) **박영사**
	서울특별시 금천구 가산디지털2로 53, 210호(가산동, 한라시그마밸리)
	등록 1959. 3. 11. 제300-1959-1호(倫)
전 화	02)733-6771
f a x	02)736-4818
e-mail	pys@pybook.co.kr
homepage	www.pybook.co.kr
ISBN	979-11-303-1953-7 13320

정 가   29,000원